마이클 샌델의
정의론,

무엇이
문제인가

마이클 샌델의
정의론,

박정순 지음

무엇이
문제인가

철학과 현실사

돌아가신 부모님의 영전에,
그리고 아내에게

차 례

제1장
마이클 샌델의 약력, 학문적 이력과 저작, 교육과 강연 · *35*

제2장
마이클 샌델의 『정의란 무엇인가』의 해제와 비판 · *43*

제3장
「정의란 무엇인가」에 대한 종합적 고찰 · 177

제4장
『정의란 무엇인가』에 대한 참고자료와 심층 논의 · 229

제5장
샌델의 공동체주의 철학에 대한
'자유주의 대 공동체주의 논쟁'의 관점에서의 비판 · 275

추천사
마이클 샌델의 정의론, 시시비비의 결정판

한국철학회 회장 역임
한국윤리학회 회장 역임
국가생명윤리심의위원회 위원 역임
한국연구재단 국가석학 역임
서울대학교 철학과 명예교수
명경의료재단 이사장
황 경 식

마이클 샌델의 『정의란 무엇인가』라는 저서가 한국 지성계를 쓰나미처럼 훑고 지나갔다. 130만 부가 팔리는 그야말로 샌델 신드롬이라 불리기는 하나 정작 완독한 사람은 1퍼센트를 밑돈다 하니 이 또한 놀랄 일이 아닐 수 없다. 그래서 그런지 쉬 잊혀 언제 그랬냐는 듯 한국인들에겐 이미 정의가 낯설어지는 듯하니 이번에도 우리가 냄비근성이었음이 입증된 셈인가?

그간 샌델의 정의론을 문제 삼은 학계의 저술들이 없었던 것은 아니다. 샌델의 정의론을 읽어보아도 그의 정의관이 무엇인지 모르겠다는 구설수도 있다. 그 책이 한갓 정의에 대한 개론서여서 그런지, 샌델이 정의에 대한 깊이 있는 사상가가 아니어서 그런 것인지, 의혹을 갖기도 한다. 어떻든 샌델의 정의론이 남긴 그림자에 못지않게 그 긍정적 영향력 또한 잊어서는 안 될 것이다.

이번 박정순 교수가 저술한 『마이클 샌델의 정의론, 무엇이 문제인가』에 대해 혹자는 웬 뒷북인가라고 빈정대는 사람이 있을지는 모른다.

그러나 이 저술은 적어도 내가 보기에 샌델의 정의론에 대한 가장 포괄적이고도 체계적인 학계의 반향을 담은 역작이라 생각한다. 그 속에는 샌델의 정의론에 내재된 갖가지 장점과 단점을 모두 짚어내는 알뜰하고도 자상한 철학자의 식견과 지혜가 담겨 있다.

박교수는 일찍이 미국에서 정의론과 관련된 윤리학 내지 사회철학적 연구로 학위를 하고 귀국하여 줄곧 연세대 철학과에서 학생들을 가르쳤다. 그는 학회에서도 이 같은 주제들과 관련해서 많은 연구논문을 발표했으며 한국철학회가 주관하는 '다산기념 철학강좌'에도 그 누구보다 적극적으로 참여하여 자신이 지닌 학문적, 인간적 역량을 과시했다. 2005년 샌델이 한국철학회 초청으로 네 번의 강좌를 열었을 때도 통역과 번역을 능란하게 해내어 샌델을 대변했던 것도 바로 박교수였다.

『마이클 샌델의 정의론, 무엇이 문제인가』라는 저술은 사회과학자와 인문학자들이 10여 년 전부터 함께해온 한국자유주의연구학회 모임의 요청으로 1년 전에 발표했던 초고를 보완하여 그야말로 마이클 샌델의 정의론에 대한 결정판을 낸다는 각오로 두꺼운 대작을 출간하게 된 것이다. 그의 학문적 열정과 역량에 대해 경탄하면서 감히 추천의 글을 쓰오니 독자 여러분의 성원 있으시기를 바란다. 이 저술로 인해 우리 사회를 이끌어갈 정의관이 더욱 확고하게 안착하기를 기대하면서!

추천사

『정의란 무엇인가』가 번역 출간된 지 5년 만에 나온 본격적인 최고차적 비판서

한국자유주의연구학회 회장
숭실대학교 정치외교학과 교수
서 병 훈

한국자유주의연구학회는 철학, 경제학, 정치학, 사회학 등 여러 분야의 전문가들이 한 달에 한 번 자유주의 사상에 대해 깊이 있는 토론을 벌이는 모임이다. 2014년 8월 한국자유주의연구학회는 박정순 교수에게 샌델의 『정의란 무엇인가』를 비판적으로 강독해줄 것을 요청했다. 모임에 참석한 사람들 대부분은 샌델의 책을 한 번쯤 읽어보았다. 이들은 공통적으로 두 가지 의문을 가지고 있었다. 샌델이 『정의란 무엇인가』에서 말하고자 하는 바가 정확히 무엇인가? 한국 독자들은 왜 그리도 이 책에 열광하는가? 아시다시피, 박정순 교수는 현대 자유주의 사상을 천착해온 전문가다. 박교수는 강독 요청을 받고 한 달 정도의 시간을 오롯이 투자해서 『정의란 무엇인가』를 낱낱이 해부했다. 그리고 엄청난 분량의 발표문을 준비했다. 그날 박교수의 발표를 들은 사람들은 이구동성으로 그 발표문을 확충해서 책으로 만들 것을 권고했다. 1년 후 그 결과가 지금 이 책으로 나오게 되었다.

샌델은 29세 때 존 롤스의 정의론을 비판한 『자유주의와 정의의 한계』(1982)를 출간하면서 세계적인 명성을 얻었다. 그는 이 책을 통해 한때 영미 철학계를 풍미한 '자유주의 대 공동체주의 논쟁'에 불을 지폈다. 『민주주의의 불만』(1996) 역시 그의 대표작으로 이름이 높다. 한국에서 성가가 높은 『정의란 무엇인가』는 그가 하버드대학교에서 오랫동안 진행해온 강의 내용을 묶은 것이다. 본격적인 연구서는 아닌 것이다.

샌델은 정의의 문제를 분배가 아니라 올바름 혹은 옳음의 관점에서 검토하고 있다. 행복의 극대화(공리주의)나 자유 존중(자유주의)이 아니라 미덕을 추구하는 아리스토텔레스적 공동체주의 철학에 기반을 두고 전개해나간다. 아리스토텔레스는 정의를 "사람들이 마땅히 받아야 할 것을 주는 것"으로 규정한다. 그래서 최고의 플루트를 최고의 플루트 연주자에게 주는 것이 정의가 된다. 재화를 공정하게 분배하려면 그 재화의 텔로스, 즉 목적을 알아야 한다. 『정의란 무엇인가』는 목적론적 사고 위에 서 있다.

박정순 교수는 이런 주장을 친절하게 잘 요약, 해설하고 있다. 그러나 그에 그치지 않고, 『정의란 무엇인가』의 출발점이 되는 샌델 정치철학 전반에 걸쳐 묵직한 비판을 제기하고 있다. 샌델이 아리스토텔레스적 공동체주의 위에서 '좋은 삶'을 풀어나간다면, 롤스는 사회계약론적 자유주의를 신봉하고 있다. 박교수는 롤스의 손을 들어준다. 그 입장에서 샌델을 비판한다.

아리스토텔레스식 미덕 추구는 완전주의와 포괄적인 도덕적 가치관을 요구한다. 그러나 현대 다원민주사회에서는 그러한 포괄적인 도덕적 학설이 설 자리가 없다. 박정순 교수는 롤스의 생각을 따라, 시민들이 다양하면서도 상보적인 가치관을 발전시켜 상호 이득이 되는 사회적 협동의 체계 속에서 삶을 영위하는 것이 더 낫다고 주장한다.

공동체주의도 문제가 많다. 공동체주의자들은 자유주의적 자아관, 자유주의적 개인주의와 사회관, 중립성과 반완전주의, 보편주의, 그리고 자유주의와 현대사회 문제라는 다섯 가지의 쟁점으로 자유주의자들을 압박한다. 그러나 박정순 교수는 공동체주의자들의 비판을 일면 수긍하면서도 자유주의를 고수한다. 한 사회의 구성원이 통일적 자기정체성을 가지기 위해서는 자유주의와 공동체주의를 통합적으로 고려하지 않으면 안 된다고 생각하기 때문이다. 그는 한국사회가 당면한 과제에 대해서도 자유주의적 접근을 꾀한다. 지연, 혈연, 학연이라는 전근대적인 폐쇄적 연고주의와 지역감정과 집단이기주의를 타파하기 위해서도 공적 영역에서 개개인의 능력과 창조성과 인권을 존중하는 자유주의를 확대해야 한다고 역설한다. 이렇듯 박정순 교수는 샌델의 정의론을 주도면밀하게 비판한다. 바로 이런 비판적 독서 때문에 박교수의 책이 '독자들에게 균형 잡힌 시각을 주는 동반서'가 될 수 있는 것이다.

『정의란 무엇인가』가 우리나라에서 엄청나게 많이 팔린 사실을 놓고 해석이 분분하다. 샌델은 공동체와 미덕을 강조하고 개인주의적 시장 논리를 비판한다. 그의 말과 같이 '돈으로 살 수 없는' 그 무엇이 전제되지 않으면 우리 삶은 의미가 없다. 이런 주장은 한국인의 정서에 콕 와 닿는다. 그래서 그의 책이 호평을 받는지도 모르겠다. 그러나 그것을 빼고 나면 『정의란 무엇인가』는 깊이도 없고 새롭지도 않다. 그 주장이 명료한 것도 아니다. 유독 한국사회에서만 신드롬을 일으켜야 할 이유가 없다. 그러니 " '하버드'라는 이름의 명품 상업의 획일주의가 낳은 블랙코미디의 하나"라는 말이 나올 법도 하다.

박정순 교수는 샌델과 개인적인 친분이 깊다. 그는 『정의란 무엇인가』가 한국사회에서 돌풍을 일으키는 것을 보고 한국 철학자들 중 누군가는 그것에 대해 제대로 된 해제와 정밀한 비판을 겸비한 책을 출간을 해야 할 의무가 있다고 생각했다. 박교수는 이 책을 통해 '샌델의 정의론에 대한 최고차적인 비판'을 제기하고 있다. 박교수의 책이 우리의 구겨진 자부심을 어느 정도는 회복시켜줄 것이라고 생각한다.

서 문

정의의 역사는 철학의 역사보다 더 유서가 깊다. "눈에는 눈, 이에는 이"라는 인간의 원시적 복수 감정이 함축되어 있는 응보주의(retributivism)적인 동태복수법(*lex talionis*)이 수록된 함무라비 법전은 고대 바빌로니아 왕조 함무라비왕 때인 기원전 1750년에 만들어졌다. 기원전 1,500년부터 기원후 100년까지 약 1,600년 동안 쓰였다고 생각되는 기독교 성경에도 동태복수법이 언급되고 있다(『구약성경』 「출애굽기」 21장 23-25절, 『신약성경』 「마태복음」 5장 38절). 그리고 기독교 성경에는 "오직 공법을 물같이, 정의를 하수같이 흘릴지로다"라는 정의 관련 구절이 있다(『구약성경』 「아모스서」 5장 24절). 소크라테스(B.C. 470-399)가 등장하여 정의를 논하는 플라톤의 『국가』와 정의 개념을 분석하고 명료화한 아리스토텔레스의 『니코마코스 윤리학』이 공통적으로 말해주듯이, 정의로운 사회에 대한 열망은 인류의 가장 유서 깊은 사회적 이상이다. 현대에서도 그 이상을 어떻게 이론적으로 정립하고 현실적으로 구현하는지에 관련된 문제들은 여전히 중대한 사회철학적 과제로 남아 있다.

현대 정의론의 선구자인 미국 하버드대학교 철학과 교수였던 존 롤스(John Rawls)는 그의 『정의론(*A Theory of Justice*)』(1971)에서 "사상체계의 제1덕목을 진리라고 한다면, 정의는 사회제도의 제1덕목이다"라고 천명했다. 이론이 아무리 정교하고 간명하다고 할지라도 그것이 진리가 아니라면 수정되거나 배척되어야 하듯이, 법이나 제도가 아무리 정연하고 효율적이라고 할지라도 그것이 정당하지 않으면 개선되거나 폐지되어야 한다. 그래서 "정의가 모든 나라의 기반이다(*Justitia regnorum fundamentum*)"라는 라틴어 경구가 생겼다. 정의가 사회제도의 제1덕목이라면 우리 인간에게는 정의의 원칙을 적용하고 그것에 따라 행위하고자 하는 효과적인 도덕적 능력인 정의감(sense of justice)이 있어야 할 것이다. 물론 정의가 사회제도의 제1덕목이라고 하더라도, "하늘이 무너져도 정의는 세워라(*Fiat justitia, ruat caelum*)"라는 절대주의적 우선성을 가진 것은 아닐 것이다. 인간사회는 정의와 아울러 복지와 행복과 건강의 증진, 효율성과 경제 발전, 안정성과 외적으로부터의 국가 방위, 사회구성원들의 자존감 증진과 삶의 의미 추구, 가족 및 사회 공동체의 유지, 학문과 예술과 과학과 문화의 창달과 향유, 문화적 다원주의 실현 등 다른 사회적 덕목들의 구현도 추구해야만 한다. 물론 이상의 다른 사회적 덕목들이 정의와 무관한 것은 아니며 배경적 사회가 정의로운 가운데 그것들이 실현되고 추구된다면 더 좋을 것이다.

인간에게서 정의감의 존재를 입증하는 것으로 '최후통첩 게임(Ultimatum Game)'과 '독재자 게임(Dictator Game)'이 있다. 최후통첩 게임은 제안자인 당신에게 3만 원이 주어질 때 모르는 사람인 응답자에게 얼마를 줄 것인가 하는 게임이다. 제안자인 당신이 생각한 액수를 응답자인 그 사람이 수락하면 분배가 이루어지지만 수락하지 않으면 분배가 이루어지지 못한다. 단 한 번의 제안으로 게임이 끝나므로 최후통첩 게임이다. 가장 흔히 제안하는 것은 50퍼센트였고, 적어도 30퍼센트 이상은 제시했다고 한다. 그리고 보통 30퍼센트 미만이면 거절되었다. 1만 5천 원을 받은 응답자들이 가장 행복해했고, 제안자를 좋아하는 마음도 컸다. 2만 원을 받은 응답자들은 자신들이 과도하게 보상을 받았다고 생각하기 때문에 덜 행복해했다. 마찬가지로 1만 원만 받은 사람들도 덜 행복해했다. 그 이유는 받아야 할 만큼 충분히 받지 못했기 때문이다. 독재자 게임은 응답자가 제안자의 액수를 거절할 수 없는 독재적 제안의 게임이다. 이 게임에서는 최후통첩 게임에 비해서 제안자의 액수가 상당히 적어질 것이고 심지어는 한 푼도 주지 않을 것으로 예측된다. 그러나 독재자 게임에서 대부분의 제안자들은 여전히 상당한 금액을 제안했고, 심지어 돈을 똑같이 나누는 사람들도 있었다고 한다. 이러한 두 심리 실험은 인간 행동을 자기 이익의 극대화를 추구하는 호모 에코노미쿠스(*homo economicus*)로 보는 주류 경제학에 대한 반증 사례다. 인간은 자기 이익만을 추구하는 합리성(rationality)의 존재만은 아니고 타인을 고려하고 공평성을 생각하는 합당성(reasonableness)의 존재이기도 하다. 그러한 존재는 자신의 선(善, the good)을 규정하는 가치관과 아울러 정당성(正當性, the right)을 규정하는 정의감을 가지고 있는 도덕적 존재다.

그러나 다른 한편으로 인간은 평범하고 선량한 사람이 악한 행동을 저지르도록 유도하는 상황과 시스템에 따라 변하는 존재이기도 하다. 죄수와 간수의 역할을 실험적으로 분담했을 때 간수들은 주어진 상황과 권위를 남용하여 가학적인 간수로 변해가는 루시퍼 효과(Lucifer effect)도 사람들에게 상당한 힘을 발휘한다. 3개의 얼굴과 6개의 날개와 불타오르는 몸을 가진 루시퍼는 한때 신의 은총을 한 몸에 받고 천사 중의 최고위인 치천사(熾天使, seraphim)였으나 오만에 빠져 신과 대등한 지위를 노리다가 하늘에서 추방당하여 악마로 변하였다. 또한 인간은 자신의 정체성이 드러나지 않는 익명성(anonymity)의 상황, 즉 플라톤의 『국가』에 나오는 돌리면 몸이 보이지 않는 "기게스의 반지(the ring of

Gyges)"를 끼고 있는 상황이라면 도덕적 제약과 구속력이 매우 해이해진다. 또한 인간은 키티 제노비스(Kitty Genovese) 사건에서 보는 것처럼, 강도에 의한 35분간의 살인 사건을 38명이나 목격했음에도 불구하고, 자신에게 책임이 명시적으로 귀속되지 않는 상황이었으므로 어느 누구도 도와주거나 신고조차 하지 않는 방관자적인 존재이기도 하다.

더 나아가서 인간은 타인들에 대해서 정의의 원칙들이 허용하는 이상으로 자신의 목적을 달성하기 위해서 자의적으로 행사될 수 있는 권한을 추구함으로써 부당하고 부정의한 것을 취득하려는 욕구를 드러내기도 한다. 그리고 우리나라에서는 법 지키면 손해, 준법 투쟁적 쟁의, 악법도 법이라는 상호 모순적일 수도 있는 도덕적 법적 허위의식의 삼합(三合)이 매우 팽배하고 있으므로 법치주의의 근간을 흔들고 있다. 따라서 인간의 마음속에는 선과 악이 공존하므로 우리는 부정의에 단호하게 대처하기 위한 정의감을 앙양시키고, 부정의가 기생할 수 없는 사회적 상황과 사법적 시스템을 만들어 부정의를 우선적으로 척결해야 할 것이다. 기원전 520년경 그리스 시대에 만들어진 양 손잡이가 달린 목이 좁은 항아리 암포라(amphora)에 그려진 정의의 여신 디케(Dike)가 부정의의 여신 아디키아(Adikia)를 해머로 응징하는 장면처럼 우리는 준엄하게 부정의를 심판해야 할 것이다.

저자가 마이클 샌델(Michael Sandel) 교수를 처음 만난 것은 2005년 9월 초 저자가 위원장으로 있었던 한국철학회의 '다산기념 철학강좌 9'에 그를 초빙하면서였다. 그 당시 샌델 교수는 50대 초반이었고, 지금처럼 유명하지는 않았지만 앞으로 전도가 양양하고 유망한 학자로 생각되었다. 그 생각이 맞았는지 2009년 *Justice: What's the Right Things to Do?*가 출판되었고, 2010년 우리말 번역본인 『정의란 무엇인가』가 출판되어 우리나라에서 130만 부 이상 팔리는 커다란 업적을 이룩하였다. 샌델 교수는 '공동체주의와 공공성'이라는 주제 아래 한국에서 서울대, 경북대, 전북대, 프레스센터에서 네 번의 강연을 했고, 같은 제목의 강연

록도 출간했다. 샌델 교수의 강연을 시종일관 참관하면서 그의 공동체주의 정의론과 공화주의 철학에 대한 이해를 높임과 아울러 비판적 식견도 가지게 되었다. 이 강연 이후 우리는 1953년생인 샌델 교수가 나보다 한 살 연상이니 곧 친구가 되었고, 샌델 교수가 한국에 오면 항상 만나 우정을 다지고 현대 윤리학과 사회철학에 대해서 유익한 담화를 많이 나누었다. 주지하다시피 샌델 교수는 한 사회가 지닌 지배적인 가치관에 따라 좋은 삶을 공공적으로 실현시키고, 정치적 참여와 시민적 덕성을 증진하는 아리스토텔레스적 공동체주의와 공화주의적 공공철학을 주창하고 있다. 그러나 저자는 그 대척점인 롤스의 사회계약론적 자유주의를 신봉하고 있다. 우리들의 입장은 이렇게 다르지만 1970년대 이후 영미철학계를 풍미했던 '자유주의 대 공동체주의 논쟁'의 관점에서 서로 많은 대화를 할 수 있었다. 2010년 『정의란 무엇인가』가 한국에서 번역 출간된 이후에는 그 책에 대해서도 많은 논의를 하였다.

　이 책은 그러한 대화의 저자 쪽에서의 기록이고 결말이라고 말하고 싶다. 샌델 교수가 저자에게 한 답변들과 『정의란 무엇인가』와 다른 저작들에 대해서 피력한 견해는 사적 대화에서 알게 된 것이므로 본서에 기록하지 못했음을 매우 아쉽게 생각한다. 저자는 이 책에서 샌델 교수의 정의론을 비판적으로 논의하고 있지만 그것은 인간적인 대립은 아니며 언젠가는 우리의 철학이 상호 수렴되기를 바라고 있다. 샌델 교수에게 세계적 명성을 안겨준 『자유주의와 정의의 한계』(1982)는 롤스의 정의론을 매우 신랄하게 비판한 책이다. 비판 없는 철학은 맹신이고 맹목일 뿐만 아니라 공허하다. 치열한 갑론을박이 난무하는 거대한 철학적 쟁투를 참관하거나 그것에 참여하지 못한다면 무슨 재미로 철학을 할 것인가? 저자도 이 책에서 샌델 교수의 정의론과 공동체주의 철학에 대해서 주도면밀한 무수히 많은 비판을 전개했다. 샌델 교수가 이 책을 통해 저자에게 설복당할지는 모르겠으나, 저자는 그가 이 책을 1956년 개봉되었던 미국 영화의 제목처럼 '우정 어린 설복(friendly persuasion)'으로 간주하기를 바란다. 언젠가는 그에게 저자의 비판을 영어로 말하든지 아니면 영역하여 전달할 생각이다. 궁극적으로 샌델 교수와 저자가 『정의란 무엇인가』에 대해서 같이 논의한 대담록이 나와야 할 것이다.

저자가 이 책을 쓰기로 작정한 것은 기본적으로 샌델 교수와의 철학적 동지애적인 의무감 때문이었다. 저자는 샌델 교수의 『정의란 무엇인가』가 우리나라에서 130만 부나 팔렸다면 그 책에 대해서 한국 철학자들 중 누군가는 제대로 된 종합적인 해제와 정밀한 비판을 겸비한 책을 출간을 해야 할 의무가 있다고 생각해왔는데 저자가 나서서 이제 그 의무를 다하여 빚을 갚은 셈이다. 물론 기왕의 비판서들 중에도 좋은 책들이 있는 것이 사실이다. 한국의 윤리학자들과 사회철학자들에게 샌델 교수의 『정의란 무엇인가』는 자신에 대한 하나의 철학적 시금석이자 척도다. 우리 한국사회에 널리 알려져 있는 『정의란 무엇인가』에 대한 해제와 비판을 통해 한국의 윤리학자들과 사회철학자들은 자신의 철학적 해석과 비판 능력을 일반 독자들에게 평가받을 수 있을 것이다. 이 책 이후 『정의란 무엇인가』에 대해서 많은 후속 저서들이 나오기를 바라는 바이다.

저자는 석사학위 논문으로 『사회정의의 윤리학적 기초: John Rawls의 정의론과 공리주의의 대비』(연세대학교 대학원, 1983)를 썼고, 박사학위 논문으로는 홉스, 롤스, 고티에를 상호 비교하고, 합리적 선택이론을 비판적으로 논구한 『사회계약론적 자유주의 윤리학과 합리적 선택이론』(Graduate School, Emory University, 1990)을 썼다. 학문적으로 볼 때 저자가 샌델 교수의 『정의란 무엇인가』에 대한 해설 및 비판서를 쓰려고 작정했던 것은 그 책의 철학적 배경인 '자유주의 대 공동체주의 논쟁'의 관점에서 그 책을 요약하고, 해설하고, 비판할 수 있다는 자부심이 있었기 때문이다. 그간 '자유주의 대 공동체주의 논쟁'에 관련하여 7편의 논문을 썼고, 알래스데어 매킨타이어(Alasdair McIntyre) 교수의 『덕의 상실(After Virtue)』과 찰스 테일러(Charles Taylor) 교수의 『자아의 원천들

(*Sources of the Self*)』에 대한 서평을 썼고, 마이클 월저(Michael Walzer) 교수에 대한 대담 2회, 영어 논문 1편, 우리말 논문 4편을 썼다. 저자가 롤스의 권리준거적인 자유주의를 공부하는 도중에도 그것과 대립하고 있는 공동체주의도 같이 공부해왔기 때문에 이 책의 집필이 가능했다고 생각한다. 저자가 공동체주의의 4대 사상가를 모두 만나본 것도 큰 도움이 되었다. 매킨타이어는 미국 유학 중에 저자의 모교에서 열린 강연을 듣고 만난 바 있고, 나머지 세 사람은 저자가 한국철학회 '다산기념 철학강좌' 위원장으로 있을 때 모두 한국에 초빙하였다.

이 책은 샌델 교수의 『정의란 무엇인가』를 대체하려는 책은 아니며, 그 책을 요약하고 해설하고 비판하여 독자들에게 균형 잡힌 시각을 주는 동반서(a companion)이기를 바랄 뿐이다. 샌델 교수의 『정의란 무엇인가』를 완독한 사람은 말할 것도 없지만, 조금이라도 읽은 사람들이라면, 그리고 읽을 예정인 사람들에게 이 책이 샌델 교수의 정의론을 이해하는 데 좋은 지침이 될 것으로 기대해 마지않는다. 이 책을 통해 독자들이 저자와 함께 샌델 교수의 정의론에 대한 '자기발견적인 철학적 안내 여행(a heuristic philosophical guided tour)'을 경험하게 되기를 바라 마지않는다. 독자들이 이 책을 읽고 나면 현대사회의 정의 문제들에 대해서 윤리학과 사회철학적으로 고양된 비판적 식견을 가질 수 있으리라고 생각하는 바이다. 학생들은 이 책을 통해 단계적으로 철학적 비판을 배우고 연습할 수 있게 될 것이다.

이 책은 샌델의 『정의란 무엇인가』에 대한 요약, 해제, 비판이 단계적으로 주도면밀하고도 광범위하게 다루어지고 있다. 본서는 전체를 통틀어 기초론, 본격론, 고차론의 3부 5장으로 이루어져 있다. 제1부 기초론은 제1장과 제2장이다. 제1장에서는 샌델 교수의 학문적 이력과 주요 저작들이 소개되어 있다. 제2장에서는 샌델의 『정의란 무엇인가』의 학문적 방법론이 논의되고, 이어서 10개 강의에 대한 요약, 해설, 비판이 전개되고 있다. 제2부 본격론은 제3장이다. 제3장에서는 우선적으로 『정의란 무엇인가』가 왜 우리나라에서만 밀리언셀러가 되었는지가 밝혀지고 있다. 이어서 『정의란 무엇인가』 10개 강의의 상호 연계적인 종합적 비교와 비판이 15개 항목에서 진행된다. 제3부 고차론은 제4장과 제5장이다. 제4장에서는 『정의란 무엇인가』 10개 강의에 대한 참고자료와 심층 논의가 트롤리 문제, 칸트의 도덕철학, 소수집단 우대정책 논쟁에 관한 것만이 표본적인 논의로서 전개된다. 나머지 7개 강의에 대한 논의는 이 책의 후속으로 계획하고 있는 『현대 정의론의 주요 논제』에서 다루어질 것이다. 이어서 제5장에서는 샌델 교수의 정의론과 공동체주의 철학을 『정의란 무엇인가』뿐만이 아니라 『자유주의와 정의의 한계』(미국, 1판 1982, 2판 1998; 한국어 번역본, 2012)와 『민주주의의 불만』(미국, 1996; 한국어 번역본, 2012) 등 다른 저작들을 통해 논의한 내용과 아울러 그 탄생의 철학적 배경이 되는 '자유주의 대 공동체주의 논쟁'의 관점에서 상론하고 비판하는 최고차적인 단계가 전개된다. 이러한 기초론, 본격론, 고차론에는 저자가 새로 쓴 부분이 4분의 3으로 많지만, 아울러 저자의 51개 논저도 참조, 인용, 발췌되어 다루어지고 있다.

제1장과 제2장은 저자가 새로 쓴 부분이며, 제3장, 제4장, 제5장은 새로 쓴 내용과 기존에 쓴 내용이 함께 들어 있다. (제3장은 2절 4)항 말미 "롤스의 정치적 자유주의"의 발췌를 제외한 부분, 제4장은 1절 2)항 "이중결과의 원칙의 적용과 그 문제점들"과 3)항 "정의전쟁론에서 이중결과의 원칙"을 제외한 부분을 새로 썼으며, 제5장은 4절 3)항 소제목 (1)부터 (7)까지만 새로 쓴 부분이고 나머지는 기존의 논문 발췌.) 분량상으로 볼 때 새로 쓴 부분과 기존 논문 발췌는 3 대 1 정도다. 그리고 이 책에는 단순한 인용주만이 아니라 해설주도 상당한 총 1,150여 개의 후주(後註)가 있다. 이 주들은 철학 사조 및 용어 해설과 일화, 논증과 비판의 해제, 시사 문제 등을 다루고 있으므로 그것들을 읽는 재미도 꽤 괜찮을 것이다. 또한 샌델 교수를 비판하는 가운데 여러 논리적, 철학적, 법률적, 일상적 논증들을 제시하고, 또한 그 오류들도 지적했는

데 논리학과 철학의 기본적 필수 과목인 논증법과 오류론을 공부하는 유익함도 클 것이다. 그리고 졸저의 논의 주제에 관련된 101편의 영화와 TV 프로그램들도 언급되었고, 영화 참고자료도 마련되었으므로 영화 이야기를 읽는 흥미도 진진할 것이다.

이 책이 샌델 교수의 정의론을 가르치는 여러 교수님들에게 유익한 참고서가 되기를 바라 마지않는다. 샌델 교수의 정의론에 대해서 기왕의 비판을 제시했던 석학 여러분들께 깊은 감사의 말씀을 드리면서, 졸고를 일별하시길 권하는 바이다. 저자에게 지적 자극을 주어 이 책을 쓰게 된 기본적 동기가 되었던 여러 석학들의 기왕의 비판들을 이 책에서 충실하게 논의하지 못했음을 미안하게 생각하는 바이다. 단지 몇 분의 비판들만을 언급할 수 있었을 뿐이다.

저자가 동료 철학자들에게 말하고 싶은 것은 이 책에서 샌델의 정의론과 공동체주의 철학에 대해서 무수히 많은 비판들이 제기되었지만, 그중 졸저의 철학적 비판 수준을 평가할 수 있는 시금석이요 백미편은 제5장 4절 "자유주의적 무연고적 자아에 대한 샌델의 비판과 롤스의 정치적 자유주의로부터의 응답"이다. 이 절은 최고차적 수준으로서 6단계로 이루어져 있다. 1단계는 샌델 교수가 『자유주의와 정의의 한계』(1982)에서 롤스의 『정의론』(1971)을 무연고적 자아라는 관점에서 비판한 것에 대한 논의다. 2단계는 샌델 교수의 비판에 대해 롤스가 『정치적 자유주의』(1993)에서 제시한 응답에 대한 논의다. 3단계는 샌델 교수가 『자유주의와 정의의 한계』(2판 1998)에서 전개한 롤스의 정치적 자유주의에 대한 재응답에 대한 논의다. 4단계는 샌델 교수의 재응답에 대한 롤스의 재응수에 대한 논의이고, 이에 대한 저자의 비판적 평가다. 5단계는 자유주의의 종교적 교설에 관한 중립성 논변과 그것을 뒷받침하는 자발주의적 논증과 그것들에 대한 샌델 교수의 비판이다. 6단계는 자유주의의 종교적 자유와 자발주의적 선택을 문화다원주의 속에서 소수 집단의 종교적 권리에 대한 논제와 연관시켜 논하는 방식으로 샌델 교수에 대한 저자의 응답이 전개된다.

그중에서도 심혈을 기울인 것은 3, 4단계로서 본서 제5장 4절 3)항 "정치적 자유주의에 대한 샌델의 비판과 롤스의 응답에 대한 평가"와 그에 속하는 소제목 중 (4) "정치적 자유주의와 포괄적인 종교적 교설 사이의 관련 방식에 대한 다섯 가지 아포리아적 난제"와 (5) "다섯 가지 난제의 한 해결책으로서 종교의 세속화와 고등교육의 기독교적 커리큘럼의 세속화"다. 3)항 (4)에서 최고의 압권은, 일견해서 볼 때는 특별한 것이 아닌 것 같지만, 미국에서 1830-40년대 노예제 폐지론자들에게 포괄적인 종교적 교설로부터의 근거를 제시했던 복음주의 프로테스탄티즘(Evangelical Protestantism)과 롤스의 정치적 자유주의의의 관련 방식에 대해서 샌델 교수가 다섯 가지의 출구 없는 아포리아(*aporia*)적 난제를 제시한 것을 해결한 것이었다.

샌델 교수가 제기한 난제 1은 롤스의 정치적 자유주의가 어떻게 정치적 자유주의의 공적 이성을 거스르지 않고 포괄적인 종교적 교설의 지지를 받을 수 있는가의 문제다. 샌델 교수는 정치적 자유주의가 그러한 지지를 결코 받을 수 없다고 강하게 단언한다. 그리고 다른 세 가지 난제는 샌델 교수가 롤스의 정치적 자유주의와 포괄적인 종교적 교설 사이의 가능한 관계로서 가정하여 해석한 세 가지 사례들이다. 이러한 세 가지 사례들에 대해서 샌델 교수는 그러한 경우는 결코 현실적으로 존재할 수 없다고 확신에 찬 비판을 전개한다. (1) 노예제 폐지론자들이 세속적이고 정치적인 근거에서 노예제를 반대했지만 단순히 대중의 지지를 얻기 위해서 종교적 논증을 이용해 활동했다고 해석하는 것이다. (2) 노예제 폐지론자들이 열띤 종교적 논의를 통해 세속적이고 정치적인 담론이 진행되는 안전한 세상을 만들었다고 해석하는 것이다. (3) 노예제 폐지론자들은 노예제에 반대하는 종교적 논거를 펼침으로써 정치적 토론에서 종교적 논거가 더 이상 환영받지 못하는 사회가 출현하는 데 공헌했다는 자부심을 느꼈다고 해석하는 것이다. 마지막 난제 5는 복음주의 프로테스탄트들은 노예제가 신의 법에 반하는 흉악한 범죄라는 것을 천명함으로써 미국인들이 다른 정치적인 문제들에서도 종교적 도덕적 관점에서 볼 수 있기를 기대했다는 것이다.

저자의 해석으로는 이 다섯 가지 아포리아적 난제가 샌델 교수가『자유주의와 정의의 한계』(2판 1998)에서 전개한 롤스의 정치적 자유주의에 대한 비판 중 가장 심원한 비판이라고 생각된다. 저자는 샌델 교수의 롤스의 정치적 자유주의에 대한 또 다른 비판인 노예제에 관련된 링컨과 더글러스의 논쟁(1858)을 역이용하여 정치적 논의에서 복음주의 프로테스탄티즘적인 종교적 논거가 사라진 것을 입증하였다. 이 논쟁은 국가는 노예제에 대해서 도덕적 관점에서 실질적인 평가를 내려야 한다고 주장한 링컨과 노예제에 관한 사항은 각 주의 인민 주권에 관련된 것이므로 투표에 표출된 그들의 의견을 따라야 한다는 일종의 국가 중립성을 부르짖는 더글러스의 주장이 맞섰던 것이다. 샌델 교수는 롤스의 정치적 자유주의가 그 자체의 중립성 입론으로 말미암아 더글러스의 입장에 대해서 포괄적인 도덕적, 종교적 교설을 통한 실질적 비판을 전개할 수 없다고 지적했다. 저자는 이것을 1830-40년대의 노예제 폐지론의 복음주의 프로테스탄티즘적인 종교적 논거가 1858년 링컨과 더글러스의 노예제에 관한 정치적 논쟁에서는 사라지고 없다는 것을 역으로 입증하였다. 즉 노예제에 관한 종교적 논거가 다른 정치적 문제로 확장되기는커녕 심지어 노예제에 관한 논의에서도 사라졌다고 반증함으로써 난제 5를 붕괴시키고, 그 반증의 힘으로 나머지 난제들도 도미노처럼 쓰러뜨렸다. 샌델 교수는 두 사안을 따로 논의하였지만 저자는 그것들을 동시에 연계해서 다룸으로써 그 사이에 벌어진 노예제에 대한 종교적 논거의 역사적 이행과 변천의 문제를 파헤칠 수 있었다.

일반적으로 말하면 저자는 샌델의 다섯 가지 아포리아적 난제가 종교의 세속화 과정과 그와 연계된 대학교육에서의 기독교적 커리큘럼의 세속화로 동시에 해결될 수 있음을 입증하였다. 1869년부터 1909년까지 하버드대학교 총장을 지낸 찰스 엘리엇(Charles W. Eliot)은 하버드대학교 커리큘럼에서 기독교의 특혜적 지위를 박탈하여 세속화시키고 학생들에게 자기주도적 학습의 기회를 보장하였다. 엘리엇의 이러한 고등교육에서의 세속화를 지향하는 교육개혁은 교육을 세속화하려는 열망에서 나온 것이 아니라 초월주의적 유니테리언 교회의 종교적 신념에서 나온 것이었다. 이 사례는 포괄적인 종교적 교설로부터 동기화된 고등교육의 세속화와 자기주도적 학습은 결국 교육과 사회에서 기독교의 특혜적 지위를 박탈하여 자유민주주의적인 다원사회를 이룩하는 데 기여한 것을 입증하고 있다. 이 사례를 찾는 데 이 책의 집필을 본격적으로 시작한 것과 맞먹는 1년 남짓의 세월이 걸렸다. 이 사례가 없었다면 이 책은 출판될 수 없었을 것이다. 이 사례를 통해서 이 책의 화룡점정이 이룩된 것이다. 『삼국지』에서 관우가 조조 진영의 5관을 돌파하고 유비 진영으로 복귀했던 그 사필귀정처럼 대단한 일이 아닐 수 없다. 저자는 천신만고 끝에 구사일생으로 그 사례를 발견하고는 "아! 이제 이 책을 출판해도 되는구나" 하고 안도했다. 독자들이 이 사례를 충분히 이해할 수 있도록 본서 제5장 4절 3)항의 소제목 (4)와 (5)에서 자상하게 설명하였다. 이 사례는 정말로 샌델 교수의 확신에 찬 다섯 가지 난제를 일거에 해결할 수 있는 촌철살인의 귀중한 사례다.

이 사례를 발견하게 된 것은 본서 제3장 1절에서 언급하고 있는 미국 영화 「그레이트 디베이터스(Great Debaters)」(2007)를 2015년 6월 초에 다시 보면서 마지막 장면에서 영감을 얻은 것이다. 샌델 교수도 강의하고 있는 하버드대학교의 샌더스 강당에서 하버드대학교 토론 팀과 흑인대학 와일리 칼리지의 토론 팀 사이의 미국 최종 대항전이 전개된다. 여기서 흑인 여성 토론자인 사만타 북(Samantha Booke) 양이 마하트마 간디(Mahatma Gandhi)의 비폭력적 시민불복종 운동은 힌두 경전이 아니라 하버드대학교 졸업생인 헨리 데이비드 소로(Henry David Thoreau)의 사상인 『시민의 반항(*One Civil Disobedience*)』(1849)에서 기원한 것이라고 하는 말을 듣는 순간 혹시 하버드대학교의 역사에서 그 사례를 찾을 수 있지 않을까 하는 생각이 번개처럼 뇌리를 스쳐 지나갔다. 바로 하버드대학교의 역사를 참고하여 그 사례를 발견한 것은 참으로 다행스러운 일이었다. 동료 철학자들과 일반 독자들에게 이 책의 집필 과정의 숨겨진 이야기 하나를 말할 수 있게 되어 기쁘다.

샌델 교수는 다섯 가지 난제를 "Political Liberalism"(*Harvard Law Review*, May, 1994)에서 처음으로 제기했다. 샌델 교수는 이 논문을 『자유주의와 정의의 한계(*Liberalism and the Limits of Justice*)』(2nd edn., Cambridge: Cambridge University Press, 1998)의 부록 "롤스의 정치적 자유주의에 대한 응답(A Response to Rawls' Political Liberalism)"으로 재수록하였다. 여기서 샌델 교수는 롤스의 정치적 자유주의에 대해서 전례 없는 과감하고도 치밀한 비판을 전개했고, 그러한 비판을 결코 반박될 수 없는 난공불락의 철옹성처럼 확신하여, 전가의 보도처럼 휘두르면서 『왜 도덕인가?(*Public Philosophy*)』(2005)에도 재수록하였다. 롤스는 2002년 타계하기 전 1999년 샌델 교수의 비판에 대해서 간략하게 재응수한다. 이제 롤스가 타계했으므로 저자는 롤스를 대신해서 샌델 교수의 비판에 대해서 철저하게 재응수했다. 샌델 교수는 이제 20년 동안의 독단의 미몽(dogmatic slumber)에서 깨어날 때도 되었다. 결국 이 대리전은 추후 샌델 교수와 저자 사이의 거대한 전쟁의 서막으로서 치열한 직접전이요, 백병전으로 발전되어가고 변모해갈 것이다. 지금의 수준에서도 매우 치열한 접전이 펼쳐지고 있으므로 관전과 더 나아가서 관전평을 감히 부탁드리는 바이다.

마이클 샌델 교수의 정의론에 대한 비판서를 쓰도록 독려해주신 서울대학교 철학과 명예교수이신 황경식 교수님에게 특별한 감사를 드린다. 황교수님은 현대 정의론의 선구자인 존 롤스의 『정의론』(1971)을 번역하셨다. 그래서 황교수님은 우리나라 학계에 그의 정의론을 처음으로 소개해 정의론 논의를 주도하셨고, 한국연구재단 국가 석학으로 선정되어 덕의 윤리를 5년간 연구하셨고, 한국철학회 세계석학 초빙강좌인 '다산기념 철학강좌'에 10년간 기금을 출연하셨고, 한국철학회 회장과 한국윤리학회 회장을 역임하셨다. 2005년 한국에서의 샌델 교수의 강연 때 통역을 한 인연으로, 지금까지 국내에서 출판된 샌델 교수의 여러 저작들의 감수와 해제를 맡고 있는 숭실대학교 철학과의 김선욱 교수의 격려도 큰 도움이 되었다. 2014년 9월 중순 샌델 교수의 정의론 비판의 초고를 발표할 기회를 주었을 뿐만 아니라, 책으로 내도록 권면하고, 여러 좋은 논평들을 수렴할 기회도 갖게 해준 한국자유주의연구학회 회장인 숭실대학교 정치외교학과 서병훈 교수님과 회원 여러분들께도 깊은 감사를 드린다. 2015년 1월 말 "샌델의 정의론 특집"을 주제로 열린 한국윤리학회 동계 학술대회에서 2명의 기조발표와 5명의 발표 중 기조발표를 할 수 있는 기회를 갖게 해준 건국대학교 철학과 교수인 한국윤리학회 정원섭 회장님과 한국윤리학회 회원 여러분들께 큰 고마움을 표하고 싶다. 이 한국윤리학회에서의 발표를 통해 여러 발표자들과 논평자들, 그리고 질문자들과 심층적 대화를 나눌 수 있었던 것은 졸저를 쓰는 데 큰 도움이 되었다.

그리고 샌델 교수의 『정의란 무엇인가』가 출간된 2010년 이후 대학원과 학부의 수업들에서 샌델 교수의 정의론을 수년간 강의한 것도 이책의 큰 자양분이 되었다. 수업에서 좋은 질문과 의견을 제시했던 학생들에게 감사한다. 최종 원고의 교정을 꼼꼼히 보아주었고, 롤스의 정치적 자유주의에 관한 샌델의 비판에 대해서 좋은 의견을 제기해준 한양대 이양수 교수(샌델 교수의 *Liberalism and the Limits of Justice* 번역)에게 감사한다. 그리고 후주를 포함한 마지막 원고 전체에 대해서 세심하고도 철저한 교정을 보아준 연세대 철학과 대학원 박사후보자 이주석 군에게 감사한다. 그리고 트롤리 문제와 이중결과의 원칙에 대해서 교정도 보아주고, 좋은 의견도 제시해준 강철 박사(트롤리 문제로 연세대에서 박사학위)에게도 감사한다. 그리고 저자가 소속한 철학과 동료 교수들에게도 무한한 감사를 드린다. 김영근 명예교수님은 시작 단계부터 마지막 단계까지 큰 관심을 보여주셨고 항상 격려를 아끼지 않으셨다. 리기용 교수는 보직을 맡아 학교 일로 바쁜 가운데서도 언제나 책의 진도에 대해서 염려했고 졸저에 관련된 동양철학 주제에 대해서 자상한 설명을 아끼지 않았다. 그리고 학과장 이상인 교수는 플라톤 철학과 고대 철학 방법론에 대해서 좋은 자문을 해주었고, 책의 탈고를 항상 권면했다. 이진용 교수는 도가 철학자답게 졸고가 상선약수(上善若水)처럼 유려한 글이 되도록 격려했다. 이 책은 이상과 같은 다양한 여러 경로의 학문적 상호 교류와 인간적 북돋움을 통해 점차로 완성된 것이다. 다시 한 번 관련된 모든 분들에게 큰 감사를 드린다.

졸저를 위해서 과분한 추천사를 써주신 서울대학교 철학과 명예교수이신 황경식 교수님과 한국자유주의연구학회 회장인 숭실대학교 정치외교학과 서병훈 교수님에게 특별한 감사를 드리고 싶다.

책이 완성되기도 전에 학회 발표용 초고만을 보고 선뜻 출판을 제안하신 철학과현실사 전춘호 사장님의 후의가 큰 힘이 되었다. 그리고 본서가 출판되어 나오기 전까지의 전 과정에서 많은 노고를 아끼지 않은 철학과현실사 편집부에게도 고마움을 표하고 싶다.

만약 어떤 사람이 샌델 교수의 정의론이 우리 한국사회에 무슨 소용이 있냐고 묻는다면 로마 시인 호라티우스(Horatius)의 격언, "이름만 바꾸면 이 이야기는 당신을 말하고 있다(*Mutato nomine, de te fabula narratur.* The name being changed, the story is told of you)"라는 말을 제사(題詞)로서 들려주고 싶다.

우리의 정의에 대한 담론이 단지 미국적 상황 속에서의 논의나 추상적인 철학적 논의로 끝나서는 안 될 것이다. 물론 샌델 교수의 정의론이 그 자체로서 즐길 수 있는 고난도의 지적 유희를 제공한다는 것은 좋은 일이다. 그러나 졸저에서 저자는 샌델의 정의론에 대한 비판과 연관해서 우리나라의 여러 사회정의의 문제들도 같이 논의하려고 노력했다.

궁극적으로 이 책이 우리 사회에서 노정되고 있는 다양한 현실적 사회 정의 문제들에 대한 심도 있는 논쟁들을 통해 얻은 사회적 합의에 의거해서 우리 사회가 더 정의로운 사회로 변혁되는 데 일조할 수 있기를 바라는 마음 간절하다.

도곡 서재에서
저자 씀

제1부

기초론

제1장

마이클 샌델의 약력, 학문적 이력과 저작, 교육과 강연

1. 약력

마이클 샌델(Michael Sandel)은 1953년 3월 5일 미국 미네소타주 미니애폴리스의 유대인 가정에서 출생했다. 브랜다이스대학교를 1975년 최우등으로 졸업했다. 로즈 장학금(Rhodes Scholarship)을 받고 옥스퍼드대학교 베일리얼 칼리지(Balliol College)에서 수학하고 철학박사학위를 받았다. 이 과정에서 박사학위 논문 지도교수로서 캐나다의 저명한 철학자 찰스 테일러(Charles Taylor)에게 사사했고, 영미 및 유럽 철학의 전통으로부터 많은 영향을 받은 것으로 알려져 있다. 그 이후 27세에 최연소로 하버드대학교의 교수로 임용되었다. 샌델 교수는 현재 미국 하버드대학교 정치학과(Department of Government, Harvard University)의 정교수로 있다. 미국 대통령직속 생명윤리위원회 위원, 그리고 미국 예술과학원 회원으로도 활동하고 있다.

2. 학문적 이력과 저작

샌델은 교수가 된 지 2년 후인 29세 때 자유주의 정의론의 대가 존 롤스(John Rawls)의 정의론을 비판한 저서 『자유주의와 정의의 한계 (*Liberalism and The Limits of Justice*)』(Cambridge: Cambridge University Press, 1982)를 출간하면서 세계적인 명성을 얻었다. 이 책을 통해 1980 년대 이후 영미 철학계를 풍미한 '자유주의 대 공동체주의 논쟁'에 참여 함으로써, 알래스데어 매킨타이어(Alasdair MacIntyre), 찰스 테일러 (Charles Taylor), 마이클 월저(Michael Walzer) 등과 함께 공동체주의의 4대 이론가 중의 한 사람이자 존 롤스 이후 정의론 분야에서 세계적인 학자로 인정받아왔다. 이 책이 나온 이후 『자유주의와 그 비판자들 (*Liberalism and Its Critics*)』(New York: New York University Press, 1984) 을 '자유주의 대 공동체주의 논쟁'의 관점에서 편집하고, 서문을 쓰고, 자신의 논문 "Justice and the Good"도 수록한다. 이 논문은 『자유주의 와 정의의 한계』에서 발췌한 것이다.

한국철학연구회에서는 '자유주의 대 공동체주의 논쟁'을 1993년과 1999년 두 차례의 논문 발표회를 통해 주제적으로 다루고 각각 『현대 철학에서의 방법론적 쟁점과 그 성과 분석』(1993)과 『자유주의와 공동 체주의』(1999)로 학회지 특집호를 발간하였다. 졸고 「자유주의 대 공동 체주의 논쟁의 방법론적 쟁점」(『철학연구』, 철학연구회, 제33집(1993), pp.33-62), 「자유주의의 건재」(『철학연구』, 철학연구회, 제45집(1999), pp.17-46)는 각각 위 학술지에 수록되었다. 그리고 1997년 '세계체계학 회'에서 영어로 발표한 논문, "Communitarianism and Social Justice" (Proceedings of the 41st Annual Meeting of the ISS: System Thinking, Globalization of Knowledge(1997), pp.798-815)와 한국철학회 학회지에 수록한 「공동체주의 정의관의 본질과 그 한계」(『철학』, 한국철학회, 제 61집(1999), pp.267-292)도 그 논쟁과 관련이 있다. 그리고 「정치적 자

유주의의 철학적 기초」(『철학연구』, 철학연구회, 제42집(1998), pp.275-
305), 「공동체주의는 여전히 유효한가?」(『철학직설』(파주: 한국학술정
보, 2013), pp.156-172), 「자유주의 정의론의 철학적 오디세이: 롤즈 정
의론의 변모와 그 해석 논쟁」(황경식 · 박정순 외, 『롤즈 정의론과 그
이후』(서울: 철학과현실사, 2009), pp.54-76)도 역시 그 논쟁과 관련이
있다.

샌델의 다른 저작들로는 『민주주의의 불만(*Democracy's Discontent:
America in Search of Public Philosophy)*』(Cambridge, Mass: Belknap Press
of Harvard University Press, 1996), 『왜 도덕인가?(*Public Philosophy:
Essays on Morality on Politics)*』(Cambridge, Mass: Harvard University
Press, 2005), 『생명의 윤리를 말하다: 유전학적으로 완벽해지려는 인간
에 대한 반론(*The Case Against Perfection: Ethics in the Age of Genetic
Engineering)*』(Cambridge, Mass: Belknap Press of Harvard University
Press, 2007), 『정의: 독본(*Justice: A Reader)*』(Oxford, New York: Oxford
University Press, 2007), 『정의란 무엇인가(*Justice: What's The Right
Things to Do?)*』(New York: Farrar, Straus, and Giroux, 2009), 『마이클
샌델의 하버드 명강의(*Justice with Michael Sandel)*』(파주: 김영사, 2011),
『돈으로 살 수 없는 것들(*What Money Can't Buy: The Moral Limits of
Market)*』(New York: Farrar, Straus, and Giroux, 2012)이 있다. 우리나라
에서는 편집본인 『자유주의와 그 비판자들』과 『정의: 독본』을 제외하
고는 모두 번역이 되어 있다. 샌델의 교수의 논문도 많이 있지만, 저자
가 본서에서 논의한 것은 다음 둘뿐이다. 「절차적 공화정과 무연고적
자아(The Procedural Republic and the Unencumbered Self)」(*Political
Theory*, Vol. 12(1984), pp.81-96), 「정치적 자유주의(Political Libera-
lism)」(*Harvard Law Review*, Vol. 17(1994), pp.1765-1794).

마이클 샌델 저서의 국내 번역본으로는, 이창신 옮김, 『정의란 무엇
인가』(파주: 김영사, 2010), 안기순 옮김, 『돈으로 살 수 없는 것들』(서

울: 와이즈베리, 2012), 안진환 · 이수경 옮김, 『왜 도덕인가?』(서울: 한
국경제신문사, 2010), 강명신 옮김, 김선욱 해설, 『생명의 윤리를 말하
다: 유전적으로 완전해지려는 인간에 대한 반론』(서울, 동녘, 2010), 김
선욱 감수, 이목 옮김, 『마이클 샌델의 하버드 명강의: Justice』(서울: 김
영사, 2011), 안규남 옮김, 『민주주의의 불만: 무엇이 민주주의를 뒤흔
들고 있는가』(서울: 동녘, 2012), 이양수 옮김, 『마이클 샌델, 정의의 한
계』(고양: 멜론, 2012)가 있다. 그리고 『정의란 무엇인가』 두 번째 번역
인 김선욱 감수, 김명철 옮김, 『정의란 무엇인가』(서울: 와이즈베리,
2014)가 있다.

3. 하버드대학교 '정의' 강좌

샌델은 1980년부터 하버드대학교에서 정치철학, 정치사상사, 윤리학
등을 가르치고 있다. 그의 '정의(Justice)' 강좌는 지난 20년간 하버드대
학교에서 최고의 명강의로 손꼽히고 있다. 2007년 기준으로 1만 2천 명
이 수강하였다.[1] 이러한 명성으로 그는 하버드 정치학과에서 앤티앤드
로버트 앰 배스 석좌교수로 임명되었고, 2008년 미국 정치학회로부터
최고 강의 교수로 선정되었다. 샌델 교수는 정의 수업을 위해서 'Justice
with Michael Sandel'(http://justiceharvard.org)이라는 웹사이트도 운영하
고 있다. 『정의: 독본』은 이러한 '정의' 수업을 위한 고전과 현대 참고
문헌의 발췌본으로 웹사이트에도 강의별로 등재되어 있다. 이 웹사이트
에는 12강의 비디오가 수록되어 있는데 그 비디오들은 미국 PBS, 영국
BBC, 일본 NHK에서 방영되었고, 한국 EBS에서는 2011년 1월 3일부
터 26일까지 "EBS 마이클 샌델: 하버드 '정의' 특강"으로 시리즈로 방영
된 바 있다.

현재 EBS에서는 그 비디오를 다시보기 유료방송으로 판매하고 있다.
그리고 정의 강의 DVD 동영상도 판매하고 있다. 샌델의 하버드대학교

'정의' 강좌는 『마이클 샌델의 하버드 명강의: Justice』(파주: 김영사, 2011)로 번역 출간되었다. 샌델의 정의관과 공동체주의와 공화주의의 입장을 전반적으로 파악하기 위해서는 고바야시 마사야, 홍성민·양해윤 옮김, 『마이클 샌델의 정치철학: 정의사회의 조건』(서울: 천일문화사, 2012)을 참조하는 것이 좋다.

4. 전 세계에서의 강연과 한국과의 인연

샌델은 정의론 분야에서 세계적인 학자가 된 이후 그의 저작들은 27개 국어로 번역되었고, 미국 내에서 여러 라디오 대담과 TV 강연도 하고, 아울러 강연 요청이 쇄도한 세계 여러 나라에서 강연도 하게 된다. 1998년에는 옥스퍼드대학교가 주최하는 '인간의 가치에 관한 태너 강연(The Tanner Lectures On Human Values)'에서 시장과 도덕의 문제를 강의했고, 2009년에는 BBC 라디오 4가 주최하는 리스 강연(Reith Lectures)도 했다. 그리고 2012년부터 2015년까지 BBC 라디오에서 진행된 일련의 강연에서 샌델은 일반 대중을 위한, 일반 대중에게 어필하는 철학자(public philosopher)로 지칭되었다. 중국 『뉴스위크(Newsweek)』지는 샌델을 중국에서 2010년에 가장 영향력 있는 외국인으로 선정하였다
샌델이 한국을 처음 방문한 것은 2005년 9월 초 한국 명경의료재단의 황경식 이사장(당시 서울대 철학과 교수)이 후원하는 한국철학회의 '다산기념 철학강좌 9'에 초청되어 "공동체주의와 공공성"이라는 주제 아래 서울대, 경북대, 전북대, 프레스센터에서 네 번의 강연을 한 것이었다. 저자는 다산기념 철학강좌 위원회 위원장으로서 샌델을 공식 초빙하였고, 이후 한국에서의 모든 행사를 관장하였으며, 언론에 샌델에 대한 보도자료를 배포하였다. 그리고 강연록 출판을 감수하였다. 네 번의 강연은 숭실대학교 철학과 김선욱 교수가 모두 통역하였다. 강연록

으로 김선욱·강준호·구영모·김은희·박상혁·최경석 옮김, 『공동체주의와 공공성』(철학과현실사, 2008)이 출판되었다. 이 책의 말미에는 한양대학교 철학과 이양수 교수의 해제, "혼돈 시대의 민주주의: 공화주의와 삶의 가치"와 숭실대학교 철학과 김선욱 교수의 "마이클 샌델과의 인터뷰: 자기 해석적 존재를 위한 정치철학"이 수록되어 있다. 샌델의 '다산기념 철학강좌'의 준비는 당시 저자가 회장으로 있었던 한국윤리학회에 일임되었는데, 한국윤리학회 회원들 중에서 선발된 학자들은 6개월 전부터 매주 만나 샌델의 모든 저작들에 대해서 합동으로 공부하고 토론하였다. 샌델의 강연록을 번역하고, 해제와 인터뷰를 기고한 모든 학자들은 한국윤리학회의 회원들이다.

『정의란 무엇인가』가 한국에서 2010년 출간되어 베스트셀러가 된 이후 샌델 교수는 수차례에 걸쳐 한국을 방문하여 대중 강연과 TV 강연과 아울러 신문 및 방송 인터뷰를 하였다. 2010년 8월 경희대학교에서 열린 샌델의 강연회에는 4,500명이 몰렸다. 또한 샌델은 아산정책연구원에서도 강연하였다. 샌델은 2011년 10월 서울에서 열린 제12회 세계지식포럼에도 참가하여 발표와 대담을 하였다. 2012년 1월에는 동아일보 종합편성 TV 채널A의 특별 토론, "공생발전과 정의"에 참가하여 토론을 했고, 삼성연구소 SERI CEO 강연을 했다. 6월에는 『돈으로 살 수 없는 것들(What Money Can't Buy: The Moral Limits of Market)』(2012)의 출판과 그 한국어 번역본의 출간에 즈음하여 아산정책연구원과 연세대학교 초청으로 연세대에서 1만 5천 명이 운집한 가운데 강연을 함으로써 『정의란 무엇인가』 이후 자신에 대한 열광적 관심을 이어 나가려고 노력하였다. 샌델은 "아마도 세계 역사상 가장 큰 상호 작용 철학 강의로 기록될 노천극장에서의 강의에 참여했다는 사실에 황홀했다"고 밝혔다."[2]

2013년 6월에 한국에 온 샌델은 11일과 12일 열린 이데일리 '세계전략포럼 2013'에 연사 중 하나로 초빙되어, 공정경쟁과 동반성장을 통한 지속가능한 자본주의를 역설하는 그 포럼에서 한국이 당면한 여러 관련 문제들을 지적하였고, 자본주의의 발전 방향에 대해서도 토론했다.

2014년 12월에 샌델은 한국을 다시 방문하였다. 동아일보와 채널A가 주최한 '동아비지니스포럼 2014'에 초빙되어 토론을 했다. 그 결과는 DBR(동아비지니스리뷰) 엮음, 『어떻게 차별화할 것인가』로 출판되었다.[3] 12월 4일 샌델은 새누리당 이재영 의원의 초청으로 국회를 방문하여 여러 여야 의원들이 참석한 가운데 올바른 정치와 공공담론과 정의의 문제를 주제로 대담하였다. 같은 날인 12월 4일 숭실대학교에서 "정의, 시장, 그리고 좋은 사회"라는 제목으로 1,600명을 앞에 두고 강연을 하였다. 12월 5일에는 서울시청에서 박원순 서울시장과 서울 시정 사례들과 그것들과 관련된 행정적 정의 문제에 대해서 대담하고, 명예시민증을 수여받았다. 이어 여러 신문들과의 인터뷰에서 샌델은 어느 나라나 정치권에 대한 좌절, 실망, 공허함이 팽배되어 있다고 밝혔다. 그러한 팽배는 정치인들이 자기 입장만 고집하여 마치 누구 목소리가 더 큰지 경쟁하는 양상으로 전락했기 때문이라고 지적했다. 그래서 우리는 타자의 의견에 대해서 경청하고 상호 이해를 증진시키는 공공담론이 민주주의의 실현을 위해서 필요하다고 역설했다.[4]

제 2 장
마이클 샌델의 『정의란 무엇인가』의 해제와 비판

1. 『정의란 무엇인가』의 서지 사항과 판매 현황

▪ 원제

Michael Sandel, *Justice: What's the Right Things to do?*(New York: Farrar, Straus and Giroux, 2009).

▪ 제1 한국어 번역판

마이클 샌델, 이창신 옮김, 『정의란 무엇인가』(파주: 김영사, 2010).

▪ 제2 한국어 번역판

마이클 샌델, 김선욱 감수, 김명철 옮김, 『정의란 무엇인가』(서울: 와이즈베리, 2014).

이 책에서는 제1 한국어 번역판을 사용하였다.

위의 영어 원본은 샌델이 1980년부터 하버드대학교에서 진행한 '정의(Justice)' 강좌에 기반하여 2009년에 출간한 책이다. 영미권 출판시장은 통틀어 판매량이 10만 부 정도였으나 유독 일본(60만 부 돌파)과 한국에서 돌풍을 일으켰다. 『정의란 무엇인가』는 한국에서 2010년 5월에 출간되었고, 2010년 7월 대형 서점들에서 베스트셀러 1위를 기록하였고, 인문학 서적으로는 드물게 2011년 4월 18일 김영사 출판사 출고 기준으로 국내 백만 부를 돌파하였다.1) 2012년 6월까지 130만 부가량 판매되었다.2) 전 세계적으로 37개국에서 출간되었다.3) 2010년 간행물 윤리위원회가 지정한 '이달의 읽을 만한 책'으로 선정되었고, 삼성경제연구소(SERI)의 CEO 휴가철 추천도서, 각 언론사나 인터넷 서점의 '올해의 책'으로 선정되는 영광을 누렸다.

2. 『정의란 무엇인가』에 대한 소개서 및 비판서, 그리고 논문들

고바야시 마사야, 홍성민·양해윤 옮김, 『마이클 샌델의 정치철학: 정의사회의 조건』(서울: 천일문화사, 2012).4)

금태섭, 「우리는 정의를 논할 준비가 되어 있나: 마이클 쌘델의 『정의란 무엇인가』(김영사, 2010)」, 『창작과 비평』, 150호(2010), pp.511-515.

김건우, 「보편성과 상대성, 그리고 공동체 정의(Justice)에 관하여: 마이클 샌델의 정의란 무엇인가를 읽고」, 『진보평론』, 제47호(2011), pp.289-307.

김광연, 『배아의 존재론적 지위와 그 존엄성에 관한 연구: 샌델과 하버마스의 논의를 중심으로』(숭실대학교 대학원 박사학위논문, 2014).

김선욱, 「마이클 샌델과의 인터뷰: 자기 해석적 존재를 위한 정치철학」, 『철학과 현실』, 통권 67호(2005년 겨울), pp.219-233.

김영기, 「마이클 샌델의 정의관 비판: 『정의란 무엇인가』를 중심으로」, 『동서사상』, 제10집(2011), pp.1-26.

김은회, 「샌델의 시민적 공화주의는 '민주주의의 불만을 해소할 수 있는가?」, 『철학사상』, 제45권(2012), pp.163-196.

김인, 「공동체주의와 덕의 추구」, 『도덕교육연구』, 26권(2014), pp.119-140.

김철, 「정의란 무엇인가: 자유주의 대 공동체주의의 가치, 평등과 형평」, 『사회이론』(2011 봄/여름), pp.37-72.

김태균, 『마이클 샌델의 정치철학에 관한 연구: 롤즈에 대한 비판을 중심으로』(한국방송통신대학교 대학원 석사학위논문, 2015).

김혜숙, 「서평: 여성에겐 아직도 먼 정의, 마이클 샌델, 『정의란 무엇인가』(이창신 옮김, 김영사 2010)」, 『페미니즘 연구』, 11권 2호(2011), pp.309-317.

도마스 아키나리, 전선영 옮김, 『(세상이 다르게 보이고 내가 바뀌는) 철학 비타민: 소크라테스에서 샌델까지, 잠들 수 없을 만큼 재미있는 철학 이야기』(서울: 부키, 2014).

마이클 샌델, 김선욱·강준호·구영모·김은희·박상혁·최경석 옮김, 『공동체주의와 공공성』(다산기념 철학강좌 9)(서울: 철학과현실사, 2008).

마이클 샌델 원저, 신현주 글, 조혜진 그림, 김선욱 감수, 『하버드대 마이클 샌델 교수의 정의 수업: 10대를 위한 정의란 무엇인가』(서울: (주)미래엔 아이세움, 2014).

맹주만, 「롤스와 샌델, 공동선과 정의감」, 『철학탐구』, 제32집(2012), pp.314-348.

_____, 「샌델과 공화주의 공공철학」, 『철학탐구』, 제34집(2013), pp.65-94.

박성민, 『샌델의 생명윤리에 관한 법철학적 고찰』(고려대학교 대학원 석사학위논문, 2015).

박재순, 「[이 책을 다시 본다] 마이클 샌델의 『정의란 무엇인가』(김영사), 씨올 · 정의 · 평화」, 『기독교사상』, 제643호(2012), pp.152-165.

박홍규, 「샌델의 정치와 법」, 『민주법학』, 제46호(2011), pp.375-401.

백승주, 「대학 강의 담화에 나타난 관여 유발 전략: 마이클 샌델 교수의 "정의: 무엇이 옳은 것인가?" 강의를 중심으로」, 『화법연구』, 29권 (2015), pp.103-144.

사회통합위원회, 경제 · 인문사회연구회 엮음, 『한국에서 공정이란 무엇인가』(서울: 동아일보사, 2012).

서석범, 『샌델의 정의론과 몰트만의 칭의론 비교』(감리교신학대학교 대학원 석사학위논문, 2013).

설한, 「자유주의, 공동체주의, 정체성 주장」, 『평화연구』, 제21권(2013), pp.247-284.

안병웅, 「마이클 샌델 정의관의 오류」, 『윤리철학교육』, 제18집(2013), pp.55-74.

염수균, 『자유주의적 정의: 샌델의 정의 담론 비판』(광주: 조선대학교 출판부, 2012).

우노 시게키, 신정원 옮김, 『서양 정치사상사 산책: 소크라테스에서 샌델까지』(파주: 교유서가, 2014).

원준호, 「정의론의 행정학적 함의: Michael Sandel의 논의를 중심으로」, 『정치 · 정보연구』, 제14권 2호(2011), pp.39-56.

이승록, 『마이클 샌델의 정치철학에 관한 연구: 『정의란 무엇인가』를 중심으로』(창원대학교 대학원 석사학위논문, 2014).

이양수, 「[마이클 샌들: 논단] 공화주의 공공철학과 삶의 가치」, 『철학과 현실』, 통권 67호(2005년 겨울), pp.234-256.

_____, 「해제: 혼돈 시대의 민주주의: 공화주의와 삶의 가치」, 마이클 샌델, 김선욱 · 강준호 · 구영모 · 김은희 · 박상혁 · 최경석 옮김, 『공동체주의와 공공성』(다산기념 철학강좌 9)(서울: 철학과현실사, 2008), pp.306-325.

46

이정은, 「정의, 분배정의, 그리고 여성: 마이클 샌델의 『정의란 무엇인가』의 논의에 기초하여」, 『한국여성철학』, 제15권(2011), pp.151-179.

이택광 외 10인, 『무엇이 정의인가?: 한국사회, '정의란 무엇인가'에 답하다』(서울: 마티, 2011).

이인숙, 「M. 샌들의 공동체주의 연구: 롤즈의 정의론 비판을 중심으로」, 『철학연구』(고려대 철학연구소), 제16집(1993), pp.251-289.

이충한, 『마이클 샌델의 정치철학에 관한 연구: 롤즈의 자유주의에 대한 비판을 중심으로』(전북대학교 대학원 박사학위논문, 2013).

이한, 『'정의란 무엇인가'는 틀렸다』(서울: 미지북스, 2012).

임헌영, 「['정의란 무엇인가' 마이클 샌델] 정의로운 세계에 살고 있는가?」, 『샘터』, 495호(2011), p.128.

정원섭, 「마이클 센델 지음(이창신 옮김), 『정의란 무엇인가』」, 『철학』, 제104집(2010), pp.253-258.

조승래, 「마이클 샌델의 공화주의」, 『대구사학』, 112권(2013), pp.158-177.

천대윤, 「공정사회와 도덕성: 샌델(Michael J. Sandel)의 도덕성 사상을 중심으로」, 『한국행정학회 하계학술대회발표논문집』(2011), pp.1-8.

태기석, 『정의가 이끄는 삶』(서울: 두리미디어, 2012).

천홍범, 『正義는 타락했다: 마이클 Sandel의 Justice를 비판한다』(성남: 장내출판사, 2015).

한국철학회 편, 『윤리와 사회철학』(다산기념 철학강좌. 세계 석학들의 향연)(서울: 철학과현실사, 2015).

한희원, 『정의로의 산책』(제2판)(서울: 삼영사, 2011).

홍성우, 「자유주의적 자아관의 한계: 샌들의 롤즈 비판을 중심으로」, 『범한철학』, 제28집(2003), pp.282-303.

_____, 「롤즈의 정치적 자유주의에 대한 샌들의 비판」, 『범한철학』, 제33집(2004), pp.5-31.

_____, 「정치적 자유주의의 한계: 샌들의 롤즈 비판을 중심으로」, 『열린정신 인문학연구』, 제5집(2004), pp.101-127.

_____, 『자유주의 대 공동체주의의 윤리학』(서울: 선학사, 2005).

홍윤기・박동천・배병삼・정원규・장은주・이선미, 「한국의 정치철학자들, 정의란 무엇인가를 따지다」(討論), 『시민과 세계』, 제18호 (2010), pp.266-306.

황경식 외 9인 저, 『공정과 정의 사회: 한국사회의 지속가능한 성장을 위한 지적 모색』(서울: 조선뉴스프레스, 2011).

황경식, 「공정한 경기와 운의 중립화」, 황경식 외 9인 저, 『공정과 정의 사회: 한국사회의 지속가능한 성장을 위한 지적 모색』(서울: 조선뉴스프레스, 2011), pp.11-46.

3. 『정의란 무엇인가』의 학문적 방법론과 전체 개요

『정의란 무엇인가』의 "올바른 것은 무엇인가?(*Justice: What's the Right Things to Do?*)"라는 부제에 주목해보면, 샌델은 정의의 문제를 흔히 이해하듯이 분배적 정의의 문제만이 아니라고 생각한다. 샌델은 정의의 문제는 더 나아가서 올바름 혹은 옳음, 즉 개인, 집단, 기관, 공동체, 국가 등에서 수용해야 할 여러 가지 행위와 정책의 실행 기준들을 그 정당성과 가치의 관점에서 면밀하게 검토하는 것과 관련이 있다고 본다. 이러한 검토의 여정에는 무수히 많은 사례들과 특히 딜레마를 안고 있는 사례들이 동원되는데 이것이 바로 샌델의 학문적 방법론인 귀납법적 결의론(決疑論, casuistry)이다. 좀 더 자세히 말하면, 사례에 대한 구체적인 판단과 그것을 설명하는 원리 사이를 왕복하면서 논의를 풀어나간다. 이러한 방식은 철학사적으로 말하면 고대철학에서 제시된 변증법 (dialectics)이라고 할 수 있다.[5]

변증법은 그리스어의 '*dialektike*'에서 유래하며 원래는 대화술, 문답법

48

을 뜻하였다. 변증법은 소크라테스(Socrates)와 플라톤(Platon)에 있어서는 하나의 테마에 대해서 대화, 문답을 통해 진리를 공동적으로 탐구하거나 인식하는 방법이라는 의미를 가진다. 그러나 샌델의 사례 중심적 결의론은 반(反)도덕이론적이거나 도덕 이론과 원칙을 대체하려는 것이 아니고, 자신의 공동체주의적인 미덕 추구적 정의관을 사례들을 통해서 구체적으로 설명함과 아울러, 자신의 정의관을 더욱 공고히 하는 데 보완적으로 사용하고 있다. 아울러 샌델은 공리주의와 자유주의에 기반한 경쟁적 정의관들에 대해서 여러 반증 사례들을 통해 비판을 전개하고 있다.6)

플라톤의 『국가』 제1권은 "정의에 관하여"라는 부제를 붙여도 좋을 만큼 정의의 여러 규정(definition)이 논해지고 있다. 제1권에서 처음 나오는 정의 개념은 케팔로스(Kephalos)의 주장으로 "진실을 말하는 것과 받은 것을 갚아주는 것이 올바름"이라는 것이다. 그러나 소크라테스는 "가령 어떤 사람이 멀쩡했을 때의 친구한테서 무기를 받았다가(맡았다가), 나중에 그 친구가 미친 상태로 와서 그것을 돌려주기를 요구한다면, 그런 걸 돌려주어서도 안 되거니와, 그런 걸 되돌려주는 사람이 그리고 더 나아가서 그와 같은 상태에 있는 사람에게 진실을 죄다 말해주려고 드는 사람이 올바른 것은 결코 아니라고 누구나 말할 것이라는 것입니다"라고 지적하며 "그렇다면 진실을 말함과 받은 것을 갚아주는 것, 이것이 올바름(正義, *dikaiosyne*)의 의미 규정은 못 됩니다"라고 반박한다.7)

소크라테스는 사람들에게 참된 지식을 직접 가르치기보다는 대화와 문답을 통해 자신의 무지를 가장하고, 상대방의 입장에 대해서 논리적 허점이나 모순을 지적하여 반박함으로써 상대방 스스로 무지와 편견을 자각케 하여 진리를 발견하게 하였다. 이것이 바로 복잡한 문제를 푸는 데 있어 시행착오를 거쳐 자기발견적으로 문제를 해결하는 자기발견적 접근 방법(a heuristic approach)이다.8) 이러한 접근 방법은 예화를 통한 귀납적인 진리 탐구 방법인 대화법 혹은 문답법이라고 할 수 있다. 플라톤의 여러 대화편에서 그 실례들을 볼 수 있다. 소크라테스는 대화법과 문답법에서 소극적 측면인 무지를 가장하는 반어법(*eironeia*, irony)과 내적 모순을 비판하는 논박법(*elenchos*)을 통해 상대방을 사물에 관하여 해결의 방도를 찾을 수 없는 난관을 의미하는 아포리아(*aporia*) 상태로 빠지게 함으로써 무지를 자각하게 한다. 이어서 적극적 측면인 산파술(*maieutikē*)을 통해서 상대방이 제기한 논설에 대해서 질문에 질문을 거듭하여 당사자가 의식하지 못했던 새로운 식견을 산출하게 하는 것이다. 이것은 아포리아를 통해 진리를 향한 강한 동기를 유발시킴으로써 스스로 진리를 상기(*anamnesis*)해내거나 발견해내도록 유도하는 방법이다.9) 소크라테스는 자기 스스로 새로운 지혜를 산출하여 상대방에게 주입하거나 전수하는 것이 아니라, 상대방이 그것을 산출하는 것을 조력하는 자기의 활동을 어머니의 직업인 산파에 비유하여 산파술이라고 불렀다.

하버드대학교 '정의' 강좌와 그것을 출판한 『마이클 샌델의 하버드 명강의: Justice』(파주: 김영사, 2011)에서 샌델은 소크라테스의 대화법과 문답법을 그대로 답습하고 있다. 『정의란 무엇인가』도 예화를 사용하는 결의론을 통해 마치 대화와 문답을 이끌어나가는 것과 같은 방식으로 저술되었다. 샌델이 『정의란 무엇인가』 1강에서 다루고 있는 트롤리 문제와 아프가니스탄 염소치기 딜레마는 도덕적 사고와 추론에서의 딜레마적 난제인 아포리아로 제기되어 독자들의 강력한 호기심을 자아내게 하면서 책의 도입부를 성공적으로 이끌고 있다.10)

도덕적 사고 혹은 도덕적 반성은 엄밀하게는 구체적인 판단과 원리 사이의 단순한 왕복 운동이 아니라 "새로운 상황에 직면하면, 판단에 비추어 원칙을 재고하고 원칙에 비추어 판단을 재고한다."11) 현대철학에서 이러한 입증과 반증의 변증법적인 학문적 방법론은 롤스에 의해 이미 제시된 바 있다. 롤스는 그것을 "반성적 평형(reflective equilibrium)"

이라고 명명했다: "이러한 상태를 나는 반성적 평형이라 부르기로 한다. 그것을 평형이라고 하는 것은 최종적으로 우리의 원칙과 판단들이 서로 들어맞기 때문이며, 그것을 반성적이라고 하는 것은 우리의 판단이 따를 원칙이 무엇이며 판단이 도출될 전제 조건이 무엇인가를 우리가 알고 있기 때문이다."[12] 또한 『정의란 무엇인가』에서 언급된 여러 사례들 중 1강에서 언급된 가장 유명한 사례인 트롤리 문제(trolley problem)에서 보는 것처럼 이러한 반성적 평형의 방법론은 윤리학에서의 사고 실험(thought experiment) 혹은 실험적 윤리학(experimental ethics)과 직접적으로 연관된다.[13]

샌델은 여기서 더 나아가 자신의 철학적 방법을 공동체주의와 연결한다. 이미 우리가 지적한 것처럼, 고대철학의 변증법은 하나의 테마에 대해서 대화와 문답을 통해 진리를 공동적으로 탐구하거나 인식하는 방법이라는 의미를 가진다. 샌델은 이에 필적하는 다음과 같은 질문을 던진다: "도덕적 사고가 우리의 판단과 원칙 사이에서 접점을 찾는 것이라면, 그런 사고로 어떻게 정의나 도덕적 진실을 이해할 수 있는가? 설령 도덕적 직관과 원칙을 고수하는 태도를 평생에 걸쳐 습득했다 한들, 단순히 일관된 편견의 타래에 머물지 않으리라고 어떻게 확신할 수 있는가?"[14] 샌델은 "이 물음에는 도덕적 사고란 혼자 추구하는 것이 아니라 여럿이 함께 노력해 얻는 것이라고 대답할 수 있다"고 답변한다. 그래서 샌델은 도덕적 진리와 도덕적 반성의 추구는 공동체주의적 대화 상대가 필요하며, 자기성찰만으로 정의의 의미나 최선의 삶의 방식을 발견할 수 없다고 지적한다.[15] 샌델의 이러한 주장은 공동체주의적인 도덕적 진리관이라고 말할 수 있을 것이다. 그러한 공동체주의적 진리관은 정의의 원칙과 도덕적 반성이 개인주의적으로 추구될 수 없을 뿐만 아니라, 자신이 속한 공동체의 전통과 사회적 관행 속에서 추구된다는 것을 말한다. 샌델은 그러한 공동체주의적인 도덕적 진리관에서 개인들이 말살되는 것 아니라 공동체를 배경으로 하는 서사적 존재(이야기하는 존

재)와 자기해석적 존재로 등장한다고 강조한다. 이러한 존재들은 자신
들이 속한 공동체적 가치를 무비판적으로 수용하게 만드는 것이 아니고
공동체에 속한 자신의 위치를 비판적으로 검토하게 만든다.

　매킨타이어는『덕의 상실(*After Virtue*)』(1981)에서 인간, 더 나아가서
도덕적 주체를 기본적으로 서사적 존재, 즉 이야기하는 존재(narrative,
story-telling being)로 본다.16) 덕은 사회적 관행에 내재한 선을 성취시키
는 데 유용한 인간의 성품으로 규정된다. 따라서 덕은 한 개인의 삶이
선을 위해 일관성 있게 추구되도록 하는 삶의 자서전적인 서사적 존재
를 가능케 하며, 궁극적으로 도덕적 전통에의 소속감을 통해 통합된
다.17) 샌델은 이러한 매킨타이어의 입장을 원용하여 공동체주의적인 도
덕적 주체(moral agent)인 "자기해석적 존재(self-interpreting self)"를 내
세운다. 즉 개인은 자신이 속한 공동체의 배경적 역사의 의미를 해석하
고 반성하며, 그러한 관점에서 역사로부터 거리를 유지할 수 있다는 것
이다. 그러나 그러한 거리는 결코 공동체의 역사 자체의 외부로까지 미
치지 않는다는 것이다.18) 그래서 샌델은『정의란 무엇인가』의 1강 마지
막에서 플라톤의『국가』7권에서 언급된 "동굴의 비유(allegory of the
cave)"를 소개한다. 소크라테스는 이 책에서 일반 시민을 동굴에 갇혀
벽에 드리운 그림자밖에 보지 못하는 포로에 비유하고, 철학자는 동굴
을 벗어나 선(善)의 이데아인 태양을 볼 수 있는 사람으로 극명하게 대
비한다. 샌델은 정의의 의미와 좋은 삶의 본질을 파악하려면 편견과 판
에 박힌 일상에서 빠져나와야 한다는 점에서 "동굴의 비유"는 일리가
있다고 인정한다. 그러나 "벽에 비친 그림자에 영향을 받지 않은 철학은
단지 메마른 이상향을 그릴 뿐"이라고 지적하면서, 초월적 보편주의를
비판하고 공동체주의적인 내재적 특수성을 옹호한다.19)

　공동체주의적인 내재적 특수성을 옹호하는 샌델의 이러한 주장은 도
덕적 주체로서의 서사적 존재와 자기해석적 존재의 사회비판의 가능성
을 담보하고 있기는 하다. 그러나 공동체적 가치의 공유된 이해와 수용,

그리고 사회적 관행과 도덕적 전통을 추종하는 것은 상대주의적이고 보수주의적인 입장을 함축할 수밖에 없다.[20] 그리고 도덕적 전통을 무비판적으로 답습하는 것은 "전통에 호소하는 오류(the fallacy of appeal to the tradition)"에 빠질 수도 있다.[21] 이에 대한 고차적인 논의는 본서 제5장 2절 3)항 "자유주의적 보편주의 대 공동체주의적 특수주의"에서 상세히 진행할 것이다.

샌델은 『정의란 무엇인가』 1강에서 현대 자유민주주의 사회에서 널리 논의되고 있는, 서구철학에 바탕을 둔 정의론을 세 가지 유형으로 나눈다. 우선 행복의 극대화를 중시하는 결과주의적인 공리주의가 있다. 그리고 기본적으로 자유와 권리를 존중하는 자유주의가 있다. 자유주의는 복지를 고려하는 공평 자유주의와 개인의 재산권을 중시하는 자유지상주의로 나뉜다. 이어서 미덕을 추구하는 아리스토텔레스적 공동체주의가 피력된다. 샌델은 종국적으로 자신의 입장인 공동체주의적 정의관을 입증하려고 한다. 따라서 우리는 샌델의 결의론에서 제시된 다양한 사례들이 과연 공리주의와 자유주의를 반증하고, 공동체주의를 입증하는 데 타당하게 사용되었는지를 세밀히 평가해야 할 것이다.

『정의란 무엇인가』는 사상가와 철학사로 보면, 전반부의 중간에 나오는 자유주의자 노직(Robert Nozick)과 롤스(John Rawls), 그리고 후반부의 중간에 나오는 공동체주의자 매킨타이어(Alasdair MacIntyre)와 월저(Michael Walzer)를 제외하면 근대의 벤담(Jeremy Bentham)에서 시작하여 로크(John Locke), 칸트(Immanuel Kant), 그리고 마지막으로 아리스토텔레스(Aristoteles)로 거슬러 올라가는 것으로 철학사를 거꾸로 뒤집은 듯한 구성을 가지고 있다. 즉 현대의 문제를 생각하기 위해서는 근대의 사상을 알아보고, 또 그보다 더 고대로 회귀하는 사고의 근원적 확장이 필요하다는 것이 샌델의 의도다.[22] 그리고 샌델은 더 나아가서 『정의란 무엇인가』에 등장하는 주요 사상가들의 원전을 발췌한 『정의: 독본(Justice: A Reader)』(2007)을 하버드대학교 학생들에게 읽히고 있다.

결국 샌델의 학문적 정신은 고전으로 돌아가자는 것이다. 이 원전 발췌는 'Justice with Michael Sandel'(http://justiceharvard.org) 웹사이트에도 12강별로 수록되어 있다.

4. 『정의란 무엇인가』의 10개 강의 요약, 해제, 비판

1) 1강. 옳은 일 하기

[요약]

미국에서 허리케인 찰리가 지나간 이후 일어난 가격 폭리 논쟁은 서로 다른 각도에서 정의를 바라보는 세 가지 관점, 즉 행복의 극대화, 자유와 권리 존중, 미덕 추구로 귀결된다. 이러한 세 가지 관점은 현대 서양철학에서의 세 가지 정의관인 행복을 극대화하는 공리주의(utilitarianism), 자유주의(공평 자유주의(fairness liberalism)와 자유지상주의(libertarianism)), 그리고 미덕을 추구하고 공동선을 증진하는 공동체주의(communitarianism)로 귀착된다. 이 책은 기본적으로 이 세 가지 정의관의 장단점을 파악하는 것으로 이루어져 있다. 샌델은 앞의 두 가지 입장을 비판하고 마지막 자신의 입장을 옹호하려고 한다.

가격 폭리 처벌법에 반대하는 측면에서 공리주의는 시장은 공급업자들의 사기를 북돋아 사람들이 원하는 물건을 부지런히 공급함으로써 사회 전체의 행복을 높인다는 점을 중시한다. 그런데 자유주의는 시장은 개인의 자유를 존중하며, 재화와 용역에 고정된 가치를 부여하기보다는 그것을 교환하는 사람들 스스로 가치를 부여하게 만든다고 주장한다. 가격 폭리 처벌법에 찬성하는 측면에서 공리주의는 어려운 시기에 터무니없는 가격을 부르는 행위는 사회 전체의 행복에 도움이 되지 않는다고 주장한다. 자유주의도 자연재해의 상황에서 터무니없는 가격을 강요받는 구매자에게 자유시장은 그다지 자유롭지 못하다고 갈파한다.[23]

샌델은 허리케인 피해 후 상품 가격 폭리에 대한 시비를 논의함과 아울러, 전쟁에서 부상을 당한 군인들에게 주는 상이군인 훈장 대상자에 심리적 외상자도 포함되어야 하는가, 국비로 구제된 기업체의 임원에게 거액의 보너스를 지불해야 하는가 등의 문제를 제기한다. 우리나라도 외환위기 이후 168조 원의 공적 자금이 한국 금융계에 투입되었지만 아직도 세계무대에 내놓을 만한 금융회사는 없다.24) 샌델은 가격 폭리의 부정의로부터 나오는 도덕적 분노와 탐욕에 대한 비난,25) 그리고 상이군인을 적에게 입은 부상으로만 규정하려는 입장, 그리고 구제 금융에 대해서 탐욕과 아울러 실패에 대한 혐오해야 할 보상이라고 하는 비판에 주목한다. 이러한 입장과 비판은 인간의 미덕이나 품위에 관한 것으로 현대사회에서의 정의는 미덕이나 좋은 삶과 깊은 관계가 있다고 보는 미덕 추구적 정의관으로 충실히 파악될 수 있다고 샌델은 주장한다.26)

철로를 이탈한 트롤리 문제(trolley problem)는 브레이크가 고장이 난 트롤리가 5명의 인부가 일하고 있는 선로를 타고 돌진하고 있는 상황에서 시작된다.27) 가다 보니 1명이 일하고 있는 지선이 보이는데 그쪽으로 방향을 틀어야 할 것인가 하는 문제다. 또한 아프가니스탄 염소치기의 딜레마, 즉 군인과 민간인을 구별하는 정의전쟁론 교전 원칙에 따라 미군 특수임무 팀이 염소치기들을 보내주었더니 탈레반에게 밀고하여 미군 4명 중 1명만 살고 다 죽었을 뿐만 아니라 구조 헬기도 추락하고 구조 팀 16명도 모두 전멸한 사례에서 보는 것처럼,28) "운명적인 선택을 해야 하는 사람은 실제로 많지 않을 것이지만 이러한 딜레마를 고민하다 보면 개인의 삶이나 공적인 영역에서 어떤 방식으로 도덕적인 주장을 펴야 하는지 이해할 수 있다."29) 이러한 딜레마를 통해서 본서 제2장 3절 "『정의란 무엇인가』의 학문적 방법론과 전체 개요"에서 논의한 것처럼, 샌델은 정의론을 위한 도덕철학적인 방법론인 결의론, 변증법, 반성적 평형 상태론을 차례로 개진한다.

1강 마지막에서 샌델은 플라톤의 『국가』 7권에서 언급된 "동굴의 비유(allegory of the cave)"를 소개한다. 이미 본서 제2장 3절 "『정의란 무엇인가』의 학문적 방법론과 전체 개요"에서 논의한 것처럼, 샌델은 그 비유를 초월적 보편주의를 비판하고 공동체주의적인 내재적 특수성을 옹호하는 사례로서 원용한다.30) 이 문제는 본서 제5장 2절 3)항 "자유주의적 보편주의 대 공동체주의적 특수주의"에서 상세히 논의할 것이다.

이상의 논의를 배경으로 샌델은 『정의란 무엇인가』의 목적을 다음과 같이 요약한다. "이 책은 사상의 역사가 아닌 도덕적, 철학적 사고를 여행한다. 정치사상사에서 누가 누구에게 영향을 미쳤는가를 보여주는 것이 아니라, 독자들에게 정의에 관한 자신의 견해를 비판적으로 고찰하면서, 자신의 생각을 확인하고, 왜 그렇게 생각하는지 고민하게 만드는 것이 이 책의 목적이다."31)

[해제와 비판]

1강에서 대두되는 문제는, 샌델이 현대적 정의관의 하나로서 제시한 미덕 추구에 따른 공동체주의적 정의관은 더욱 명백한 정의 개념과 실제적 기준을 가지고 있는 공리주의와 자유주의(공평 자유주의와 자유지상주의)에 비해서 매우 모호하며 도덕적 직관에 의존하거나, 최악의 경우는 상대방에 대한 편견과 증오를 악덕으로 매도하는 것일 수도 있다. 이것은 마치 셰익스피어의 『베니스의 상인』에 나오는 유대인 고리대금업자 샤일록(Shylock)을 악덕 상인으로 치부하는 것과 마찬가지일 뿐이다. 샤일록은 사채의 담보로 살 1파운드를 제공한다는 단서를 요구하는 돈밖에 모르는 교활하고 잔인한 수전노(守錢奴)의 모습으로 등장해 악명을 떨친다.32) 그러나 이러한 악덕의 낙인과 꼬리표가 유대인에 대한 반유대주의(anti-Semitism)에 근거하고 있다면 미덕과 악덕의 구분에 따른 도덕적 평가는 실질적으로는 적의, 증오, 박해, 편견을 안에 감춘 부도덕한 행위일 수도 있다. 실상 유대인들은 그리스도교로 개종하지 않는 한 직업에 제한이 가해졌으므로 유럽인들이 돈을 부정적으로 보고 직업으로 택하지 않았던 은행업, 사채업, 고리대금업을 택할 수밖에 없었다. 이러한 직업은 유대인들에게 얼마 남지 않은 직업 중 하나였던 것이다.33)

2003년 정의전쟁론의 관점에서 부정의한 이라크 전쟁을 시작했던 조지 부시(George W. Bush) 대통령이 2002년 반테러 전쟁의 일환으로 지목한 "악의 축(axis of evil)" 국가들은 국제 테러 지원과 대량 파괴무기 개발, 억압적 체제 등과 같은 공통점을 가지고 있으며, '불량국가(rogue state)' 중에서도 특히 국제사회에 중대한 위협이 되는 국가들인 이라크, 이란, 북한을 지칭했다. 그러나 악의 축은 미국의 이해관계에 기반한 일방적 규정의 측면도 있으며, 또한 선악 이원론의 경직성도 가지고 있다.34) 그리고 "미국 편이 아니면 적"이라는 이분법적 준별은 "흑백논리" 혹은 "흑백론적 사고(black-and-white thinking)"로서35) 미국을 다른 나라들과는 다른 특별한 국가로 생각하는 미국의 "예외주의(American exceptionalism)"에서 유래한 것이다.36)

그 유명한 트롤리 문제에서도 미덕 추구의 관점은 거의 역할을 하지 못한다. 또한 미덕 추구의 관점은 이미 언급한 것처럼, 고리대금업을 절대적 악으로 비판할 가능성이 농후하다. 그러나 신용이 좋지 않아 은행권에서 돈을 빌릴 수 없는 사람들에게 약간 높은 이자율로 돈을 빌릴 수 있게 하는 대부업에 관련해서 용인해야 할 필요악과 발본색원해야 할 불필요한 악 사이의 구분을 모호하게 만들 수도 있다. 샌델도 미덕과 좋은 삶의 추구에 기반한 공동체주의적 정의론은 "행복이나 자유보다 더 본능적인 것에서 비롯된다"고 인정한다.37) 샌델도 인정하듯이, "고대의 정의론은 미덕에서 출발하는 반면, 근현대의 정의론은 자유에서 출발한다고 볼 수 있다"고 한다면,38) 샌델이 주장하는 미덕 추구와 좋은 삶에 기반한 공동체주의적 정의관은 그 시대적 기반을 상실한 시대착오적인 것일지도 모른다. 아무튼 이에 대한 비판은 본서 제3장 2절

12)항 "샌델의 영광과 미덕 추구적 정의관과 그 비민주적 차별주의", 그리고 제5장 3절 "분배적 정의의 기준으로서 도덕적 응분과 공적"에서 이루어질 것이다.

샌델이 다루고 있는 트롤리 문제는 총 네 가지 유형이다. (1) 5명의 인부 대 1명의 인부, (2) 육교 위의 비만자 밀치기, 그래서 인부 5명 살림, (3) 육교 위의 비만자를 직접 밀치지 않고, 핸들을 조작해 구멍으로 빠지게 하여 인부 5명 살리기, (4) 육교 위의 비만자가 제2차 세계대전 당시 독일 나치 비밀경찰 게슈타포로서 5명의 레지스탕스를 죽게 하기 위해서 브레이크를 고장 낸 경우다. 이 경우 밀칠 것인가?

샌델이 다루지 않은 트롤리 문제의 네 가지 유형은 (5) 본선 5명 대 한쪽 환상선 지선 1명의 경우, (6) 본선 5명 대 한쪽 환상선 1명 앞에 철괴가 있는 경우, (7) 양쪽 환상선에서 5명과 1명이 있는 경우, (8) 5명 대 1명에서 1명이 자기 어머니인 경우다. 여기서는 다양한 가족, 연인, 사회적 위인과 공헌자, 기타 여러 가지 사회적 관계 설정도 가능하다.

사고 실험 문제 : 트롤리 문제 총 여덟 가지 유형의 경우 트롤리를 그대로 가게 하거나 육교 위 비만자를 밀치지 않는 행위를 X로, 1명 쪽으로 선로의 방향을 바꾸거나 육교 위 비만자를 밀치는 행위를 O로 표시하여 대다수 사람들이 어떻게 판단했는가와 비교해보자.39) 그리고 대다수 사람들의 판단이 도덕적으로 올바르고 수용할 만한 것인가도 고찰해보자. 여기서는 브레이크가 고장이 난 트롤리의 운전사가 죽어가고 있는 상황이라 사건 목격자(onlooker, bystander)가 트롤리의 방향을 조정하거나, 육교 위에 서서 비만자를 밀거나 말거나 하는 상황이다. 이러한 가정은 운전사의 직업적 책임을 고려할 필요가 없이 사건 목격자를 나의 관점으로 보고 처음부터 끝까지 즉 여덟 가지 유형에 대해 일관되게 판단하기 위한 것이다.40) 또한 이 사고 실험은 도덕의 관점에서만 고려하는 것이지 실제 법률, 즉 실정법의 관점에서 판단하는 것은 아니다. 법은 도덕의 최소한이라는 관점에서 보면, 도덕적 판단과 법적인 판

단은 동일한 경우가 대부분이다. 물론 여덟 가지 유형을 구분하고 비교 설명할 때는 법철학의 관점이 필요하다. 법철학의 관점이 필요할 때는 추가로 언급을 할 것이다.

그러나 의무 이상의 행위에 관련하여 볼 때 위급한 지경에 빠진 타인을 자기에게 아무런 피해가 없는 상황이나 혹은 경미한 피해만 있는 상황에서 돕지 않는 것은 도덕적 관점에서는 비판을 받을 수 있지만 법적인 관점에서는 불법이라고 할 수 없는 경우도 많다.41) 미국 남북전쟁 이전 노예제 논란에서 보는 것처럼 남부 연맹에서는 노예제를 법적으로도 도덕적으로도 옳은 것으로 판단했지만, 북부 연방에서는 불법적이고 부도덕한 것으로 비판했다. 미국에서 동성애와 동성혼에 대한 도덕적 논란은 매우 심각하여 어떤 것이 옳은지에 대해서 팽팽한 대립이 계속되어왔다. 이러한 도덕적 논란은 법적 논란으로도 비화하였다. 그러나 2015년 2월 26일 미국 연방대법원은 동성혼이 합헌이므로 미국 50개주 전역에서 허용해야 한다는 판결을 내렸다.42) 그러나 이에 대한 사회적 논란은 계속되고 있다.

도덕발달 6단계론을 개진했던 하버드대학교 심리학자 로렌스 콜버그(Lawrence Kohlberg)는 이스라엘 건국 당시 팔레스타인 지역이 국제법상 선박 입출항 금지(embargo) 지역이었지만 많은 유대인들이 불법적으로 팔레스타인 지역으로 유입해 들어왔다는 사실에 주목했다. 그는 유대인들의 오랜 세월 동안의 곤궁한 처지를 생각해볼 때, 고차원적인 가치와 도덕법칙의 관점에서 이스라엘 건국을 옹호할 만한 일이었다고 판단했다. 콜버그는 그러한 관점에서 상담자들이 각자 자신의 부인이 걸린 치명적인 병의 유일한 치료약을 가진 약제사가 그 약을 터무니없는 고가에만 팔려고 하는데 돈이 부족할 때 그 약을 훔칠 것인가 그러지 않을 것인가 하는 상황을 설정한다. 그리고 상담자가 생각한 찬반양론의 정당화 이유와 근거를 분석하여 도덕발달 단계를 가늠할 수 있는 "하인츠의 딜레마(Heinz's Dilemma)"를 상담 조사에 사용했다.43)

트롤리 문제(trolley problem) 여덟 가지 유형 사고 실험

(1) 5명 대 지선 1명

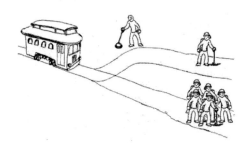

(2) 육교 위의 비만자 밀치기

(3) 육교 위의 비만자
    기구로 낙하시키기

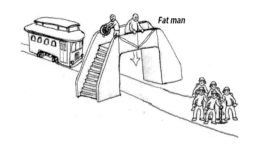

(4) 육교 위의 비만자
    독일 게슈타포

(5) 5명 대 환상선 1명

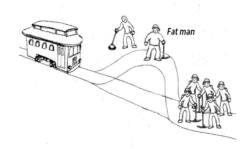

(6) 5명 대 환상선 1명 앞에 철괴

(7) 양쪽 환상선 5명 대 1명

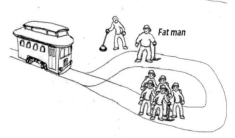

(8) 5명 대 지선 1명 어머니 경우

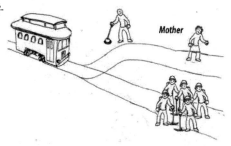

트롤리 문제에서 핵심적인 도덕철학의 문제는 우리의 특수한 개별적인 도덕 판단들과 그것들을 정당화할 수 있는 실행적 원칙들을 결부시킬 수 있는가의 문제다. 그러한 실행적 원칙들 중 하나는 "가능하면 많은 생명을 구해야 한다"는 원칙이며, 또 하나는 "아무리 명분이 옳다 해도 죄 없는 사람을 죽이는 것은 잘못이다"라는 원칙이다."[44] 총 여덟 가지 유형의 트롤리 문제를 통해서 한 사례에 대한 개별적 판단을 내리게 하는 실행적인 원칙이 무엇이고, 다른 사례에서는 그 개별적 판단과 실행적 원칙이 배제되고 새로운 개별적 판단과 실행적 원칙이 수용되는 이유를 살펴보아야 한다. 또한 실행적 원칙들의 배경이 되는 체계적인 도덕학설도 살펴보아야 한다. 그리고 트롤리 문제의 사고 실험에서는 도덕적 관점을 위주로 논의가 전개될 것이지만 필요시 법률적인 관점도 논의될 것이다. 총 여덟 가지 유형의 사례들에서 모든 개별적 판단은 사건 목격자의 관점에서 내려진 것으로 간주한다.

제1유형 문제는 5명 대 지선 1명 사이의 선택으로 가능하면 많은 생명을 구하라, 혹은 가능하면 최소한의 피해를 감수하라는 원칙(두 원칙의 배경적 도덕학설은 공리주의)으로부터 지선 1명 쪽으로 방향을 바꾸는 선택을 한 사람들이 89퍼센트로 대다수였다. 이 선택은 1명을 죽이는 것을 의도한 것이라기보다는 예견은 했지만 어쩔 수 없는 것으로 용인(容認)한 것으로 미필적 고의(未必的 故意)라고 할 수 있다.[45] 또한 긴급피난의 한 사례가 된다고도 볼 수 있다.[46] 즉 5명을 살리기 위해 트롤리의 방향을 지선으로 바꾼 것이지 1명을 죽이기 위해 방향을 바꾼 것은 아니라는 것이다. 그렇다고 해도 결과적으로는 1명이 죽은 사실은 엄연하고도 중요한 사실이다. 희생되는 당사자의 부재 실험을 해보면 1명이 없더라도 지선이 5명을 살리는 것이므로 1명을 5명을 살리기 위한 수단으로 사용하는 것은 아니다. 부재 실험은 희생시키려고 하는 쪽의 사람이 없다고 가정하여 그 사람이 있는 상황과 대비하면서 희생의 정당성을 평가하는 것이다. 반대 논변은 인간의 생명은 무한하고도 존엄한 가치를 가지므로 1명을 희생하고 5명을 살릴 수 없다는 것이다. 즉 5명 대 1명의 비교는 숫자의 다소가 가치를 정하는 것이 아니므로 비교 불가능하거나 통약 불가능하다는 것이다. 이에 대한 반박은 1명 대 50 명, 500명, 5,000명도 여전히 그렇게 판단할 수 있느냐 하는 것이다. 인구 밀집 지역에 추락하는 비행기의 조종사는 덜 밀집한 지역으로 비행기 추락 방향을 돌려야만 할 것이다. 또 다른 반대 논변은 트롤리가 고장이 나서 5명의 인부 쪽으로 가는 것은 신의 섭리 혹은 운명이라고 할 수 있는데 인간이 개입하여 그 사건의 경로와 상황을 바꿀 수 없다는 것이다. 역시 비슷한 입장은 고장 난 트롤리가 5명의 인부 쪽으로 가는 것은 우연적이고 자연적인 사건인데 그것을 인위적으로 바꿀 수 없다는 것이다. 이러한 입장들에 대한 반대는 인간은 단지 수동적인 숙명론자들로서 사건을 수수방관할 수만은 없으며, 더 나은 대안은 찾아야 한다는 대응이다.

그런데 제1유형 문제에서 대다수의 관점을 반대하는, '이타주의 불가능성' 관점이라는 강력한 논변이 등장했다. 만약 자기가 지선에 있는 한 사람이라고 가정할 때 트롤리가 자기 쪽으로 오는 것을 거부하거나, 혹은 스스로 트롤리를 자기 쪽으로 오게 하지 않는다면 목격자로서의 나는 지선으로 트롤리의 방향을 틀 수 없다는 것이다. 이것은 "네가 대접받기를 원하는 대로 남을 대접하라"는 기독교의 황금률을 원용한 것인데 자신이 지선에서 죽고 싶지 않다면 타인에게 죽으라고 강요할 수는 없다는 것이다.47) 그러나 이타주의 불가능성 관점이 1명에 대해서만이 아니라 5명에 대해서도 제시된다면 5명 쪽이 더 유리할 수 있다.

제2유형 문제는 5명 대 육교 비만자 사이의 선택인데 여기서는 아무리 5명을 살리는 행위가 공리주의적 원칙에 의해서 정당화된다고 하더라도 비만자를 밀치는 행위는 그 사람을 다른 사람을 위한 수단으로 사용한 것이 된다. 이 판단의 배경적 원칙은 칸트의 의무론의 제2 정언명령, "네가 너 자신의 인격에서나 다른 모든 사람의 인격에서 인간(성)을 항상 동시에 목적으로 대하고, 결코 한낱 수단으로 대하지 않도록, 그렇게 행위하라"이다. 또한 비만자를 직접 밀치는 것은 의도적인 살인이라고 할 수 있다. 이것은 단 11퍼센트만이 허용된다고 대답하였다.[48]

제3유형 문제는 제2유형 문제와 동일한데, 다만 기구로 비만자를 떨어뜨리는 것이 다르다. 기구로 비만자를 떨어뜨린다면 제2유형 문제와 동일하게 비만자를 수단으로 사용하는 점은 똑같다. 그러나 접촉의 원리, 즉 직접적인 신체적 접촉이 수반되는 위해가 그렇지 않은 위해보다 더 비도덕적이라는 판단에 의거하여 도덕적으로 덜 죄책감이 든다. 그렇지만 이것도 역시 그것은 명백한 의도를 가진 살인이다.

제4유형 문제는 육교의 비만자가 제2차 세계대전 때 독일 나치의 비밀경찰인 게슈타포로서 5명의 레지스탕스들을 죽이기 위해 브레이크를 고장 나게 한 경우다. 이 경우는 우선 게슈타포의 부도덕한 행위로 말미암아 5명의 레지스탕스가 죽게 되므로 그것을 중단시켜야 할 도덕적 의무가 있다. 그 다음 국가에 대한 충직의 의무로부터 나오는 애국심에 의해서 게슈타포를 응징하는 것이므로 정당한 것으로 볼 수 있다.[49] 정의전쟁론에 따르면 설령 내가 정식 전투원이 아니더라도 곤경에 처한 독립군을 돕기 위해 적을 물리치는 것은 허용된다고 보아야 할 것이다. 제2차 세계대전 때 프랑스의 레지스탕스, 임진왜란 때 왜장을 끌어안고 진주 남강에 투신했던 의기 논개, 전국 각지에서 요원의 불길처럼 일어났던 의병은 이에 적합한 사례가 될 것이다.

제5유형 문제는 5명 대 환상선(loop) 비만자 1명을 선택하는 경우인데, 피험자들은 환상선의 의미를 잘 파악하지 못하는 것으로 나타났다. 여기서는 피험자의 56퍼센트가 찬성한 것으로 나왔다. 그러나 부재 실험을 해보면, 즉 비만자 1명이 환상선 위에 없다면 환상선으로 방향을 바꾼 트롤리는 당연히 본선으로 와서 5명을 죽인다. 그러므로 제1유형 문제처럼 지선이 살리는 것이 아니라 환상선 위의 비만자 1명이 5명을 살리는 것이므로 그 사람을 수단으로 삼는 것이 된다. 따라서 칸트의 의무론의 제2 정언명령, "모든 사람을 수단으로 대하지 말고 항상 목적으로 대하라"에 의해서 1명 쪽으로 방향을 트는 것은 거부된다.

제6유형 문제는 5명 대 환상선 1명으로 제5유형 문제와 환상선은 같으나 환상선 끝에 철괴가 있어 환상선 지선이 본선으로 합류하는 것을 막는다. 여기에 대해서 72퍼센트만이 환상선 위의 1명을 죽이는 것이 허용된다고 생각하였다. 부재 실험을 해보면 제6유형 문제는 실질적으로 제1유형 문제와 같음을 알 수 있다. 환상선 쪽으로 트롤리를 돌리면 1명이 없더라도 철괴 때문에 멈추어 서게 되어 본선에 합류하지 못하므로 1명이 5명을 살리는 것이 아니라 환상선 위의 철괴가 살리게 된다. 이것은 제1유형 문제와 같은 미필적 고의라고 하겠다. 또한 긴급피난으로 해석될 수도 있다.

제7유형 문제는 양쪽 환상선 위 5명 대 1명의 선택이다. 부재 실험을 해보면, 비만자 1명이 없으면 1명이 있던 환상선으로 진로를 변경하더라도 돌아와 5명을 죽이며, 5명이 없으면 그냥 전진하더라도 돌아와 1명을 죽이게 된다. 따라서 양쪽은 모두 살기 위해서 상대편을 이용하는 셈이다. 그렇다면 칸트적인 의무론의 관점에서는 두 가지 대안 모두 환상선 위의 1명 혹은 5명을 수단으로 대하는 동일한 입장이 된다. 그래서 (다른 조건이 같다면, *cetris paribus*) 두 경우가 동점일 때 공리주의적 원칙이 승자를 결정짓는 해결책(tie-breaker)으로 제시되어 1명을 희생하는 쪽을 택하게 된다. 여기서는 양쪽 환상선이 서로 연결되어 있으므로 1명을 희생하는 것은 미필적 고의라기보다는 직접적 의도라고 해야 할 것이다. 그러나 이것은 제2유형 문제와 같은 직접적 의도라기보다는 직접적 의도이기는 하지만 양쪽 중 가장 적은 손실을 채택하려는 피치 못할 선택으로 제1유형 문제와도 어느 정도 유사한 점이 있다고 보아야 한다. 즉 긴급피난의 경우로도 볼 수 있다.

제8유형 문제는 5명 대 각자의 어머니인 지선 1명의 선택이다. 대부분의 사람이 공리주의적인 무차별적인 사랑보다는 자기 가족인 어머니를 선택하는 차별적인 사랑의 원칙을 택하였다. 동양철학의 관점에서 보면, 묵가의 겸애(兼愛), 즉 모든 사람을 두루 사랑하는 것보다는 차등적 사랑을 실천하는 유가의 별애(別愛)의 관점에서 그러한 선택을 한 것으로 해석할 수 있다. 맹자는 『맹자(孟子)』 「등문공장구하(滕文公章句下)」에서 묵자의 겸애설을 아비 어미도 없는 금수(禽獸)와 같은 무부지설(無父之說)이라고 신랄하게 비판했다. 샌델도 9강에서 가족의 의무와 충직의 의무에 대한 논의, 즉 노모 돌보기 문제, 물에 빠진 두 아이 중 자신의 아이를 구하기 문제를 논하고 있다.[50] 진화생물학에서도 친족 선택(kin selection)이 논의되고 있는데, 평상시도 그렇지만 위급한 상황에서 친족을 친족이 아닌 사람보다 우선적으로 구하는 법칙인 해밀턴의 규칙(Hamilton's rule)이 제시된다.[51] 친족 우선 선택은 화재 시에 한 사람밖에 못 구한다면, 넓은 의미에서 공리주의적인 사회적 유용성에 근거하여 사람들에게 호텔 객실 담당 여종업원인 자신의 어머니보다는 사회적으로 공헌하고 있는 대주교를 구하도록 권고하는 윌리엄 고드윈(William Godwin)의 선택과 배치되는 것이다.[52]

샌델이 다루고 있는 네 가지 유형의 트롤리 문제나 다루지 않은 네 가지 유형을 보면 샌델의 미덕 추구적 정의관의 관점은 공리주의와 의무론적 자유주의에 비해서 의사결정에서 큰 역할을 하지 못한다. 그렇다면 샌델이 중시하는 트롤리 문제는 미덕 추구적 정의관에게는 불리한 자충수(自充手)일 수도 있다. 샌델의 미덕 추구적 정의관은 제4유형에서 애국심 호소의 관점이, 그리고 제8유형에서 가족에 대한 충직의 의무가 제 역할을 하고 있을 뿐이다. 그러나 애국심이나 가족에 대한 의무는 미덕 추구적 정의관만의 유일무이한 고려 사항이 아니다. 제4유형은 정의전쟁론의 관점으로도 설명할 수 있으며, 애국심은 의무론적 자유주의로도 설명 가능하다. 또 제8유형은 어머니를 살리는 것이 더 큰 행복을 가져온다는 공리주의의 관점으로 설명할 수도 있다. 또한 제8유형은 가족관계를 중시하는 여성주의적 관점에서 선택할 수 있다. 그리고 사적 영역에서 자유주의적 개인의 선호가 표출하는 것으로 볼 수도 있다.

정리하면, 사고 실험 문제에서 도덕적으로 옳은 결정은 (1) O, (2) X, (3) X, (4) O, (5) X, (6) O, (7) O, (8) X로 나왔다. 오직 제5유형만이 다수의 선택(O)과 도덕적으로 옳은 선택(X)이 상이했고, 나머지는 모두 동일했다. 트롤리 문제의 여덟 가지 유형에 대해서 일관되게 자신의 입장을 설명하지 못한 사람들이 500명 중 70퍼센트에 달했다고 한다. 마크 하우저(Marc Hauser)는 어떤 요인이 비도덕적이라고 판단되는 세 원칙을 들고 있다. (1) 행동의 원칙: 행동함으로써 일어난 피해는 행동하지 않음으로써 일어난 피해보다 더 비도덕적이라고 판단된다. (2) 의도의 원칙: 의도적으로 행한 행동이 의도적이지 않은 행동보다 더 비도덕적이라고 판단된다. (3) 접촉의 원칙: 직접적 신체 접촉이 수반되는 피해가 그렇지 않은 피해보다 더 비도덕적이라고 판단된다.[53)]

트롤리 문제 여덟 가지 유형에 대해서 포괄적인 시각을 제공할 수 있는 것은 이중결과의 원칙(the principle of double effect)이다. 이중결과의 원칙은 본서 제4장 1절의 1)항 "트롤리 문제와 이중결과의 원칙", 2)항 "이중결과의 원칙의 적용과 그 문제점들", 3)항 "정의전쟁론에서 이중결과의 원칙"에서 논의된다. 샌델의 미덕 추구적 정의관은 트롤리 문제를 포괄적으로 해명할 수 있는 이중결과의 원칙에서도 큰 역할을 하지 못한다.

진화심리학자이자 신경과학적 인지 연구가인 마크 하우저와 저명한 공리주의자 피터 싱어(Peter Singer), 그리고 이기적 유전자 이론으로 유명한 진화생물학자 리처드 도킨스(Richard Dawkins)는 트롤리 문제에 대해서 다양한 문화적 배경을 가진 사람들이, 그리고 종교를 믿는 사람들이나 무신론자들이나 거의 동일한 대답을 내놓는 현상을 들어 도덕의 원천은 종교가 아니라 인간 진화의 결과인 인간의 보편적인 도덕적 문법(universal moral grammar)이라고 주장한다.[54)]

트롤리 문제는 다양한 의사(doctor) 딜레마들과 연계된다. 즉 1명의 극심한 중상자와 5명의 경상자 중 어느 쪽을 먼저 치료해서 살릴 것인가와 우연히 어떤 마을에 와서 신체검사를 받게 된 건장한 청년을 죽여장기를 적출하여 장기가 필요한 5명을 살릴 것인가의 딜레마다. 첫째딜레마는 치료 시간 때문에 어느 한 편을 살리면 다른 한 편을 살릴 수없게 되는 상황이다. 이 두 딜레마는 트롤리 제1유형과 제2유형에 대응한다.55) 샌델은 이 두 가지 사례를 『정의란 무엇인가』에서 언급하고 있지 않지만, 『마이클 샌델의 하버드 명강의』의 "강의 1: 누가 희생되어야하는지 우리가 선택할 수 있는가"에서 언급하고 있다.56) 하버드 학생들의 대다수 의견은 첫 번째는 5명의 경상자를 살린다는 것이었고, 두 번째는 건장한 청년을 죽이지 않는다는 것이었다.

트롤리 문제와 의사 딜레마들보다도 더 혹독한 딜레마는 버나드 윌리엄스(Bernard Williams)가 언급한 것으로 어떤 남아메리카 마을을 방문한 짐(Jim)이라는 사람의 가상적 일화다. 그는 정부군 대장 페드로(Pedro)가 정부에 반기를 들었던 20명의 인디언들을 사형시키려는 순간마을에 들어갔는데, 그 대장은 짐에게 그중 한 명을 쏘아 죽인다면 나머지 19명을 살려주겠다는 제안을 한다. 공리주의의 관점에서는 당연히그러한 제안을 수용해야 할 것이며, 마을 사람들도 그렇게 해달라고 짐에게 애원을 하고 있다. 우리는 이러한 상황에서 공리주의에 의거하여한 명의 인디언을 죽이는 선택을 받아들일 수밖에 없을 것이다. 만약 짐이 한 명의 인디언을 죽이지 않는다면 20명의 인디언이 모두 죽는 것에대한 책임을 면하기 어려울 것이기 때문이다. 그러나 공리주의는 그러한 결정을 내려 총으로 한 사람을 쏘아 죽이는 것이 바로 짐이며, 짐은그러한 행동을 다른 사람이 아닌 자신이 했다는 것에 책임감을 느낌과아울러 어떤 사람을 임의적으로 선택하여 죽인다는 것은 양심의 가책을가져오고 인격적 고결성을 손상한다고 생각하는 점을 고려에 넣을 수없다고 윌리엄스는 강하게 반론한다.57)

짐의 사례보다 더 참혹한 선택은 소피의 선택이다. 영화 「소피의 선택(Sophie's Choice)」(미국, 1982)은 동명의 소설을 영화화한 것으로 메릴 스트립이 주인공 소피의 역을 맡았다. 아버지와 남편이 나치의 학살 정책에 희생되었던 소피는 두 아이와 함께 아우슈비츠 강제수용소로 끌려간다. 거기서 독일군 장교가 아들과 딸 두 아이 중 하나는 살려주겠다며 가스실에 보낼 아이를 선택할 것을 강요한다. 소피는 할 수 없이 딸을 선택한다. 수용소 사령관의 비서로 일하게 된 소피는 사령관을 유혹해 아들을 구해내려고 하지만 나중에 아들도 지키지 못한 것을 알게 되어 오열한다. 전쟁이 끝나자 스웨덴의 난민수용소로 가게 된 소피는 거기서 자살을 기도하지만 구조된다. 새로운 삶을 시작하기 위해서 미국으로 건너온 그녀는 정신질환을 앓고 있는 네이선을 만나 함께 살지만 결국 소피는 그와 함께 자살하고 만다. 자신의 의지와는 상관없이 딸을 가스실로 몰아넣는 선택을 했던 소피는 결국 자살을 선택함으로써 한 많은 생을 마감한다. 자녀 둘 중 하나를 골라 살리는 선택은 가장 잔혹한 선택이다. 이것은 비극적 선택(tragic choice) 중 최악의 선택이라고 할 수 있다.58)

아프가니스탄 염소치기의 딜레마, 즉 미군 특수임무 팀이 아프가니스탄 염소치기들을 살려 보내주었더니 탈레반에게 밀고하여 미군 4명 중 3명이 죽었을 뿐만 아니라 구조 헬기도 추락하여 구조 팀 16명도 전멸한 사례에서 보는 것처럼 소수의 사람을 구하기 위해 더 큰 희생을 감수해야 하는 일도 발생한다. 이러한 사례는 영화 「라이언 일병 구하기 (Saving Private Ryan)」(미국, 1998)에서도 볼 수 있다. 이 영화는 제2차 세계대전의 유럽 지역을 배경으로, 미군으로 참전한 라이언가 4형제 중 마지막으로 살아남은 막내 라이언을 구하라는 미 대통령의 지시로 임무를 부여받은 한 부대원들의 갈등과 활약상을 그렸다. 톰 행크스가 존 밀러 대위로 분하여 임무 팀을 지휘한다. 여기서 가장 중요한 문제는 라이언 일병 한 명을 구하기 위해서 구조 부대원 8명의 생명을 바쳐야 하는가이다. 구조팀의 표면적 목적은 라이언 형제의 노모에게 더 이상 전쟁의 상처를 주기 않기 위한 것이지만, 그 이면에는 전쟁에 대한 국민들의 여론이 악화되는 것을 방지하기 위한 대통령의 정치적 목적이 숨어 있다고 할 수 있다.59)

2) 2강. 최대 행복 원칙 / 공리주의

[요약]

샌델은 2강 제목으로 "최대 행복 원칙"을 사용하고 있으나, 엄밀히 말하면 공리주의는 "최대 다수의 최대 행복(the Greatest Happiness for the Greatest Number)"을 모토로 한다. 공리주의는 개인이 느끼는 기쁨이나 쾌락이 행복이라는 경험주의적 관점에서 출발한다. 공리주의는 한 사회를 구성하는 한 사람 한 사람의 행복을 따져보면서 사회 전체의 행복을 증진하려고 한다. 즉 "한 사회의 중요 제도가 그에 속하는 모든 개인이 만족의 최대 순수 잔여량(the greatest net balance of satisfaction)을 달성하도록 편성될 경우 그 사회는 정당한 질서를 갖춘 것이며 따라서 정의롭다는 것이다."60) 이러한 공리주의는 윤리학적 관점에서 보면 결과주의(consequentialism)적 목적론(teleology)으로 분류된다.

현대 주류 경제학의 기초는 바로 행복이나 쾌락을 효용(utility)으로 보는 공리주의적 사고에서 시작되었다. 미시경제학 처음에 나오는 효용함수(utility function)도 공리주의적 기원을 가진다.61) 또한 사회적인 비용편익 분석(cost-benefit analysis)도 공리주의에 기반한 것이다.

샌델은 우선 공리주의의 주창자인 영국 철학자 제러미 벤담(Jeremy Bentham, 1748-1832)의 공리주의를 다루고 있다. 『도덕과 입법의 원칙에 대한 서론(An Introduction to the Principles of Morals and Registration)』(1789)에서 제시된 벤담의 공리주의는 소위 양적 공리주의(quantitative utilitarianism)로서 행복에서 고통을 제한 행복 전체량이 개인과 사회 전체에서 최대가 되도록 개인들이 행위하고 사회가 편성될 때 그 사회는 정당하다는 주장을 피력했다.[62] 벤담의 양적 공리주의의 격률은 "다른 조건이 같을 경우, 압정놀이(push-pin)는 시작(poetry)과 동등하게 좋다"는 것이다.[63] 샌델은 벤담이 자신의 공리주의에 근거하여 최소의 인원과 비용으로 많은 죄수들을 감시할 수 있는 원형 교도소(panopticon)와, 거지와 사람들이 마주치면 사람들의 행복이 줄어들게 되므로 거지들을 대상으로 스스로 자활자금을 조달하게 하고 한 곳에 몰아넣는 구빈원을 제안했다고 지적한다. 샌델은 구빈원이 가혹해 보이는 처사이기는 하지만 그것이 공리주의의 논리를 여실하게 보여주는 좋은 사례라고 밝힌다. 또한 샌델은 벤담식의 공리주의로서 옹호될 수 있다고 비판한 '미뇨네트호 구명보트 사건(*The Queen vs. Dudley and Stephens*(1884): *The Lifeboat Case*)'을 다룬다.[64] 이 사건은 배가 난파하여 구명보트에 탄 4명 중에서 두 사람이 한 사람을 죽여 인육을 먹고 한 사람은 살인에는 반대했지만 마지못해 인육을 먹고 연명하다가 구조된 실제 사건이다. 도덕적으로 과연 이 사건을 어떻게 평가해야 할 것인가? 한 개인의 생명, 생존권을 박탈한 살인은 살인일 뿐이며, 더군다나 인육을 먹은 것은 반문명적이고 비인도적인 짓인가? 아니면 그것은 불가피한 상황에서 어쩔수 없이 벌인 행동으로 도덕적 책임을 물을 수는 없는 것인가?

퀴즈 문제 : 식인 구명보트 사건은 도덕적 관점에서는 어떠한 평가를 할 수 있을까? 실제 재판에서는 과연 어떤 판결이 나왔을까? 검사 측이 피의자들을 궁지에 몰아넣기 위한 딜레마로 제시된 논변은 무엇이고, 과연 그 논변은 타당한 것인가? 식인 구명보트 사건은 1974년 세계불가사의 우연의 일치 대회에서 수상했다. 무엇 때문이었을까?

샌델은 이어서 공리주의가 개인에 대한 권리 침해를 정당화할 수 있는 사례로서 "그리스도 교인을 사자 우리에 던지기",[65] "고문의 정당화",[66] "한 아이의 처참한 상황이 행복의 조건인 행복한 도시"를 든다.[67] 설령 공리주의가 행복 계산(felicific calculus)에 의해서 이 사례들을 반대하더라도 그것은 도덕적 옳고 그름이 개인의 생명과 권리에 대한 행복 계산 여부에 달려 있다고 보기 때문에 공리주의는 원리적으로 부당한 학설이라고 샌델은 비판한다.

그 다음 샌델은 공리주의가 행복을 계량하고 통합하여 가치를 나타내는 단일통화로서 사용되는 문제를 다룬다. 공리주의는 비용편익 분석을 통해서 그 계산을 수행한다. 샌델은 모든 가치는 공통된 하나의 통화로 파악될 수 없다고 비판한다. 샌델은 필립 모리스사가 담배로 말미암은 폐암이 흡연자들이 일찍 죽게 하여 의료, 연금, 주거에서 예산을 줄여주기 때문에 더 이익이라는 주장을 함으로써 많은 사람들의 강력한 분노에 직면했다고 밝힌다. 그리고 샌델은 포드사가 핀토 자동차의 연료 탱크를 개량하지 않고 방치하는 것이 부상자나 희생자를 위한 비용보다 더 이익이라는 황당한 주장을 해 역시 많은 사람들의 강력한 비난을 받은 것을 지적하고 있다. 샌델은 도덕적 행위나 선택의 가치를 하나의 도량형으로 고스란히 환산하거나 측정할 수 없을 뿐만 아니라, 그러한 측정 자체도 많은 문제점을 야기한다고 비판한다. 샌델은 이러한 관점에서 비교 불가능한 고통에 관련된 "대가를 받고 치르는 고통"이나, 외부 남자 손님의 방문 횟수 제한과 숙박비 논란에서 일주일에 3명까지 제한하고 하루에 50펜스를 받기로 대학이 방침을 정하자 숙박비가 동침비로 회화화되는 우스꽝스러운 일이 벌어진 "세인트 앤스 여학생들"의 기숙사 관련 사건도 지적한다.

샌델은 벤담의 공리주의에 대한 두 가지 비판, 첫째, 개인의 권리 침해 가능성, 둘째, 중요한 도덕문제를 모조리 쾌락과 고통이라는 하나의 척도로만 측정하는 오류를 범한다는 것을 다룬 뒤에 존 스튜어트 밀(John Stuart Mill)의 질적 공리주의(qualitative utilitarianism)가 그러한 비판에 답할 수 있는지를 점검한다. 샌델은 밀이 그의 『자유론(On Liberty)』(1859)과 『공리주의(Utilitarianism)』(1863)에서 각각 그 문제에 답했으나 그 해결책은 공리주의의 한계를 벗어났다고 지적한다. 밀은 『자유론』에서 개인의 권리와 자유와 인격을 주장했으나 샌델은 그러한 주장이 실패했다고 평가한다. 그 이유는 "공리를 넘어서는 도덕적 이상인 인격과 인간 번영에 호소한다는 점에서 벤담의 원칙을 다듬은 것이 아니라 비난한 꼴이 되었기 때문이다."[68] 샌델은 인용하지는 않았지만 아마도 다음 구절을 염두에 둔 것 같다. 밀은 다음과 같이 말했다. "효용(utility)과 무관한 추상적인 권리에 관한 생각이 이러한 나의 주장에 어떠한 도움을 줄 수도 있겠지만, 나는 아무 말도 하지 않았다. 나는 효용이 모든 윤리적 문제의 궁극적 기준이 된다고 생각한다. 그러나 이 효용은 진보하는 존재인 인간의 항구적인 이익(permanent interests)에 기반을 둔, 가장 넓은 의미의 개념이어야 한다."[69]

밀은 그의 『공리주의』에서 고급 쾌락과 저급 쾌락의 구분을 제시하고 이 둘을 다 경험한 사람은 고급 쾌락을 택할 것이라고 주장했다. 이러한 구분은 밀의 유명한 주장으로 나타난다. "만족한 돼지보다는 불만족한 인간이 낫고, 만족한 바보보다는 불만족한 소크라테스가 되는 것이 더 낫다. 바보 천치 또는 돼지가 어떤 다른 의견을 가지고 있다고 하더라도, 그것은 모두 물음에 대한 그들 각자의 입장만을 알고 있는 데 지나지 않는다. 그러나 바보 천치나 돼지에 비교되는 상대방은 양쪽 모두를 알고 있다."[70] 그러나 샌델은 우선 셰익스피어의 『햄릿』과 「심슨 가족」 중 더 많은 쾌락을 주는 것으로 대부분의 학생들이 「심슨 가족」을 택했다는 사실에 주목한다. 그래서 샌델은 밀의 질적 공리주의는 틀렸다고 결론짓는다.[71] 또한 밀의 입장은 『자유론』처럼 "공리와는 무관한 인간의 존엄성과 개성이라는 도덕적 이상을 강조한 꼴이 되고 만다"고 지적한다.[72] 밀의 입장은 일종의 이상적 공리주의(ideal utilitarianism)라고 할 수 있는데 나중에 영국의 분석철학자이자 공리주의자인 조지 무어(George Moore)가 본격적으로 주장했다. 무어는 본래적으로 선한 것은 세 가지, 즉 쾌락, 우정, 그리고 미적인 즐거움이 있다고 주장했다. 이러한 목록에 지식, 사랑, 정의와 공정성, 인간의 개성과 그 존엄성의 실현과 증진 등이 부가된다고 해서 하등 이상할 것이 없다. 이

상적 공리주의가 공리주의의 한 유형인가는 공리주의 내에서도 논란의
대상이 되고 있다.73)

[해제와 비판]

샌델이 제기한 공리주의의 비판은 학계에서 이미 잘 알려져 있는 것
이고 일견해서 옳다고 볼 수 있다. 샌델의 비판은 개인의 권리 침해 관
점에서 미뇨네트호 식인 사건, 구빈원 문제, 그리스도 교인을 사자 우리
에 던지기, 고문의 정당화, 한 아이의 처참한 상황이 행복의 조건인 행
복한 도시, 그리고 공리주의가 행복을 계량하고 통합하여 가치를 나타
내는 단일통화로서 작동하는 문제를 다룬다. 공리주의가 개인의 권리를
침해할 뿐만 아니라 도덕적 문제를 쾌락과 고통이라는 유일무한 척도로
서 측정하는 오류를 범한다는 비판은 공리주의에 대한 전형적인 비판이
다. 그렇다면 공리주의자들은 어떤 방식으로 그러한 비판에 답하고 있
는가?

이러한 비판에 대한 답변으로서 공리주의자들은 사회는 성질상 그러
한 공리주의적 계산이 보통 자유의 침해를 반대하게끔 되어 있다는 일
반적 사실을 든다. 즉 만족의 최대 순수 잔여량은 현실적으로 볼 때 부
정의한 방식으로는 얻어지지 않는다는 것이다.74) 샌델도 공리주의의 이
러한 주장을 언급하고 있다.75) 공리주의 진영에서는 또한 최대 행복의
원칙에서 그 대상이 되는 것은 개인의 권리를 침해할 가능성이 있는 행
위의 결과가 아니라 규칙 혹은 더 나아가서 관행의 결과라고 주장하였
다. 즉 행위 공리주의(act utilitarianism)가 아니라 규칙 공리주의(rule
utilitarianism) 혹은 (사회적) 관행 공리주의(practice utilitarianism) 유형
이 더 적합한 공리주의라는 것이다. 앞의 2강 "요약" 말미에서 밀에 관
련해서 언급한 무어의 이상적 공리주의(ideal utilitarianism)도 이상이 공
리 혹은 효용의 척도로서 작용하므로 더 적합한 공리주의로 간주되고
있다. 공리와 효용의 또 다른 척도로 제시되고 있는 공리주의의 유형은

선호 공리주의(preference utilitarianism)다.[76] 선호 공리주의는 벤담식으로 공리 혹은 효용을 쾌락과 고통으로만 규정하려고 하면 어떤 쾌락과 고통이 다른 쾌락과 고통과 모두 동질적인 것이 아니라는 문제가 대두한다고 주장한다. 또한 쾌락도 고통과 이질적인 것이므로 인간은 공리 계산을 하는 대신에 자신의 선호를 표출할 따름이라는 것이다. 선호 공리주의는 개인들의 표출된 선호를 종합하여 사회적 정책에 반영하면 그것은 민주주의적이고 정의로운 것이 된다고 강조한다.[77] 샌델은 『정의란 무엇인가』 2강에서 벤담의 양적 공리주의와 밀의 질적 공리주의만을 다루고 있지 선호 공리주의는 다루고 있지 않다.

또한 샌델은 공리주의적 정의관의 요체인 "표준적 가정(standard assumptions)", 즉 "모든 사람은 한계효용체감의 법칙을 만족시키는 유사한 효용함수를 갖는다"는 가정을 명시적으로 밝히고 있지 않다.[78] 물론 샌델은 "모든 사람의 기호는 동등하게 계산된다"는 "벤담의 격률(Bentham's Dictum)"을 언급했다.[79] 또한 공리주의가 분배적 정의의 관점에서 급진적 평등을 지향할 수 있다는 점도 한계효용체감의 법칙을 직접적으로 언급하지는 않았지만 내용적으로 지적한 것은 사실이다. "공리주의는 꽤 급진적인 부의 재분배를 옹호하는 수준으로 발전할 수도 있다. 부자들의 돈을 가난한 자들에게 나눠 주는데 이를테면 그로 인해 게이츠가 받는 타격이 돈을 받은 사람들이 얻는 혜택보다 커지는 순간 멈추는 식이다."[80]

공리주의자들이 자유와 평등의 요구를 설명할 수 있는 답변의 근거는 표준적 가정을 통해서 마련된다. 이것은 두 가지 가정으로 이루어져 있다. 첫째, 공리주의자들은 일반적 행복이 동일한 비중을 갖는 개인적 효용함수의 총합으로 이루어진 사회적 효용함수라고 생각하여, 개인적 효용함수는 본질적으로 유사하다고 가정한다. 이것은 "모든 사람은 하나로 계산되며, 아무도 하나 이상으로는 간주되지 않는다"는 공리주의의 기본적 격률로 나타난다. 밀은 이것을 "벤담의 격률"이라고 명명하고 공리주의에 대한 설명적 주석으로 간주했다.81) 벤담은 이것이 행복에 대한 모든 사람의 동등한 요구, 즉 모든 사람에 대한 완전한 공평성을 함축한다고 생각했다. 둘째, 한계효용체감의 법칙은 n+1번째 단위의 재화를 통해서 얻는 한계효용이 n번째 단위의 재화를 통해서 얻는 한계효용보다 체감한다는 가정이다.82) 이러한 두 가지 가정으로부터 생겨나는 결과는 일정한 소득이 있을 경우 일단 미래의 생산에 미치는 효과를 도외시한다면, 분배는 평등하게 이루어져야 한다는 것이다. 왜냐하면 일부의 사람들이 다른 사람보다 더 많이 가지고 있는 경우, 더 적게 가진 사람, 즉 한계효용이 큰 사람에게 양도함으로써 전체 효용이 증가할 수 있기 때문이다.

자유와 권리와 같은 추상적 가치의 분배도 이와 꼭 마찬가지로 생각될 수 있다. 이러한 표준적 가정을 통해서 공리주의는 경제적 재화의 분배에 있어서 뿐만 아니라 자유와 권리처럼 추상적 가치에 있어서도 평등주의를 옹호하는 기반을 갖게 된다.83) 공리주의의 평등주의적 가정은 자본주의의 낙수효과 이론 혹은 하향침투효과 이론(trickle-down effect theory)보다 훨씬 강력한 것이다. 낙수효과는 자유지상주의와 자유시장 중심주의가 주장하는 것으로 재화가 상층부로 유입되거나 상층부에서 창출되면 그것은 자연히 중하층부로 흘러내린다는 것이다. 낙수효과는 분배보다는 성장을, 형평성보다는 효율성에 우선을 두는 정책이다. 한계효용체감의 법칙을 최초로 정식화한 사람은 벤담이다.84) 벤담은 이것을 확대하여 전체 효용의 극대화와 분배적 평등은 결국 일치하게 됨을 주장했다. 이러한 벤담의 주장을 감안할 때, 흔히 공리주의의 원칙으로 간주되는 "최대 다수의 최대 행복(the Greatest Happiness for the Greatest Number)"이 두 기준 원칙으로서 두 기준 모두가 충족될 수 없다거나, 최대 행복이 우선적 기준이라는 비판은 표준적 가정을 무시한 점에서 잘못된 것이라 할 수 있다.85) 샌델도 그러한 의미에서 『정의란 무엇인가』 2강의 제목을 "최대 행복 원칙(the Greatest Happiness

Principle)"으로 사용한 것으로 사료된다.

벤담은 『도덕과 입법의 원칙에 대한 서론』에서 쾌락이 양적으로 측정될 수 있다고 보고 쾌락 계산법(felicific calculus)을 제시했다. 그 측정 기준으로는 쾌락의 강도(intensity), 지속성(duration), 확실성(certainty), 근접성(propinquity), 다산성(fecundity), 순수성(purity), 그리고 범위(extent)의 일곱 가지가 있다.86) 이러한 쾌락 계산법은 쾌락이란 질적으로 동일하기 때문에 양적 차이로 환원할 수 있다는 것을 전제한다. 이에 대해서 밀은 쾌락의 양적 기준을 수정하여 쾌락의 질적 차이를 인정하는 질적 공리주의를 제시했다. 그러나 쾌락에는 그 자체로서 비교할 수 없는 서로 다른 종류의 쾌락이 있을 뿐만 아니라 쾌락의 양적 차원에도 강도 및 지속성과 같은 여러 기준이 있는데 그러한 것들이 서로 상충할 경우 우리가 그것을 어떻게 조정해야 할 것인지가 명확하지 않다는 비판이 제기되었다. 이러한 경우, 양적 차원에 있어서도 짧고 강한 쾌락과 길고 약한 쾌락의 비교도 단순하지 않을 뿐만 아니라 양적 차이와 질적 차이가 상충할 경우에도 명확한 해결 방식을 쉽게 찾을 수 없다는 비판도 제기되었다.87) 공리주의의 "최대 다수의 최대 행복"이 사회에 적용되려면 최대 행복에 대한 수량적 측정인 기수(基數)적 측정(cardinal measurement)도 필요하지만 이러한 측정이 개인 간 비교에 있어서도 의미가 있어야 한다. 이러한 문제를 해결하기 위해서는 공리주의는 표준적 가정을 통해서 모든 개인이 유사한 효용함수를 가지고 있다는 것을 전제한다. 공리주의에서 이러한 표준적 가정은 극대화의 원리와 분배적 정의의 갈등을 조정하는 것일 뿐 아니라 공리 계산과 개인 간 비교의 문제를 해결하기 위한 두 가지 역할을 하게 된다.88)

공리주의는 표준적 가정에 의거하여, 그 발생 초기에 평등을 지향하는 복지국가의 초석을 다졌다. 그리고 벤담은 처벌적 정의와 행형제도(行刑制度)의 분야에서는 보복주의처럼 불필요한 고통을 만들어낼 필요가 없다고 주장했을 뿐만 아니라 범죄에 대한 처벌보다는 교화와 범죄 재발 방지에 주안점을 둠으로써 큰 사회적 개혁을 이룩하였다. 벤담은 이러한 관점에서 사형제도를 반대했다.89) 그리고 공리주의는 자유시장경제와 정교분리와 표현의 자유, 보통선거와 비밀투표, 양성평등, 동물의 권리 등을 주장했다. 그래서 공리주의는 그 당시 "사회적 급진파(Philosophical Radicals)"로 불렸음을 알아야 한다.90)

샌델은 『정의란 무엇인가』 2강 마지막에서 벤담이 죽은 사람이 어떻게 산 사람에게 쓸모가 있을까 고민하다가 자신의 시체를 해부학 연구에 기증하는 것이 바로 그것이라고 생각했다는 것을 언급했다. 그리고 벤담이 자신의 경우는 위대한 철학자이므로 시체를 그대로 보존하여 미래 세대의 귀감으로 남겨야 한다고 권고한 일화도 소개한다.91) 그러나 그 일화에 대한 배경 설명이 없어서 벤담이 어떻게 최초로 자신의 시체를 해부학 연구에 기증하기로 마음먹은 것인지 그 전말을 알기 어렵다. 벤담의 생전(1748-1832)에 모든 영국 사람들은 자신의 시체를 해부하도록 하는 것이 신성모독이라고 생각하였고, 또한 죽은 뒤 부활할 때 시체가 해부되었다면 부활하지 못한다고 굳게 믿고 있었다. 따라서 사형을 당한 죄수들의 시체만이 의과대학의 해부용으로 사용되는 실정이었다. 그래서 해부용 시체가 부족하였으므로 방금 매장한 시체를 파내어 은밀히 팔아먹는 사업이 번창하였다. 그런데 해부용 시체에 대한 수요가 더욱 높아지자 이번에는 연간 16명이 살해되어 해부용 시체로 팔려 나간 사건까지 일어났다. 그래서 벤담은 사망한 시체의 해부가 신성모독이라는 것과 부활 신앙은 미신일 뿐이며, 사람들이 사후에 자신의 시체를 해부용으로 기증한다면 시체 탈취자들이나 시체를 위한 살인자들이 사라질 것이라고 생각하여 자신의 시체를 기증했던 것이다. 그리고 자신의 시체를 의학 연구를 위해 쓴 다음 그 시체를 그대로 방부 처리하여 보존하라고 부탁한 것도 죽은 후 시체를 해부하는 것이 신성모독이 아니라는 것과 부활 신앙이 미신이라는 것을 보여주기 위한 것이었다.92) 샌델이 말한 것처럼 "제러미 벤담은 죽어서도 최대 다수의 최대 행복에 기여한 셈이다."93) 벤담은 죽어서까지 공리주의의 신조에 철저했던 언행일치의 철학자로서 인류 역사상 최초로 자신의 시체를 의학용 해부를 위해서 기증한 사람이었던 것이다.

지금은 장기 기증이 일상적인 것이 되었다. 우리나라의 운전면허증에는 없지만 미국의 경우 운전면허증 뒤편에 사망 시 신장, 눈, 그 외 장기 등 신체 기증 여부를 표시하는 난이 있다. 자신의 서명과 증인 2명의 서명도 필요하다.

퀴즈 문제 풀이 : 샌델은 미뇨네트호 구명보트 사건에서 승무원들이 17세인 리처드 파커를 죽인 것은 도덕적 분노를 살 만한 행위라고 본다. 그리고 공리주의가 고려하는 사회적 결과에 대한 회의적 시각에서 보면 파커를 죽여서 얻은 이익이 정말로 그 희생보다 더 컸는지를 의문시할 수 있다. 그리고 설령 그 이익이 희생이라는 비용보다 더 크다 해도 나약하고 병에 걸린 파커를 죽여서 식인 행위를 한 것은 비용과 이익을 계산하는 결과와 무관하게 무고한 사람의 생명을 죽여 식인을 한 부도덕한 행위라고 비판받을 수 있다.94) 여기서 샌델은 결과를 중시하는 공리주의적 입장을 비판한다. 피고 측은 그 끔찍한 비극적 상황에서 한 사람을 죽여 세 사람을 살릴 수밖에 없었다고 항변했다. 누군가를 죽여서 먹지 않으면 네 사람이 모두 죽을 판이었다는 것이다.

검사 측의 딜레마적 논법은 구조선이 곧 온다면 살인하여 인육을 먹을 필요가 없고, 영영 오지 않는다면 역시 살인하여 인육을 먹을 필요가 없다는 것이다. 따라서 어떤 상황에서든지 살인하여 인육을 먹을 필요가 없다는 것이었다. 구조선은 파커를 살인하여 인육을 먹은 뒤 4일 후 나타나 3명의 선원을 구조하였다. 이 딜레마 논법은 일견해서 보면 두 가지 선언지가 논리적으로 가능한 선언지를 총망라한 것 같이 보인다. 그러나 선원들은 구조선이 곧 올지 영구히 안 올지 모르기 때문이 식량이 떨어진 상황에서는 우선 인육을 먹고 한 3, 4일 정도 견디면서 구조선을 기다릴 것이라는 선언지를 택함으로써 "두 뿔 사이로 피하는 논법

(argument for escape between the horns)"으로 검사 측에 대항할 수 있을 것이다.95) 검사 측의 또 다른 논변은 통상적으로 "미끄러운 언덕 논증 (slippery slope argument)"이라고 칭하는 "도덕적 퇴행 (점증) 논증", 혹은 "도덕적 함몰 (점증) 논증"과 "쐐기 원칙(wedge principle)"이라고 칭하는 "발단 논증"이다.96) 세 사람이 한 사람을 죽여 인육을 먹는다면, 곧 두 사람이 한 사람을 죽여 인육을 먹게 되게 될 것이고, 마지막으로 한 사람이 다른 한 사람을 죽여 인육을 먹게 되는 연속적 살인과 식인 행위가 진행될 것이므로 애초에 살인하여 식인을 할 생각을 말아야 한다는 것이다. 최종 판결은 살인과 살인을 방조한 두 사람에게 사형이 언도되었지만 나중에 그들이 당면했던 최악의 정황을 참작하여 6개월 징역으로 감형되었다.

이 사건은 1974년 세계불가사의 우연의 일치 대회에서 수상했는데, 1838년에 출판된 에드거 앨런 포(Edgar Allan Poe)의 한 소설에서 난파한 네 사람이 제비를 뽑아 한 사람이 다른 사람들에게 인육을 제공한다는 이야기가 나오는데 그 사람 이름은 이 사건에서 살인을 당해 식인의 대상이 되었던 리처드 파커(Richard Parker)였던 것이었다. 믿거나 말거나! 샌델은 자기 수업 학생들에게 구명보트에서의 살인과 식인 사건에 관련해서 『정의: 독본』에 수록된 재판 판결문을 읽게 하고 있다. 따라서 최종 판결과 논변들에 대해서 하버드 학생들은 잘 알고 있을 것이다. 우연의 일치 대회 건은 저자가 추가한 것이다.97)

3) 3강. 우리는 우리 자신을 소유하는가? / 자유지상주의

[요약]

3강은 자유지상주의를 비판적으로 고찰하고 있다. 자유지상주의는 인간을 개별적으로 독립된 존재로 생각하고 개인의 자유와 자발적인 선택을 존중한다는 점에서 자유주의이지만 고유한 사상적 측면이 있기 때문에 자유지상주의(libertarianism)로 명명되었다. 자유지상주의는 자유권과 재산권에 기반한 정치 사조로서 자유경쟁시장을 옹호하는 자유방임주의(laissez-faire)를 지지하고 국가의 간섭을 배제한다. 그러나 "자유방임 경제정책을 지지하는 보수주의자들(conservatives)도 교내 기도, 낙태, 성인물 규제 같은 문화적 문제에서는 자유지상주의자들과 의견을 달리하는 경우가 흔하다. 그런가 하면 복지정책을 지지하는 사람들 다수가 게이의 권리, 출산 결정권, 언론의 자유, 정교분리 같은 문제에서는 자유지상주의자들과 견해가 같다."[98]

자유지상주의자들은 자신들의 철학에 기반하여 최소국가를 옹호한다. 최소국가란 계약 집행을 확인하고 감시하며, 개인의 재산을 보호하며, 사회적 평화를 유지하는 정도의 국가다. 최소국가론은 국가가 그 이상의 기능을 수행하면 부도덕한 것으로 보고, 온정주의 혹은 온정적 간섭주의, 도덕법, 과세에 의거한 소득과 부의 재분배를 거부한다. 소득과 부의 재분배를 거부한다는 점에서 자유지상주의는 1980년대 이후 등장한 친시장, 작은 정부를 부르짖는 신자유주의(neoliberalism)적 경향을 보인다. 자유지상주의와 신자유주의는 경제적 평등이 자유주의 사회를 파괴한다고 역설한 프리드리히 하이에크(Friedrich Hayek)의 입론과 흔히 국가가 해야 할 일이라고 인식된 사회보장제도나 최저임금제 등은 시장제도에 내맡기지 않으면 시장이 왜곡되며, 개인의 자유를 침해하게 된다고 주장한 밀턴 프리드먼(Milton Friedman)의 경제철학적 입장을 원용한다.

하버드대학교 정치철학자 로버트 노직(Robert Nozick)은 『아나키, 국가, 그리고 유토피아』(1974)에서 자유시장체제에 동조하면서, 국가의 간섭에 의한 경제적 재분배를 거부하는 자유지상주의적 최소국가에 대한 철학적 기초를 제공했다.[99] 노직은 유형화된 분배정의론을 거부하고 자유시장에서 사람들의 선택을 존중하는 자유지상주의 사회철학 이론을 옹호한다. 노직의 정의론은 두 가지 원칙의 충족을 요구한다. 우선 초기 소유물과 재산의 원초적 획득이 약탈 등이 없이 정의롭게 이루어지고, 이어서 그러한 소유물과 재산의 이전이 자유로운 교환이나 자발적 양도처럼 정당하게 이룩되었다면 현재 상태의 소유와 재산은 정당하다는 것이다. 이를 지지하는 중요한 논변은 자기소유권(self-ownership) 논변이다. 즉 자기소유인 자기 육체를 사용해서 노동하면 그 노동의 성과와 산출물은 자기소유권의 대상이 된다는 논변이다. 따라서 자유지상주의의 입장에서 보면 과세는 강제노동일 뿐만 아니라 일종의 억압적인 노예제도와 다름이 아니다. 노직은 두 가지 원칙에 더해서 원초적 획득이나 자유로운 교환에 관련된 과거의 부정의가 있다면, 그것들에 대한 교정의 원칙이 필요하다고 인정한다.100)

자유지상주의가 반대하는 과세의 예로서 샌델은 농구선수 마이클 조던(Michael Jordan)의 경우를 언급하고 있다. 샌델은 마이클 조던의 엄청난 수입의 과세에 관련된 다섯 가지 찬반 논변을 언급한다. 반박 (1) "과세는 강제노동만큼 나쁘지 않다." 많은 과세가 싫으면 일을 덜하고 세금을 덜 낼 수 있다. 그러나 강제노동은 그렇지 않다는 것이다. 여기에 대해서 자유지상주의자는 국가가 개인들에게 그러한 선택을 강요할 권리가 없다고 응답한다. 반박 (2) "가난한 사람에게는 그 돈이 더 절실하다." 여기에 대해서 자유지상주의는 자발적인 자선의 경우는 인정할 수 있지만 국가가 부자들의 돈을 강제적으로 거두어 가난한 사람들에게 나누어주는 것은 정당치 못하다고 응수한다. 반박 (3) "마이클 조던 혼자서 경기를 치를 수는 없다. 따라서 조던은 그의 성공에 기여한 사람들에게 빚을 진 셈이다." 자유지상주의자는 조던의 경기를 도운 많은 사람들이 자신들이 제공한 용역에 대해서 시장가치로 이미 대가를 받았다고 반격한다. 반박 (4) "조던이 자신에게 부과된 세금에 동의하지 않았다고 보기 힘들다. 그는 민주사회 시민으로서 조세법 제정에 의견을 낼 수 있으며 어쨌든 법을 따라야 한다." 자유지상주의자는 민주적 합의만으로는 충분하지 않으며, 소수자의 의견을 무시하고 재산몰수법을 제정할 수도 있으므로 사회적 결정을 일방적으로 따르라고 하는 것은 잘못이라고 논박한다. 반박 (5) "조던은 행운아다." 샌델은 이 반박이 간단히 무시하기가 쉽지 않다고 본다. 조던이 자신의 타고난 재능을 인정해주는 사회에서 태어난 것은 행운이므로 모든 수입이 자신의 성취는 아닌 것이다. 여기에 대해서 자유지상주의자들은 조던의 재능이 자신의 것이 아니라면 누구의 것이냐고 반문하면서 자기소유권의 관점에서 반격을 가한다. 분배적 정의를 옹호하는 공평 자유주의는 그러한 운을 중립화시키려고 하나, 자유지상주의는 운 자체도 그 사람의 소유라고 본다.101)

여기서 샌델은 자유지상주의가 옹호하는 자기소유권 논변은 출산 결정권, 성도덕, 사생활 보호 논쟁 등 선택의 자유와 관련된 많은 논쟁에서 그것들을 옹호하는 방식으로 연관되어 있다고 지적한다. 자유지상주의는 "내가 내 몸, 내 삶, 나라는 인간을 소유한다면, (다른 사람에게 해를 끼치지 않는 한) 그것을 내 마음대로 다룰 자유를 가지고 있어야 마땅하다"고 주장하지만, 샌델은 그러한 자기소유권은 모순에 봉착하고 만다고 논파한다.102) 샌델이 든 여러 사례들, 즉 콩팥 판매, 안락사,103) 합의하에 이루어진 식인 행위는 자유지상주의적 자기소유권에 따르면 모두 허용되어야 하지만, 아무리 자기 몸에 대한 자발적 선택이라도 너무 지나친 것이라고 비판한다.

[해제와 비판]

샌델은 콩팥 판매의 예에서 자유지상주의의 자기소유권에 의하면 자신의 장기를 파는 것도 자유이므로 허용되어야 한다고 지적하고, 안락사도 자신의 생명의 주인은 자신이므로 자신의 목숨을 끝낼 자유가 있고, 의사 조력 자살도 허용되어야 한다고 지적한다. 더 나아가서 합의에 의한 식인도 허용되어야 한다고 지적한다. 샌델은 자유지상주의의 자기소유권은 이러한 극단적인 사태들을 용인할 가능성이 있기 때문에 모순에 봉착한다고 비판한다.

샌델의 자유지상주의 비판은 자기소유권의 비판이라고 해도 과언이 아니다. 그러나 자기소유권의 문제가 몇 가지 극단적인 결과를 낳는다고 해서, 자기소유권이 전체적으로 부정될 수 없고, 또 나아가서 마이클 조던 수입의 과세에 관련된 찬반 논변에서 찬성 쪽에 압도적 우세를 가져다주는 것도 아니다. 자기소유권은 출산 결정권, 성도덕, 사생활 보호에서 선택의 자유를 옹호하는 쪽으로 자신의 행위를 적극적으로 수행(action, commission)하는 것으로만 해석되고 있다. 그러나 자기소유권은 어떤 특수한 경우에서는 적극적 불수행 혹은 미수행(non-action, omission)하는 것으로 해석될 수도 있고, 또 그렇게 되어야만 한다. 샌델은 콩팥 판매의 사례에서 이미 콩팥 하나를 판 농부가 상당한 금액으로 나머지 하나를 팔라는 제안을 받았다면 자기소유권에 따르면 그것을 팔아야만 한다고 주장한다. 그리고 생명에 지장이 없을 때만 팔아야만 한다는 외부적 제한은 "자기소유 원칙과는 거리가 있다"고 강변한다.104) 샌델은 여기서 1990년대 캘리포니아의 한 감옥의 죄수가 자기 딸에게 두 번째 콩팥을 기부하려고 했으나 병원의 윤리위원회는 이를 거부했다는 일화를 소개한다.105)

물론 두 번째 콩팥을 기부하려는 사람이 실제로 있었다는 것은 자유지상주의의 자기소유권을 비판할 수 있는 좋은 예화다. 그러나 자유지상주의적 자기소유권 원칙이 총체성 원칙(the principle of totality)에 기반한 생명권 원칙(신체의 각 부분은 신체 전체의 선(善)을 위해서 존재한다. 만약에 신체 한 부분의 훼손이 신체 전체의 훼손으로 죽음을 가져온다면 그것은 거부되어야만 한다)을 가지는 것은 모순이 아니다. 농부가 두 번째 콩팥마저 기계적으로 팔고, 죽어야만 한다는 주장은 억지 강변이며, 자기소유권을 일방적이고 기계적인 수행(one-sided mechanical action, commission)의 선택만으로 규정하는 "논점 일탈의 오류"이자, 자기소유권에 대한 "부당한 선택 제한의 오류"이며, 또한 "허수아비 논증의 오류(the fallacy of straw man argument)"다. 또한 두 번째 콩팥마저 기증하려는 한 사람의 사례가 있다고 해서 이 사례를 통해 자유지상주의 전체를 포괄하려는 것은 "성급한 일반화의 오류(the fallacy of hasty generalization)"이며, "사례 남용의 오류(the fallacy of abuse of case)"일 뿐이다.106)

이러한 샌델의 억지 강변은 칸트가 제시한 윤리학의 기본원칙인 "당위는 가능성을 함축한다(Ought implies Can)"를 어기게 된다. 논리학적으로 보면 그 기본원칙은 조건논증 혹은 가언논증의 타당한 형식인 O → C인데 전건긍정 논법(affirming the antecedent)으로 'modus ponens'라고도 한다.

즉, 만일 O라면 C다.
　 O다.
　 ――――――――
　 그러므로 C다.

조건논증의 또 하나의 타당한 형식은 후건부정 논법(denying the consequent)으로 'modus tollens'라고도 한다.

즉, 만일 O라면 C다.
　 C가 아니다.
　 ――――――――
　 그러므로 O가 아니다.

이러한 두 가지의 타당한 조건논증 형식과 대비되는 두 가지의 타당하지 못한 조건논증 형식의 오류가 있다. 그 하나는 전건부정의 오류로서 "만약 O라면 C다. O가 아니다. 그러므로 C가 아니다." 다른 하나는 후건긍정의 오류로서 "만약 O라면 C다. C다. 그러므로 O다."

샌델의 강변은 C → O이다. 즉 할 수 있는 것은 (설사 자신이 죽더라도, 두 번째 콩팥을 팔 수 있으므로 팔아야 한다) 해야 한다는 주장이다. 샌델의 이러한 강변은 후건긍정의 오류다.[107)]

자유지상주의의 자기소유권은 과세를 강제노동으로 간주한다. 그러나 미국에서 촉발된 버핏세(Buffet rule) 논란은 과세가 강제노동이라는 주장을 무색하게 만들고 있다. 버핏세는 투자의 귀재 미국의 백만장자 워렌 버핏(Warren Buffet)의 이름을 딴 부유층 대상 세금이다. 워렌 버핏은 2011년 8월 『뉴욕 타임스』에 기고한 「슈퍼리치 감싸기 정책을 중단하라(Stop Coddling the Super-Rich)」는 칼럼에서 슈퍼리치에게 증세를 해 미국 정부의 재정 적자 문제를 해결하자고 밝혀, 오바마 미국 대통령의 고소득층 증세 방안의 계기를 만들었다. 이 칼럼에서 버핏은 자신의 소득세는 17.4퍼센트인 반면에 자신의 직원들의 소득세는 36퍼센트에 이른다고 밝혔다. 오바마 대통령은 2011년 부자 증세를 골자로 한 재정 감축안을 발표했으나 결국 무효화되었다.[108)] 그러나 그는 2012년 2월 재선에 도전하면서 "버핏세로 조세 정의 실현"을 캐치프레이즈로 들고 나와 논란을 다시 불러일으켰다. 공화당은 버핏세의 허점을 지적하며 반격에 나섰다. 미국 경제의 최대 문제는 7조 달러에 이르는 재정 적자인데 버핏세의 도입으로 충당할 수 있는 세수는 향후 10년간 겨우 470억 달러에 불과하다는 의회 보고서를 제시했다. 부유층과 기업에 대한 증세로 일자리와 투자가 감소해 경기가 위축되고 탈세의 유혹이 커질 수 있다는 점도 지적되었다.[109)] 이러한 반론에 직면하기는 했지만 버핏세는 소득세의 경우 조세 정의의 실현을 위해 공정하고 정의로운 방안이라는 것을, 페이스북 창업자 마크 저커버그(Mark Zuckerberg), 마이크로소프트 창업자 빌 게이츠(Bill Gates), 헤지펀드 운영자 마이클 스타인하트(Michael Steinhardt) 등 미국의 유명한 부자들도 스스로 인정하고 있으므로, 조세가 강제노동이라는 것은 자유지상주의의 지나친 주장이라고 할 수 있을 것이다.[110)]

버핏세와 관련된 세금으로는 부유세(net wealth tax)가 있다. 핀란드,

프랑스, 노르웨이 등 유럽의 선진 복지국가에서 채택하는 세제로 일정액 이상의 재산을 보유하고 있는 자에게 그 순자산액의 일정 비율을 비례적 혹은 누진적으로 과세하는 세금이다. 그러나 1997년에 네덜란드와 독일에서 부유세가 위헌 판결로 폐지된 이후 노르웨이 등 일부 국가에만 존재하고 있으며 실질적으로는 그 기능을 거의 못하고 있다는 반론이 있다. 따라서 "버핏세는 순수한 의미에서 부유세라기보다는 고소득자가 중산층보다 상대적으로 낮은 세 부담을 지고 있는 현실은 부당하며, 더 많은 세 부담을 하여야 한다는 어쩌면 지극히 상식적인 이야기라고 할 수 있다."111)

버핏세를 중심으로 한 부자 증세 논란은 전 세계로 확산되었으며 우리나라 역시 2011년 12월 31일 소득세 최고 과세표준 구간(3억 원 초과)을 신설해 이 구간에 종전 35퍼센트인 최고세율을 38퍼센트로 높이는 일명 한국판 버핏세안을 통과시켰다. 하지만 국세청 조사 결과 연 수입 3억 원 이상 고소득 전문직 종사자 2만 6천 명 중 99퍼센트가 한국판 버핏세를 내지 않아도 될 것으로 나타나 법안의 실효성이 없는 것으로 나타났다. 따라서 누락된 개인사업자의 소득을 양성화하는 것이 더욱 실질적인 효과를 가져올 것으로 보인다는 견해가 유력하게 대두되었다.112) 부유세 법안의 실효성 문제를 해결하기 위해서 국회 기획재정위원회에서는 2013년 12월 31일 최고세율 38퍼센트를 적용받는 종합소득 과세표준 구간을 3억 원 초과에서 1억 5천만 원 초과로 하향 조정하였다. 하향 조정 이후 우리나라의 종합소득세법은 5단계 초과누진세율 구조를 유지하고 있다.

자유지상주의는 출산 결정권과 사생활 보호를 옹호하며, 종교의 자유를 주창하므로 공립학교에서 교내 기독교식 기도를 반대하며, 또한 성인물 규제에도 반대한다. 세계 여러 나라에서 보수 정권하에 있는 사람들은 미국이 자유의 나라라는 징표로 미국에서는 포르노그래피(pornography), 즉 성인물이 허용되어 있다는 점을 생각하는 경향이 있다. 미국은 청교도 이민자가 구성하기 시작한 나라라는 점을 굳이 언급하지 않더라도, 기독교 근본주의 성격의 보수적인 개신교에서는 포르노와 같은 음란물 혹은 외설물(obscenity)은 불법으로 간주해야 한다고 주장한다. 그러나 개인의 알 권리, 혹은 성적 자유를 추구할 권리, 언론, 출판의 자유의 관점에서 보면 포르노는 불법이 아니라는 시각이 존재한다. 포르노의 제작은 개인의 의사 표현이라는 측면에서 소프트코어, 하드코어를 막론하고 대부분 합법물로 여겨진다. 물론 동물과 성관계를 맺는 수간(獸姦), 잔인한 폭력 장면 삽입, 어린이가 등장하는 아동 성애(性愛) 등은 음란물로 간주하여 규제한다. 음란물의 판단 기준은 무엇보다도 각 주 및 지역사회에서 결정한다는 점이 특이하다. 그러나 어린이들과 청소년들이 접근하지 못하도록 포르노 배포 방지를 위한 여러 가지 방법이 동원된다.

미네소타주와 인디애나주처럼 일부 보수적인 주에서는 포르노의 배포 또한 불법으로 하는 법률을 만들었으나 미국 '수정헌법' 제1조에 위배된다는 대법원의 판결로 인해서 폐지되거나 개정되었다.113) 미국 '수정헌법' 제1조는 "종교, 언론 및 출판의 자유와 집회 및 청원의 권리"로서 "연방의회는 국교를 정하거나 또는 자유로운 신앙 행위를 금지하는 법률을 제정할 수 없다. 또한 언론, 출판의 자유나 국민이 평화로이 집회할 수 있는 권리 및 불만 사항의 구제를 위하여 정부에게 청원할 수 있는 권리를 제한하는 법률을 제정할 수 없다"는 것이다. 이에 관련된 영화는 「래리 플린트(The People vs. Larry Flynt)」(미국, 1996)가 있다. 포르노 잡지 『허슬러(Hustler)』를 창간한 래리 플린트의 일대기를 그리면서 표현의 자유를 보장하는 미국 '수정헌법' 제1조의 가치를 다시금 생각하게 하는 영화다.114)

자유지상주의의 가장 중요한 철학자인 로버트 노직이 자신의 철학적 입장을 변경한 것은 매우 중요한 사건이다. 로버트 노직이 자유지상주의를 잘못된 것이라고 인정했다고 해서 자유지상주의 자체가 붕괴하는 것은 아니지만 커다란 타격을 입게 된 것은 사실이다. "내가 한때 주창했던 자유지상주의는 이제 보니 심각하게 부적절한 것으로 보이는데 그 이유 중 하나는 인간적인 고려 사항들과 공동적 협동 활동을 전체적 이론 구조 안에 그 여지가 남겨질 수 있도록 충분히 그리고 면밀하게 짜맞출 수 없었다는 데 있다."115)

4) 4강. 대리인 고용하기 / 시장과 도덕

[요약]

자유지상주의는 자유시장경제의 논리에 기초한 것으로 사회적 재화와 사회적 부담의 분배를 시장을 통해서 해결하려는 것이다. 공리주의도 자유시장에서 자유로운 거래를 하는 당사자들 모두가 이익을 얻으므로 사회 전체 공리와 행복이 증진한다고 간주한다. 그러나 시장 회의론자들은 시장에서 이루어지는 선택이 겉보기처럼 늘 그렇게 자유로운 것은 아니며, 특정 재화나 사회적 부담과 의무를 매매하는 것은 그것들을 타락시키거나 질을 떨어지게 한다고 주장한다. 이러한 관점에서 샌델은 병역 문제와 대리모 계약 문제를 통해 자유지상주의와 공리주의가 옹호하는 자유시장의 도덕적 한계와 딜레마를 밝히면서 미덕과 좋은 삶을 추구하는 공동체주의적 입장을 서서히 부각시키고 있다.

국가가 군사를 의무적으로 모집하는 징병제와 유급 대리인을 허용하는 조건적 징병제(미국 남북전쟁 당시 병역제도)와 시장체제에서처럼 급여를 통해서 병역을 유도하는 자원군 제도 세 가지를 생각해보자. 자유지상주의자들에게는 징병제는 강제성을 띤 일종의 노역이므로 최악의 경우이며, 유급 대리인을 채용할 자유가 있는 조건적 징병제가 조금 낮고, 노동시장처럼 급여를 통한 유인이라는 시장체제에 의거한 자원군 제도가 최선이다. 공리주의의 경우도 징병제는 징병 대상자들의 선택권을 제한하여 사회 전체의 행복을 감소시키므로 최악이며, 대리인과 그 구매자 모두에게 이익을 주는 조건적 징병제가 더 낫고, 최선은 징병과 그 기회비용을 따져보아서 다른 일보다 병역이 나은지를 스스로 결정하게 하여 입대하는 자원군 제도다.

자유지상주의 논리로 보나, 공리주의 논리로 보나 군 복무 할당 방법에서 자원군이 최고의 선택이고, 그 다음이 남북전쟁 때의 혼합형 제도이며, 징병제는 가장 바람직하지 못한 제도가 된다. 샌델은 이러한 순위에 대해서 두 가지 반박이 가능하다고 주장하는데, "하나는 공정성과 자유에 관한 반박이고, 또 하나는 시민의 미덕과 공동선에 관한 반박"이라고 밝힌다.116)

자원군 제도에 대한 공정성과 자유의 관점으로부터 반박은 일견 자유의사에 의한 지원이라는 자원군 제도가 실제는 가난한 사람들이 보수를 원해서 어쩔 수 없이 지원하는 경우가 많으므로 자원군 제도의 배경이 되는 노동시장은 불공평하고 강제적이라는 것이다. 또한 미국의 이라크 전쟁에서 보는 것처럼 민간 위탁 군대와 미국 시민권을 원하는 사람들로 채워진 실질적 용병제도가 시장제도를 배경으로 더욱 확대될 가능성도 많다는 것이다. 샌델은 병역의 의무는 애국심에 기초한 시민의 책무로서 나라를 지킨다는 숭고한 사명을 가진 일이라고 본다. 이것이 바로 시민의 미덕과 공동선으로부터의 비판이다. 따라서 "군 복무가 시민의 의무라면, 그것을 시장에 내놓고 거래하는 것은 잘못이다"라고 주장한다.117)

대가를 받는 임신인 대리모 사건은 의뢰인의 정자를 인공수정하여 대리모가 임신과 출산을 하여 의뢰인에게 신생아를 양도하는 것과 관련된 것이다. 대리 출산은 원칙적으로 금지되어 있으나 미국에서는 캘리포니아주처럼 일부 허용되는 주가 있다. 대리모 사건은 대리모가 신생아의 양도를 거부함으로써 '아기 M' 사건으로 비화되었다. 아기 이름은 의뢰인 부부가 지은 멜리사 엘리자베스 스턴(Melissa Elizabeth Stern)이다. '아기 M' 사건은 뉴저지 하급 법원에서는 대리모 계약이 대등한 관점에서 자유롭게 맺어졌고, 대리 출산이 아이를 파는 행위가 아니라고 결정함으로써 그 계약이 유효하다고 판결하였다. 그러나 뉴저지 대법원은 그 계약이 전적으로 자발적이지 않았으며, 거기에는 아이를 파는 행위가 포함되었다고 주장하며 그 계약은 무효라고 판결하였다.

샌델은 대리 출산 계약을 지지하는 주장은 자유지상주의와 공리주의에 의거한다고 지적한다. 자유지상주의는 대리 출산 계약이 성인들이 자유로운 합의에 의거하여 맺은 계약으로 정당하다고 주장하며, 공리주의는 계약 당사자들이 모두 이익을 얻으므로 전체 행복이 커진다는 것이다. 그러나 샌델은 첫 번째 반박으로서 그 계약적 합의는 문제가 있는 합의로서 진정으로 자발적인 동의에 의거한 합의가 아니라고 응수한다. 즉 경제적 압력을 받고 있는 상황에서 계약에 응했거나 출산 이후 산모가 아기를 쉽게 넘겨줄 수 있는가에 대한 정보가 부족하였으므로 소위 "고지된 동의(informed consent)"가 아니라는 것이다. 샌델은 더 나아가서 아기나 여성의 출산 능력처럼 세상에는 돈으로 살 수 없는 것도 있다는 두 번째 반박을 제기한다. 즉 대리모 계약은 여성을 비하하고 고귀한 재화와 가치를 상품으로 취급하게 된다고 비판한다.118)

여기서 샌델은 현대 도덕철학자인 엘리자베스 앤더슨(Elizabeth Anderson)의 입장을 원용한다. 즉 대리 출산 계약은 여성의 몸을 공장 취급하고 여성에게 자신이 낳은 아이를 양도하게 함으로써 여성을 비하하며, 결국 "여성의 노동을 소외된 노동으로 전락시킨다"는 것이다.119) 이어서 샌델은 새로운 불임 치료술이 개발되면서 외주 임신이 가능하게 되었다는 사실을 든다. 즉 한 여성이 제공한 난세포로 체외수정을 하여, 다른 여성이 그것을 키워서 출산하는 착상식 대리 출산이 가능하게 된 것이다. 한편 인도에서는 상업적 대리 출산이 합법화되었으며 따라서 도덕적 문제는 더욱 복잡다단하게 되었다고 한다. 샌델은 "대리 출산은 여성의 몸과 출산 능력을 도구로 전락시켜 여성을 비하한다고 생각하는 사람이 많아지고 있다"고 주장한다.120)

샌델은 병역제도와 대리 출산에 대한 논란을 통해서 시장의 논리가 그런 영역에 적용되는 것이 과연 정당한 것인가 하는 질문을 통해 자유지상주의와 공리주의를 비판하고 시장에서는 높게 평가되지 않지만 돈으로 살 수 없는 미덕이나 고귀한 가치가 존재한다고 주장한다. 샌델은 『정의란 무엇인가』 4강에서의 논의를 본격적으로 다룬 저서 『돈으로 살 수 없는 것들』(2012)을 통해서 더욱 구체화하고 있다.

[해제와 비판]

샌델은 병역의 의무는 민주사회에서 애국심에 기초한 시민의 책무로서 나라를 지킨다는 숭고한 사명을 완수하는 일이라고 본다. 즉 병역의 의무는 시민의 미덕과 공동선을 위한 숭고한 행위라는 것이다. 따라서 군 복무가 시민의 의무이고 시민의식의 표출이라면 그것을 시장에 내맡겨서는 안 되므로 징병제가 최선이라고 주장한다. 샌델이 언급한 미국 남북전쟁 시 대리 징집과 300달러라는 금전을 통한 병역 면제는 공정하지 못한 처사라고 비판되는 것은 당연하다.121) 그리고 샌델이 비판하는 것처럼 자원군 제도는 자발적인 선택이 가능한 시장제도에 의거하지만, 실상은 불공평하고 강제적인 것이 사실이다. 2004년 여름 부시 행정부의 외교정책의 부조리와 치부를 여실히 드러내어 논란의 불씨를 당긴 마이클 무어(Michael Moore) 감독의 다큐멘터리 영화 「화씨 9/11 (Farenheit 9/11)」(2004)은 미국의 자원병제, 즉 모병제가 얼마나 정치적, 경제적, 사회적 계층을 반영하는가를 신랄하게 파헤치고 있다. 무어는 미국의 수도 워싱턴 DC 의사당 앞에서 의원들에게 전쟁에서 죽는 군인들은 대다수 저소득층 소수계 출신이라고 항변하며 백인 부유층 자녀들도 입대해야 한다면서 입대 지원서를 내민다. "당신 자녀를 군대에 보내라"는 무어 감독의 도전에 의원들이 부담스러워 하며 슬슬 피해 가는 모습에 관중들은 박수를 쳤다.122)

그러나 징병제가 대의명분이 있다고 하더라도 미국적 상황에서는 실행되기 어려운 것이 사실이다. 베트남 전쟁 후 1973년 징병제도를 폐지한 지 오래된 지금 현재 미국에서는, 샌델도 인정하는 것처럼, "미국인 대다수는 자원군을 좋아하며, 징병제로 돌아가기를 바라는 사람은 거의 없다. 이라크 전쟁이 한창이던 2007년 9월, 미국인을 대상으로 실시한 갤럽 설문조사에서 징병제 부활에 반대하는 비율과 찬성하는 비율은 각각 80퍼센트와 18퍼센트로 나타났다."123) 그리고 샌델도 언급한 한국전 참전용사인 뉴욕주 하원의원인 찰스 랭겔(Charles Rangel) 의원이 제안한 징병제 법안이 반대 402표 대 찬성 2표로 부결된 것만 보아도 미국에서 당장 징병제가 실시될 가능성은 거의 없다고 해야 할 것이다.124) 물론 랭겔 의원의 항변, 즉 우리가 징병제를 실시하여 의원들과 행정부 관료들의 자녀들이 전쟁에서 죽을 수 있다는 생각을 했더라면 대통령과 행정부는 이라크를 침공하지 못했을 것이라는 주장은 여론을 크게 환기시켰다. 미국 하면 모병제의 모범 국가로 알려져 있지만, 엄밀한 역사적 사실에서 본다면 미국의 병역제도는 징병제와 모병제를 반복한 것이 사실이다. 전시에는 징병제를, 그리고 전쟁이 끝나면 모병제를 채택했다.

　현대사회에서 징병제를 옹호하는 샌델의 논리, 즉 군 복무는 "민주사회의 시민의식을 드러낼 뿐만 아니라 심화시킨다"는 주장은 시대착오적일 수도 있다.125) 이것은 마치 현대의 장병들에게 스파르타의 군인들이나 로마제국 시대의 군인들처럼, 기사도 정신으로 무장한 중세의 기사들처럼, 루소가 꿈꾸는 도시국가의 군인들처럼, 군사적 영광을 지향하는 공명정치(timocracy)와 귀족주의와 공화주의 속에서의 "고귀한 자의 사명(noblesse oblige)"을 완수해야 한다고 천명하는 셈이다.126) 그러나 오늘날의 민주사회에서는 이러한 노블레스 오블리주 정신을 찾아보기도 어렵거니와 강요할 수도 없는 상황이다.127) 설령 미국에서 징병제가 부활된다고 하더라도 모든 시민들을 군대에 수용할 수 없으므로 어떤 선별이 필요할 것인데, 결국 그러한 선별에서 자원병을 우선적으로 수용하는 제도로 다시 귀착하게 될 것이다. 징병제가 실시될 경우, 연간 최고 16만 5천 명을 징집하게 되는데 실제 만 18세가 되는 국민이 2백만 명에 달하므로 누구를 어떤 기준에서 선발할 것인가 하는 문제가 제기된다. 물론 제비뽑기로 필요한 수의 병사를 모으는 간단한 방법, 즉 사전에 등록된 18-25세 사이 군인 후보자 중에서 추첨을 통해서 강제 징집하는 제도인 선발 징병제(Selective Service System) 혹은 추첨식 징병제(lottery draft)가 있기는 하다.128) 그러나 그것은 무의미한 운수에 기반하는 것이므로 차라리 자원병 제도를 실시하는 것이 더 낫다고 보는 사람들이 많다. 미국 속담에 "지원병 한 사람은 징집병 두 사람보다 낫다(One volunteer is worth two pressed men)"는 말이 있는데 금과옥조라고 생각된다. 아프리카 속담에는 심지어 "자원자 한 사람이 징용된 열 사람보다 낫다(One voluteer is better than ten forced men)"는 말이 있다. 인간은 강요된 명분도 중요하지만 자유로운 선택에 의한 실리를 살리면서 동시에 명분도 축적하는 길을 찾는 것이 더 좋을 것이다.

병역제도의 변화는 안보적, 군사적 상황의 변화도 중요하지만 정치적, 사회적 차원의 변화로 말미암은 것이 많다. 미국의 경우를 예로 들면, 미국은 20세기 중반까지 대표적인 징병제 국가였다. 그러나 베트남 전쟁에 대한 반대가 격화되면서 모병제에 대한 논의가 시작되었다. 1968년 미국 대선에서 공화당의 리처드 닉슨(Richard Nixon) 후보는 이 문제를 대선의 승리를 위한 핵심 문제로 잡고 '베트남 철수 및 모병제 전환'을 공약으로 내세웠다. 반면 민주당의 허버트 험프리(Hubert Humphrey) 후보는 '추첨식 징병제(lottery draft)'로 맞섰다. 결과는 투표자 43퍼센트의 지지를 획득한 닉슨의 승리였다.129) 미국은 1973년 징병제를 끝냈다.

현재 미국사회에서 전개되고 있는 징병제와 모병제 사이의 논쟁을 간략히 정리하면 다음과 같다.130) (1) 국가의 안위와 방위라는 관점에서 볼 때 징병제 지지자들은 국가가 국민들에게 다양한 보호를 제공하고 있으므로 국민들에게 국방의 의무를 지우는 것이 타당하다고 주장한다.

그러나 징병제 반대자들은 징병제의 반민주적 측면을 강조하면서 인류에도 배치된다고 주장한다. 모병제 주장자들은 징병제가 개인 의사에 반하며 직업 선택의 자유를 제한하는 법이라고 반박한다. (2) 징병제는 미국이 세계 제일의 군대를 유지하기 위한 군인의 안정적 확보와 질적 우수성을 보장한다는 것이다. 징병제 지지자들은 모병제로는 평시나 전시에 우수하고도 충분한 병력을 확보하기 어렵다고 주장한다. 이에 대해서 징병제 반대자들은 많은 젊은이들이 전시나 평시에 입대를 자원했다고 주장한다. 모병제를 주장하는 사람들은 비록 군대에서의 봉급이 일반 기업 봉급보다 더 적기는 하지만 나라를 지킨다는 자부심과 직업적 안정성 때문에 군대를 지원하게 될 수 있다는 것이다. 또한 징병군은 모병군보다 평균 연령이 낮고 약 2년간 복무 후 제대하기 때문에 축적된 군사기술을 습득하기 어렵다는 것이다. 2007년 7월 미국 미의회 예산실 자료에 의하면 군 지원자의 91퍼센트가 고교 졸업생이었는데, 이는 미국사회의 인구 비례, 즉 18-24세 일반인의 고교 졸업자 80퍼센트보다 높은 것이다. 또 군 입대 자격시험에서 전체 평균은 50점이었지만 모병제 입대자들은 69점이었다고 한다. 그리고 모병제로 입대한 사병들이 군대 내에서 더 다양한 경험을 쌓았고, 군 복무도 더 오래 하는 것으로 나타났다. (3) 징병제가 실시될 경우 연간 최고 징집 인원은 16만 5천 명가량 되는데 매년 만 18세가 되는 국민이 2백만 명에 육박하기 때문에 누구를 어떤 기준에서 징집할지가 매우 곤란한 실정이다. 또한 징병제는 병역 기피와 이를 둘러싼 병역비리가 만연할 가능성이 높다.

(4) 군대 내 인종 및 계층 간 분포의 형평성 문제를 들어 징병제를 주장하는 사람들이 많다. 모병제 아래서 목숨을 잃는 것은 주로 소수인종과 저소득층, 특히 흑인 저소득층이라는 것이다. 일반적으로 흑인의 지원율이 높기 때문에 군에서의 흑인의 피해가 상대적으로 많다고 알려져 있다. 그러나 2005년 자원입대한 사병 가운데 흑인은 13퍼센트였고, 2006년에는 19퍼센트였다. 2006년 17-49세의 미국 전 국민 가운데 흑

인 인구는 14퍼센트였다. 반면에 히스패닉은 2006년 입대한 병사 가운데 11퍼센트를 차지했다. 17-49세의 미국 전 국민 가운데 히스패닉 인구는 14퍼센트였다. 소수인종 가운데도 흑인은 군 입대가 많은 반면 히스패닉은 오히려 적은 것으로 나타났다. 그렇다면 소수인종이 지나치게 군대에 많이 갈 수밖에 없는 불공평과 경제적 어려움으로부터 오는 강제성은 과장되었다고 볼 수 있다. 물론 (2)에서 보듯이 군 입대자 91퍼센트가 고교 졸업생이고, 군 입대자 중 대학 문턱을 넘어본 사람은 고작 6.5퍼센트라는 점은 학력별 군 입대 관점에서는 여전히 문제가 있다. 그러나 징병제를 반대하는 사람들은 모병제 아래서 군에 입대하는 것은 전적으로 개인의 선택 사항이므로 이와 관련하여 불평등과 불공평성을 말하는 것 자체가 논리적 모순이라고 응수한다.[131] (5) 징병제를 실시하면 비용과 경제 효율성 측면에서 볼 때 현재의 모병제 아래서 지급되는 인건비를 획기적으로 줄일 수 있으므로 국가예산 100억 달러를 절감할 수 있다고 주장된다. 그러나 징병제의 숨은 비용, 즉 징병된 젊은 남성들이 받는 정신적 스트레스의 사회적 비용이 매우 크다는 비판이 제기된다. 그리고 징병제에 끌려온 사람들이 사회에서 정상적인 경제활동을 한다면 국가세수가 100억 달러 이상 늘어난다는 주장도 나온다. 결국 예산 문제에서 징병제의 혜택은 거의 없다는 것이다.

조선이 임진왜란 초기에 일본에게 파죽지세로 밀리게 된 것은 기본적으로 우리나라는 200년간 평화를 유지했고, 일본은 100여 년간 내란을 통해 막 전국 통일된 국가로서 잘 훈련된 군인들과 조총을 보유하고 있었기 때문이다. 우리나라는 그 당시 제승방략(制勝方略), 즉 유사시에 각 고을의 수령이 그 지방에 소속된 군사를 이끌고 본진을 떠나 배정된 방어 지역으로 가는 분군법(分軍法)이었다. 즉 유사시 각 지역의 군사를 한 곳에 집결시켜 한 사람의 지휘 하에 두게 하는 방책이다. 그러나 후방 지역에는 군사가 없기 때문에 1차 방어선이 무너지면 그 뒤는 막을 길 없는 전법이다. 그리고 지방군이 기본적인 방어력으로 전쟁 초기에 버티고 이후 중앙군이 도착할 때까지 지방군이 기다려야 하는 단점이 있다.132) 그래서 제승방략은 진관체제(鎭管體制), 즉 각 요충지마다 진관을 설치하여 진관을 중심으로 독자적으로 적을 방어하는 체제로 대체되었다. 진관체제는 진을 중심으로 스스로 적을 방어하는 자전자수(自戰自守)의 체제였다. 그러나 진관체제는 소규모의 전투에는 유리하지만 큰 규모의 적이 침입할 경우 위력을 발휘하지 못했다. 또한 조선은 임진왜란 당시 병역세라고 할 수 있는 군포제(軍布制)를 실시하고 있었는데, 미국 독립전쟁 시처럼 대리 징집과 금전을 통한 병역 면제가 횡행했다.133)

조선시대의 병역체제는 병농 일치에 의한 국민개병제로 16세 이상 60세 이하의 모든 남자는 현역병으로 복무하게 하였다. 그리고 현역병 외의 잔류 장정은 현역병을 위해 1년에 한 사람당 포(베) 두 필을 대납하게 하였는데 이것이 병역세라 볼 수 있는 군보포다. 이것이 16세기 이후 대역납포제(代役納布制), 즉 현역으로 균역을 하지 않은 사람이 대신에 포를 바쳐 역을 대신하던 제도로 정착되었다. 이에 따라 군역 의무 수행의 일반적인 형태로 등장한 것이 중앙군인 부경정군(赴京正軍)의 경우 군역을 하지 않은 사람으로부터 받은 베로 다른 사람을 고용하여 대신 역을 수행하게 하는 수포대립제(收布代立制)였으며, 지방군의 경우 병사를 집으로 돌려보내고 그 대가로 베를 거두어들이는 방군수포제(放軍收布濟)였다. 그러나 이러한 군포제도는 부정과 불합리한 각종 제도와 사회경제적 부조리를 야기함으로써 군역의 납포화가 일반화되었으니 임진왜란 때 일본 침략군에 대적할 만한 제대로 된 군대가 있었을 리 만무했다.134) 임진왜란 때 영의정 류성룡은 양반도 실제 군역을 담당케 하여 공사천인(公私賤人)과 함께 복무하는 속오군(束伍軍)을 편성하여 정유재란 때까지 왜군의 북진을 저지하였다.135)

최근 우리나라에서는 동료 병사들로부터 따돌림과 놀림을 당했던 한 GOP 탈영병의 총기 난사로 인해서 동료 병사들이 살상되는 임병장 사건이 일어났고, 상급 병사들의 잔인한 구타와 가혹 행위로 한 하급 병사가 죽은 윤일병 사건이 발생하였다. 그리고 군대에서 하루가 멀다 하고 구타와 가혹 행위가 동시다발적으로 불거지고 있는 실정이다. 이와 관련하여 우리 사회에서도 징병제와 모병제 간의 논쟁이 점증되고 있는 상황이다. 이러한 논쟁이 심도 있게 진행되어 구타 없고 병역에 자긍심을 가질 수 있는 자유민주 군대로의 변모를 위한 어떤 사회적 합의에 도달하게 되기를 바라는 마음 간절하다.

징병제는 관련 법령에 의거하여 병역의 의무를 부과하는 제도다. 현재 우리나라가 취하고 있는 이 제도는 병역의 형평성이라는 장점이 있지만 강제성과 낮은 보수가 문제다. 모병제는 직업군인으로 군대를 유지하는 제도로서 징병제보다 보수가 높고 전문성이 강화되지만 특수 계급화될 수 있고 상당한 예산이 소요된다는 문제가 있다. 모병제를 주장하는 사람들은 프랑스, 이탈리아, 독일이 징병제를 폐지했으며, 러시아군이 48만 명 중 20만 명을 모병제로 선발하고 있다는 사실을 들어 모병제가 세계적인 추세라고 적시한다.136) 그래서 모병제 찬성자들은 우리나라 군대도 장기 군 복무를 하는 전문적인 전투 조직이 되어야 하며, 군 복무에 대한 적정 수준의 임금이 지급되어야 한다고 주장한다. 따라서 모병제 찬성자들은 이러한 군대가 된다면 전문직 종사자로서 직업의식과 능력 향상을 도모할 수 있고, 군 복무에 자긍심을 가질 수 있어 고질적인 구타 등이 사라질 수 있다고 확신한다.137)

그러나 모병제에 반대하는 사람들은 대만이 모병이 어려워 모병제 전환을 연기했던 사실을 들고, 소요 예산과 북과 대치하고 있는 우리의 안보 상황을 생각해야 한다고 신중론을 펼친다. 모병제로 50만 명을 유지하려면 연 6조가 더 소요되므로 당분간은 어렵다고 지적한다. 모병제를 주장하는 전문가들은 모병제로 충당하는 30만 명이면 충분하다고 주장하지만, 반대하는 사람들은 30만 명을 모병제로 유지하려면 병사 1인당월 20만 9,500원을 지급한다고 해도 총 2조 5천억 원이 필요하다고 반박한다. 그리고 한 해 징집 가능한 20대의 수도 차츰 줄어들어 2020년에는 26만 7,600명, 2040년에는 16만 6천 명에 불과하다고 지적한다. 육군이 병력 감축에 대해서 강력하게 반대하고 있으나, 일부 전문가들은 군이 장성 숫자를 지키려 반대하고 있다고 폭로한다. 모병제의 사회 경제적 조건은 30만 명 이하를 모병제로 유지할 경우 우리나라가 적어도 1인당 국내총생산(GDP)이 3만 달러 이상이 되어야 한다는 것이다. 분단이 지속되어 50만 명 이상을 유지하려면 1인당 국내총생산이 3만 1,223달러가 되어야 한다는 것이다. 이러한 상황에서 중요한 것은 모병제 논의보다 현재 군 복무를 하고 있는 사병들의 열악한 처우를 개선하는 것이 급선무라는 주장도 제기된다.[138]

의학 기술의 발달로 인공수정과 대리모 임신, 그리고 외주 임신이 가능해지면서 각양각색의 윤리적 문제들이 대두하여 많은 사회적 관심을 끌고 있다. 한 명의 정자기증자로부터 가장 많은 아이들이 출산된 사례는 600명이라는 충격적 보고가 나왔다. 영국 『더타임스』에 의하면 영국인 생물학자 버톨즈 와이즈너가 기증한 정자를 통해 인공수정으로 태어난 친부가 같은 아이들이 무려 600명에 이를 수 있다는 것이다. 건강한 남자는 1년에 50번도 정자 기증이 가능하다는 의학적 소견으로 미루어 보면 불가능한 일도 아니다.[139] 최근 일본 남성이 태국에서 대리모를 통해 15명의 아이를 낳은 사실이 폭로되어 경악을 자아냈다.[140] 그 사람은 재벌 2세로서 평생 천 명의 아기를 가질 생각이었다고 한다. 그는 "세계를 위해 내가 할 수 있는 최선의 일은 많은 아기를 남기는 것"이라고 말했다. 그러나 진정한 이유는 아기들을 재산 상속과 관련한 절세에 활용하려 했다는 의혹이 나오고 있다.[141]

이 사건과 아울러 태국 대리모가 출산한 아이 '가미'가 다운증후군이라는 이유로 오스트레일리아 부모에게 버림받은 사건으로 말미암아 태국 군사정부가 상업적 대리모 금지법 초안을 승인하는 결과를 자아냈다. 인도와 함께 태국은 아시아에서 1만 달러 정도면 가능한 대리모 출

산이 상업적으로 널리 성행해왔으므로 그 파장은 매우 클 것으로 예상된다.[142]

일본의 한 불임클리닉에서는 최근 17년간 시아버지의 정자와 며느리의 난자로 시술한 체외수정으로 118명의 아이가 태어난 것으로 알려져 가족관계의 논란이 거세게 일고 있다. 이러한 방식의 임신과 출산은 가족관계의 근간을 흔들 수 있다는 우려가 높아지고 있다. 일본에서는 부부가 익명의 제삼자로부터 정자를 제공받아 인공수정을 하는 것이 인정되고 있다고 한다.[143] 최근 우리나라에서 논란이 되고 있는 사안은 한 여성이 숨진 남편의 냉동 보관된 정자로 시험관 시술을 해 아기를 낳았다며 법적으로 친자임을 확인하는 소송을 낸 일이다. 법원은 친자임이 맞다고 인정했다.[144] 이제는 자식들이 아버지가 죽은 훨씬 뒤에도 태어날 가능성이 높아지고 있다. 어머니의 뱃속에 있을 때 아버지를 여의고 태어난 자식이 유복자라면 이들은 유복자가 아니므로 신조어가 필요한 시점이다.

샌델이 말한 외주 임신은 한 여성이 제공한 난세포로 체외수정을 하여, 다른 여성이 그것을 키워서 출산하는 착상식 대리 출산이다.[145] 외주 임신은 좀 더 자세하게 파고들면 우리가 생각하는 것보다 훨씬 더 복잡하다. "보통 여성의 불임으로 출산이 불가능할 때 이루어지는 대리모 출산의 경우 아이는 난자를 제공하는 생물학적 어머니, 자궁을 제공하는 대리모, 법적 어머니라는 3명의 어머니와 정자를 제공하는 생물학적 아버지와 법적 아버지라는 2명의 아버지를 갖는 극단적인 상황이 벌어진다. 타인의 생식세포를 이용해 인공수정된 자녀는 가족의 일치에도 모순된다."[146] 우리나라에서도 대리모 출산이 많이 이루어지고 있으며, 불임클리닉에서도 대리모 시술을 알선하고 있는 것으로 확인됐다. 우리나라는 정자나 난자의 거래는 처벌 대상이지만 대리모에 관한 법규가 없다. 따라서 상업적 대리 출산도 불법이 아닌 상황이므로 실질적으로 국가에서 대리모를 방치하고 있는 셈이다. 우리나라 현행법에 따르면 대리모인 출산한 여성을 어머니로 인정한다. 따라서 출산된 아이를 데려가려면 법적으로 매우 복잡하므로 진료기록 조작이 행해지는 수밖에 없다.[147]

자녀를 가지고 싶다는 20여 만 명 불임 부부의 간절한 소망을 고려하고, 또한 그들의 행복추구권을 인정한다면, 대리모 출산이 허용되어야 할 것으로 보인다. 또 국내에서 불법화된다면 인도는 5천만 원, 미국은 2억 원이면 대리모 출산이 가능하므로 원정 시술 혹은 외주 임신을 막을 수 없다는 현실적인 고려도 있다. 그러나 대리모 출산은 장애아가 출산되었을 경우 많은 문제를 야기하며, 또한 여성의 신체를 도구화하고 수단으로 이용하는 사회적 폐단을 피할 수 없다. 우리나라의 경우 가문의 대를 이어야 한다는 유교 문화의 압박감이 불임 부부들을 대리모 출산으로 내몰고 있다. 이것은 내 핏줄, 내 혈육만이 자식이라는 잘못된 인식이 빚어낸 우리 시대의 슬픈 단면이기도 하다. 아직도 우리나라는 고아 수출국의 오명을 벗지 못하고 있으며 국내 입양률은 매우 낮은 편이다. 그러나 실정이 이렇다 하더라도 불임 부부에게 고아 입양을 강요할 수는 없는 실정이다.

세계화 시대에서의 대리모 외주 임신에 관한 다큐멘터리 영화로는 이스라엘의 지피 프랭크(Zippi Frank) 감독이 만든 「구글 베이비(Google Baby)」(이스라엘, 미국, 인도, 2009)가 있다. 영화 도입부 설명에 의하면, 1960년대에는 피임약(birth control pill)이 아이를 만드는(making babies) 위험 없이 섹스할 수 있게 해주었다면, 지금의 세계화 시대는 새로운 기술 덕분에 섹스 없이 아이를 만들 수(making babies) 있게 해준다는 것이다. 필요한 것은 오직 신용카드뿐이며, 구글에 "아이 만들기(making babies)"만 치면, '구글'과 '유튜브'가 다 알아서 지침을 준다는 것이다.[148]

『돈으로 살 수 없는 것들(*What Money Can't Buy*)』(2012)이라는 샌델의 책 제목을 결혼에 관련해서 생각해보면 돈이나 이득을 보고 하는 결혼인 정략결혼(marriage of convenience)이 떠오를 것이다. 비틀즈(The Beatles)의 노래 "Can't Buy Me Love"는 사랑은 돈으로 살 수 없다는 내용의 가사를 의미심장하게 노래하고 있다. 이 노래는 샌델이 분명히 좋아해야 할 노래다. 사실 이 노래는 샌델이 좋아하는 노래다.

샌델이 『정의란 무엇인가』 4강에서 주장한 "돈으로 살 수 없는 것"의 논변은 원래 같은 공동체주의자인 마이클 월저(Michael Walzer)가 먼저 체계적으로 주장한 것이다. 월저는 그의 책 『정의의 영역들: 다원주의와 평등의 옹호(Spheres of Justice: A Defense of Pluralism and Equality)』 (1983)에서 정의는 기본적으로 어떤 한 분배 영역의 고유한 의미에 따른 분배 기준이 작용할 때 달성된다고 주장한다. 월저는 총 열한 가지의 분배 영역이 존재하고 있으며, 각각의 영역에서는 그 영역의 고유한 의미에 따른 분배 기준이 작용할 때 사회 전반에 걸쳐 정의가 달성되는데 이것이 바로 복합평등(complex equality)이라고 주장한다.[149] 가령 교육의 영역은 학업 능력에 따른 교육이 가장 주요한 이념적 가치이므로 돈을 주고 대학에 입학하는 것은 교육 영역의 본질적 의미를 해치는 것이라는 논변이다.

월저는 열한 가지의 분배 영역을 제시하고 있다. 즉 공동체 구성원의 자격, 안전과 복지, 부와 상품, 직장과 직위, 천하고 힘든 노동, 자유시간, 교육, 친족관계와 사랑, 신의 은총, 인정, 그리고 정치적 권력이 그것들이다. 이러한 각 영역들의 분배 기준을 간략히 요약하면, 국민의 자격은 기본적으로 국민들의 합의에 의해서, 사회적 안전과 의료혜택은 필요에 의해서, 공직은 공적에 의해서, 화폐는 자유교환에 의해서, 고되고 힘든 노동은 엄격한 평등에 의해서, 여가는 자유교환과 필요에 의해서, 기본교육은 엄격한 평등에 의하고 고등교육은 시장과 공적에 의해서, 가족과 사랑은 이타주의에 의해서, 종교적 은총은 자유로운 추구와 헌신에 의해서, 사회적 인정은 자유롭고 자발적인 교환에 의해서, 정치적 권력은 설득력과 민주주의에 의해서 분배되어야 한다는 것이다.[150]

월저는 개인, 집단, 혹은 정치권력이 화폐를 통해서 구매할 수 없는 "봉쇄된 교환(blocked exchanges)"의 예로 열네 가지를 든다: (1) 인신매매, (2) 정치권력과 영향력, (3) 형법적 정의, (4) 언론, 출판, 종교, 집회의 자유, (5) 결혼과 생식 및 출산권, (6) 정치적 공동체에서의 퇴거의 자유, (7) 군 복무, 배심원 의무 면제, (8) 정치적 공직, (9) 경찰의 보호와 초중등 교육, (10) 자포자기적인 절망적 교환(최소임금, 8시간 근무제, 건강과 안전 규제 포기 등), (11) 상과 명예, (12) 신의 은총, (13) 사랑과 우정, (14) 살인 청부, 장물 취득, 마약과 같은 불법적 거래. 그리고 정치권력을 통해서 할 수 없는 "권력 사용의 봉쇄(blocked uses of power)"의 예로 아홉 가지를 들고 있다: (1) 국민의 노예화, 인신구속, (2) 봉건적 후견권, 결혼의 간섭, (3) 처벌을 정치적 압박 수단으로 사용 금지, (4) 특정한 정책의 경매 금지, (5) 법 앞에서의 평등 파괴 금지, (6) 사유재산에 대한 자의적 침해 금지, (7) 종교 영역 침입 금지, (8) 교권의 침해 금지, (9) 언론, 집회, 결사의 자유 침해 금지.151)

5) 5강. 중요한 것은 동기다 / 이마누엘 칸트

[요약]

샌델은『정의란 무엇인가』4강에서 대리 출산을 논하면서 인간은 자유를 누릴 자격이 있으며, 물건 취급을 받아서는 안 되며, 존엄성을 가진 존재로서 존중받아야 한다면서 그것은 이마누엘 칸트(Immanuel Kant)의 사상이라고 지적한다. 그리고 그의 사상이 6강에서 논의할 롤스의 공평 자유주의의 철학적 원류라고 지적한다. 칸트는 이성에 기초한 자율적 도덕법칙을 정립하고 인간 행위의 결과가 아니라 동기를 중시하는 의무론(deontology)을 주창함으로써 특유의 도덕철학을 정립하였다. 칸트를 다루기 이전에 샌델은 3강 자유지상주의의 사상적 원류로서 자기소유권에 기초한 재산권과 제한정부론을 수립한 존 로크(John

Locke)를 언급하는데 "그는 우리 삶과 자유는 우리 마음대로 처분해도 좋다는 생각을 거부한다"고 지적한다.152) 로크는 자기소유권에는 다른 사람들에게도 동일한 양질의 재화가 남아 있어야 한다는 충분한계와 아울러 사용한계, 노동한계, 손상한계가 있다고 논증했다.153)

칸트는 그의 『도덕형이상학의 기초』(1785)에서 공리주의를 비판하였는데, 이 책은 미국 독립혁명과 프랑스 혁명 사이에 출간되어 보편적 인권의 수립에 중대한 철학적 기반을 제공했다. 칸트는 정의가 인간의 자유가 허용되는 상황에서 도덕규칙에 따른 정당한 행위라고 생각하였으므로, 행복의 극대화라는 공리주의적 시각과 재화의 분배는 미덕을 포상하고 장려한다는 아리스토텔레스주의적 덕의 윤리를 배제했다. 칸트는 공리주의가 권리를 공리 계산의 대상으로 만들며, 우연적인 욕구나 경험적 쾌락으로부터 보편적인 도덕원칙을 도출하려는 시도를 하므로 잘못된 것이라고 비판한다. 칸트는 사람은 누구나 존중을 받을 가치가 있는데, 그 이유는 자신을 소유하기 때문이 아니라 인간은 이성적인 존재이며 또한 자유롭게 행동하고 선택할 능력이 있는 자율적 존재이기 때문이다. 칸트에 의하면 인간이 자유롭게 행동한다는 것은 자율적인 행동, 즉 자기 자신이 부여한 법칙에 따라서 행동함을 뜻한다. 타율적인 행동은 외부적인 욕구와 목적의 경향성에 따라 행동하는 것을 말한다.

우리가 자율적으로, 즉 자신이 부여한 법칙대로 행동한다는 것은 행동 그 자체가 목적이 된다는 것이다. 칸트에 따르면, 인간의 존엄성을 인정한다는 것은 인간을 목적으로 취급한다는 것이다. 그리고 칸트는 어떤 행동의 도덕적 가치는 그 결과가 아니라 동기에 달려 있다고 본다. 동기는 무엇이 올바르다는 인식 때문에 옳은 일을 하는 순수한 선의지와 의무 동기이며, 유용성이나 쾌락 등 어떤 목적을 위해서 행위하는 것은 끌림(경향) 동기로서 도덕적 동기가 될 수 없다. 칸트에게서 도덕이 의무감에서 행동하는 것이라면, 먼저 밝혀져야 할 것은 의무의 필수 조건이다. 내 의지가 내가 나에게 부여한 법칙에 지배될 때만 나는 자유롭다. 그리고 이를 가능하게 해주는 것이 바로 이성이다. 칸트는 도덕과 관련된 실천이성을 도구로 여기지 않고 어떤 경험적 목적에도 상관없이 선험적으로 정해지는 순수실천이성으로 여긴다.

칸트는 이성의 선의지가 명령하는 두 가지 방법을 구분한다. 하나는 가언명령으로서 "X를 원한다면 Y를 하라"이며 이것은 어떤 행동이 다른 것의 수단으로서만 바람직한 것이다. 다른 하나는 어떤 행동이 그 자체로서 바람직하고 이성에 부합하는 선의지가 따를 수 있는 것이라면 그것은 정언명령이다. 제1 정언명령은 "당신의 행동준칙을 보편화하라"이고 제2 정언명령은 "인간을 수단이 아니라 목적으로 대하라"이다. 우리는 정언명령에 따를 때만 진정으로 자유롭다고 볼 수 있다. 제1 정언명령의 "보편적 법칙의 공식"은 도덕법칙이 모든 사람에게 들어맞는 보편성이라는 것을, 그리고 제2 정언명령의 "목적으로서의 인간성의 공식"은 인간의 존엄성의 실현을 요청하는 것으로, 오늘날의 보편적 인권 개념을 선구적으로 정립한 것이었다.

샌델은 칸트가 직접 언급한 사례와 자신이 추가로 든 사례들을 합쳐서 논의하면서 칸트가 중시하는 도덕적 동기에 관련된 문제를 명확히 한다. 그러한 사례들은 앞으로의 장사를 위해서 가격을 속이지 않으려는 계산적인 점주의 동기, "고수익 기업체 연합"의 표어 "정직이 최선의 수단이다. 아울러 최고의 수익을 올리는 길이다",154) 삶이 절망적이라도 자살을 피하려는 동기, 옳은 일을 자기만족적 쾌락이나 동정심 심지어 박애 때문이 아니라 냉엄한 도덕규칙에 따라 행동하는 것, 치사한 인간으로 보이기 싫어서 철자 맞히기 대회에서 우승한 소년이 자신의 실수를 인정한 것들이다.155) 칸트는 올바른 행위는 그 자체로서 옳기 때문에, 즉 도덕법칙에 따르려는 순수한 동기와 의무감이 있을 때만 올바른 행위를 한 것으로 인정될 수 있다고 주장한다. 그래서 위의 예들에서 자살을 피하려는 동기와 "도덕적인 인간 혐오자"처럼 쾌락과 동정심에서가 아니라 냉엄한 도덕규칙에 따라서 행위하는 것만이 오직 진정한

도덕적 행위라고 준별한다.156)

샌델은 칸트의 도덕철학에 대한 네 가지 의문을 제기하고 각각 답변한다. (1) 첫 번째 문제는 칸트의 제2 정언명령, 모든 사람을 목적으로 대우하라는 것은 기독교 성경에 나오는 '황금률'("너희는 남에게 바라는 대로 남에게 해주어라")과 똑같지 않은가이다. 샌델은 "그렇지 않다, 황금률은 사람들이 어떻게 대우받고 싶어 하는가라는 불확정적인 요소에 의존한다. 정언명령은 그러한 불확정성에서 벗어나, 특정 상황에서 사람들이 무엇을 원하든 그것을 이성적 존재로 존중하라고 한다"고 지적한다.157) 동생이 자동차 사고로 죽었을 때 노모에게 진실을 말해야 할지 아니면 사실을 숨겨야 할지의 갈등 상황에서 황금률은 비슷한 상황에서 당신에게는 어떻게 해주면 좋겠는가라고 묻는다면 그 답은 대단히 불확정적이다. 칸트에게서 중요한 것은 이 상황에서 당신은 (혹은 당신의 어머니는) 어떤 기분이 들겠느냐가 아니라 사람을 이성적 존재, 존중받아야 할 존재로 대한다는 것이다. 즉 정언명령의 관점에서 보면 어머니의 기분을 생각해서 거짓말을 하는 행위는 어머니를 이성적 존재가 아니라 자신의 현실적 만족을 위한 수단으로 이용하는 행위다.

나머지 세 가지 의문은 다음과 같다. (2) 도덕법칙의 준수와 자유의 양립 가능성 문제: 의무에 따라 행동한다는 것은 법칙을 지킨다는 것인데 법칙에 복종하는 것이 어떻게 자유와 양립할 수 있다는 말인가? 샌델은 자유로운 인간으로서의 나의 존엄성은 내가 바로 그 법칙을 제정하고 거기에 종속된다는 것을 의미한다고 해석한다. (3) 자율적으로 부여한 도덕원칙과 그것이 모든 사람에게 동일한가의 여부: 자율이 내가 부여한 법칙에 따라 행동한다는 뜻이라면 모든 사람이 똑같은 도덕법칙을 선택하리라는 보장이 없지 않은가? 샌델은 도덕법을 정할 때 우리는 특정한 사람으로서 선택하는 것이 아니라 이성적 존재, 즉 순수실천이성에 참여하는 존재로서 선택하므로 도덕법은 모두에게 동일하다고 해석한다. (4) 도덕은 항상 신중한 계산 이상으로서 정언명령일 뿐인가: 샌

106

델은 인간은 경험적 영역에서는 타산적 원칙을 지향하지만, 지적 영역, 즉 예지계에서는 인과율이 지배하는 자연법칙에서 벗어나 보편타당한 도덕법칙인 정언명령을 지향할 수 있다고 해석한다.

칸트는 부부 사이를 제외한 자유로운 성관계와 매춘을 거부하며 자유지상주의와 달리 우리는 자신을 소유하지 않는다고 주장한다. 즉 우리가 우리 자신을 소유한다고 마음대로 행동해서는 안 된다는 것이다. 우리는 자신과 다른 사람을 단지 수단으로 대해서는 안 되며 인간성을 존중해야 한다고 천명한다.

또한 칸트는 거짓말을 하는 것은 종류를 막론하고 부도덕한 행위이며, 진실을 말해야 할 의무는 결과와 상관없이 항상 유효하다고 주장한다. 칸트는 이것은 절대적인 것으로 비록 선의의 거짓말이라도 예외는 없다고 주장했다. 즉 살인자에게도 거짓말을 하는 것은 잘못이라는 것이다. 샌델은 칸트의 거짓말에 대한 이러한 절대적 경직성은 우리의 일반적인 도덕감과 괴리가 있다고 지적한다. 칸트의 경우도 국왕과 검열관이 칸트의 기독교에 대한 비판적 논의를 금하자 나중에 거짓말과 오해를 부를 수 있는 화법을 구분하여 후자를 사용했다고 지적한다.158) 샌델은 교묘하게 회피하는 호도성 진실 화법의 예로, 마음에 들지 않는 넥타이를 선물로 받았을 때의 선의의 거짓말을 예로 든다. 그리고 유명한 일화로서, 빌 클린턴(Bill Clinton) 대통령이 르윈스키 사건의 탄핵 청문회에서 오랄 섹스는 섹스가 아니라는 해석으로, 즉 오랄 섹스는 유사 성행위로 진정한 성행위는 아니라는 해석을 통해 그녀와 "부적절한 관계"를 맺지 않았다고 항변한 것도 언급한다. 클린턴 대통령의 항변과 중국의 명가, 공손룡의 "백마비마(白馬非馬) 논법"을 비교하면 똑같은 논법은 아니지만 매우 재미있을 것이다. 공손룡의 백마비마론은 백마는 빛깔을 가리키는 개념이고 말은 형체를 가리키는 개념이므로 백마는 백마이지 말이 아니라고 주장하는 것이다. 그리고 말에는 백마뿐만 아니라 흑마, 황마 등도 있지만 백마에는 흑마나 황마가 해당되지 않으므로 백마는 백마이지 말이 아니라고 주장한다. 백마와 말이라는 개념 사이에는 광협의 차이가 있어서 일치하지 않으므로 백마를 말이라고 할 수 없다는 것이다. 또 공손룡은 여러 빛깔의 말에서 빛깔을 빼버린 것이 말이고, 백마는 그러한 말에다 흰 빛깔을 더한 것이므로 백마는 백마이지 말이 아니라고 주장하는 것이다.[159]

클린턴 대통령은 사물의 속성인 내포(connotation)가 다르면 그 사물을 지칭하는 외연(denotation)도 달라진다고 주장하고 내포가 다름에도 불구하고 같은 외연을 가졌다고 주장하는 것은 범주 오류(category mistake)라고 항변한 것이다. 공손룡은 사물의 본질적 속성과 우연적 속성을 구분하고 오직 본질적 속성의 내포를 통해서만 사물의 외연이 정해진다고 주장하는 것이다. 그렇다면 두 주장 사이에는 어떤 유사성이 있다고 볼 수 있다.[160]

샌델은 칸트가 정치철학에 있어서도 공리주의를 비판하고 사회계약을 기초로 한 정의론을 지지하였으며, 사회계약은 국가의 성립을 위한 실제적 계약이 아니라 공정하고 정의로운 국가 수립의 관건이 되는 도덕적 원칙을 도출하기 위한 가상의 계약이라고 주장했다는 것을 지적한다. 이러한 관점에서 칸트의 사회계약론은 롤스 정의론의 사상적 선구가 된다.

[해제와 비판]

칸트의 도덕철학에 대한 네 가지 의문의 첫째는 이미 논의한 것처럼 칸트의 제2 정언명령, 모든 사람을 수단으로 대우하지 말고 항상 목적으로 대우하라는 것이 기독교의 황금률과는 같지 않은가의 문제다. 동생의 죽음을 노모에게 알려야 할 것인가의 예에서처럼, 황금률은 사람들이 어떻게 대우받고 싶어 하는가라는 불확정적 요소에 의존한다는 것이다. 그러나 상식적 관점에서 보면 칸트의 제2 정언명령도 불확정적일 때가 있을 수 있다. 즉 만약 노모에게 동생의 죽음을 알릴 때 노모가 상심하여 죽을 정도도 지나치게 마음이 연약(bleeding heart)하다면 과연 진실을 말할 수 있을 것인가?

그렇다고 한다면 이것은 살인자에게도 진실을 말하라는 것과 대동소이하며 우리의 상식적 도덕과 큰 괴리가 있다. 칸트는 황금률을 자기 이익을 위해서 엄밀한 상호성을 오용하는 하찮은 행동 강령으로 폄하한다. 그리고 칸트는 황금률이 조건적이므로 가언명령이라고 생각한다. 황금률은 정언명령에 의해서 일정한 외적인 제한을 가할 때만 비로소 그 의미를 갖는 파생적 원칙일 뿐이다. 그 전거는 다음과 같다. 샌델은 다음의 전거를 인용하고 있지는 않다.161)

"여기서 '사람들이 네게 함을 바라지 않는 것을 남에게 하지 말라'는 등의 상투적인 말이 준거나 원리로 쓰일 수 있을 것이라는 생각은 하지 말아야 할 일이다. 왜냐하면 이런 말은, 비록 여러 가지 제한과 함께이기는 하겠지만, 단지 저 원칙으로부터 파생된 것일 뿐이기 때문이다. 그것은 보편적 법칙일 수가 없다. 왜냐하면 그것은 자기 자신에 대한 의무들의 근거도, 타인에 대한 사랑의 근거도 함유하고 있지 않으며, (타인들에게 자선을 베푸는 일을 그가 하지 않아도 된다면, 타인들이 그에게 자선을 행하지 않는 것에 많은 사람들이 기꺼이 동의할 터이다) 드디어는 서로 간의 당연한 의무들의 근거도 함유하고 있지 않기 때문이다. 왜냐하면 범죄자는 바로 이 근거를 가지고서 그에게 형벌을 내린 재판관에 대항해서 논변할 터이니 말이다."

위 인용문에서 보면, 황금률은 자기 자신에 대한 의무의 근거도, 타인에 대한 사랑의 의무의 근거도, 그리고 서로 간에 책임 있는 의무의 근거도 포함하고 있지 않다.162) 그렇다면 범죄자는 재판관에게 어떤 주장을 펼쳤을까? 재판관은 그러한 주장에 어떻게 대응할 수 있을까? 이상의 칸트의 주장은 황금률을 외면적인 상호성에 의해서 남용될 수 있는 가언명령적 법칙인 황동률(the copper rule)로 본 것이다. 황동률은 남이 자기에게 먼저 베푼 선행을 갚아야 한다는 것만 명시한다. 황동률은 "다른 사람이 너한테 한 것처럼 너도 다른 사람을 대하라(Do unto others as they do unto you)"이다.163) 그런데 황금률이 자신의 입장을 타인의 입장에서 바꾸어 생각해보는 역지사지(易地思之)의 상호성을 주장하기는 하지만, 억지 역지사지, 즉 "범죄자가 재판관에게 당신이 나처럼 죄를 지은 처지가 되어 감옥에 갇힌다면 내가 원하듯 무죄 방면으로 석방되고 싶지 않은가요? 그렇다면 나를 석방하시오"라는 주장을 허용할 수 있을 것인가? 이것은 보편화될 수 없는 하나의 소망적 사고(wishful thinking)에 불과할 따름이며, 재판관은 그러한 억지 역지사지를 수용할 수 없을 뿐만 아니라 정의와 법의 보편적 적용과 관련된 모든 사람들의 이익에 의거하여 자기 자신이 범죄자라고 해도 처벌을 받는다는 투철한 신념을 피력할 것이다.164)

즉 황금률도 칸트의 제1 정언명령, 즉 당신의 행위의 준칙을 보편화하라는 것처럼 상호 수용할 수 있는 보편성과 함께 적용된다고 보아야 한다. 그래서 황금률은 보편화 가능한 원칙으로서 칸트의 제2 정언명령, 모든 사람을 목적으로 대우하라는 정신을 실현시킬 수 있다. 그래서 많은 사람들이 칸트의 두 정언명령과 황금률, 그리고 유교의 충서지도(忠恕之道)와 혈구지도(絜矩之道)는 같은 맥락의 도덕원칙임을 말하고 있다. 충서지도는 "충(忠)은 자신의 참된 마음을 다하는 것(盡己之心)이고, 그러한 참된 마음을 미루어 타인의 마음을 헤아리는 것(推己及人)은 서(恕)"로서 『논어』에서 언급된다. 혈구지도는 곡척을 가지고 재는 방법이라는 뜻으로, 자기의 처지를 미루어 남의 처지를 헤아리는 것을 비유한 것으로 『대학』에 나온다.165)

샌델은 칸트를 살인자에게도 거짓말을 하지 말라는 경직성으로부터 구하기 위해 칸트도 호도성 진실을 말하는 것을 용인했다고 해석한 바 있다. 그렇다면 노모에게도 선의의 거짓말이나 호도성 진실을 말할 수 있어야 할 것이다. 그렇다면 제2 정언명령과 황금률은 차이가 없어지는 셈이다. 그러나 더 중요한 점은 황금률이 상호성을 통해 자신의 이익을 도모하는 것이 아니라 타인의 이익을 위한 이타적 원칙이라는 점이 부각되지 않은 것이 문제다.

일견해서 볼 때 "네가 대접받기를 원하는 대로 남을 대접하라(Do unto others as you would like others to do unto you)"라는 기독교의 황금률(the Golden Rule)은 엄밀한 상호성을 반영하고 있는 조건부적인 도덕원칙으로 보인다.166) 그러나 이러한 견해는 잘못된 것이다. 왜냐하면 기독교의 황금률은 외면적으로 볼 때 엄밀한 상호성에 근거하고 있는 것처럼 보이지만, 실상은 사랑 혹은 배려의 율법으로서 타인에 대한 일방적이고 이타적인 사랑을 주장한 것이기 때문이다. 황금률은 『신약성경』 「마태복음」 7장 12절에 서술되어 있다: "그러므로 무엇이든지 남에게 대접을 받고자 하는 대로 너희도 남을 대접하라. 이것이 율법이요 선지자니라." 아울러 「누가복음」 6장 31-32절에서 황금률은 사랑의 원칙으로 나타난다: "남에게 대접을 받고자 하는 대로 너희도 남을 대접하라. 너희가 만일 너희를 사랑하는 자를 사랑하면 칭찬받을 것이 무엇이뇨. 죄인들도 사랑하는 자를 사랑하느니라."

이러한 관점에서 본다면, 황금률은 고대의 엄밀한 동태복수법(lex talionis), "눈에는 눈, 이에는 이(An eye for an eye, and a tooth for a tooth)"를 대체하기 위한 것이다(「마태복음」 5장 38절). 더 나아가서 황금률이 일방적이고 이타적인 사랑의 원칙으로 극명하게 나타나는 것은 "나는 너희에게 이르노니 악한 자를 대적하지 말라. 누구든지 네 오른 뺨을 치거든 왼편도 돌려 대라"는 구절이다(「마태복음」 5장 39절).167) 『구약성경』 「신명기」 10장 19절에서도 "너희는 나그네를 사랑하라. 전에 너희도 애굽 땅에서 나그네 되었음이니라"라는 구절이 나온다. 이 구절은 역지사지를 통한 황금률의 실현을 말하고 있다. 이러한 관점에서 본다면 황금률은 "네 이웃을 사랑하라", "네 원수를 사랑하라"는 순수한 이타주의적인 원칙에까지 다다름을 알 수 있다(「누가복음」 10장 27절,

「마태복음」 5장 44절).

황금률에 대한 칸트의 일방적 해석과 비교해보면, 밀은 『공리주의』에서 황금률에 대해서 아래와 같이 정당한 해석을 제시하고 있다.168)

"공리주의를 공격하는 사람들이 좀처럼 인정하려 들지 않는 것을 나는 여기 서 다시 한 번 말해두어야만 하겠다. 그것은 공리주의가 행위자 자신의 행복을 기준으로 삼는 것이 아니라 관련된 모든 사람들의 행복을 정당한 행위의 기준으로 삼고 있다는 점이다. 행위자 자신의 행복과 다른 사람들의 행복 사이에서 하나를 선택해야 할 때, 공리주의는 행위자에게 전혀 사심이 없고 자비로운 제삼자처럼 엄정중립을 지킬 것을 요구한다. 나사렛 그리스도의 황금률(the golden rule of Jesus of Nazareth) 가운데 우리는 공리주의 윤리가 표방하는 완벽한 정신을 발견한다. 자기 스스로에게 해주기를 바라는 것을 다른 사람에게 베풀고, 이웃을 너 자신처럼 사랑하라는 것은 공리주의 도덕의 이상을 나타내는 극치다."

칸트의 제1 정언명령은 『도덕형이상학의 기초』에서 다음과 같이 정식화되어 있다: "정언명령은 오로지 유일한즉, 그것은 '그 준칙이 보편적 법칙이 될 것을, 그 준칙을 통해 네가 동시에 의욕할 수 있는, 오직 그런 준칙에 따라서만 행위하라'는 것이다."169) 이러한 칸트의 제1 정언명령이 크게 오해를 받은 사례는 의무에 따라 행동한다는 것을 주어진 법칙을 지키고 복종하는 것이라고 기계적으로 해석한 아돌프 아이히만(Adolf Eichmann)의 경우다. 그는 칸트의 정언명령을 알고 있었지만, 그 것을 기계적으로 해석했던 것이다.170) 그는 제2차 세계대전 때 독일군 친위대원으로서 유대인들을 아우슈비츠 가스실에서 대량학살(holocaust)한 전범이다. 그는 아르헨티나에서 기계공으로 숨어 지내다가 1960년 이스라엘 정보기관 모사드에 체포되어 이스라엘 예루살렘의 전범재판에 서게 되었다. 그는 재판에서 "나는 시키는 것을 그대로 수행한 하나의 인간이며 관료였을 뿐"이라고 변명했다. 그는 결국 600만 명의 유대인을 학살한 책임을 추궁당한 끝에 사형을 선고받았고 1962년 5월 교수형에 처해졌다.171) 아이히만 사건에 관련하여 또한 한 가지 제기되는 것은 소위 "양심적이고 성실한 나치(conscientious Nazi)"의 문제다. 양심적이고 성실한 나치는 모든 유대인을 죽이기를 원하며, 만약 자기 자신이 유대인이라는 것이 밝혀지면 자기 자신도 죽을 것이라는 광신적 확신에 차 있는 사람들이다. 이러한 확신은 칸트의 제1 정언명령에 위배되는 것일까? 형식적으로는 제1 정언명령에 위배되지 않지만, 실질적인 입장, 즉 유대인 말살은 비도덕적인 것으로 다른 사람을 수단으로 대우하지 말라는 제2 정언명령에 위배된다고 볼 수 있다. 이러한 확신이 정언명령에 위배된다고 하더라도, 이러한 광신적 확신은 나름대로 일종의 윤리적 입장이거나 아니면 칸트의 정언명령들이 포착하는 윤리의 범위를 벗어나는 것으로 간주될 수도 있다.172)

아이히만 재판을 지켜본 유명한 유대인 여성 철학자 한나 아렌트(Hannah Arendt)의 소감은 아이히만에 대해서 사람들이 기대하는 희대의 살인마 모습이 아니라, 가족을 챙기고, (칸트적인 의무감에서) 자기 책임을 성실히 수행하고, 주어진 (나치의) 법을 잘 수행하는 시민이었다. 다만 그는 다른 사람의 처지에서 생각할 줄 몰랐고, 자신이 하는 일의 의미를 물어보지 않고, 시키는 일에 최선을 다하는 사람이었다는 것이다. 그 행위의 결과는 엄청난 악이었지만 "그 악의 뿌리는 오히려 평범한 모습이었다는 것이다. 아이히만에게서 우리는 악의 평범성을 발견할 수 있다는 것이 이 책(『예루살렘의 아이히만』)에서 아렌트의 주장이었다"는 것이 유명한 악의 평범성(the banality of evil) 논변이었으며, 유대인들의 많은 반론에 직면하였다.173) 아이히만의 재판 과정과 여기에 관련된 한나 아렌트의 악의 평범성에 관한 논란에 대해서는 영화 「한나 아렌트」(독일, 룩셈부르크, 프랑스, 2012)를 보면 좋을 것이다.174)

칸트의 제2 정언명령은 『도덕형이상학의 기초』에서는 다음과 같이

정식화된다: "네가 너 자신의 인격에서나 다른 모든 사람의 인격에서 인간(성)을 항상 동시에 목적으로 대하고, 결코 한낱 수단으로 대하지 않도록, 그렇게 행위하라."175) 제1 정언명령에 관련해서 전범의 문제를 다루었기 때문에, 제2 정언명령에 관련해서도 전범의 문제를 다루어보기로 하자. 중일전쟁 때인 1937년 일본군은 민간인들을 처참하게 살해한 '난징대학살'을 저질렀다. 일본군은 난징으로 진격하면서 약 30만 명을 살해하였고, 난징 점령 뒤에는 4만 2천 명을 살해했다. 제2차 세계대전 뒤에 극동군사재판에서 당시의 총사령관이었던 마쓰이가 이 대학살의 책임자로서 사형에 처해졌다.176) 또한 중일전쟁과 제2차 세계대전 중 당시 조선인, 중국인, 몽골인 등을 대상으로 악명 높은 마루타 731부대에서 생체실험을 벌인 일본의 세균전 준비도 빼놓을 수 없다. 마루타란 통나무란 뜻으로 생체 해부, 동상 실험, 전염병 및 외과 시술의 실험 대상인 사람들을 지칭하며 3천 명 이상이 상상도 못할 고통을 겪고 죽어나갔다.177)

칸트의 제2 정언명령에서 "너 자신의 인격에서나"라는 구절이 있는 것으로 보면 타인에 대한 목적으로서의 존중에 앞서 자신을 존중하는 자기존중감, 자존감(self-respect)이 중요하다는 것을 알 수 있다. 롤스가 자신의 『정의론』(1971)에서 분배적 정의의 대상인 사회적 기본가치(primary social goods)의 목록 속에 "자존감의 기초"를 권리와 자유, 기회와 권한, 소득과 부와 함께 넣은 것은 우연이 아니다.178) 그러나 노예제가 실행되었을 때 주인에 대한 일방적 존중이 자신의 의무라고 생각하는 노예, 남녀 불평등 혹은 흑백 불평등 사회에서 자신의 정체성은 남편이나 백인 주인을 섬기는 것으로 생각하는 경우, 또는 부잣집의 집사나 하녀가 주인에 대한 극진한 섬김을 자신의 유일한 의무요 봉사라고 생각하는 것은 일종의 세뇌감이나 허위의식으로 자기존중감, 자존감을 상실한 경우라고 할 수 있을 것이다.179) 자기존중감을 상실한 사람들이 이러한 허위의식을 갖는 것은 그 사회의 지배적인 이데올로기에 동화되기 때문이다.180) 헤겔(G. W. F. Hegel)은『정신현상학』에서 "주인과 노예의 변증법"을 말하고 있다. 생사의 결투에서 죽음을 두려워하지 않는 사람은 이겨 주인이 되고, 죽음이 두려워 전의를 상실하여 패배한 사람은 노예가 된다. 그 이후 주인은 노동하지 않고 노예의 노동과 봉사에 의존하게 되므로 수동적인 존재로 변해간다. 노예는 주인을 위한 노동과 봉사에 의거한 자기절제를 통해 진정한 자아를 확립하게 되므로 주인과 노예의 관계는 반전된다. 마르크스(Karl Marx)가 이러한 헤겔의 주인과 노예의 변증법을 부르주아와 프롤레타리아 관계의 반전으로 재설정한 것은 유명하다.181)

샌델은 종교 문제 검열의 예들 들어 칸트가 거짓말과 호도성 진실을 구분하고 호도성 진실의 관점에서 자신을 변호했다고 해석한 바 있다. 그러나 그의 후기 논문「인간애를 위해서 거짓말을 할 수 있다고 가정된 권리」(1797)에서 거짓말에 대해 지나친 엄숙주의를 보이는 것과 비일관적이라고 볼 수 있다.182) 과연 샌델은 칸트의 입장을 엄밀한 전거에 의거해서 해석한 것인가? 아마도 아닐 것이다. 왜냐하면 샌델은 "칸트의 주장은 언뜻 받아들이기 힘들어 보이지만, 나는 여기서 그의 편을 들어볼까 한다. 비록 칸트의 설명과는 다를지라도 어쨌거나 내 변호가 그의 철학 정신에 기초한 것이며, 그의 철학을 조명하는 데 도움이 되기를 빈다"고 말하고 있기 때문이다.183)

샌델은「인간애를 위해서 거짓말을 할 수 있다고 가정된 권리」를『정의란 무엇인가』5강에서 논의하고 있고, 5강 참고문헌으로 이 논문을 자신의『정의: 독본』에 포함하고 있으므로 이를 자세히 논할 필요가 있다. 우리는 특히「인간애를 위해서 거짓말을 할 수 있다고 가정된 권리」에서의 거짓말의 무조건적 금지가 우리의 일반적 상식에 수용되지 못하는 것을 어떻게 이해해야 할 것인가도 논의해야 한다. 이 문제는 본서 제4장 2절 3)항 "칸트의 도덕철학에서 거짓말의 문제"에서 다루게 될 것이다.

6) 6강. 평등 옹호 / 존 롤스

[요약]

롤스는 『정의론(*A Theory of Justice*)』(1971)에서 정의와 권리에 관한 칸트의 사회계약론을 이어받아 자신의 정의론을 구축하였다. 샌델은 우선 롤스 정의론의 방법론적 배경이 되는 가상적인 사회계약론을 이해하기 위해서 그 기초가 되는 계약 개념 자체를 다각도로 분석한다. 그래서 샌델은 여러 가지 실제 계약 사례를 들면서 계약 자체의 도덕적 한계를 논하고 있다. 우선 샌델은 법 전문가들이 우리가 거래를 할 때 자율적 합의만으로 계약 준수의 의무가 생기는지, 아니면 쌍방 당사자들이 이익을 주고받는 호혜성이 있어야 계약 준수의 의무가 있는지를 논쟁하고 있다고 지적한다. 그러한 논쟁에서 기본적 합의점은 실제 계약이 자율과 호혜라는 두 가지 이상을 실현하는 한, 도덕적 무게를 갖는다는 것이다.

그러나 현실에서는 자율과 호혜라는 이상은 불완전하게 실현된다. 즉 어떤 경우에는 합의만으로 도덕적 의무가 생기지 않고, 또 어떤 경우에는 합의가 반드시 필요치 않을 수도 있다. 합의만으로 부족할 때는 야구 카드의 가치를 모르는 동생을 대상으로 자신에게 유리하게 거래하려는 형의 행동은 공정성을 해치는 것이고, 세상 물정이 어두워 터무니없는 가격에 물이 새는 변기를 수리하는 계약을 맺었던 할머니의 경우 비록 자발적인 계약이었다고 해도 배관공은 할머니를 착취한 것이다. 이와는 반대로 계약론을 비판했던 영국의 경험론 철학자 데이비드 흄(David Hume)의 경우는 합의가 없었더라도 자신에게 이득이 된 경우라 비용을 지불한 사례다. 흄은 자신이 세준 집을 자신과 합의 없이 수리하고 그 비용을 청구한 세입자에게 합의를 하지 않았기 때문에 비용을 갚아줄 수 없다고 강변했지만 법원은 흄에게 비용을 지불할 것을 명령했다.

때로는 합의를 바탕으로 한 의무와 이익을 바탕으로 한 의무의 구별이 분명하지 않을 때 생기는 혼란의 예도 있다. 고속도로 휴게소에서 고장이 난 차의 차주에게 슬며시 다가와 "차 좀 봅시다" 하면서 합의 없이 고장 난 곳을 알아채서 고친 차 수리공의 경우가 그렇다. 비록 명시적 합의가 없었더라도 차주가 차 수리공의 수리를 적극적으로 막지 않았으므로 묵시적 합의가 있는 것으로 간주해야 한다. 만약 차 수리공이 차를 수리했다면 묵시적 합의와 명시적 이득이 있었기 때문에 차 수리공에게 비용을 지불해야 한다. 그러나 차 수리공이 차를 못 고쳤다면 묵시적인 합의는 있었지만 명시적 이득이 없었으므로 차주는 아무런 비용을 지불할 의무가 없다고 생각할 수 있다. 그러나 차 수리공은 이런 경우를 예상하고 처음에 차주에게 다가와서는 차 수리는 기본적으로 한 시간에 50달러인데, 5분 안에 차를 고쳐도 50달러이고, 한 시간 동안 수리를 했는데도 못 고쳐도 50달러라고 말했다. 그래서 차 수리공이 차를 못 고친 경우 차주에게 명시적 이득은 없었지만 차 수리공의 차 수리 공임으로 애초에 말한 조건에 의거하여 50달러를 지불해야 할 것이다. 이 사례는 명시적 합의와 묵시적 합의, 그리고 명시적 이득과 명시적 이득의 부재가 얽혀 있는 경우다. 그러나 이 사례에서 차 수리공은 갑이고, 차주는 을이라고 할 수밖에 없을 것이다. 차주는 고장이 난 차를 가지고 고속도로 휴게소에서 하염없이 기다리기만 할 수는 없는 노릇이다. 견인차를 부르고 인근 차 수리소에 간다 해도 상당한 비용이 들 것이다.

샌델은 현실적 계약의 이러한 도덕적 한계를 논한 뒤, 공정성이 보장되는 완벽한 가상적인 사회계약을 상상해보자고 한다. 예를 들면, 롤스는 정의원칙의 도출을 위해서 모인 계약 당사자들이 자신들의 성별, 사회적, 경제적 위치, 인종, 각자의 가치관 등을 모르는 무지의 장막 속에서 계약적 합의를 추구한다고 가정한다.184) 이러한 가정은 공정성과 불편부당성을 보장할 수 있도록 계약 당사자들의 자기정체성을 가린 것이다. 이러한 무지의 장막이 드리워진 원초적 입장에서의 계약은 보편타당성과 불편부당성에서 오는 도덕적 힘을 가질 수 있다. 또한 이러한 도덕적 공정성이 보장된 원초적 입장에서는 각자의 이익만을 취할 수 있는 상황이 배제되므로 정의의 원칙에의 합의가 용이해질 수 있다고 롤스는 주장한다.

롤스는 『정의론』에서 이러한 공정한 원초적 입장을 배경으로 정의의 두 원칙을 도출하고, 그 배경을 정의의 두 원칙 도출의 정당화 과정으로 삼는다. 롤스는 그러한 정의의 두 원칙은 공정한 배경적 상황에서 도출되었기 때문에 결과적으로 공정하므로 자신의 정의관을 공정성으로서의 정의(justice as fairness)라고 명명했다. 롤스는 이러한 공정한 배경적 상황에서는 전체 사회의 공리 증진을 위해서 소수의 권리에 대한 침해를 용인하는 공리주의는 채택되지 않을 것이라고 주장한다. 샌델은 롤스의 정의의 두 원칙을 일반적으로 풀어서 설명하고 있으나 여기서는 롤스의 정의의 두 원칙을 『정의론』에서 서술한 그대로 논의하겠다.

롤스의 정의의 두 원칙은 아래와 같다.185)

제1원칙: "각자는 모든 사람의 유사한 자유 체계와 양립할 수 있는 평등한 기본적 자유의 가장 광범위한 전체 체계에 대해서 평등한 권리를 가져야 한다."
— 평등한 자유의 원칙(the Equal Liberty Principle)

제2원칙: "사회적, 경제적 불평등은 다음 두 가지, 즉
(a) 최소 수혜자에게 최대의 이득이 되고,
— 차등의 원칙(the Difference Principle)
(b) 공정한 기회균등의 조건 아래 모든 사람에게 개방된 직책과 직위가 결부되게끔 편성되어야 한다."
— 공정한 기회균등의 원칙(the Equality of Fair Opportunity Principle)

제1원칙은 평등한 기본적 자유의 원칙으로 근대 헌법에서 보장된 양심, 종교, 사상, 집회와 결사, 재산소유권 등 여러 자유권을 망라한다. 제2원칙은 사회적 불평등이 사회에서 가장 불운한 최소 수혜자의 이득을 최대화해야 한다는 차등의 원칙과 사회적 직책과 직위는 형식적으로만이 아니라 공정한 기회균등의 원칙에 의거하여 개방되어야 한다는 공정한 기회균등의 원칙으로 이루어져 있다. 이러한 원칙들의 우선성은 평등한 자유의 원칙, 공정한 기회균등의 원칙, 차등의 원칙 순이다.

롤스는 이러한 정의의 두 원칙의 적용에 있어서 소득과 기회의 분배는 도덕적으로 임의적인 것, 즉 사회적 배경, 경제적 배경, 가족적 배경, 능력, 자질, 노력, 운 등을 기반으로 해서는 안 된다고 주장한다. 롤스는 정의로운 것으로 일반적으로 간주되고 있는 4체제를 논하면서 그러한 주장을 구체화하고 있다. 샌델은 롤스의 정의의 4체제론을 다음과 같이 분류하고 설명한다.186)

(1) 봉건제도 혹은 카스트 제도: 자연적 봉건 귀족사회는 귀족계급이나 카스트 제도가 배경이므로 출생이라는 우연을 기반으로 소득, 재산, 기회, 권력이 분배된다. 이 사회는 롤스의 분류에 따르면 "자연적 귀족주의(natural aristocracy)"다. 이 사회의 모토는 "귀족에게는 귀족으로서의 의무가 있다(noblesse oblige)"는 것이다. 귀족주의적 이념은 적어도 법적인 관점에서 볼 때 개방된 체제에 적용되는 것이며, 상층에 있는 사람들에게 더 적게 주어지면 하층에 있는 사람들도 더 적게 가지게 될 경우에만 유리한 사람들의 더 나은 처지가 정의로운 것으로 간주된다.

(2) 자유지상주의: 자유지상주의 사회는 롤스의 분류에 따르면 "자연적 자유체제(system of natural liberty)"다. 이 사회는 법 앞의 평등이라는 형식적 기회균등을 인정하며 자유시장을 중시한다. "재능이 있으면 출세할 수 있다(careers open to talents)"는 모토 아래 어느 정도 도덕적

임의성을 배제한다. 출생이 모든 것을 결정하는 봉건사회보다는 진일보한 사회로서 법적으로는 모든 사람에게 각자의 노력에 따른 경쟁을 보장한다. 그러나 현실에서는 기회가 실질적으로 균등하게 분배되지 않을 수 있다. 즉 재능이 있고, 가족적 배경이 좋고, 교육을 많이 받은 사람은 출발선의 선두에 설 수 있다.

　(3) 능력 위주 사회: 샌델이 능력 위주 사회라고 칭하고 있는 것은 롤스의 분류에 따르면 "자유주의적 평등(liberal equality)" 사회다. 자유지상주의 시장사회에서의 불공정을 수정하는 방법은 사회적, 경제적 불평등을 바로잡는 일이다. 능력 위주 사회는 공정한 기회 등을 보장하는 자유시장사회다. 이 사회는 교육받을 기회 등을 고르게 제공함으로써 공정하고 실질적인 기회균등이 실현되도록 하여 우리의 인생에서 똑같은 출발선을 제공한다. 그래서 능력 위주 사회의 모토는 "동일한 능력과 재능을 가진 사람은 유사한 인생의 기회를 가져야 한다(Those with similar abilities and skills should have similar life chances)"는 것이다. 그러나 여기서의 분배적 기준도 역시 타고난 능력과 재능에 따라, 즉 운에 따라 결정되므로 도덕적으로 임의적이라고 비판된다. 심지어 노력 자체도 가족적 배경과 사회적 여건에 영향을 받으므로 도덕적으로 임의적이라고 간주된다.

　(4) 평등주의 사회: 샌델은 평등주의 사회가 롤스의 차등의 원칙이 적용되는 더 평등한 사회라고 해석한다. 이 사회는 롤스의 입장으로서 롤스의 분류에 따르면 민주주의적 평등(democratic equality) 사회다. 이 사회와 비교할 때, 앞의 세 체제들에서는 도덕적 관점에서 볼 때, 출생과 가족 배경, 사회적, 경제적 이점, 타고난 재능이나 능력 같은 임의적인 요소에 따라 분배의 몫이 결정된다고 비판된다. 그래서 롤스는 "천부적인 운수 자체가 갖는 자의적인 영향을 완화시키는 원칙을 채택하고자

한다."187) 롤스는 오로지 차등의 원칙만이 소득과 부의 분배를 운과 같은 우연에 좌우되지 않도록 한다고 주장한다. 만일 우리가 평등한 자유와 공정한 기회균등이 요구하는 제도와 체계를 가정할 경우에 처지가 나은 자들의 더 높은 기대치가 정당한 것으로 인정될 수 있는 유일한 조건은 그것이 사회의 "최소 수혜자(the least advantaged)"들의 기대치를 향상시키는 체제의 일부로 작용하는 경우다.

샌델은 롤스의 민주주의적 평등 사회에서 그 근간이 되는 차등의 원칙에 대한 두 가지 반론을 언급한다. 격려금과 노력의 문제가 그것이다. 우선 차등의 원칙이 어려운 사람을 돕는다는 전제 아래 재능 있는 사람이 이익을 얻는다는 조건을 부과한다면 재능 있는 사람은 일할 의욕을 상실할 수도 있다는 반론이 제기된다. 그러나 롤스는 차등의 원칙이 격려 차원의 보상금(incentives)으로 생긴 소득 불균형은 허용하고 있다고 밝힌다. 이어서 롤스는 타고난 재능은 노력의 결과가 아니라는 이유로 정의를 능력 위주로 해석하는 것을 거부한다. 그러나 진정한 노력의 대가는 인정해야 하지 않느냐는 반론이 제기된다. 롤스는 노력 자체도 가족적 배경과 사회적 여건의 영향을 받으므로 노력이 분배적 정의의 기준이 될 수 없다고 주장한다. 샌델도 일상적 신조로 볼 때 노력보다는 최종적인 기여나 업적이 분배적 정의의 대상이 된다고 지적한다. 그러나 롤스는 기여나 업적이 도덕적 응분은 아니며 정의로운 사회에서 합법적 기대치에 대한 권리일 뿐이라고 강조한다.

다시 설명하면, 롤스는 재능은 도덕적으로 임의적이고 자의적이므로 보수는 그 사람의 인격이나 행위의 "도덕적 응분(moral desert)"이라고 볼 수 없다고 주장한다. 롤스는 재능과 노력을 통한 기여와 공적은 그 자체로서 도덕적 응분은 아니며 오직 정의의 두 원칙이 적용되는 사회에서 "합법적 기대치(legitimate expectations)를 요구할 권리"일 뿐이라고 밝힌다.188) 그러나 샌델은 선이나 미덕 같은 도덕적 관념을 중시하므로 분배적 몫을 그 사람의 기여와 업적에 따른 도덕적 응분과 자격이라고 주장한다.

샌델은 롤스의 정의론에 대한 논의를 마감하면서, "롤스의 정의론이 궁극적으로 성공하든 실패하든, 그 이론은 미국 정치철학이 아직 내놓지 못한, 좀 더 평등한 사회를 옹호하는 가장 설득력 있는 주장임에 분명하다"고 솔직한 평가를 내린다.189)

[해제와 비판]

샌델이 잘 지적했듯이, 롤스의 정의론은 미국 정치철학에서 자유주의 내에서 최대한의 평등주의를 가능케 하였다. 그럼 롤스의 정의론을 개괄적으로 살펴보기로 하자.190)

존 롤스(John Rawls, 1921-2002)가 2002년 11월 24일 81세의 나이로 영면했을 때, 세계 학계는 이구동성으로 그를 20세기 후반기에서 가장 영향력 있는 윤리학자 및 정치철학자로 찬양하고, 또한 그의『정의론』을 존 스튜어트 밀(John Stuart Mill)의 저작 이후 가장 중요한 정치철학적 저작이라고 평가하면서 그 부음을 안타까워했다.191)

그의 대표 저작인『정의론(A Theory of Justice)』(1971)은 정치적, 경제적 자유와 권리가 개인들 사이에서 상호 양립 가능한 방식으로 동일하게 최대한 보장되어야 한다는 자유의 원칙을 우선시하는 고전적 자유주의의 요소를 가지고 있다. 그리고 동일한 능력과 재능을 가진 사람들은 유사한 삶의 기회를 가져야 한다는 공정한 기회균등의 원칙을 추구한다. 아울러 불평등은 최소 수혜자들의 삶의 기대치를 향상시키는 한 허용된다는 차등의 원칙을 통한 분배적 정의의 실현이라는 평등주의적 요소도 결합한 것이다. 이러한 결합은 공정한 선택 상황에서의 공평무사한 합의를 가정하는 "공정성으로서의 정의(justice as fairness)"라는 사회계약론적 방법을 원용하여 이룩된 것이다. 방법론적으로 "공정성으로서의 정의"는 자유주의적 평등주의에 대한 철학적 정당화를 제공하게 된다. 롤스는 또한 자신의 정의의 원칙들이 우리들의 숙고적인 도덕적 판단과 일치한다는 반성적 평형이라는 정합론을 정당화의 근거로 주장했다. 따라서 그의 정의론은 1950년대 이후 개인의 실존주의적 결단을 강조하거나, 아니면 언어분석 메타윤리학적 논의와 도덕적 언명은 감정의 표출에 불과하다는 이모티비즘(emotivism, 정의주의(情意主義))에만 사로잡혀 있던 서구 구미학계의 규범철학 불모의 상황에서 체계적인 거대한 규범철학의 복귀를 가져올 수 있었던 것이다.192)

그의 정의론은 그동안 사회복지의 극대화 원리를 통해 자유주의에 대한 지배적인 철학적 근거로서 행세하던 공리주의의 여러 약점을 극복하게 된다. 그의 정의론은 전체 복지라는 미명 아래 소수자에 대한 인권이 침해될 가능성이 있는 공리주의의 약점을 원리적으로 극복함으로써 자유주의 정치철학의 한 전형을 이루었던 것이다. 롤스에 의해서 창출된 자유주의의 새로운 유형은 "권리준거적인 칸트적인 의무론적 자유주의"로서 1980-90년대에 전개된 '자유주의 대 공동체주의 논쟁'을 촉발한 계기가 되었다. 또한『정의론』출간 이후 줄곧 롤스는 정치적 자유와 경제적 평등의 양립 가능성에 관련하여 자유지상주의와 마르크스주의 양 진영으로부터 평등 때문에 자유가 훼손되고 자유 때문에 평등이 상실된다는 상반된 비판을 받게 되었던 것도 사실이다. 이러한 상반된 비판은 오해에서 비롯된 것이라는 주장이 있지만, 자유와 평등을 조화시키려는 롤스의 시도는 그 자체가 지난한 세계사적 문제라는 것을 웅변적으로 잘 말해주고 있다. 롤스는 자신의 그러한 시도를 "실현 가능한 유토피아"를 위한 대장정이라고 말했던 바 있다. 분배적 정의의 관점에서 볼 때,『정의론』의 요체는 자유주의 이론체계 속에서 사회주의의 복지 요구를 통합한 자유민주주의의 평등의 이념을 정립한 데 있다. 서구 자유주의 철학의 면면한 전통을 잇고 있는 롤스는 고전적 자유주의자인 로크보다 더 평등주의적이고 공산주의자인 마르크스보다 더 자유주의적인 자유주의적 평등의 이념을 옹호하고 있다. 언젠가 롤스가 스스로 고백했듯이, 『정의론』을 통해서 마르크스의 유명한 슬로건, "능력에 따라 일하고 필요에 따라 분배받는다"는 기준이 자유주의의 한계 내에서 최대한 실현될 수 있는 이론적 기반이 마련된 셈이다.193)

『정의론』 출간 이후 롤스는 정의로운 사회의 안정성에 관련하여 『정의론』을 부분적으로 변호하고 보완할 뿐만 아니라 현대사회에서의 다원주의의 사실에 직면하여 자유주의의 더 높은 수용성을 확보하기 위해 고심하게 된다. 그 결과 자유주의적 정의관을 포괄적이고 형이상학적인 것이 아니라 공적이고 정치적인 영역에 한정시키게 된다. 따라서 다양한 가치관을 가진 사람들 사이에서 중립성을 견지하는 공적 이성을 기반으로 자유주의적 정의관에 대한 중첩적 합의를 추구하는 『정치적 자유주의(*Political Liberalism*)』(1993)를 출간하게 된다. 이어서 자신의 정의론을 국제사회에 확대 적용한 『만민법(*The Law of Peoples*)』(1999)도 출간하게 된다. 롤스가 남긴 다른 저작들도 있지만 통상적으로 이 세 저작이 롤스 정의론의 3부작으로 간주되고 있다.

롤스가 타계한 것은 2002년이다. 롤스의 정의론이 남긴 사상적 유산과 궤적은 그 방법론적 접근이나 실질적 내용 모두에서 국내적 정의는 물론 국제적 정의 문제를 해결하는 데 있어 커다란 자산임에 틀림없다. 롤스가 정의론을 통해 남긴 문제들은 오늘날도 여전히 살아 있는 이슈들이라고 아니 할 수 없다. 롤스의 정의론이 남긴 사상적 유산과 파장을 철학적으로 파악해보고, 또한 대립적 이론들과의 비판적 대조와 아울러 그 현실적 적용의 문제를 고찰하는 것은 오늘날 후학들이 당면한 커다란 학문적 과제라고 할 것이다.

샌델은 롤스의 정의의 두 원칙 중 차등의 원칙을 제약하는 저축 원칙, 즉 차세대로 이전되는 재화의 공정한 몫의 문제는 언급하고 있지 않다. 그것은 "사회적, 경제적 불평등은 정의로운 저축 원칙과 양립하면서 최소 수혜자에게 최대 이득이 되도록 한다"는 것이다.194) 그리고 제1원칙인 평등한 자유의 원칙도 『정치적 자유주의』에서는 변경되고 있는데 그것도 언급되지 않고 있다. "각 사람은 평등한 기본 권리들과 자유들의 충분히 적절한 체계에 대한 평등한 요구권을 가지며 그러한 체계는 모든 사람에게 동일한 체계와 양립 가능해야 한다. 그리고 이러한 체계 내에서 평등한 정치적 자유들 그리고 오직 이러한 자유들만이 그 공정한 가치가 보장되어야 한다"는 것이다.195)

정의의 두 원칙의 진술과 내용 중 변화한 것은 제1원칙이다. 『정의론』에서 제시된 "가장 광범위한 전체 체계(the most extensive total system)"는 여기서는 "충분히 적절한 체계(a fully adequate scheme)"로 바뀐다. 이것은 기본적 자유들이 상충할 수도 있기 때문에 상호 조정되어야 할 경우가 있으므로 최대의 평등한 자유는 가장 광범위한 자유가 아닐 수도 있다는 하트(Herbert L. A. Hart)의 비판을 수용한 것이다.196) 예를 든다면, 발언권의 규제 없는 자유로운 토론은 더 광범위한 자유이기는 하지만 모든 사람의 발언의 자유가 상호 양립하도록 실현될 수 없다. 이것은 발언의 내용을 제약(restriction)하는 것이 아니고 발언의 질서를 규제(regulation)하는 것일 뿐이다.197)

이미 언급한 것처럼 샌델은 『정의란 무엇인가』 6강에서 롤스를 논할 때, 롤스가 『정의론』에서 자신의 공정성으로서 정의관을 정의에 관한 4체제론과 연관하여 비교 설명한 것을 원용하고 있다. 롤스는 모든 정의론의 배경적 원칙을 "모든 사람들의 이익(everyone's advantage)"과 "모든 사람에게 평등하게 개방됨(equally open to all)"이라는 두 원칙으로 본다. 이 두 원칙은 각각 두 가지의 가능한 의미를 갖기 때문에 결국 네 가지 해석이 가능하다.198)

이 네 가지 해석들에 있어서 자연적 귀족주의를 제외하고 가정되는 것은 자유에 관한 정의의 제1원칙, 즉 평등한 자유의 원칙이 충족되고 있으며 경제체제는 생산수단의 사유와는 상관없이 대체로 자유시장체제라는 것이다.199) "모든 사람들의 이익"이 되는 방식은 효율성 원칙(principle of efficiency)으로 해석할 수도 있다. 효율성 원칙은 다양한 능력과 욕구를 가진 사람들 모두의 이익이 늘어났거나 혹은 타인을 나쁘게 하지 않고 자신의 처지를 더 낫게 할 수 있을 때 효율성이 증진된 것으로 보는 것이다.200) 차등의 원칙은 "처지가 나은 자들의 더 높은 기대치가 정당한 것으로 인정될 수 있는 유일한 조건은 그것이 사회의 최소 수혜자(the least advantaged)들이 기대치를 향상시키는 체제의 일부로서 작용하는 경우다."201) "모든 사람들에게 평등하게 개방됨"이라는 것은 "재능이 있으면 출세할 수 있다는 식의 평등(equality as careers open to talents)"으로 해석될 수 있다. 이러한 평등은 적어도 모든 사람들이 어떠한 유리한 사회적 지위를 획득할 수 있는 동등한 법적 권리를 갖는 형식적 기회균등을 요구한다. 공정한 기회균등으로서의 평등은 사회적 직위란 단지 형식적인 의미에서만 개방되어서는 안 되고 모든 사람들이 그것을 획득할 실질적인 "공정한 기회로서의 평등(equality as equality of fair opportunity)"을 가져야 한다는 것이다. 즉 "유사한 능력과 재능을 가진 사람은 유사한 인생의 기회를 가져야 한다"는 것이다.202) 이상의 설명을 요약하면 다음 표로 정식화될 수 있다.

	"모든 사람들의 이익"	
"평등하게 개방됨"	효율성 원칙	차등의 원칙
재능이 있으면 출세할 수 있다는 식의 평등	자연적 자유체제	자연적 귀족주의
공정한 기회균등으로서의 평등	자유주의적 평등	민주주의적 평등

롤스가 분류한 정의의 4체제는 (1) 자연적 귀족주의(natural aristocracy), (2) 자연적 자유체제(system of natural liberty), (3) 자유주의적 평등(liberal equality), (4) 민주주의적 평등(democratic equality)이다. (1) 자

연적 귀족주의는 재능이 있으면 출세할 수 있다는 형식적인 기회균등이 요구하는 이상으로 사회적 우연을 규제하기 위한 장치가 없다. 또한 출생 신분과 천부적 재능이 합쳐서 분배적 몫을 결정하게 되므로 기본적으로 부정의한 사회라고 할 수 있다. 그러나 더 큰 천부적 재능을 가진 사람들의 이익은 사회의 가난한 계층의 사람들의 선을 증진시키는 것에 의해서 제한된다. 자연적 귀족주의는 이러한 차등의 원칙에 의해서 규제됨으로써 유리한 사람들의 더 나은 처지가 정의로운 것으로 간주될 수 있게 된다. 그래서 "귀족에게는 귀족으로서의 의무가 있다(noblesse oblige)"는 관념이 생기게 된다.203)

(2) 자연적 자유체제는 효율성의 원칙과 "재능이 있으면 출세할 수 있다(careers open to talents)"는 형식적 기회균등이 합쳐진 사회다. 자연적 자유체제에서 현존하는 소득과 부는 천부적 재능과 능력에 의해서 결정된다. 따라서 자연적 자유체제는 사회적 여건의 평등을 보장하기 위한 노력을 기울이지 않는다. 그러므로 자연적 자유체제가 갖는 가장 현저한 부정의는 도덕적 관점에서 임의적(arbitrary)인 요소들인 천부적인 재능과 능력에 의해서 분배적 몫이 부당하게 영향을 받는 것을 허용한다는 점이다.204)

(3) 자유주의적 평등 사회는 효율성의 원칙을 배경으로 재능이 있으면 출세할 수 있다는 형식적 요구조건에다가 공정한 기회균등이라는 조건을 부가시킴으로써 자연적 자유체제의 부정의를 시정하기 위해서 노력하고 있다. 그래서 "유사한 능력과 재능을 가진 사람들은 유사한 인생의 기회를 가져야 한다"는 신조가 등장한다. 자유주의적 평등 사회가 의도하는 바는 분배의 몫에 있어서 사회적 우연성(social contingencies)이나 천부적 운명(naturel fortune)의 영향을 감소시키고자 하는 것이다. 그래서 자유주의적 평등 사회가 자연적 자유체제에 비해서 사회적 우연성을 제거하려고 노력한다는 점에서 더 나은 사회임은 분명하다. 이 사회는 재산의 과도한 축적을 금지하며 모든 사람들에게 균등한 교육의 기

회를 보장한다. 그러나 분배의 몫이 천부적 재능과 능력에 의해서 결정되는 것은 여전히 도덕적인 관점에서 볼 때 임의적이다.205) 자유주의적 평등 사회에서도 가족제도가 존재하는 한 공정한 기회균등의 원칙이 적절하게 작동할 수 없다. 그리고 개인의 천부적 재능과 능력, 그리고 노력도 가정 및 사회적 여건에 의해서 영향을 받는다.

(4) 민주주의적 평등 사회는 롤스의 입장으로서 공정한 기회균등의 원칙과 차등의 원칙의 결합에 의해서 이루진다. 롤스의 민주주의적 평등 사회는 평등한 자유와 공정한 기회균등이 실현된다고 가정할 때 "처지가 나은 자들의 더 높은 기대치가 정당한 것으로 인정받을 수 있는 유일한 조건은 그것이 사회의 최소 수혜자(the least advantaged)들의 기대치를 향상시키는 체제의 일부로서 작용하는 경우다."206) 더 나은 사람들에게 주어지는 유인(incentives)은 교육과 훈련의 경비를 부담함으로써 개인들을 사회적 관점에서 보아 가장 필요한 장소와 집단으로 유인하려는 것이므로 경제 과정은 더욱 효율적이 되고 기술 혁신이 더 빠르게 진행되므로 더 높은 사회적 생산성을 달성할 수 있게 되고, 이러한 높은 사회적 생산성은 결국 최소 수혜자들의 이익이 된다.207)

샌델은 이상과 같이 롤스가 분류한 정의의 4체제를 (1) 봉건제도 또는 카스트 제도: 출생에 따라 정해지는 계층, (2) 자유지상주의: 기회균등을 형식적으로 인정하는 자유시장사회, (3) 능력 위주 사회: 공정한 기회균등을 인정하는 자유시장사회 (4) 평등주의: 롤스의 차등 원칙이 실현되는 사회로 재분류하여 설명하고 있다. 샌델은 롤스가 분류한 정의의 4체제에서 능력 위주 사회(혹은 업적주의 사회, meritocratic society)를 언급하고 있는데,208) 롤스의 분류법에 따르면 그것은 자유주의적 평등 사회다. 샌델은 롤스의 정의의 4체제, 자연적 귀족주의, 자연적 자유 체제, 자유주의적 평등 사회, 민주주의적 평등 사회라는 분류법과 용어를 그대로 사용했어야만 했는데, 자유주의적 평등 사회를 능력 위주 사회라고 말함으로써 혼란을 야기했다. 나중에 샌델은 도덕적 자격과 응분에 대한 옹호를 통해 능력 위주 사회를 지향하는 것으로 드러났다.209) 엄밀한 의미에서 보면 능력 위주 사회는 자연적 자유체제인데 샌델은 그것을 자유주의적 평등 사회라고 잘못 해석한 것이다. 이 문제는 본서 제3장 2절 13)항 "아리스토텔레스적 능력주의와 공동선의 정치 사이의 모순"에서 다시 재론될 것이다. 다음 인용은 롤스의 능력 위주 사회 혹은 업적주의 사회에 대한 해석이다.210) 이것을 통해 우리는 능력 위주 사회 혹은 업적주의 사회가 자연적 자유체제임을 알 수 있다. 또한 롤스는 아메리칸 드림을 직접적으로 언급하고 있지는 않지만 업적주의 사회, 즉 자연적 자유체제가 아메리칸 드림을 진작시키는 사회와 체제임을 짐작할 수 있다.211)

　　"그런데 이러한 고찰로부터 분명하게 나타난 사실은 두 원칙에 대한 민주주의적 해석이 업적주의적 사회로 이르지 않을 것이라는 점이다. 이러한 사회 질서의 형태는 재능이 있으면 출세할 수 있다(careers open to talents)는 원칙을 따르고 있으며 기회균등을 경제적 번영이나 정치적 지배를 향한 인간의 정력을 해방시키는 방식으로 이용하고 있다. 상위 계층이나 하위 계층 간에 생활수단이나 권리나 조직 속의 특권에 있어서 뚜렷한 격차가 존재하게 된다. 더 빈곤한 계층의 생활양식은 가난해져가는 반면에 지배층이나 기술 지배적 엘리트 계층은 권력과 부라는 국가적 목적에의 봉사에 굳건히 발을 붙이고 있다. 기회균등이란 영향력이나 사회적 지위에 대한 사적인 추구에 있어서 더 불운한 사람들을 뒤에서 처진 대로 내버려두는 그런 식의 평등한 기회를 의미한다."

샌델은 도덕적 자격과 응분을 분배적 정의의 기초로 삼는 능력 위주 사회에 대한 롤스의 비판은 장단점이 있다고 시인한다. 장점은 "성공은 미덕에 씌워주는 왕관이라거나 부자들은 가난한 사람보다 부자가 될 자격이 있다는, 능력 위주 사회에서 흔히 나타나는 그 잘난 사고방식을 허물기 때문이다."212) 롤스가 주장한 것처럼 "아무도 자신의 더 큰 천부적 능력이나 공적을 사회에 있어서 더 유리한 출발점으로 이용할 자격은 없다."213) 그러나 샌델은 그러한 롤스의 주장은 일반적 상식과는 거리가 있다면서 다음과 같이 도덕적 자격과 응분에 대한 장점을 지적한다: "일자리와 기회는 그것을 받을 자격이 있는 사람에게 돌아가는 보상이라는 믿음은 특히 미국사회에서 깊이 뿌리박혀 있다. 정치인들은 아메리칸 드림을 실현하는 사람들에게 성공은 미덕을 반영한다고 격려한다."214) 그러나 샌델은 역시 여기서도 단점이 있다고 지적한다: "이 확신에 집착하면 사회 결속에 걸림돌이 된다. 성공을 우리의 노력의 결과로 여길수록 뒤처진 사람에 대한 책임감은 줄어들기 때문이다."215)

샌델이 인용문 마지막에서 인정한 것처럼 능력 위주 사회의 단점이 뒤처진 사람에 대한 책임감을 느끼지 못하는 것이라면, 롤스가 인용문 마지막에서 말한 것, 즉 더 불운한 사람들을 뒤에서 처진 대로 내버려두는 것과 동일하다. 이러한 관점에서 보면 롤스의 민주주의적 평등 사회는 업적주의적 사회관에 대한 중대한 제약을 의미한다. 즉 불평등은 단지 공적이나 응분(merit or desert)에만 의거한 것이 아니고, 최소 수혜자의 전망을 향상시키는 한에서 허용된다는 것이다.

롤스는 분배적 몫을 한 사회 내에서의 "합법적 기대치에 대한 권리"로 보는 반면, 샌델은 재능을 통한 사회적 기여에 대한 도덕적 응분과 자격의 문제라고 본다. 롤스는 『정의론』 48절 "합법적 기대치와 도덕적 응분"에서 샌델식의 주장을 이미 상세히 비판하고 있다. 롤스에 따르면, 정의로운 사회는 개인들이 현존 체계가 권장하는 어떤 일을 행함으로써 사회적인 생산물의 할당에 대한 요구권을 갖게 된다. 그러한 요구권에 부응하기 위해 정의로운 사회는 그 결과로서 생기는 합법적 기대치를 만족시켜야 할 의무를 갖게 된다.216) 상식적으로 볼 때 "소득이나 부 그리고 생활 일반에 있어서 좋은 것(善)은 도덕적 응분(moral desert)에 따라 분배해야 한다는 경향이 있다. 정의란 덕에 상응하는 행복이라는 것이다."217) 롤스는 정의로운 사회에서 모든 사람들은 동일한 도덕적 가치를 가지며, 한 사람의 도덕적 가치는 그가 어떤 재능과 능력을 갖는 가, 그리고 그러한 재능과 능력이 잘 발휘될 배경적인 사회적 우연성을 만나는가에 달려 있지 않다고 주장한다. 롤스는 정의로운 사회에 참여한 결과로서 발생하는 분배적 몫이 도덕적 가치에 상응하는 것은 아니라고 비판한다.[218] 여기서 롤스는 샌델식의 주장은 "분배적 정의를 응보적 정의(retributive justice)에 대응하는 것으로 생각하는 데서 생겨난 것이다"라고 갈파한다.[219] 즉 한 사회는 한쪽은 어떤 범행을 벌하며, 다른 쪽은 도덕적 가치에 보답하는 식으로 서로 반대되는 것은 아니라는 것이다. 롤스는 경쟁에서 승리할 확률이 높은 재능을 가졌다고 해도 그 재능이 전적으로 노력의 결과는 아니며, 특정한 시기에 사회에서 환영 받는 재능을 가졌다는 것은 운이 좋은 것으로서 도덕적으로 볼 때 임의적이라고 주장한다.[220]

롤스의 민주주의적 평등 사회는 엄밀한 평등주의는 아니지만 사회적, 경제적 불평등이 최소 수혜자의 최대 이익이 되도록 사회적, 경제적 불평등을 편성하는 차등의 원칙을 통해서 강력한 평등주의적 경향을 갖게 된다. 롤스는 차등의 원칙이 원초적 입장의 관점에서 엄밀한 논증을 통해서 도출된 것이지만 차등의 원칙이 평등주의를 옹호한다는 점을 강조하기 위해서 천부적 재능에 대한 "공동적 자산(common asset)" 혹은 "사회적 자산(social asset)"이라는 개념을 도입한다.[221] 차등의 원칙은 최소 수혜자에게 최대 이익이 될 것을 보장하므로 최소 수혜자들에게는 당연히 받아들여질 것으로 생각되지만, 문제는 더 유리한 조건을 가진 사람들이 차등의 원칙을 받아들일 이유는 무엇인가 하는 점이다. 여기에 대해서 롤스는 천부적 자질에 대한 응보라는 개념은 사회적 협동체를 전제하고 있으며, 또한 천부적 자질 자체는 도덕적으로 임의적인 것이기 때문에, 더 나은 자질을 가진 사람은 상호 이익을 위한 호혜성을 받아들임이 없이 자신의 이익을 요구할 자격과 권리가 없다는 것을 밝힌다.[222] 따라서 차등의 원칙은 결국 천부적 재능을 공동적 자산이나 사회적 자산으로 간주하고, 혜택을 받은 자는 그렇지 못한 자를 도울 수 있는 방식으로만 이득을 볼 수 있음을 규정하게 된다.223)

7) 7강. 소수집단 우대정책 논쟁

[요약]

샌델은『정의란 무엇인가』7강에서 소수집단 우대정책(적극적 차별시정조치, affirmative action)에 관한 여러 논의를 통해서 대학 입학에서의 할당적 정의가『정의란 무엇인가』6강에서 강조한 것처럼 도덕적 응분이나 자격이라는 점을 재차 주장하면서 공평 자유주의를 비판하고 있다.

미국의 대학 입시에서는 소수집단 우대정책이 실시되고 있는 경우가 많다. 이것은 사회경제적 계층과 인구 측면에서 소수자인 흑인과 히스패닉에게 가산점을 주어 일정 비율의 학생을 합격시키는 제도다. 그런데 이 정책으로 불합격한 백인 학생들은 부당한 역차별(reverse discrimination)을 받았다고 소송을 제기하므로 논란이 되고 있다. 소수집단 우대정책을 옹호하는 세 가지 근거는 (1) 표준화된 시험에서 나타날 수 있는 불균형, 즉 백인들보다 불리한 배경적 상황에서 치는 시험의 격차 바로잡기, (2) 소수집단 학생들을 불리한 처지에 몰아넣은 과거의 잘못 보상하기, (3) 그리고 다양한 인종적, 민족적 배경을 가진 학생들이 대학에 합격한다면 대학은 개방적이 되고, 나중에 지역 발전과 공동선에 더 크게 기여할 수 있다는 다양성 논리다.

다양성 논리에 대한 반대는 첫째, 현실적 반박으로 소수집단 우대정책이 부당하다는 것이 아니라 그 정책이 실제적으로 목적을 달성하기가 어렵다는 것이다. 즉 인종별 우대정책은 다원화 사회를 활성화하거나 편견과 불평등을 줄이기보다는 소수집단 학생들의 자부심을 훼손하고 모든 집단이 인종을 더욱 의식하게 만들며, 인종 간의 긴장감을 높이고,

자신도 행운을 누려야 할 사람이라고 느끼는 백인들의 분노를 유발할 수 있다는 것이다. 둘째, 입학에서 인종이나 민족을 고려하는 것은 부당하다는 원칙적 반박이 있다.

그렇다면 소수집단 우대정책은 부당한 역차별인가? 다양성 논리를 비판하는 사람들은 소수집단 우대정책으로 아무런 잘못도 없이 경쟁에서 불이익을 받아야 하는 백인 지원자들의 권리가 침해된다고 주장한다. 소수집단 우대정책을 지지하는 사람들은 롤스식의 공평 자유주의자들로 입학 심사에서 탈락한 백인 지원자들의 권리가 진정으로 침해될 때만 소수집단 우대정책이 부당할 것이라고 인정한다. 샌델은 여기서 자유주의 법철학자 로널드 드워킨(Ronald Dworkin)의 견해를 소개한다. 드워킨은 대학은 스스로 입학 기준을 설정할 수 있으며, 그러한 기준에 맞는 사람은 롤스의 주장처럼 각 개인의 합법적 기대치를 실현할 권리가 있지만, 어느 누구도 절대적으로 대학에 입학할 권리와 자격을 가진 사람은 없다고 못 박는다. 대학은 통상적으로 학문적 가능성, 민족적, 지역적 다양성, 운동 능력, 과외활동, 지역 봉사활동 등을 고려해 신입생을 뽑는다. 이러한 관점에서 보면, 대학은 학문적 우수성과 아울러 대학과 사회에서 다양성을 증대시키려는 특정한 공공적 이상을 추구하기 위해서도 존재한다는 것이다.

그러나 샌델은 대학이 마음대로 사명을 정해도 좋은가에 관련된 첫 번째 문제로서, 각 대학이 설정한 대학의 사명과 입학 기준이 언제나 공정하다고 말할 수 없다고 주장한다. 미국 대학의 역사를 보면 인종분리정책과 반유대적 할당제가 실시되었기 때문이다. 그러나 드워킨은 과거의 분리주의 시대에는 특정 인종이 다른 인종에 비해 유전적으로 우월하다는 경멸스러운 편견에 사로잡혔지만 오늘날의 소수집단 우대정책은 그러한 편견이 없고, 흑인이나 히스패닉이라는 사실이 사회적으로 유용한 특성이 될 수 있다고 준별했다. 롤스의 견해도 인종별 우대는 어떠한 사람들의 자격과 권리도 침해하지 않는다고 주장하는 것이다. 따라서 롤스는 어떤 인종이나 민족, 그리고 어떤 능력과 재능이 인정받는 가는 입주할 주택 단지의 운영을 관장하는 소유 회사나 각 대학의 사명과 입학 기준을 정하는 특정한 대학 당국에 달려 있지, 각 개인이나 인종의 당연하게 인정되는 자격과 응분에 달려 있는 것은 아니라고 강조한다.

샌델은 대학이 마음대로 사명을 정해도 좋은가에 관련된 두 번째 문제를 제기한다. 즉 샌델은 미국 대학에서 용인되고 있는 동문 자녀 특례입학이나 기여입학제가 공정한 것인가를 묻는다. 더 나아가서 대학이 입학 정원의 10퍼센트를 경매에 붙여 높은 가격을 부른 입찰자에게 입학을 허가하는 정책을 상상해보자는 것이다. 대학이 원하는 사명과 입학 기준을 설정할 수 있다면 경매도 정당한 것이 될 것이다. 샌델은 드워킨이 대학에 입학할 능력을 넓게 적용하여 그것이 정당하다고 인정할 것이라고 해석한다. 그러나 샌델은 이 기준은 너무 허술하며, 경매가 부당하다고 느껴지는 이유는 지원자의 기회보다 대학의 "청렴성(integrity)"과 관련이 깊다고 본다.224) 그래서 대학의 가장 중요한 목적은 경매나 기여입학제를 통해 수입을 극대화하는 것이 아니라 교육과 연구로 공동선에 기여하는 것이라고 본다. 샌델은 "대학에 들어갈 기회를 할당할 때의 정의는 대학이 마땅히 추구해야 하는 선과 관련이 있다는 생각은 대학 입학을 돈 받고 파는 행위가 왜 부당한가를 설명해준다는 것이다. 정의와 권리의 문제를 영광과 미덕의 문제에서 분리하기 힘든 이유 또한 바로 이것이다"라고 주장한다.225)

샌델은 분배적 정의에서 도덕적 자격을 분리하면 일자리와 기회는 그것을 받을 자격이 있는 사람에게 돌아가는 보상이라는 신념, 즉 미국의 아메리칸 드림의 배경적 신념을 배척하게 된다고 주장한다. 샌델은 합격 통지나 불합격 통지에 노력과 도덕적 자격을 외면하고 운과 가족 배경, 환경적 영향이 강조된 내용만을 쓴다면 수신자 학생들에게 매우 의아한 것이 될 것이라고 생각한다. 그러나 우리가 만약 도덕적 응분과 자격에 대한 신념을 고수한다면 행운의 임의성을 망각하는 것이며, 성공을 우리 노력의 결과로 여길수록 뒤처진 사람들에 대한 책임감은 줄어들 것이다. 또한 성공한 사람들은 자신들의 미덕과 능력에 대한 자만심을 갖게 될 것이며, 가난한 사람들은 이중적 고통, 즉 자신의 가난이 사회구조적 문제가 아니라 자신의 잘못이라는 멍에를 지고 살아야 할 것이다.

샌델은 정의는 영광과 관계되며 분배적 정의에 관한 논쟁은 누가 무엇을 갖는가의 문제만이 아니라 영광과 포상을 얻는 데 어떤 자격이 필요한가의 문제이기도 하다고 강조한다. 샌델은 사회조직이 그 본질적 선을 외면하고 다른 목적과 사명을 정한다면 그것은 배신적 행위라고 본다. 그래서 어느 사회조직이건 추구할 적합한 목적과 가치가 있으며, 그것에 따라 그 조직의 성원을 충원하여야 한다고 본다. 만약 그러한 목적과 가치를 무시하면 그 조직은 자칫 타락으로 이어질 수 있다고 경고한다.

그러나 샌델은 각 사회조직의 사명에 관련된 영광, 미덕, 선에 대해서 사람들의 의견 차이가 분분하므로 그러한 선에 대한 합의를 배제하고 정의에 관한 논쟁을 전개하려는 유혹이 생기게 된다는 점은 인정한다. 샌델은 칸트와 롤스와 드워킨의 자유주의 철학은 "좋은 삶에 대한 서로 다른 시각들 사이에서 중립을 지킬 수 있는 정의와 권리의 기본을 찾으려는 과감한 시도였다"고 해석한다.226) 『정의란 무엇인가』 7강 이후 샌델은 본격적으로 공동선에 기반한 자신의 공동체주의적 정의관을 피력하고 자유주의적 중립성을 비판한다.

[해제와 비판]

샌델은 소수집단 우대정책에 대한 논의를 통해서, 대학의 사명에 관련된 본질적 목적이 있으며, 역차별 소송을 제기한 백인 여성 셰릴 홉우드(Cheryl Hopwood) 사건에서 보는 것처럼 정의와 영광이 어떻게 얽히는가를 보여준다고 주장한다. 그렇다면 샌델은 소수집단 우대정책을 반대하는 것일까? 그리고 소수집단 우대정책 때문에 대학에 들어가지 못한 홉우드를 옹호하는 것일까? 그렇지는 않을 것이다. 다만 샌델은 대학은 그 본질적 사명과 목적인 교육과 연구로 공동선에 기여해야 한다는 사회적으로 널리 인정된 가치에 관련된 한계가 있다고 지적한다. 그리고 홉우드 사건의 논란의 중심에는 대학이 마땅히 추구해야 하는 선과 관련이 있다고 주장한다. 그러나 공동선이 연관되어 있다는 이러한 주장만으로 소수집단 우대정책의 찬반 논란에 대한 어떤 지침을 찾기는 어려울 것이다. 사실『정의란 무엇인가』7강을 읽으면서 소수집단 우대정책에 대한 샌델의 정확한 입장을 찾기는 어려웠다.

샌델은 대학의 사명은 사회의 공동선 증진이라는 마치 공동체주의적 공적 이상(public ideals)의 기준을 통과해야만 정당한 것으로 보는 것 같은데, 자유주의적 관점에서도 얼마든지 자의적이지 않은 대학의 공적 이상으로서의 사명을 규정할 수 있을 것이다. 그리고 소수집단 우대정책의 근거로 샌델이 제시한 세 가지 근거인 시험 격차 줄이기, 과거의 잘못 보상하기, 다양성 논리는 자유주의적 관점에서도 제시될 수 있을 것으로 생각된다. 샌델은 과거의 잘못 보상하기가 개인의 의무의 관점에서는 이룩될 수 없고 공동체의 일원으로 과거 역사에 책임을 져야만 가능하다고 주장한다.227)

그러나 이것은 너무 편협한 주장이다. 롤스가 분류한 정의의 4체제에 관련해서 볼 때 법 앞의 형식적인 기회균등이 아니라 실질적인 공정한 기회균등을 추구하는 자유주의적 평등 사회와 최소 수혜자의 기대치를 최대로 증진시키는 차등의 원칙에 근거하는 롤스의 민주주의적 평등 사회는 과거의 부정의에 대한 누적적 결과가 현재 최소 수혜자인 소수집단에게 유전된 것으로 보고, 과거의 잘못을 보상할 수 있다.228) 자유지상주의자 노직도 자신의 세 번째 정의의 원칙인 불의의 교정에 관련하여 그 개략적인 원칙은 롤스의 차등 원칙이 될 수 있음을 인정했다. 왜

나하면 현재 최소 수혜자는 과거 불의의 희생자이거나 희생자의 자손일 가능성이 높을 것이기 때문이다.229) 과거의 잘못 교정은 결코 샌델의 공동체주의의 전유물은 아니다.

그리고 샌델이 자주 언급하는 학생들의 영광과 재능, 그리고 미덕이라는 도덕적 응분도 롤스의 합법적 기대치에 대한 권리로서 대학 입학을 쟁취한 연후에 오는 것이지 그 이전에 미리 있는 것은 아닐 것이다. 어사화를 쓰고 말을 타고 장원급제 행차를 도는 것은 과거에 합격한 이후가 아니겠는가? 임금이 직접 참석한 자리에서 과거를 보는 친시에서 세종대왕은 "법의 폐단을 고치는 방법은 무엇인가?"라는 사회적 문제를 내었다고 한다. 이 문제에 대한 좋은 답문을 쓰지 못한 자는 결코 과거 시험의 합격에 대한 합법적 기대치를 갖지 못할 것이다. 샌델의 주장은 "말 앞에 마차를 놓는 격(put the cart before the horse)"으로서 우선적인 것과 말단적인 것의 순위가 바뀌는 본말전도(本末顚倒)다.

샌델은 소수집단 우대정책에 관한 근거로 시험 격차 바로잡기, 소수집단 학생들을 불리한 처지에 몰아넣은 과거의 잘못 보상하기, 다양한 인종적, 민족적 배경을 가진 학생들이 대학에 입학한다면 사회 발전에 기여할 수 있다는 다양성 논리를 제시했다. 다양성 논리에 대한 반대는 두 가지로 그중 하나인 현실적 반박은 소수인종별 우대정책은 다원화 사회를 활성화하기보다는 소수집단 학생들의 자부심을 훼손하고, 인종 간의 긴장을 높이고, 자신도 행운을 누려야 할 사람이라고 느끼는 백인들의 분노를 유발할 수 있다는 것이다. 현실적 반박은 소수집단 우대정책이 부당하다는 것이 아니라, 그 정책이 목적을 달성하기 어렵다는 것이다. 그중 나머지 하나인 원칙적 반박은 소수집단 우대정책이 다양성을 증진하여 더욱 평등한 사회를 추구한다는 목적이 얼마나 가치가 있든 간에, 얼마나 성공을 하든 간에 대학 입학에서 인종이나 민족을 고려하는 것은 원칙적으로 부당하다는 것이다.230) 원칙적 반박에 대한 답변은 공평 자유주의자 로널드 드워킨의 대학의 자율적인 입학기준 설정

가능성 입론과 대학 입학은 대학이 설정한 입학기준에 따라 개인들에게 부여된 합법적 기대치에 근거한다는 존 롤스의 주장을 통해서 제시되었다. 그리고 롤스와 드워킨은 자유주의적 평등 사회에 대한 비전을 통해 시험 격차 바로잡기, 과거의 잘못 보상하기, 다양한 인종 구성적 사회 발전이 그러한 비전을 달성하는 데 필수적 요건임을 입증하고 있다. 그런데 샌델은 현실적 반박에 대한 비판적 논의를 사례를 통해서 구체적으로 제시하지 않았다. 그래서 우리는 여기서 현실적 반박에 대한 자세한 사례를 탐구할 필요가 있다.

우선 소수집단 우대정책에 대한 찬반양론을 정리해보기로 하자. 찬성 의견은 다음과 같다. 소수집단 우대정책의 기본원리는 사회경제적으로 불리한 위치에 있는 사람들에 대해서 우대를 해줌으로써 사회적 평등을 증진시킨다는 것이다. 대부분의 경우, 불리한 위치에 있는 사람들은 사회적 압제와 노예제와 같은 역사적 이유들 때문에 그렇게 불리한 위치에 떨어지게 되었던 것이다. 역사적으로나 국제적으로 볼 때, 소수집단 우대정책은 다음과 같은 일련의 목표들을 추구하여왔다: 취업과 급여에서의 불평등 격차 줄이기, 교육 수혜의 증대, 사회의 전 범위와 계층을 망라한 풍요로움의 증진, 제도적인 직업적 리더십의 양양, 노예제와 노예 관련법의 여파로 남겨진 명백한 사회적 불균형 제거에 역점을 두고 다룸으로써 과거의 잘못과 해악의 보상, 그리고 사회적 불평등의 장애물의 시정과 제거 등이다.[231]

반대 의견은 다음과 같다. 소수집단 우대정책의 반대자들은 소수집단 우대정책이 사람들을 그들의 능력이 아니라 그들이 속한 사회적 집단에 근거하여 선택함으로써 그들의 성취를 평가절하하게 되므로 소수집단 우대정책은 역효과를 낳는다고 반박한다. 소수집단 우대정책의 반대자들은 소수집단 우대정책을 자주 "역차별(reverse discrimination)"이라고 부르고 있으며,[232] 소수집단 우대정책은 그 목표를 달성하지 못함으로써 바람직하지 못한 부작용을 야기한다고 비판한다. 소수집단 우대정책의 반대자들은 소수집단 우대정책이 집단 간의 통합과 화합을 방해하며, 과거의 잘못을 현재의 잘못으로 대체하며, 소수집단의 성취를 붕괴시키고, 소수집단 우대정책의 수혜자들이 불리한 처지에 있는 사람들이 아님에도 불구하고 그들을 그렇게 믿도록 조장한다고 주장한다. 소수집단 우대정책은 인종 간 갈등을 증가시키고, 다수집단에서 가장 불우한 사람들(예를 들어, 더 하층의 백인들)을 희생시키고 소수집단 중 가장 혜택을 받는 사람들을 유리하게 할 뿐이라는 것이다.233) 미국의 경제학자이자 사회 정치 평론가인 토머스 소웰(Thomas Sowell)은 그의 책 『세계의 소수집단 우대정책: 경험적 연구(*Affirmative Action Around the World: An Empirical Study*)』(2004)에서 인종에 기반하는 소수집단 우대정책의 부정적 결과를 적시하고 있다.234) 그는 소수집단 우대정책은 혜택을 받지 못하는 집단에게 그 우대정책으로 말미암아 이익을 줌으로써 혜택을 받는 집단의 구성원(소수집단 우대정책의 우선적 수혜자)으로 간주하도록 조장한다는 것이다. 그리고 소수집단 우대정책은 흔히 우대를 받지 못하는 집단들(가난한 백인과 아시아계) 중 가장 불우한 집단에 손해가 되도록 하며, 우대를 받는 집단들(상층부와 중산층 흑인들) 가운데 가장 처지가 좋은 사람들에게 이득이 되도록 하는 경향이 있다는 것이다. 그리고 소수집단 우대정책은 우대를 받는 집단들이나 우대를 받지 못하는 집단이나 간에 최선을 다하려는 동인 혹은 유인(incentives)을 약화시킨다는 것이다. 왜냐하면, 우대를 받은 집단은 이미 우대를 받았으므로 최선의 노력을 할 필요가 없고, 우대를 받지 못하는 집단은 노력해봐야 아무런 우대가 주어지지 않을 것이므로 무용지물이 되기 때문이다. 따라서 사회 전체로 볼 때 소수집단 우대정책은 손해를 끼친다는 것이다. 그 결과 사회 전체적으로 우대를 받는 집단에 대해서 우대를 받지 못한 집단의 원한과 증오가 팽배하게 된다.235)

우리는 소수집단 우대정책에 대한 찬반양론에서 샌델이 말하는 세 가지 찬성 논변과 그중 다양성 논리에 대한 원칙적 반박과 현실적 반박이다 망라되어 논의되었다고 생각한다. 다만 시험 격차 바로잡기의 논의에서 경험적 연구가 제시되지 못했을 뿐이다. 미국의 소수집단 우대정책과 운동선수 특례입학과 동문 자녀 특례입학에서, 대학수학능력시험(SAT, 1,600점 만점)에서의 혜택과 불이익은 다음과 같다: 흑인 +230, 히스패닉 +185, 아시안 -50, 운동선수 +200, 동문 자녀 +160.[236]

그러면 다양성 논리에 대한 현실적 반박 중, 소수집단 우대정책이 목적을 달성하기 어렵다는 불일치(mismatching) 이론을 살펴보기로 하자. 불일치는 사례적으로 보면 소수집단 우대정책에 의해서 한 학생이 자신에게 너무 어려운 대학에 합격하였을 때 나타나는 부정적 결과를 기본적으로 지칭하는 말이다. 예를 들어 만약 소수집단 우대정책이 없다면, 그 학생은 자신의 학습 능력에 걸맞은 대학에 입학하게 될 것이고 졸업을 할 수 있는 기회를 잡을 수 있다. 그러나 불일치 이론에 따르면, 소수집단 우대정책은 학생들을 자주 자신들에게 너무 어려운 대학에 배정하므로 중도 탈락하는 경우가 많다고 지적한다. 따라서 불일치 이론은 소수집단 우대정책의 우대를 받는 학생들이 중도 탈락률이 높으므로 원래 의도한 혜택은 사라지고 만다고 주장한다.[237]

불일치 이론을 지지하는 증거는 샌디에이고대학교 로스쿨의 게일 헤리어트(Gail Heriot) 교수에 의해서 2007년 8월 『월스트리트 저널(The Wall Street Journal)』에 기고된 논문에서 제시되었다. 이 논문은 UCLA 로스쿨 교수인 리처드 샌더(Richard Sander) 교수의 2004년 연구 결과를 원용하고 있다. 샌더 교수의 연구는 만약 소수집단 우대정책이 없다면 존재했을 흑인 변호사들의 숫자보다 소수집단 우대정책이 적용되는 현시점에서 존재하는 흑인 변호사들의 숫자가 7.9퍼센트 더 적다고 추산했다. 이 연구의 제목은 「미국 로스쿨에서의 소수집단 우대정책의 체계적 분석」이다. 이 연구는 소수집단 우대정책이 소정의 성과를 가져오지 못하는 불일치 때문에 흑인 학생들이 로스쿨을 중도 탈락하고 변호사 시험에 실패하는 경향이 더 높다는 것을 밝혀내었다. 그러나 샌더 교수의 불일치 논변은 예일대학교 로스쿨의 이안 에이어스(Ian Ayres)와 리처드 브룩스(Richard Brooks)에 의해서 비판되었다. 그들은 만약 소수 집단 우대정책이 없다면 흑인 변호사의 숫자는 12.7퍼센트가 감소하게 될 것이라고 반박했다.238)

이어서 미국과 캐나다에서 실시한 소수집단 우대정책의 여론조사 결과를 살펴보기로 하자. 2005년 『USA 투데이(*USA Today*)』가 실시한 여론조사를 보면, 미국 사람들은 여성에 대한 소수집단 우대정책은 대다수가 찬성하지만 민족과 인종에 대한 소수집단 우대정책은 의견이 나뉘고 있다. 남성들과 여성들은 대다수가 여성에 대한 소수집단 우대정책을 찬성하지만, 남성들이 여성들보다는 약간 더 높은 찬성률을 보인다. 그러나 절반이 조금 넘는 미국 사람들은 소수집단 우대정책이 대학과 직업에서의 실력에 의해서 보장되는 접근의 영역을 넘어서 특혜적 대우의 영역으로 넘어갔다고 믿는다. 2009년 6월 퀴니피액 여론조사 (Quinnipiac poll)는 미국 사람들의 55퍼센트는 장애인들에 대한 소수집단 우대정책은 찬성하지만, 미국 사람들의 55퍼센트는 소수집단 우대정책은 전반적으로 중지되어야 한다고 느낀다고 밝혔다. 2005년 갤럽 (Gallup) 여론조사는 미국 흑인의 72퍼센트(반대 21퍼센트)와 미국 백인의 44퍼센트(반대 49퍼센트)는 인종적 소수집단 우대정책을 지지하는 것으로 나타났다. 히스패닉은 찬성과 반대가 흑인과 백인의 중간 정도에 위치하는 것으로 나타났다. 백인들과는 달리 흑인들의 지지는 정치적 선호와 무관한 것으로 나타났다. 2009년 퀴니피액대학교 여론조사 기구(Quinnipiac University Polling Institute)는 소수집단 우대정책을 동성애자에게 적용하는 것에 대해서 미국 사람들의 65퍼센트는 찬성했고, 27퍼센트는 반대했음을 밝혔다. 2010년 리거 여론조사(Leger poll)는 캐나다 사람들의 59퍼센트는 정부 공직 채용에서 인종, 성별, 민족을 고려하는 것에 대해서 반대한 것으로 드러났다.239)

그러면, 소수집단 우대정책이 역차별이라고 주장하는 통계도 살펴보기로 하자. 1995년 미국 노동부의 알프레드 블룸로젠(Alfred Blumrosen)의 보고서는 백인이 제기한 역차별 주장은 거의 없는 것으로 산정했다. 이 보고서가 행한 국가적 조사에 의하면, 소수의 백인들만이 역차별을 경험했으며, 오직 5-10퍼센트의 백인들만이 그들의 인종 때문에 직장이나 직장 내에서의 승진을 하지 못했다고 주장한 것으로 나타났다. '미국 동등취업기회보장 위원회'의 2008년 보고서에 따르면, 백인들에 의해서 제기된 인종 관련 불만은 10퍼센트 미만이고, 성별 관련 불만은 18퍼센트이고, 백인들에 의해서 법원에 제소된 사안은 오직 4퍼센트뿐이었다. 2008년에 발표된 다른 보고서에 의하면, 전국적인 백인 표본조사 대상자들은 그들이 인종차별 때문에 직장을 못 얻었고 승진하지 못했거나, 혹은 대학 입학에서 탈락된 경험이 있었는가 하는 질문에 2-13퍼센트만이 그렇다고 대답했다고 한다. 그러나 『포춘(Fortune)』지 선정 500대 기업의 경우는, 입사만이 아니라 입사 후 승진하기도 어려우므로, 백인 남성들은 다양한 인종적 배경을 가진 후보들로 말미암아 직장에서 승진하지 못했다고 압도적으로 불만을 토로하였다.240)

『정의란 무엇인가』 7강은 본서 제4장 3절 "7강. 소수집단 우대정책 논쟁"에서 고차적 논의로서 재론된다.

8) 8강. 누가 어떤 자격을 가졌는가? / 아리스토텔레스

[요약]

샌델 자신의 정의론은 『정의란 무엇인가』 8강 이후 서서히 드러나기 시작하여, 9강 충직 딜레마를 거쳐, 10강 정의와 공동선에서 완결된다. 8강은 샌델 자신의 공동체주의적 미덕 추구의 정의관의 철학적 원류로서 아리스토텔레스의 목적론적 정의론을 밝히는 것이다.

아리스토텔레스의 정의론은 정의, 텔로스(telos), 영광이 모두 중요한 요소로 작용한다. (1) 정의는 목적론(teleology)에 기반한다. 권리를 정의하기 위해서는 사회적 행위의 텔로스(목적, 목표, 본질)를 이해해야 한다. (2) 정의는 영광과 명예(honor)에 관계한다. 어떤 행위의 텔로스를 논하는 것은 그 행위가 어떤 미덕에 영광과 명예를 가져다주고 무엇을 보상해주는가를 밝히는 것이다. 아리스토텔레스에게 정의란 사람들에게 그들이 마땅히 받아야 할 것을 주는 것이다. 아리스토텔레스는 최고의 플루트는 최고의 플루트 연주자가 가져야 한다고 주장한다. 그래서 아리스토텔레스의 정의론은 분배 대상물과 그것이 분배될 사람이라는 두 가지 요소를 갖는다. 이것은 정의가 사람들의 능력에 따라서, 탁월성(*arete*)에 따라서 차별적으로 적용된다는 것을 의미한다. 다시 말하면, 아리스토텔레스에게 정의는 각 개인에게 적합한 것을 분배하는 도덕적 응분(moral desert)이다. 재화의 목적에서 그 재화의 적절한 분배에 이르기까지 아리스토텔레스는 목적론적 추론에 입각하고 있다. 아리스토텔레스는 공정하게 분배하려면 우선 해당 재화의 텔로스, 즉 목적을 알아야 한다고 주장한다.

목적론적 사고는 자연이나 세계 전체는 총체적인 목적 체계의 의미 있는 위계질서에 따라서 작동한다는 고대적인 사고방식이다. 그러나 근대 이후 자연을 물리법칙이 지배하는 인과론적 세계로 인식하는 기계론적 사고가 팽배하기 시작하였다. 그래서 자연 세계에서의 목적론은 쇠퇴하였다. 샌델은 그렇지만 사회제도와 정치 영역을 생각할 때 목적론적 추론을 완전히 버리기는 어렵다고 지적한다. 샌델은 여기서 다시 한 번 『정의란 무엇인가』 7강에서 논의되었던 대학의 텔로스를 언급한다. 대학의 텔로스는 학문을 장려하기 위해서 존재하므로 학업 성취 가능성이 입학 기준이라고 보는 사람도 있고, 대학은 공적 이상으로서 다양성이 존중되는 사회의 지도자가 될 능력이 중요하다고 보는 사람도 있다. 이처럼 대학의 텔로스를 명시하는 것은 적절한 입학 기준에 필수적이므로 대학 입학에서 정의의 목적론적 측면이 드러난다는 것이다.

정치의 경우도 마찬가지다. 오늘날 우리는 정치에 특별한 목적이 있다고 생각하지 않으며, 시민이 지지하는 다양한 목적들에 가능성을 열어둘 뿐이며, 선거를 통해서 어떤 집단적 목적과 목표를 추구할지를 선택하고 결정한다고 본다. 그러나 아리스토텔레스에 의하면 정치의 목적은 정치에 참여하여 활동할 수 있는 좋은 시민을 양성하고, 그에 따른 시민의 미덕을 키우는 것이다. 다시 말하면, 정치의 목적은 정치에 참여하는 시민의 좋은 삶의 구현이므로 최고 공직과 영광은 민주정치의 최고 전성기를 이룩했던 페리클레스(Pericles)처럼 정치 지도자가 갖추어야 할 미덕이 가장 탁월하고 공동선이 무엇인지를 잘 파악하는 사람에게 돌아가야 한다. 오늘날은 대개 정치를 좋은 삶에 반드시 필요한 활동이 아니라 하나의 필요악으로 여긴다. 정치를 사회정의의 도구, 즉 더 좋은 세상을 만들기 위한 수단으로 이용하는 경우라도 정치를 사회적 목적을 달성하기 위한 수단으로서 여러 소명 중 하나로 간주하지, 선(善)의 필수적 요소로 여기지는 않는다. 그러나 아리스토텔레스는 우리가 폴리스에 살면서 정치에 참여할 때만 언어라는 인간의 상호 소통력을 발휘할 수 있으므로 공동적 삶을 영위하는 정치적 인간(zoon politikon)을 최고도로 구현할 수 있다고 주장한다.

아리스토텔레스에게 있어서 행복은 쾌락을 극대화하여 고통을 넘어서는 공리주의적 행복이 아니며, 미덕과 일치하는 영혼의 활동이다. 아리스토텔레스는 도덕적 미덕이 행동을 통해서 배우는 것이므로 처음부터 올바른 습관(hexis)을 키워야 한다고 주장한다. 즉 우리는 좋은 덕의 형성을 습관화해야만 한다. 그러나 습관화가 미덕의 전부는 아니며, 특정 상황에서 가장 합당한 행위가 무엇인지를 알기 위해서 실천적 지혜(phronesis)가 있어야 한다. 아리스토텔레스는 정치가 여러 소명 중의 하나가 아니라 좋은 삶의 필수 요소라고 생각했다. 그래서 아리스토텔레스는 정의란 적합성(fit)의 문제라고 보았으므로 여성과 노예는 정치에 적합하지 않다고 배제했다. 현대적으로 보면, 직책과 직위의 할당이란 조직의 텔로스를 보고 그것과 관련된 적합한 사람을 찾아, 그에게 자신의 본성적 자아를 실현할 기회를 주는 것이다. 샌델은 아리스토텔레스에게 있어서 "사람들에게 제 몫을 준다는 것은 그들의 자격에 맞는 공직과 영광을 주고 본성에 어울리는 사회적 역할을 부여한다는 뜻이다"라고 해석한다.[241] 그러나 칸트에서 롤스에 이르는 자유주의 정의론을 주장하는 철학자들은 목적론적 사고가 자유와는 어울리지 않으므로, 정의는 적합성의 문제가 아니라 선택의 문제라고 보았다. 왜냐하면 권력을 가진 사람이 특정 집단을 그 사회의 목적론적 체계에서 종속적 역할에 적합하다고 판단한다면 그 집단은 노예로 전락할 수도 있기 때문이다. 따라서 자유주의 철학자들은 아리스토텔레스의 노예제 옹호는 텔로스와 적합성의 윤리가 잘못되었다는 것을 방증하므로 자유주의의 선택과 합의의 윤리를 수용해야 한다고 주장한다. 그러나 샌델은 아리스토텔레스의 적합성에 기반한 정의론에 따르면 아테네 노예들 중 대부분은 전쟁 포로로 노예가 된 사람들이므로 노예에 적합하다고 볼 수 없다는 견해도 피력했으므로 그의 목적론이나 적합성에 기반한 정의론 자체가 원칙적으로 틀린 것이 아니라고 옹호한다.

샌델은 마지막으로, 다리가 불편한 여자 골퍼 케이시 마틴(Casey Martin)이 시합에서 골프 카트를 탈 수 있도록 허용해달라고 하였지만 거부되자 항소하여 연방대법원까지 올라가 7 대 2로 마틴이 골프 카트를 탈 수 있도록 판결된 사건의 예를 든다. 이후 골프계 원로들은 판결의 부당함을 주장하며 골프는 진정한 스포츠로서 육체적으로 힘든 경기라는 것이 본질이라고 주장했다. 샌델은 이 사건에 대해 "정의와 권리에 관한 논쟁은 사회제도나 조직의 목적, 그것이 나누어주는 재화, 그리고 영광과 포상을 안겨주는 미덕에 관한 논쟁으로 이어질 수밖에 없다. 법을 만들 때는 이런 문제에 중립을 지키려 노력하지만, 좋은 삶의 본질을 논하지 않고는 공정성을 말하기가 불가능해 보인다"라고 지적한다.[242]

[해제와 비판]

샌델은 8강에서 아리스토텔레스 정의론의 가장 기초적인 부분만을 언급하고 있다. 따라서 서양에서 정의 개념이 어떻게 발전되어왔는가에 관한 배경적 상황 속에서 『니코마코스 윤리학(*Nichomachean Ethics*)』에서 논의된 아리스토텔레스의 정의론을 탐구할 필요가 있다.

"정의사회의 구현"은 흔히 접할 수 있는 표어이고, '분배적 정의', '경제정의'는 우리나라에서 민주화 이후 사회 각계각층의 제 몫 찾기 열풍 속에서 가장 먼저 대두되는 구호이기도 하다. 제 몫 찾는 것이 정의라는 것은 상식이며, 그것은 울피아누스(Ulpianus)에 의해서 로마법에 정식화된 것처럼 "각자에게 그의 몫을 주라(*suum cuique tribuere*, rendering to each his own due)" 혹은 더 간략히 "각자에게 그의 것을(*suum cuique*, to each his own)"이라는 말로 압축될 수 있다. 그러나 그의 몫, 제 몫이 무엇인지가 확정되지 않는다면 그것은 공염불이며, 아나톨 프랑스(Anatole France)가 "정의는 모든 사람에게 그의 몫을 주도록 하는 것이다. 부자에게는 그의 부를, 가난한 자에게는 그의 가난을(Justice is made to give everyone his due; to the rich his richness, to the poor his poverty)"이라고 독설적으로 말한 것처럼 동어반복에 불과한 것이 될 것이다. 아니면 트라시마코스(Thrasymachus)가 강변한 것처럼 "정의는 강자의 이익이다"라는 냉소를 회피할 수 없을 것이다.243)

아리스토텔레스에 의해서 정식화된 정의의 형식적 원칙(formal principle)은 "평등한 사람들을 평등하게 대하고 불평등한 사람들을 불평등하게 대하라(treat equals equally and unequals unequally)"이다. 형식적 원칙은 그 평등성과 불평등성을 구분하는 동일성과 차이성에 관련된 적합한 이유를 제시하는 "적합성 혹은 관련성의 기준(criteria for the relevance of similarities and differences)"이 없이는 무의미하다. 그러한 기준을 제시하는 것이 정의의 "실질적 원칙(material or substantive principle)"이다. 그렇다고 해서 형식적 원칙이 무의미하다는 것은 아니다. 형식적 원칙은 정의가 일종의 평등을 나타낸다는 오래된 생각과 관련되어 있으며 사법적 정의에서도 "동일한 상황에 동일한 법을(*in paribus causis paria jura*)"이라는 표어로 나타난다. 형식적 원칙은 실질적 원칙의 적용에 있어서의 불편부당성, 공정성, 일관성을 보장하여 자의성을 배제하는 것을 목표로 한다. 이러한 일련의 속성으로 말미암아 형식적 원칙은 엄격성을 갖게 되고 "법은 엄격하지만 그것이 법(*dura lex, sed lex*)"이라는 말을 낳게 했다. 그러나 한편으로 정의는 소위 형평(equity)에 관련되어 특수한 상황을 고려하기 위한 보편적 원칙의 조정을 포함함으로써 심각한 불평등을 배제하는 장치를 마련하도록 요구하고 있다. 이것은 "법의 엄격한 적용은 최고의 부정의(*summum jus, summa injuria*)"라는 말로 표현된다. 사법적 정의에 있어서 법률의 예외조항과 판사의 자유 재량권은 이러한 견지에서 이해될 수 있다. 그러나 역시 그것들에 관해서도 적합성의 기준에 대한 문제가 여전히 제기될 수 있다.

형식적 정의에 대한 논의를 통해서 본 것처럼 정의는 법의 준수와 밀접히 관련되어 있다. 따라서 전통적으로 정의는 법적인 혹은 제도적인 질서로 간주되어 왔다. 고대 그리스에서 정의의 여신인 디케(Dike)로부터 기본적으로 법적 판결을 의미하는 'dike'라는 용어가 나타났다. 여기에서 정의와 그 형용사형인 'dikaion'과 'dikaios'가 파생했다. 히브리어에서 정의를 의미하는 'tsadiq'도 기본적으로 신의 율법에 대한 준수를 의미한다. 독일어의 정의인 'Gerechtigkeit'도 법을 의미하는 'Recht'에서 파생한다. 영어에서 정의를 의미하는 'justice'는 라틴어의 'justitia'에서 유래하는데 그것은 법 혹은 법적 권리를 의미하는 'jus'로부터 파생된 것이다. 보다 상세한 어원론에 의하면 'jus'는 결합을 의미하는 범어의 'ju(yu)'라는 어근에서 유래한다.

그러나 서구사상사에서 법적 혹은 제도적 질서라는 정의의 개념은 자연법을 기반으로 하는 형이상학적인 질서라는 초월적 개념과 실정법에 국한되는 인간사회의 관습적인 질서라는 내재적 개념으로 크게 양분되어 혼전을 거듭하게 된다. 서구 정의론의 본격적 창시자인 소크라테스는 결코 "악법도 법이다"라는 말을 한 적이 없는 것으로 밝혀지고 있다.244) 그러나 소크라테스는 자신에 대한 부당한 판결이라도 넓은 의미의 사회계약론적 관점에서 도시국가인 폴리스의 혜택을 받았던 한 시민으로서 도주할 수 없다는 신념으로 독배를 마시고 죽어갔다. 소크라테스가 선의 이데아론에 의거한 형이상학적 정의를 꿈꾸었다는 것은 정의의 개념에 대한 서구의 본질적인 자아분열(schizophrenia)을 극명하게 나타낸다. 여기에 관련해서 정의론의 철저한 준수론(strict compliance theory)과 부분적 준수론(partial compliance theory)의 구별을 유념해둘 필요가 있다. 철저한 준수론은 모든 사람들이 정의롭게 행동하고 정의로운 제도를 유지하기 위해서 각자의 역할을 다하는 것으로 가정하는 이상론이다. 반면에 부분적 준수론은 부정의를 처리하게 될 방법을 규제하는 원칙들을 연구하는 현실론이다. 그것은 처벌론, 정의로운 전쟁, 그리고 정의롭지 못한 체제에 대처하는 여러 방식들, 즉 양심적 거부, 시민불복종이나 무력 항거에서부터 혁명과 반란에 이르기까지의 여러 과정에 대한 정당화와 같은 주제들을 포함한다. 또한 여기에는 보상적 정의 및 제도적 부정의의 여러 형태들 간의 비교 문제도 포함된다.

　　제도적 부정의의 여러 형태들을 이상적 정의론을 배경으로 비교 분석한 것은 플라톤의 『국가』가 그 효시다. 플라톤은 지배자 계급의 철인정치가 실현되는 귀족정치(貴族政治, aristocracy)를 최고의 정체로 보았다. 이것 이외는 타락하고 부정의한 정치 형태로 평가된다. 명예와 영광을 추구하는 수호자 계급의 공명정치(功名政治, timocracy), 욕구 충족을 중시하는 생산자 계급의 소수의 부호들이 통치하는 과두정치(寡頭政治, oligarchy) 혹은 금권정치(金權政治, plutocracy), 다수에 의한 민주정치(democracy) — 플라톤은 민주정치를 어리석은 군중에 의한 정치인 중우정치(衆愚政治) 혹은 우민정치(愚民政治)로 보았다 —, 그리고 폭력적 절대권력을 행사하는 참주정치(僭主政治, tyranny)가 있다.245)

플라톤의 『국가』에서 사용된 정의라는 말은 'dikaiosyne'인데 그것은 영어의 'righteousness', 즉 광의의 정당성을 의미한다. 정의는 지혜, 용기, 절제를 통합하는 4원덕의 으뜸으로서 영혼의 질서와 조화에 관련된 개인적 덕목이다. 그러나 이러한 개인의 통합적 덕목으로서의 정의는 국가의 주요 계급인 통치자, 수호자, 생산자 계급에 확대 유추되어, 각자가 자신에 적합한 임무에 충실하고 남의 일에 참견하지 않는 것이 된다.246) 플라톤의 이러한 정의관은 칼 포퍼(Karl Popper)의 『열린사회와 그 적들』에 의해서 비민주적 사회질서로 비판받고 있기는 하지만,247) 어떤 의미에서 현대 사회학의 구조기능주의(structural functionalism)의 선구라고 볼 수도 있다. 구조기능주의는 사회의 각 구조에는 그에 상응하는 기능이 부여되어 있으므로 그러한 구조에 상응하는 기능들이 잘 발휘될 때 전체 사회는 하나의 유기체처럼 일사불란하게 운영되며 최선의 상태에 있게 된다고 주장한다. 플라톤의 『국가』에서도 "각자에게 그의 것을(*to prosekon*)"이라는 시모니데스(Simonides)의 말이 등장하며 플라톤의 정의관은 결국 각자에게 적합한 사회적 지위와 임무를 주는 것이 된다. 여기서 각자의 것은 누구나 자신의 것으로 요구할 수 있는 것을 말하는 것이 아니라 각자에게 주어진 것을 말한다. 물론 엄밀한 의미에서 플라톤의 정의관은 교육의 기회균등과 그 업적에 대한 평가에 근거하고 있기 때문에 각자가 요구하는 것이 될 수도 있다.

서구 정의론은 아리스토텔레스가 『니코마코스 윤리학』 제5장에서 개진한 정의의 개념적 분류와 실질적 논의를 그 기본적 전거로 하고 있다.248) 그는 우선 정의를 보편적 정의(universal justice)와 특수적 정의(particular justice)로 나눈다. 보편적 정의는 타자에 관련된 행위에 대한 도덕적 덕의 전반을 포함하며 규범(*nomos*)에 따르는 합법성(lawfulness)을 의미한다. 이것은 광의의 정당성을 의미하는 플라톤적 정의의 개념을 답습한 것이다. 특수적 정의는 사회생활의 구체적 규범을 설정하는 것으로 기본적으로 공정성 혹은 균등성(fairness or proportionality)을 의미한다. 특수적 정의는 분배적 정의(distributive justice)와 시정적 정의 (rectificatory justice)로 다시 세분된다.

분배적 정의는 재화, 명예, 공직 등에 대한 분배의 기준을 제시한다. 그 기준은 앞에서 언급한 형식적 원칙을 배경으로 하여 기하학적 비례 인 A : B = C : D로 정식화된다. A와 B는 관계되는 두 사람을 나타내 고 C와 D는 분배되는 대상물이다. 아리스토텔레스가 제시한 비례를 결 정하는 적합성의 기준은 소위 가치 혹은 품위(*axia*)인데, 그 자신도 지적 하고 있듯이 민주제는 자유민이라는 출생, 과두제는 재산과 문벌, 귀족 제는 출생 가문과 재능의 탁월성이라는 각기 다른 기준들을 사용하고 있다. 아리스토텔레스의 정의관은 업적주의(meritocracy)의 한 전형으로 서 완전주의(perfectionism)와 자연적 귀족체제(natural aristocratic sys- tem)를 교묘히 결합하고 있는 것이다. 자연적 귀족체제는 사회적 신분 과 개인적 능력에 대한 사회적, 자연적 우연성이 각 개인의 덕 혹은 탁 월성의 완전한 실현을 위해서 작동하도록 하는 체제다. 현대적 관점에 서 보면 아리스토텔레스는 노예제를 당연한 것으로 간주했다는 점에서 부정의한 신분사회적 정의관을 피력한 것으로 판정된다. 고대와 중세 사회에서는 사회협동체의 이익과 부담에 대한 분배에서 가족적 신분, 피부색, 성별 등 현대적 관점에서 부적합한 기준들이 적용되어왔던 것 이 역사적 사실이다. 그러나 그러한 기준들 모두가 무의미하거나 부정 의한 것은 아니다. 예를 들면, 용맹스러운 여자 전사에 대한 아마존 (Amazon) 혹은 아마조네스(Amazones)의 신화가 실행되지 않는 사회라 면, 국방의 의무에 대한 분배에서 성적 차별이 존재하는 것을 부정의하 다고 말할 수 없다.

분배적 정의에 관한 실질적 원칙의 적합성의 기준들로 흔히 제시되는 것으로는 평등, 필요, 능력, 공적 혹은 (경제적 또는 도덕적) 응분, 노력, 위험, 생산성 혹은 효율성, 사회적 유용성, 수요와 공급, 자유로운 계약 혹은 선택, 요구 및 권리 등 여러 가지가 있을 수 있으며 통상적인 정의의 신조들(precepts of justice)을 이루고 있다. 한 사회에서 그러한 기준들은 상황에 따라 각기 다른 방식으로 적용될 수도 있다. 예를 들면, 투표는 완전평등에 따라서, 복지는 필요에 따라서, 직업은 능력에 따라서, 수입은 노력과 생산성에 따라서, 사치품은 수요와 공급에 따라서, 과세는 수입의 과다와 사회적 유용성에 따라서 결정된다고 볼 수 있다. 그러나 이 말은 각각의 기준이 고유한 영역을 확보하고 있기 때문에 아무런 상충도 없다는 것은 아니다. 때로는 한 기준이 여러 영역에, 여러 기준이 한 영역에, 동시적으로 혹은 단계적으로 적용되기도 하며 어떤 기준들은 억압되고 혹은 장려되기도 한다.

더욱 문제를 복잡하게 하는 것은 분배의 대상이 되는 자연적, 사회적 가용자원이 희소할 뿐만 아니라, 그것이 현세대와 아울러 미래세대에 걸친 '세대 간 정의의 문제(the problem of justice between generations)'에 관계되기 때문이다. 중요한 것은 어떠한 하나의 기준도 전 영역을 다 포괄할 수는 없다는 점이다. 물론 마르크스가 주장한 것처럼 "능력에 따라서 일하고 필요에 따라서 분배받는다"는 기준이 제1원칙의 차원으로 승격될 수도 있다. 그러나 우리가 그러한 기준을 충실히 따르더라도 부적합한 사례들이 양산되기 마련이다. 아니면 그러한 기준 자체를 적용 불가능하게 할 어떤 성향이 생기게 될지도 모른다. 즉 사람들은 능력을 줄이고 필요를 확대하려고 할 수도 있다. 한 사회에서 어떠한 실질적 원칙의 기준들을 채택하느냐 하는 것은 그 사회가 지향하는 사회적 이념과 인간의 합리적 이익 추구에 대한 열망, 그리고 현실적 조건들과의 변증법적 역동성에 달려 있으므로, 그러한 기준에 대한 정의 여부를 미리 결정할 수 있는 것은 아니다. 따라서 정의가 사회제도의 제1덕목인가의 문제도 그러한 역동성에 달려 있으며 단순히 "하늘이 무너져도 정의는 실현되어야 한다(fiat justitia, ruat caelum)"는 절대적 경직성이 만병통치약은 아니다. 정의가 실현되어야 한다는 것이 인간사회가 존립하기 위한 유일한 선결조건은 아니다. 그 외에도 사회는 조정, 효율, 안정 등의 기본적인 덕목을 요구한다. 비록 정의가 사회제도의 가장 중요한 덕목일지라도 다른 덕목들과의 관련성이 전적으로 무시되어서는 안 된다. 물론 공리주의같이 정의를 유용성의 하위 개념으로 취급하는 입장도 있으며, 분배적 정의에 대한 문제는 자본주의적 생산양식이 가지고 있는 본질적 모순과 계급적 갈등의 문제를 호도한다고 보는 마르크스주의의 입장도 있다.

아리스토텔레스는 시정적 정의를 물품 교환, 대여, 고용 등 개인 간 거래의 불공정을 시정하는 교환적 정의(exchange or commutative justice)와 범죄의 처벌과 범죄에서 유발되는 상해를 보상하는 처벌적 정의(punitive justice)로 나눈다. 시정적 정의에서도 물론 형식적 원칙이 그 배경에 자리 잡고 있다. 그는 시정적 정의의 기준을 산술적 비례로 보고 $A-B = B+C$로 정식화한다. A가 C에게 행한 불공정한 거래와 범죄로 말미암은 이득 B를 박탈하여 C에게 되돌려주고 보상해주는 것이다. 그러나 아리스토텔레스는 교환적 정의의 실질적 기준에 대해서는 수요(chreia)에 따른 현행하는 공정한 거래율 혹은 가격만을 언급하고 있지 공정한 가격의 설정에 따른 복잡한 기준의 문제들은 취급하지 않고 있다. 예를 들면 상품의 가격은 노동의 투여량, 시간, 노력에 따라서(마르크스처럼 노동가치설에 따라서), 자본과 토지 등 다른 생산수단의 비용에 따라서, 수요와 공급에 따라서, 혹은 상품의 한계효용가치에 따라서 결정될 수도 있다. 이러한 관련성 혹은 적합성의 기준에 대한 복잡성은 결국 착취와 매점매석 등 교환적 정의와 분배적 정의 사이의 상호 연관성에 대한 총괄적 논의를 필요로 한다.

아리스토텔레스는 처벌적 정의에 관련해서 오늘날 우리가 형사적 정의(criminal justice) 혹은 응보적 정의(retributive justice)라고 말하고 있는 것을 구체적으로 언급하고 있는 것은 아니다. 그는 주로 피해자에게 배상청구권이 생기게 되는 불법행위를 처리하는 방식(law of torts)에 대해서 비례적 균등에 따른 시정과 회복이 이루어져야 한다는 것을 강조하고 있을 뿐이다. 그는 함무라비 법전과 구약성경에서 정식화되고 있는 "눈에는 눈, 이에는 이(An eye for an eye and a tooth for a tooth)"라는 동태복수법(*lex talionis*)에 대해서는 명백히 반대하고 있다. 어떤 의미에서 동태복수법은 인간의 동물적 복수 본능을 반영하고 있기 때문에 정의의 개념 중 가장 원시적인 요소를 담지하고 있다. 아리스토텔레스는 그러한 동태복수법의 주창자로서 정의를 엄밀하고도 단순한 상호성(strict and simple reciprocity)으로 간주하는 피타고라스학파를 들고 그들의 정의관을 비판하고 있다.

"원수를 사랑하라"는 예수의 복음도 동태복수법으로 간주되는 정의의 엄격성에 반대하여 정의의 덕목 앞에 사랑의 덕목을 선행시키는 것으로 해석될 수 있다. 처벌적 정의의 적합성의 기준에 대해서는 범죄행위가 그 자체로서 부정의한 것이기 때문에 처벌되어야 한다는 보복주의(retributivism)와 처벌의 사회적 결과, 즉 동일한 범죄의 저지, 범죄자의 격리와 교정에 따른 사회적 여건의 개선 등을 주로 고려하는 목적주의(teleology)가 대립하고 있다. 공리주의는 목적주의의 주요한 입장이다. 처벌적 정의에 관해서 한 가지 더 주목해야 할 것은 그것이 분배적 정의와 갖는 가능한 연관성이다. 만약 부정의한 분배가 수행되는 사회일수록 형사처분이 더 많다는 경험적 명제가 사실이라면 범죄자는 처벌의 대상이 아니라 오히려 보호와 보상의 대상으로 간주될 수 있기 때문이다. 공리주의자 벤담은 행형제도 분야에서 큰 개혁을 이루어냈다. 그의 행형제도 개혁은 이탈리아 법학자 체사레 베카리아(Cesare Beccaria)로부터 큰 영향을 받았다. 베카리아는 당시의 비인도적인 형별제도를 비판하였을 뿐만 아니라 형벌의 공정함과 신속한 집행, 그리고 죄형법정주의의 원칙을 강조하였으며 인도주의적 입장에서 사형제 폐지를 주장하였다.[249]

정의의 개념에 관련해서 오늘날 많은 논의의 대상이 되고 있는 것은 기회의 평등과 결과의 평등 사이의 구별이다. "재능이 있으면 출세할 수 있다"는 것은 형식적인 기회균등의 원칙이다. 반면에 "유사한 능력을 가진 자는 유사한 인생의 기회를 가져야 한다"는 것은 실질적인 공정한 기회균등의 원칙이다. 그러나 실질적인 기회균등의 원칙은 역차별, 공공적 지원, 교육적 기회균등을 통해서도 완벽하게 실행될 수는 없다. 왜냐하면 첫째는, 가용자원이 희소하기 때문이다. 둘째는, 가족제도가 존재하는 한, 개인의 자연적, 천부적 능력의 실현은 가족제도라는 사회적 우연성에 영향을 받기 때문이다. 혹자는 자연적 능력 그 자체도 운수나 행운에 근거하고 있기 때문에 자연적 능력을 타고나지 못한 사람은 운명의 재해에 대해서 보상을 받아야 한다고 주장할지도 모른다. 이러한 근거에서 "자연은 최고의 부정의"라는 말이 생겨나게 된 것이다. 이러한 입장은 정의의 원칙을 보상적 정의(compensatory justice or justice of redress)로 보는 것이며 결과적 평등을 강력하게 주창하게 된다. 그러나 자연적 사실 자체는 부정의하다 혹은 정의롭다 할 수는 없으며 중립적인 것이다. 운명의 재해에 대한 보상을 전혀 무시하는 사회는 무자비한 사회이기는 하지만 그렇다고 해서 보상의 원칙이 제1원칙으로 확정될 수는 없는 것이다.

롤스는 아리스토텔레스식의 미덕 추구적 탁월성과 적합성에 준거하여 정치적 참여를 본질적 가치로 여기는 정의론은 현대 다원민주사회에서 적용될 수 없는 완전주의(perfectionism)와 포괄적인 도덕적 가치관(conception of comprehensive moral values)과 시민적 인본주의(civic humanism)라고 비판한다.

롤스에 따르면, "완전주의는 예술이나 학문에 있어서 인간의 탁월성(excellence)의 성취를 극대화할 수 있도록 사회가 제도를 마련하고 개인의 책무를 규정하는 단일 원리의 목적론적 이론이다."250) 완전주의는 아리스토텔레스와 프리드리히 니체(Friedrich Nietzsche)에 의해서 주창되었다. 완전주의는 그 해당하는 이상이 더 높이 지향될수록 더 많은 것을 요구하게 된다. 니체가 소크라테스나 괴테, 그리고 차라투스트라와 같은 위대한 인간의 생에 대해서 부여하는 절대적인 비중은 아주 비범한 것이다.251) 니체는 인류는 위대한 개인 혹은 초인(Übermensh)들을 배출하도록 노력해야 하며, 우리의 생은 가장 고귀한 표본적인 인간들의 탁월성을 위해서 일함으로써 가치를 부여받게 된다고 주장했다.252)

완전주의의 다른 한 유형은 아리스토텔레스적인 것으로 철학이나 학문에서 그리스인들이 성취한 것 자체가 고대의 노예제도를 정당화한다고 주장하는 입장이다. 이러한 입장에서는 완전성에 대한 요구가 자유에 대한 강력한 요청을 능가하게 된다.253) 샌델은 이미 언급한 것처럼 아리스토텔레스가 노예제를 반박할 수 있는 경우를 언급함으로써 아리스토텔레스의 목적론과 적합성에 기반한 정의론이 원칙적으로 틀리지 않았다고 항변한다. 그러나 아리스토텔레스의 완전주의적 입장은 태어날 때부터 노예에 어울리는 사람이 노예가 되어야 한다고 주장하는 것이므로 노예제에 관한 샌델의 아리스토텔레스 옹호는 전쟁 노예들에 관한 반쪽짜리 옹호 논변일 뿐이다.

롤스는 비록 목적론적이며 이상지향적인 완전주의가 가치판단의 기준으로서는 중요한 것이기는 하지만 정의원칙으로서는 채택될 수 없다고 주장한다. 즉 계약 당사자는 원초적 입장에서 완전주의를 채택하지 않는다는 것이다. 계약 당사자들은 사회의 기본구조에 관한 주요 결정의 원리로서 이용할 수 있는 일치된 완전주의적 기준을 갖고 있지도 않을뿐더러, 만약 어떠한 완전주의적 기준을 일방적으로 수용하게 되면 무지의 장막이 걷힌 뒤 각자는 여러 가지 정신적 목표를 추구할 자유에 대한 심각한 제한을 받게 된다.254) 롤스는 완전주의가 정의의 원칙으로서는 부정확하며, 공공문제에 그것을 적용할 경우 그것이 일단의 전통적 집단과 사상계 내에서는 아무리 합당하게 적용되고 받아들여질 수 있다고 하더라도 사회 전체로 볼 때는 불안정하고 특이한 것이 되기 마련이라고 주장한다. 따라서 롤스는 이렇게 불확정성이 완전주의적 기준의 수용을 어렵게 만들고 개인적 자유를 위태롭게 하므로 계약 당사자들은 더 확실하고 안전한 사회구조를 추구하는 공정성으로서의 정의의 원칙을 채택할 것이라는 점을 강조한다.[255]

포괄적인 도덕적 가치관은 인간의 삶의 가치와 인격적 덕목과 성격의 이상들과 우정, 가족관계, 결사체 관계 등 인생 전반에 대한 비정치적 이상을 포함하는 교설이다. 근대 다원민주사회에서 그러한 가치관은 그 자체의 수용뿐만 아니라 그러한 가치관에 근거한 정치적 주장도 시민들 사이에서 어떤 호응과 합의도 이끌어낼 수 없다.[256] 아리스토텔레스의 시민적 인본주의는 정치적 참여를 삶의 본질적 가치로 여기는 학설로서 포괄적인 도덕적 가치관이다. 롤스는 현대 다원민주사회에서는 그러한 포괄적인 도덕적 가치관은 모든 시민들에 의해서 다 수용될 수 없다고 지적한다. 또한 그러한 가치관을 바탕으로 국가 사회를 영위할 수 없다고 주장한다. 물론 일단의 시민들이 그러한 가치관을 가질 수 있으나 현대 다원민주사회에서는 시민들이 다양하면서도 상이하지만 상보적인 가치관을 발전시켜 상호 이득이 되는 사회적 협동의 체계 속에서 삶을 영위하는 것이 더 나을 것이라고 선언한다.[257]

그리고 아리스토텔레스의 미덕 추구에 근거한 가치통합적 목적론은 개인의 자유로운 가치추구에 대한 심각한 위협이 될 뿐만 아니라 그러한 통합적 가치의 실현은 국가의 공권력에 의존할 수밖에 없다.[258] 아리스토텔레스의 시민적 인본주의는 구성원들 사이에 밀접한 연대성을 가진 소규모 공동체에서의 직접민주주의에서는 적합하지만 대의민주주의에 기반한 국가와 같은 대단위 집단 사회인 현대사회에서는 부적합할 것이므로 시대착오적이다.[259]

1980년 이후 '자유주의 대 공동체주의 논쟁'의 와중에서 등장한 덕의 윤리의 부활은 개인의 도덕적 행동을 중시하는 칸트식의 의무론적 윤리와 공리주의와 같은 결과주의적, 목적론적 윤리를 비판하고 인간의 한 성품적 유형인 덕스러운 사람, 즉 유덕자 중심의 윤리를 전개하고 있다.[260] 이러한 덕의 윤리는 하나의 목적론이며, 인간의 행위를 규정하는 의무론적 원칙과 공리주의적 결과보다는 궁극적인 목적으로서 우리가 어떠한 유형의 사람이 되어야 하는가에 집중한다. 의무론적 윤리와 공리주의적 윤리는 도덕평가에 관련하여 지나치게 행위 중심적이기 때문에 외적인 행위로 표현되지 않는 내적인 의도와 동기가 무시되기 쉽다. 물론 공리주의적 윤리에 비해서 의무론적 윤리는 내적인 의도와 동기를 중시하는 것이 사실이지만, 그것은 진정한 내적인 의도와 동기가 아니라 의무론적 도덕규칙의 형식성에 복종하려는 의도와 동기일 뿐이다.

의무론적 윤리와 공리주의적 윤리는 도덕을 일종의 규칙의 연역체계로 이해함으로써 삶의 구체적인 상황에서 행위 주체자가 발휘할 수 있는 도덕적 창조성을 반영하지 못한다. 의무론적 윤리와 공리주의적 윤리는 행위의 정당화 문제에 주력한 결과 동기화 문제를 소홀히 함으로써 의지박약/의지나약(weakness of will, akrasia)의 문제를 설명하지 못한다.261) 의무론적 윤리와 공리주의적 윤리는 인간의 행위를 도덕적 의무 사항, 도덕적 금기 사항, 도덕적으로 무관한 허용 사항으로 삼분하고 있다. 그래서 덕의 윤리에서 중시하는 성인이나 영웅이 행하는 의무 이상의 행위(supererogatory action)를 포섭하지 못한다.262) 의무론적 윤리는 의무 이상의 행위를 불완전한 의무로 간주할 뿐이며, 공리주의적 윤리는 최대 다수의 최대 행복을 항상 극대화해야 하므로 의무 이상의 행위가 들어설 여지가 없는 것이 문제다.263) 의무론적 윤리에 따르면 도덕적 삶에서 일차적 개념은 도덕규칙과 의무이며 덕이나 성품은 일반적으로 도덕규칙과 의무가 제시하는 방식으로 행위하는 성향을 갖는다는 점에서 수용된다. 그런데 덕의 윤리는 인간의 성품이 도덕적 덕이 되는 기준, 그리고 결국 유덕자도 그가 성향적으로 수행하는 행위들이 도덕적 선이 되는 기준을 제시하지 못함으로써 "도덕적 비결정성(moral indeterminacy)"에 봉착한다. 그래서 덕은 우리에게 구체적인 행위지침을 제공하지 못한다는 비판에 직면한다.264)

아리스토텔레스의 미덕 추구적 정의론은 덕의 윤리의 관점에서 볼 때 개인적 덕목의 실현뿐만 아니라 국가의 정치적 목표와 운영도 시민들의 덕의 진작과 실현을 통해서 이루어진다고 해석한다. 그러나 덕의 윤리의 정치적 실현에는 많은 문제점이 도사리고 있다.

덕의 정치학에 관해서는 다음과 같은 7개의 반론이 제시되고 있다.265) 덕의 윤리학자들은 나름대로 답변을 시도하고 있으나 반론의 강도로 볼 때 쉽게 답변될 수 있는 것은 아니라고 생각된다. (1) 덕은 가르쳐질 수 없다. 덕은 자발적인 습관화에 의거한 성격의 획득된 경향이므로 가르친다고 그러한 사람이 된다는 보장이 없다. (2) 삶을 영위하는 데 의거할 수 있는 덕은 드물다. 인간의 삶에는 많은 덕목들이 필요한데 그러한 모든 덕목들을 다 습득할 수 없을 뿐만 아니라 한두 개 덕목을 습득한다고 해도 삶에 결정적 도움이 되지 못한다. (3) 덕은 신뢰할 수 없다. 덕망 있는 사람은 항상 덕스러운 행동을 할 것으로 기대되지만 유덕한 인격자의 행위가 반드시 옳다는 보장이 없다. 유덕자의 행위가 항상 옳다면 유덕자의 행위는 기계적일 것이다. 유덕한 행위자는 결과나 의무보다는 대의명분에 집착하는 경향이 있다. (4) 덕은 영혼의 선이 아니고 외부적 평판일 뿐이다. 덕은 영혼의 조화에 의거한다고 말하지만 유덕한 사람에 대한 평가는 덕에 합치하는 그의 외부적 행동의 결과에 의거할 뿐이다. 유덕한 인격자도 실상은 위선적인 사람일 수 있으며 그 구분을 쉽게 할 수 없다.266) (5) 덕의 정치는 가부장적이다. 법치나 의무와 규칙에 의거하는 정치보다는 덕치는 지배자 개인 중심적이며 특히 가부장적인 경향을 노정한다. (6) 덕의 정치는 과도한 특혜를 인정한다. 덕의 정치는 개인의 능력에 따른 보상을 넘어 도덕적 응분에 따른 보상을 강조하므로 유덕한 인격자에 대한 분배적 몫은 매우 후할 수 있다. (7) 덕의 정치는 엘리트 중심적이다. 덕의 정치는 민주주의적이라기보다는 정치에 적합한 탁월한 덕성을 가진 지배자에 의거하므로 엘리트 중심적이다.

9) 9강. 우리는 서로에게 어떤 의무를 지는가? / 충직 딜레마

[요약]

샌델은 공동체의 일원으로 나중에 태어난 현세대가 앞선 세대가 행한 부정의와 전쟁 만행, 그리고 인권 유린에 대해서 사죄해야 하는가 하는 문제를 제기한다. 현세대는 앞선 세대가 지은 죄상에 대해서 우리가 지은 죄도 아닌데 책임이 없다고 생각할 수 있을 것이다. 이러한 생각은 도덕적 개인주의로부터 나온다. 도덕적 개인주의는 자유주의에서 유래하며, 각자는 자유롭게 독립된 행위 주체인 개인으로서 자신이 자발적으로 수용한 책임과 의무만을 수행한다는 한계를 짓는다. 샌델은 이러한 도덕적 개인주의에는 집단적 책임의식이 들어설 자리가 없으므로 과거 세대의 부정의에 대해서 사죄할 이유가 없다고 지적한다. 따라서 도덕적 개인주의에 의거하면 나치즘, 파시즘, 일본의 전쟁범죄, 오스트레일리아의 원주민에 대한 비인도적 행위,[267] 미국의 노예제도, 제2차 세계대전 때 일본계 미국인을 강제 수용한 문제 등 여러 나라에서 과거 세대가 저지른 죄상에 대해서 현세대가 사죄나 보상을 할 필요와 의무가 없게 된다.[268]

샌델은 도덕적 개인주의의 자유롭게 선택하는 자아에 대한 자유주의적 기원을 추적한다. 존 로크(John Locke)는 합법적 정부는 반드시 자유롭게 선택하는 자아들의 합의에 근거해야 한다고 주장했다. 이것이 바로 피치자 동의(consent of the governed)다. 칸트는 우리가 도덕적 선의지에 따라 각자에게 부여한 법칙에 따른다는 의미에서 자율적이라고 주장하고, 외부적 취향과 욕구에 휘둘리는 것은 타율적이라고 구별했다. 칸트의 자율적 선의지에 기초한 도덕철학을 이어받은 롤스는 정의론은 무지의 장막으로 가린 원초적 입장에서 선택되므로 그러한 선택을 하는 자아는 특정한 목적이나 애착에 구속되지 않는 자유롭고 독립된 자아임을 명시한다. 샌델은 "우리가 자유로운 선택권을 지닌 독립적 자아라면 우리의 권리를 규정하는 정의의 원칙을 설정할 때 특정한 도덕적, 종교적 사고에 좌우되지 말아야 하며, 좋은 삶을 규정하는 서로 다른 시각들 사이에서 중립을 지키려고 노력해야 한다"고 지적한다.269) 이미 『정의란 무엇인가』 8강에서 언급한 것처럼 아리스토텔레스는 정의가 좋은 삶을 영위함으로써 미덕을 키우는 것이라고 생각했다. 그러나 칸트와 롤스는 좋은 삶에 대해 종교적으로나 세속적으로나 특정한 개념을 강조하는 정의론은 개인적 자유와 선택에 어울리지 않는 것으로 간주하였다.

아리스토텔레스는 정의를 적합성의 문제로 보지만 자유주의자들은 선택의 문제로 본다. 자유주의 정의론은 선에 대한 정당성의 우선성과 좋은 삶에 대한 정의의 우선성에 기반한다. 따라서 자유주의 정의론은 좋은 삶에 대한 논란에서 벗어나 개인의 선택과 권리에 기반한 중립적 정의를 추구한다. 샌델은 이러한 자유주의적 정의론은 목적에 대한 자아의 우선성에 기초한다고 본다. 즉 자유주의적 개인은 목적을 자유롭게 선택할 수 있는 독립된 자아를 기초로 한다. 공평 자유주의나 자유지상주의 모두 이러한 중립성을 강조하는 정의론을 수용하고 있다.

샌델은 자유주의의 자유 개념과 자아 개념은 공동체로부터 유래하는 연대와 충직의 의무, 역사적 기억과 종교적 신념을 수용할 수 없다고 힐난한다. 자유주의적 자아는 공동체적 요구와 부담, 그리고 공동선으로서 목적을 회피한 "무연고적 자아(unencumbered self)"라고 비판한다.270) 샌델은 이러한 공동체의 요구를 수용한 철학은 공동체주의이지만 공동체주의자들은 자신을 포함해서 공동체주의자라는 용어를 싫어한다고 밝힌다. 왜냐하면 공동체가 규정하는 것은 무엇이든지 정의가 될 수 있다는 상대주의적 함축성 때문이다. 더 나아가서 공동체주의는 공동체의 다양한 억압적인 사회적 기제, 즉 카스트 제도나 계급, 신분이나 서열, 관습이나 전통 등의 사회적 폐습을 있는 그대로 인정하는 것처럼 보인다. 자유주의는 그러한 폐습에 대한 정치적 해독제로 발전했기 때문에 근현대의 시대적 정신을 반영하고 있다. 여기서 샌델은 어떻게 우리가 공동체에 소속되어 있으면서도 동시에 자유로운 자아일 수 있는지에 대한 의미심장한 질문을 던진다.

샌델은 공동체주의자인 알래스데어 매킨타이어(Alasdair MacIntyre)가 이 문제에 대한 설득력 있는 답을 제시했다고 평가한다. 매킨타이어는 『덕의 상실(After Virtue)』(1981)에서 인간, 더 구체적으로는 도덕적 주체를 기본적으로 서사적 존재, 즉 이야기하는(narrative, story-telling) 존재로 본다.271) 서사적 존재는 기본적으로 공동체에 소속되어 있으면서도 자신의 삶에 대해서 스스로 의미를 부여하는 자유로운 존재이기도 하다. 매킨타이어에 따르면, 덕은 사회적 관행에 내재한 선을 성취시키는 데 유용한 인간의 성품으로 규정된다. 따라서 덕은 한 개인의 삶이 선을 위해 일관성 있게 추구되도록 하는 삶의 자서전적인 서사적 존재를 가능케 하며, 궁극적으로 도덕적 전통에의 소속감을 통해 통합된다. 샌델은 인간을 서사적 존재로 보는 매킨타이어의 시각은 인간을 부담을 감수하지 않는 자발적 존재인 무연고적 자아로 보는 시각과 대조되며 구성원으로서의 연대와 부담과 책임을 인정하는 자아관으로서 자유주의적 무연고적 자아에 대한 하나의 훌륭한 대안이 될 수 있다고 주장한다.

샌델은 자유주의는 자연적 의무와 합의에서 생기는 자발적 의무는 이행할 수 있지만, 특수하지만 합의가 필요하지 않은 연대 의무 혹은 소속 의무는 이행할 수 없다고 지적한다. 연대와 충직의 의무에 관련하여 샌델은 많은 예들을 들고 있다. 즉 자식이 부모에게 책임을 지는 가족의 의무, 제2차 세계대전 때 나치가 점령한 자신의 고향 지역의 폭격을 거부한 프랑스 레지스탕스 조종사, 에티오피아 대기근 시 이스라엘 정부가 오직 에티오피아 유대인만을 구출한 사건들을 다룬다. 이어서 샌델은 "애국심이 미덕인가?" 하고 질문하면서 같은 시민끼리의 의무는 다른 나라 사람에 대한 의무를 넘어선다고 강조한다. 여기서 샌델은 인터넷 국경 순찰에 많은 사람들이 자발적으로 참여한 사실을 중시한다. 그래서 샌델은 한 국가가 자국민에게 더 많은 것을 제공한다는 것은 도덕적으로 당연한 것이라고 주장한다.272) 공동체주의자 마이클 월저는 이러한 관점에서 "사회구성원의 자격"이 가장 중요한 사회적 가치라고 주장한 바 있다.273)

샌델은 연대성과 충직의 의무가 보편적인 도덕원칙과 충돌하는 사례들을 들면서 충직의 의무의 불가피성을 부각시킨다. 첫째로 미국 남북전쟁 때 연방군 장교였던 로버트 리(Robert E. Lee) 장군은 남부 11개 주가 합중국에서 탈퇴하는 것을 반대했지만 자신의 출신 지역인 남부 버지니아 사람들을 배신할 수 없어 남부연합의 사령관이 되었다는 사례가 소개된다.274) 둘째로 매사추세츠대학교 총장과 매사추세츠주 상원의장을 지낸 윌리엄 빌 벌저(William Bill Bulger)는 조직 폭력 집단의 우두머리로서 많은 범죄를 저지른 친형 제임스 '화이티' 벌저(James 'Whitey' Bulger)의 소재를 수사 당국에 알리지 않았던 사례가 소개된다. 셋째로 데이비드 카진스키(David Kaczynski)는 친형 테드 카진스키(Ted Kaczynski)가 흉악한 연쇄 폭탄 살인범인 유나바머(unabomber)라는 것을 알고 고민 끝에 고발을 해서 형이 체포되었지만 형이 사형을 받지 않도록 사형제도를 반대하는 단체의 대변인이 되었다. 그리고 고발 포상금으로 나온 백만 달러를 친형 때문에 죽거나 다친 사람을 위해서 사용하고 가족을 대표해 친형의 범죄를 사죄했다는 사례가 소개된다.275)

샌델은 이러한 사례들을 들면서 인간에게는 자연적 의무나 자발적 의무도 중요하지만 연대나 소속 의무도 그에 못지않은 도덕적 구속력을 갖는다고 주장한다. 여기서 샌델은 정당성이 선에 앞서며, 의무와 권리를 규정하는 정의의 원칙이 좋은 삶을 규정하는 여러 가치관들 사이에서 중립을 지켜야 한다는 자유주의적 정의관의 한계를 지적한다. 샌델은 민주시민에게 공적 영역에서 도덕적, 종교적 신념을 내려놓으라는 것은 관용과 상호 존중을 보장하는 것이 아니라 가능하지도 않은 중립을 가장한 채 중요한 공적 문제를 결정하는 것이므로 반발과 분노를 일으킨다고 밝힌다. 그러한 자유주의적 정의관은 편협하고 배타적이며 시민의 삶을 메마르게 한다고 비판한다.

[해제와 비판]

샌델은 매킨타이어의 서사적 존재가 공동체에 소속되면서 자유로울 수 있는 가능성에 대한 공동체주의적 유형이라고 주장한다.276) 그러나 매킨타이어의 서사적 존재는 자신의 이야기를 자신의 관점에서는 쓸 수 없고 오직 공동체의 더 큰 이야기와 타협할 때 자신의 정체성을 찾을 수 있을 뿐이다. 덕은 한 개인의 삶이 선을 위해 일관성 있게 추구되도록 하는 삶의 자서전적인 서사적 질서로 규정된다. 종국적으로 개인적 삶의 질서는 도덕적 전통이라는 더 큰 역사적 상황 아래 포섭된다. 인간의 궁극적 목적과 최종적 선을 통합적으로 규정하는 도덕적 전통의 공동체 속에서 인간적 덕의 실현은 완성되기 때문이다.277) 이러한 경우 한 개인은 결코 공동체의 이야기에 비판을 제기할 수 없을 것이다. 또한 배경적인 큰 공동체 이야기도 유일무이하게 하나일 수는 없고 서로 상충하는 이야기가 있을 수 있으며, 개인들의 작은 이야기들도 큰 이야기를 해석할 때 서로 다를 수 있을 것이다. 또한 개인들의 작은 이야기뿐만 아니라 공동체의 큰 이야기도 언제나 진실은 아니며 자기기만, 혹은 자기정당화로 점철될 수도 있다. 우리나라에서 우리나라 역사나 사회 교과서 내용뿐만 아니라 일본과 중국의 교과서 내용에 대해서도 논란이 벌어지고 있는 것을 보면 서사적 존재의 이야기는 기본적으로 매우 큰 논란 속에 사로잡혀 있다고 해도 과언이 아니다.

그리고 샌델은 한 국가의 지난 세대가 저지른 잘못을 지금 세대가 사죄하고 배상을 할 수 있는 것은 자유주의적인 도덕적 개인주의로는 불가능하고 연대적 의무와 책임감을 인정하는 공동체주의로서만 가능하다고 주장한다. 샌델은 일본의 경우는 전쟁에서 저지른 만행을 사죄하는 데 인색했다고 지적한다.278) 그렇지만 샌델은 그 이유를 말하지 않고 있다. 그렇다면 일본은 샌델이 주장하는 사회적 연대감이 어느 나라보다도 강한데 왜 사죄와 배상을 회피하고 있을까? 한 사회에서 강한 연대감은 전 세대의 죄상을 호도하고 그것을 인정치 않으려는 편협한 애국주의, 광신적 애국주의, 국수적 이기주의, 맹목적 주전론(主戰論)인 징고이즘(jingoism)과 쇼비니즘(chauvinism)으로 전락할 수도 있다. 우리 재일교포들에게 행해지는 일본 극우파의 혐한 시위는 증오 언설(hate speech)로 가득 차 있다. '유엔 시민적 및 정치적 권리에 관한 국제규약위원회: B규약위원회'는 일본 정부에 혐한 시위를 중단시켜야 한다고 권고했다. 그리고 일본군 위안부 문제도 그 사실을 솔직히 인정하여 아직 살아 있는 피해자들에게 사죄하고 보상해야 한다고 권고했다.[279]

고노 담화는 1993년 고노 요헤이 당시 관방장관이 제2차 세계대전 시 일본군 위안부에 대한 일본군의 직접 가담과 강제성을 인정한 담화다. 무라야마 담화는 무라야마 도미이치 전 총리가 패전 50주년인 1995년에 "일본은 멀지 않은 과거의 한 시기 국책을 그르쳐 … 식민 지배와 침략으로 특히 아시아 국가들에 큰 손해와 고통을 줬다. 이에 대해 통절한 반성의 뜻을 표하며 마음으로부터 사죄한다"고 밝힌 담화를 말한다.[280] 그러나 아베 일본 총리는 일본의 전범들의 위패가 합사된 야스쿠니 신사를 참배하고, 고노 담화와 무라야마 담화의 의미를 깎아내리며, 일본의 제2차 세계대전 전쟁 책임을 회피하면서, 전쟁을 할 수 있도록 헌법을 고치기 위해 획책하고 있다. 아베 총리는 제2차 세계대전 패전 70주년에 즈음하여 2015년 8월 14일 발표한 아베 담화에서 일본은 그동안 과거 식민지 지배와 침략에 대해서 반복해서 사죄해왔다고 하면서 직접 사죄를 교묘하게 피해갔다. 그리고 식민지 지배와 침략에 대해서 일본이 가해자라는 것을 주어로서 명시하지도 않고 언급만 하고 넘어갔으므로 그 진정성을 의심받고 있다. 아베 총리는 "전쟁 사죄 계속하는 숙명 자손에게 남겨줘선 안 돼"라는 발언도 하였는데 이것은, 바로 위에서 언급한 것처럼, 샌델식의 공동체주의적 책임 인정이 아니라 마치 도덕적 개인주의에서 나온 것처럼 보인다. 이러한 발언은 혹독한 식민지 정책과 엄청난 전쟁 책임, 그리고 위안부 문제에 대해 충분한 사죄와 보상을 했다면 가능한 것이지만, 그렇지 않으면서 그러한 발언을 하는 것은, 아직 논에서 자라고 있는 벼를 미리 돈을 받고 파는 입도선매(立稻先賣)식으로 후손들의 책임 회피를 미리 합리화하는 것일 뿐이다.281)

아베 총리는 2015년 4월 29일 미국 상하원 합동연설에서도 과거사에 대해서 통절한 반성이라는 표현을 쓰기는 했지만 일본의 침략과 식민지 지배로 말미암아 아시아 국가들의 국민들이 입은 커다란 고통과 위안부 문제에 대해 직접적으로 사과하지 않았다.282) 그리고 일본은 독도를 일본의 영토라고 근거 없이 강변하고 있다. 독도가 다케시마현에 소속되어 있음을 매년 2월 22일에 정부 관료가 참석한 가운데 기념하는 '다케시마의 날'을 2005년부터 현 조례로 제정하여 시행하고 있어 한국의 반감을 사고 있다.283)

그렇다면 샌델은 고노 담화와 무라야마 담화와 두 담화를 거부하는 아베 담화 중 어떤 것이 진정한 매킨타이어적 서사라고 답변할 것인가? 일본에서도 전쟁 책임을 뼈저리게 느끼는 양심적인 사람들도 많이 있다. 이러한 사람들은 공동체적 연대 책임 때문이 아니라 전쟁 책임과 위안부 강제 동원에 대해서 정의전쟁론과 보편적 인권의 관점에서 도덕적 책임을 느끼는 사람들이다. 그들은 자국의 죄상이든지 타국의 죄상이든지, 그리고 옛날에 저질렀든지 지금 저질렀든지 관계없이 인권과 정의에 위배되는 행위는 사죄하고 보상해야 한다고 마음속 깊이 느끼고 있을 것이다. 임진왜란 때 조총부대를 이끌고 왔다가 일본의 조선 침략이 명분이 없다고 생각하여 조선에 투항한 뒤 왜군에 맞서 싸운 일본명 사야카 장군, 즉 김충선 장군 같은 사람들이 많이 나와야 일본 시민사회는 정의전쟁론과 인권을 숭앙하는 사회가 될 것이다.284) 일본이 아무리 동양에서 최초로 서구화를 달성했다고 자부심을 갖더라도 서구 정신의 근간인 자유주의적 인권과 인권에 기반한 정의전쟁론과 그에 따른 전쟁 책임을 진정으로 수용하지 못한다면, 그러한 자부심은 일본의 전통적 정신을 지키되 서양의 기술을 받아들인다는 화혼양재(和魂洋才)의 근대적 이분법에 근거할 뿐이다.

샌델은 충직의 의무와 보편적 도덕원칙이 충돌하는 몇 가지 사례를 들어 충직의 의무의 불가피성을 말하고 있다. 어느 면에서는 옳다. 현대 형법 체계에서도 가족 간의 범인은닉죄는 성립하지 않고,285) 그리고 재판에서 부부 간의 증언에서 불리한 증언은 채택되지 않는다. 지금은 좀 달라졌지만 독자(獨子)들의 군 복무가 면제되었던 시절이 있었다. 지금은 신체검사 불합격자들과 가족 생계를 책임져야만 하는 사람들만이 군 복무 면제가 된다.286) 『정의란 무엇인가』 4강에서 보편적 징병제를 주장했던 샌델은 9강의 충직의 의무에서 독자(獨子)들의 군 복무 면제를 인정할 것인가? 즉 샌델은 국가에 대한 충성의 의무와 가족에 대한 충직의 의무가 충돌할 경우 어떻게 조정을 할 것인가?287) 충직의 의무의 반대 경우는 도덕적 개인주의의 관점에서 부모의 빚 유산을 상속하길 거부할 수 있는 기회를 갖는 것과 사상범 부모의 이데올로기적 배역죄를 후손들에게도 적용하여 사회적 진출을 막는 연좌제를 거부하는 것이다. 샌델은 가족 공동체주의적 연대 책임의 관점에서 부모의 빚 유산도 다 받고, 사상범 연좌제도 모두 다 수용할 것인가?

10) 10강. 정의와 공동선

[요약]

미국의 진보적 지도자 중 가장 인기가 있었던 존 F. 케네디(John F. Kennedy) 대통령은 (사실 가톨릭 신자였으므로) 1960년 대통령 후보 연설에서 종교를 사적인 것이라고 공언하면서 자유주의적 공공철학의 입장을 견지했다. 그러나 46년이 지난 2006년 민주당 대통령 후보 경선에 나선 버락 오바마(Barack Obama)는 자신의 기독교 신앙을 언급하면서

166

종교가 정치와 무관하지 않다고 주장했다. 또한 빈곤이나 인종차별 등의 문제에 대처하기 위해서는 도덕적 변혁이 필요하다고 역설했다. 케네디가 견지했던 자유주의적 중립성의 철학은 정부가 도덕적, 종교적 문제에서 중립을 지켜, 무엇이 좋은 삶인지 개개인이 자유롭게 선택할 수 있어야 한다는 것이었다.

롤스는 『정의론』에서 좋은 삶의 중립성에 관한 자유주의적 견해를 체계적으로 옹호했다. 1980년대에는 자유주의적 중립성을 비판하는 샌델을 위시한 공동체주의자들은 롤스 정의론의 중추인 자유로운 선택을 하는 무연고적 자아(unencumbered self)라는 견해에 이의를 제기했다.288) 이들 공동체주의자들은 공동체와 연대를 강조하고, 공적 영역에서 도덕과 종교 문제를 적극적으로 다루어야 한다고 역설했다. 롤스는 『정치적 자유주의』(1993)에서 어느 정도 공동체주의의 비판을 수용하고, 사람들은 애정, 헌신, 충직을 간직한 경우가 많다고 인정했다. 그러나 그러한 인정은 시민으로서의 정체성에는 영향을 미치지 않는다고 명확히 선을 그었다. 롤스는 정의와 권리를 토론할 때는 포괄적 가치관이 반영된 도덕적, 종교적 견해를 배제하고 타인들과 합의할 수 있는 정치적 정의관을 피력해야 한다고 주장했다. 롤스가 이러한 정치적 정의관을 피력하는 이유는 현대사회는 민주다원사회로서 자신과 다른 견해를 가진 사람들에게 상호 존중과 차이에 대한 관용을 베풀어야 하고, 또한 사회정의에 대한 사회적 합의를 도출해야 하기 때문이다.289)

미국에서 정의와 좋은 삶에 대한 견해를 결부시키고 그것을 사회적으로 옹호한 것은 잃어버린 도덕의 회복을 주장한 기독교 우파였다. 샌델은 정의와 권리에 대한 논의를 좋은 삶의 논의에서 분리하려는 시도는 난관에 봉착한다고 본다. 즉 우리는 본질적인 도덕 문제를 해결하지 않고서는 정의와 권리의 문제를 해결할 수 없고, 설령 그럴 수 있다고 하더라도 바람직하지 못하기 때문이라고 비판한다.

예를 들어 낙태 논쟁에서 자유주의 중립성을 주장하는 것은 어느 순간부터 인간의 생명이 시작되는가에 대한 도덕적, 신학적 논쟁에서 법은 어느 쪽도 편들지 말아야 한다는 것을 의미한다. 그러나 이러한 자유주의의 중립성 논변은 도덕적, 신학적 문제에서 중립적이 않고, 결국 가톨릭교회의 가르침이 틀렸다고 암묵적으로 단정하는 셈이라고 샌델은 비난한다. 그래서 샌델은 자유주의의 중립성과 선택의 자유만으로는 낙태 권리를 인정하는 근거로 충분하지 않다고 주장한다. 우리는 낙태 논쟁에서 태아가 인격체인가에 대한 논의를 피할 수 없으며, 자유주의적 중립성이 포괄적인 도덕적, 종교적 교설에 근거한 가톨릭의 주장보다 더 중립적이라고 할 수 없으며, 둘 다 근본적인 도덕적, 종교적 논란에 대한 몇 가지 기본적 해명을 전제로 한다는 것이다. 샌델은 의학 연구와 치료를 위한 줄기세포 사용 논쟁과 동성혼 논쟁도 이와 같다고 주장한다.290) 자유주의 정의론은 사람들의 기호를 있는 그대로 인정하며, 우리가 추구하는 목적의 도덕적 가치, 즉 우리 삶의 의미와 중요성, 우리 모두가 공유하는 삶의 특성과 성질은 하나같이 정의의 영역을 벗어나는 것으로 간주한다고 샌델은 해석한다. 샌델은 이것을 커다란 오류라고 갈파한다. 샌델은 "정의는 영광과 미덕과 자부심과 인정에 대한 대립하는 여러 개념과 밀접히 연관된다. 정의는 올바른 분배만의 문제는 아니며, 올바른 가치의 측정 문제이기도 하다"라고 지적한다.291)

미국의 정치 상황과 연관해볼 때 1968년 민주당 후보로 나선 로버트 케네디(Robert Kennedy)는 고결한 도덕적 목적과 공동체 의식을 호소했다고 간주된다. 그리고 40년이 지난 2008년 대통령 선거운동 중 오바마 후보는 공동의 희생정신 등 더 원대한 목적을 추구하는 공적인 삶을 찬양하는 도덕적, 영적 갈망이 담긴 정치를 역설했다. 샌델은 이러한 미국 정치 상황을 배경으로 최종적으로 공동선의 정치를 구체화함으로써 공동체주의적 정의론을 완성시키려고 한다.

(1) 시민의식, 희생, 봉사: 샌델은 "정의로운 사회에는 강한 공동체 의

식이 필요하며, 사회는 시민들이 사회 전체를 걱정하고 공동선에 헌신하는 태도"를 고양시켜야 한다고 주장한다.292) 그러한 태도를 위해서 사람들의 마음의 습관을 길들이는 것이 중요하며,293) 좋은 삶에 관한 사적인 견해가 아니라 시민으로서의 공통적 미덕을 함양해야 한다고 본다. 시민의 미덕은 애국심과 자부심, 그리고 조국에 봉사하려는 마음, 더 나아가서 공동의 희생정신으로 표출되어야 한다는 것이다.

(2) 시장의 도덕적 한계: 『정의란 무엇인가』의 4강 "대리인 고용하기/시장과 도덕"에서도 언급된 이 주제는 시장과 시장 친화적 사고가 시장과는 거리가 먼 영역들에까지 침범하는 현상을 매우 우려하고 경계하는 것이다. 시장제도는 생산 활동을 진작시키는 데 유용한 도구이기는 하지만, 그것은 기여입학제 같은 교육 영역, 교도소의 민영화, 미국 시민권의 판매, 가난한 계층만의 군 복무, 대리모, 장기 매매 등의 여러 비시장 사회 영역으로 침범하고 있으므로 시장과 시장 사회의 도덕적 한계에 대해서 공공적으로 논의할 필요가 있다는 것이다.

(3) 불평등, 연대, 시민의 미덕: 미국의 경제적 불평등은 더욱 확대되어왔지만 실제 정치문제로 확대되지는 않았다. 그러나 정치철학에서는 공리주의의 표준적 가정, 즉 모든 사람은 한계효용체감의 법칙이 적용되는 동일한 효용함수를 가진다는 가정이 함축하는 평등주의적 분배 질서와 롤스의 가상적인 원초적 입장에서의 합의를 기반으로 도출된 차등의 원칙을 통해서 분배적 정의의 문제가 부각되었다. 샌델은 빈부 격차가 커지면 민주시민에게 요구되는 연대의식이 약화된다는 것을 강조한다. 시장에 매료된 보수주의자들과 자유지상주의자들, 그리고 재분배에 주목하는 자유주의자들은 이 점을 간과하고 있다는 것이다. 따라서 우리는 사적 서비스의 팽창으로 줄어든 공공서비스를 회복시켜 시민들의 공공생활 기반을 건실하게 만들어야 한다는 것이다. 이것을 통해 공동

체의 연대를 공고히 하고 시민적 미덕을 고양시켜야 한다는 것이다. 이러한 일련의 정책들은 공동선을 위한 분배적 정의라고 할 것이다.

(4) 도덕에 개입하는 정치: 자유주의는 좋은 삶에 관한 문제에 정부가 공적으로 개입하는 것이 시민의 자유와 사적인 삶을 침해하는 행위이며, 공공철학과 정책적 담화에서 필요한 공적 이성(public reason)의 범위를 넘어서는 행위라고 간주한다. 그래서 흔히 말하는 것처럼 정치와 법은 도덕적, 종교적 논쟁에 휘말리지 말아야 한다는 것이다. 이러한 자유주의적 견해는 강압과 배타성을 우려해서 그러한 것이다. 샌델은 정부가 이러한 도덕과 종교의 이견들 사이에 중립을 지키기는 불가능하지만, 상호 존중의 정치는 가능하다고 주장한다. 그래서 우리는 도덕적 문제들을 공적 영역에 등장시켜 공론장에서 토의하고 다양한 생각에 대해 상호 이해하고 존중하는 시민의 정치적 삶을 진작시켜야 한다고 주장한다. 샌델은 "도덕에 개입하는 정치는 회피하는 정치보다 시민의 사기 진작에 더 도움이 된다. 더불어 정의로운 사회 건설에 더 희망찬 기반을 제공한다"는 말로 『정의란 무엇인가』 대단원의 막을 내린다.[294]

[해제와 비판]

샌델은 『정의란 무엇인가』 10강에서 독자들이 궁금해 했던 자신의 공동체주의적 정의관을 피력하고 그것이 공동선의 정치라고 말하면서 어느 정도 상세한 정책적 대안도 제시하고 있다. 본서 서문에서 논의한 것처럼 우리 인간에게는 정의감이 존재한다는 것과 관련하여 최후통첩 게임과 독재자 게임을 언급했다.[295] 이러한 두 게임을 통해서 우리는 인간 행동을 단지 자기 이익의 극대화를 추구하는 호모 에코노미쿠스(*homo economicus*)로 보는 주류 경제학에 대한 반증 사례를 발견하게 된다. 샌델의 공동선의 정치도 인간을 호모 에코노미쿠스로 간주하는 것을 거부하고, 공동체주의적 연대를 가진 인간으로 보는 것이다.[296]

그런데 샌델은 공동선의 정치를 말하면서 공동선의 정치의 기점이 되는 공동체에 대해서는 아직도 모호한 입장을 취하고 있다. 샌델은 아무런 이론적, 실질적 기점도 없이 다양한 형태의 공동체를 나열만 하고 있다.297) 샌델은 『정의란 무엇인가』에서 가족, 지역 공동체, 국가, 국민, 민족을 말하고 있다. 샌델은 개인과 공동체 사이의 갈등과 하위 공동체들 사이의 갈등을 무시할 뿐만 아니라 하위 공동체와 상위 공동체가 아무런 대립도 없이 화합을 이룰 수 있다고 보는 믿기 어려운 낙관주의적 허상을 견지하고 있다. 아마도 소규모적이고 정태적이고 고립적인 면접적 공동체에서는 매킨타이어와 샌델과 같은 가치통합론자들의 이상이 실현될 수 있을지도 모른다. 그러나 그들이 공동체의 역동적 구성과 다양한 공동체들 사이의 관계 설정 방식에 대한 논의를 거의 전개하지 않음으로써 그들의 입장은 유토피아적 노스탤지어와 전체주의의적 함축성을 내포할 수밖에 없다. 샌델은 『정의란 무엇인가』 1강에서, 도덕적 추론에서 딜레마에 대한 이해가 매우 중요하다는 것을 말하면서도,298) 정작 자신의 공동체주의가 어떠한 딜레마에 봉착하고 있는가는 무시하고 있다. 아마도 공동체주의자들 중에서 그러한 문제를 가장 심각하게 인식하고 있는 것은 로베르토 웅거(Roberto Unger)일 것이다. 그는 다음과 같은 "공동체주의 정치학의 딜레마"를 통해 그러한 문제를 적나라하게 밝혀주고 있다.299)

공동체주의 정치학의 딜레마는 우선 (1) "수직적 통합 대 수평적 통합"의 딜레마다. 다양한 공동체들이 존재했을 때 공동체주의는 위계질서를 가진 공동체들의 수직적 통합을 우선으로 하는가, 아니면 동등한 지위를 가진 다원적 공동체들의 수평적 통합을 중시하는가의 문제가 발생한다. 그 다음은 (2) "조정자로서의 국가 대 공동체로서의 국가"의 딜레마다. 공동체주의는 국가를 모든 하위 공동체들을 조정하고 통괄하는 것으로 보는가, 아니면 국가도 하나의 공동체, 혹은 이익 공동체의 하나로 보는가의 문제가 발생한다. 그 다음으로 (3) "기존 공동체 대 신생

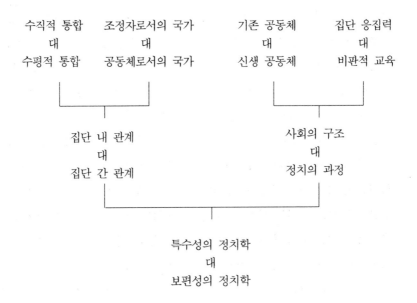

공동체주의 정치학의 딜레마

```
수직적 통합    조정자로서의 국가      기존 공동체      집단 응집력
   대              대                  대              대
수평적 통합    공동체로서의 국가      신생 공동체      비판적 교육
```

```
        집단 내 관계                        사회의 구조
           대                                  대
        집단 간 관계                        정치의 과정
```

```
                    특수성의 정치학
                         대
                    보편성의 정치학
```

공동체"의 문제가 발생한다. 만약 기존 공동체와 신생 공동체가 다양한 이유로, 예를 들면 쓰레기장 등 혐오시설 설치, 철도와 버스 등 교통 노선, 과세 문제, 공립학교의 종교적 오리엔테이션에 관련된 문제 등으로 갈등한다면 샌델의 공동체주의는 누구의 편을 들어야 할 것인가?

그 다음은 공동체주의에 관련해서 가장 중요한 비판인 (4) "집단 응집력 대 비판적 교육"의 문제가 발생한다. 공동체주의는 집단 응집력을 우선시하지만, 그것은 공동체를 비판적으로 보는 능력을 저하시킨다고 할 수 있다. (1)번 딜레마와 (2)번 딜레마를 종합해서 보면, (5) "집단 내 관계와 집단 간 관계"의 딜레마가 발생한다. 공동체주의는 기본적으로 집단 내 관계를 중시하고 있지만 이러한 태도는 다른 집단에 대한 배타성을 키울 가능성이 농후하다. (3)번 딜레마와 (4)번 딜레마를 종합해서 보면 (6) "사회의 구조 대 정치의 과정"이 딜레마가 발생한다. 공동체주의는 공동체 사회의 구조기능주의적 측면을 통해 갈등이 자동적으로 해결되는 것으로 가정하지만 실제적으로 보면 다양한 이익집단 혹은 이익 공동체들의 정치적 타협과 합의의 과정에 의거하는 것이 그 진상이다.300)

이상의 여섯 가지의 딜레마를 종합한 것이 (7) "특수성의 정치학 대 보편성의 정치학"이다. 공동체주의는 한 공동체를 기점(基點)으로 정하는 순간 그것은 타 공동체들과 상위 공동체에 대해서 특수성을 갖게 된다. 그러나 기점적 공동체는 내부적으로 볼 때 그것에 속해 있는 하위 공동체들과 집단들과 개인들에 대해서는 보편성을 가지게 된다. 그래서 공동체주의는 특수성의 정치학과 보편성의 정치학을 동시에 진작시켜야 하는 의무를 갖는다. 웅거 자신의 해결책은 초월적 내재자로서의 숨어 계시는 신(Deus absconditus)에 의지하는 것이다. 숨어 계시는 신은 중대한 역사적 상황에서의 구원을 위해 섭리에 의해서 스스로를 계시하시는 신(Deus revelatus)이기도 하다.301) 이것은 하나의 "데우스 엑스 마키나(Deus ex machina)"다.302) 즉 신에게 귀의하여 딜레마로 점철된 공동체주의의 절망적인 상황을 타개하려는 것이다.

인류는 심각한 환경오염, 각종 자원의 고갈 등 현실적 난문제들을 전 지구적 안건으로 상정을 하고 있지만, 즉 지구 공동체적 안건으로 인식을 하고 있지만, 특수한 국가 사회와 보편적 인류의 생존과 번영 사이의 조화로운 해결책을 아직 찾고 있지 못하고 있다. 이러한 인류의 당면 과제를 놓고 볼 때 '자유주의 대 공동체주의 논쟁'은 철학의 유구한 방법론적 논쟁의 한 단면임을 여실히 보여주고 있다. 그것은 기본적으로 개인이라는 특수성과 공동체라는 보편성의 대립이지만 이론적으로 볼 때는 역으로 자유주의적 보편성과 공동체주의적 특수성의 대립이기도 하다. 더 나아가서 그것은 내재와 초월, 중심과 주변, 마을과 코스모폴리스, 근접과 거리, 몰입과 초연, 구성원과 국외자, 동일성과 차이성, 역사와 자연, 연속성과 균열의 딜레마이기도 하다. 아마도 현대 실천철학의 가장 중요한 방법론적 과제는 그러한 딜레마에 대한 깊은 이해와 아울러 현실적으로 실행력이 있는 역동적 해결 방안들을 어떻게 제시할 수 있느냐 하는 것이다.303)

제2부

본격론

제 3 장

『정의란 무엇인가』에 대한 종합적 고찰

1. 『정의란 무엇인가』, 왜 우리나라에서만 밀리언셀러인가?

『정의란 무엇인가』는 샌델이 1980년부터 하버드대학교에서 진행한 '정의(Justice)' 강좌에 기반하여 2009년에 출간한 책이다. 따라서 전문적인 철학서는 아니고 대학 학부 학생들과 일반 대중을 위한 교양서이므로 기본적으로 학생들과 일반 대중으로부터 호응을 얻을 수 있었다고 본다. 그런데 전 세계에서 유일무이하게 우리나라에서만 『정의란 무엇인가』가 130만 부나 팔린 현상을 어떻게 설명해야 할 것인가? 이것은 하나의 커다란 사회적, 문화적 현상이자 사건이다. 혹자는 하나의 증후군인 신드롬(syndrome)이라고까지 말한다. 이러한 현상과 사건에 대해서 대립적인 시각이 존재한다. 가장 최악의 시각은 " '하버드'라는 이름의 명품 상업의 획일주의가 낳은 블랙코미디의 하나에 불과하다"는 폄하일 것이다.[1] 비슷하지만 문화사회학적 해석은 "『정의란 무엇인가』는 정의를 논하는 철학담론으로 한국사회에서 수용되었다기보다 고급한 이미지를 풍기는 하나의 문화상품으로 소비된다고 볼 수 있다"는 것이다.2) 그러한 문화상품은 사회적 지위를 과시하기 위한 소비 행태의 대상으로 소스타인 베블렌(Thorstein Veblen)이 말한 하나의 사회적 위치재(positional goods)가 된다. 마치 1970년대 옛날 대학생들이 청바지 뒷주머니에 반으로 접어서 꽂았던『타임』지처럼 말이다. 이것은 잉글리시 디바이드(English Divide)에서 자기가 어디에 소속되어 있는지를 극명하게 보여주는 과시 행위다.

다른 시각은『정의란 무엇인가』가 베스트셀러가 된 것은 매우 복합적인 사회적 현상들의 결과라고 보는 것이다. 우선 우리 사회에서는 사회적 양극화에 따른 경제적 불평등의 심화가 가장 큰 문제로 인식되고 있다. 그리고 점증하는 공직자들의 부정부패와 제 식구 감싸기, 인사청문회에서 드러나는 각종의 비리 백화점 현상, 국민들의 법 감정과 배치되어 "유전무죄 무전유죄"라고 조롱되었던 많은 판결들에 식상한 국민들의 도덕적 자각과 분노가 정의의 철학적 상징인 그 책을 통해서, 중국 문화혁명 시의『모택동 어록』만큼은 아닐지라도, 강하게 표출된 것으로 본다. 또한 2010년 당시 이명박 정부의 공정사회 캐치프레이즈도 한몫 했다고 보는 시각도 있다. 어떤 사람들은 책 구매자들의 반이 젊은 여성인 점을 들어 우리나라의 경제수준에 비해 형편없는 남녀평등지수, 소득 및 임금 격차지수로 말미암은 여성들의 소리 없는 아우성과 분노가 반영된 것으로 볼 수도 있다고 간파한다. 교보문고 인터넷 서점 판매 통계에 따르면 2010년 6월부터 구매자 가운데 여성(40퍼센트)과 20대(31퍼센트)의 비율이 높은 편이었으나 이런 추세는 갈수록 뚜렷해졌다고 한다. 여성 구매자 비율은 2011년 3월 집계에서 남성 비율을 앞질러 55퍼센트를 기록했다.3) 세계경제포럼(WEF)이 발표한 한국의 성(性) 격차지수는 0.653으로 136개국 중 111위다.4) 그러나 불행히도 샌델은 자신의 책에서 남녀평등의 문제를 다루고 있지 않다. 구매자들 중 큰 손인 젊은 여성들에게는 매우 아쉬운 일인데 왜 남녀평등 문제를 다루지 않았을까?5)

이 책의 수준에 대해서도 엇갈린 해석들이 나온다. 일각에서는 막상 통독을 하려면 생각보다 쉽지 않은 책인데, 과연 그 책을 다 읽기는 했을까 하는 빈정거림도 있다. 혹자는 샌델의 그 책은 읽기를 위한 것이라기보다는 구매해서 바로 책꽂이에 장서되는 운명에 처해진다고 말한다. 일각에서 이 책을 어렵다고 말하는 것은 대중 독자들을 무시하는 것이며, 논술시험을 준비하는 고등학생도 충분히 읽을 수 있는 책이라는 시각도 있다. 아무튼 대학교 1학년 정도 학생들을 위한 철학 교양서가 그 정도로 많이 팔린 것은 미증유의 일이라고 할 것이다.6)

샌델의 책에 대해서 비교적 종합적인 시각을 보여주는 평가는 "『정의란 무엇인가』의 선전은 정의라는 키워드가 민감하게 다가오는 사회 분위기, 미국 최고명문이라는 하버드대가 부여한 권위, 어려운 주제를 예화를 들어가며 풀어나간 저자의 글 솜씨, 출판사의 마케팅 능력이 어우러졌기 때문이라고 분석된다"는 것이다.7) 『월스트리트 저널』은 샌델이 한국에서 어필하는 이유 중 하나는 TV로 방영된 강의에서 그가 미국 대학들에서 사용되는 문답식 교수법을 보여준 것과 관련이 있다고 지적했다. 그리고 "한국에서는 고등학생 85퍼센트가 대학에 가고, 대학에 가서는 교수의 강의 내용을 조용히 필기하고 교수도 학생들의 질문이나 참여를 유도하지 않는다"고 지적했다. 그리고 "한국인들은 세계 어느 나라 국민들과 마찬가지로 2008년 금융위기에서의 회복 정도가 개인마다 다르고, 부유층의 상황이 훨씬 낫다는 인식이 커지면서 공정성과 기회균등 등 더 큰 문제와 씨름하기 시작했다"고 밝혔다. 미국은 38퍼센트의 응답자가 미국사회가 불공정하다고 답변했던 것과는 달리, 한국은 74퍼센트의 응답자가 한국사회가 불공정하다고 답변했다. 이것은 "한국 국민들의 공정성에 대한 욕구가 더 크다는 것을 시사한다"면서 "정부가 나서서 사회경제적 불리함을 치유해야 한다고 믿는 확률이 한국은 93퍼센트로 미국인의 56퍼센트와 비교해서 더 높게 나타났다"고 지적했다.

"놀이공원에서 줄을 서지 않기 위해서 돈을 내는 것을 어떻게 생각하느냐는 질문에 미국은 42퍼센트가 한국은 18퍼센트가 괜찮다고 답변했다"고 밝혔다.[8]

그리고 샌델의 『정의란 무엇인가』 이후 과연 우리 사회의 지성인들과 대중 독자들은 무엇을 해야 할 것인가에 대해서도 많은 의견들이 개진되고 있다. 그중 하나로 '지적 유희'가 아닌 '현실의 정의'에 관심도를 높여, 우리 사회에서 노정되고 있는 다양한 정의 문제들에 대해서 심도 있는 토론과 논쟁을 통해 얻은 합의로 우리 사회를 더욱 정의로운 사회로 변혁시켜야 한다는 주장이 설득력을 얻고 있다.[9]

아마도 샌델의 '정의' 강좌와 책의 커다란 반향 이유와 그 이후 과제에 대해서 가장 광범위하고도 철저한 분석은 고바야시 마사야가 쓴 『마이클 샌델의 정치철학: 정의사회의 조건』(2012)일 것이다. 『정의란 무엇인가』가 60만 부나 팔린 일본사회의 시각에서 본 것이지만 우리에게도 타산지석이 될 것이다. 커다란 반향의 이유는 (1) 하버드대학교라는 지적 브랜드, (2) 대중사회 속의 지적 오아시스, (3) 대화형 강의의 신선함, (4) 강의의 연극적 아트,[10] (5) 사례나 도덕적 딜레마의 출현, (6) 정치철학이라는 장르의 매력, (7) 세계의 시대 상황과 부합(신자유주의와 자유지상주의 시장 만능 신화 붕괴), (8) 동아시아의 문화적 전통(도덕적 선과 덕을 권장하는 유교적 전통과 합치) 등이다. 샌델의 책 이후의 "학문개혁과 교육개혁"의 가능성과 과제는 (1) 학문의 원점 회귀(고대철학의 대화법과 변증법으로 회귀), (2) 철학의 부활과 학문 개혁, (3) 실천성 있는 새로운 지식의 의의, (4) 정치철학이 가져온 것(현실을 규범적으로 개혁할 수 있는 규범적 힘을 가진 학문), (5) 공공철학의 새로운 전개(공적 영역에서의 사회 운영과 갈등 해소를 위한 철학), (6) 대화형 커뮤니케이션의 가능성, (7) 대화형 강의에 의한 교육개혁, (8) 지식과 미덕의 르네상스(단순한 지식이 아니라 도덕적 추론, 철학 원리, 그리고 그 배경에 있는 철학 고전들로 연계) 등이다.

2. 『정의란 무엇인가』의 전체적 논변 분석과 그 비판

1) 사례 중심의 결의론과 그 한계

샌델의 『정의란 무엇인가』는 본서 제2장 4절 1)항 "1강. 옳은 일 하기"에서 논의한 대로 정의를 바라보는 세 가지 상이한 관점인 행복 극대화, 자유 존중, 미덕 추구의 관점들을 소개한다. 그리고 그 관점들의 철학적 배경인 공리주의, 자유주의(자유지상주의와 공평 자유주의), 아리스토텔레스주의적인 공동체주의적 정의관이 설명되어나가면서 최종적으로 앞의 두 입장이 비판되고 마지막 입장이 현대 미국사회에서 가장 필요하고 적합한 정의관이라고 주장되는 것이다. 샌델은 『정의란 무엇인가』 1강에서 허리케인 찰리 이후 불붙은 가격 폭리 논쟁을 분석해서 세 가지 관점들을 찾아내고, 그 관점들을 정당화하는 철학적 학설들을 도출한 것처럼 말하고 있다. 이렇게 본다면 본서 제2장 3절 "『정의란 무엇인가』의 학문적 방법론과 전체 개요"에서 논의한 것처럼 이 책의 전체적인 철학적 방법은 사례 중심의 귀납적 결의론(casuistry)적 모형이거나 롤스의 "반성적 평형"의 변증법적 모형이라고 할 수 있다. 그러나 이 책에서 논의되고 있는 여러 사례들을 면밀히 살펴보면, 이 책의 전체적인 철학적 방법론은 연역주의(deductivism)라는 생각이 든다. 연역주의는 고도로 추상적이고 보편적인 제1원리로부터 구체적인 행위의 지침이 도출될 수 있다는 입장이다.11) 샌델은 사례 중심의 결의론을 취하지만 반이론(anti-theory)적 입장을 견지하고 있는 것은 아니다.12)

『정의란 무엇인가』에서 정의를 바라보는 세 관점들과 그 관점들의 철학설적인 배경은 이미 주어진 것으로 볼 수 있다. 물론 여기서 전문적 철학자들과 학생들 간의 구분이 필요하다. 학생들의 경우는 행복, 자유, 미덕에 대한 특수한 사례들을 통해서 공리주의, 자유주의, 공동체주의가 도출될 수 있다고 생각할 것이다. 그러나 전문적인 철학자들의 경우는 특수한 사례들에 대한 비판적 인식은 자신들이 신봉하는 세 철학적 학설들 중의 하나를 통해서 도출될 것이다. 샌델의 경우도 사례들의 선정과 그들에 대한 논의는 전문적 철학자의 입장에서 연역주의를 취한 경우가 많다. 샌델은 『정의란 무엇인가』 7강, 8강, 9강, 10강에서 점진적으로 가장 구체적이면서도 호소력 있는 사례들을 통해서 자신의 공동체주의적 정의관이 입증되었다고 생각하고 있다. 그러나 우리는 그러한 사례들이 결코 자명하고도 논란의 여지가 없는 사례들이라고 생각할 수 없다. 우리는 특히 『정의란 무엇인가』 9강에서 제시된 사례들이 많은 문제점을 내포하고 있다고 생각한다.

샌델은 공리주의와 자유주의에 대해서는 여러 사례를 통해 비판하며 두 입장의 모순과 한계를 밝히려고 노력하지만, 자신의 아리스토텔레스적인 미덕 추구적, 공동체주의적 정의론을 위해 원용한 사례들은 어떤 변증법적 조정이 아닌 직선적으로 자신의 입장을 공고히 하는 데 사용된다. 이것은 매우 편협하고 안이한 철학적 논변방식이다. 또한 어떤 경우에는 그러한 예화들이 자충수가 된 경우도 있다. 즉 『정의란 무엇인가』 1강에서 등장한, 모든 예화들 중 가장 유명한 트롤리 문제의 여덟 가지 유형에 관한 의사결정에서 샌델의 아리스토텔레스적인 미덕 추구적 정의관은 공리주의와 의무론적 자유주의에 비교해볼 때 중요한 역할을 하지 못하고 있다.

본서 제2장 4절 3)항 "3강. 우리는 우리 자신을 소유하는가?/자유지상주의"의 "해제와 비판"에서 지적한 것처럼 샌델의 자유지상주의의 자기소유권에 대한 비판은 돈이 필요하면 콩팥 하나를 팔고, 나머지도 돈이 필요하면 팔아야 한다는 것으로 억지가 아닐 수 없다. 3강의 "해제와 비판"에서 논파한 대로 이러한 억지 주장은 자기소유권을 일방적이고 기계적인 수행(one-sided mechanical action, commission)의 선택만으로 규정하는 "논점 일탈의 오류"이자, 자기소유권에 대한 "부당한 선택 제한의 오류"일 뿐이다. 또한 샌델의 이러한 억지 주장은 윤리학의 기본원칙인 "당위는 가능성을 함축한다"를 어기고 있다.

대표적으로 콩팥 판매의 한 예를 들었지만, 공리주의와 자유주의의 두 입장을 비판하는 사례들과 공동체주의의 입장을 옹호하는 사례들을 자세히 살펴보면 정당하고도 타당하게 원용되지 못한 사례들도 부지기수다. 이것은 사례 중심의 "결의론의 남용"임이 분명하다.13) 전통적으로 사례 중심의 결의론을 남용하는 것은 '제수이티즘(Jesuitism)'이라고 비판되었다. 이것은 기독교의 한 유파로서 제수이티즘을 종교적 관점에서 비판하는 것이 아니라 그 유파에 속하는 사제들이 가진 사례 중심에 대한 편향된 태도를 비판하는 것이다. 즉 제수이티즘은 개인적 책임을 증진하고 양심의 자유를 존중하기 위해서 사례 중심 논의에 집중하였던 것이다. 그들은 도덕적 법칙에 따른다고 해서 무조건 도덕적이 될 수 없고 상황과 사례에 따라서 행위해야 한다고 주장했다.14)

가장 심각한 "결의론의 남용"은 충직의 의무에 관련된 것이다. 『정의란 무엇인가』 9강의 충직의 의무에 관련된 여러 사례들은 현대 자유주의 사회의 기본적 규범인 공사(公私) 구분을 허물 가능성이 농후하다. 자유주의는 충직의 의무와 공익 사이에 이익 충돌이 있을 경우 그것을 회피할 것을 명시하고 있다. 이익 충돌 금지의 원칙은 공직자가 공익과 충돌되는 사적 이익을 추구해서는 안 된다는 원칙이다. 즉 자유주의는 판사의 친척 연루 사건 수임 금지 등 공적 제도에 대한 사적인 오용(the private abuse of public institutions)을 방지하기 위한 다양한 기제를 창출해온 것이 사실이다. 그래서 자유주의는 공사 영역 구분을 준별하고 또 엄격히 준수하려고 한다.15) 샌델의 『정의란 무엇인가』 9강의 충직의 의무는 가족 공동체와 지역 공동체의 이익과 유대를 국가 공동체의 이익과 유대보다 우선시하는 입장이다. 그러나 샌델은 『정의란 무엇인가』 7강에서 소수집단 우대정책을 옹호하고, 아이비리그 백인 동문 가족 공동체에서 갈구하는 동문 자녀 특례입학과 기여입학제를 비판할 때는 국가 공동체와 지역 공동체의 관점을 백인 동문 가족 공동체의 관점보다 우선시하는 것으로 보인다. 이 두 가지 상충되는 우선성에 관련해서 샌델은 공동체주의의 관점에서 어떤 일관성 있는 해명을 제시하지 못하고 있다. 샌델은 『정의란 무엇인가』 10강의 공동선의 정치에서는 다시 징병제적 군 복무와 사회봉사 등 시민의 희생과 봉사를 강조하고, 불평등을 억제하고 평등을 진작하는 사회적 연대를 강화함으로써 시민의 가족 공동체와 경제 공동체보다 국가 공동체의 관점을 우선시하고 있다. 샌델의 『정의란 무엇인가』 7강, 8강, 9강, 10강에서 노정되는 이러한 지그재그의 행보는 공동체주의자로서 공고한 기점이 없이 이리저리 헤매는 것으로 보일 뿐이다.

이러한 비판은 제2장 4절 10)항 "10강. 정의와 공동선"의 "해제와 비판" 말미의 "공동체주의 정치학의 딜레마"에서 상위 공동체와 하위 공동체 사이의 수직적 통합과 수평적 통합의 딜레마로 이미 제시되었다. 샌델은 『정의란 무엇인가』 9강의 충직의 의무에서 미국 남북전쟁 시 연방군 장교였던 로버트 리(Robert E. Lee) 장군이 자신의 출신 지역인 남부 버지니아 사람들을 배신할 수 없어 남부연합군 사령관이 된 사건을 중시하면서 강조하고 있다. 이와 관련된 사안으로 미국에서 남부연합기(The Confederate Battle Flag) 게양에 관련하여 국가적 논란이 일고 있는데 그 상황을 알아보자. 그 논란은 2015년 6월 사우스캐롤라이나주 찰스턴의 흑인 교회에서 9명의 목숨을 빼앗은 총기 난사 사건을 계기로 시작되었다. 기소된 남성은 언론에 의해서 남부연합기에 강한 애착을 가졌던 것으로 밝혀졌다. 따라서 미국 국민들 사이에 남부연합기에 대한 혐오감이 증대되었고, 헤일리 주지사의 호소로 사우스캐롤라이나주 수도 컬럼비아의 주의회 의사당에 게양되어 있던 남부연합기가 정식으로 내려졌다.16) 남부연합기 지지자들은 남부연합기가 남부 미국의 유산이라면서 남부연합기에 대한 공격으로 간주될 수 있는 행위를 중지하라고 요구했다.17) 샌델이 중시하는 로버트 리 장군의 예화를 감안하면, 샌델은 아마도 남부연합기가 미국 남부의 역사적 공동체의 한 상징으로서 존속해야 한다는 의견을 견지할 것으로 예상된다. 설령 남부연합기가 남부 백인의 자랑이고 자부심이지만 동시에 노예제도와 인종차별의 또 다른 상징임이 공공연한 비밀이라고 해도 말이다.

중국 철학사를 보면, 공자는 아비가 양을 훔친 것을 관가에 고발했던 초나라 직궁을 불효자로 비판하였고,[18] 초나라 재상도 그 소년의 고발이 군주에게는 정직한 일이지만 아버지에 대해서는 옳지 않은 일이라고 판단하여 그 소년을 죽이라고 명령했다. 또한 공자는 적과 교전하면서 무려 세 번이나 도망친 노나라의 변장자가 자기가 죽으면 자기 부모를 봉양할 사람이 없어서 그랬다는 말을 듣고 효자라고 칭찬하고 중앙에 천거까지 했다. 그러나 결국 초나라에서는 불법과 부정을 저지르는 자를 관가에 고발하는 사람이 없어졌고, 노나라에서는 전쟁에 나가면 도망가는 자가 속출했다는 한비자의 비판도 있다.[19] 한비자는 국가 이익의 실현과 개인 의무의 이행(가족 중심의 윤리) 간의 갈등에 주목하고, 가족 중심의 윤리에 기반한 유가의 덕치를 비판하고 국가 중심의 법치로 나아갈 길을 마련했다고 볼 수 있다.

2) 방법론적 반중립주의와 실질적 견해 사이의 괴리

샌델의 철학적 방법론에 관련된 또 다른 문제로는 방법론적 반중립주의와 실질적 견해 사이의 괴리 문제가 있다. 그간 『정의란 무엇인가』에서 샌델의 정의관이 과연 정확히 무엇인지 모르겠다는 세간의 푸념이 많았다. 그러한 이유 중의 하나는 샌델의 정의관이 8강 "누가 어떤 자격을 가졌는가?/아리스토텔레스", 9강 "우리는 서로에게 어떤 의무를 지는가?/충직 딜레마", 그리고 10강 "정의와 공동선"에서 분산되어 논의되고 있기 때문에 일목요연하게 이해하기 어렵다는 것이다. 다른 하나의 이유는 샌델의 정의론의 기반이 되는 두 축인 공동체주의와 공화주의에 대한 논의가 『정의란 무엇인가』에서 일사불란하게 논의되지 않고 있다는 것이다. 공동체주의적 정의관은 『정의란 무엇인가』 9강 중 "공동체의 요구"와 10강 중 "공동선의 정치"에서 피력되고 있다. 그러나 샌델 정의관의 또 다른 축인 아리스토텔레스적 공화주의, 즉 시민은 자신에 속하는 공화정 속에서 좋은 삶에 대한 가치관을 형성함과 아울러 정치에 참여하고, 또 자기에게 주어진 직책과 직무에서의 의무를 다하는 덕성을 함양하고 발휘한다는 생각은 『정의란 무엇인가』 8강에서 공화주의란 명칭이 사용되지 않은 가운데 논의되고 있다. 공화주의의 본격적인 논의는 『민주주의의 불만』(1996) 5장, 7장, 10장에서 개진되고 있기 때문에 『정의란 무엇인가』를 통해 한눈에 이해하기도 어렵다.

   샌델의 정의관이 구체적으로 무엇인지 파악하기 어렵다는 세간의 불평은 방법론적 반중립주의와 실질적 견해 사이의 괴리 문제 때문이기도 하다. 자유주의의 중립성 논변은 자유주의는 좋은 삶에 대한 상이한 견해를 피력하는 포괄적인 도덕적, 종교적 교설들 사이에서 중립을 지켜야 하며, 국가도 역시 그러해야만 한다는 것이다. 포괄적인 도덕적, 종교적 교설들 사이의 중립성을 추구하는 정치적 자유주의 혹은 최소주의적 자유주의를 비판하기 위해서,[20] 샌델은 여러 가지 사례들을 동원하고 있다. 즉 낙태, 줄기세포, 동성혼 논란 등이 그것들이다. 여기서는 이러한 사례들에 대한 구체적인 논의가 중요한 것이 아니고 이러한 사례들을 다루는 샌델의 방법론적 논변과 실질적 견해 사이의 괴리 문제가 주안점이다. 샌델은 낙태 논쟁에 관련해서 자유주의가 그 논쟁을 도덕적, 종교적으로 끌고 가지 말고 중립과 선택의 자유를 바탕으로 해결하자고 주장하는 것은 모순이라고 파악한다. 즉 샌델은 자유주의의 중립성 논변이 태아는 수정 순간 인간으로 간주해야 한다는 태아의 도덕적 지위에 관한 가톨릭의 입장을 틀렸다고 가정하는 것과 마찬가지라고 설파한다.

   그러나 샌델은 자유주의의 중립성 논변의 가정과 실상이 파헤쳐졌다고 해서 "낙태 금지에 찬성한다는 뜻은 아니다. 단지 중립성과 선택의 자유만으로는 낙태 권리를 인정하는 근거로 충분하지 않다는 것이다"라고 자신의 입장을 명백히 밝히고 있다.21) 그렇다면 도대체 샌델의 입장은 과연 무엇이란 말인가? 샌델의 낙태에 대한 실질적 견해는 자유주의적인 선택의 자유를 지지하는 입장(pro-choice)일 것이다. 그러나 샌델의 방법론적 반중립성 논변은 그러한 입장이 생명 옹호(pro-life)의 입장을 공론장 영역에서 일방적으로 배제하는 것에 불과하므로 공정치 못하다는 것이다. 그렇다면 샌델은 낙태 논쟁에서 실질적으로는 선택의 자유를 지지하지만, 방법론적으로는 생명을 옹호하는 입장이다. 그러나 샌델의 방법론적 주장이 워낙 강력하기 때문에 실질적 입장을 잠식할 수밖에 없을 것이다. 철학자들은 아마도 이러한 샌델의 정의론의 방법론적 특성을 이해할 수 있을 것이다. 그러나 일반 독자들과 학생들은 모두 낙태, 줄기세포, 동성혼에 관련해서 샌델이 낙태 반대, 줄기세포 사용 연구 및 의료 시술 반대, 동성혼 반대로 알고 있다.

이러한 샌델의 입장은 일종의 철학적 자아분열(schizophrenia)일지도 모른다.22) 샌델은 여러 문제들에서 자유주의와 실질적 견해를 같이하지만,23) 방법론적으로는 자유주의의 허위적 중립성을 폭로함으로써 자신의 날카로운 비판적 식견을 만천하에 알리려는 공동체주의적 야망 때문에 자아분열 상태에 도달한 것인지도 모른다. 낙태, 줄기세포, 동성혼 논란 모두에서 샌델의 방법론적 입장과 실질적 입장은 역시 자아분열적이다. 줄기세포도 『정의란 무엇인가』(2009)에서는 방법론적으로 인정하지 못한다고 주장했지만,24) 그보다 앞에 나온 『생명의 윤리를 말하다: 유전학적으로 완벽해지려는 인간에 대한 반론』(2007)에서는 법률의 제약 하에 줄기세포 연구를 허용하자는 입장을 표명했다.25)

2015년 2월 26일 미국 연방대법원은 동성혼에 관해서 역사적인 결정을 내렸다. 동성혼은 합헌이므로 미 50개주 전역에서 허용해야 한다는 판결이었다.26) 자유주의적 중립성으로는 동성혼을 옹호할 수 없다고 주장하면서 방법론적으로 동성혼을 반대하는 샌델은 이제 자신의 실질적 견해를 밝혀야만 한다. 만약 방법론적 반중립주의와 실질적 견해 사이에 자아분열이 있다면 자아분열을 봉합하고 치유하여 일이관지(一以貫之)하는 일관적인 인간으로 거듭나야 한다. 일관적이기 위해서는, 방법론적인 반중립성 논변을 방법론적 절차로 볼 수 있고, 실질적 견해를 방법론적 절차로부터 도출되는 실질적 내용으로 보는 방식도 생각해보아야 한다. 이러한 관점에서 샌델의 방법론적 절차와 실질적 내용은 화합되지 못하므로 그 모순을 해결해야 일관적이 될 수 있다. 샌델은 「절차적 공화정과 무연고적 자아(The Procedural Republic and the Unencumbered Self)」(1984)와 자신의 주저 『민주주의의 불만』(1996) 제1부 "절차적 공화정의 헌법"에서 자유민주주의의 절차와 내용에 대해서 동시에 비판한 바 있다.27)

특히 롤스의 정치적 자유주의 혹은 최소주의적 자유주의는 좋은 삶의 목적에 대한 중립성을 통해 사회적 갈등을 해결하려는 절차적 공화정인데, 거기서 도출되는 것은 결국 무연고적 자아에 불과하다고 샌델은 신랄하게 비판한다. 그러나 샌델은 자유주의가 방법론적 절차와 거기서 도출되는 실질적 내용에서는 일관적이라는 점을 깊이 인지하지 못했다. 그리고 롤스가 분류했던, 완전 절차적 정의(perfect procedural justice), 불완전 절차적 정의(imperfect procedural justice), 순수 절차적 정의(pure procedural justice)에서 샌델은 자신의 정의관은 아직 불완전 절차적 정의의 수준에 머물고 있다는 점도 자인해야 할 것이다.28) 롤스는 자신의 정의관이 순수 절차적 정의라고 생각한다.29) 롤스는 정의의 원칙들이 도출되는 원초적 입장을 공정성(fairness)이 보장되는 배경적 상황으로 만듦으로써 도출되는 정의의 원칙들도 공정하다는 의미에서 자신의 정의관을 "공정성으로서의 정의관(justice as fairness)"이라고 명명했다.30) 미안하지만 샌델의 정의관의 방법론과 결론 도출 체계는 여럿이 마구 떠드는 것과 같은 중구난방(衆口難防)이며, 주먹구구식이라고밖에 말할 수 없다. 샌델의 방법론적인 반중립주의는 결국 모든 포괄적인 도덕적,

종교적 교설들을 공론장 영역에 등장시킨다는 것인데, 그들 사이의 이론적 상충과 사회적 갈등은 무슨 수로 해결하며 그들의 견해 중 어떤 것이 "진리성"을 가지고 있다고 평가할 것인가?[31]

그렇다면 샌델은 "낙태 금지에 찬성한다는 뜻은 아니다"라는 자신의 실질적 견해를 어떻게 논증할 것인가? 여기서 샌델이 택할 수 있는 길은 두 가지이지만 결국 딜레마에 봉착하고 만다. 만약 자유주의의 중립성 논변을 사용한다면 자신이 비판하는 자유주의의 방법론을 사용하는 것이므로 모순적이다. 그러나 만약 반중립성 논변을 사용한다면 자신의 실질적 견해를 옹호하지 못한다. 자신의 실질적 견해인 낙태 찬성이 자유주의에 근거하지 않는다면 그 근거는 당연히 개인적인 도덕적 신념이거나 아니면 포괄적인 종교적 교설일 것이다. 그런데 반중립성 논변에 따르면 모든 주장들이 공론장 영역에 등장해야 한다. 그러나 샌델은 이러한 자신의 신념과 교설이 지지하는 낙태 찬성은 수정부터 인간이라는 가톨릭의 종교적 교설과 모순 관계에 봉착한다는 사실을 인지해야만 한다. 이 경우 낙태에 관련해서 어떠한 합의에도 도달하지 못하는 교착 상태에 빠지게 된다. 이것은 롤스가 주장하는 현대사회의 "다원주의의 사실(the fact of pluralism)" 중의 하나다. 우리가 많은 중대한 판단을 내릴 때 우리는 양심적이고 합리적인 사람들이 심지어 자유로운 토론을 벌이고 나서도 동일한 결론을 얻기 어렵다는 "판단의 부담(the burdens of judgement)"을 고려에 넣어야 한다.[32] 샌델은 반중립적 공론장이 "상호 존중의 토대를 약화시키기는커녕 오히려 강화시킬 수 있다"고 주장한다.[33] 여기서 샌델이 상호 존중을 말하는 것은 지나친 감이 있다. 상호 이해라면 모를까 합의에 도달할 수 없는 서로 다른 포괄적인 도덕적, 종교적 신념을 가진 사람들이 어떻게 상호 존중을 할 수 있을까? 샌델은 제대로 된 설명도 없이 최근에 등장하고 있는 숙의 혹은 심의 민주주의(deliberative democracy)를 옹호하는 듯한 발언을 하면서, 숙의 민주주의가 다원민주사회에 대한 대응책으로서 롤스의 정치적 자유주의보다 다

원민주주의를 더 잘 수용한다고 주장한다.[34]

그러나 이러한 샌델의 주장은 말도 안 되는 어불성설(語不成說)이다. 그 이유는 샌델의 주장은 다원주의를 해결하는 것이 아니라 다시 롤스가 규정하는 다원주의의 사실로 귀착할 뿐이기 때문이다. 롤스는 다원주의의 사실 중 가장 중요한 것은 다양한 포괄적인 종교적, 도덕적, 철학적 교설들이 서로 상충하는 혹은 불가통약적인 인생의 의의, 가치와 목적에 대한 신조들을 개진하는 것으로서 근대 민주주의 사회의 영속적인 특색이라고 지적한다.[35] 샌델은 여기로, 처음으로 다시 돌아온 것일 뿐이다. 이것은 마치 꼬리를 물고 있는 뱀의 형상이다. 이러한 형상은 그 유명한 상징인 우로보로스(ouroboros, tail-devouring snake)가 아닌가? 물론 우로보로스에는 종말이 발단이 되는 우주의 심원한 순환적 영겁회귀의 윤회사상과 끝나지 않는 영원성을 상징하는 의미도 있으나, 여기서는 결과적 순환논증에 비유한 것뿐이다.[36]

논리학적 용어로 말하면 샌델의 논증은 현대 다원민주사회의 해결책의 관점에서 볼 때 결과적으로 "순환논증(circular reasoning, *circulus in demonstrando*)"의 오류일 뿐이다.[37] 물론 샌델이 의도적으로 논증의 결론 자체를 전제의 일부로 사용하는 순환논증을 전개했다기보다는, 문제의 해결책이라고 논증하는 것이 결과적으로 문제의 시발점으로 다시 돌아왔다는 것을 의미하는 것이다. 또한 샌델은 여기서 "단순 공동체주의자의 딜레마(simple communitarian dilemma)"의 두 번째 뿔에 봉착한다. 만약 가치에 대한 사회적 의미가 현재 공동체가 가지고 있는 분배적 관행과 제도에 의거하고 있다면, 그러한 사회적 의미는 보수적인 것으로 비판적 원칙으로 작동할 수 없다. 만약 가치에 대한 사회적 의미가 공동체의 현재 관행과 제도에 의거하지 않고 그러한 의미를 통해서 관행과 제도를 비판할 수 있다면, 그러한 가치가 정당하다는 것을 공동체주의적 가치론에 의해서 어떻게 알 수 있는가? 또한 이 딜레마의 두 번째 뿔은 가치가 하나가 아니고 서로 경쟁하는 가치들인 경우로 재구성될 수 있다. 이때도 역시 공동체주의적 방법론은 전혀 손을 쓸 수 없다. 그 것들 중에 어떤 것이 참이라고 가려낼 수 있는가? 그리고 어떤 합의에 어떻게 도달할 수 있을 것인가?38) 샌델도 이러한 우려를 전혀 하지 않고 있는 것은 아니다. 그러나 결국 무시하고 있다: "숙의적인 존중 방식 이 어떤 경우에든 합의를 이끌어내거나 심지어 타인의 도덕적, 종교적 신념을 이해하는 경우로 이어진다고 보장할 수 없다. 도덕적 교설이나 종교적 교설에 의해서 더 많은 것을 알게 되면 그것을 덜 좋아하는 결 과가 발생할 가능성은 늘 존재한다."39) 이러한 우려는 현실적으로 아주 심각한 것이다. 단순 공동체주의자의 딜레마의 두 번째 뿔은 아노미 (anomie)적 상황을 초래한다. 프랑스 사회학자 에밀 뒤르켐(Emile Durkheim)은 아노미가 "문자적으로는 '무규범'을 뜻하지만, 더 일반적 으로는 적절한 규범에 대해서 실질적인 불일치가 존재하는 사회의 상태 를 말한다"고 명백히 서술했다.40)

샌델은 자신의 출세작 『자유주의와 정의의 한계』(1982)에서 전개한 롤스의 정의론에 대한 비판의 핵심 개념인 무연고적 자아(unencum-bered self)가 롤스의 정의론에서의 도덕적 주체의 빈약성을 단적으로 드 러내는 것이라고 낙인을 찍고 더할 나위 없이 득의만면했다. 그러나 그 러는 가운데 자신의 정의론도 방법론과 실질적 견해 사이에서의 분열적 자아(schizophrenic self)라는 낙인이 찍히게 될 것을 정녕 몰랐단 말인 가?41) 오호 통재라! 샌델은 도대체 누구를 위해서 자유주의의 중립성 논 변에 대해서 그렇게 슬픈 조종(弔鐘)을 울려댔단 말인가? 그 슬픈 조종 이 자기를 위해서 울려댈 수도 있음을 정녕 몰랐단 말인가?

3) 충직의 의무와 가족기업과 네포티즘의 문제

충직의 의무의 가장 기본적인 가족 의무가 기반이 된 경제는 가족 경 영을 옹호하는 듯이 보인다. 미국과 유럽에서 오랜 전통을 가진 가족 경영 회사들은 가족 간의 신뢰와 아울러 가족들이 오랜 기간을 통해 검증된 능력을 바탕으로 경영에 참가하여 임원이 되므로 그 고유한 기업정신과 장인정신, 그리고 오랜 기업 전통을 유지하며 장수하고 있는 것이 사실이다. 예를 들면 맥가이버 칼로 유명한 스위스 기업 '빅토리녹스', 벨기에 맥주회사 '인베브', 오스트리아 보석 기업 '스와로브스키', 미국 화장품 기업 '에스티로더', 프랑스 패션명품 기업 '에르메스', 미국 오토바이 제조사 '할리데이비슨', 프랑스 포도주 회사 '샤토 드 글랭', 일본 여관업 '호시료칸', 미국 유대인 금융회사 '로스차일드' 등이 있다.42) 그러나 가족 경영은 아직 기업을 이끌 능력과 자격이 안 되면서 기업을 승계한 가족 임원들로 말미암아 기업이 파산하거나 남에게 넘어가는 결과를 낳기도 한다. 한국의 가족기업 경영은 대기업과 재벌들의 부당한 기업 관행과 불투명한 경영으로 비판을 받으면서 족벌 경영, 세습 경영 등으로 폄하되기도 했다.

2014년 12월 떠들썩했던 대한항공 땅콩 회항 사건을 두고, 재벌 2, 3세들이 능력과 자격의 검증도 없이 20, 30대에 임원이 되어 공과 사를 무시하면서, 못할 행위가 없고 불가능한 것이 없는 무소불위(無所不爲), 무소불능(無所不能)의 한심한 작태를 보이는 것에 대해 국민들은 매우 분노하고 있다. 사회적 지도층이나 경제적 최상층이라면 사회적 직책과 신분에 걸맞은, 노블레스 오블리주(noblesse oblige)로부터 나오는 처신을 보여주어야 할 것이다. 그렇지 않다면 재벌 2, 3세들은 노블레스 말라드(noblesse malade), 즉 경제 최상층이지만 병들고 부패한 귀족일 뿐이라는 비판을 받아 마땅하다. 아시아 신흥 공업국가들의 경제성장을 예찬하던 서구인들이 1997년 외환위기로 그 나라들의 경제가 휘청거리자 모든 책임을 그 나라들에서 만연한 부정부패와 정경 유착, 족벌 경영 때문이라고 분석하고, 그것은 결국 사사로운 정이나 관계에 이끌리는 정실 자본주의(crony capitalism)라고 비난하였다.43) 크로니는 정실, 족벌, 패거리, 연고를 의미하며 한국의 재벌이나 일본의 계열 따위의 족벌 경영과 정경 유착의 경제체제를 말한다.

우리나라의 경우 가족기업 경영에 기반하는 여러 재벌기업들, 즉 삼성그룹, 롯데그룹, 두산그룹, 동아제약, 오양수산, 대웅제약, 대한항공 등이 세계적인 기업으로 발전했고, 우리나라 경제발전에 기여한 것을 부인할 수는 없을 것이다. 그러나 충분한 회사 주식 지분을 갖지 않고 일군의 회사들을 지배하는 재벌의 회사 및 경영 지배 구조, 재벌 2, 3세들이 충분히 오랫동안 경업수업을 받지 않고 경영에 참가하는 문제, 정당한 상속세와 양도세를 지불하지 않고 이루어지는 가족기업의 세습과 승계와 지속 가능성 문제, 유산 배분과 소유 지분에 대한 싸움으로 불거지는 가족 간 반목의 문제, 그리고 제품 가격, 거래 조건 등에서 계열회사에 특혜를 주는 부당한 내부 거래로 말미암아 다른 기업과의 경쟁을 저해하는 반경쟁적 태도를 유발함으로써 발생하는 기업의 번영과 경쟁력 문제 등이 엄연히 존재하고 있다.[44]

2015년 여름을 뜨겁게 달구었던 "국민을 우롱하는 롯데그룹 일가(一家)의 막장 극(劇)"은 우리나라 재벌기업의 현주소를 적나라하게 보여주고 있다. 창업주와 그 아들들, 그리고 친족들이 벌이는 무책임한 저가 폭로전은 가뜩이나 더운 여름을 견디기 어렵게 만들고 있다.[45] 다른 재벌들과 마찬가지로 롯데그룹도 순환출자를 통해 작은 지분으로 경영권을 행사하고 있는 것으로 여겨진다.[46] 우리나라 재벌들은 언제나 정당한 지배구조를 가지면서 경제정의를 실천할 수 있을 것인지 참으로 한심한 일이다.

이러한 여러 문제들을 감안할 때 고(故) 유일한 유한양행 창업주의 "기업은 가족 아닌 민족의 것"이라는 언명은 매우 신선하게 다가온다. 유한양행에는 창업주의 가족과 친인척이 한 명도 없다고 한다. 그러므로 유일한 창업주는 회사를 가족이 아닌 전문 경영인에게 물려주었다. 그리고 국세청에서 세무감찰 조사를 했을 때도 단돈 1원도 탈세가 없어서, 이런 기업도 있구나 하며 다들 놀랐다는 것이다. 유일한 창업주는

1993년 종업원 지주제를 도입하였고, 죽었을 때 전 재산을 공익 신탁에 기부하였다고 하니, 그는 가히 참 기업인이었으며, 재벌이었지만 정도(正道)를 걸었던 사람이라고 존경하지 않을 수 없다.[47]

정치 영역에서 충직의 의무는 권력자가 자기의 친족에게 관직이나 지위를 주는 네포티즘(nepotism), 즉 친척 편중, 동족 등용을 야기한다. 이 용어는 10세기에서 14세기 사이에 로마 교황이 자기의 사생아를 네포스(nepos), 곧 조카라고 하여 중용한 데에서 유래하였다.[48] 그리고 샌델이 중시하는 충직의 의무는 정치 영역과 경제 영역을 통합적으로 보아 정치계와 경제계가 자신의 이익을 얻으려고 서로 유착하는 것을 방지하기 위해서 두 분야를 분리하는 "정경 분리"도 불가능하게 만든다. 양 영역에 있는 사람들이 서로 가족이나 친족 관계라면 충직의 의무는 정경 유착을 통해 가족의 이익과 유대, 그리고 영향력을 증대시키려고 할 것이기 때문이다. 샌델은 『정의란 무엇인가』 7강 "소수집단 우대정책 논쟁"에서 동문 자녀 특례입학이나 기여입학제를 반대했지만,[49] 9강 "우리는 서로에게 어떤 의무를 지는가?/충직 딜레마"에서는 보편적인 도덕 법칙을 뛰어넘어 가족 간의 유대를 우선시하는 충직의 의무를 우선시했다. 그렇다면 샌델은 동문 자녀 특례입학이나 기여입학제를 완전히 배척할 수만은 없을 것이다. 결국 『정의란 무엇인가』 7강과 9강은 상호 모순되는 입장에 있다고 해야 할 것이다.

4) 샌델의 자유주의 중립성 비판과 롤스의 정치적 자유주의

본서 제2장 4절 9)항 "9강. 우리는 서로에게 어떤 의무를 지는가?/충직 딜레마"의 "요약"에서 언급한 것처럼, 샌델은 9강 말미의 "정의와 좋은 삶"을 다룬 부분에서 다양한 삶의 방식 사이에서 중립을 지켜야 한다는 자유주의적 중립성 논변을 비판한다. 샌델은 다음과 같이 주장한다.[50]

"민주시민에게 공적 영역에 들어갈 때는 도덕적, 종교적 신념을 내놓으라고 주문한다면 관용과 상호 존중을 보장하는 것으로 보일 수도 있다. 그러나 현실은 그 반대다. 가능하지도 않은 중립을 가장한 채 중요한 공적 문제를 결정하는 행위는 반발과 분노를 일으키는 지름길이다. 중요한 도덕적 문제에 개입하지 않는 정치는 시민의 삶을 메마르게 한다. 그런 정치는 편협하고 배타적인 도덕주의로 흐르기 십상이다. 그러나 자유주의자들이 건드리기 두려워하는 곳에는 근본주의자들이 몰려든다."

그러나 미국처럼 현대 다원민주사회에서는 최선의 삶에 관해 서로 다른 의견을 보이기 마련이다. 샌델도 인정하는 것처럼 "자유주의 정치론은 정치와 법이 도덕적, 종교적 논란에 휩쓸리는 일을 막기 위해 탄생했다."51) 위 인용문에서 보는 것 같은 샌델의 주장은 자유민주주의적 사회의 기본적 실상을 무시한 논변이다. 샌델은 공적 영역에서의 중립성이 반발과 분노를 일으키는 지름길이라고 하지만, 가능하지도 않은 최선의 삶과 종교적 견해에 대한 합의를 통해 사회적 안정과 번영을 유지하려는 것이 가당치도 않은 것이다. 오히려 공적 영역에서 하나의 특정한 도덕적 가치관과 종교적 견해에 의거한 최선의 삶이 강요될 때, 그러한 반발과 분노가 일어나는 지름길로 보아야 할 것이다. 따라서 그러한 최선의 삶이 강요될 때, 정치는 시민의 삶을 메마르게 하고, 편협하고 배타적인 도덕주의로 흐르게 한다고 보아야 한다.

자유주의의 중립성은 아무런 가치도 존재하지 않는 빈 공간은 아니며 사회적 안정과 번영을 위한 배경적 도덕을 가지고 있다. 롤스는 중립성을 주장하는 자유주의가 목적에서의 공동적 기반과 중립성을 추구하기는 하지만, 그의 정치적 자유주의는 여전히 어떤 형태의 도덕적 성격의 우월성과 일정한 도덕적 덕목들을 권장하고 있다고 강조한다. 즉, 공정성으로서의 정의는 특정한 정치적 덕목들, "시민성"과 "관용"의 덕목과 같은 "공정한 사회적 협동"의 덕목, 선의 맹목적 추구를 제약하는 "합당성"과 "공정심"과 같은 덕목들을 요구한다는 것이다.52) 또한 자유주의의 중립성은 자유주의의 기본적인 신조인 공사 영역의 구분(the distintion between the private and the public sphere)에 의거하고 있다. 교회와 국가, 정치와 경제, 그리고 사적 영역과 공적 영역의 구분은 근대 자유주의의 공헌이며 유산이다.53) 우선 자유주의에서는 가족과 국가가 구분됨으로써 세습 왕정이 종식되었다. 그리고 사적 영역과 공적 영역의 구분을 통해 자유주의 사회에서는 다음과 같은 구별이 가능하게 되었다. 자유주의 사회에서 모든 사람은 사적 영역에서 개인적, 가족적 영역과 종교 활동 등 각종 자발적인 결사체의 영역에서 활동하면서도 사생활인 프라이버시(privacy)를 보장받음과 아울러 공적 영역에서 정치적, 사회적, 경제적 제도에 시민의 일원으로서 참여하고 활동한다. 샌델의 도덕적, 종교적 신념을 공적 영역에 유입시키라는 주장은 이러한 공사 영역의 구분을 훼손한다. 그렇다면 롤스는 자신의 정치적 자유주의에서는 그 구분을 어떻게 견지하고 있는지를 살펴보기로 하자.

롤스의 『정의론』에서 정당화 방법론은 합리적 선택이론에 의거해서 원초적 입장으로부터 정의원칙을 도출하는 과정인 계약론적 정당화(contractarian justification)와 도출된 정의원칙과 우리의 특수한 도덕적 신념과 배경적 사회이론들 사이의 반성적 평형(reflective equilibrium)인 정합론적 정당화(coherence justification)로 이루어진다.54) 그런데 정치적 자유주의에서는 정치적 정의관이 합당한 포괄적인 종교적, 철학적, 도덕적 교설들 사이의 중첩적 합의의 대상이 된다는 것이 더욱 중요한 정당화다. 이러한 중첩적 합의의 가능성과 지속 가능성은 질서정연한 사회에서 다양한 가치관을 가진 구성원들 사이에서의 사회적 안정성 확보라는 시금석에 의해서 판정된다. 중첩적 합의와 안정성을 통한 정당화는 결국 사회구성원들의 공적 이성(public reason)을 통한 "공공적 정당화의 기반(public basis of justification)"을 마련하는 것이다.55) 롤스는

"민주주의 문화의 합당한 다원주의의 사실을 감안해볼 때, 정치적 자유주의의 목표는 근본적인 정치적 문제에 관한 합당한 공공적 정당화의 기반이 가능한 조건을 드러내는 것이다"라고 말한다.56) 정치적 자유주의에서 중대한 과제의 하나는 정당화 방법론에 관계되는 원초적 입장과 반성적 평형, 그리고 공적 이성을 통한 중첩적 합의와 그 공공적 정당화가 총괄적인 체계로서 일목요연하게 제시되어 이해되는 일이다.57)

이러한 제시에서 가장 중요한 것은 롤스의 정치적 정의관이 두 단계로 구성된다는 것이다.58) 우선 제1단계에서는 정치적 정의관이 사회의 기본구조에 대한 자유입지적 견해로서 제시된다. 따라서 정치적 정의관은 민주주의적 정치문화에 내재한 근본적인 신념들로부터 출발한다. 그러한 신념들을 모형화하는 "원초적 입장"을 통해서 정의의 원칙을 도출하는 "정치적 구성주의"와 그러한 원칙과 우리의 숙고적 판단과 배경적인 사회적 사실과의 "광역적인 반성적 평형(wide reflective equilibrium)"이 정당화의 두 축이 된다. 제2단계에서는 도출된 정치적 정의관이 합당한 다원민주사회인 질서정연한 사회에서 시민들의 중첩적 합의를 통한 사회적 통합과 안정성을 보장할 수 있는지가 정당화의 관건이다. 공공적 정당화는 자유로운 공적 이성의 개념을 통해서 제1단계의 정당화와 제2단계의 정당화의 배경으로 자리 잡고 있다. 제1단계에서는 원초적 입장에서의 무지의 장막 등 "합당성(the reasonable)"의 조건과 광역적인 반성적 평형을 가능케 하는 "충분한 숙고(due reflection)"의 개념을 통해서, 그리고 제2단계에서는 중첩적 합의를 가능케 하는 공공적 토론에서 상대방이 납득할 수 있는 이유와 근거를 제시할 수 있는 이성적 능력 등을 통해서 자유로운 공적 이성이 발휘된다.59)

공적 이성은 우리가 정의의 원칙을 도출할 때, 어떤 "탐구 지침"과 "공공적으로 인정된 규칙"이 필요하다는 것을 말한다. 그러므로 어떤 정의관이 효과적이고도 진정하게 합의된 정의관이 되기 위해서는 사적인 이해관계나 도덕과 종교 등 포괄적인 가치관을 반영하는 비공적 이성(nonpublic reason)이 사용되어서는 안 된다.60) 공적 이성의 내용은 기본적 구조에 대한 정의의 원칙과 그러한 원칙이 타당하게 적용되는지 여부, 그리고 그러한 원칙을 실현할 수 있는 법과 정책을 판정할 수 있는 탐구의 지침, 추론의 원칙과 증거의 규칙들이다.61) 또한 공적 이성은 국가 공권력이 근본적인 정치적 안건에 관련해서 정당하게 사용될 수 있는 "자유주의적 합법성의 원리(the liberal principle of legitimacy)"를 규정한다.62)

5) 기독교 근본주의의 대두와 자유주의에의 책임 전가

우리가 바로 앞의 제3장 2절 4)항 "샌델의 자유주의의 중립성 비판과 롤스의 정치적 자유주의"에서 인용한 것처럼, 샌델은 "자유주의자들이 건드리기 두려워하는 곳에는 근본주의자들이 몰려든다"고 주장한다.63) 여기서 샌델은 근본주의자들(fundamentalists)이 자유주의의 중립성으로부터 발생했다고 주장하고 있다. 즉 자유주의가 최선의 삶의 양식에 대한 가치담지적 도덕과 종교로부터 중립을 지킴으로써 생기는 공백에 근본주의자들이 몰려든다는 것이다. 그러나 이러한 샌델의 주장은 문제가 있다. 오히려 자유주의는 근본주의적인, 즉 배타적이고 불관용적인 종교들 사이의 반목과 갈등, 그리고 전쟁으로부터 오는 사회적 불안정과 공포를 불식시키기 위한 관용과 상호 존중의 정신에 기반하여 탄생한 것으로 인정해야 한다. 근본주의자들은 편협하고 배타적인 종교와 도덕을 주장하는 자들로서, 그들은 자유주의의 중립성이 남긴 공백 때문에 생긴 것이 아니고, 자유주의에 대한 직접적이고도 반역사적인 반동으로서 전근대적 신앙 행태를 유지하려는 시대착오적 억견 때문에 발생한 것이다. 따라서 샌델의 주장은 "마차를 말 앞에 놓는 격(put the cart before the horse)"으로 본말이 전도된 "잘못된 인과추론의 오류(the fallacy of faulty cause and effect)"라고 하지 않을 수 없다.64) 샌델 자신도

"정치적 자유주의의 공공철학이 이러한 경향[근본주의자들의 대두]에 전적으로 책임이 있다고 말할 수는 없다"고 인정한다.[65)

만약 자유주의의 중립성으로부터 오는 공백이 설령 샌델이 주장하는 미덕 추구적 정의관과 공동체주의적인 최선의 삶의 양식에 의해서 채워진다고 하더라도 근본주의자들이 생겨나는 것을 막지는 못할 것이다. 그들은 자신들이 신봉하는 유형의 기독교 근본주의(Christian fundamentalism)가 수용되지 못한다면 샌델식의 공동체주의 사회에 대해서도 비판을 금치 않을 것이다. 그렇다면 샌델은 자신이 구축하기를 원하는 사회 속에서 기독교 근본주의를 말살시킬 것인가? 아니면 그대로 둘 것인가? 아니면 더 나아가서 증진시킬 것인가? 샌델은 공적 영역에서 포괄적인 종교적 교설에 기반한 정치적 주장이 진작되어야 한다고 역설하고 있으므로, 샌델이 기독교 근본주의의 대두에 일말의 책임이 있다는 비판을 회피하긴 어려울 것이다. 일종의 정치의 종교화 혹은 종교의 정치화 운동인 근본주의는 세속화에 대한 사회정치적 저항을 통해 "종교의 사유화 혹은 사적 영역으로의 주변화를 거부하고 공적 영역으로서의 시민사회로 복귀하여 사회정치적 영향력을 장악"하려는 데 그 목표가 있다. 그러나 이러한 근본주의 운동이 지닌 "정치적 지향 내지는 정치권력과의 동맹이 오히려 근본주의의 종교 지향을 왜곡하고, 동시에 종교를 내적 모순에 빠지게 하므로 정치와 종교의 결합은 정치에는 물론 종교에도 치명적인 것이 된다."[66) 기독교 근본주의는 기독교가 사적 영역에 속한다는 주장 자체를 악의 체제로 보고 극복해야 할 과제로 여긴다. 근본주의의 목적은 자신들의 광신적 신앙을 사적 영역뿐만 아니라 공적 영역 전체로 확대하려는 "신정정치에의 욕구다. 따라서 근본주의는 현대 민주사회에 중세를 회복시키려는 권력에의 의지요 욕구라고 볼 수 있다."[67)

미국에서 대표적인 기독교 근본주의는 기독교 우파 단체인 '도덕적 다수(Moral Majority)'의 대표였던 제리 폴웰(Jerry Falwell) 목사가 주창한 것이었다.68) 기독교 우파(Christian Right) 혹은 기독교 보수주의는 미국에서는 복음주의 기독교인들을 정치세력화하기 위한 초교파적 사회운동으로서 기독교 근본주의도 그중의 하나다. 기독교 근본주의는 19세기 말에서 20세기 초부터 영국과 미국의 보수적 복음주의 신학자들이 자유주의 신학에 반대하면서 주창한 기독교 신학 사조를 말한다. 또한 이슬람 근본주의처럼 신학이나 종교에서 전통적인 교리를 고수하며 다른 종교는 물론 그 종교 자체의 개혁적인 변화에도 반대하는 사조를 나타내는 말로 사용되고 있다.69) 기독교 근본주의는 엄밀하게 보면 자유주의 철학의 중립성으로부터 파생하는 공백으로부터 발생했다기보다는 가치담지적인 자유주의 신학에 대한 반대로부터 발생했다고 보는 편이 더 옳을 것이다. 자유주의 신학(Liberal Theory)은 18세기 계몽주의의 영향을 받아 등장한 기독교 신학 사조를 말한다. 자유주의 신학은 기독교의 교조적 정통주의를 비판하고 진보주의, 인간중심주의, 개인주의를 신봉하면서 성서의 권위로부터의 자유와 인간의 이성의 우위를 주장하였다. 따라서 성서도 글자 그대로 사건 그대로 이해하기보다는 인간 이성에 기반한 과학과 심리학, 그리고 철학 등으로 해명하려고 노력하였다.70)

'도덕적 다수'는 로널드 레이건(Ronald Reagan) 대통령이 집권하던 1980년대 기독교 우파에서 큰 영향력을 행사했던 보수주의 단체로 성경을 문자 그대로 해석할 것을 주장하며, 기본적으로 진화론과 공산주의에 반대하며, "낙태 반대, 동성애자들의 시민권 인정 반대, 학교 내 기도 부활, 당시 인종차별이 존재하던 남아프리카공화국에 대한 지지, 국방비 증액 요구, 공화당 내 보수인사 경제정책 지지, 사회복지 예산 증액 반대 등"을 주장하였다. 폴웰은 논란의 여지가 있는 발언을 여러 차례 하기도 했다. 1999년 2월에는 텔레토비의 보라돌이가 동성애자를 상징하기 때문에 아이들에게 해가 된다는 웃지 못할 궤변을 늘어놓기도 했으며, 2001년 9·11 직후에는 그와 같은 테러가 미국에 일어난 것은 이교도들, 낙태 옹호자들, 페미니스트들, 동성애자들, 포르노그래피 등 때문이라는 발언과 함께 "미국이 타락하여 하나님이 보우하시는 손길을 거두셨다는 주장"도 한 바 있다.71) 제리 폴웰 목사가 주도했던 단체 '도덕적 다수'는 1979년에 창립되었다. 그러나 공화당 레이건 대통령의 두 번의 임기(1981. 1-1989. 1)가 끝나자 미국의 상황은 레이건 대통령이 임기를 시작한 시절처럼 미국이 도덕적 파산 상태라는 '도덕적 다수'의 주장이 더 이상 먹혀들지 않았다. 따라서 '도덕적 다수'는 더 이상 헌금과 기부금을 내는 사람들이 없자 쇠락의 길을 걷다가 1989년에 해산되었다. 이러한 점을 보면 자유주의가 비자유주의적 종교와 신조라도 합당하지 않은 포괄적인 종교적 교설로 보아, 좋게 말하면 중립적으로, 나쁘게 말하면 배제적으로 다루기보다는 종교와 사상의 자유시장론(free trade in ideas) 혹은 사상의 공개시장론(the open market of ideas)에 맡겨 그 존폐를 결정하는 것이 옳을 것이다.72)

본서 제2장 4절 3)항 "3강. 우리는 우리 자신을 소유하는가?/자유지상주의"의 "해제와 비판"에서 언급했던 영화 「래리 플린트(Larry Flynt)」는 '래리 플린트 대 제리 폴웰 사건'을 다루고 있다. 래리 플린트가 자신의 잡지 『허슬러(*Hustler*)』에 제리 폴웰 목사가 어릴 때 어머니와 근친상간을 했다는 풍자 광고를 싣자 제리 폴웰 목사는 래리 플린트를 명예훼손죄로 고소한다. 이에 래리 플린트 또한 맞고소를 한다. 이 사건의 논란의 와중에서 미국의 주요 언론사들은 표현의 자유를 위해 래리 플린트의 『허슬러』를 지지하였다. 최종 판결은 래리 플랜트의 승소로 "공중의 이해와 관심이 집중된 사안에 대해 사상과 의견의 자유로운 소통을 보장하기 위해 '수정헌법' 제1조와 제14조는 공무원과 공적 인물이 자신을 풍자하는 만화 광고를 이유로 고의로 불법행위의 책임을 부과하는 것을 인정치 아니한다"는 것이었다.73)

6) 정치 영역에서 종교 개입의 문제

샌델이 『정의란 무엇인가』 7강 이후 10강까지 연이어 주장하고 있는 것처럼, 정치 영역에 좋은 삶의 가치와 그것과 밀접한 연관을 가진 종교적 견해가 개입하게 되면 자유주의의 유산인 정교분리(the separation of church and state)를 훼손하게 되며, 미국 '수정헌법' 제1조를 위배하게 된다.[74] '수정헌법' 제1조는 "종교, 언론 및 출판의 자유와 집회 및 청원의 권리"로서 "연방의회는 국교를 정하거나 또는 자유로운 신앙 행위를 금지하는 법률을 제정할 수 없다. 또한 언론, 출판의 자유나 국민이 평화로이 집회할 수 있는 권리 및 불만 사항의 구제를 위하여 정부에게 청원할 수 있는 권리를 제한하는 법률을 제정할 수 없다"는 것이다. '수정헌법' 제1조를 위배하게 되는 이유는, 도덕적, 종교적 신념을 정치 영역에 도입하게 되면 다원민주사회에서는 포괄적인 가치관을 가진 도덕과 종교들 사이에 이견이 생기기 마련인데, 그 이견을 해소하기 위해서 다수의 지배적인 종교가 정치적 결정을 주도하게 됨으로써 야기되는 강압과 배타성과 불관용 때문이다. 롤스가 정치적 자유주의에서 주장하는 것처럼 공적 영역에서 도덕적, 종교적 신념을 내려놓으라고 주문하는 것은 관용과 상호 존중, 그리고 중첩적 합의를 보장하기 위한 것이다.[75]

미국 '수정헌법' 제1조는 유럽 계몽주의 전통의 영향을 받은 것이다. 17세기 전반기에 전 유럽을 전쟁의 소용돌이 속으로 몰아갔던 30년 전쟁, 즉 1618-1648년 독일을 무대로 신교(프로테스탄트)와 구교(가톨릭) 간에 벌어진 최후 최대의 종교전쟁을 거치면서 유럽인들은 그 참혹함을 직시하고 종교 간, 그리고 종교를 기반으로 하는 정치세력 간의 공존을 모색했다. 이것은 계몽주의자들에 의해서 종교와 국가에 대한 시민적 자유의 개념까지 포괄하는 관용(톨레랑스, tolérance)으로 발전하였고, 이 계몽주의적 정교분리론이 미국의 '수정헌법' 제1조에 의해서 최초로 법제화된 것이었다. 정교분리 원칙은 "국가가 특정한, 특히 소수 종파들을 제약해서는 안 되고, 특정 종교(특히 가톨릭과 개신교 다수파)가 국가를 통제해서도 안 되고, 국가 및 종교로부터 시민 개개인의 종교의 자유 혹은 비종교의 자유가 침해되어서는 안 된다는 것이다."76) 한국의 헌법 제20조 2항에도 "국교는 인정되지 아니하며, 종교와 정치는 분리된다"고 명시되어 있다. 이러한 자유주의의 정교분리의 원칙은 피로 쓴 공포의 역사로부터 배운 것이다.77)

그럼에도 불구하고 샌델은 정치 영역에 종교를 개입시키고자 노력하고 있다. 이것은 역사로부터 배우지 못하는 근시안적 편협의 소치이며, 동시에 시대착오적인 것이다. 샌델은 하버드대학교 '정의' 강좌나 『정의란 무엇인가』에서 등장하는 사상가들의 원전을 발췌한 『정의: 독본 (*Justice: A Reader*)』(2007)에 존 로크(John Locke)의 『관용에 관한 편지』 (1689)와 볼테르(Voltaire)의 『관용론』(1763)의 발췌본을 등재하고 자신도 읽고 '정의' 강좌를 수강하는 하버드 학생들도 읽도록 해야 할 것이다. 로크가 그 편지를 쓴 이유는 영국과 유럽 전역에서 지속된 전쟁과 내란의 주요 원인이 종교계의 정치적 개입과 종교적 관용의 부재에 있다고 보았기 때문이다. 볼테르는 관용정신 없이는 인류의 발전도 문명의 진보도 있을 수 없다고 굳게 믿고, 종교적 광신주의에 대항하여 평생투쟁했던 것이다.78) 롤스는 종교재판(the Inquisition)을 예를 들면서 자유주의의 유래는 종교개혁 이후 형성된 관용의 원칙이라고 천명한다. 어떤 하나의 포괄적인 교설의 정치적 실행은 오직 국가 권력의 억압적인 사용을 통해서만 유지할 수 있다는 것이다.79) 설령 포괄적 교설이 자연적으로 널리 수용되고 있다고 하더라도 그것은 결국 시민들의 자유를 억압하거나 질식시키는 방향으로 전락하고 만다는 것이다.80) 대표적인 포괄적 교설의 하나인 종교는 종교 자체를 비판할 권리를 인정하지 않는 경우가 많다. 이슬람 풍자소설 『악마의 시(*The Satanic Verses*)』를 써서 1989년 이란 지도자 호메이니로부터 사형선고를 받고 도피생활을 한 살만 루시디(Salman Rushdie)의 경우가 단적인 예가 될 것이다. 비록

1998년 영국과 이란의 외무장관의 합의로 사형선고가 철회되기는 했지만 루시디에 대한 위협이 완전히 사라진 것은 아니다. 이슬람 사회의 경우는 종교 비판과 관련하여 전근대적인 양상을 보이고 있는 것이 사실이지만, 서구나 동양의 종교들의 경우에 있어서도 종교 비판에 관련하여 근대적인 관용의 입장이 아직 완전히 수용되지 못하고 있다.

7) 도덕에 개입하는 정치와 도덕의 입법화 문제

도덕에 개입하는 정치는 역시 미국 '수정헌법' 제1조에 위배될 수 있다. 샌델은 의무와 권리를 규정하는 정의의 원칙이 좋은 삶을 규정하는 여러 도덕적 개념 사이에서 중립을 지켜야 한다는 자유주의적 정의관을 비판한다. 그렇다면 샌델이 주장하는 "도덕에 개입하는 정치(A Politics of Moral Engagement)"란 과연 무엇인가?[81] 아마도 정치인의 부도덕성과 부정부패에 대한 시민의 도덕적 고발은 충분히 용인될 수 있고 장려될 수 있을 것이다. 그러나 샌델의 공동체주의적 정의관이 도덕에 개입하는 정치는 다음 두 가지 유형일 것이다. 하나는 도덕의 입법화다. 다른 하나는 의무 이상의 행위 문제다. 여기서는 도덕의 입법화 문제를 다루고, 다음 항에서는 의무 이상의 문제를 다루기로 하자. 도덕법의 문제는 『정의란 무엇인가』 3강 "우리는 우리 자신을 소유하는가?/자유지상주의"에서 샌델이 언급한 것이다: "도덕법. 자유지상주의자들은 법이라는 강압적인 힘을 이용해 미덕을 권장하거나 다수의 도덕적 신념을 표현하는 행위에 반대한다. 매춘은 많은 사람에게 도덕적으로 못마땅한 행위겠지만, 그렇다고 성인들의 합의로 이루어지는 매춘을 법으로 금지하는 것은 옳지 않다. 사회구성원 다수가 동성애를 반대할지라도 게이나 레즈비언에게서 성 상대자를 고를 권리를 법으로 박탈하는 것은 옳지 않다."[82] 그리고 샌델은 『정의란 무엇인가』 1강에서도 "도덕을 법으로 규정한다는 발상은 자유주의 사회 시민들이 보기에, 자칫 배타적이

고 강압적인 상황을 불러올 수 있는 경악할 만한 발상이다"라고 인정한다.[83]

그럼에도 불구하고 샌델은 도덕법에 대한 자유지상주의자들과 자유주의자들의 입장에 반대하면서 좋은 삶과 공동선의 정치에서 공동체주의적 도덕을 정치에 개입시키려 한다. 그러나 이것은 언론과 출판과 표현의 자유를 보장한 미국 '수정헌법' 제1조에 위배된다. 우리가 본서 제2장 4절 3)항 "3강. 우리는 우리 자신을 소유하는가?/자유지상주의"의 "해제와 비판"에서 언급한 것처럼 포르노 잡지 『허슬러』를 창간한 래리 플린트가 결국 '수정헌법' 제1조에 의거하여 『허슬러』를 헌법 합치로 인정받은 사건을 상기해보자. 롤스의 정치적 자유주의의 관점에서 보면 샌델이 주장하는 도덕은 "포괄적인 종교적, 철학적, 도덕적 교설"이다. 포괄적인 교설들은 인간의 삶과 가치와 인격적 덕목과 성격의 이상들과 우정, 가족관계, 결사체적 관계 등 인생 전반에 대한 비정치적 이상을 포함한다. 이러한 교설들을 정치 영역에 수용할 수 없는 것은 현대의 다원민주사회에서 기본적 정의의 문제들에 대한 충분한 중첩적 합의를 이끌어낼 수 없다는 데 있다.[84] 또한 종교에 관련하여 언급했지만, 어떤 하나의 포괄적인 교설은 오직 국가 권력의 억압적인 사용을 통해서만 유지할 수 있다는 것이다. 롤스가 들고 있는 포괄적인 교설의 예로는 플라톤과 아리스토텔레스, 어거스틴과 토마스 아퀴나스의 학설, 완전주의, 공리주의, 헤겔의 관념론과 마르크시즘, 그리고 칸트와 밀의 자유주의, 가톨릭과 개신교 등이다.[85]

2015년 2월 26일 우리나라 헌법재판소가 간통죄를 7 대 2로 위헌이라고 판결하여 62년 만에 폐지한 것을 도덕법의 관점에서 보면, 개인의 행위에 대해서 국가가 도덕적 판단을 통해 관여하고 개입할 일이 아니라는 것이 주요한 이유였다. 즉 혼인과 가정의 유지는 국가가 형벌로 강제할 수 없다는 것이다. 간통죄는 성적(性的) 자기결정권과 사생활의 비밀과 자유를 침해하였으므로 위헌이라는 것이 가장 중대한 이유다. 성적 자기결정권은 성적인 취향과 행동, 대상을 개개인이 스스로 결정할 수 있는 권리로서 헌법이 보장한 인격권과 행복추구권에 포함된 권리로 이해되어야 한다. 그리고 결혼과 성에 관한 국민 의식이 변했고, 세계적으로 간통죄가 폐지되는 추세라는 점도 감안되었다. 간통의 문제는 이와 같이 국가가 개입하지 못하고, 개인이 이혼이나 손해배상 청구 등을 통해 형사사건이 아니라 민사사건의 차원에서 해결해야 한다는 것이다. 합헌을 주장한 2명의 판사들의 소수 의견은 간통죄의 폐지가 성도덕의 최소한을 붕괴시켜 성도덕의 전반적인 하향을 가져올 뿐만 아니라 혼인 관계에서 오는 책임감과 가정의 소중함보다 사생활의 자유만이 앞세워져 수많은 가족 공동체가 붕괴될 것이라고 우려를 나타냈다.[86] 헌법재판소의 간통죄 위헌 판결을 우리의 논의와 연관시켜보면 가족 공동체의 존속보다는 개인의 성적 자기결정권을 우선시한 것으로 평가할 수 있을 것이다. 즉 간통죄에 관련하여 공동체주의적 입장보다는 자유지상주의적 입장이 우선시되고 있다: "도덕법. 자유지상주의자들은 법이라는 강압적인 힘을 이용해 미덕을 권장하거나 다수의 도덕적 신념을 표현하는 행위에 반대한다."[87]

간통죄의 위헌 판결에 즈음하여 우리나라에서는 성적 자기결정권이 어디까지 적용될 수 있는지가 논란이 되고 있다. 혼인빙자간음죄(2009년 위헌 판결)와 간통죄가 위헌이라면 성매매처벌법은 어떻게 될 것인가가 세간의 관심사다. 그 사안은 2015년 중 헌법재판소가 심리해서 연내에 결정된다고 한다. 성매매 여성들의 직업 선택에 관련하여 그것이 직업 선택의 자유라는 주장과 그것은 자유로운 선택이라기보다는 경제적 이유에서 성매매를 선택했다면 사회적 불평등이 만들어낸 강요된 비자발적 선택이라는 주장도 만만치 않다. 아무튼 이러한 헌법재판소의 위헌 결정은 갑자기 나온 것이 아니라, 1997년 동성동본 금혼제에 대한 헌법불일치 결정이 예고편이었다고 해석할 수 있다.[88] 우리나라의 이러한 상황들을 보면 헌재의 위헌 결정은 개인의 자기운명결정권, 성적 자기결정권을 중시하는 추세이므로 자유주의, 더 명확히는 자유지상주의적 입장을 옹호하는 것으로 평가될 수 있다.[89] 샌델도 옳게 지적했듯이, "오늘날의 정치에서, 미덕 이론은 흔히 문화적 보수주의, 종교적으로 우파와 동일시된다. 도덕을 법으로 규정한다는 발상은 자유주의 사회 시민들이 보기에, 자칫 배타적이고 강압적인 상황을 불러올 수 있는 경악할 만한 발상이다."[90]

8) 도덕에 개입하는 정치와 의무 이상의 행위

도덕에 개입하는 정치의 다른 유형은 "의무 이상의 행위(supererogatory act)"를 일상적 도덕으로 만든 것이다. 샌델은 "시민의식, 희생, 봉사"를 공동선의 정치에서 제1항이라고 밝혔다.[91] 그는 징병제적 군 복무와 그것을 대체할 수 있다고 인정되는 "평화봉사단(Peace Corps)", "미국봉사단(AmeriCorps)", "미국을 교육하자(Teach for America)" 등 사회봉사활동을 중시한다. 그래서 징병제적 군 복무와 사회봉사활동은 "시민의 의무"이며, "모든 시민은 나라에 봉사할 의무가 있다"고 강조한다.[92] 그러나 샌델은 미국에서 "국가적 봉사를 의무화하자는 더욱 과감한 제안은 정치권에서 설 자리를 찾지 못했다"고 지적한다.[93] 이러한 샌델의 주장은 의무 이상의 행위를 일상적 의무로 만드는 결과를 가져온다.[94] 의무 이상의 행위와 공동 희생에 기반하는 공동체주의적 도덕은 지고지선(至高至善)하기는 하지만 현실적으로 실행 불가능하다는 비판을 피하지 못한다. 그것을 가능하게 하기 위해서는 오직 국가 권력의 억압적 사용을 통해서 해야 한다.[95] 이러한 관점에서 보면 샌델의 공동체주의적 도덕은 지나치게 요구하는 것이 많고 높은 것(too demanding)이 사실이다. 이러한 비판은 "최대 다수의 최대 행복"을 극대화(maximization)하려는 공리주의에 대해서도 전개되어왔다. 공리주의는 항상 최대 행복이 극대화되도록 힘써야 하므로 의무 이상의 요구는 따로 없고 항상 그렇게 극대화해야만 하는 것이 의무라는 것이다.96) 샌델이 공리주의에 대해서 이러한 비판을 전개하고 있지는 않지만, 샌델이 비판하는 공리주의와 동일한 비판을 받게 된 것은 아이러니라고 아니할 수 없다.

샌델도 의무 이상의 행위의 관점에서 오는 이러한 비판에 대해서 심각하게 인식하고 있다.97)

"나의 주장을 마무리 지으려면 한 가지 강력한 대응을 생각하지 않을 수 없다. 출처는 자유주의 쪽이지만 철학적 대응이 아니라 실제적인 대응이다. 간단히 말하면 내가 너무 많은 것을 요구한다는 것이다. 우리의 사생활에서 구성적 애착을 모색하는 것과 공공생활에서 구성적 애착을 모색하는 것은 다르다. 사적 생활에서는 가족과 친구 집단을 비롯해 단단하게 결속된 집단 속에서 공동선을 찾을 수 있다. 그러나 공공생활에서는 얘기가 달라진다. 민족국가가 주요한 정치연합의 형태인 경우 구성적 공동체라는 말은 정치가 아니라 어두운 정치를 암시할 가능성이 높다. 도덕적 다수파들의 반향 속에서 권리를 우선시해야 한다는 논리는 철학적 결함에도 불구하고 여전히 희망으로 자리 잡고 있다."98)

9) 도덕의 입법화와 선한 사마리아인의 법

도덕의 입법화의 또 다른 유형은 의무 이상의 행위를 입법화한 "선한 사마리아인의 법(the Good Samaritan law)"이다. 선한 사마리아인은 『신약성경』「누가복음」 10장 30-37절에서 유래한 것이다. 강도를 만나 반죽음을 당한 행인을 보고 그 당시 사회의 상류층인 제사장과 레위인은 그냥 지나가나, 유대인들에게 멸시당하고 사는 사마리아인만이 그 사람을 구했다. 그래서 예수께서 선한 사마리아인을 진정한 이웃이라고 언급하고, 너희도 가서 그렇게 이웃을 사랑하라고 말씀하셨다. "선한 사마리아인의 법"은 부상을 당하거나 위급한 지경이 있는 사람에게 합리적 조력을 제공하는 구조자에게 법적인 보호를 제공하기 위해서 제정된 것이다. 이러한 법적인 보호는 도움을 주려는 목격자가 위급한 지경에 처한 사람을 구조하는 과정에서 피구조자에게 의도하지 않았던 부상이나 잘못된 죽음을 야기함으로써 고소를 당하거나 처벌을 받는 것이 두려워 도움을 주기를 망설이는 것을 없애기 위한 것이다.99)

더 나아가서 "선한 사마리아인의 법"은 위험에 처한 사람을 구조하는 과정에서 자신이 위험에 빠지지 않는 상황인데도 불구하고 구조 불이행 (Failure-to-Rescue)을 저지른 사람을 처벌하는 법이기도 하다. 구조 불이행은 법적으로는 구조거부죄 혹은 불구조죄라고 한다. 이 법이 적용되는 나라는 미국, 영국, 프랑스, 오스트레일리아, 캐나다, 독일, 스위스, 핀란드, 이스라엘, 일본, 중국 등이다. 영국의 황태자비 다이애나가 교통사고를 당했을 때 도와주지 않고 사진만 찍은 파파라치가 이 법에 의해 징역 5년의 처벌을 받았다고 한다. 이러한 "선한 사마리아인의 법"은 찬반양론이 첨예하게 대립하는 사안이기도 하다.100) "선한 사마리아인의 법"은 기본적으로 곤경과 위험에 처한 사람을 외면해서는 안 된다는 도덕적 고려가 입법화된 것이다. 그러나 법과 도덕은 별개라는 입장에서 법이 도덕의 영역에 간섭해서는 안 되고 개인의 자율적 판단에 맡겨야 한다는 반론도 만만치 않다. 즉 법은 도덕의 최소한인데, 그러한 도덕을 모두 법으로 강제한다는 것은 문제가 있다는 반론이다.101)

샌델이 공동체의 연대와 시민의식과 공동의 희생정신을 고양시키자고 소리 높여 주창하는 것을 감안하면, 샌델의 공동체주의적 도덕은 "선한 사마리아인 법"을 반대할 리가 없다고 생각한다.102) 이미 언급한 것처럼, 샌델은 징병제적 군 복무와 여러 사회봉사활동 등 국가적 봉사를 법적으로 의무화하자는 매우 강한 주장을 내세우고 있다. "선한 사마리아인 법"도 기본적으로는 의무 이상의 행위를 일상적 의무로 만든다는 점에서 샌델이 국가를 위한 희생정신을 강조한 것과 일맥상통한다.103)

그렇다면 샌델은 미국 대부분의 주에서 실시되고 있는 "선한 사마리아인의 법"보다는 더 강한 입법을 요구할 것으로 생각된다. 그러나 "선한 사마리아인의 법"이 무분별하게 적용되면 도덕적 문제가 법으로 강제되어 법률의 도덕화가 진행될 것이므로 개인의 자유가 침해될 가능성이 농후할 수도 있다. "선한 사마리아인의 법"의 단계를 의무 이상의 행위의 관점에서 보면, 첫째 단계는 위급한 지경에 있는 사람을 조력자가 구하다가 예기치 않은 피해를 입혔을 경우 면책을 해주는 단계다. 둘째 단계는 위급한 지경에 처한 사람을 자신이 아무런 피해도 없이 구할 수 있는 상황인데도 구하지 않은 경우에 처벌하는 단계다. 셋째 단계는 "선한 사마리아인의 법"이 제정되어 있지 않은 상황에서 위급한 지경에 처한 사람을 돕다가 의도하지 않았던 부상이나 죽음을 야기할 수 있는 경우에도 조력을 해야 한다고 주장하는 단계다. 샌델이 국가에 대한 시민의 희생정신을 강조하는 것을 보면, 다른 시민에 대해서도 희생정신을 발휘할 것을 요구할 것으로 보인다. 그렇다면 샌델은 "선한 사마리아인의 법"의 3단계 모두를 수용할 것으로 보인다.

우리나라에서는 응급환자에게 응급처지를 하다가 본의 아닌 과실로 인해 사망에 이르게 했거나 손해를 입힌 경우 민형사상의 책임을 감경 또는 면제한다는 "응급의료에 관한 법률"(구호자보호법)이 2008년 6월 13일 개정되면서 "선한 사마리아인의 법"이 도입되었고, 2008년 12월 14일부터 시행되었다.[104] 우리나라의 경우는 외면과 부작위에 대한 처벌 규정은 없고 선한 취지를 장려하기 위한 면책 규정이라는 점에서 다른 나라의 선한 사마리아인의 법과는 차이가 있다.

우리나라에서 본격적인 선한 사마리아인의 법이라고 해석될 수도 있는 "수상에서의 수색·구조 등에 관한 법률"(수상구조법)이 국회를 통과해 2016년 1월부터 시행된다고 국민안전처가 밝혔다. 이 법은 선박 사고를 낸 선장, 승무원뿐만 아니라 사고를 당했거나 혼자 조난한 선박의 승무원도 승객 구조 조치를 하도록 규정하고 있다. 현행 수난구호법이 선박 사고를 낸 가해 선박 선장과 승무원에게만 구조 의무를 규정했으나, 새 수상구조법은 세월호 참사 이후 후속 입법의 하나로 피해 선박이나 홀로 조난한 선박의 선장과 승무원에게도 승객 구조 의무를 규정했다. 세월호 참사 때 구조에 동참하지 않고 현장을 떠난 이준석 선장은 현행 수난구조법으로 처벌할 수가 없어 과실치사죄가 적용되었다. 앞으로 조난 사실을 신고하지 않거나 조난 현장에서 구조 의무를 하지 않은 선장과 승무원은 사고 책임 여부와 관계없이 7년 이하의 징역 또는 5천만 원 이하 벌금형을 받게 되고, 구조 의무를 하지 않아 사망자가 발생한 경우는 3년 이상 징역형으로 엄히 처벌을 받게 된다.105)

엄밀하게 보면 조난당한 배의 승객이 다른 승객을 구한다면 그것은 의무 이상의 행위로서 선한 사마리아인처럼 도덕적으로 숭앙을 받을 수 있을 것이다. 그러나 만약 승객도 다른 승객을 구하도록 규정하는 입법이 통과된다면 그것은 "선한 사마리아인의 법"이라고 할 수 있을 것이다. 새로 통과한 수상구조법은 선박 사고를 낸 가해자의 선박과 승무원에게만 적용되었던 승객 구조 의무를 피해 선박이나 홀로 조난한 선박의 선장과 승무원에게도 승객 구조 의무를 확대 적용한 것이다. 그 확대 적용은 선장과 승무원의 의무 이상의 행위를 입법화한 것일까? 아니면 피해 선박이나 홀로 조난한 선박의 경우 지금까지 적절하게 명시되지 못했던 선장과 승무원의 사회적 직책에 따른 책무를 명시한 것일까? 세월호 참사를 넋 나간 듯 망연자실하게, 분노하면서, 슬프게 목도한 우리나라 대부분의 사람들은 아마도 후자가 더 타당한 해석이라고 생각할 것이다.

우리 국민 모두의 이러한 법 감정에 부응하는 판결이 사필귀정처럼 내려졌다. 대법원은 세월호 이준석(70) 선장에게 살인죄를 적용해 무기징역을 선고한 원심을 확정했다. 2015년 11월 12일 대법원은 "배에서 포괄적, 절대적 권한을 가진 이씨가 대피, 퇴선 명령을 내렸다면 상당수 피해자들이 탈출할 수 있었을 것"이라면서, "승객들이 익사할 수밖에 없다는 점을 예상하고서도 이씨가 선장의 역할을 의식적으로 포기했기 때문에 살인의 고의(故意)가 있었다고 봐야 한다"고 설명했다. 이번 판결은 "인명사고에서 구조 조치, 의무를 다하지 않았다는 이유로 '부작위(不作爲)에 의한 살인죄'를 인정한 사법사상 첫 사례다. 부작위에 의한 살인죄는 대부분 계획적으로 범죄를 저지르는 과정에서 피해자를 방치해 사망하게 한 경우에나 적용됐다." 부작위에 의한 살인죄는 "국민의 안전을 책임지는 사람에게 높은 수준의 책임감을 요구하는 판결이라는 점에서 의미를 갖는다"고 할 수 있다. 그래서 세월호 이준석 선장에게는 부작위에 의한 살인죄로 무기징역이, 선원 14명에게는 수난구조법 위반 등 혐의로 징역 1년 6개월에서 12년(1등 항해사 강모씨)이 확정되었다. 이번 대법원 판결에서 가장 큰 쟁점은 이 선장에게 (우리가 본서 제2장 4절 1)항 트롤리 문제에서 다루었던 것처럼) 살인의 미필적 고의가 있었다고 볼 수 있느냐였다. 1심인 광주지법 형사 11부는 살인의 미필적 고의를 인정할 수 없다고 판단했으나 2심인 광주고법 형사 5부는 살인의 미필적 고의를 인정했다. 대법원은 2심 판결을 받아들여서 최종 판결을 내렸다. 이번 대법원 판결은 살인의 미필적 고의 문제가 부작위에 의한 살인 문제와 결부되어 있는 사안에 관하여 사법사상 첫 판결이 내려진 것이므로 주목해야 할 부분이다.106)

10) 샌델의 어부지리적 논변과 최종 입장의 모호성

샌델은 『정의란 무엇인가』 2강, 3강, 4강, 5강, 6강에서 공리주의와 자유주의의 두 입장을 비판하면서 아리스토텔레스적인 미덕 추구와 공동체주의적 정의관을 통해서 비판하지 않고 앞의 두 입장이 서로 비판하도록 하는 어부지리적 상호 공멸 작전을 취한다. 그러나 이러한 어부지리 전략 때문에 전반적으로 여러 사례에서 샌델은 정의가 무엇인가를 시원하게 밝히기보다는 관련된 논란만을 언급한 뒤 두 입장을 비판하고 끝냄으로써 그의 입장이 무엇인지 모호하다는 세간의 불평과 구설수가 많았다. 물론 혹자는 샌델이 『정의란 무엇인가』에서 원용하고 있는 소크라테스적 문답법이나 산파술이 원래 그러한 것이라고 치부하면서 샌델에게는 잘못이 없다고 변호할 수 있다. 샌델 자신도 소크라테스처럼 해답보다는 질문을 가르쳤고, 처음부터 최종 입장을 드러내어 옹호하기보다는 거기에 도달하기 위해서 필요한 논박과 추론 과정을 중시하면서 『정의란 무엇인가』를 집필했다고 안위할 수도 있다.

그러나 샌델의 『정의란 무엇인가』의 전체적 논증을 보면, 그는 『정의란 무엇인가』 1강부터 자신의 입장을 드러냈으며, 6강과 7강을 거쳐 8강, 9강, 10강에 이르기까지는 정의가 미덕을 추구하고 도덕적 자격과 응분을 포상하는 것이라는 주장을 강하게 피력했다. 그러나 샌델 스스로 그러한 안위 가능성을 말하고 있는 것도 사실이다. 샌델 자신의 해명은 "한국의 독자들이 내 책과 강의에 매력을 느꼈다면, 그 이유는 내가 결정적인 답을 제시해서라기보다는, 우리들이 직면하고 있는 가장 어려운 도덕적 질문에 대해 함께 생각하고자 정중한 태도와 상호 존중의 정신으로 독자와 청중을 초대했기 때문일 것이다. 나는 그러한 공개담론에 대한 깊은 열망을 한국에서 발견한다"는 것이다.107) 샌델은 『정의란 무엇인가』는 "사상의 역사가 아닌 도덕적, 철학적 사고를 여행한다"고 지적한다.108) 또한 샌델은 "나는 한국의 독자들과 청중들이 자기발견이라는 철학적 여행을 나와 함께했음을 느꼈다"고 지적한다.109)

샌델 자신의 최종적 정의관은 10강에서 적시되고 구체화되며, 8강의 아리스토텔레스적 정의관과 9강 충직의 의무를 통해 자신의 입장을 점차적으로 강화한다. 그러나 그 이전에서는 공리주의의 개인 권리 침해는 자유주의를 통해서 비판되고,110) 자유지상주의의 자기소유권은 칸트에 의해서 비판되며,111) 롤스를 통해 자유지상주의가 비판되고,112) 롤스의 공평 자유주의는 평등주의의 악몽과 삶의 불공평성에 관련해 능력위주 사회와 자유지상주의를 통해 비판된다.113) 이 무슨 편리한 책략이란 말인가? 샌델의 최종 입장에 대한 모호성 문제는 여기서 끝나는 것이 아니고 본서 제3장 2절 13)항 "아리스토텔레스적 능력주의와 공동선의 정치 사이의 모순"과 14)항 "도덕적 응분과 공동체주의적 자아관의 불일치"에서 보게 되는 것처럼 샌델 정의론의 체계에서의 내부적 불일치 문제로 이행된다.

11) 샌델의 공동체주의의 한계 인정과 그 극복 가능성

샌델은 『정의란 무엇인가』 7강 이후 10강까지는 양대 반대 진영인 공리주의와 자유주의에 대해서 도덕적 응분과 자격(moral desert), 그리고 정의와 좋은 삶의 밀접한 관계, 좋은 삶에 대한 정치적 중립의 불가능성이라는 관점에서 비판하고 있다. 물론 샌델이 자신의 입장의 한계와 단점을 밝히고 있지 않은 것은 아니다.114) 그러나 그러한 한계와 단점은 바로 극복된다. 아마도 가장 중요한 자인은 미덕 추구적 정의관은 현대사회에 적합하지 않은 고대적 정의관으로서 좋은 삶과 공동선을 강요하는 "강압과 배타성"이 우려된다는 점이다.115)

샌델의 논변 중 '자유주의 대 공동체주의 논쟁'의 관점에서 솔직한 심정을 피력한 것은 뒤에서 다룰 인용문과 같다. 여기서 샌델은 공동체주의의 과제도 제시하고 있다.116) 앞서 우리는 샌델이 미덕 추구와 도덕적 자격에 기반하는 공동체주의를 어떤 변증법적 조정이 아닌 직선적인 방식으로 옹호한다고 비판한 바 있다. 그러나 우리가 뒤에서 밝히게 될 샌델의 입장을 보면, 샌델은 고대적인 플라톤의 대화법과 문답법으로서의 변증법만이 아니라, 근대적인 헤겔의 변증법도 원용하고 있는 것으로 파악된다. 헤겔적인 의미에서 변증법은 실재하는 대립, 모순을 원동력으로 하여 변화, 발전하는 사물의 논리이자 또한 그와 같은 사물을 인식하기 위한 철학적 방법이다. 헤겔은 존재와 인식은 3단계적인 변증법적 발전 단계를 가진다고 주장했는데, 그것은 정(正, Thesis, 즉자(卽

自)), 반(反, Antithesis, 대자(對自)), 합(合, Synthesis, 즉자·대자(卽自·對自))의 3단계다. 정(正)의 단계는 사물과 그에 대한 인식에서 우선 그 본질이 파악되는 단계이지만 그것에 내재한 모순이 드러나지 않은 단계다. 반(反)의 단계는 그 모순이 적나라하게 드러나서 정과 반이 서로 대립되어 분열과 부정의 상황에 놓이게 된다. 합(合)의 단계는 정과 반의 대립이 종합 통일된 단계로서 정과 반의 두 개의 규정이 함께 부정되지만 한 단계 높은 차원에서 함께 긍정되어 다시 살아나서 통일되는 것이다. 이것이 바로 대립과 모순이 부정되지만 한 층 더 높은 단계에서 긍정되는 자기통일의 완성으로서의 지양(止揚, aufheben)이다.117)

헤겔 변증법을 '자유주의 대 공동체주의 논쟁'의 관점에서 보면, 정(正)의 단계는 자유주의적 개인주의의 단계로서 공동체가 경시됨으로써 모순이 잠복되고 있는 상황이다. 반(反)의 단계는 그러한 모순을 가진 자유주의를 공동체주의로 수정하려는 대립적인 입장이다. 그러나 공동체주의는 자칫하면 공동선의 전체적 구현을 위한 억압과 배타성으로 말미암아 개인적 자유를 훼손하기 십상이다. 그러므로 합(合)의 단계는 공동체의 도덕적 중요성이 인식되면서 동시에 인간의 자유가 보장되는 사회가 되는 것이다. 합의 단계를 어떻게 보아야 하는가에 대해서는 자유주의자들과 공동체주의자들의 이견이 남아 있지만, 서구 근현대 역사의 흐름에서 보면 공동체주의는 자유주의를 극복하거나 대체하려는 것이 아니라 자유주의를 수정하거나 보완하려는 입장으로 보아야 한다.

그렇다면 샌델은 헤겔의 변증법에 관련해서 자신의 공동체주의적 정체성을 어떻게 파악하고 있는지 아래 인용문을 살펴보자.118)

"롤스의 『정의론』이 미국의 자유주의에 공헌한 풍부한 철학적 발상을 제공한 지 10년이 지난 1980년대에, (나를 포함해) 수많은 비판자들이 자유로운 선택권을 가진, 방금 설명한 부담을 감수하지 않는 자아라는 이상을 수정했다. 이들은 권리를 선에 앞세우라는 요구를 거부하면서 목적과 애착에서 관심을 끊고 정의를 이성적으로만 생각할 수는 없다고 주장했다. 이들은 현대 자유주의를 비판하는 '공동체주의자'로 불렸다.

이들은 대개 공동체주의자라는 용어를 달가워하지 않는다. 특정 공동체가 규정하는 것은 무엇이든 정의가 될 수 있다는 상대론적 견해를 암시하는 느낌이 들기 때문이다. 그러나 이러한 우려는 중요한 문제 하나를 던진다. 공동체가 주는 부담은 억압적일 수 있다는 점이다. 자유주의자들이 말하는 자유는 카스트나 계급, 신분이나 서열, 관습이나 전통, 타고난 지위로 정해지는 운명을 인정하려는 정치론에 대한 해독제로 발전했다. 그렇다면 공동체의 도덕적 중요성을 인식하면서 동시에 인간의 자유를 인정하는 것이 가능한 일일까? 만약 인간은 자발적 존재라는 개념이 희박하다면, 만약 의무가 전부 우리 의지에서 나온 것이 아니라면, 어떻게 우리를 소속되어 있으면서도 자유로운 자아로 볼 수 있겠는가?"

과연 샌델의 이러한 자유주의적 공동체주의의 과제는 달성되었는가? 샌델은 자유주의에 비해 억압적인 함축성을 가지고 있는 공동체주의를 구제하기 위해서 공동체의 도덕적 중요성을 인정하면서도 동시에 인간의 자유를 인정하는 것이 가능하다고 주장한다.119) 따라서 우리는 "좋은 삶의 의미를 함께 고민하고, 으레 생기기 마련인 이견을 기꺼이 받아들이는 문화를 가꾸어야 한다."120) 또한 "도덕적 이견에 좀 더 적극적으로 개입한다면 상호 존중의 토대를 약화시키기는커녕 오히려 더 강화시킬 수 있다"고 역설한다.121) 이러한 샌델의 언명을 듣고 있으면 그의 입장이 마치 자유주의의 다원민주사회와 인간을 수단이 아니라 목적으로 대우하고 존중하라는 칸트의 제2 정언명령에 기반한 인권 옹호적 자유주의인 것처럼 보인다. 그러나 이것은 샌델의 진정한 본색은 아니고 다만 사이비(似而非)이고 허상에 불과할 따름이다.122) 샌델은 공적 영역에서의 자유주의적 중립성이 시민들의 반발과 분노를 일으키는 지름길이라고 하지만, 현대 다원민주사회에서 가능하지도 않은 최선의 삶과 종교적 견해에 대한 합의를 통해 사회적 안정과 번영을 유지하려는 것이 가당치도 않은 것이다. 오히려 공적 영역에서 하나의 특정한 도덕적 가치관과 종교적 견해에 의거한 최선의 삶이 강요될 때, 그러한 반발과 분노가 일어나는 지름길로 보아야 할 것이다. 따라서 그러한 최선의 삶이 강요될 때, 정치는 시민의 삶을 메마르게 하고, 편협하고 배타적인 도덕주의로 흐르게 한다고 보아야 한다. 과연 공동체주의가 관용의 정신을 중시하는 자유주의보다 사회적 이견을 더 잘 수용하고 상호 존중할 수 있단 말인가?

12) 샌델의 영광과 미덕 추구적 정의관과 그 비민주적 차별주의

샌델이 『정의란 무엇인가』 1강에서 들었던 상이군인훈장 논란의 예와 8강에서 들었던 고등학교 응원단원 캘리 스마트(Callie Smartt)와 골프선수 케이시 마틴(Casey Martin)의 예를 살펴보자. 상이군인훈장을 전쟁 노이로제에 걸린 나약한 병사들에 줄 수 없다는 미덕 추구적 시각은 2009년 미국 국방부가 상이군인훈장의 대상자는 전쟁에서 적에게 입은 부상을 당한 군인들에게 한한다고 발표한 것처럼 매우 배타적이고 편협한 시각이다. 이것은 전쟁 노이로제에 걸린 병사를 구타해 제2차 세계대전 중 사령관직에서 잠시 해임됐던 조지 패튼 장군(General George Patton)을 생각나게 한다.[123] 그렇다면 군인으로서의 미덕 추구를 중시하는 미국 국방부와 고위 군당국자들이 정말로 군인들에게 영광과 명예를 주는 사람들일까?

1960년에 시작하여 1976년 종료된 베트남 전쟁에서 한국은 미국 다음으로 많은 병력을 파병한 국가다. 미국은 베트남 전쟁이 시작된 1960년대부터 1971년 살포가 중지될 때까지 게릴라전 방지, 군수 보급로 차단, 군량미 생산 방지 등을 이유로 8,360만 리터의 고엽제를 베트남의 주요 작전 지역에 살포하였다. 이는 베트남 전 경작지의 10퍼센트, 전 산림의 30퍼센트에 달하는 면적이었다.[124] 우리 한국은 1964년 9월 의료진 파병을 시작으로 약 30만 명이 넘는 전투 병력을 베트남에 파견하였다. 그 과정에서 1만 6천 명의 사상자가 발생했으며, 많은 참전 군인들이 고엽제 피해 등의 후유증에 시달렸다. 1994년 국내 고엽제 피해자 35명이 미국 뉴욕 동부 지방법원에 다우케미컬 등 미 고엽제 제조회사 7곳을 상대로 손해배상 소송을 제기하였다. 그러나 1999년 4월 미국 뉴욕 동부 지방법원은 "인과관계가 없다"고 기각 판결을 내렸다. 1999년에는 1만 6천 명의 고엽제 피해자들이 고엽제 제조회사인 미국의 다우케미컬과 몬산토사를 상대로 5조 1,618억 원의 손해배상 소송을 제기하였다. 2006년 서울고법은 5,227명에게만 일부 승소 판결을 내렸으나, 대법원은 염소성 여드름 피해자 39명만 인정하고 5,188명은 "인과관계를 인정할 수 없다"며 사건을 서울고법으로 돌려냈다. 서울고법은 그 손해배상 청구소송의 파기 환송심에서 원고 패소 판결했다. 15년을 끌어온 고엽제 소송의 결말이 이러하다니 참혹한 심정이 들 뿐이다.[125]

우리나라는 '고엽제후유의증 환자지원 등에 관한 법률'이 1993년 2월 시행되어 한시적으로 적용되다가, 1997년 12월 14일 정식으로 제정되었다. 그 이후, 계속 일부 개정되어 2015년 1월 12일 대통령령으로 시행된 '고엽제후유의증 등 환자지원 및 단체설립에 관한 법률 시행령'은 명백한 고엽제 후유증 환자나 고엽제나 그 성분으로 인한 증상으로 의심되는 후유의증 환자에 대한 보상과 고엽제에 대한 연구에 필요한 사항을 정한 법률이다.[126] 고엽제 후유증 환자나 후유의증 환자로 등록한 자는 '참전유공자예우에 관한 법률'(1993년 12월 27일 제정)에 의거하여 참전 유공자로 등록한 것으로 간주되고 있다. 그뿐만 아니라 국내에서 병역을 마친 사병들의 경우도 고엽제 피해자임이 밝혀지고 있다. DMZ 일대의 우거진 수목 때문에 북한 간첩이나 공비의 침투가 쉽다고 우려한 주한미군은 1968년과 1969년에 연인원 3만 명의 사병들을 동원하여 고엽제 2만 1천 갤런(315드럼)을 살포했다. 국가보훈처는 DMZ 지역에서 근무한 군인 등의 고엽제 피해 인정 기간을 종전엔 최종 살포 일부터 12개월 후인 1970년 7월 31일까지만 인정했으나, 이후 1972년 1월 31일로 18개월 연장한다고 발표했다. 보훈처는 이번 개정으로 800여 명이 고엽제 후유증 환자로 새로 등록할 것으로 추정하고 있다. 보훈처 관계자는 "신성한 국방 의무 수행 중 발생한 질병으로 고통 받는 국민을 정부가 끝까지 보호해 국민들이 국가에 대한 자긍심을 가질 수 있도록 하겠다"고 밝혔다.127) 이 말대로 잘되기를 바라는 마음 간절하다.128) 샌델은 고엽제 문제에서 과연 어떠한 태도를 취할 것인지 궁금하다.

뇌성마비를 앓아 휠체어에 앉아서 응원할 수밖에 없었던 캘리 스마트는 일부 응원단원과 학부모들로부터 응원단원 자격이 없다는 분노를 자아냈다. 샌델은 그러한 "분노는 캘리가 자격도 없으면서 영광을 누린다는 생각에서 나왔을지 모른다"라고 옹호한다.129) 비차별의 원칙을 들고 나왔던 캘리 스마트에게 샌델은 그러나 "이 비차별 원칙도 큰 도움이 못 된다"고 단언한다.130) 다리가 불편한 프로 골퍼인 케이시 마틴은 경기 중 골프 카트를 이용하게 해달라고 요청했다. 그러나 대법원 판례가 7 대 2로 요청을 수락했음에도 불구하고, 골프계 일각에서는 끊임없는 반대가 제기되었다. 샌델은 이것은 "공정성 논란이라기보다는 영광과 인정(recognition)에 관한 논란"이라고 주장하면서 대법원 판결에 반대하는 듯한 태도를 보인다.131) 소수의 사회적 약자를 철저히 따돌리는 이러한 사례들을 통해서 보면 샌델의 미덕 추구적 정의관이 과연 도덕적 이견을 수용하고 상호 존중하는 입장이라고 생각할 수 있을까? 사회적 약자 한두 명을 응원단원과 프로 골퍼로 놔둔다고 해서 응원과 골프의 본질적 특성이 심각하고도 영구히 훼손되는 것도 아닌데, 관용적인 예외적 사례로 정녕 인정할 수 없단 말인가? 이것은 완벽주의도 너무 지나친 완벽주의다.

13) 아리스토텔레스적 능력주의와 공동선의 정치 사이의 모순

샌델의 분배적 정의의 기준은 인간의 능력과 자질, 그리고 우월성을 창출해내는 덕에 대해서 도덕적 응분과 자격을 주장하는 것이다.132) 그러나 샌델의 이러한 주장은 분배적 정의의 관점에서 볼 때 능력 위주 사회(meritocracy)를 지향하는 것처럼 보인다. 능력 위주 사회로 해석될 수 있는 것은 자유시장을 기반으로 하여, 법 앞의 기회균등을 인정하는 자연적 자유체제와 자유시장을 기반으로 하되 공정한 기회균등을 인정하는 자유주의적 평등 사회가 있다. 따라서 분배적 정의의 관점에서 보면 샌델의 입장은 위 두 입장과 구분이 모호한 것처럼 보인다. 샌델은 능력 위주 사회란 인간의 능력이 단순한 기회균등만이 아니라 공정한 기회균등을 통해 완전히 발휘되는 사회로서 "성공에 이르는 사회적, 경제적 장벽만 제거된다면 누구나 재능이 선사하는 포상을 받을 자격이 있다는 것이 능력 위주 사회의 기본적 전제"라고 밝힌다.133) 그러한 사회는 롤스가 말하는 공정한 기회균등을 인정하는 자유시장사회로서 자유주의적 평등 사회다. 샌델은 도덕적 응분은 아메리칸 드림의 배경적 신조라고 해석한다.134) 그러나 롤스는 아메리칸 드림은 "재능이 있으면 출세할 수 있다(careers open to talents)"는 신조를 견지하는 자연적 자유체제(natural liberty system)에서 실현되며, 법 앞의 평등과 자유시장경제를 전제로 하는 자유지상주의가 배경에 있다고 해석한다.135)

따라서 우리가 분배적 정의에서 아리스토텔레스적인 도덕적 응분과 자격을 인정해야 한다면 그 수혜자는 바로 경제적, 사회적 상층부 사람들일 것이다. 그런데 샌델은 10강 "정의와 공동선"에 설명한 "공동선의 정치", 3)항 "불평등, 연대, 시민의 미덕"에서 "미국인의 삶에서 불평등 심화를 걱정하는 더 중요한 … 이유는, 빈부 격차가 지나치면 민주시민에게 요구되는 연대의식을 약화시킨다는 사실이다"라고 강조한다.136) 그러나 빈부 격차는 어디서 오는가? 그것은 "정의는 미덕을 기준으로 하는 행운이다"라는 명제를 금과옥조처럼 확신하는 사람들로부터 온다.137) 그러한 확신에 집착하면 불평등을 심화시키게 되는데 그 이유는 "성공을 우리의 노력의 결과로 여길수록 뒤처진 사람들에 대한 책임감은 줄어들기 때문이다."138) 이것은 병 주고 약 주는 꼴이 아닌가? 이것은 『정의란 무엇인가』 8강의 미덕과 도덕적 자격과 응분을 추구하는 아리스토텔레스적 정의관, 즉 자신의 능력을 최대한 발휘하고 그러한 기여에 대해서 보상을 받는 능력 위주 혹은 업적주의적 사회와 10강의 공동체주의적 공동선의 정치, 즉 민주시민의 연대의식을 강화하기 위한 평등을 지향하는 일종의 공동체주의적 복지국가와의 사이에서 피할 수 없는 내부적 모순을 노정시킨다고 하겠다. 이것은 샌델의 정의론에 대한 가장 중차대한 비판이 될 것이다. 마치 샌델이 롤스의 자유주의적인 무연고적 자아와 공동체적 연대와 공동적 자산이라는 개념에 기반한 차등의 원칙은 서로 모순된다는 가장 중차대한 비판을 전개한 것처럼 말이다.139)

14) 도덕적 응분과 공동체주의적 자아관의 불일치

또 한 가지 중차대한 비판은 또 하나의 내부적 불일치에 관한 것이다. 롤스는 인간의 천부적 재능을 개인 소유가 아니라 공동적 자산(common asset)으로 간주하여 혜택 받은 자들은 그렇지 못한 자들의 삶의 기대치를 향상시킬 수 있는 한에서만 불평등한 대우가 주어지는 차등의 원칙을 실현하려고 한다.140) 반면에 샌델은 자신의 능력과 기여에 따라서 보상을 받는 도덕적 응분이나 자격을 들고 나온다.141) 샌델이 인정하고 있는 것처럼, 노직이 처음으로 개인의 자연적 재능과 능력을 공동적 자산으로 간주하는 롤스를 자기소유권의 관점에서 비판했다.142) 즉 노직은 각 개인은 자신의 재능과 능력에 대해서 자기소유권을 가짐은 물론 사회적 지위, 출신 배경 등 사회적 우연성에 따라서 주어진 모든 것 —

행운조차도 — 에 대한 소유권을 갖는다고 주장한다. 또한 각 개인은 그 모든 것을 자유시장의 기제를 통해서 소유, 교환, 처분, 양도할 수 있는 권리를 가진다.143) 그런데 샌델은 『정의란 무엇인가』 3강 "우리는 우리 자신을 소유하는가?/자유지상주의"에서 노직을 위시한 자유지상주의자들의 자기소유권이 합의하의 식인 행위까지도 인정한다고 지적하면서, 그 자가당착성을 신랄하게 비판했다. 최종적으로 『정의란 무엇인가』 5강 "중요한 것은 동기다/이마누엘 칸트"에서 우리는 인간을 수단이 아니라 목적으로 대우해야 하므로 우리가 우리의 신체를 소유한다고 해서 우리 마음대로 사용할 수 없다는 주장을 하는 칸트로 하여금 자기소유권을 결정적으로 비판하도록 만든다.144)

그러나 샌델의 이러한 자기소유권에 대한 비판은 자가당착에 빠질 우려가 있다. 샌델에 따르면 사람들을 공적과 응분과 덕망에 따라서 구분 가능하게 하는 인격적 특성은 자아의 "우연적 속성"이 아니라 "본질적 구성요소"가 된다.145) 만약 샌델이 주장하는 것처럼 재능이 도덕적 응분의 대상이라면 그것은 자아의 본질적 구성요소가 될 것이다. 그러나 샌델이 자유지상주의자들의 자기소유권을 비판한다면 그러한 본질적 구성요소가 들어설 자리가 없어지는 셈이다. 샌델은 무지의 장막이 드리워진 롤스적 자아관이 공동체의 요구와 결속을 수용할 수 없는 "부담을 감수하지 않는 자아", 즉 무연고적 자아(unencumbered self)로서 개인의 재능을 공동적 자산으로 간주하는 차등의 원칙과 양립 가능하지 않다고 비판한 바 있다.146) 그러나 롤스에 대한 이러한 샌델의 비판은 자신에게 향하는 칼날도 될 것이다. 즉 각자의 능력을 도덕적 응분으로 보는 샌델의 주장은 강한 자기의식 혹은 자기소유권에 기반하고 있다. 이러한 자아관은 공동체에의 소속과 부담을 감수하고, 더 나아가서 공동체에 대한 연대와 충직의 의무, 그리고 희생정신마저 요구하는 공동체주의적 자아관, 즉 "부담을 감수하는 자아(encumbered self)"와 내부적 모순에 봉착한다.147) 그래서 롤스는 "[샌델처럼] 정의를 능력 위주 개념

222

으로 이해하는 것은 자유지상주의 개념으로 이해하는 것과 (비록 정도
는 약하지만) 똑같은 이유[도덕적으로 임의적인 개인의 능력과 재능을
인정]로 문제가 있다"고 일찍이 비판했던 것은 아닐까?148)

15) 샌델의 정의론과 전 지구적 정의

『정의란 무엇인가』를 전체적으로 보면, 샌델이 비판한 공리주의적,
자유주의적 정의관들과 그 자신의 공동체주의적 정의관은 모두 국내적
정의(domestic justice)의 문제만을 다루고 있지, 전 지구적 정의(global
justice)의 문제를 다루고 있지는 않다. 샌델의 공동체주의적 정의관은
『정의란 무엇인가』 9강 "우리는 서로에게 어떤 의무를 지는가?/충직 딜
레마"에서 보는 것처럼 가족, 지역 공동체, 국가에만 관련하고, 그것도
애국심을 매우 강조하면서 미국산을 사라는 주장은 불공평하지 않다고
항변하고, 연대는 우리 사람만 챙기는 편애가 아니라고 강변한다.149) 샌
델이 전 지구적 정의를 논한다면 9강은 상당히 크고 많은 변경이 필요
할 것이다. 1998년 노벨경제학상 수상자 아마르티아 센(Amartya Sen)
교수는 샌델의 『정의란 무엇인가』에 대해서 "글로벌한 관점보다는 미
국이라는 특정 국가나 지역에 한정된 얘기만 한다"고 일갈했다.150) 샌
델은 단 한 곳에서 전 지구적 정의의 문제만을 언급하는 데 그친다: "국
가 간 불평등은 국가 공동체를 옹호하는 주장을 복잡하게 만든다. 모든
국가가 비슷한 부를 누리고, 모든 사람이 이런저런 나라의 시민이라면,
자국민을 특별히 돌보아야 하는 의무는, 적어도 정의의 관점에서는 크
게 문제가 되지 않는다. 그러나 부국과 빈국의 격차가 워낙 크다 보니
공동체의 요구는 평등의 요구와 팽팽히 맞서기도 한다. 이민이라는 불
안정한 문제도 이 긴장을 반영한다."151)

아마도 샌델은 『정의란 무엇인가』 2강에서 언급된 식인 사건이 일어
났던 난파된 미뇨네트호의 구명보트에는 타고 싶지 않겠지만, 선진국의

후진국에 대한 원조 의무를 거부하면서 "완벽한 정의는 완벽한 파국"을 낳으므로 정의를 행할 의무는 없다고 주장했던 가렛 하딘(Garrett Hardin)의 구명보트에는 타고 싶어 할 것 같다.152) 아마도 샌델은 바다에 빠져 있는 후진국 사람들에게 구조의 손길을 뻗치지 않는 것이 "우리 사람만 챙기는 편애"는 아니겠지 하면서 승선(on board)하고 있을 것이다.153) 이제 샌델은 전 지구적 정의의 문제를 진지하게 다루기 시작해야 한다. 미국을 비롯한 선진국 사람들만 승선하고 있는 구명보트가 바다에 빠져 있는 후진국 사람들의 살려달라는 절규를 무시하고 험한 파도를 헤치며 유유히 가고 있는 멋진 장면이 그가 논해야 할 첫 번째 사례(casuistry)가 될 것으로 기대해본다.

샌델은 『정의란 무엇인가』에서는 전 지구적 정의 문제를 다루고 있지 않다. 그러나 샌델은 『민주주의의 불만』(1996)에서는 세계화 시대의 정치적 정체성을 논하면서 "주권 국가를 대신할 만한 가장 유망한 대안은 인류의 연대를 바탕으로 한 세계 공동체가 아니라 주권을 분산 소유하는 다수의 공동체들이다(국가보다 더 포괄적인 것도 있고, 덜 포괄적인 것도 있다)"라고 지적하면서 자유로운 시민 세력의 참여와 자치로 대변되는 공화주의의 부활을 기대하고 있다.154)

샌델이 다루지 않는 전 지구적 정의를 롤스는 자신의 『만민법(The Law of Peoples)』(1999)에서 다루고 있다.155) 롤스의 "만민법"은 한 사회의 공적 이성에 기초한 사회계약론을 만민의 사회로, 즉 국제적으로 확장하려는 시도다. 국제법의 기초가 되는 만민법은 자유주의와 비자유주의 사회들 간의 상호관계를 규제하기 위한 기준으로 제시된 일반적인 원칙들이다. 롤스는 우선 국내 사회를 합당한 자유주의적 사회, 그런 대로 품위 있고 질서정연한 비자유주의적인 위계적 사회, 무법적 국가, 불리한 여건으로 고통 받는 사회, 온정적 절대주의 사회라는 다섯 가지로 분류한다. 롤스는 이러한 다섯 가지 사회를 이상적 상황과 비이상적 상황에서 각기 논의하고, 자유주의적 만민 사회에서 비자유주의적인 적정

224

수준의 위계적 사회가 관용되어야 하는 이유도 동시에 제시하고 있다. 결국 롤스의 『만민법』은 인권(human rights)에 기초하여 어떻게 합당한 공적 이성과 정치적 정의관을 통해 규제된 시민들과 만민이 정의로운 국제사회에서 평화롭게 살 수 있는가를 다루고 있다. 종교와 사상과 양심의 자유, 선거권과 동등한 정치적 참여의 자유와 언론, 결사, 거주 이전의 자유 등 입헌적 법치주의에서 보장된 자유와 권리, 공정한 기회균등과 여성에 대한 평등한 정의, 민족자결의 원칙, 오직 자기방어만을 위한 정의로운 전쟁의 허용 등은 바로 "현실적 유토피아의 실현"을 위한 자유주의적 만민법의 근본적 측면들이다.156)

롤스의 『만민법』이 세계화 시대에 다양한 관심과 비판의 대상이 되는 것은 당연한 일일 것이다. 현재 가장 주목할 만한 것은 비판적 논의가 상반되지만 연관된 양극을 달리고 있다는 점이다. 그 양극의 한 축은 포괄적인 가치관을 배제하는 합당성과 공적 이성에 기초한 인권 중심의 자유주의적 만민법에 대한 비판이다. 즉 만민법은 이미 정치적 자유주의의 가치를 전제하거나 그것에 따라 규정되었기 때문에 순환적 정당화이거나 혹은 자유주의적인 서구중심주의일 뿐이라는 문화다원주의로부터의 비판이 그것이다. 그 양극의 또 다른 한 축은 롤스가 국제적인 정치적, 분배적 정의에서 최소주의적인 입장을 취하고 있다는 점에 대한 비판이다. 롤스는 우선 비자유주의적인 적정 수준의 위계적 사회를 관용함으로써 강한 자유민주주의적 보편주의의 실현을 주장하는 사람들의 불만을 사고 있다. 물론 가장 초미의 관심사는 "사회적, 경제적 불평등은 최소 수혜자의 삶의 기대치를 최대로 하는 조건 속에서만 정당화된다"는 롤스의 국내적 차등원칙을 지구 전체에 걸쳐 확대한 "지구적 차등원칙(the global difference principle)"을 천명하는 국제적 평등주의자들의 주장이다. 그들은 서구 중심의 일방적인 경제적 세계화로 승자 전취 시장(winner-take-all-market)이 만연하고 있다고 갈파한다. 그 속에서 더욱 심화되는 국내적, 국제적 불평등 때문에 흔히 "20 대 80의

사회"라고 패러디되는 이 세계화의 시대에 기아와 궁핍 등의 불리한 여건으로 "고통 받는 사회"에 대해서 롤스의 『만민법』이 규정하는 "원조의 의무"만으로 과연 충분할 것인가?

새 천년에 더욱 가속화되고 있는 세계화 시대에 그 이데올로기적 헤게모니를 제공하고 있는 신자유주의를 이해하고 또한 효과적으로 대응하기 위해서도 우리는 신자유주의의 사상적 원류인 자유주의를 잘 이해할 필요가 있다. 현대 자유주의의 사상적 태두인 롤스가 이 책에서 개진하고 있는, 공적 이성과 만민법에 기초한 자유주의의 "현실주의적 유토피아"는 "카자니스탄"이라는 비자유주의적인 가상적 이슬람 위계사회에 대한 관용을 명시하고 있다는 점이 돋보인다. 롤스의 『만민법』은 이렇게 문명의 무자비한 충돌과 교류 없는 단순한 공존 사이의 딜레마를 피해 가면서, 미래 사회에 대한 인류의 실현 가능한 희망(종교와 사상과 양심의 자유, 여러 정치적 자유와 입헌적 법치주의의 자유와 권리, 여성에 대한 평등한 정의, 다원주의적 관용, 민족자결주의, 고통 받는 사회에 대한 원조의 의무, 국제평화)을 작금의 빠르게 진행되고 있는 이 세계화 시대에서 인상 깊게 제시하고 있다.

현대 정의론의 관점에서 샌델이 다루고 있지 않은 것들 중 중요한 것은 국내적, 국제적 환경보호의 문제다.157) 그리고 샌델은 『정의란 무엇인가』에서 주요한 고대적, 근현대적 정의관을 논의하면서도 사회주의 내지 공산주의적 정의관을 논하고 있지 않다. 단 한 번 마르크스의 소외된 노동의 관점이 마르크스의 언급 없이 소개되었을 뿐이다.158) 샌델의 정의론의 전반부는 자유지상주의와 공평 자유주의의 사이에서 전개되는 자유주의의 내부적 논쟁점인 사유재산권 문제가 주제다. 샌델은 그 기초로서 자기소유권 문제를 다루고 있다. 그래서 우리는 사유재산권에 관한 마르크스의 입장을 고찰하는 것이 필요하다.159)

제3부

고차론

제 4 장

『정의란 무엇인가』에 대한 참고자료와 심층 논의

샌델은『정의란 무엇인가』를 하버드대학교 학생들에게 강의할 때 그 책 하나만을 가지고 가르치는 것이 아니라『정의란 무엇인가』10개 강의에 관련된 사상가들의 고전들과 아울러 현대적 저술들, 그리고 재판 판결문들 등 총 41편이 발췌 혹은 전부 수록된『정의: 독본(*Justice: A Reader*)』(2007)을 학생들이 읽도록 하고 있다. 이러한 참고자료들은 샌델의 '정의' 강연 웹사이트 'Justice with Michael Sandel'(http://justice harvard.org)에 12개 강의 별로 등재되어 있다.1)

본장인 제4장은 1절 2)항과 3)항을 제외하고는 본서를 위해서 모두 새로 쓴 것으로서 독자들의 샌델의 정의론에 대한 고차적인 이해를 돕게 될 것이다. 본서의 분량상 제약 때문에『정의란 무엇인가』1강, 5강, 7강만의 참고자료가 제시되고 심층 논의하게 되었음을 아쉽게 생각한다. 나머지 7개 강의에 대한 논의는 이 책의 후속으로 계획하고 있는『현대 정의론의 주요 논제』에서 다루어질 것이다. 세 강의의 고차적 논의들이 하나의 표본으로서의 역할을 충분히 수행할 것으로 기대해본다.

1. 1강. 옳은 일 하기

1) 트롤리 문제와 이중결과의 원칙

여덟 가지 유형의 트롤리 문제를 일관되게 설명할 수 있는 원칙으로 "이중결과의 원칙(the principle of double effect)"이 논의되고 있다.2) 이 부분은 샌델이 언급하지 않은 것이므로 자세히 알아볼 필요가 있다. 우선 트롤리 문제를 이중결과의 원칙으로 어떻게 평가할 수 있는지를 논의한 뒤, 이중결과의 원칙을 생명의료 윤리 분야와 정의전쟁론 분야에서 어떻게 적용할 수 있는지도 살펴보자.

이중결과의 원칙에 따라 트롤리 문제를 해명하면 다음과 같다.3) 제1 유형의 경우는 1명이 있는 지선으로 트롤리의 방향을 튼다면 하나는 좋은 결과, 즉 5명이 살고, 하나는 나쁜 결과, 즉 1명이 죽는 두 가지 결과가 발생하게 된다. 이중결과의 원칙의 4요건은 다음과 같다. (1) 행위의 본래적 성질(intrinsic quality of the act) 혹은 행위의 본질 조건(nature-of-the-act condition): 행위 자체가 도덕적으로 선한 행위이거나 적어도 중립적인 행위이어야 한다는 것이다. 1명을 죽이는 것은 5명을 살리기 위한 선택이므로 비록 선한 행위는 아니지만 중립적인 것으로 용인할 수 있을 것이다. 이것은 정의전쟁론의 관점에서 보면 부수적 피해, 즉 군사행동으로 인해서 부수적으로 따라오는 민간인의 인적, 물적 피해와 같다. (2) 정당한 의도(right-intention): 행위자의 의도가 나쁜 결과에 있지 않고 오직 좋은 결과에 있어야 한다. 그리고 나쁜 결과는 오직 의도하지 않았던 부작용(an unintended side effect)으로 인한 것이어야 한다. 지선으로 트롤리의 방향을 트는 것은 1명을 직접적으로 죽이기 위한 것이 아니라 단순히 예견된 결과로서 5명을 살리기 위해서 어쩔 수 없이 지불해야 하는 대가다. (3) 인과성(causality) 혹은 수단과 목적 조건(means-end condition): 좋은 결과는 나쁜 결과의 수단이 되어 얻어져서

230

는 안 된다. 지선으로 트롤리의 방향을 틀 때 5명을 살리는 것은 지선 위에서 죽는 1명이 아니라 지선이 살리는 것이다. 그러므로 1명의 죽음은 5명을 살리기 위한 수단이 아니다. (4) 비례성(proportionality): 나쁜 결과에 대해서 좋은 결과는 적어도 비례적으로 볼 때 균형이 잡히거나 아니면 더 좋아야 한다. 불가피하게 1명이 죽었지만 5명의 생명을 살렸다는 비교 우위적 관점에서 본다면 비례적 균형성을 가졌다고 평가할 수 있다.

나머지 일곱 가지 유형도 이중결과의 원칙으로 잘 설명할 수 있다.[4] 제2유형의 경우는 비만자를 밀치는 것이 5명을 살리기 위해서 직접적으로 죽음을 의도한 것으로 볼 수 있다. 그리고 5명의 생존은 비만자의 무고한 죽음이라고 하는 수단에 의존하고 있으므로 도덕적으로 정당하지 않다. 제3유형의 경우는 비만자를 직접적으로 밀쳐서 죽이는 것이 아니라 기구를 통해서 죽이는 것은 직접적인 신체적 접촉을 피하기는 했지만 2번의 경우처럼 정당하지 못한 것이다. 제4유형의 경우는 비록 독일 게슈타포 비밀경찰을 직접 죽이는 것이지만 이것은 정의전쟁론의 관점에서도 정당한 것으로 인정되며, 게슈타포를 죽이는 것은 그가 5명을 죽이려고 획책을 했으므로 범죄 혹은 악행에 대한 예방으로 생각될 수 있기 때문에 좋은 결과를 의도했다고 평가된다. 제5유형의 경우는 5명을 살리는 좋은 결과가 본선에 합류되는 환상선 쪽 1명을 죽이는 수단으로 얻어지는 것이므로 정당하지 못하다. 제6유형의 경우는 환상선 쪽 1명을 죽이는 것은 환상선으로 방향을 틀더라도 철괴가 본선으로 합류하는 것을 막으므로 지선으로 방향을 바꾸어 1명을 죽이는 것인 제1유형과 동일하다. 그래서 1명을 죽이는 것이 5명을 살리는 수단이 되는 것이 아니라 철괴가 있는 환상선이 수단이 되므로 정당하다. 제7유형의 경우는 양쪽 환상선에 있는 1명 대 5명인데 모두 살기 위해서는 상대편을 수단으로 이용하므로 5명을 살리는 좋은 결과와 1명을 죽이는 나쁜 결과 사이의 비례적 균형성을 볼 때 1명을 죽이는 것을 택할 수밖에 없다. 제8유형의 경우는 자신의 어머니를 살리기 위해서 5명을 죽이는 것은 비례적 균형성의 관점에서 문제가 된다고 볼 수 있다. 그러나 자신의 어머니를 다른 사람 5명보다 우선시하는 것은 도덕적으로 비판을 받을 수 없을 것이다. 따라서 어머니를 살리기 위한 의도는 만약 어머니를 죽게 할 경우 발생할 것으로 예상되는 엄청난 죄책감으로 나머지 인생이 황폐화될 것을 우려하여 불가피하게 그것을 피하려는 의도에서 나왔다고 평가할 수 있을 것이다. 그리고 비록 5명이 죽게 되었지만 자신이 어머니를 구하려는 행동은 도덕적으로 볼 때 부당한 것은 아니며 적어도 중립적이라고 평가될 수 있다. 가족관계를 중시하는 여성주의 윤리학의 관점에서는 어머니를 구하는 것이 도덕적으로 우월하다고 판단될 수도 있다. 그리고 유가의 별애(別愛)의 관점은 어머니를 살리는 것을 지지하는 중대한 철학설이다.

2) 이중결과의 원칙의 적용과 그 문제점들

의료 행위에서 자주 발생하는 상황 중의 하나는 계획된 의료 행위가 두 가지 결과나 효과, 즉 하나는 좋고 하나는 나쁜 결과나 효과를 갖는 경우다.5) 전자는 합법적이며 또한 우리가 성취하고자 하는 결과다. 반면에 후자는 해악이며 우리가 의도하지 않은 효과이나, 전자와 분리할 수 없는 결과다. 이러한 구분의 근거는 의도한 결과(intending effects)와 단순히 예견한 결과(merely foreseeing effects)는 도덕적으로 차이가 있다는 신념이다. 이러한 신념을 정식화한 것이 자연법사상과 가톨릭 전통에서 유전되어 의무론적 윤리체계에서 널리 수용되고 있는 이른바 "이중결과의 원칙"이다.6) 이중결과의 원칙은 모든 의료 행위가 갖는 양면성으로 인해 중요한 의미를 지닌다. 즉, 모든 의료 행위는 긍정적인 결과와 부정적인 결과를 아울러 지닌다. 이때 의사가 선한 결과를 의도하였는데, 그 치료 행위로 인해 불가피하게 악한 결과가 부작용(side

232

effects)으로 발생한다면 의사는 그 악행에 대해 책임이 없다는 것이 이중결과의 원칙 옹호론자들의 해명이다. 이중결과의 원칙은 부작용이 있는 약을 복용하는 것에서부터 고통과 심각한 후유 장애가 따르는 모든 수술과 더 중대한 치료적 임신중절, 생명의료적 실험, 안락사, 의사조력자살 등 생사의 문제를 허용하거나 금지하는 도덕적 구분의 중대한 근거와 이유로서 제시되고 있다. 이중결과의 원칙은 또한 피해 보상과 처벌이 따르는 민법, 형법과 아울러 민간인의 살상이 필연적으로 따르는 전략적 폭격의 경우를 옹호하거나 거부하는 전쟁윤리의 주요한 원리로서 원용되고 있다.[7]

이중결과의 원칙은 다음과 같이 정식화된다. 이중결과의 원칙은 하나의 도덕원칙으로서 다음과 같은 일정한 조건이 만족되었을 때 하나는 좋고 하나는 나쁜 두 가지 결과를 갖는 행위를 수행하는 것이 합당하다고 규정한다. (1) 행위의 본래적 성질(intrinsic quality of the act): 행위 자체가 도덕적으로 선한 행위이거나 적어도 중립적인 행위이어야 한다. (2) 의도(intention): 행위자의 의도가 나쁜 결과에 있지 않고 좋은 결과에 있어야 한다. (3) 인과성(causality): 좋은 결과는 나쁜 결과의 수단이 되어 얻어져서는 안 된다. (4) 비례성(proportionality): 좋은 결과와 나쁜 결과는 그 중요성에서 비례적 균형이 잡혀야 한다.[8]

첫째 조건은 우리는 결코 악을 행해서는 안 된다는 근본적인 도덕원리를 확인시켜준다. 그리고 어떤 행위가 좋은 결과를 낳는다고 해서 반드시 그것만으로 어떤 행위가 정당화되지 않는다는 비결과주의적 입장이 개진되고 있다. 둘째 조건은 이중결과의 원칙의 핵심이다. 우리는 바람직하지 못한 결과를 단순히 예측할 뿐이지 그것을 의도하지 않으며 단지 그것을 선한 결과를 위해서 용인하는 것뿐이다. 형사재판에서도 범행 의도(*mens rea*)는 판결에서 가장 중요한 요소가 된다. 의도적 살인은 정당방위에 의한 살인이나 우발적 살인 혹은 과실치사보다 더 나쁘다. 셋째 조건은 나쁜 결과가 좋은 결과를 낳는 수단이 되어서는 안 된다는 것을 말한다. 이는 목적이 수단을 정당화시켜주지 못한다는 전통적인 도덕원리를 재진술해주고 있다. 넷째 조건은 어떤 행위가 나쁜 결과를 낳음에도 불구하고 그 행위를 수행할 경우 그에 상응하는 불가피할 만큼 중대한 균형 잡힌 이유가 있어야만 한다는 것이다. "인간을 대상으로 한 생체의학 연구에 대한 권고"로 1964년 제정된 '헬싱키 선언'이 그 기본원칙 제4조에 "인체를 이용한 생체의학 연구는 그 실험의 중요성이 적어도 피실험자가 받는 위험성에 비하여 월등하지 않는 한 합법적으로 수행될 수 없다"고 규정한 것은 좋은 사례. 이 조건은 우리 속담을 원용하면, "구더기 무서워 장 못 담가도 안 되지만, 빈대 잡으려고 초가삼간 다 태워도 안 된다"는 것이다.

이 조건은 특히 다음의 세 가지 요소를 포함하고 있다. (1) 선과 악을 계산할 경우 선이 적어도 악과 동등하거나 혹은 악을 상회해야만 한다. (2) 현재 우리가 의도하는 결과를 얻기 위한 덜 해로운 방법이 없다. (3) 현재 어떤 가치를 보호하기 위해서 의도한 결과와 방법이 미래에 그 가치를 해치는 것이 되어서는 안 된다. 즉 우리는 현재의 절박한 문제에 대한 특정의 해결책을 얻기 위해서 지름길로 가고 싶은 유혹을 받으나, 장기적인 관점에서는 그 기반을 무너뜨리는 시발점이 되어서는 안 된다는 것이다. 항생제 오남용은 한 사례가 될 수 있을 것이다. 물론 이것은 흔히 "미끄러운 언덕 논증(slippery slope argument)"이라고 칭하는 "도덕적 퇴행 (점증) 논증", 혹은 "도덕적 함몰 (점증) 논증"과 "쐐기 원칙 (wedge principle)"이라고 칭하는 "발단 논증"에 관한 더 복잡한 논의가 필요한 것도 사실이다.[9]

이렇게 명확하게 규정된 이중결과의 원칙이 적용된다면, 생사가 달린 문제를 명확하게 판정할 수 있는 이점이 있는 것처럼 보인다. 예를 들면 이중결과의 원칙의 네 가지 조건들이 만족될 경우, 나쁜 결과가 도덕적 지위를 지닌 인간의 죽음이라는 간접적 살인에 해당한다고 해도 허용될 수 있다는 것이다. 예를 들어 산모가 자궁암에 걸려 생명이 위독한 경우

산모의 생명을 구하려는 의도로 자궁암 수술을 하는 것은 도덕적으로 허용 가능하다. 이 경우 자궁암 수술은 그 자체로 보면 결코 허용 불가능한 치료는 아니며, 또 태아의 죽음이 산모를 살리기 위한 수단인 것도 아니다. 나아가서 비록 태아의 죽음이 예견되긴 했지만, 의사는 단지 산모의 생명을 구하는 것을 의도하였으며, 산모 생명이라는 선한 결과가 태아의 죽음이라는 나쁜 결과를 능가하고 있다. 따라서 우리는 이중결과의 원칙의 네 가지 조건을 만족시키므로 자궁암 수술에 따른 임신중절을 허용 가능한 것으로 기독교 전통에서도 인정하고 있는 이유를 잘 추론할 수 있을 것이다.[10]

그러나 이중결과의 원칙에 대한 윤리학적 논란과 실제적 적용에 있어서의 반론이 제기되고 있는 것도 사실이다. 이중결과의 원칙은 행위와 결과의 구분과 의도한 결과와 의도하지 않았으나 예견된 결과의 구분을 통해 인간의 살인은 어떤 경우에도 불가하다는 절대주의적 편협성에서 자연법사상과 기독교적 전통과 의무론적 윤리설을 해방시킨 측면이 있는 것도 사실이다. 그러나 행위의 동기 내지 의도를 중시하는 칸트(Immanuel Kant)의 의무론적 윤리설과는 달리 최대 다수의 최대 행복을 추구하는 공리주의는 한 행위의 행복과 불행에 대한 결과(효용)를 중요한 요소로 간주하여 그 결과에 따라 행위를 평가한다. 따라서 공리주의자들은 의도했든 의도하지 않았든 우리가 나쁜 결과를 피해야 할 도덕적 의무를 지닌다고 주장한다. 그리고 한 행위의 옳고 그름은 그것에 대한 총체적인 효용 결과 계산을 통해서만 결정된다고 주장한다.[11]

공리주의자들의 주장에도 일리는 있다. 특히 행위와 그 결과가 밀접하여 그 결과가 그 행위의 필연적 산물인 경우 행위와 결과를 엄밀하게 구분하기 어려울 것이다. 또한 이러한 경우에는 악한 결과를 낳은 행위가 선한 결과를 낳기 위한 불가분의 수단이 될 가능성이 높다. 이중결과의 원칙에서 가장 논란이 되는 것은 행위와 그 결과의 구분보다 행위의

의도에 대한 구분일 것이다. 이중결과의 원칙은 예견한 결과와 예견하지 못한 결과 중 예견한 결과만을 염두에 두고 그것을 다시 의도한 결과와 단순히 예견한 결과로 구분하는 셈이다. 그러면 예견하지 못한 결과는 어떻게 될 것인가? 한 행위의 예견하지 못한 결과로 타인에게 중대한 피해를 입힌 경우 이를 단순히 의도적인 결과가 아니기 때문에 그 행위는 도덕적으로 허용 가능하다고 하기에는 논란의 여지가 많다. 예견하지 못한 (혹은 더 정확하게는 적어도 합리적으로 예견할 수 있는) 돌발 사고를 잘 대처하지 못한 의사는 그 책임을 완전히 피할 수 없다는 주장은 충분한 도덕적, 법률적 근거를 가지고 있다. 의료 전문인은 그들이 선택한 의료 행위에 대한 모든 결과를 고려하지 못한 과오에 대해서 이중결과의 원칙을 통해서 면책 받을 수 없다. 의료 전문인은 의도한 결과만이 아니라 모든 합리적으로 예견 가능한 결과에 대해서도 책임을 져야만 한다. 물론 이러한 비예견적 결과가 합당한 진료를 다했다는 조건 아래 발생했다면 그것은 물론 면책이 될 것이다.

　더 나아가서 우리는 의도한 좋은 결과와 의도하지는 않았지만 예견된 나쁜 결과가 과연 구분 가능한가를 물을 수 있다.12) 이론적으로는 가능할 수 있다고 해도 위의 자궁절제술에 따른 임신중절 사례에서 우리는 산모가 무엇을 의도하고 있었는지를 객관적으로 확인할 방법이 없다. 산모는 태아의 죽음을 의도하고, 자궁암 치료를 단지 예견할 수도 있다. 더욱이 태아의 죽음이 현대 의술로는 불가피했다면, 결국 태아의 죽음은 산모의 생명을 구하기 위한 불가피한 수단이 아닌가 하는 반론이 가능하다. 공리주의자들은 의도에 대한 구분이 현실적으로 어렵다면, 오히려 총체적인 비용손익 분석에 따라 행위를 평가하는 것이 더 합리적이라고 주장한다. 그러나 만일 예견된 결과가 아무리 나쁘더라도 그것이 이중결과의 원칙 네 가지 조건을 충족시킨다면 언제나 정당화된다고 할 때, 수많은 피해가 이중결과의 원칙이라는 미명하에 정당화될 가능성도 얼마든지 있는 것이다.

이중결과의 원칙은 이렇게 본다면 상이한 두 결과가 얽히는 모호한 상황을 분석할 수 있는 방법을 제공해주기는 하지만, 그 모호성을 완전히 제거해주지는 못할 것이다. 그뿐만 아니라 그것은 우리가 행동하기에 앞서서 필연적으로 일어나는 우리의 양심의 소리를 의미심장하게 경청하여 그 행동에 대해서 심사숙고해야 한다는 도덕적 의무를 폐기하지는 못할 것이다.13)

3) 정의전쟁론에서 이중결과의 원칙

마이클 월저(Michael Walzer)의 전쟁 수행의 정의에서 생명과 자유에 대한 권리는 준거적인 역할을 한다.14) 월저는 그것을 "근본적 원칙(fundamental principle)"이라고 말하면서 다음과 같이 요약한다: "자기 자신의 스스로의 행위에 의해서 권리를 포기하거나 혹은 상실하지 아니하고서는, 어느 누구도 싸우도록 강요되거나 자신의 생명에 대한 위험을 무릅쓰도록 강요되어서는 안 되며, 어느 누구도 전쟁이나 적대적인 행위에 의해서 위협받아서는 안 된다."15) 이러한 인권에 관한 근본적인 원칙으로부터 군인에 대한 무력 사용의 허용과 민간인에 대한 무력 사용의 금지가 도출된다. 첫 번째 전쟁 규약은 "일단 전쟁이 시작되면, 군인은 (그들이 부상당하거나 잡히지 않는 한) 언제든지 공격당할 수 있다"는 것이다. 즉 군인은 전쟁에 참여함으로써 적군을 죽일 수 있는 권한도 갖지만 동시에 자신의 생명에 대한 권리도 포기하게 된다는 것이다.16) 두 번째 전쟁 규약은 "비전투원은 언제든지 공격을 받아서는 안 된다"는 것이다. 이러한 두 규약은 전투원과 비전투원에 대한 구분 혹은 차별(discrimination)의 원칙과 전투에서의 비전투원의 면책성 혹은 면제성(noncombatant immunity)의 원칙을 말한 것이다. 그러나 통상 전투에서는 이러한 구분의 원칙과 비전투원의 면제성이 지켜지지 않는 경우가 비일비재하다. 그것은 전투 행위에서 불가피하게 발생하는 민간인에 대

한 "부수적 피해" 혹은 "부대적 살상(collateral damage)"이 있기 때문이다.17)

　이러한 경우와 관련해서 월저는 "이중결과의 원칙"을 다룬다.18) 이중결과의 원칙은 민간인에 대한 피해를 야기하는 전투 행위는 그러한 나쁜 결과를 직접적으로 의도한 것이 아니라면 정당화될 수 있다는 것이다.19) (1) 그 행위는 전투의 목적으로 볼 때 그 자체로 혹은 적어도 중립적인 것으로서 적법한 전투 행위이어야 한다. (2) 그 직접적인 결과인 군수물자의 파괴나 적군의 살상은 도덕적으로 수용될 수 있는 것이어야 한다. (3) 행위자의 의도가 좋아야 한다. 즉 그는 오직 수용될 수 있는 결과만을 목표로 해야 한다. 나쁜 결과가 그러한 목적의 하나여도 안 되고, 그러한 목적의 수단이어도 안 된다. (4) 좋은 결과는 나쁜 결과를 벌충할 만큼 충분히 커야 한다는 비례성의 원칙을 만족시켜야 한다. 그러나 월저는 민간인에 대한 의도하지 않았지만 예상할 수 있는 나쁜 결과는 비록 비례성의 원칙의 제약 속에 있기는 하지만 그러한 제약은 약한 것이기 때문에 이중결과의 원칙은 모든 전쟁 행위, 심지어 원자폭탄 투하에 대한 "포괄적 정당화(blanket justification)"를 제공해줄 수 있는 위험성도 있다고 지적한다.

　또한 결국 민간인에 대한 사상자가 발생했다면 그것이 직접적인 의도나 결과에서 나왔든 혹은 간접적인 의도나 결과에서 나왔든 간에 결국은 마찬가지가 아닌가 하는 냉소적 비판도 무시할 수 없다는 것이다. 즉 직접성과 간접성의 구분을 통해 수단과 부수적 결과를 구분하는 것이 과연 타당한가 하는 점에서 그간에 많은 우려가 제기되었다.20) 월저는 여기서 이중결과의 원칙을 보완하는 방책을 강구한다. 즉 발생하는 두 결과가 다음과 같은 이중적 규정의 산물이어야 한다는 것이다: "좋은 결과가 발생해야만 하고, 예상할 수 있는 나쁜 결과가 가능하면 축소되어야 한다." 즉 월저는 이중결과의 원칙에서의 세 번째 조항을 더 강화한다: "행위자의 의도가 좋아야 한다. 즉 그는 오직 수용할 만한 결과를 엄밀히 목표로 정해야 한다. 나쁜 결과가 그러한 목적의 하나여도 안 되고, 그러한 목적의 수단이어도 안 된다. 발생할 나쁜 결과를 염두에 두고, 자신에 대한 손해를 수용하면서 그것을 최소화할 수 있도록 해야 한다.”21) 이러한 보완을 거쳐 월저는 “만약 민간인을 살리기 위해서는 군인의 생명에 대한 위험을 무릅써야 된다면 그러한 위험은 감수되어야 한다”고 강조한다.22) 예를 들면, 군사목표에 대한 폭격의 정확도를 높이고 민간인에 대한 살상을 줄이기 위해서 전투기가 대공포에 맞을 위험이 높은 저공비행을 해서 폭격하는 것을 생각할 수 있다는 것이다. 또한 여기서 우리는 전략 폭격 목표만을 정확히 타격하는 스마트 폭탄과 벙커버스터(bunker-buster)도 필요할 것이라고 덧붙일 수 있다.

그러나 이렇게 개정된 이중결과의 원칙에 대해서도 심각한 비판이 제기되고 있다. 즉 월저가 배척하려고 했던 효용의 결과 계산에 의존하는 공리주의의 입장과 월저의 권리준거적 정의전쟁론은 결국 그 구별이 모호해진다는 것이다. 그리고 이중결과의 원칙은 적어도 정의로운 전쟁을 수행하는 교전 당사국이 비례성의 원칙을 지킬 때만 적용 가능한 것이지, 침략전쟁을 일으킨 당사국이 침략전쟁의 승리를 위해서 사용할 수는 없다는 것이다.23) 이것은 전쟁 개시의 정의와 전쟁 수행의 정의를 분리해서 고려하는 월저의 입장에 심각한 타격을 가하는 것처럼 보인다. 그러나 월저는 “전쟁의 딜레마”라고 지적한 “점진적 연동 규칙(the sliding scale rule)”, 즉 “[전쟁] 명분의 정의가 더 크면 클수록 그러한 명분을 위해서 더 많은 규칙을 위반할 수 있다”는 가능성을 심각하게 제시하고 있다.24)

월저는 가장 고전적인 전면전의 형태인 도시나 성 전체를 포위하거나 봉쇄하는 것이 이중결과의 원칙에 의해서 정당화될 수 없다고 주장한다. 왜냐하면, 그것은 전투병이나 민간인을 불문하고 인구 전체에 대해서 명시적이고 의도적인 위협과 해악을 가하려고 시도하기 때문이다.25) 월저는 전통적 테러리즘도 언급하고 있다. 테러리즘은 민간인에 대한 무차별적 살상으로서 정책적인 책임이 있는 정부 관료와 전투병과 아무런 책임이 없는 민간인에 대한 도덕적 구분의 원칙을 위배하는 것으로 본질적으로 부정의한 것으로 간주된다.26)

2. 5강. 중요한 것은 동기다 / 이마누엘 칸트

1) 칸트의 『도덕형이상학의 기초』와 정언명령

『도덕형이상학의 기초』는 평범한 사람들의 도덕 인식에서도 찾아볼 수 있는 '선의지' 개념에서 출발하여, 정언명령만이 도덕법칙일 수 있으며 그러한 도덕법칙의 체계가 '목적의 나라'임을 밝혀 '도덕형이상학'의 길을 연 후, 다시금 도덕법칙을 가능케 하는 원천, 즉 자유의 근거와 가능성에 대해서 묻고, 아울러 정언명령의 가능 근거에 대해서 다시 돌아가 물음으로써 '도덕형이상학'을 위한 정초 작업, 즉 '실천이성 비판'의 정초 작업을 시작한다.27)

1절에서 칸트는 보통 사람들도 가지고 있는 도덕관념을 비판적으로 해명함으로써 그것을 철학적 인식으로 발전시킨다. "이 세계에서 또는 도대체가 이 세계 밖에서까지라도 아무런 제한 없이 선하다고 생각될 수 있는 것은 오로지 선의지뿐이다"라고 칸트의 논의는 시작된다.28) 선의지는 행위의 결과나 마음의 경향성에서가 아니라 옳은 행위를 오직 그것이 옳다는 이유에서 의욕함으로써 행하는 것이다. 선의지는 오직 이성적 존재자만이 소유할 수 있는 것으로 순수한 이성적 존재자의 실천에로 향하는 이성인 '순수실천이성'을 지향한다.29) 선의지만이 그 자체로서 선한 것이라 함은 결국 오로지 의무로부터 유래한 행위만이 본래적인 도덕적 가치를 가지며, 의무로부터의 행위란 도덕적 실천 법칙을 준칙으로 삼아 의욕하는 행위를 말한다.30)

1절에서 칸트는 인간의 실천이성 능력을 엄밀하게 분석함으로써 이성적 존재자로서의 인간은 단지 자연법칙에 종속되어 있는 것이 아니고, 윤리법칙에 종속되어 있음을 밝힌다. 윤리법칙에 인간이 종속되어 있다는 것은 자연적 경향성을 추종하는 것이 아니라 법칙에 대한 존경, 즉 의무로부터 유래하는 행위를 그 자체로서 수행한다는 것이다. 이것으로부터 "정언명령"의 가능성이 열린다. 정언명령은 보편적이며 필연적인 것으로 실천이성이 자신에게 선험적으로 무조건적으로 부과하는 것이므로 이성의 자율에 따른 당위적이고 단정적인 정언명령이다.31) 즉 "오로지 이성적 존재자만이 법칙의 표상에 따라, 다시 말해 원리들에 따라 행위하는 능력 내지는 의지를 가지고 있다." "객관적인 원리의 표상은 그것이 의지에 대해 강요적인 한에서 (이성의) 지시명령이라 일컬으며, 이 지시명령을 일컬어 명령이라고 한다."32) 칸트는 의지에 주어지는 모든 명령을 두 가지 종류, 즉 가언명령과 정언명령으로 나눈다. "그런데 모든 명령은 가언적으로거나 정언적으로 지시명령한다. 전자는 가능한 행위의 실천적 필연성을 사람들이 의욕하는 (또는 의욕하는 것이 가능한) 어떤 다른 것에 도달하기 위한 수단으로 표상하는 것이다. 정언적 명령은 한 행위를 그 자체로서, 어떤 목적과 관계없이, 객관적이고 필연적인 것으로 표상하는 명령이다."33) 예를 들면, 가언명령은 의사가 자기 환자를 근본적으로 건강하게 하기 위한 기술적인 숙련의 규칙이거나, 자기 자신의 최대의 안녕과 복지를 위한 수단을 선택하는 실용적 영리함의 충고라면, 정언명령은 윤리성의 법칙이다.34)

1. 칸트의 '정언명령의 제1정식'은 다음과 같다.35)

"그러므로 정언명령은 오로지 유일한즉, 그것은 '그 준칙이 보편적 법칙이 될 것을, 그 준칙을 통해 네가 동시에 의욕할 수 있는, 오직 그런 준칙에 따라서만 행위하라'는 것이다."

'정언명령의 제1정식'은 "유일한 정언명령"으로서 흔히 "보편적 법칙의 정식(the formula of universal law)"이라고 일컫는다. 우리가 우리의 주관적인 행위준칙에 따라 행위하되, 그 주관적 행위준칙이 보편적 법칙이 되는 것을 의욕할 수 있는 그러한 준칙에 따라서만 행위하라는 것이다. 이 '정언명령의 제1정식'은 "보편화 가능성 시험(universalizability test)"의 5단계를 거치고 나서야 각자의 행위준칙이 보편적인 윤리법칙이 된다.36) (1) 행위자의 행위준칙 수립, (2) 행위준칙의 보편화 시에 결과할 가능한 세계의 상상, (3) 보편화 시에 모순이나 불합리가 발생하는지의 여부 판정, (4) 만약 모순이나 불합리가 발생하면 실제 세계에서 그 행위준칙에 따라서 행위하는 것의 금지, (5) 만약 보편화 시에 모순이나 불합리가 결과하지 않는다면 그 행위준칙의 허용. 혹자는 이러한 5단계를 롤스의 사회계약론적 정의론의 방법론으로 불편부당(impartiality)한 윤리적 배경 상황인 "무지의 장막이 드리워진 원초적 입장"과 기본적으로 동일하지만 세분화된 것으로 파악한다.37)

1a. 칸트의 '정언명령의 제1정식의 연계 원칙'은 다음과 같다.38)

" '마치 너의 행위의 준칙이 너의 의지에 의해 보편적 자연법칙이 되어야 하는 것처럼, 그렇게 행위하라'는 것이라고 말할 수 있다."

'정언명령의 제1정식의 연계 원칙'은 "의무의 보편적 명령"으로서 정언명령의 "보편적 자연법칙의 정식(the formula of universal law of nature)"이라고 일컫는다. '정언명령의 제1정식의 연계 원칙'은 '정언명령의 제1정식'에서 보편적 법칙을 보편적인 자연법칙으로 보완했다. 이것은 개인의 행위준칙이 보편적인 법칙에 합당해야 한다고 할 때, 그 보편적인 법칙이 무엇인지를 쉽게 표상할 수 있도록 한 것이다. 만약 의무의 명령으로부터 그 법칙에 따라 규정되어 있는 행위가 도출되어야 한다면

이는 마치 자연의 법칙에 따라 사물의 현존이 생겨나는 것과 같은 것이다.39) 칸트가 이 연계 원칙을 "의무의 보편적 명령"으로 지칭한 것처럼, 칸트는 네 가지 의무, 즉 우리 자신에 대한 완전한 의무, 다른 사람들에 대한 완전한 의무, 우리 자신에 대한 불완전한 의무, 다른 사람들에 대한 불완전한 의무의 사례를 들고 있다.40)

(1) 우리 자신에 대한 완전한 의무: 칸트는 생의 난관과 염증으로 자살하는 행위가 우리 자신에 대한 의무에 어긋나는 것인가의 문제를 다루고 있다. 여기서 자살하려는 사람의 주관적 준칙은 생명의 연장이 쾌적함을 가져다주기보다는 오히려 해악을 가져올 경우 차라리 자기사랑에서 근거해서 생을 단축한다는 것이다. 칸트는 이러한 자기사랑의 주관적 준칙이 보편적 자연법칙이 될 때는 모순에 봉착한다고 주장한다. 인간의 보편적 자연법칙의 사명은 생의 촉진인데 그 감각이 바로 생 자체를 파괴한다면 자연은 자신과 모순을 일으켜 자연으로 존립하지 못하게 된다. 따라서 자살의 주관적 준칙은 '정언명령의 제1정식의 연계 원칙'과 상충하므로 수용할 수 없는 준칙이 된다. 칸트는 우리 자신에 대한 의무에서 자살에 대한 불이행의 완전한 의무, 즉 절대로 자살을 하지 말 것을 주장한다. 그 배경적 원칙은 자연 그대로의 자기를 보존하라는 원칙이며 이것은 동물적 존재자로서 자기 자신에 대한 완전한 의무다.41)

(2) 다른 사람들에 대한 완전한 의무: 칸트가 여기서 예들 들고 있는 것은 곤궁에 처해 돈을 빌릴 수밖에 없는 사람의 경우다. 그는 곤궁을 타개하기 위해 돈을 빌리지만 결코 돈을 갚을 수 없는 상황임을 잘 안다. 그가 돈을 갚을 수 없는 상황임에도 불구하고 돈을 갚을 것을 약속하고 돈을 빌리는 주관적 행위준칙은 결코 보편적인 것이 될 수 없으므로, 그것은 자기에게 유익한 것이지만 약속 자체를 불가능하게 만들기 때문에 필연적으로 자기모순에 봉착하게 된다. 따라서 칸트는 거짓 약속을 절대로 하지 말라는 정언명령은 다른 사람들에 대한 완전한 의무라고 주창한다. 거짓 약속을 하지 않는 것은 도덕적 존재자로서 완전한

의무다.42)

(3) 우리 자신에 대한 불완전한 의무: 칸트는 여기서 자신의 재능을 개발하면 모든 점에서 쓸모 있는 사람이 될 사람의 경우를 말한다. 그런데 이러한 사람이 자신의 오락적 쾌락을 위해 천부적 재능을 방치한다면 그러한 주관적 준칙이 자신에 대한 의무와 합치할 수 있는가를 물을 수 있다. 이 경우 자신의 안일과 향락을 위해 모든 것을 바침으로써 자연이 보편적 법칙에 따라 존속하는 것에는 문제가 없을 수 있지만 이것이 보편적 자연법칙이 되거나 우리 안에 심어지는 것을 의욕할 수 없다. 이성적 존재라면 자신에게 주어진 모든 능력을 발전시킬 것을 필연적으로 의욕할 수밖에 없기 때문에 자신의 안일만을 위하는 것은 보편적 법칙이 될 수 없는 것이다. 따라서 칸트는 우리에게 자기 재능의 개발을 위해 가능하면 노력하라고 권면한다. 그런데 여기서의 의무는 우리 자신에 대한 불완전 의무라고 해석된다. 칸트는 동물적 존재자로서 우리 자신에 대한 의무로 동물인 인간이 자기 자신에게 지우는 의무는 "자연 그대로의 자기를 보존하고 자신의 자연적 능력을 개발하고 증진시키라는 것이다."43) 여기서 자기보존의 의무는 완전한 의무로, 능력 개발의 의무는 불완전한 의무로 해석하는 것이 옳다.

(4) 다른 사람들에 대한 불완전한 의무: 칸트는 자신은 일이 잘되는 사람이 다른 사람들의 역경을 보면서 자신과는 상관이 없는 일로 치부하고 각자는 자기가 알아서 행복을 추구하면 그만이라고 생각하는 사람의 예를 든다. 물론 이와 같은 사고방식이 보편적인 자연법칙이 된다 해도 인류는 능히 살아갈 수 있다. 그러나 비록 그러한 준칙에 따라서 보편적 자연법칙이 잘 존속할 수 있더라도 그러한 원리가 어디서나 타당하기를 의욕한다는 것은 불가능할 것이다. 왜냐하면 우리가 인생을 살면서 다른 사람들의 사랑이나 동정을 필요로 하는 경우가 없다고는 말할 수 없기 때문이다. 따라서 그러한 의욕은 자기 자신을 위한 도움에 대한 희망을 스스로 버리는 것이 되므로 역경에 처할 수도 있는 자기

자신과 상충하게 된다. 다만 어려운 처지에 놓인 다른 사람들에게 그들의 행복을 위해서 행하는 자선의 의무는 불완전한 의무로서 어떤 사람을 언제 어느 정도로 도울 것인가는 순전히 각자에게 달려 있다.

칸트는 자신과 타인들에 대한 완전한 의무와 불완전한 의무의 구별을 다음과 같이 설명하고 있다. 자살과 거짓 약속의 행위들은 그것들의 준칙이 모순 없이는 결코 보편적인 자연법칙으로 생각될 수 없을 뿐만 아니라 의욕할 수도 없는 것으로 완전한 의무의 대상들이다. 반면에, 향락 추구와 자선 회피의 행위들은 그것들의 준칙이 보편적인 자연법칙으로 생각될 수 있으므로 내적 불가능성이 발생하지는 않지만 그것들의 준칙이 자연법칙의 보편성으로 승격되기를 의욕한다는 것은 불가능하다. 전자는 엄격하고 엄밀한 것으로 내버리고 돌아보지 아니하는 방기(放棄)를 할 수 없는 것이고, 후자는 단지 느슨한 것으로 의무 이상의 행위로서 공적을 세우는 것이다.[44]

2. 칸트의 '정언명령의 제2정식'은 다음과 같다.[45]

"네가 너 자신의 인격에서나 다른 모든 사람의 인격에서 인간(성)을 항상 동시에 목적으로 대하고, 결코 한낱 수단으로 대하지 않도록, 그렇게 행위하라."

'정언명령의 제2정식'은 "최상의 실천 원리"로서 "목적 그 자체로서의 정식(the formula of the End in Itself)"이다. "인간성(humanity)의 정식" 혹은 "존중(respect)의 정식"이라고도 한다.[46] 이러한 제2정식은 인간의 이성적 자연본성이 목적 그 자체이므로 인간은 물건이 아니라 인격이라고 불린다. 따라서 인간이 목적 그 자체라는 것은 주관적 원리이면서 동시에 객관적 원리로서도 타당하다는 것이다. 이 정식은 자기 자신이나 타인들에 대한 도덕적 존재자로서의 의무의 원리를 규정하고 있다. 칸트는 '정언명령의 제1정식의 연계 원칙'인 "보편적 자연법칙의 정식"에서 사용했던 네 가지 사례를 "목적 그 자체로서의 정식"에서도 그대로 사용하고 있다.[47]

(1) 자기 자신에 대한 필연적이고 완전한 의무: 자살이 만약 힘겨운 상태를 벗어나기 위해 그 자신을 파괴하는 것이라면 그것은 자신의 인격을 생이 끝날 때까지 견딜 만한 상태로 보존하기 위한 수단으로 사용하는 것이다. 따라서 자살은 인간을 항상 그 목적으로 대하라는 '정언명령의 제2정식'에 어긋난다.

(2) 타인에 대한 필연적이고 완전한 의무: 거짓 약속을 한 사람은 그 행위가 목표로 하는 다른 사람을 그 사람도 자기 안에 목적을 포함하고 있음을 무시하고 한낱 수단으로 사용하고 있으므로 '정언명령의 제2정식'에 어긋난다.

(3) 자기 자신에 대한 공적으로서의 불완전한 의무: 무릇 인간성에는 더 큰 완전성을 향한 소질들이 있다. 이 소질들은 우리 주관 내에 인간성과 관련된 자연본성의 목적에 속한다. 이 소질들을 소홀히 하는 것은 목적 자체로서의 인간성의 보존과는 양립하나 이 목적의 촉진과는 양립할 수 없는 것이다.

(4) 타인에 대한 공적으로서의 불완전한 의무: 모든 사람들이 갖는 자연목적은 그들 자신의 행복이다. 그런데 타인의 행복에 아무것도 기여함이 없지만 아무것도 고의적으로 강탈하지 않는다면 인간성은 성립할 수 있다. 그러나 각자가 타인의 목적들을 촉진시키고자 진력하지 않는다면 목적 그 자체인 인간성에 소극적으로만 합치되고 적극적으로 합치되는 것은 아니다. 따라서 자선의 의무의 회피는 나의 목적이기도 한 타인들의 행복을 무시하는 것이므로 '정언명령의 제2정식'에 어긋난다.

이미 다룬 '정언명령의 제1정식의 연계 원칙'과 다음 두 정식은 샌델이 『정의란 무엇인가』 5강에서 다루고 있지 않지만 간략하게만 알아보도록 하자.

3. 칸트의 '정언명령의 제3정식'은 다음과 같다.[48]

"오로지 의지가 자기의 준칙에 의해 자기 자신을 동시에 보편적으로 법칙을 수립하는 자로 볼 수 있는, 그런 준칙 이외의 것에 따라서는 행위하지 말라."

이 '정언명령의 제3정식'은 "자율성의 정식(the formula of autonomy)"으로 지칭된다. 개개 이성적 존재자는 자신의 의지의 모든 준칙을 통해 보편적으로 법칙을 수립하는 자로 간주되어야 한다. 따라서 개개 이성적 존재자는 타율적인 존재가 아니라 자율성을 가진 존재로서 나타난다. 개개 이성적 존재자는 자기가 자기에게 세우는 법칙 이외에 어떤 것에도 복종하지 않는 이성적 존재자의 "존엄성 이념" 때문에 그렇게 되는 것이다.[49]

3a. 칸트의 '정언명령의 제3정식의 연계 원칙'은 다음과 같다.[50]

"개개 이성적 존재자는, 마치 그가 그의 준칙들을 통해 항상 목적들의 보편적인 나라에서 법칙 수립적 성원인 것처럼 그렇게 행위해야 한다."

'정언명령의 제3정식의 연계 원칙'은 "목적의 왕국의 정식(the formula of the kingdom of ends)"으로 지칭된다. 모든 이성적 존재자들은 자기 자신과 타인들을 결코 수단이 아니라 목적으로 대해야 한다는 법칙을 준수해야만 한다. 이로부터 공동의 객관적인 법칙들에 의해 이성적 존재자들의 어떤 가상의 체계적인 결합이 생긴다. 객관적인 법칙들에 의해 이성적인 존재자들의 상호관계는 목적의 나라 혹은 목적의 왕국으로 발현된다. 이성적 존재자는 이 나라에서 보편적 법칙을 수립하면서 또한 그 법칙들에 종속되어 있다. 그래서 이성적 존재자들은 목적의 나라의 성원임과 동시에 원수(元首)가 된다.[51]

이어서 이러한 정언명령에 대한 이상과 같은 해제를 배경으로 칸트의 정언명령에 대한 여러 비판들을 살펴보기로 하자. 칸트의 정언명령에 대해서 본서 제2장 4절 5)항 "5강. 중요한 것은 동기다/이마누엘 칸트"의 "해제와 비판"에서 전개한 비판적 논의는 '정언명령의 제2정식', 즉 모든 사람을 수단으로 대우하지 말고 항상 목적으로 대우하라는 것이 기독교의 황금률과 같지 않다는 칸트의 주장과 이를 수용한 샌델의 입장이 모두 기독교의 황금률을 잘못 해석했다고 지적한 것이었다. 또 다른 비판적 논의는 '정언명령의 제1정식', 즉 너의 행위의 준칙이 보편적 법칙이 되도록 행위하라는 것이 아돌프 아이히만(Adolf Eichmann)에 의해서 형식적, 기계적으로 수용되었던 것에 대해서도 전개되었다. 연관된 비판은 소위 "양심적이고 성실한 나치의 가능성" 문제를 통한 비판적 논의였다. 우리가 전개하지 않은 칸트의 정언명령에 대한 나머지 비판들은 칸트 윤리학에 대한 후대 철학자들의 비판들이다. 칸트의 후대 철학자들의 주요한 비판들은 정언명령에 대한 형식주의적 속성과 선험주의적 속성에 관한 것들이다. 그리고 거짓말을 허용하지 않는 칸트 윤리학의 경직성에 대한 비판이 있다. 이러한 비판들을 차례로 살펴보기로 하자. 이어서 『정의란 무엇인가』 5강에서 샌델이 예로 들었던 칸트의 "도덕적인 인간 혐오자", 즉 쾌락과 박애가 아니라 순수한 의무 동기와 냉엄한 도덕규칙에 따라서 행위하는 것만이 진정한 도덕적 행위라는 것에 관련된 비판도 있다.[52]

2) 칸트의 정언명령에 대한 비판들

그러면 먼저 후대 철학자들의 비판은 무엇인지 살펴보기로 하자. 헤겔(G. W. F. Hegel)은 칸트의 윤리학에 대해서 다음 두 가지 비판을 하였다. 첫 번째 비판은 칸트의 윤리학은 사람들이 무엇을 해야 하는가에 대한 구체적인 정보와 지침을 주지 않는다는 것이다. 칸트의 윤리학은 오직 보편적인 도덕법칙만을 제시하고 있는데, 이것은 무모순(non-contradiction)의 형식적 원칙에 불과할 뿐이라는 것이다. 헤겔은 칸트의 윤리학이 내용을 결여하고 있으므로 도덕성의 최상의 원칙을 구성할 수 없다고 비판했다. 두 번째 비판은 칸트의 윤리학은 인간을 내부적 갈등, 즉 이성과 욕구 사이의 갈등으로 몰아넣는다는 것이다. 헤겔은 우리의 욕구를 억제하는 것은 자연스럽지 못한 것이라고 지적했다.53)

쇼펜하우어(Arthur Schopenhauer)는 윤리학이 실천철학이라는 칸트의 신념을 비판했다. 그는 칸트 윤리학은 결코 실천적인 것이 될 수 없다고 지적했다. 칸트는 윤리학이 단순히 현실세계에서의 도덕적 입법과 의무적인 것이 아니라 그것을 넘어서는 선험적이고 당위적인 수행이라고 생각했다. 쇼펜하우어는 윤리학은 당위적인 것을 제안하는 것이 아니라 실제적으로 발생하는 것을 설명하고 해석하는 것이 되어야 한다고 주장했다. 따라서 윤리학은 세계의 설명에 기반하는 도덕체계의 구성이 되어야 한다고 강조했다.54)

오스트리아 출신의 미국 법학자 한스 켈젠(Hans Kelsen)도 칸트의 정언명령에 대해서 비판을 제기하고 있다. '정언명령의 제1정식'은 간략히 말하면 "당신이 의욕할 수 있는 준칙이 동시에 보편적 법칙으로서 타당할 수 있도록 행위하라"이다. 칸트는 '정언명령의 제1정식'에서 행위자의 주관적 행위준칙과 객관적인 의무원칙으로서 보편적 법칙을 대비시키고 있다. 켈젠은 인간이 자신의 행위준칙으로 삼고 있는 것을 과연 보편법칙이 되도록 의욕할 수 있는지와 관련해서 볼 때 정언명령이 필연코 윤리적으로 선한 행위를 초래하는 것은 아니라고 비판한다. 왜냐하면 인간은 사실상 어떤 임의적인 행위준칙을 보편법칙이 되도록 의욕할 수 있기 때문이다. 인간은 자신의 입장을 정당화하기 위해 부당한 합리화와 일반화, 그리고 성급한 일반화를 시도하는 것이 다반사다. 인간이 가장 많이 하는 변명은 "다른 사람들도 다 그렇게 한다"는 "군중에 호소하는 오류(*argumentum ad populum*, appeal to the people or majority)"다.55) 칸트가 자살을 통해 생명을 마감하는 행위준칙에 대해서 보편법칙이 되도록 의욕할 수 없다고 주장한 반면, 켈젠은 그러한 행위준칙에 대해서도 그것을 보편법칙이 되도록 의욕할 수 있다고 반박한다. 따라서 켈젠은 칸트의 '정언명령의 제1정식'에 나오는 "의욕할 수 있다"는 "의욕해야 한다"라는 의미라고 파악한다. 결국 칸트의 '정언명령의 제1정식'은 "보편법칙에 따라 행위하라"는 공식으로서, 개인의 일정한 행위가 보편적 규범에 부합되어야 함을 요청하고 있을 뿐, 행위준칙이 부합되어야 하는 보편법칙의 내용은 규정하지 않은 채로 남아 있다는 것이다. 그렇다면 칸트는 보편적 규범을 기존의 사회질서에 의해서 주어진 것으로 전제하고 있다고 켈젠은 비판한다.56)

3) 칸트의 도덕철학에서 거짓말의 문제

이어서 칸트의 도덕철학에서 거짓말에 관한 문제를 살펴보기로 하자. 샌델은 칸트가 『도덕형이상학의 기초』(1785)에서 거짓말을 부도덕한 행위의 으뜸으로 꼽는다고 해석한다.57) 우리가 본장인 제4장 2절 1)항 "칸트의 『도덕형이상학 기초』와 정언명령"에서 이미 논의한 것처럼 칸트는 『도덕형이상학의 기초』에서 '정언명령의 제1정식의 연계 원칙'인 "보편적 자연법칙의 정식"을 논하면서 거짓말 문제를 다룬다. 여기서 거짓말을 하지 않는 것은 타인에 대한 완전한 의무로서 규정된다. 여기서의 거짓말은 곤궁에 처해 돈을 빌릴 수밖에 없는 사람이 갚지 못할 것을 알면서 돈을 빌리는 경우다. 그리고 '정언명령의 제2정식'인 인간성의 정식을 논하면서 역시 동일한 사례를 들고 있다. 돈을 갚을 수도 없는데 거짓으로 돈을 빌리는 행위는 타인을 인간성의 목적이 아니라 수단으로 이용하는 것이다. 두 정식 모두에서 거짓말의 준칙은 모순 없이는 결코 보편적인 법칙으로 생각될 수 없을 뿐만 아니라 의욕할 수도 없는 것으로 진실을 말하는 것은 필연적이고도 완전한 의무에 속한다. 진실을 말하는 것은 따라서 불완전한 의무인 자신의 재능을 발전시키는 것과 타인들에 대한 자선을 베푸는 것보다 도덕적 위상이 더 높다고 할 수 있다.

그러나 자살을 하지 않을 의무도 필연적이고 완전한 의무이므로 진실을 말하는 것과 일단 동일한 도덕적 위상을 갖는다고 보아야 할 것이다. 칸트의 도덕철학에서 자살하지 않고 자연 그대로 자기를 보존하는 의무는 동물적 존재자로서 자기 자신에 대한 의무이고, 거짓말을 해서는 안 된다는 의무는 도덕적 존재자로서의 자기 자신에 대한 의무다. 그러나 두 가지 의무 중 어떤 의무가 앞서는지는 명백하지 않다. 동물적 존재자로서의 의무는 인간의 가장 기초적이고 필수적인 의무로 볼 수 있으며, 도덕적 존재자로서의 의무는 도덕적 위상으로 견주어보면 더 고차원적인 의무로 생각할 수 있다. 갚을 수도 없는 돈을 빌리는 거짓말은 법률적으로 보면 그것이 타인에 대한 진실 의무를 위반했을 때에만 문제가 된다. 그러나 도덕적으로 거짓말은 자기 자신에 대한 의무를 위반한 것이다. 즉 거짓말은 자기 자신의 인격에 대한 존엄성을 해치므로 비양심의 대표적 표징으로서 결과적으로 타인에게 해를 끼치지 않았다고 해도 그 자체로서 비판받을 일이다.[58]

거짓말에 관한 칸트의 경직된 도덕철학은 친구의 생명을 구하기 위해 살인자에게 거짓말을 하는 것도 죄라고 하는, 완고하기까지 한 엄격주의적, 완벽주의적 자세를 견지하고 있다. 이 문제는 칸트의 당대인과 후대인의 상식적인 도덕적 신조와의 괴리를 자아내게 했다. 칸트에게서 거짓말 문제는 오늘날까지 논란을 불러일으키고 있으므로 그 전거인 「인간애를 위해서 거짓말을 할 수 있다고 가정된 권리」(1797)에 대해서 상세히 살펴보기로 하자[59]. 이 소논문은 칸트가 73세의 노년에 쓴 것으로서 거짓말에 대한 칸트의 최종적인 입장이라고 볼 수 있다. 칸트는

1724년에 태어나 1804년 80세 되던 해 세상을 떠났으니 거짓말에 대한 새로운 입장을 제시하지는 못했을 것으로 추정된다. 이 소논문은 파리에서 활동한 자유주의파 정치인 벵자맹 콩스탕(Benjamin Constant)이 1797년에 쓴 「정치적 반동에 관하여」라는 논문의 독일어 번역을 칸트가 읽고서 그것에 대한 반론으로 쓴 것이다.

콩스탕은 자신의 논문에서 정치에서 이상적인 원칙을 현실에 적용하려고 하지만 이상적인 원칙이 만약 적용 불가능하다면 그것을 적용 가능하게 하는 중간적인 원칙이 필요함을 입증하기 위해서, 자기 집에 숨어 있는 친구의 생명을 살리기 위해 살인자에게 거짓말을 하는 것도 죄라고 주장하는 어떤 독일의 철학자(콩스탕은 그것이 칸트라고 독일어 번역자에게 말했다고 한다)의 경직된 주장을 문제 삼았다. 그는 "권리 없는 곳에 의무는 없다. 진실을 말하는 것은 의무이기는 하지만, 진실에 대한 권리를 지니는 자에게만 그러한 것이다. 그러나 타인에게 해를 끼치는 자는 진실에 대한 권리를 가지지 못한다"라고 비판했던 것이다. 따라서 그는 어떤 경우에도 진실을 말하는 것이 의무라고 주장하는 칸트의 도덕원칙이 독자적으로, 그리고 무조건적으로 적용된다면 인간사회는 존속 불가능할 것이라고 비난했다.[60]

칸트는 콩스탕의 이상의 비판에 대해서 다음과 같이 답변한다.[61]

(1) 진실성의 의무는 모든 상황에서도 타당한 신성하고도 무조건적인 원칙으로 어떠한 예외나 그 예외가 용인되는 어떤 편의나 방편도 없다. 따라서 칸트는 콩스탕이 말한 중간적인 원칙은 없다고 못을 박는다. 중간적인 원칙은 이상적인 원칙이 적용 불가능한 경우 이상적인 원칙의 예외나 방편적 불이행을 수용하는 원칙이다. 그리고 칸트는 "진실성은 소유물처럼 그것에 대한 권리가 어떤 한 사람에게는 부여되고 다른 사람에게는 거부되는 것이 아니다"라고 반박한다. 따라서 진실성의 의무

는 이러한 의무를 가지고 있는 사람과 이러한 의무를 가지고 있지 않은 사람을 구분하지 않는다는 것이다.62)

(2) 만약 어떤 사람이 거짓말을 했다면 그는 거짓말을 함으로써 발생하는 모든 결과에 대해서 책임을 져야 한다. 그가 비록 그러한 결과들을 완전히 예견하지 못한 경우에도 말이다. 그리고 자신에 대해서나 혹은 다른 사람에 대해서나 위협적인 악행을 방지하기 위해서 거짓말을 한 것도 잘못이다. 설령 거짓말이 자기 자신과 친구를 살리려는 좋은 의도에서 나왔다고 해도 마찬가지다. 그리고 내가 내 친구를 찾는 살인자에게 거짓말을 한 것은 내게 부당하게 친구의 행방에 대한 언명을 강요한 그에게 잘못한 것은 없을지라도 의무 일반, 계약 일반의 신용과 실행력의 근거를 붕괴시킴으로써 인류 일반에 대해서 잘못을 한 것이다.

칸트는 (1)번의 보편적인 언명에 이어서 (2)번에서는 구체적인 설명들을 제시하고 있다. 그럼 구체적인 설명들에 대해서 논의해보자. 칸트는 우선 인과관계에 있어서 친구가 없다고 거짓말을 하면 친구가 살 수 있고 진실을 말하면 친구가 죽는다는 식의 관계는 성립하지 않는다고 주장한다.63) 만약 살인자에게 거짓말을 함으로써 그 사람의 살인 계획을 방해했다면 그로부터 발생하는 모든 결과에 대해서 책임을 져야 한다는 것이다. 그러나 진실을 말한다면 예측할 수 없는 결과가 무엇이든지 간에 그것들에 대해서 책임이 없다는 것이다. 친구가 없다고 거짓말을 하여도 친구는 집 밖으로 나가다 살인자에게 걸려 죽을 수 있으며, 이 경우 당신은 그 죽음에 책임을 져야 한다는 것이다. 친구가 있다고 진실을 말하더라도 내 친구는 살인자에게 들키지 않고 집을 빠져나갈 수 있다는 것이다. 또한 진실을 말하더라도 살인자가 집을 뒤지고 있는 사이 이웃 사람들이 와서 살인자를 붙잡을 수도 있다는 것이다.64) 만약 진실을 말해 친구가 살해당하는 사건이 발생하더라도 비록 친구에게 해를 끼치기는 했지만 잘못한 것은 없으며 그것은 우연적인 일이라는 것이다. 따라서 친구는 나에게 거짓말을 해서 자기를 구해달라고 주장할 권리는 없다는 것이다. 그래서 거짓말을 하면 그 결과에 책임을 져야 하지만 진실을 말하면 그 우연적인 결과에 대해서 책임을 질 필요가 없다는 것이다.65)

그렇다면 우리는 거짓말에 대한 칸트의 이러한 일련의 주장들을 어떻게 평가할 수 있을 것인가? 우리는 직관적으로도 추론적으로도 칸트의 주장은 지나친 도덕적 엄숙주의와 경직성을 보이고 있다고밖에 말할 수 없다. 누구라도 제2차 세계대전 당시 『안네의 일기』의 배경이 된 네덜란드 암스테르담의 안네 프랑크(Anne Frank)가 숨어 살았던 집의 주인이라면 유대인이 있는가를 물어보는 독일 게슈타포에게 평온하게 "없다"고 대답할 것이고, 또 해야 할 것이다.66) 심지어 살인자에게 자신이나 타인의 생명을 살리기 위해서라도 거짓말을 허용하지 않는 칸트의 경직성은 마치 "미생지신(尾生之信)"을 생각나게 한다. 춘추시대 노나라에 미생이라는 사람이 있었는데, 사랑하는 여자와 다리 아래서 만나기로 약속하고 기다렸으나 여자가 오지 않자 계속 기다리다가 소나기가 내려 물이 불어 밀려와도 끝내 자리를 떠나지 않다가 마침내 교각을 끌어안고 죽었다는 고사다.67) 자신의 죽음을 불사하고 약속을 지키는 미생은 자신의 생명을 구하기 위해서라도 거짓말을 할 수 없다는 칸트와 동일선상에 있는 것처럼 보인다. 따라서 거짓말에 관한 칸트의 주장은 우리의 상식적인 도덕적 신조에 비추어볼 때 용인할 수 없는 것으로 생각된다.

그러면 거짓말에 대한 칸트의 주장에 대해서 어떠한 비판이 전개되었는지 살펴보기로 하자. 칸트 전공 철학자들 사이에서는 칸트 윤리학의 다른 저작들과 "거짓말 논문"이 일관성을 가지는가의 문제가 중요하게 다루어지고 있지만, 이 문제는 (약간은 다루게 되겠지만) 현재 우리의 논의 범위를 벗어난 주제다.68)

(3) 거짓말 문제와 관련하여 우리의 도덕적 상식에 비추어보면 불가피한 거짓말(Notlüge, evasion, 둔사(遁辭)),69) 선의의 거짓말(white lies)

은 적어도 그 의도(意圖)에 있어서 선한 것이므로 허용되어야 하지 않는가 하는 의구심이 든다. 칸트의 "거짓말 논문"에서 우리는 살인자에게 진실을 말하면 친구가 목숨을 잃을지도 모른다고 생각하기 때문에 우리의 건전한 상식은 이때 거짓말을 하는 것을 당연한 것으로 여긴다.[70] 그리고 그로 인해 자신이 추후 법적 책임을 져야 하는 경우라도 기꺼이 그렇게 할 것이다.[71] 칸트의 『도덕형이상학의 기초』에서 어떤 행위가 그 무엇인가를 위한 수단으로서 선하므로 수행된다면 그 명령은 가언적이지만, 정언명령은 행위의 결과가 아니라 행위의 의도와 동기가 그 자체로서 선한 것을 중심으로 삼고 있다.[72] 따라서 친구의 생명을 구하기 위한 선한 의도에서의 거짓말은 『도덕형이상학의 기초』로 볼 때 허용되어야 할 것으로 보인다. 물론 이 경우 친구의 생명을 구하기 위한 거짓말은 가언적 행위가 된다는 것은 피할 수 없는 것이다.[73]

(4) 거짓말을 하는 것이 때로는 도덕적인 것이 될 수 있다는 것은 일찍이 플라톤과 키케로(Marcus Cicero)가 제시했다. 플라톤은 『국가』 제1권에서 케팔로스(Kephalos)가 주장한 "올바름은 정직함과 남한테 갚을 것을 무조건 갚는 것이다"라는 주장에 대해 그것이 올바름에 대한 정확한 의미 규정은 되지 못한다고 그 반증 사례를 제시한다. 소크라테스는 어떤 친구가 정상적인 정신 상태일 때 나에게 칼을 맡겼는데 나중에 미친 상태로 와서 칼을 돌려달라고 하면 결코 칼을 돌려주어서도 안 되거니와 진실을 말해서도 안 된다고 지적한다.[74] 키케로도 "약속한 당사자나 상대에게 불이익이 되는 경우, 약속을 지키지 않아도 된다"고 말했다. 그러나 키케로는 전쟁 상대국에 대한 약속은 국제법의 관점에서 지켜야 한다고 보았다. 키케로는 약속에 대해서 그것을 성실하게 지켜야 하므로 자신의 편의를 위해 마음대로 파기할 수는 없다고 보았다. 다만 다음과 같은 상황에서는 약속을 지키지 않아도 좋다고 보았다: 첫째, 자신에게 극단적인 불이익이 따를 때, 둘째, 상대편에게 불이익이 될 때, 셋째, 약속이 사기나 폭력으로 맺어진 경우, 넷째, 상대편이 불성실할 때다.[75]

(5) 현대 생명의료윤리 분야에서도 약속의 준수와 진실을 말할 의무에 관련된 문제가 등장한다.76) 첫째, 의사는 환자를 진료하면서 알게 되거나 얻은 모든 정보를 공개해서는 안 되며 비밀 유지(confidentiality)의 의무를 지켜야 한다. 둘째, 환자에게 병과 진료 방식을 설명하고 얻는 동의는 모든 정보가 충분히 제공된 연후의 가능한 한 자발적인 동의(informed and voluntary consent)라야 한다. 셋째, 고지되고 자발적인 동의는 지켜져야 하지만, 불치병 환자와 말기 암 환자 등 시한부 환자의 경우, 의사나 혹은 환자 가족을 통해 진실이 알려질 때 충격을 받거나 크게 낙담하여 생의 의욕을 상실함으로써 오히려 치료에 방해가 될 때 선의의 거짓말은 허용되어야 한다. 샌델이 『정의란 무엇인가』 5강 "중요한 것은 동기다/이마누엘 칸트"에서 말한 것처럼, 진실을 완전히 무시하지는 않지만 호도하는 발언은 상황에 따라 허용되어야 한다는 것이다.77) 그리고 임상 의약의 효과를 검증할 때 대조하기 위해서 진짜 약과 위약(僞藥, placebo)이 동시에 투여되지만 어떤 사람 군(群)에 어떤 약이 투여됐는지는 비밀에 부쳐진다. 그리고 자기에게 관심을 가져주기를 원하는 환자나 약을 사용하면 나을 것이라는 이차적 이득과 기대를 갖는 환자에게 때때로 위약이 투여된다.78)

(6) 칸트는 어떤 상황에서도 무조건 진실을 말하라고 "거짓말 논문"에서 주장한다. 그러나 우리는 여기서 과연 진실이 무엇인가에 대해서 확실히 해야 한다. 진실은 친구의 소재에 대한 나의 언명이 아니다. 그것은 친구의 소재를 알기 위해 나를 겁박하는 살인자에게 나의 진실한 심정을 전하는 것이다. 즉 그 친구는 나의 절친한 친구이고 따라서 나는 그의 소재를 알려줄 수 없다는 것이 내 마음이고 진실이다. 이것은 거짓말을 한 것은 아니고 살인자를 수단으로 대한 것도 아니고, 다만 내가 살인자의 질문에 답할 수 없다는 솔직한 심정을 이야기한 것뿐이다.79)

(7) 우리가 이미 『도덕형이상학의 기초』에서 언급한 것처럼 '정언명령의 제1정식'과 '정언명령의 제1정식의 연계 원칙'은 보편화 가능성에

기반하고 있다. 만약 어떤 행위의 준칙이 모순 없이는 보편화 가능하지 않다면 그것은 정언명령이 아니다. 자살과 거짓말의 행위준칙은 보편화 가능하지 않는 것들이다. 칸트는 "거짓말 논문"에서 우리는 우리를 겁박하는 살인자에게 거짓말을 함으로써 그에게 잘못한 것은 없지만 우리의 거짓말 언명은 우리 사회의 전반적인 신용을 상실케 한다고 하였다. 따라서 "계약에 근거한 모든 권리는 무효가 되고, 그 효력을 상실하게 되므로, 그것은 인류 일반에 대해서 잘못을 한 것이다(this is a wrong done to mankind in general)."[80] 그러나 이러한 칸트의 주장은 단 한 번의 거짓말 사례로 인류의 보편적 신용과 계약적 권리 체계가 붕괴된다는 강한 반증(falsification)에 근거하고 있다. 그러나 이것은 "전부 아니면 무(all or nothing)"인 편협한 이분법이며, "성급한 일반화의 오류(the fallacy of hasty generalization)"라고 생각된다. 따라서 거짓말을 하거나 약속을 어기는 것과 사기를 치는 것은 그것들이 예외 없이 보편적으로 행해지는 것이 아닌 한, 한 사회에서의 신용과 계약적 권리에 대한 보편적 기초를 붕괴시키는 것은 아니다.[81] 즉 어떤 특수한 경우에만 약속을 지키지 않겠다는 준칙은 보편화 가능하며 약속제도 자체를 붕괴시키는 것은 아니다.[82] 따라서 우리는 콩스탕이 생각한 중간적인 매개 원칙(mediating principle) 혹은 조건부적인 절대 원칙(prima facie principle)을 생각해볼 수 있다. 우리는 살인자에게도 진실을 말하라는 칸트에게 "사람의 생명을 구하기 위한 것이 아니라면 어떤 경우에도 거짓말을 해서는 안 된다" 혹은 "생명을 구하는 경우를 제외하고는 거짓말을 하지 말라"는 준칙을 제시할 수 있을 것이다. 이런 유형의 중간적인 원칙 중 가장 정교한 준칙은 공리주의 철학자인 이언 킹(Iain King)이 선의의 거짓말에 관련하여 제시한 것이다. "설령 거짓이 발각되더라도, 그 거짓을 통해 당신이 상실한 신용보다도 더 가치가 있는 행동 결과를 산출한다면, 오직 그때에만 거짓을 말하라."[83] 이러한 중간적인 원칙은 '정언명령의 제2정식'인 "목적 그 자체로서의 정식"과 "인간성의 정식"에도 적용될 수 있다. 즉 "다른 사람이 애초에 나를 계속해서 목적으로 대할 경우에만, 내가 그를 목적으로 대할 이유가 있다"는 것이다.[84]

(8) 살인자에 대한 단 한 번의 거짓말이 인류의 보편적 신용사회를 붕괴시킨다는 칸트의 주장은 결과에 의존한 논증으로 보인다. 따라서 이러한 주장은 결과에 의거하지 않은 순수한 선의지의 보편적 발현인 '정언명령의 제1정식'인 "보편적 법칙의 정식", 그리고 '정언명령의 제1정식의 연계 원칙'인 "보편적 자연법칙의 정식", 그리고 '정언명령의 제2정식'인 "목적 그 자체로서의 정식", "인간성의 정식"을 가언적인 명령으로 만들며, 타율적인 정식으로 만든다. 그리고 칸트가 거짓말을 하면 친구가 살 수 있고 진실을 말하면 친구가 죽는다는 인과관계를 부정하고 그 관계는 우연적인 것에 불과하다고 하는 주장을 살펴보자. 칸트는 살인자에게 거짓말을 하여도 친구가 집 밖으로 도망치다가 살인자에게 잡혀 죽을 수 있다는 좋지 않은 결과를 거짓말을 하는 경우에 결부시킨다. 그러나 진실을 말하면 친구가 살인자 몰래 집 밖을 빠져나가거나 아니면 살인자가 집을 뒤지고 있는 동안 이웃 사람들이 와서 살인자를 체포할 수 있다는 좋은 결과를 결부시키고 있다. 그리고 칸트는 그 결과라는 것이 예견할 수 없는 결과임도 불구하고 거짓말을 하는 사람에게는 그 결과에 대한 책임이 있고 진실을 말하는 사람은 그 결과에 대해서 책임이 없다는 매우 강한 일방적이고도 편협한 결과주의적 책임론을 표출하고 있다. 물론 칸트가 주장한 것처럼 우리의 참, 거짓 언명과 그 결과는 예견하기 어려운 것이다. 그러나 우리의 상식적인 도덕적 신조에 따르면 가장 확실히 예견할 수 있는 결과는 우리가 친구가 집에 있다고 진실을 말하면 살인자가 그를 찾아내서 죽인다는 결과인 것이다. 칸트는 이러한 확실한 결과를 몇 가지 사례를 이용해 혼란을 자아내려고 한 것뿐이지만, 칸트는 성공하지 못했다고 보아야 한다.[85] 현대 형법으로 보면 살인자에게 진실을 말한 사람은 칸트가 생각한 것과는 달리 "미필적 고의에 의한 살인방조죄"라고 할 것이다.[86]

(9) 칸트는 "거짓말 논문"에서 진실을 말하는 것을 절대적인 법칙으로서 어떠한 상황에서도 적용되는 무조건적인 원칙으로 간주한다. 칸트는 자신의 도덕체계에서 선과 악은 명확하게 구분되고, 도덕원칙들은 질서정연하므로 어떠한 모순이나 상충도 없다고 생각한다. 그러나 살인자에게 진실을 말하는 것은 무조건적인 단일 원칙적 결정은 아닐 것이다. 살인자에게도 진실을 말하라는 준칙은 친구의 생명을 구하라는 준칙과 비교되어 어느 하나를 선택하는 것으로 이해될 수 있다.87) 우리의 일상적인 상식적 신조에 의하면 우리는 살인자에게 진실을 말하는 것은 친구의 죽음이라는 결과를 초래하므로 우리는 친구의 생명을 살리는, 즉 상호 협조의 정신에서 거짓말을 택하게 될 것이다.88) 칸트는 우리의 참, 거짓 언명과 그 결과는 우연적이라고 말하지만 우리는 친구의 위치에 관련된 진실한 언명은 살인자에 의한 친구의 죽음이라는 악이 행해지는 것을 초래한다고 생각한다. 그렇다면 우리는 친구의 죽음이라는 악을 회피하기 위해서 친구를 살리는 상호 협조의 의무를 수행해야 한다. 그런데 문제는 우리가 이미 『도덕형이상학의 기초』에서 다룬 것처럼 타인에 대한 진실의 의무는 친구의 생명을 살리는 자선의 의무보다 앞선다는 것이다. 그렇다면 칸트는 거짓말 금지의 우선성을 이미 『도덕형이상학의 기초』가 발간된 1785년부터 "거짓말 논문"이 발간된 1797년까지 견지하고 있었던 셈이다. 그러나 칸트는 "거짓말 논문"에서 타인의 생명을 구하기 위한 경우만이 아니라 자신의 생명을 구하기 위한 경우라도 살인자에게 진실을 말하라는 매우 강한 입장을 취하고 있다.89) 그렇다면 자기 생명의 유지의 의무와 진실을 말할 의무 사이의 갈등은 어떻게 해결될 것인가? 두 의무들은 『도덕형이상학의 기초』에서 모두 완전한 의무로 분류된다. 그렇다면 완전한 의무 속에서 두 의무들의 위상은 어떻게 될 것인가? 우리는 이미 논의한 것처럼 자기 생명 유지의 의무는 우리가 동물적 존재자로서 갖는 자연적 의무에 속하며 진실을 말할 의무는 우리가 도덕적 존재자로서 타인과의 관계 속에서

지켜야 하는 사회적 책무라고 할 것이다. 이 경우 자기 생명 유지의 의무는 적극적인 자연적 의무로서 타인과의 관계에서 진실을 말할 사회적 책무보다 앞선다고 보아야 할 것이다.90) 칸트는 진실을 말할 의무가 타인에 대한 의무만이 아니라 자기 자신에 대한 의무라고도 말한 바 있다. 이럴 경우 거짓말을 하지 않을 자기 자신에 대한 의무는 동물적 존재자로서의 자기 생명 유지의 의무보다 앞서는 것으로 보인다. 그러나 우리는 대부분 자기 자신에 대한 동물적 존재자로서의 자기 자신의 생명 유지의 의무가 자신 자신에 대한 진실을 말할 의무보다 앞선다고 간주할 것이다. 우리 자신이 죽어 없어진 뒤에는 진실을 말할 의무고 뭐고 다 덧없는 도로(徒勞)에 그치고 말 것이다. 그렇다면, 이렇게 말하기는 싫지만, 칸트는 자신의 기왕의 윤리학적 저작들과 "거짓말 논문" 사이의 괴리를 포착하지 못하고 콩스탕의 비판을 과잉하게 방어하려고 했던 "늙음(old age)"에서 오는 "나쁜 기질(bad temper)"을 표출하였던 것이었을까?91) 칸트는 그 당시 남의 말을 잘 경청하는 원만한 태도를 갖게 되는 이순(耳順)의 나이를 훨씬 지났는데도 말이다.

4) 칸트의 도덕철학과 감정의 문제

도덕성으로부터 행위의 목적이나 내용을 배제했고, 도덕적 동기로부터 행복과 쾌락, 그리고 감정을 제거했다는 비판은 칸트 윤리학에 대한 가장 많은 비판이 전개되는 부분이다. 그러면 샌델이 말했던 도덕적인 인간 혐오자, 즉 칸트가 보기에 박애가보다 더 나은 도덕적 냉혈한(冷血漢)의 문제를 『도덕형이상학의 기초』에서 살펴보자.92)

"하나의 예를 들어보자. 자연이 이 사람 또는 저 사람의 가슴에는 도대체가 동정심을 거의 심어놓지 않았다고 해보자. 그래서 그는 (다른 점에서는 정직한 사람이면서도) 기질상 냉정하고, 타인의 고통에 무관심하다고 해보자. 이것은 아마도, 그가 자신의 고통에 대해 특별히 천부의 인내와 버티는 힘을 갖추고 있어서, 그와 똑같은 것을 다른 모든 사람들에게도 전제하고, 심지어는 요구하기 때문일 것이다. 자연이 그러한 사람을 ─ 그는 진실로 자연의 최악의 산물은 아닐 터이다 ─ 원래 박애가로 만들지는 않았다고 해도, 그는 그래도 자기 안에 온순한 기질의 가치보다는 훨씬 더 높은 가치를 그 자신에게 주는 원천을 발견하지 않겠는가? 물론 그럴 것이다. 바로 여기서 도덕적이며, 무엇과도 비교할 수 없는 최고의 가치인 성품의 가치, 곧 그가 경향성에서가 아니라, 의무에서 선행을 하는, 성품의 가치가 개시한다."

이상의 인용문을 보면 칸트의 도덕원리, 특히 정언명령에서 감정이 자신의 위치를 주장할 수 있는 곳은 없는 것 같다. 그러나 칸트의 도덕원리가 실질적으로 각 개인의 도덕원리로서 실행되기 위해서는 특수한 감정과의 관계가 필요하다. 그것은 "도덕법칙에 대한 존경심으로서의 감정"이다.[93] 이 감정은 감각에 바탕을 둔 일상적인 의무에의 감정과는 전혀 상이한 것이며, 지성적인 근거에서 촉발된 것으로, 우리는 이 감정을 선험적으로 인식한다: "그러므로 도덕법칙에 대한 존경은 하나의 지성적 근거로 인해 생긴 감정으로, 이 감정은 우리가 완전히 선험적으로 인식하는, 그리고 그것의 필연성을 우리가 통찰할 수 있는 유일한 감정이다."[94] 이러한 도덕적 감정은 오로지 도덕법칙을 준수하고자 하는 관심으로서 이 관심은 의무의 감정으로 이어진다: "인간은 실제로 도덕법칙에 관심을 가지고, 우리 안에 있는 그것을 위한 토대를 우리는 도덕감정이라고 부른다."[95] 그러므로 의무를 계속해서 따르도록 해주는 추진력은 도덕법칙에 대한 끊이지 않는 존경심이다: "도덕법칙에 대한 존경은 그러므로 유일한 그리고 동시에 의심할 바 없는 도덕적 동기이며, 이 감정은 또한 오로지 이 근거 이외에는 어떠한 객관도 지향해 있지 않다."[96] 칸트의 이러한 도덕법칙에 대한 존경심은 순수한 감정은 아니며, 이성에 의해서 고양된 감정이라고 해야 할 것이다.[97]

3. 7강. 소수집단 우대정책 논쟁

1) 미국 대학에서 동문 자녀 특례입학과 기여입학 현황

본서 제2장 4절 7)항 "7강. 소수집단 우대정책 논쟁"의 "요약"에서 언급한 것처럼, 샌델은 미국 대학에서 한때 실시되었던 인종분리정책과 반유대적 할당제는 대학이 설정한 사명과 입학 기준이 언제나 공정하다고 말할 수 없는 역사적 증거라고 주장했다.[98] 미국의 정치이론가로서 하버드대학교에서 강의하는 야스차 몽크는 『뉴욕 타임스』에 아시아계가 입학에서 차별을 당하고 있다는 사실을 기고했다. 그는 하버드대학교 입학에서 아시아계가 차별되고 있는데, 백인보다 대학수학능력시험(SAT, 2,400점 만점)에서 평균 140점을, 히스패닉보다는 270점을, 흑인보다는 450점을 더 받아야 한다고 지적하면서, 입학 사정의 공정화를 요구했다. 하버드대학교 교지 『하버드 크림슨』에 따르면 2014년 신입생(1,665명) 가운데 절반 이상이 백인이고, 21퍼센트가 아시아계, 10.5 퍼센트가 흑인, 11퍼센트가 라틴계였다. 지원자 중 대학입학 자격시험 고득점이 절반 이상이 아시아계인데도 그렇다는 것이다. 하버드대학교 측은 "성적뿐만 아니라 얼마나 사회에 봉사할지, 창조적이고 적극적인 학교생활을 할지를 종합적으로 따진다"며 "학내에 다양한 인종적, 경제적, 문화적 배경을 가진 학생들이 많아야 한다"는 입장을 피력했다. 이것은 『정의란 무엇인가』 7강 "소수집단 우대정책 논쟁"에서 등장했던 다양성 논리다. 아시아계에 벽이 높은 것은 백인 동문 문화가 강하고 가문의 평판과 재력, 인맥을 중시하는 미국 명문 사립대의 전통 때문이기도 하다. 하버드대학교는 동문 자녀 선발 비율이 12퍼센트, 운동 특기생이 13퍼센트 정도인데, 대부분 백인 유력가 자제들 몫이라고 한다. 미국 명문대들이 인정하는 기여입학제까지 고려하면 '성적'이 아닌 '배경'으로 입학하는 학생이 동부 아이비리그에서 3분의 1에 이른다는 통계도

있다.99)

그렇다면 샌델이 비판하는 동문 자녀 특례입학(legacy preferences)과 기여입학(development cases)을 구체적으로 논의해보자. 샌델은 대학은 교육과 연구로 사회의 공동선과 아울러 다양성을 증진시키는 공동체주의적인 공적 이상(public ideals)을 가져야 하므로 동문과 돈이라는 정당하지 못한 기준에 의거하는 동문 자녀 특례입학과 기여입학은 거부되어야 한다고 주장한다.100) 그러나 동문 문화가 강하고 가문의 평판을 중시하는 것은 일종의 백인 대학 동문 공동체주의로서 이러한 공동체주의 때문에 백인 동문 자녀 특례입학과 기여입학이 높은 비율로 지속되고 있다. 그렇다면 샌델은 대학입학의 영광과 포상을 가질 수 있는 자격의 논의에서 대학의 공동체주의적인 공적 이상으로서의 목표와 대학 백인 동문 공동체주의의 현실 사이에서 분열되고 있다. 샌델은 동문 자녀 특례입학이 "공동체 의식과 애교심을 키운다는 이유"에서 지지된다는 점을 인정하고 있다.101) 샌델의 공동체주의는 대학의 본질적 목표와 이상에 관해서는 약이면서 동시에 백인 대학 동문 공동체주의에 관해서는 병을 준다고 비판될 수 있다. 샌델의 공동체주의는 상위 공동체인 국가 사회와 지역 사회 공동체와 하위 공동체인 백인 대학 동문 공동체주의의 사이에서 항상 상위 공동체의 우위만을 주장할 것인가? 샌델은 『정의란 무엇인가』 9강 "우리는 서로에게 어떤 의무를 지는가?/충직 딜레마"에서 가족 간의 충직의 의무가 국가 공동체에 우선하는 많은 사례들을 들고 있다. 거기서는 심지어 남북전쟁 때 로버트 리(Robert E. Lee) 장군처럼 연방군도 탈영(?)해서 남부연합으로 가고, 형제간의 범죄 은닉도 허용되는데, 여기서는 자기 아들딸을 자기가 졸업한 모교 대학에 입학시키는 것인데 그 정도야 못하겠는가?102)

미국의 경우 동문 자녀 특례입학은 대학 발전에 공로가 있는 사람들의 자녀나 사회적 명사들의 자녀들을 입학시키기도 하지만, 동문들이 자신들의 자녀의 입학을 위해서 모교에 기부금을 후하게 내놓는 것이

상례이므로 (물론 동문 자녀가 아니더라도 기부금을 내는 경우도 있지만) 기여입학과 연결된다고 하겠다. 미국에서도 동문 자녀 특례입학과 기여입학은 찬반양론이 분분한 커다란 사회적 이슈 가운데 하나다. 미국 아이비리그 대학들의 경우, 10-30퍼센트의 입학생들은 동문 자녀 특례입학으로 들어온 학생들이라는 통계가 있다. 동문 자녀들은 대학수학능력시험(SAT, 1,600점 만점) 점수로 볼 때, 160점이 상향되는 효과가 있다. 소수집단 우대정책 등 다른 고려 요소들을 보면 흑인 +230점, 히스패닉 +185점, 아시안 -50점이고, 체육특기생은 +200점이다.[103)

『월스트리트 저널』의 교육 담당 기자이자 퓰리처상을 수상한 바 있는 대니얼 골든(Daniel Golden)은 미국 명문대학들의 입학 사정 실태에 대해서 방대하고도 상세한 사례들을 수집, 분석하여 『왜 학벌은 세습되는가(The Price of Admission)』라는 책을 출간하여 미국사회 내에서 커다란 반향을 불러일으켰다.[104) 대니얼 골든이 이 책에서 주장하는 것은 아이비리그 등 미국 명문대들은 기부입학, 동문 자녀, 교수 자녀, 체육특기생 등의 특례입학을 통하여 백인 특권층 및 고위층 자제 다수에게 특혜를 주고 있다는 것이다. 명문대학 입학생의 최소 3분의 1, 그리고 소규모 명문 교양대학(Liberal Arts College)의 절반 이상이 입학 과정에서 우대와 특혜를 받는다. 우대 대상자 중 15퍼센트만이 소수인종 출신 학생들이 차지하는 데 비해 부유한 백인들은 체육특기생(10-25퍼센트), 동문 자녀(10-25퍼센트), 기부입학생(2-5퍼센트), 유명 인사나 유명 정치가 자녀(1-2퍼센트), 교수 자녀(1-3퍼센트) 등 압도적으로 높은 비율을 차지한다. 아이비리그에 속한 한 대학을 조사한 결과, 어떤 특혜도 없이 지원하는 학생은 전체 정원의 40퍼센트에 불과했다고 한다.[105)

2) 미국 대학에서 동문 자녀 특례입학과 기여입학 찬반양론

동문 자녀 특례입학과 기여입학은 미국 대학이 발전하는 원동력 중의 하나라는 견해가 있다. 즉 "기부금 → 최고의 교육 환경 마련 → 인재 배출 → 기부금 확대"라는 사회경제적 선순환 구조를 갖추고 있다고 평가되기도 한다. 기여입학을 통해 쌓인 재원으로 훌륭한 도서관을 짓고, 첨단 시설과 기자재를 설비하고, 소외계층 출신의 인재들을 뽑아 등록금과 장학금을 지원하므로 좋은 교육환경을 만들고, 질 높은 교육을 통해 교육적 평등성과 계층적 상향 이동을 달성한다는 것이다.106) 미국 교육전문지『고등교육 클로니클』2015년 최신호에서 기부금 총액을 학생 숫자로 나눴을 때의 재학생 1인당 기부금 액수를 기준으로 대학 순위를 발표했다. 1위는 예일대로 382만 9,457달러(약 42억 원), 2위는 하버드대로 378만 8,847달러, 3위는 프린스턴대로 345만 296달러, 4위는 스탠퍼드대로 263만 3,679달러로 나타났다. 이러한 기부금으로 미국 명문대학들은 학생들에게 장학금을 주거나 학비 융자금 형식으로 지원해주기도 한다. 미국 명문 사립대 등록금은 연간 6만 달러(6,700만 원) 정도다. 하버드대는 부모의 연봉이 6만 5천 달러 이하면 학비를 전액 면제해준다고 한다. 인문학 중심인 윌리엄스대도 부모의 연봉이 7만 5천 달러 이하면 학비 융자금 대신 부족한 학비를 대준다고 한다.107)

그러나 동문 자녀 특례입학과 기여입학은 매우 강한 반론에 직면해 있다. 비록 명문대학들과 교양대학들에서 동문 자녀 입학이 널리 행해지고 있다고 하더라도, 미국 사람들의 75퍼센트가 동문 자녀 특례입학을 반대한다고 한다.108) 그 반론들은 다음과 같다. 동문들의 기부금과 결부되어 이루어지는 동문 자녀 특례입학은 계층 간 교육 불평등을 고착시킨다. 따라서 성적이 좋지만 부자 부모를 가지지 못한 많은 학생들이 대학으로부터 배제된다. 기여입학은 돈을 주고 대학에서 자리를 사는 것과 마찬가지다.

이러한 관행은 대학입학에서 학문적 능력을 하향시키고, 재정적 능력, 그것도 부모의 재정적 능력에 의존하는 소수 귀족제인 과두제(oligarchy)와 금권정치(plutocracy)에 다름이 아니다. 또한 동문 자녀들은 사실상 카스트 제도 속에서 커다란 혜택을 가지므로 사회 전반의 경제적 이동성, 특히 상향 이동(upward mobility)을 방해한다. 비록 자녀가 입학하면 부모가 금전적 기여를 하는 것은 사실이지만 전체적으로 볼 때 기여가 확연히 증가했다는 증거가 확실치 않다는 비판도 있다. 그리고 공립학교에서의 기여입학은 미국 헌법 제1조 9절 8항 "귀족 자격 부여 혹은 승인(The Title of Nobility) 금지"의 위반이라는 비판도 만만치 않다.109) 그 다음 비판은 미국은 사회적 성공을 개인의 능력에 기반하는 업적주의(meritocracy)적 사회인데 동문 자녀 특례입학이나 기여입학은 동문 자녀에 대한 소수집단 우대정책이며 업적주의에 반하는 친족 등용과 족벌주의(nepotism)라는 것이다. 더 심하게는 정치적 동종교배(political inbreeding)라는 비판도 제기된다.110) 다른 시각으로는 동문 자녀 특례입학과 기여입학은 세습적인 업적주의(hereditary meritocracy)라고 주장되기도 한다.111) 또한 학교 재원 조달과 모금(fund-raising)이 기여입학의 주목적이라고 주장되지만 기여입학은 대학을 타락시키므로 대학은 객관적인 공공적 목적의 수호자로서 그 역할을 다해야 한다는 것이다. 대학은 기여입학을 통한 학교 재원 조달만이 아니라 많은 공공 자금과 기업으로부터의 기부와 그리고 (동문 자녀 입학과 관계없는) 개인적 기부도 많이 받는다. 그러므로 기여입학은 불필요하다는 것이다.112) 또한 대학 기부금은 세금 공제가 되므로 결국 모든 납세자들이 기여입학 학생들에게 보조금을 주는 것으로 보아야 한다는 것이다.113)

3) 샌델의 업적주의와 기여입학, 동문 자녀 특례입학, 소수집단 우대 정책

그러면 업적주의와 기여입학과 결부된 동문 자녀 특례입학, 그리고 소수집단 우대정책의 관계를 살펴보기로 하자. 이 삼자의 관계는 우리의 생각보다는 훨씬 복잡하다. 미국 민주당이 업적주의의 기치를 높이

들고 그 이상을 주창하는 데는 두 가지 난관이 있다. 첫 번째 난관은 민주당과 좌파가 동문 자녀 특례입학보다는 압도적으로 소수집단 우대정책을 지지하지만 불행히도 이 둘은 공통적으로 학생들 혹은 사람들을 개인적 능력보다는 인종적 계층과 동문 공동체라는 다른 기준들에 의거하여 평가할 수 있다는 신념에 기반하고 있다. 대법원이 소수집단 우대정책이 위헌이라는 판결을 내린다면, 그 다음은 동문 자녀 특례입학일 것이다. 그러나 대법원이 소수집단 우대정책을 합헌이라고 판단하여 지속시킨다면 동문 자녀 특례입학도 지속시킬 수밖에 없을 것이다.

두 번째 난관은 민주당의 경우도 친족 등용과 족벌주의(nepotism)에서 자유로울 수 없다는 것이다.114) 힐러리 클린턴(Hillary Clinton) 전 국무장관이 2016년 민주당 대선 후보가 되어 당선된다면 그것은 빌 클린턴(Bill Clinton) 전 대통령을 이은 족벌주의의 명백한 사례가 될 것이다. 2004년 미국 민주당 대선 후보에 출마한 하워드 딘(Howard Dean)도 조지 부시(George W. Bush) 전 대통령처럼 예일대학교 동문 자녀 특례입학생이었다. 2004년 당시 하원에서 민주당 리더였던 낸시 펠로시(Nancy Pelosi) 의원은 메릴랜드주 5선 하원의원의 딸이었다. 이러한 상황을 보면 소수집단 우대정책과 아울러 기여입학에 근거한 동문자녀 특례입학도 존속할 것으로 보이므로 미국사회의 도덕적 이상인 업적주의는 상당히 후퇴할 것으로 보인다.115)

샌델의 분배적 정의의 기준은 인간의 능력과 자질, 그리고 덕목적 탁월성을 통해 창출된 사회적 기여에 대한 도덕적 응분과 자격(moral desert)을 주장하는 것이다.116) 그런데 샌델의 이러한 주장은 분배적 정의의 관점에서 볼 때 능력 위주 사회(meritocracy)를 지향하는 것처럼 보인다. 샌델은 능력 위주 사회란 인간의 능력이 단순한 기회균등만이 아니라 공정한 기회균등을 통해 완전히 발휘되는 사회로서 "성공에 이르는 사회적, 경제적 장벽만 제거된다면 누구나 재능이 선사하는 포상을 받을 자격이 있다는 것이 능력 위주 사회의 기본적 전제"라고 밝힌다.117)

여기서 샌델은 자신의 입장을 명백히 하고 있다: "사람들이 아무리 노력을 떠들어도, 능력 위주 사회를 신봉하는 사람들이 진정으로 보상받을 만한 가치가 있다고 믿는 것은 기여한 내용이나 업적이다. 노동윤리를 갖는 것이 자신의 노력의 결과든 아니든, 우리가 기여한 것은 어느 정도 우리 자신의 것이라고 주장할 수 없는 타고난 재능에서 온다."118)

샌델이 분배적 정의에서 진정으로 능력주의를 주장한다면 소수집단 우대정책을 반대해야 할 것이다. 아니면 소수집단 우대정책이 수용할 만한 예외임을 밝혀야 할 것이다. 그리고 샌델이 소수집단 우대정책을 찬성한다면 그것은 개인을 그 능력보다는 다른 근거인 소수집단 구성원으로서 평가한다는 것을 인정하는 셈이다. 그렇다면 샌델은 기부금을 낸 동문의 자녀라는 또 하나의 다른 근거는 어떤 관점에서 비판할 수 있을 것인가? 샌델은 『정의란 무엇인가』 7강 "소수집단 우대정책 논쟁"에서 대학입학 정원의 10퍼센트를 경매(auction)로 결정하는 것에 비판적 논의의 초점을 맞추었지, 동문 자녀 특례입학과 기여입학을 자세히 논하지는 않고 있다. 경매는 순전히 전적으로 돈으로 대학입학의 자리를 사므로 직관적으로 매우 거부감이 강한 사례다. 그러나 동문 자녀 특례입학과 기여입학은 약간 뉘앙스가 다르다고 보아야 한다. 동문 자녀 특례입학을 하는 학생들은 대체로 부모가 자발적인 기부금을 내며, 그 혜택은 대학수학능력시험(SAT, 1,600점 만점)에서 160점 정도 상향하는 것이고, 통상 대학입학 정원의 10-30퍼센트 수준이다. 동문 자녀 특례입학과 비교할 때 소수집단 우대정책의 경우 흑인은 230점, 히스패닉은 185점이 상향되고, 체육특기생은 200점 정도가 상향된다. 따라서 경매의 입찰금처럼 돈이 전적으로 모든 것을 결정하는 것은 아니다.119)

샌델이 능력주의를 주장한다면, 엄밀히 말해서 소수집단 우대정책과 동문 자녀 특례입학과 기여입학 모두를 반대해야 한다. 그래서 능력주의를 주창하는 샌델은 소수집단 우대정책을 찬성하면서 동시에 동문 자녀 특례입학과 기여입학을 반대할 수는 없다. 『정의란 무엇인가』의 7강

"소수집단 우대정책 논쟁"과 능력주의에 대한 도덕적 응분과 자격이 주장되는 8강 "누가 어떤 자격을 가졌는가/아리스토텔레스"에서 전개된, 그리 멀지는 않지만 심연이 가로놓여 있는, 두 강(?) 사이의 이러한 내부적 모순을 샌델은 어떻게 건널 것인가?

4) 우리나라 대학에서 기여입학제 찬반양론, 그리고 군 복무자 보상 제도

우리나라에서도 대학입학에 관한 삼불제, 즉 대학 본고사 금지, 기여입학제 금지, 고교등급제 금지에 대한 논란이 끊이지 않고 제기되고 있는 실정이다. 우리나라 대학에서는 소외 및 낙후 지역 인재를 일정 비율로 선발하는 지역균형 선발제도인 농어촌 특별전형을 실시하고 있다. 아울러 국가유공자 자녀 전형, 탈북자 특별전형, 특성화고(실업계) 전형, 장애인 특별전형, 군 자녀 특별전형 등이 있다. 또한 사회적 배려 학생들에게 지급하는 희망장학금 제도도 사회배려자 전형의 일환으로서 실시되고 있다. 그리고 기업체나 공공기관 입사에서 군 가산점 제도의 문제와 농어촌 출신 우대와 장애인 고용 확대, 그리고 고졸 채용 우대 등 사회적 약자들에 대한 소수집단 우대정책도 『정의란 무엇인가』 7강 "소수집단 우대정책 논쟁"에서의 논의와 연관된다. 그 외 사회적 약자들을 배려하는 제도로서 교통에서 노약자 및 임산부 좌석, 장애인 화장실, 여성 휴게실, 출산 휴가, 남편의 육아 휴직, 서민 소득세 감면 등을 들 수 있다.

민관군 병영문화혁신위원회는 2014년 12월 12일 군(軍) 제대자에게 각종 공무원, 공기업 시험에서 만점의 2퍼센트 수준의 보상 점수 혜택을 줄 것을 건의했다. 병영문화혁신위원회가 도입하기로 한 '군 복무자 보상제도'는 1999년 폐지됐던 군 가산점 제도와 비슷하다는 점에서 여성계가 반발하는 등 논란을 불러일으키고 있다. "당시 헌법재판소가 여성과 장애인, 군 미필자 등에게 헌법상 보장된 평등권과 공무담임권을 침해한다는 논리로 위헌 결정을 내렸던 군 가산점 제도는 제대자에게 만점의 3-5퍼센트의 이내에서 가산점을 부여하는 내용이었다." 이에 대해 군 관계자는 보상점 제도는 의무 사항이 아니라 권고 수준이며, 또 가산점 혜택에 따른 합격자 수도 전체의 10퍼센트로 제한한다고 밝혔다.120)

우리나라에서도 전개되고 있는 기여입학제에 대한 찬반양론을 알아보기로 하자.121) 기여입학제는 특정 학교에 물질을 무상으로 기부하여 현저한 재정적 공로가 있는 경우나 대학의 설립 또는 발전에 비물질적으로 기여하는 등 공로가 있는 사람의 직계자손에 대해 대학이 정하는 기준과 방법에 따라 입학이 가능하도록 특례를 인정하는 제도다.122) 우리나라에서 기여입학제는 뜨거운 감자와 같고 또한 매우 민감한 사안이다. 교육, 특히 대학교육에의 접근과 그 성취가 우리 인생에서 성공과 실패, 그리고 사회적 지위를 결정하는 중요한 요소이므로 더욱 그러하다. 기여입학제에 관한 국민들의 반대가 높은 편이므로 반대 의견부터 알아보자. (1) 대학교육이 인생의 행로에 중요한 역할을 하고 신분 이동의 유일한 통로라고 할 수 있는 한국에서 부모가 돈이 많아 그 자녀가 좋은 대학에 들어가는 것은 직관적으로 거부감이 클 수밖에 없다. 즉 지나친 학벌 중심 사회에서 부의 대물림에 이어 학벌의 대물림으로까지 이어진다는 것은 사회적 지위의 세습으로 인한 계층 간 위화감을 조성한다. 그래서 국민정서상 거부감이 만만치 않으므로 정부는 절대불가를 강조하고 있다. 우리나라 헌법 제11조는 "사회적 특수계급의 제도는 인정되지 아니하며, 어떤 형태로든 이를 창설할 수 없다"고 규정되어 있다.123) (2) 그리고 현행법상 금품을 내고 학교에 들어가는 것은 부정입학일 수밖에 없다. 즉 헌법 제31조 1항 "모든 국민은 능력에 따라 균등하게 교육을 받을 권리를 가진다." 교육기본법 제4조 "[교육의 기회균등] 1) 모든 국민은 성별, 종교, 신념, 인종, 사회적 신분, 경제적 지위

또는 신체적 조건 등을 이유로 교육에서 차별을 받지 아니한다. 2) 국가와 지방자치단체는 학습자가 평등하게 교육을 받을 수 있도록 지역 간의 교원 수급 등 교육 여건 격차를 최소화하는 시책을 마련하여 시행하여야 한다."(전문개정 2007. 12. 21) 따라서 기여입학제는 교육의 공공성을 명시하고 교육의 기회의 불균등과 차별을 금지한 현행법에도 위배된다. 그리고 사회적 배려 대상자와 사회 기여자에 대한 특별전형의 근거가 되는 고등교육법 시행령 제34조 2항과 정원 외로 입학할 수 있는 경우를 규정한 제29조 2항의 개정이 필요하다.124) (3) 대학 재정은 국립, 사립을 막론하고 공교육 이념에 입각하여 정부가 책임을 져야 하는 사안이므로 사립대학의 재정난 문제는 기여입학제로 해결할 성질의 사안이 아니다. (4) 기여입학제는 대학입학이 물질적인 것으로 좌지우지될 수 있다는 인상을 심어주므로 황금만능주의의 가치관을 팽배시킨다. (5) 기여입학제는 대학 간 불균형적인 발전을 조장하게 된다. 수도권 대학과 지방 대학 간의 차이 등 대학의 서열화에 따른 호불호가 명백하게 작용하게 될 것이다. (6) 기여입학제는 운영과정상 여러 문제점이 발생할 소지가 많다. 결국 입학이라는 상품을 구매하기 위한 공개 입찰제로 흐를 수도 있고, 기여금에 대한 모집, 관리, 운영에 있어서 부정이 발생할 소지 또한 높다. 그래서 대학은 기업화될 것이다. (7) 기여입학제로 대학에 입학한 학생들은 부모에게 의존하였다는 사실로 말미암아 자긍심을 잃게 되고, 정체성 혼란을 겪게 되므로 학업을 원활하게 수행할 수 없다. 만약 일군의 학생들이 기여입학 학생들이라는 것이 밝혀진다면 정상적인 경로로 입학한 다른 학생들에게 왕따를 당할 가능성도 있다. (8) 따라서 정원 내 정상적 학생들과 정원 외 기여입학 학생들 사이에 학내 반목과 분규가 발생할 가능성도 있다. (9) 농어촌 출신 학생들의 정원 외 특례입학을 허용하므로 건학 이념이나 기여 등에 따른 개별 대학의 특례자 선발을 막는 것은 모순이라는 주장이 있지만 이것은 말도 안 되는 어불성설(語不成說)이다. 농어촌 학생, 장애 학생들은 사회적 약자라는 차원에서 공교육에서 그 불리함을 보상해주는 것이지만 기여입학 학생들은 사회적 약자가 아니므로 공교육에서 그 불리함을 보전해줄 하등의 이유가 없다.[125] (10) 한국의 유수 대학들은 잉여 적립금을 (최고는 2천억 원 정도) 쌓아두고 있다. 그러나 학교 운영 자금은 학생 등록금과 국고 지원금에 의존하여 충당하면서도, 잉여 적립금을 재단 수입금으로 쌓아놓기만 하고 기여입학제 타령만 하고 있다는 비판도 있다.

기여입학제에 찬성하는 의견은 다음과 같다. (1) 대학의 자율성은 헌법상 기본권으로 보장되어 있으므로 학생의 선발도 역시 자율적인 것이 되어야 한다. 사립대학은 그 설립 목적과 취지에 위배되지 않는 한 기여입학제도 자율적으로 수용할 수 있어야 한다. 그리고 기여입학제를 통해 신입생의 선발의 자율성과 다양성을 확보하게 되므로 성적 위주로만 선발하는 경직된 대학입시제도의 모순을 타파할 수 있다. (2) 기여입학제는 대학의 재정난 해소에 큰 역할을 하게 될 것이다. 그리고 재정 확충은 교육경쟁력을 강화하여 대학의 질적 우월성을 높이게 될 것이다. (3) 대학교육의 절대적인 비중은 사립대학이 차지하고 있지만 사립대 재정에서 정부 지원금이 차지하는 비중은 5퍼센트가 안 되며 대학 재정의 70퍼센트가 학생 등록금으로 충당된다.[126] (4) 해마다 상당액이 해외로 유출되는 음성적 해외 유학 경비를 국내 대학으로 유치함으로써 외화 유출을 방지하고 대학교육의 여건을 개선할 수 있다. 음성적인 부정입시를 방지할 수 있고, 과열 과외 등 사교육 비용을 절감할 수 있으며, 사회 유휴 재원의 음성적, 낭비적 흐름을 막고 정규 교육 재원으로 흡수하여 질 높은 대학교육에 투자가 가능하다. (5) 기여입학제를 허용하는 것은 또 다른 의미의 교육 기회의 평등을 달성할 수 있다. 즉 기여입학제로 확보된 재원은 경제적 어려움을 겪는 학생들에게 장학금을 제공하거나 등록금 부담을 낮출 수 있다. 이것은 소수의 기여로부터 다수가 혜택을 받는 재분배 기능도 행한다. 그래서 교육을 통한 계층 상향

이동이 가능하게 된다. (6) 사립대학은 학생 등록금 의존도가 과중하지만 학생들이 등록금 인상에 대해서 강하게 반대하고 국고 지원도 기대할 수 없는 상황이므로 기여입학제만이 이 상황을 타개할 수 있다. 반값 등록금 논쟁도 결국 대학 재원의 문제다.127) (7) 기여입학제는 비물질적, 물질적 기여에 대한 인정과 보상의 차원에서 행해지므로 사회적 기여문화의 풍토를 조성하고 확장한다. (8) 미국과 독일 등 선진국에서는 동문 자녀 특례입학과 기여입학이 공공연하게 실시되고 있으므로 우리나라도 세계적인 추세에 따라야 한다. 그리고 선진국 대학들의 기여입학제에 의한 기부금 누적액은 천문학적 수준이며 학교 재정에서 학생 등록금 비율도 12퍼센트 정도다.128) 치열한 글로벌 교육경쟁 속에서 선진국 대학들에게 뒤처지고 있는 우리나라 대학들의 재정 유입의 주요 통로 중 하나를 정부 차원에서 원천적으로 막는 것은 국가 사회 발전에 도움이 되지 않는다. (9) 이미 농어촌 출신 학생 등의 정원 외 특례입학을 허용하면서 건학 이념이나 기여 등에 따른 개별 대학의 특례자 선발을 막는다는 것은 모순이다. (10) 대학은 초중등교육처럼 보편적 교육은 아니며 대학교육은 고등교육으로서 대학 진학자들의 자발적인 선택과 비용 지불을 전제로 하는 개인의 인적 투자 성격이 강하므로 기여입학제도 그러한 관점에서 수용될 수 있다.

한편 기여입학제에 대한 우리 국민들의 여론조사를 살펴보면 다음과 같다. 기여입학제에 대한 학부모의 찬반 여부를 알아본 결과, 학부모의 연령이 30대 이하는 60.8퍼센트, 그리고 50대는 51.3퍼센트가 찬성하는 것으로 나타났다. 반면에 40대는 39.8퍼센트, 60대는 30.8퍼센트로 더 낮게 찬성하는 것으로 나타났다. 기여입학제에 대한 대학생들의 찬반 여부는 남학생은 43.8퍼센트, 여학생은 48.5퍼센트가 찬성하는 것으로 나타났다.129)

제 5 장

샌델의 공동체주의 철학에 대한
'자유주의 대 공동체주의 논쟁'의 관점에서의 비판

1. '자유주의 대 공동체주의 논쟁'의 기본적 해명

현대 실천철학의 '자유주의 대 공동체주의 논쟁'은 기본적으로 자유주의와 공동체주의 사이에 전개된 대립의 역사를 답습하면서도, 새로운 상황 속에서 전개된다.[1] 새로운 상황이란 공리주의를 비판하고 나선 존 롤스(John Rawls)의 『정의론(*A Theory of Justice*)』(1971) 이후 정립된 "자유주의의 새로운 모형"에 대해서 공동체주의자들이 광범위한 관점에서 비판을 전개하고 있다는 것이다.[2] 롤스의 『정의론』은 정치적, 경제적 자유와 권리의 확보라는 고전적 자유주의의 유산과 공정한 기회균등과 분배적 정의의 실현이라는 두 이질적 요소를 공정한 선택 상황을 가정하는 사회계약론적 관점에서 종합함으로써 자유주의적 복지국가에 대한 철학적 정당화를 이룩한다.[3] 따라서 그의 정의론은 그동안 자유주의의 지배적인 철학적 근거로서 행세하던 공리주의의 "최대 다수의 최대 행복"이 가지고 있던 이론적 약점, 즉 전체 복지라는 미명 아래 소수자 인권 침해의 가능성을 극복하고 자유주의 정치철학의 한 전형을 이루게 된다. 이러한 전형은 "신칸트적 좌파 자유주의" 혹은 권리준거적인 "칸트적인 의무론적 자유주의"로 명명된다.4)

그러나 롤스의 이러한 신칸트적 좌파 자유주의는 1970-80년대에 영미권에서 신고전적 자유주의(neoclassical liberalism) — 소극적 자유와 권리의 옹호, 자유시장, 최소국가론을 옹호했던 고전적 자유주의의 새로운 등장 — 와 경제적, 사회적 보수주의의 연합세력에 의한 반격을 받게 된다. 특히 로버트 노직(Robert Nozick)은 롤스의 분배적 평등주의가 개인의 권리와 자유를 침해한다고 반대하면서 자유지상주의적 최소국가론을 피력한다.5) 연합세력의 이러한 반격은 1990년대 이후 세계를 질풍노도처럼 몰아치고 있는 신자유주의(neoliberalism)로 대두하게 된다. 신자유주의는 친시장주의와 글로벌 금융 경제를 기반으로 자본가를 위하며 노동자를 마음대로 해고할 수 있는 노동의 유연성을 주장한다. 반면에 로널드 드워킨(Ronald Dworkin)은 자유주의 정치가 자유와 평등 간의 균형을 찾는 일이라고 보는 상식적 견해를 거부하고, 자유의 이념보다는 평등의 이념이 더 중요하다고 천명한다.6) 그러나 이러한 공리주의, 롤스, 노직, 드워킨 사이에서 전개된 자유주의 논쟁은 자유와 평등의 실현이라는 자유주의의 "목적이 아니고 그 수단"에 대한 내부 논쟁이므로,7) 롤스에 의해 창출된 "자유주의의 새로운 유형(a new liberal paradigm)"은 자유주의 철학의 보편적 모형으로 인정되기에 이른다.8)

롤스 이후 자유주의는 노직, 드워킨, 앨런 거워스(Alan Gewirth), 브루스 애커먼(Bruce Ackerman), 데이비드 고티에(David Gauthier) 등을 통해서 다양하게 발전되어왔다.9) 자유주의자들 사이에 방법론적 논쟁이 없는 것은 아니지만,10) 자유주의자들은 기본적으로 다음과 같은 방법론적 기초에 합의하고 있다. (1) 자유주의는 도덕적 규범이 개인의 본성과 권리, 혹은 개인들 간의 계약적 합의와 협상에 근거하고 있으므로 도덕적 규범은 그러한 근거를 통해서 보편적으로 정당화될 수 있다고 주장

276

하는 방법론적 개체주의(methodological individualism)를 취하고 있다. (2) 자유주의는 권리근거적(right-based) 혹은 의무론적(deontological) 윤리체계를 취하고 있는데, 그것은 현대사회에서의 다원적인 가치관들 사이에서 중립적인 절차를 통해 사회규제를 위한 최소한의 도덕규범을 산출하기 위한 것이다. (3) 자유주의는 개인들이 자유롭게 다양한 실질적 가치관을 추구할 수 있다는 것을 인정하고 있지만, 공공도덕의 차원에서는 순전히 도구적 합리성을 근거로 사회적 규범을 산출하려고 시도한다. (4) 도덕적 주체로서 개인은 자유로이 가치관을 선택하고 변경하고 수정할 수 있기 때문에 선택되는 가치관과 목적에 선행한다. (5) 정치적 공동체의 기본적 목적은 개인들이 그들의 협동적 이득을 얻는 한에서 참여하는 기초적인 것일 뿐이며 정치적 참여가 본질적인 가치를 가진 것으로 간주되지는 않는다.

이러한 자유주의의 기본적 모형에 대해서 공동체주의는 알래스데어 매킨타이어(Alasdair MacIntyre)의 『덕의 상실(*After Virtue*)』(1981)을 전후한 찰스 테일러(Charles Taylor), 마이클 월저(Michael Walzer), 마이클 샌델(Michael Sandel), 벤자민 바버(Benjamin Barber), 로베르토 웅거(Roberto Unger) 등의 저작들을 통해서 다양한 비판을 전개한다.11) 자유주의가 공동체 상실의 원흉이라는 대전제 아래, 공동체주의의 기본적 입장은 자유주의의 기본적인 방법론적 모형에 대한 대립항으로 정리될 수 있을 것이다. (1) 공동체주의는 도덕적 규범이 역사적 공동체의 특수한 사회문화적 전통 속에 내재하고 있으므로, 도덕적 규범은 방법론적 총체주의(methodological holism)를 통해서 서술적으로 혹은 해석적으로 발견되거나 수용되어야 한다고 주장한다. (2) 공동체주의는 덕 혹은 개인의 품성에 근거하는 목적론적(teleological) 윤리체계를 취하고 있는데, 그것은 그러한 목적론적 가치관을 통해서 공동체적 통합성을 제공하기 위한 것이다. (3) 공동체주의는 합리성을 단순히 도구적 합리성이 아니라 본래적 가치를 선택할 수 있게 하는 가치추구적 합리성으로 보고 개인적 도덕과 공적 도덕의 통합을 시도한다. (4) 도덕적 주체로서의 개인은 추상적 자아가 아니라 공동체적 삶의 구체적 가치를 수용하며 그러한 방식으로 자아가 형성되므로, 그러한 공동체주의적 개인은 이기적 가치를 추구하는 것이 아니라 타자의 선을 고려하는 공동적 가치를 추구할 수 있게 된다. (5) 정치적 공동체의 목적은 개인들이 그 속에서의 적극적 참여를 통해 시민적 덕목과 자아를 실현하는 본질적 가치를 가진 것으로 간주된다.

그러나 공동체주의에 대한 이상과 같은 일반화는 상당한 주의를 요한다. 왜냐하면 매킨타이어는 아리스토텔레스의 부활에, 그리고 나중에는 토미즘의 실현에, 테일러는 헤겔적 관점에, 월저는 분배적 정의의 다원적 기준과 구체적 적용 문제에, 샌델은 롤스에 대한 부정적 비판을 위주로 아리스토텔레스적 미덕 추구적 정의관과 공화주의의 실현에, 바버는 참여민주주의의 실현에, 웅거는 초기 마르크스와 기독교적 전통의 융합에 매진하는 등 공동체주의자들의 입장도 다양하고 상충할 수 있기 때문이다. 예를 들면 매킨타이어와 샌델은 "가치통합론자(integrationist)"로서 목적론적 입장을 취하고 있는 반면에, 월저와 바버는 "참여론자(participationist)"로서 정치적 참여가 본질적 가치를 가진 것으로 인정하고 있지만 공동체 전체에 대한 목적론적 가치통합에 대해서는 반대한다.12) 그래서 바버는 가치통합론자를 "사이비 공동체주의자"라고 신랄하게 비판한다.13) 그러나 이러한 구분도 가치통합론자가 정치적 참여의 문제를 도외시한다는 인상을 줄 수 있기 때문에 정확한 분류 방식은 아니다. 차라리 목적론적 공동체주의와 비목적론적 공동체주의의 구분이 더 타당할 것이다.14)

이상과 같은 '자유주의 대 공동체주의 논쟁'을 전부 다 다룰 수는 없지만 이하 본서 제5장 2, 3, 4절에서는 롤스의 자유주의 정의론과 정치적 자유주의에 대한 샌델의 비판을 논의하고, 이에 대한 롤스의 답변을 고찰할 것이다. 그리고 특히 4절 3)항에서는 롤스의 정치적 자유주의에 대한 샌델의 비판과 이에 대한 롤스의 재응답을 다루게 될 것이다. 그리고 5절 이하 10절까지에서는 '자유주의 대 공동체주의 논쟁'에서 등장하는 주요한 일반적인 주제들도 논의하게 될 것이다. 제5장에서 다룬 내용은 4절 3)항의 소제목 (1)부터 (7)을 제외하고는 기존 학술지에 수록된 저자의 졸고에서 발췌하였다.

2. 샌델의 공동체주의적 정의관과 정의의 우선성 논란

샌델은 좋은 삶에 대한 중립성을 통해 정의관을 수립하려는 자유주의 정의관이 목적에 우선하는 자아와 좋음에 우선하는 옳음, 그리고 좋은 삶에 우선하는 정의를 기반으로 하고 있다고 갈파한다.15) 이러한 샌델의 기존 사상을 알고 있는 사람들에겐 샌델이 『정의란 무엇인가』라는 제목을 앞세우고 공동체주의적 정의관을 자유주의적 정의관과 같은 위치에 병치시키는 것은 형용모순(oxymoron)이며 말도 안 되는 어불성설(語不成說)일 것이다. 이에 대해서 샌델은 미국사회에서는 정의가 사회적 최고 규범으로 널리 간주되고 있으며, 반사회적 행동을 처벌하고 이익 충돌에서 최종 판관의 역할을 하는 사법부도 정의를 앞세우고 있다는 점을 든다.16) 아래의 발췌 논문은 이러한 문제를 자세히 다루고 있다.

1) 샌델: 교정적 덕목으로서의 정의

『자유주의와 정의의 한계』(1982)에서 샌델은 자유주의적 정의론의 한계와 비일관성을 입증하기 위해서 롤스의 정의론에 대한 자세한 분석을 시도한다.17) 그는 "선에 대한 정당성의 우선성"과 그러한 우선성이 함축하는 "무연고적 자아(the unencumbered self)"의 개념을 주요 비판 대상으로 삼는다.18) 그는 선에 대한 정당성의 우선성은 자아가 목적과 가치와 결속보다 언제나 우선한다는 자아관에 근거하고 있다고 해석한다. 그러나 샌델은 이러한 자아관은 신빙성이 없다고 주장한다. 왜냐하면 우리는 우리 자신을 공동체의 목적과 가치와 완전히 유리된 것으로 생각할 수 없기 때문이다. 우리가 가진 공동체적 목적의 "구성적(constitutive)" 차원을 인정하는 것은 선에 대한 정당성의 엄밀한 우선성에 도전하는 것이며, 나아가서 상이한 가치관들에 관련한 정의원칙의 중립성에 의문을 제기하는 것이다.19)

이러한 논의를 통해서, 샌델은 공동체주의적 공동선에 대한 정의의 우선성을 비판하고, 우정, 자선, 상호 인정의 가치들과 공동선의 획득을 강조하는 정치적 질서와 체제를 옹호한다.20) 샌델은 공동선에 대한 정의의 우선성을 주장하는 롤스의 입장은 오직 목적에 대한 자아의 우선성이라는 선행된 유사한 주장이 타당할 때만 유지될 수 있다고 논파한다.21) 샌델은 이러한 자아관은 공동체적 목적과 결부가 우리 자신의 자아를 구성하는 역할을 한다는 사실을 설명할 수 없기 때문에 비일관적인 것이라고 주장한다. 무연고적 자아에 대한 이러한 비일관성 논증은 한층 더 강화된다. 이것은 무연고적 자아가 사실적이지 않다는 것뿐만 아니다. 더 나아가서 무연고적 자아는 롤스의 정의론의 체계에서 선에 대한 권리의 우선성을 확보하기 위해서 요구되는 것이기는 하지만, 롤스가 정당화하려고 하는 정의의 원칙과 비일관적이라고 비판의 강도를 높인다.

특히 롤스의 "차등의 원칙(the Difference Principle)" — "사회적, 경제적 불평등은 최소 수혜자에게 최대 이익이 되도록 조정하라" — 이 공동 소유와 분담의 원칙이라는 점을 감안한다면 그 비일관성은 명백하다는 것이다. 차등의 원칙은 사회적 기본가치를 분배함에 있어서 도덕적 유대와 연대의 존재와 아울러 구성적 공동체의 존재를 전제하고 있다는 것이다. 그래서 샌델은 롤스의 재분배주의적 기획은 불발로 끝나고 만다고 지적한다. 그 이유는 다음과 같다: "우리는 정의가 우선성을 가지면서, 동시에 차등의 원칙이 정의원칙이 되는 그런 유형의 인간이 될 수 없다."22) 샌델은 개인주의적 자유주의가 옹호하려는 자유시장체제를 비판하고 복지국가를 지지한다. 그가 명백히 지적한 것과 같이 "복지국가는 … 개인적 권리를 강력하게 보장할 것을 약속하지만, 동시에 시민들에게 높은 정도의 상호 연대성을 요구한다." 그러나 "권리에만 주목하는 [개인주의적] 자아상은 그러한 상호 연대성을 유지할 수가 없다."23) 따라서 샌델은 "차등의 원칙이 명백히 유리(遊離)된 자아관에 의존하는 것"으로부터 탈피할 수 있는 철학적 방도를 제시한다.24)

비연고적인 자유주의적 자아관에 대항해서 구성적 목적과 결속적 애착을 고려하는 완전히 상황적인 자아관(the fully situated self)을 제시하면서, 샌델은 우리가 권리와 정의의 원칙이 아니라 오히려 공동선에 의해서 더 잘 통치될 수 있다고 주장한다. 이것은 자유주의가 정의의 근본적 한계를 인식하는 데 실패했다는 것을 의미한다. 샌델의 공동체주의 사회에서 정의는 그 사회가 실현하기를 갈망하는 최고의 덕목은 아니다. 그것은 기껏해야 하나의 교정적 덕목(a remedial virtue)에 불과하고, 그것의 가치는 교정해야 할 결함의 존재에 비례할 뿐이라는 것이다.25) 정의가 교정해야 할 결함은 공동체의 상실, 혹은 더 엄밀하게 말하면 공동선에 관한 공유된 관념들이 결여된 다원주의적 현상이다. 공동체와 공동선의 상실은 이기심의 팽배를 낳고 그것은 결국 심각한 경쟁과 갈등을 낳기 때문에, 갈등의 해소책으로서 정의의 역할이 강조될 뿐이라는 것이다. 샌델은 여기서 정의에 관한 두 가지 입론을 제시하는 셈인데, 첫 번째가 교정론, 두 번째가 비례론으로 명명될 수 있다.26) 그러나 샌델의 정의관은 여기에 그치지 않고 더욱더 암울한 측면을 드러낸다. 샌델은 "심지어 정의가 완전히 실현된다고 해도 도덕적 손실을 벌충"할 수 없고, 정의가 박애를 대체할 때, "전반적인 도덕적 수준은 하강할 것이다"라고 주장한다.27) 따라서 샌델에게 있어서 정의는 때때로 하나의 악덕이 될 수 있다. 이러한 측면에서 샌델을 논하고 있는 것은 에드윈

바커(Edwin Barker)다.28) 샌델은 다음과 같이『자유주의와 정의의 한계』를 요약하고 있다.29)

"정의는 [자유주의의] 그러한 개인주의가 통상적으로 갈등하는 주장들을 야기할 때만 오직 우선적인 것으로 보인다. 정의의 한계는 따라서 갈등을 덜 첨예한 것으로 만드는 이타주의와 자선과 같은 협동적 덕목들을 계발할 수 있는 가능성에 있다. 그러나 이러한 덕목들은 개인주의적 가정에 근거한 사회에서는 결코 번성할 수 없는 바로 그러한 덕목들이다."

샌델에 비해서 월저는 자유주의적 정의관을 공동체주의적 관점에서 수용하여 재해석하고 있으므로 그의 견해를 간략히 알아보는 것이 필요하다.

2) 마이클 월저의 공동체주의적 정의론과 사회비판의 가능성

월저의 공동체주의 사상은 1980년 초반 이후 영미 윤리학 및 정치철학의 주요 쟁점으로 부각된 '자유주의 대 공동체주의 논쟁'의 맥락 속에서 등장한다.30) 흔히 월저는 매킨타이어, 테일러, 샌델, 바버, 웅거, 에치오니(Amitai Etzioni), 벨라(Robert Bellah) 등와 함께 공동체주의자로 분류되지만, 다른 공동체주의자들과는 달리 자유주의를 전면적으로 거부하지는 않는다. 비록 그도 자유주의의 방법론적 기초인 개인주의, 도덕적 보편주의, 권리준거적 의무론, 가치중립성을 거부하지만, 자유주의의 전통적 이념인 자유와 평등이 사회적 가치들의 공유된 이해에 근거한 공동체주의 정의론을 통해서 진정으로 실현될 수 있다고 주장하는 점에서 자유주의에 친화적이다.31) 비록 샌델의『정의란 무엇인가』가 출판되었지만, 공동체주의자들 가운데 롤스의『정의론』에 필적할 만한 공동체주의적 분배정의론을 체계적으로 제시하고 있는 것은 월저뿐이다. 월저는, 진정한 공동체는 정의의 원칙에 의해서 규제될 필요가 없고 정의의 강조는 공동체와 양립 가능하지 않다는 (특히 샌델을 위시한) 다른 공동체주의자들과 달리, 정의의 가치와 공동체는 완전히 양립 가능할 뿐만 아니라 상호 보완적이라고 생각한다.32) 더 나아가서 그는 "사회정의 없이는 공동체도 없고, 공동선도 없다"라고까지 천명한다.33) 그리고 정의의 실현은 자유와 평등의 제도화로 이루어진다는 자유주의 정의론의 선구자인 롤스의 견해에 대해서도 동조한다.34) 그렇지만 월저의 정의론은 공동체의 역사성과 특수성, 그리고 분배의 대상이 되는 사회적 가치의 의미에 대한 공유된 이해에 근거하고 있으므로 기본적으로 공동체주의적이다. 그래서 각자가 자신의 특수한 가치관과 사회적 위치를 모르는 무지의 장막 아래서 선택할 수밖에 없는 원초적 입장에서 도출된 정의원칙을 보편적 원칙으로 정당화하려는 롤스의 도덕철학적 방법론을 거부한다.35)

샌델의 공동체주의적 정의관과 정의의 우선성 논란과 월저의 공동체주의적 정의론과 사회비판의 가능성에 대한 논의는 결국 자유주의적 보편주의 대 공동체주의적 특수주의 사이의 방법론적 대립으로 귀착된다. 본서 제2장 3절 "『정의란 무엇인가』의 학문적 방법론과 전체 개요", 그리고 『정의란 무엇인가』 1강의 "요약" 말미에서 언급한 플라톤의 『국가』 제7권에 나오는 "동굴의 비유"와 관련된 샌델의 해석은 이러한 방법론적 대립을 그 철학적 배경으로 하고 있으므로 상세히 논구해야만 한다.

3) 자유주의적 보편주의 대 공동체주의적 특수주의

자유주의자들에 의하면 통상적으로 정의의 원칙은 보편적으로 혹은 범문화적으로 적용될 수 있다.36) 또한 자유주의자들은 어떤 특정한 전통과 문화에서 추상된 보편적 관점을 통해서 규범적 판단과 사회제도를 평가할 수 있다고 주장한다. 롤스가 공정한 원초적 입장을 통해서 보편적 정의원칙을 도출하려는 것이 그 단적인 예다.[37] 공동체주의자들은 그러한 보편적인 정의의 원칙과 추상적 관점이 존재한다는 것을 비판한다. 월저는 특히 분배적 정의의 문제에 주목하고, 사회적 가치는 특정한 사회에서 그러한 사회적 가치가 가지는 공유된 사회적 의미에 가장 충실하게 분배되어야 한다고 주장한다. 따라서 정의의 원칙은 모든 사회적 가치들에 일률적으로 적용되는 것이 아니고 그러한 사회적 가치들의 각 영역에 타당한 다원적인 원칙들로 구성된다는 것이다.[38] 매킨타이어도 모든 도덕적, 정치적 논의는 특정한 공동체적 전통 속에서 사회적 관행과 개인의 서사적 질서를 배경으로 이루어지므로 보편적인 도덕적 관점이나 원칙은 없다고 주장한다.[39]

롤스의 정치적 자유주의는 이러한 공동체주의자들의 비판에 대한 답변으로 간주될 수 있다. 롤스는 정치적 자유주의는 서구 자유민주주의 사회의 공공적인 정치문화에 내재한 근본적인 직관적 관념들을 통해서 구성된다고 주장한다. 따라서 그는 "특수한 역사적 상황에 관계없이 모든 사회에 적합한 정의관을 발견하려고 노력하지 않는다"는 것을 분명히 한다.[40] 이러한 롤스의 정치적 자유주의는 한편으로는 역사주의적이고 반보편주의적인 성향을 갖는다고 해석할 수도 있고, 다른 한편으로는 근대적 다원사회에 대한 보편적 기준을 아직도 견지하고 있다고도 해석할 수 있다. 롤스의 정치적 자유주의는 반보편주의라기보다는 '상황적 보편주의'일 것이다. 리처드 로티(Richard Rorty)와 존 그레이(John Gray)는 롤스가 역사주의적이고 상대주의적인 전환을 했다고 보고 포스트모던적 자유주의 혹은 다원주의적 자유주의를 자유주의의 타당한 유형으로 옹호하고 나선다.[41] 그러나 이러한 로티와 그레이의 주장은 다른 자유주의자들의 커다란 호응을 얻지는 못하고 있다. 왜냐하면, 자유주의자들은 매킨타이어와 월저의 특수적이고 다원주의적인 공동체주의

적인 방법론에 대해서 보수주의적 함축성을 가진 상대주의라고 역공을
펴고 있기 때문이다.42)

　월저와 매킨타이어에 대한 가장 큰 비판의 주류는 가치의 사회적 의
미에 대한 공유된 이해와 도덕적 전통의 사회적 관행에 근거하고 있는
공동체주의적 정의관의 방법론이 상대주의적이고 보수주의적인 입장을
함축한다는 것이다. 특히 드워킨은 사회정의의 실현은 우리의 비판을
통해서 달성되지 현 사회의 단순한 반영인 거울로는 안 된다고 월저를
조롱한다. "정의는 우리의 비판이지 거울이 아니다." 또한 현 사회에서
의 부정의를 비판하기 위해서는 공동체의 "동굴을 떠나서" 보편적인 관
점에서 비판해야 한다는 것이다. 이제 월저는 '동굴 속에서 거울만 바라
보는 음울한 철학자'가 된 셈이다.43) 윌 킴리카(Will Kymlicka)는 사회
적으로 많은 논란과 갈등을 함축하고 있는 가치들의 경우에는, 그러한
갈등하는 가치들의 의미를 비판적으로 평가하기 위해서도 지도적 원리
로서 일반적이고 보편적인 정의의 개념이 필요하다고 강조한다. 비록
월저처럼 우리가 지역적이고 특수적인 의미로부터 출발하더라도, 그러
한 갈등의 존재와 비판적 숙고에의 요구는 우리를 더 일반적이고 덜 지
역적인 관점으로 나아가게 한다는 것이다.44) 매킨타이어의 공동체주의
정의관의 가장 큰 결점은 공동체적 관행의 내재적 선을 유지하고 실현
하는 덕목으로서의 정의의 역할에 관련된다. 요컨대, 공동체주의 정의
관은 단순히 내재적 덕목이 아니라 공동체의 관행을 비판적으로 평가할
수 있는 실질적인 기준이 되어야 하는데 매킨타이어에게서는 그러한 기
준을 발견할 수 없다는 것이다.45)

　월저와 매킨타이어는 자유주의자들의 이러한 비판에 대해서 반론을
준비한다. 월저는 보편주의와 특수주의 논쟁에 관련된 두 저작 『해석과
사회비평』과 『비평가 집단』에서 해석적 사회비평은 상대주의나 보수주
의를 함축하지 않는다고 응수한다. 그는 일단 자유주의적 보편주의자들
의 비판에 조금은 양보한다. 도덕성은 "최소한의 보편적 규범(a minimal

and universal moral code)"을 갖는다는 것이다.46) 그러나 이러한 최소한의 보편적 규범 이상으로 구체적이고 특수한 기준은 결코 동굴을 벗어날 수 없다. 무비판적인 사람들은 거울 속에서 자기들이 원하는 것만을 보려고 하나, 비평가들은 그 나머지를 보고 지적해준다. 동굴 속에서 거울을 보는 것이 결코 상대주의와 보수주의를 함축하지 않는다.47) 월저는 사회비판은 공동체의 문화와 역사에 '내재적인' 혹은 '연관된' 비판이어야지 그 문화와 역사와 아주 동떨어진 외래적이고 보편적인 관점에서 나와서는 안 된다고 주장한다. 이러한 주장의 배경에는 다음 두 가지 관점이 보충해 주고 있다. 첫째, 어떠한 지배적인 이데올로기도 최종 승리자는 아니며, 새로운 이데올로기에 의해서 경질 당하는 것처럼 역사는 순환한다. 따라서 기존의 이데올로기에 대한 분노와 반항을 대변하는 '이의(dissent)' 제기자가 항상 존재한다. 둘째, 정치이론은 사회적 의미의 해석이며, 그러한 해석을 통해서 근본적인 사회비판이 가능하다. 마르크스의 말대로 사회적 의미가 지배계급의 이데올로기라고 할지라도 거기에는 비판의 여지가 있다. 모든 지배계급은 통상적으로 자신들의 이익을 지키기 위해서 그것이 보편적 이익이라고 위장하지 않으면 안 된다. 그러나 이러한 위장은 실제적으로 구현될 수 없는 보편성이므로, 사회비평가는 이러한 보편적 위장의 자기 전복적 요소와 모순을 적나라하게 밝혀내고, 또한 잠재적인 근본적인 사회적 의미들을 드러낼 수 있다.48)

그러나 이러한 월저의 주장에도 문제는 여전히 존재한다. 그렇다면 변호적 해석과 비판적 해석 등 다양한 상충하는 해석들 중 진정한 해석을 어떻게 가려낼 수 있는가? 이상적인 사회비평가는 결국 "억압받고, 착취당하고, 곤궁에 빠지고, 망각된" 사람들에게 충실하여, 그들의 역경을 "국민적 역사와 문화의 구조" 안에서 바라보고 그 해결책을 제시하는 사람들이 된다.49) 이러한 월저의 주장은 결국 사회비평가들이 "최소 수혜자의 기대치를 최대로 하라"는 롤스의 "차등의 원칙" 혹은 "맥시민 규칙

(maximin rule)"에 따라서 (그것이 문화내재적인 원칙이든 아니면 통문화적인 원칙이든 간에) 사회비평을 행한다는 것으로 해석될 수 있다.[50]

매킨타이어는 정의관에 대한 전통을 초월한 보편적인 정당화는 존재할 수 없다고 지적한다. 왜냐하면 모든 정의관은 하나의 전통 속에 위치해 있고, 그러한 전통의 고유한 가치관과 합리성을 구현하고 표출하는 것이기 때문이다. 그러나 각 전통은 나름대로의 합리성의 기준을 가지고 있으므로 각 전통에 의해서 구현된 정의관이 다른 정의관에 비해서 합리적이고 우월하고 포괄적인가를 그 전통 속에서 비교할 수 있다고 주장한다. 즉 한 전통 X는 만약 전통 Y가 지금까지 해결하지 못했던 당면한 문제를 Y의 용어로 설명하되 궁극적으로는 X의 용어로 포섭하여 문제 해결에 도움을 줄 수 있다면 전통 Y보다는 합리적이고 우월하고 포괄적이라는 것이다. 매킨타이어는 이러한 논의를 그의 최근 저작 『누구의 정의인가? 어떤 합리성인가?』(1988)에서 전개하고 있다.[51] 『덕의 상실』과는 달리 이제 "자유주의는 하나의 전통으로 변형된다."[52] 물론 매킨타이어는 계몽주의적 자유주의의 전통과 합리성이 아니라 아리스토텔레스적, 토미즘적 전통과 합리성이 인간의 도덕적 덕행과 전통을 유지하는 데 우월하다고 주장한다. 그리고 이러한 전통과 합리성을 통해 자유주의적 개인주의의 도덕적 병폐를 설명하고 치유할 수 있다고 강조한다. 그러나 이러한 매킨타이어의 주장은 자기 논에만 물을 대는, 즉 자기에게만 이롭게 되도록 행동하는 아전인수(我田引水)에 불과하다. 그도 인정하고 있듯이 합리성의 본질에 관한 중차대한 논란은 해결하기가 매우 어렵다. 따라서 도덕적 문제를 해결하는 데 어떤 한 방식이 다른 방식보다 합리적이라고 어떤 한 전통에 따라 생각하여 그러한 방식을 따르는 것은 결코 "순환성"을 피할 수 없다.[53] 이것은 논리적으로 말하면 "순환논증의 오류(the fallacy of circular argument)"다.[54]

이러한 일련의 논쟁의 외중에서 주목을 끄는 한 가지 논의가 있다. 그러한 논의에 따르면, 롤스의 정치적 자유주의는 현대 다원민주사회에 내재한 직관적 신념들을 수용하고 나아가서 다양한 포괄적 가치관들 사이의 중첩적 합의를 추구함으로써 공동체주의자들보다 더 공동체주의적이 된다.[55] 처음부터 가치의 공유된 사회적 이해를 찾으려는 월저와는 달리 롤스는 "우리의 공유된 이해가 깨질 때 우리는 정치철학으로 향한다."[56] 월저는 "가치들의 사회적 의미가 논란의 여지가 많을 때는 우리는 그러한 불일치와 갈등에 충실해야 한다"고 밝힌 바 있다.[57] 롤스의 정치적 정의관은 이러한 월저의 주장을 충실히 수용하고 있는 셈이다. 롤스는 우선 민주사회의 정치문화에 내재한 최소한의 직관적 신념들로부터 출발하지만, 우리가 실질적 가치관과 특정한 가치가 어떻게 분배되어야 할 것인가에 대해서는 매우 공유하는 바가 적다는 것을 인식한다. 이러한 인식에 따라 롤스는 정치적 정의관은 어떤 특정한 포괄적 가치관에 근거해서는 안 되고 모든 합당한 포괄적인 가치관들 사이의 중첩적 합의에 근거해야 한다고 주장한다. 아마도 우리가 근현대사회에서 가질 수 있는 공동 목적의 최대한은 그러한 중첩적 합의가 될 것이다.[58]

여기서 우리가 주목해야 할 또 하나의 논의는 롤스의 『정의론』이 『정치적 자유주의』 이전에 충분히 공동체주의적 요소를 포함하고 있다는 "강한 자유주의론"이다. 강한 자유주의론의 요점은 자유주의가 공동체주의적 가치를 앞세우지 않지만, 개인들의 행동에 대한 비밀스러운 화합을 통해 실질적으로 근현대사회가 필요한 만큼의 공동체주의적 요소를 간직하고 있다는 것이다.[59] 첫째, 강한 자유주의론에 의하면, 롤스의 자유주의는 이미 자유주의가 공동체주의적 요소를 포함할 수 있는 최대한을 포함하고 있다. 즉, 경제적 효율성을 해치고 않고 최소 수혜자의 복지를 최대로 향상시킬 수 있는 사회적 연대를 롤스는 "차등의 원칙"을 통해서 구현하고 있다. 강한 자유주의론을 주장하는 사람들은 롤스가 자유와 평등과 함께 "박애"를 중요시하며, 모든 개인들의 재능과 자질을 하나의 "공동적 자산"이나 "사회적 자산"으로 간주한 것과 질서정

연한 자유사회를 "사회적 연합들의 연합"으로 간주한 것에 주목한다.[60]

둘째, 강한 자유주의론에 의하면, 공정한 기회균등에 대한 사회적 보장을 자유주의가 강조하지만 또한 역으로 복지 수혜자 집단이 수동적 비노동인구로 전락하는 것을 방지하기 위해, 자유주의는 개인들이 스스로 책임을 지는 능동적인 인간이라는 노동과 직업윤리를 창출한다. 이러한 노동과 직업윤리는 적자생존이라는 '사회적 다윈주의(Social Darwinism)'를 배경으로 자유주의 국가에서의 윤리적 통합과 안정성에 기여한다.

셋째, 강한 자유주의론에 따르면, 자유주의는 단순히 개인주의가 아니라 국가의 역할과 관련된 정치적 강령이다. 자유주의는 자유주의적 세계체제와 민족자결주의를 통해 실질적으로는 국민국가를 위한 맹목적인 국수주의(chauvinism)를 조장해왔다는 것이다. 이러한 국수주의는 국가에 대한 시민의 애국심과 충성심을 당연히 요청하게 된다. 이러한 강한 자유주의론의 결론은 자유주의가 "비밀공동체주의"로 공동체주의적 강화 없이도 "충분히 강력하게" 자유주의 사회의 통합성과 사회적 연대를 구성할 만큼 공동체주의적이라는 것이다.[61] 그러나 이러한 강한 자유주의론은 자유주의가 공동체적 요소를 유지하면서 사실은 자유주의의 본질적 요소를 포기했다는 뼈아픈 역사와 현실을 말해주기도 한다.

3. 분배적 정의의 기준으로서 도덕적 응분과 공적

본서 제5장 2절 1)항 "샌델: 교정적 덕목으로서의 정의"에서 본 것처럼 샌델이 정의에 대해서 비관적이고도 부차적인 관념을 가지고 있더라도, 샌델에게도 최소한 분배적 정의의 기준은 있어야 할 것이다.[62] 정의가 교정적이고 이차적인 덕목이라는 조건 아래서, 샌델은 적절한 정의의 신조가 "도덕적 공적(moral merit) 혹은 덕목(virtue), 혹은 본질적인 인간적 가치의 개념들"이라고 본다.[63] 우선 샌델은 "비록 [자유지상주의자인] 하이에크와 노직은 [공평 자유주의인] 롤스가 옹호하는 재분배적 정책에 반대하고 있더라도, 그들 모두는 수입과 부가 도덕적 공적 (merit) 혹은 응분(desert)에 따라서 분배되어야 한다는 관념을 거부한다"는 점을 지적한다.64) 그는 자유주의자들이 도덕적 공적과 응분을 거부하는 이유를 다음과 같이 해명한다. 롤스에게서 자격과 권리(entitlements)를 공적, 응분, 혹은 덕망에 근거시킴은 선을 정당성에 우선시키는 것이 된다. 따라서 정당성의 우선성을 지키기 위해서 롤스는 분배의 근거를 사회계약론적 전망에 따른 "합법적 기대치(legitimate expectations)"에 둔다.65) 하이에크와 노직의 입장은 자격과 권리를 공적 혹은 응분에 두는 것은 사람들이 선택한 대로 교환하고 매매할 수 있는 자유와 그에 따른 이익을 취할 수 있는 자유를 제한하는 것이 된다. 노직은 자신의 정의의 신조를 "그들이 선택하는 바에 따라 각자로부터, 그들이 선택된 바에 따라 각자에게"로 제시한다.66)

종합적으로 볼 때 자유주의자들에게 있어서 사람들을 공적과 응분과 덕망에 따라서 구분 가능하게 하는 인격적 특성은 자아의 "본질적 구성요소"가 아니라 오직 "우연적 속성"에 불과한 것이 된다. 샌델은 자아의 본질적 구성요소인 자신의 능력을 통한 기여에 대한 보상을 도덕적 공적과 응분(moral desert)으로 본다. 반면에 롤스는 인간의 재능을 도덕적으로 우연적이고 자의적인 것으로서 개인 소유가 아니라 공동적 자산 (common assets)으로 간주한다. 샌델이 인정하고 있는 것처럼, 자유지상주의자인 노직이 처음으로 — 개인의 자연적 재능과 능력을 우연적이고 임의적인 요소로 보고 공동적 자산으로 간주하는 롤스에게 — 이러한 종류의 비판을 했다.67) 따라서 샌델이 노직이 포함된 자유주의 일반에 대해서 이러한 비판을 하는 것은 문제다. 아마도 샌델이 노직에게 할 수 있는 비판은 노직의 자아관이 "강한 개인적 특성(thick with particular traits)"을 기반으로 하고 있지만, 그것이 타인들의 복지에 무책임하다는 것이 될 것이다.68)

그렇다면, 샌델에게 있어서 도덕적 공적과 응분에 따라 분배가 이루어지는 사회는 어떠한 정치체제가 될 것인가? 그는 "만약 공동선의 정책이 옳다고 한다면, 우리들의 가장 긴급한 도덕적, 정치적 안건은 … 우리의 전통 속에 함축되어 있지만 우리 시대에 사라진 시민공화정의 가능성을 부흥시키는 것이다"라고 주장한다.[69] 이상과 같은 논의를 종합해볼 때, 우리는 샌델의 정의관을 (시민공화정적 사회를 위한) 교정적 덕목으로서의 정의관이라고 규정할 수 있다.

공동체주의 정의관의 결점은 도덕적 응분 혹은 공적이라는 분배적 정의의 신조에 관련된다.[70] 이미 논의한 것처럼, 매킨타이어와 샌델은 도덕적 응분과 공적을 옹호한다. 그렇다면 그들은 분배적 정의(distributive justice)를 응보적 정의(retributive justice)에 대응하는 것으로 간주하고 있는 셈이다. 이것은 마치 범죄자들이 마땅한 처벌을 받아야 하는 것처럼, 유덕한 사람들도 마땅히 보상을 받아야 한다는 것을 의미한다. 따라서 "정의는 덕에 상응하는 행복"이 된다.[71] 그러나 분배적 정의의 원칙으로서 도덕적 응분의 신조는 실제로 적용하기가 쉽지 않다. 도덕적 응분의 개념은 기여에 관한 경제적 유인을 혼란시키며, 결과적으로 수요와 공급에 의거하는 시장경제를 혼란시킨다. 경제적, 사회적 이득의 분배가 처벌적인 응보적 정의와 다르다는 것은 명백하다. 형법과의 관계에 있어서 분배적 정의는 한쪽이 어떤 범행을 처벌하며 다른 한쪽이 도덕적 가치에 보답하는 식으로 서로 반대되는 것은 아니다.

롤스가 지적한 바와 같이, "불평등한 분배의 몫의 기능은 훈련과 교육의 경비를 부담하고 개인들을 사회적 관점에서 보아 가장 필요한 장소와 집단으로 유인하려는 것이다."[72] 도덕적 응분의 신조에 관련된 또하나의 문제는 우리가 어떤 하나의 신조, 혹은 몇 가지 신조의 결합을 분배적 정의의 유일무이한 절대적인 기준으로 삼을 때 그것은 마땅히 고려해야 할 다른 정의의 신조들, 예를 들면, 능력, 필요, 노력, 위험부담, 기여, 보상 등의 신조와 상충하는 경우가 비일비재하다는 것이다.

이러한 관점에서 우리는 몇 가지 정의의 신조들의 결합으로 이루어진 월저(자유교환, 응분, 필요)와 테일러(동등한 몫과 기여의 원칙)의 분배적 정의관도 역시 문제가 있다는 점을 지적할 수 있다.

공동체주의 정의관의 중대한 결점은 매킨타이어에 의해서 예시된 완전주의적 정의관의 문제를 통해서 드러난다. 매킨타이어는 우리에게 "니체인가, 아니면 아리스토텔레스인가" 하는 선택지를 제시했지만,73) 롤스의 해석에 따르면 니체와 아리스토텔레스는 모두 완전주의적 정의관을 옹호한 것으로 해석된다. 완전주의적 정의관은 "예술이나 학문, 문화에 있어서 인간의 탁월성의 성취를 극대화하게끔 사회가 제도를 마련하고 개인의 의무와 책무를 규정하는 데 지침이 되는 단일 원리의 목적론적 이론이다."74) 롤스에 따르면, 이러한 완전주의적 정의관은 공동체주의의 망령, 즉 전체주의적 함축성을 야기하게 된다. 완전주의는 완전성의 원리를 실현하기 위해서 국가의 강제 권력에 의존하게 되고, 이것은 개인들의 다원적 선에 대한 국가의 중립성을 해치게 되고, 결국 자유를 제한하게 된다. 예를 들어 만일 철학이나 학문에 있어서 그리스인들이 성취한 것 그 자체가 (그들에게 여가를 제공한) 고대의 노예제를 정당화한다고 주장한다면, 분명히 그러한 입장은 강한 완전주의다.75) 그렇다고 해서, 롤스는 완전주의가 인간의 삶에서 무의미하다고 주장하는 것은 아니다. 완전주의는 비록 정의의 원칙이나 정치적 원리로서는 부적절한 것이지만, 완전주의적 가치판단은 인간사회에서 창조적 노력과 탁월한 예술적, 학문적 업적을 평가하는 데 중요한 기준이 될 것이다. 자유주의자 윌리엄 갤스톤(William Galston)은 완전주의를 통해서 자유주의를 옹호하려고 한다. 완전주의적 자유주의가 가능한지는 자유주의 진영에서도 논란거리다.76) 이 문제는 본서 제5장 5절 "자유주의의 중립성과 반완전주의에 대한 논쟁"에서 재론하여 결론을 내릴 것이다.

4. 자유주의적 무연고적 자아에 대한 샌델의 비판과 롤스의 정치적 자유주의로부터의 응답

1) 자유주의적 무연고적 자아에 대한 샌델의 비판

샌델의 『자유주의와 정의의 한계』(1982)는 자유주의에 대한 공동체주의의 비판 중에서 롤스에 초점을 맞춘 비판서다.[77] 샌델의 비판은 스스로 지적하고 있듯이 칸트의 "도덕성(Moralität)"에 대한 헤겔의 "인륜성(Sittlichkeit)"으로부터의 비판과 역사적 맥락이 맞닿아 있다. 우리는 특히 권리중심적인 자유주의적 도덕적 주체, 즉 롤스에 의해서 수용된 칸트적인 의무론적 자아 개념에 대한 샌델의 비판을 중점적으로 논의하고, 나아가서 그의 대안 제시도 비판적으로 평가할 것이다.

샌델은 롤스의 칸트적인 의무론적 자유주의를 우선 다음과 같이 해석한다. 즉 의무론적 자유주의(deontological liberalism)는 "한 사회가 그 자체로서 어떠한 특정한 가치관을 가정하지 않는 원칙들에 의해서 규제될 때 가장 잘 구성된 것이다"라는 견해다.[78] 의무론적 자유주의에서 그러한 규제적인 원칙들을 정당화하는 것은 그러한 원칙들이 선의 개념과는 독립된 권리 혹은 정당성의 개념에 얼마나 부응하는가에 달려 있다.[79] 샌델은 의무론적 자유주의의 가치중립적인 정당화는 "선에 대한 정당성의 우선성(the priority of the right over the good)"에 달려 있으며,[80] 그것은 결국 자유롭게 선택할 수 있는 개인으로 귀착된다고 본다. 자유롭게 선택할 수 있는 개인은 "목적에 대한 자아의 우선성(the priority of the self over its ends)"을 그 기초로 하고 있는 하나의 형이상학적인 자아관이다.[81] 샌델은 여기서 "자아는 그것에 의해서 인정되는 목적에 선행한다"는 롤스의 말에 주목하고,[82] 도덕적 선택 주체로서의 자유주의적 자아(the liberal self)에 대한 비판적 분석을 전개한다. 샌델의 비판은 그러한 자유주의적 자아는 도덕적으로 부당할 뿐만 아니라, 롤스

의 전체 체계로 볼 때 내부적으로도 정합적이지 않다는 것이다.83)

샌델은 무지의 장막이 드리워진 롤스의 원초적 입장에서의 선택 주체에 대해서 다음과 같은 비판의 서두를 연다. 즉 "롤스와 같은 의무론적 자유주의자의 원초적 입장은 선에 대한 정당성의 우선성을 확보하려고 시도하며, 또한 그렇게 하면서 그것은 무연고적 자아(unencumbered self), 즉 의도와 목적에 선행하고 그것들에 독립적인 것으로 이해되는 자아의 개념을 산출시킨다"는 것이다.84) 샌델에 의하면, 롤스의 자아 개념은 자아가 어떤 특정한 역사적 공동체의 구성원으로서의 개체에 선행하고 또한 자아의 특정한 목적에 선행하는 것을 의미한다. 따라서 자아를 구성하는 것은 공동체적 소속이나 어떤 특정한 목적이 아니고, 단순히 선택할 수 있는 "인식적 능력"일 뿐이다.85) 이러한 박약한 자아관에서 자아는 그것이 가진 단순한 욕구의 체계와만 연결된다. 그러한 욕구들은 상대적 강렬도에 의해서 합리적으로 질서 지어지지만, 그것들은 자아의 정체성(the self's identity)을 본질적으로 구성하는 것은 아니다. 따라서 그러한 자아관은 자의적인 선택의 주체로서 구성적 목적(constitutive ends)을 배제하게 된다는 것이다.

자유주의적 자아는 결코 그의 정체성을 구성하는 목적을 가질 수 없으며, 이것은 자아의 구성적 정체성이 바로 공동체에의 참여를 통해서 가능하다는 사실을 묵과하고 있다는 것이다.86) 샌델은 자유주의적 자아관이 가정하고 있는 자아와 그것의 목적 사이의 구분은 궁극적으로 도덕적 주체 혹은 행위자(moral agency)의 개념을 붕괴시킨다고 주장한다. 목적에 선행하는 자아는 아무런 성격도 가지지 않으며, 아무런 도덕적 깊이도 없으며, 도덕적으로 중차대한 의미에서 자아의 인식(self-knowledge)도 가질 수 없다는 것이다.87) 샌델은 롤스의 의무론적 자아관은 결국 "자아가 무연고적이고 본질적으로 박탈된" 것이며, 그러한 자아관 속에서는 "심사숙고할 수 있는 자기반성으로서의 어떠한 인격도 남아 있지 않다"는 것이다.88)

나아가서 샌델은 롤스의 의무론적인 무연고적 자아는 도덕적 주체로서 부당할 뿐만 아니라 롤스의 전체 체계로 볼 때도 부정합적이라고 주장한다. 샌델에 의하면 롤스에게 있어서 구성적(constitutive) 형태의 공동체는 생각할 수 없다. 왜냐하면 롤스에게 공동체는 기본적으로 각자의 이미 주어진 목적을 가진 개인들 사이의 협동적 체계에 불과한 것이기 때문이다.89) 샌델은 공동체에의 구성적인 참여를 배제하는 롤스의 무연고적 자아관이 선에 대한 정당성의 우선성을 확보하기 위해 필요한 것이기는 하지만, 그것은 롤스가 정당화하려는 정의의 원칙과 모순이 된다고 주장한다.90) 그러한 모순은 롤스의 차등의 원칙과 관계된다. 롤스의 "차등의 원칙(the Difference Principle)"은 최소 수혜자의 분배 몫이 최대가 되도록 사회적, 경제적 자원을 분배하도록 요구한다.91) 롤스는 각자가 자유롭게 자기의 자연적, 사회적 재능을 사용하도록 허용하는 노직의 자연적 자유체제에 반대하고 차등의 원칙을 정당화하기 위해서, 그러한 재능을 "공동적 자산(common assets)"으로 간주하고 그것을 모든 사람의 이익이 되도록 사용하도록 해야 한다고 주장한 바 있다.92)

　　여기서 샌델은 우리의 재능이 공동적 자산으로 간주되기 위해서는, 우리 자신들 사이뿐만 아니라 우리의 재능과 타인과의 연관 사이에 뚜렷한 구분이 더 이상 가능하지 않아야 한다고 지적한다. 그렇다면 우리는 우리 자신을 무연고적 자아가 아니라, 공동체의 다른 구성원들과 공유하는 가치 있는 삶의 개념에 의해서 구성되는 상호 주관적 혹은 간주체적 자아(intersubjective self)로 인식해야 한다는 것이다.93) 따라서 선이 정당성에 우선하게 되고 목적이 자아에 선행하게 된다. 그래서 결국 의무론적 자유주의는 공언했던 중립성을 확보할 수 없으므로 오도되고 불완전한 방법론적 기초를 가질 수밖에 없다고 비판된다.94)

　　그러면 샌델은 롤스의 의무론적 자유주의에 관해서 자신의 공동체주의적 대안을 어떻게 제시하고 있는지를 살펴보자. 샌델은 자유주의의 추상적인 무연고적 자아에 대해서 구체적인 역사적 공동체의 상황 속에

서 형성되는 "구성적 자아(constituted self)"의 개념을 제시하고 있다.95)
또한 그는 자유주의의 "권리의 정치"에 대해서 "공동선의 정치"를 제시
하고 있다. 샌델의 인간관에 따르면, 우리는 어떤 한 가족, 공동체, 민족
의 성원 혹은 국가의 시민으로서 특정한 인간(particular person)으로 이
해되며, 그러한 인간의 도덕적 힘은 그러한 인간이 가진 목적과 귀속,
그리고 충직과 확신으로부터 온다.96)

여기서 한 가지 주목할 것은 "자기해석적 존재(self-interpreting self)"
라는 개념으로서, 한 개인은 역사를 반성하고 그러한 의미에서 역사로
부터 거리를 유지할 수 있다는 것이다. 그러나 그러한 거리는 결코 역사
자체의 외부로까지 미치지 않는다는 것이다.97) 그러한 자기해석적 존재
는 비교적 고정적인 성격을 소유하며 자기의 욕구에 대해서 단순한 수
용이 아니라 본질적인 판단을 내릴 줄 아는 자기반성적 존재이기도 하
다는 것이다. 그러한 자기반성적 존재를 통해 자아는 자기의 정체성을
구성하게 된다.98) 그러한 자기의 정체성은 우정을 통한 타인과의 연관
성 속에서 더욱 굳건히 형성되며, 최종적으로 "공유된 자아 이해"라는
공통분모를 가진 역사적 공동체 속에서의 참여로 완결된다는 것이다.99)
샌델에 의하면 그러한 공동체는 "공동선의 정치적 공동체"이기도 한데,
자유주의는 "정치가 잘 되어나갈 때, 우리가 혼자서는 알 수 없는 공동
의 선을 알 수 있다는 가능성을 망각하고 있다"는 암시적인 말을 하면
서, 그의 『자유주의와 정의를 한계』를 끝마치고 있다.100)

그러나 확정된 정치철학으로서의 자유주의에 비해서 "공동선의 정
치"는 구체적으로 무엇을 말하는지 상당히 애매모호하다. 많은 공동체
주의 해설가들은 그것이 "고전적 공화주의(classical republicanism)", "시
민적 공화주의(civic republicanism)", 혹은 "시민적 인본주의(civic hu-
manism)"와 연계됨을 지적하고 있다.101) 샌델은 자신의 입장이 "시민적
공화주의의 가능성(civic republican possibilities)"을 찾는 입장이라고 말
한다.102) 통상적으로 공화주의적 윤리는 시민들이 사회적 직책과 직무

를 성실히 수행하도록 요구하고, 시민들의 정치적 참여를 장려하고, 시민적 덕목을 육성함으로써, 공동체의 구성원들이 개인적 이익의 단순한 증진을 넘어서 공동선을 추구하도록 인도되는 것으로 이해되고 있지만 그 전모를 상세히 파악하기는 쉽지 않다.

2) 롤스의 정치적 자유주의로부터의 응답

매킨타이어나 샌델은 주로 롤스의 『정의론』에만 비판의 화살을 돌리고 있기 때문에 롤스가 후속적인 논문들과 저서들에서 어떠한 방법론적 전환을 하고 있는지에 대해서는 거의 주목하지 못하고 있다.103) 롤스는 매킨타이어와 샌델의 비판이 전개되기 이전에 「도덕론에 있어서 칸트적 구성주의」라는 논문에서 자기의 정의론은 "특수한 역사적 상황에 관계없이 모든 사회에 적합한 정의관을 발견하려고 노력하지 않는다"는 것을 분명히 한 바 있다.104) 롤스는 공동체주의의 자유주의 비판에서 가장 중심적인 방법론적 문제는 자유주의가 소위 초문화적이고 역사와 무관한 추상적인 철학적 정당화를 시도한다는 비판이라고 해석하고, 자신의 정의론에 관한 역사적 상황성을 강조한다. 롤스는 이제 마치 공동체주의의 전유물인 것처럼 보였던 "역사", "문화", "전통"이라는 단어들을 부각시키면서 그의 자유주의적 정의론이 서구의 근대적 입헌민주주의의 정치문화의 전통 속에 내재한 직관적 신념인 "자유롭고 평등한 인간들 사이의 사회적 협동"을 기초로 구성된 것임을 명백히 한다.105) 만약 자유주의가 이러한 역사적 정초를 가지게 된다면, 매킨타이어가 자유주의적 권리를 허구라고 한 것이나 샌델이 무연고적 자아를 역사적 공동체로부터의 이탈이라고 한 비판은 그 설득력을 상실하게 될 수 있다.106) 어떤 의미에서 자유로운 선택의 주체라는 "무연고적 자아는 … 우리의 근대적인 사회적 조건을 그 연고로 한다"고 볼 수 있기 때문이다.107)

그러면 구체적으로 롤스가 매킨타이어와 샌델에게 각각 어떠한 답변을 보낼 수 있는지를 살펴보기로 하자. 매킨타이어는 "니체인가, 아니면 아리스토텔레스인가"라는 두 배타적 선택지를 우리가 택할 수 있는 유일한 것으로 제시한 바 있다.108) 그러나 롤스는 『정의론』에서 이미 니체와 아리스토텔레스 모두가 동일하게 완전주의(perfectionism)에 입각한 정의관을 주장한 것으로 보았다. 완전주의적 정의관은 예술이나 학문, 문화에 있어서 인간적 탁월성의 성취를 극대화하게끔 사회적 제도를 구성하고 그에 따른 개인의 의무와 책무를 규정하는 목적론적 이론이다.109) 롤스는 그러한 목적론적인 완전주의적 정의관이 비록 소규모적인 사회적 집단 내에서는 유의미한 것이 될 수 있다는 것을 인정하지만 그것이 사회 전체의 기본구조에 대한 정치적 원리로서 작동할 수는 없다는 것을 분명히 한다. 그 이유는 가치통합적인 목적론은 개인의 자유로운 가치추구에 대한 심각한 위협이 될 뿐만 아니라 그러한 통합적 가치의 실현은 국가의 강제력이나 교육적 독재에 의존할 수밖에 없기 때문이다.110)

롤스는 서로 상충하고 불가통약적인 가치관들이 편재한다는 다원주의의 사실(the fact of pluralism)을 종교개혁 이후 관용의 정신으로부터 출발한 자유주의가 기본적으로 인정할 수밖에 없는 근대사회의 "영속적 특색"으로 간주한다.111) 매킨타이어는 근대사회의 다원주의적 측면을 인정하지만 그것은 수용되어야 할 영속적 측면이 아니라 극복되어야 할 도덕적 무질서와 위기라고 보는 점이 다를 뿐이다. 롤스의 규정에 따르면, 매킨타이어의 아리스토텔레스적 덕의 윤리는 인간적 삶의 가치와 인격적 덕목과 성격의 이상을 함유하고 있는 포괄적인(comprehensive) 종교적, 철학적 혹은 도덕적 학설의 하나가 된다.112) 롤스는 특히 "모든 사람들이, 완전히 합리적인 한에서, 인정해야만 하는 선에 대한 유일한 개념"을 주장하는 학설을 가치통합적인 합당한 포괄적인 학설로 보고, "플라톤과 아리스토텔레스, 그리고 어거스틴(Augustine)과 토마스 아퀴

나스(Thomas Aquinas)에 의해서 대변된 기독교적 전통"과 "고전적 공리주의"를 그 대표적 사례들로 지적한다.113) 사회제도는 그러한 통합적인 유일한 가치관을 효과적으로 증진하는 한 정의로운 것으로 간주된다. 그러나 롤스는 그러한 가치관에 대한 공공적 합의는 근현대 다원민주사회에서 결코 달성될 수 없다고 주장한다.114)

포괄적인 혹은 형이상학적인 학설과 대비해서, 롤스는 자신의 정의론이 다양한 상충하는 가치관들 사이에서 합의 가능한 "중첩적 합의"만을 추구하는 "정치적 자유주의(political liberalism)"라고 천명한다.115) 정치적 자유주의는 다음과 같은 세 가지 관점으로 요약될 수 있다.116) 첫째, 철학적 의존성으로 볼 때 정치적 자유주의는 논란의 여지가 있는 철학적, 종교적, 도덕적 학설로부터 독립적이다. 둘째, 정당화의 기준으로 볼 때 정치적 자유주의는 공적 문화에 내재한 직관적인 기본적 전제들로부터 출발해서 도출된 결론을 공공적 합의에 의해 정당화한다. 셋째, 적용의 범위로 볼 때, 정치적 자유주의는 근대적 민주사회의 기본적인 사회적 구조에만 적용된다.

롤스는 이제 자유주의적 개인주의에 대한 새로운 해석을 시도하며 그러한 시도를 통해서 샌델의 비판에 답하려고 한다. 우리가 논의한 바와 같이, 샌델은 롤스의 정의론이 칸트적인 의무론적 자유주의를 취함으로써 칸트적인 도덕적 주체에 관련된 형이상학적인 난점을 피할 수 없다고 비판했다. 롤스는 우선 샌델의 비판이 집중됐던 칸트적인 자유롭고 평등한 도덕적 인간, 즉 무연고적 자아는 자유주의와 통상적으로 관련된 포괄적인 도덕적 이상, 즉 자율성과 개체성의 이상에 자신의 정의론이 근거하였다는 비판을 피할 수 있기를 원한다. 이제 "칸트의 자율성의 이상과 그것과 결부된 계몽주의의 제 가치들과 존 스튜어트 밀(John Stuart Mill)의 개체성의 이상과 그것과 결부된 근대성의 제 가치들"은 포괄적인 철학적 학설로서 정치적 자유주의에는 부적합한 것이 된다.117) 롤스는 자신의 정치적 자유주의가 의거하고 있는 자유롭고 평등한 도덕적 인간은 규범적 개념이기는 하지만 그것은 근대 자유민주주의적 시민을 근간으로 하여 역사적으로 구성된 것이라는 것이다. 비록 원초적 입장이 무지의 장막을 통해서 그러한 인간관을 단순화하고 추상화한 것은 사실이지만, 원초적 입장은 정의원칙의 선택에 요구되는 공정성을 확보하고 도덕적으로 자의적인 우연성을 배제하기 위한 "재현의 도구(a device of representation)"로서 요구된다는 것이다. 여기서 주목해야 할 사실은 원초적 입장은 이제 순전히 개인의 도구적 합리성에만 근거한 합리적 선택이론으로서의 정당화의 기제가 더 이상 아니라는 점이다.118) 따라서 정당화의 문제도 순전히 원초적 입장 자체에 국한되는 것이 아니라, 자유민주주의적 전통 속에 내재한 직관적 신념과 원초적 입장에서 도출된 결론 사이의 상호 조정과 그 조정에 대한 공공적 합의를 추구하는 "광역적인 반성적 평형(wide reflective equilibrium)"에 달려 있다.119)

그러한 반성적 평형 상태의 매개체인 원초적 입장에 나타난 선택의 주체의 개념은 결코 인간의 본질이 그의 최종적인 사회적 목적과 사회적 귀속, 그리고 개인적 성격을 포함한 본질적 속성들에 우선하거나 독립적이라고 주장하는 어떤 형이상학적 자아의 개념에 의거하지 않는다는 것이다. 또한 무지의 장막에 가린 사회계약론적인 계약 당사자들의 도덕적 자기정체성이 인간사회에 실재적으로 존재하는 도덕적 주체자들보다 존재론적으로 선행한다고 주장하는 것도 아니라는 것이다.120) 결국 롤스는 샌델의 비판에 답하면서 칸트적인 의무론적 자유주의를 버리고 정치적인 의무론적 자유주의를 선택하게 된다.121)

샌델에 의해서 비판이 제기됐던 선에 대한 정당성의 우선성도 정치적인 의무론적 자유주의에서는 정치적 특성으로서 재강화된다. (1) 선에 대한 정당성의 우선성과 독립성은 자유롭고 평등한 개인들의 인권이 공리주의에서처럼 전체적 복지를 위해서 희생될 수 없다는 것과 (2) 정의의 원칙은 추구될 수 있는 선의 개념에 한계를 설정한다는 것과 (3) 근현대적 사회의 영속적 측면인 다원주의의 사실을 감안하면 정의의 원칙은 어떠한 특정한 가치관을 전제로 해서 도출되어서는 안 된다는 세 가지 목적을 동시에 갖는다.122) 롤스는 정치적인 의무론적 자유주의에서 "정당성의 우선성은 선의 개념들이 회피되어야만 한다는 것을 의미하지 않는다"는 것을 지적하고 그것은 사실상 불가능함을 인정하고 있다. 오히려 그것은 선의 개념들이 정치적 정의관이 허용하는 한도 내에 제한되어야 한다는 의미에서 정치적인 개념들이 되어야 한다는 것으로 해석한다. 즉 "정의는 한계를 설정하고 선은 방향을 설정한다. 따라서 정당성과 선은 상보적이며 정당성의 우선성은 그것을 부인하지 않는다"는 것이다.123) 다른 방식으로 말하면, 롤스의 정치적 정의관은 분배적 정의의 대상이 되는 어떤 기초적인 선의 개념(the thin theory of the good)을 전제로 한다. 그러나 그것은 포괄적인 혹은 형이상학적인 선의 개념이 아니라 모든 가치들에 중립적인 권리와 자유, 권한과 기회, 소득과 부, 자존감 등 "전 목적적 수단(all-purpose means)"만을 대상으로 한다는 것이다.124) 그러나 그러한 전 목적적 수단도 자유주의적 개인주의의 가치관에 경도되어 있기 때문에 중립적이 아니라는 공동체주의의 끈질긴 비판은 아직도 유효하다. 여기서 롤스는 정치적 자유주의도 자유롭고 평등한 인간들 사이의 사회적 협동이라는 실질적 가치관을 가지고 있기 때문에 순수한 절차적 중립성을 주장할 수 없다는 것을 인정한다. 그러나 정치적 자유주의는 "효과나 영향의 중립성(neutrality of effect or influence)"을 확보할 수 없지만 그래도 인류 역사상 다른 어떠한 사상들보다도 비교적 "목적의 중립성(neutrality of aim)"은 달성했다고 주장한다.125)

그러면 차등의 원칙이 간주체적 자아와 공동체를 전제로 하고 있다는 샌델의 비판에 대해서 롤스는 어떻게 답변할 수 있는가를 살펴보자. 롤스는 차등의 원칙이 실현되는 정의로운 사회에서 어떤 "최종적인 공동적 목적", 즉 각자가 정의로운 제도를 유지하고 다른 사회적 구성원들과 함께 정의로운 행위를 준수하려는 공동체적 목적이 있다는 점에서 간주체적 자아라는 관점을 수용할 수 있을 것이다.126) 그러나 롤스는 간주체적 자아와 공동체적 배경이 포괄적인 종교적, 철학적, 도덕적 학설을 수용하는 점에서 그러한 것은 아니라는 점을 강하게 못 박고 있다.127) 왜냐하면 차등의 원칙에 의해서 실현되는 복지 수혜는 샌델이 주장하는 "구성적 결부(constitutive attachments)"와는 무관하며 가톨릭교도에게 걷은 세금이 무신론자에 쓰일 수도 있고 또 그 역일 수도 있기 때문이다.128) 무연고적 자아와 차등의 원칙의 불일치에 대한 샌델의 비판은 엄밀한 "소유권적 개인주의"를 주장하는 노직에 비해 롤스의 공평 자유주의와 복지 자유주의가 "박애(fraternity)"의 정신을 실현하는 점에서 더 공동체주의적이라고 한다면 기본적으로 타당한 것이라고 생각된다.129) 그러나 그것은 공동체주의적 공동체가 아니라 자유주의적 복지 공동체의 실현이라는 관점에서 그러한 것이다.

롤스는 공동체주의의 자유주의 비판에 대한 최종적인 답변은 자유주의적 공동체의 지속성과 안정성에 달려 있다고 본다. 그는 『정의론』에서 이미 개진된 "사회적 연합들의 사회적 연합(a social union of social unions)"의 개념을 좀 더 진전시켜 정치적 자유주의 한도 내에서 다양한 가치관들이 공동체적인 변성을 할 수 있는 길을 모색하고 있다.130) 그는 정치적 자유주의가 실현되는 질서정연한 사회에서 개인주의만이 조장되는 것도 아니고 또한 기본적 자유가 한 개인을 다른 사람들로부터 고립시키는 것을 위한 것만이 아니라는 것을 지적한다. 자유주의는 기본적으로 집회와 결사의 자유, 양심의 자유, 거주 이전의 자유를 통해 다양한 종교, 문화, 예술, 과학의 공동체와 지역적 공동체, 그리고 시민 사회를 형성할 수 있도록 한다. 물론 자유주의는 공동체에서의 탈퇴와 공동체들 사이에서의 자유로운 이전도 보장하고 있다. 그런데 공동체주의는 흔히 자유주의의 공동체 형성과 보존에의 기여를 망각하고 있거나 아니면 탈퇴나 이전 등 해체적 경향만을 강조하고 있다. 롤스의 정치적 자유주의는 사회 전체의 측면에서 포괄적인 종교적, 철학적, 도덕적 학설을 허용하고 있지 않지만, 개인적 측면에서는 그것을 허용할 뿐만 아니라 보장까지 하고 있다.131)

롤스는 자유주의적 공동체가 단순한 "사적인 사회(private society)"가 아니라고 해명한다. 이제 자유주의적 공동체에서 정치적 공동체에서의 참여와 정치적 자유주의에 의해서 규제된 사회 자체가 "본질적 가치"를 가진 것으로까지 인정되고 있다.132) 그래서 롤스는 공동체주의자들이 흔히 원용하고 있는 마키아벨리(Machiavelli) 혹은 토크빌(Tocqueville)에 의해서 주장된 고전적 공화주의와 시민적 공화주의는 자유주의와 양립 가능하다는 것을 인정한다. 그러나 롤스는 아리스토텔레스, 루소(Jean-Jacques Rousseau), 그리고 샌델에 의해서 주창된 "시민적 인본주의(civic humanism)"를 정치적 참여가 인간 본성 실현의 특혜적 소재(所在)라고 주장하는 포괄적인 정치철학적 학설과 완전주의로 간주하고 그것을 배척한다.133) 이러한 관점에서 롤스는 국가 전체를 하나의 공동체로 보는 것에는 반대하고 있다.134) 롤스의 이러한 자유주의적 공동체론은 아마도 공동체주의의 자유주의 비판에 대한 롤스의 답변 중에서 가장 중요한 것이라고 말할 수 있을 것이다.

3) 정치적 자유주의에 대한 샌델의 비판과 롤스의 응답에 대한 평가

샌델은 롤스의 『정치적 자유주의』(1993)에 대해서 1994년 "Political Liberalism"에서 최초로 비판을 시도하였다.135) 이어서 『민주주의의 불만』(1996)에서도 그러한 비판을 재론하였고, 『자유주의와 정의의 한계』(2판 1998)의 부록 "롤스의 정치적 자유주의에 대한 응답"에서도 그러한 비판을 재수록하였다. 그러한 비판은 『왜 도덕인가?』(2005)와 『정의란 무엇인가』(2009)에서 다시 언급되었다. 그리고 한국에서 한 네 번의 강연을 수록한 『공동체주의와 공공성』의 제1강연에서도 재론되었다.136) 여기서는 『자유주의와 정의의 한계』 부록 "롤스의 정치적 자유주의에 대한 응답"을 저본으로 하여 논의한다.137)

롤스의 정치적 자유주의는 본서 제5장 4절 1)항, 2)항과 3)항 (1), (2), (3), (4)에서뿐만 아니라 제3장 2절 4)항 "샌델의 자유주의의 중립성 비판과 롤스의 정치적 자유주의", 그리고 제5장 5절 "자유주의의 중립성과 반완전주의에 관한 논쟁"에서 치밀하고도 광범위하게 다루어지고 있다. 여기서는 롤스의 정치적 자유주의에 대한 샌델의 응답을 서술하고 그것에 대해서 과연 타당하고도 정당한 응답인지를 비판적으로 평가할 것이다.

샌델은 롤스의 정치적 자유주의는 다음 세 가지 반론에 직면하게 된다고 주장한다.138) (1) 롤스가 호소하고 있는 '정치적 가치들'의 중요성에도 불구하고, 정치적 목적을 위해 포괄적인 도덕적, 종교적 교설부터 발생하는 주장을 괄호 쳐서 고려의 대상에서 제외하는 것은 타당치 않다. 심각한 도덕적 문제들의 경우, 정치적 합의를 위해서 도덕적, 종교적 논쟁을 고려하지 않는 것이 타당한지의 여부는 상충하는 도덕적, 종교적 교설들 중에서 어떤 것이 참인지에 달려 있다. (2) 정치적 자유주의의 입장에서 선에 대한 옳음의 우선성의 요구는 현대 다원민주사회가 선에 대해 합당한 다원주의의 사실을 특징으로 한다는 주장에 의존한다. 현대 민주사회가 서로 다른 다양한 도덕적, 종교적 견해를 갖고 있는 것은 사실이지만, 도덕성과 종교에 관한 다원성이 정의의 문제에는 적용되지 않는다는 주장은 옳지 않다. (3) 정치적 자유주의가 제시한 공적 이성에 따르면 시민들은 도덕적, 종교적 이상을 참고해서 근본적인 정치적, 헌법적 문제를 합법적으로 논의할 수 없다. 그러나 이것은 지나치게 엄격한 제한이다. 이러한 제한은 정치담론을 메마르게 하고 공적 토의의 중요한 차원을 배제시킨다. 샌델은 이러한 세 가지 반론을 (1) "중대한 도덕적 문제를 고려 대상에서 제외", (2) "합당한 다원주의의 사실의 적용 범위", (3) "자유주의 공적 이성의 한계들"로 요약한다. 그러면 롤스의 정치적 자유주의에 대한 샌델의 비판은 정당한 것인지 차례로 탐구해보기로 하자.

(1) 자유주의의 '중대한 도덕적 문제 제외'에 관한 샌델의 비판과 롤스의 응답

샌델은 "중대한 도덕적 문제를 고려 대상에서 제외"한다는 비판을, 자유주의의 중립성과 관련하여, 『정의란 무엇인가』 9강의 "정의와 좋은 삶"과 10강의 "중립을 지키려는 열망"에서 낙태와 줄기세포 논란과 동성혼의 문제와 관련해서 논의하고 있다. 저자는 본서 제3장 2절 4)항부터 9)항까지 공적 영역에서 도덕과 종교의 관점을 유입하는 문제에 대한 논의를 전개했다. 저자는 거기서 이미 샌델의 공동체주의적 입장에 대해서 상세한 비판을 전개했다. 여기서는 샌델의 주장에 대한 새로운 관점에서의 비판을 수행하게 될 것이다. 샌델은 도덕과 종교를 언급하지 않고 "정치적 가치"의 우선성을 주장할 때 등장하는 어려움은 심각한 도덕적, 종교적 물음을 낳고 있는 두 가지 정치적 논란을 살펴볼 때 가장 잘 나타난다고 주장한다. 하나는 낙태권을 둘러싼 현대의 논쟁이며, 다른 하나는 인민주권과 노예제도에 대한 에이브러햄 링컨(Abraham Lincoln)과 스티븐 더글러스(Stephen Douglas) 간의 유명한 논쟁(1858)이다.

샌델은 낙태권을 둘러싼 논쟁을 두 진영의 대립이라고 본다. 그 한 진영은 관용 및 여성의 동등한 시민권은 정치적 가치들로서 여성이 낙태 여부를 자유롭게 선택해야 한다고 결론짓는 충분한 근거이며, 또한 인간 생명의 시작에 대한 도덕적, 종교적 논란에서 정부가 중립성을 지켜야 할 충분한 근거이기도 하다고 주장하는 자유주의 진영이다.139) 롤스도 이러한 입장을 견지하고 있으며, 강간과 근친상간의 경우를 제외하고는 낙태 권리를 완전히 거부한다면 그것은 잔인하고 억압적인 것이라고 주장했다.140) 다른 하나는 인간의 생명이 수태하는 순간 시작되므로 낙태는 살인과 도덕적으로 동등하다고 주장하는 가톨릭의 입장이다.141) 샌델은 여기서 정치적 용도를 위해 문제가 되고 있는 포괄적인 도덕적, 종교적 교설들을 괄호 치는 것이 합리적인지의 여부는 이 교설들 중 어느 것이 참인지에 달려 있다고 주장하고 있다.142) 그러나 가톨릭 내부에서는 생명의 시작과 관련된 종교적 교설이 자명한 진리라고 하더라도 가톨릭을 믿지 않는 사람들이 있는 공적 영역의 공론장에서 이러한 주장의 진리 여부가 쉽사리 입증되거나 수용될 수는 없다. 그러나 샌델은 만약 태아의 도덕적 지위에 관한 가톨릭의 견해가 참이라고 가정한다면, 관용 및 여성의 평등이라는 정치적 가치가 중요하기는 하지만, 그 가치가 우선해야 할 이유는 분명치 않다고 주장한다. 따라서 이것은 단순히 낙태권의 옹호가 도덕적, 종교적 논란에 대해서 중립적일 수 없다는 것을 보여줄 뿐이라고 반론한다.143)

　　그러나 샌델은 여기서 단순히 가톨릭의 주장이 참이라고 가정하는 "선결문제 요구의 오류(the fallacy of begging the question, *petitio princi-pii*)"를 범하고 있다.144) 또한 가톨릭의 주장이 참이라는 것을 가정하고 주장을 펼치는 "반사실적 가설의 오류"도 범하고 있다.145) 그리고 샌델은 도덕적 추리 논증에서 가톨릭의 생명 시작에 관한 전제가 참이라는 가정 하에 낙태권에 대한 자유주의적 중립성이 견지될 수 없다고 결론적으로 주장하는 것은 오직 전제들이 참이라고 가정할 때 인정되는 연역적 타당성(deductive validity)은 보장받을 수 있지만, 모든 전제들이 실제적으로 참일 때의 연역적 건전성(deductive soundness)은 보장받을 수 없다는 논리학적 구분을 불행히도 간과하고 있다.146)

　　낙태 논쟁에서 가장 중요한 판례는 '로 대 웨이드 사건(*Roe v. Wade*)' (1973)이다.147) 미국에서 이 판결 이후 실질적으로 낙태의 합법화가 이루어졌기 때문이다. 1970년대까지만 해도 미국 대부분의 주에서는 임산부의 생명이 위태로운 경우 등 특수한 경우를 제외하고는 낙태를 사실상 금지해왔다. 그러나 1970년 텍사스주에서 제인 로(Jane Roe)라는 여성이 등장함으로써 상황이 급반전했다. 그 당시 텍사스주는 강간이나 근친상간 등에 의한 임신, 임산부의 건강이 위협받는 경우를 제외하고는 낙태를 금지하고 있었다. 이때 제인 로는 텍사스주 법률이 위헌의 소지가 있고 이로 인해서 헌법이 보장하는 개인의 사생활 보호에 관한 권리가 침해당했다고 당시 댈러스 지방 검사 헨리 웨이드(Henry Wade)를 상대로 소송을 제기했다. 이에 대해 웨이드 검사와 텍사스 주정부는 사생활 보호는 절대적인 권리가 아니며 아직 태어나지 않은 아이의 생명이 임산부의 사생활 보호보다 우선한다고 주장했다. 사건은 결국 우여곡절 끝에 1970년 연방대법원으로 이관되었으며, 결국 1973년 연방대법원은 7 대 2로 제인 로를 지지하는 판결을 내렸다.148) 연방대법원의 판결은 우선 헌법에 사람의 정의가 명시되어 있지는 않으나 출산 이후를 사람으로 여기고 있다고 해석한 것으로 보인다. 미국 '수정헌법' 제14조의 적법절차 조항에 의한 프라이버시권이 보장되어야 한다는 취지에서 연방대법원은 임신 초기의 낙태는 여성에게 큰 건강상의 피해를 주지 않으므로 임신 3개월(first trimester)까지의 낙태를 여성과 주치의가 완전히 결정할 수 있다고 판결한 것이었다. 임신 3개월 이후 두 번째 3개월은 여성의 건강 유지와 보호를 중대한 요건으로 보고 그 한도 내에서 낙태가 허용될 수 있도록 하였다. 그리고 마지막 3개월은 태아가 임산부의 자궁 밖에서도 자생적으로 생존할 수 있는 가능성인 태아의 잠재적인 생명을 중대한 요건으로 보고 국가의 이익을 위해 태아를 보호하는 단계다. 이것은 출산 전 3개월 동안은 낙태가 금지된다고 판결한 것이다. 따라서 대부분의 주에서는 6개월까지를 합법적인 낙태로 보았고, 임산부의 중대한 건강상의 이유 등에 관한 법률 적용에 따라서는 출산 직전까지 헌법이 보장하는 프라이버시권에 의해 낙태를 할 수 있게 된 것은 엄청난 변화였다고 할 수 있다.149)

'로 대 웨이드 사건'의 당사자인 제인 로(Jane Roe)는 영어로 '여성 아무개'를 뜻하는 통칭 가명('남성 아무개'는 존 도(John Doe))을 사용한 것인데, 진짜 인물은 노마 매코비(Norma McCorvey)라는 여성이었다. 그녀는 소송에서 승리했지만 불행히도 낙태의 권리를 행사하지는 못했다. 그녀는 자신의 소송을 통해 낙태의 전국적인 합법화에 결정적으로 공헌했지만, 후회와 자책감에 시달리다가 낙태 반대 운동가로 변신하여 활동했는데, 이는 커다란 아이러니라고 아니 할 수 없다.150) '로 대 웨이드 사건' 이후 "낙태 문제의 해결(resolution of the abortion issue)"이 이루어졌다고 『뉴욕 타임스』가 천명했으나, 그로부터 40여 년이 지난 지금까지도 미국에서 낙태 반대(pro-life)와 낙태 찬성(pro-choice)의 대결은 여전히 진행 중이다.151)

미국의 신우파는 이러한 연방대법원의 낙태 허용 판결을 무효화하려고 조직적인 운동을 전개했고, 가톨릭교회도 여기에 가담하였다. 1990년대에 뉴욕 대주교 존 오코너 신부는 가톨릭 신자인 민선 공직자가 낙태권을 지지할 경우 파문하겠다고 경고하였고, 이러한 경고는 조금은 먹혀들었다. 그리고 신우파 운동도 어느 정도 성공을 거두었다. 1976년 일리노이 출신 하원 의원 헨리 하이드는 낙태를 돕는 데 연방정부의 지원금이 사용될 수 없도록 한 법률을 통과시켰기 때문이다. 따라서 연방정부의 의료 지원금(Medicaid)은 가난한 여성들의 낙태를 위해서 사용될 수 없게 되었다. 1980년대 후반 연방대법원은 '웹스터 사건(*Webster v. reproductive Health Service*)'(1989)에서 낙태 수술을 실시한 병원이나 보건소에 주정부의 자금을 줄 수 없다고 판결하였다.152) 그리고 '로 대 웨이드 사건'의 진원지인 텍사스 주의회는 2011년 낙태를 희망하는 임산부는 반드시 초음파 검사를 먼저 받도록 의무화하는 법령을 통과시켜 논란을 일으켰다.153) 여성들이 초음파 태아 영상을 본다면 쉽사리 낙태를 결심하기는 어려울 것이다. 이렇듯 낙태 반대와 낙태 찬성의 대립은 어느 한쪽의 완승 없이 팽팽히 맞서서 진행되고 있다고 평가해야 할 것이다.

그런데 우리가 낙태권을 인정하는 연방대법원의 판결에 관련하여 주목해야 할 문제가 하나 있다. 롤스는 그의 정치적 자유주의에서 중립성 논변을 통해서 포괄적인 종교적 교설을 낙태에 관한 공론장에 등장시키지 않는다. 여기서 우리가 주목해야 할 것은, 롤스가 포괄적인 종교적 교설이 아니라 오직 공적 이성에 의해서만 토의하는 것은 마치 사법부의 법관이 판결하는 것과 같다고 주장한 것에 대해서 어떻게 평가해야 하는가의 문제다.154) 정치적 자유주의의 중립성 논변은 자유주의는 좋은 삶에 대한 상이한 견해를 피력하는 포괄적인 도덕적, 종교적 교설들 사이에서 중립을 지켜야 하며, 국가도 역시 그러해야만 한다는 것이다.155) 우선 공적 이성과 사법부 법관의 판결에 대한 유사성에 대한 롤스의 입장을 보자.156)

"물론, 법관은 자신의 개인적 도덕성이나 일반적인 도덕성의 이상과 덕목에 호소해서는 안 된다. 법관들은 이와 같은 것을 무관한 것으로 이해해야 한다. 마찬가지로, 그들은 자신 혹은 다른 사람의 종교적 혹은 철학적 견해에 호소해서도 안 된다. 또한, 아무런 제약조건이 없는 정치적 가치를 인용할 수도 없다. 오히려, 법관들은 공적 관점의 가장 이성적인 이해에 해당된다고 생각하는 가치들에 호소하여야만 하고, 또한 이러한 이해의 정의와 공적 이성의 가치들에 호소해야만 하는 것이다. 이러한 것들은 시민성의 의무에 따라 모든 합당하고 합리적인 시민들이 정당하게 인정할 것이라고 충분히 믿을 수 있는 가치들이다."

그러면 '로 대 웨이드 사건'에서 해리 블랙먼 대법원장(Chief Justice, Harry Blackman)의 관련된 판결문을 보자.157)

"텍사스주 당국은 생명의 존재는 수정되는 순간 발생하여 임신 기간 내내 임산부의 몸속에 있다고 보는 입장이다. 따라서 주 당국의 주장은 정부가 수정 단계 직후부터 생명체를 보호하기 위해 부득이 개입해야 한다는 것이다. 가톨릭교회 또한 생명의 존재는 수정의 순간부터 인정되어야 한다고 보는데 이러한 견해는 많은 의사들을 포함한 비가톨릭교도들 사이에서도 광범위하게 받아들여지고 있다. 그러나 최근의 여러 과학적 연구 결과에 의해 수정이 고립된 사건이 아니라 긴 시간을 두고 진행되는 하나의 과정이라는 것이 증명되면서 이 견해의 핵심적인 원칙은 심각하게 도전을 받고 있다."

위 두 인용문을 엄밀히 비교해보면, 해리 블랙먼 대법원장은 수정의 순간부터 인간의 생명이 시작된다는 가톨릭교회의 입장을 언급하고 그것을 비판하고 있는 데 반해, 롤스의 정치적 자유주의의 중립성 논변은 그러한 언급 자체를 불허하는 것처럼 보인다. 롤스의 이러한 공적 이성에 따른, 포괄적인 종교적, 도덕적 교설들에 대한 중립성 논변은 샌델에 의하면, "중대한 도덕문제의 제외, 즉 괄호 치기(Bracketing Grave Moral Questions)"다.158) 해리 블랙먼 대법원장은 비록 가톨릭교회의 포괄적인 종교적 교설을 적극적으로 옹호하는 것이 아니라 그것을 부정적으로 비판하고 있기는 하지만, 이것은 샌델이 말하는 완전한 괄호 치기와는 다르다고 생각된다. 그렇다면 롤스의 정치적 자유주의에 의거한 중립성 논변과 그에 따른 중대한 도덕적, 종교적 문제에 괄호 치기는 사법부의 법관들의 판결을 정확히 묘사한 것은 아닐지도 모른다. 따라서 우리는 롤스의 정치적 자유주의에 의해 포괄적인 종교적 교설들이 공론장에서 설 자리를 잃은 것은 결국 근대 다원민주사회의 공론장에서 포괄적인 종교적 교설들의 표현과 언론의 자유를 침해하고, 결국 양심과 종교의 자유도 침해하게 될 수도 있다는 가능성을 인정할 수밖에 없다. 이 사안은 본장인 제5장 4절 3)항 (3) "'자유주의 공적 이성의 한계들'에 관한 비판"과도 연관된다. 샌델은 『민주주주의의 불만』 제3장 "종교의 자유와 언론의 자유"에서 정치적 자유주의의 종교에 대한 중립성 논변과 언론의 자유에 대한 중립성 논변은 일맥상통한다고 본다.159)

"정부가 좋음에 관한 경쟁적 견해들에 대해 중립적이어야 한다는 원칙은 미국의 헌법률에서 종교 사건에만 국한되지 않는다. 중립성 원칙은 표현의 자유에도 적용된다. 정부가 특정 종교의 믿음을 기타 종교들의 믿음보다 우선시하지 않듯이, 정부는 시민들이 지지하는 다양한 견해들을 다룰 때도 중립을 지켜야 한다. 설사 정부가 공공장소에서 표현의 시간, 장소, 방식에 관해 '내용 중립적인' 제한을 한다고 해도, 그러한 규제는 '표현되는 관점에 대한 공감이나 반감의 영향'을 받아서는 안 된다."

샌델의 이상과 같은 언명은 현대 다원민주사회에서 정부는 특정 견해를 편들어서도 안 되고 "어떤 문제들이 공공시설에서 토의하거나 논쟁할 만한 가치가 있는 것인지를 선택"해서도 안 된다는 것이다. 즉 " '사상의 영역에서 신분의 평등'이 존재하며, 정부는 사람들에게 모든 의견을 들을 수 있는 동등한 기회를 부여해야 한다"는 것이다.160) 이것은 미국 '수정헌법' 제1조(종교, 언론 및 출판의 자유와 집회 및 청원의 권리) "연방의회는 국교를 정하거나 또는 자유로운 신앙 행위를 금지하는 법률을 제정할 수 없다. 또한 언론, 출판의 자유나 국민이 평화로이 집회할 수 있는 권리 및 불만 사항의 구제를 위하여 정부에게 청원할 수 있는 권리를 제한하는 법률을 제정할 수 없다"는 정신을 구현한 것이다. 그렇다면 표현과 언론의 자유에 대한 이러한 내용 중립적인 제한은 롤스의 정치적 자유주의의 중립성 논변과는 뉘앙스가 다르다고 보아야 할 것이다. 롤스의 정치적 자유주의의 중립성 논변은 중대한 도덕적 문제들에 대한 "괄호 치기"라면 샌델이 말하는 표현과 언론의 자유에서 내용 중립적 제한은 "모두 등장시키기"라고 해야 할 것이다. 샌델은 "사상의 영역에서 신분의 평등"이 존재한다는 지적을 하고 있으나 구체적으로 이것이 무엇인지 말하지 않고 있다.161)

이것은 언론의 자유의 철학적 배경으로 널리 원용되고 있는 소위 "사상의 자유시장론(free trade in ideas)" 혹은 "사상의 공개시장론(the open market of ideas)"이다. 언론의 자유와 그 가치는 18세기 후반 그 제도적 뒷받침을 획득했지만 사상적 기초는 이미 17세기에 마련되었다.162) 특히 『실낙원』으로 유명한 존 밀턴(John Milton)은 『아레오파지티가 (*Areopagitica*)』(1644)에서 언론, 출판, 양심의 자유의 기초로서 "사상의 자유시장론"을 피력했다.163)

"진리와 허위가 대결하게 하라. … 모든 사람으로 하여금 자유롭게 말할 수 있게 하라. 그러면 진리의 편이 반드시 생존하고 승리한다. 허위와 불건전은 사상의 공개시장(the open market of ideas)에서 다투다가 마침내는 패배하리라. 이러한 선악의 싸움에 일체 개입하지 말라. 설혹 허위가 일시적으로 득세하는 일이 있더라도 선악과 진위가 자유롭게 싸워간다면 마침내 선과 진이 자기교정 과정(self-righting process)을 거쳐 궁극적인 승리를 얻게 되리라."

사회주의와 무정부주의를 신봉한 러시아 이민인 에이브람스(Abrams)가 러시아 사회주의 혁명에 개입하려 했던 미국을 비난하는 전단을 뿌려 체포된 사건인 '에이브람스 대 미국 사건(*Abrams v. United States*)' (1919)에서 체포가 헌법에 합치된다는 판결이 나왔다. 미국 올리버 홈스(Oliver Holmes) 대법관은 헌법 불합치에 대한 자신의 소수 의견을 사상의 자유시장론을 통해 헌법적 차원에서 옹호하였다.164)

"요망되는 궁극적인 선은 사상의 자유로운 교환에 의해 더 잘 이루어질 수 있다는 것, 즉 진리의 가장 올바른 기준은 시장에서의 경쟁 속에서 자신을 수용시킬 수 있는 사상의 힘에 있는 것이며, 또한 진리야말로 인간의 소망이 안전하게 실현될 수 있는 유일한 터전인 것이다. 그것이 바로 헌법의 이론적 기초다. 모든 인생이 실험인 것처럼, 그것도 하나의 실험이다."

그러나 밀턴의 자유시장론에서 자기교정 과정과 홈스 대법관의 헌법적 실험은 그 과정을 정확히 파악할 수 없는 일종의 역사결정론으로 보인다. 그래서 우리는 안토니오 그람시(Antonio Gramsci)가 주창했던 것처럼, 우리 인간이 그 과정에 참여할 수 있는 헤게모니(hegemony)론을 원용하는 것이 좋을 것이다.165) 롤스는 정치적 자유주의에서 포괄적인 철학적, 종교적, 도덕적 교설들 사이의 중첩적 합의를 말하지만 그 합의 과정은 모호하다고 할 수 있다. 우리는 롤스의 중첩적 합의 개념을 헤게모니론을 통해 더욱 명료화할 수 있다. 즉 한 지배계급은 단지 힘의 강제(coercion)만이 아닌 피지배계급의 자발적 동의(consent)를 통해서 자신의 지배를 유지하며, 헤게모니는 이를 가능케 하는 문화적, 도덕적, 그리고 이데올로기적 지도력(leadership)이라고 할 수 있다.166) 이러한 이데올로기적 지도력에는 사회정의를 위한 전반적인 사회적 제도 개혁과 그 방향의 제시가 들어 있다.167)

　따라서 롤스처럼 철학적, 종교적, 도덕적 교설들을 중립성으로 괄호치지 않고, 헤게모니론에서는 그것들을 그대로 등장시키는 것으로 보아야 할 것이다. 이러한 헤게모니론에서는 롤스의 정치적 자유주의의 중립성은 더 이상 유지하기 어려운 것으로 보일 수도 있다. 헤게모니론에 따르면 지배계급의 헤게모니가 영구불변하는 것은 아니며, 지배계급의 헤게모니와 피지배계급의 대항 헤게모니가 서로 투쟁하는 장이 시민사회 속에서 펼쳐지기 때문이다. 이러한 관점에서 공동체주의자들 중 오직 월저만이 그람시의 헤게모니론을 원용하고 있다. 월저는 사회비판을 내재적 비판으로 생각하며, 공동체주의적 비판의 가능성은 그람시의 헤게모니론을 원용한다. 모든 지배계급은 통상적으로 자신들의 체제 유지를 위한 헤게모니를 장악하기 위해서 자신들의 특수한 이익을 보편적 이익으로 위장하지 않으면 안 된다. 그러나 이러한 위장은 실제적으로 구현될 수 없는 보편성이므로, 사회비판가는 가치의 잠재적인 근본적 사회적 의미들을 드러내어, 그러한 보편적 위장의 자기 전복적 요소와

모순을 적나라하게 밝혀낼 수 있다는 것이다.168)

롤스의 정치적 자유주의에서의 중립성 논변과 그에 대한 샌델의 비판을 통해서 보면 다음 결론을 얻을 수 있다. 롤스의 정치적 자유주의의 공적 이성은 현대 다원민주사회에서 포괄적인 종교적, 도덕적 교설의 입지를 허용하지 않는다는 점에서 차라리 언론의 자유의 철학적 기초인 사상의 자유시장론과 그람시의 문화적 헤게모니론의 통합적 관점으로 변경되는 것이 좋지 않을까 생각해본다. 그러나 이 문제는 본서의 논제를 벗어나는 커다란 문제이므로 여기서 결론을 낼 수는 없고 후일의 과제로 남겨두겠다. 그러면 다시 롤스의 정치적 자유주의의 중립성 논변과 그 괄호 치기에 대한 샌델의 비판으로 돌아가자.

샌델은 에이브러햄 링컨과 스티븐 더글러스의 1858년 논쟁은 정치적 자유주의의 두 번째 어려움을 예증한다고 주장한다. 그 논쟁은 "주민 주권론과 노예제"에 관한 유명한 논쟁이다. 주민 주권론을 옹호하는 더글러스의 주장은 노예제의 도덕성에 대한 사람들의 의견이 꼭 일치해야 하는 것이 아니므로 국가 정책이 그 문제에 대해서 중립을 지켜야 한다는 것이다. 더글러스가 옹호한 주민 주권론의 주장은 노예제의 시시비비를 국가 차원에서 가리는 것이 아니라 각 주의 주민들에게 자신들의 고유한 판단을 자유롭게 내리도록 투표할 수 있는 선택권을 넘겨주자는 것이다.169) 링컨은 더글러스의 정치적 정의관의 옹호에 맞섰다. 국가 정책은 노예제에 대해서 실질적인 도덕적 판단을 내려야 하며, 회피해서는 안 된다고 주장했다. 링컨은 노예제 즉시 폐지론자는 아니었지만 노예제를 사회적, 도덕적 폐해로 보고 그 확산을 막아야 한다고 생각했던 점진적 폐지론자였다.170) 링컨은 노예제의 도덕적 죄를 강조하면서 더글러스의 주장은 모든 인간이 평등하게 창조되었다는 「미국독립선언서」의 정신을 훼손하고 있다고 주장했고, 더글러스는 링컨을 연방대법원의 권위를 무시하는 급진적 노예제 폐지론자로 몰아붙였다.171)

샌델은 링컨과 더글러스의 논쟁은 노예제의 도덕성에 관한 것이 아니고, 정치적 합의를 도출하기 위해 도덕적 논란에 괄호 칠 것인지의 여부에 관한 것이라고 해석한다. 그래서 "포괄적인 도덕적 이상을 거부하고 대신 정치적 자유주의가 정치문화에 함축된 시민권 개념에 의존하는 한 1858년 대법원은 왜 링컨이 옳고 더글러스가 그른지를 설명하기 힘들었을 것이다"라고 지적하고 있다.172) 샌델이 여기서 동원하는 논리적 무기는 공동체주의와 모순이 되는 정치적 자유주의가 참임을 가정할 때 어떤 오류에 귀착하는가를 입증하는 "귀류법(歸謬法, *reductio ad absurdom*)"이다.173) 샌델은 오늘날 자유주의자들이 노예제가 인간의 권리를 침해한다는 근거에서 노예제에 반대하는 국가 정책을 택할 것이라는 점을 인정한다. 그러나 문제는 정치적 정의관에 기반하는 정치적 자유주의가 자신의 고유한 구조와 양립하면서 포괄적인 도덕적 이상에 호소할 수 있는가의 여부라고 주장한다. 샌델은 1830년대와 1840년대의 미국의 노예제 폐지론자는 전형적으로 정치적 자유주의가 호소하지 못하는 종교적 용어에 기대어 논쟁을 펼쳤다고 지적하고, 그 당시 상황을 보면 정치적 자유주의는 노예제를 반대할 수 있는 실질적 내용과 방식을 보여주지 못한다고 단정한다.174)

일단 여기서 우리는 정치적 자유주의자인 롤스가 더글러스의 입장이 아니라 링컨의 입장을 옹호하고 노예제를 반대한다는 점은 인정해야 할 것이다.175) 롤스는 링컨과 더글러스의 논쟁에 관련된 샌델의 논문 「정치적 자유주의(Political Liberalism)」(1994)에서의 비판을 5년 뒤인 1999년 출간된 『만민법』의 "공적 이성의 재론(The Idea of Public Reason Revisited)"에서 응답하고 있다.176) 우선 롤스는 샌델이 링컨과 더글러스의 논쟁에서 가치중립성에 기초하는 정치적 자유주의와 공적 이성은 더글러스에 반대했던 링컨의 편을 들 수 없을 것이라고 비판한 것을 지적한다. 롤스는 왜 편을 들 수 없다는 말인가 하고 반문하고, 그 논쟁은 권리와 노예제도의 시시비비를 따지는 근본적인 정치 원칙에 대한 실질적 논쟁이었다고 확언한다. 노예제의 거부는 평등한 기본적 자유에 관한 헌법의 요체이므로 확실히 링컨의 견해는, 가장 합당했던 것은 아니지만, 충분할 정도로 합당했고 더글러스는 그렇지 않았다는 것이다. 따라서 링컨의 견해는 어떠한 합당한 포괄적 교리에 의해서도 지지된다는 것이다. 그러므로 링컨의 견해가 노예제 폐지론자들과 민권운동(Civil Rights Movement)의 종교적 교설과 조화될 수 있다는 것은 놀라운 일이 아니라고 지적한다. 롤스는 정치적 생활에서 공적 이성의 힘을 설명하기 위해 무엇이 더 나은 예가 될 수 있겠는가 하고 다시 한 번 반문한다.177) 롤스는 다시 정치적 정의관이 도덕적인 시시비비가 아니라고 생각하는 것은 명백하게 잘못이라고 단언한다. 정치적 정의관은 그 자체로서 본질적으로 도덕적인 발상이며 규범적 가치라는 것이다. 그리고 정치적인 것의 통상적 의미처럼 실제 정치의 정치적 협상의 과정으로 자신의 정치적 정의관을 해석해서는 안 된다고 강조한다. 따라서 우리는 진정한 정치적인 것의 개념은 근본적인 범주이며 동시에 본질적인 도덕적 가치로서 정치적 정의관을 포함한다고 강조한다.178) 롤스는 이미 『정치적 자유주의』(1993)에서 "권리와 정의로운 헌법과 기본법에 대한 개념은 언제나 가장 합당한 정치적 정의관에 의해 확인되는 것이지, 실제 정치과정의 결과인 것은 아니다"라고 주장한다.179) 이 말이 의미하는 바는 링컨과 더글러스의 논쟁은 단순히 노예제에 관한 중립성 수용 여부가 아니라 자유주의의 실현을 위한 실질적 논쟁이었고, 그것은 또한 규범적 가치에 대한 논쟁이었다는 것이다. 또한 그것은 실제적 정치과정의 단순한 타협안과는 질적으로 상이하다는 것이다. 롤스의 정치적 자유주의에 의하면 노예제의 문제는 더글러스처럼 주민 주권론에 의거한 중립성의 대상이 되는 것은 아니다. 다원적 민주사회에서 다양한 포괄적인 종교적, 도덕적 교설들 사이의 중첩적 합의를 추구하는 롤스의 정치적 자유주의는 헌법적 요체(the constitutional essentials)와 기본적 정의의 문제(matters of basic justice)로 이루어져 있는데, 노예제의 문제는 헌법적 요체의 문제에 해당한다.180)

우리는 여기서 노예제 폐지가 미국 '수정헌법'에서 어떻게 명시되었
는지를 주시할 필요가 있다. 제13조 "노예제와 강제노역 금지"(1865),
제14조 "공민권과 법률에 의한 평등한 보호"(1868), 제15조 "흑인의 투
표권 인정, 참정권의 확대"(1870).[181] 헌법적 요체는 가장 중요하고도
시급한 합의의 대상이다. 그것은 정부의 구조와 그에 따른 정치적 과정,
즉 삼권 분립과 다수결 원칙의 영역을 규정하는 것과 투표권, 정치 참
여, 양심의 자유, 사상과 결사의 자유, 법치의 보호 등 시민의 동등한
기본적 권리와 자유를 규정하는 것과 관련된다. 기본적 정의의 문제는
분배적 정의의 기본적 문제들을 규제하는 것으로 거주 이전의 자유, 기
회균등, 사회적, 경제적 불평등, 그리고 자존감의 사회적 기반을 규정하
는 것이다. 롤스의 정의의 제1원칙은 헌법적 요체에 속하고, 제2원칙 중
공정한 기회균등의 원칙과 차등의 원칙은 기본적 정의의 문제에 속한
다. 중첩적 합의의 대상이 되는 것은 헌법적 요체와 기본적 정의의 문제
다.[182] 롤스의 정치적 자유주의에서 자유롭고 평등한 인간들 사이의 사
회적 협동이라는 개념은 근대 다원민주사회의 공공적인 정치문화에 내
재한 근본적인 직관적 관념임과 아울러 중추적인 조직적 관념으로서
"정치적 자유주의가 입헌민주주의의 이상을 어떻게 이해하는가를 보여
준다."[183]

샌델은 노예제 문제에 대한 더글러스의 중립성 입론을 통해서 롤스의
정치적 자유주의가 링컨과 더글러스의 논쟁을 가치담지적이고 실질적
인 내용적 논의를 통해서 평가하지 못한다고 비판하였다. 그러나 롤스
의 정치적 자유주의에서 노예제 문제는 중립성 논변의 대상이 아니라는
점을 주목해보자. 여기서 샌델은 노예제 문제가 중립성 논변의 대상이
라고 보는 "범주 분류의 오류(the fallacy of categorical mistake)"와 롤스
의 정치적 자유주의가 더글러스와 중립성 논변을 공유한다고 해서 더글
러스의 정치적 정의관과 동일시하여 비판하는 "허수아비 논증의 오류
(the fallacy of straw man argument)"를 동시 다발적으로 범하고 있

다.184) 샌델은 여기서 추가적으로 두 가지의 "잘못된 유비추리의 오류 (the fallacy of wrong analogy)"도 노정하고 있다.185) 그 하나는 더글러스가 노예제에 대해서 중립성을 주장한 것은 정치적 자유주의의 도덕적, 종교적인 포괄적 교설에 대한 중립성 논변과 일맥상통한다는 것이다. 그러나 샌델의 이러한 주장은 더글러스의 노예제에 대한 중립성 논증과 정치적 자유주의의 중립성 논변을 동일시하는 오류를 범하고 있다. 더글러스의 노예제에 대한 중립성 논증은 "자기방어적이고 배타적이고 상호 불간섭적인 상대주의"를 숨기고 있는 중립성으로 노예제에 대한 비판을 회피하기 위한 책략일 뿐이다.186) 그러나 롤스의 정치적 자유주의는 근현대 다원민주사회에서 다원주의의 사실에 대응하여 정의에 대한 중첩적 합의를 담보하기 위한 최선의 자유주의적 유형인 것이다. 이 둘은 결코 같은 것은 아니므로 샌델은 "잘못된 유비추리의 오류"를 범한 것이다.

샌델은 여기서 또 하나의 논리적 오류를 범하고 있다. 정치적 자유주의는 도덕적, 종교적 좋은 삶의 평가에 대해서 중립성을 함축하지만 그러한 중립성을 주장한다고 해서 정치적 자유주의를 함축하는 것은 아니다. 더글러스가 중립성 논증을 펼쳤다고 해서 그의 입장이 정치적 자유주의인 것은 아니다. 샌델은 논리학의 연역추리에서 가장 기본적인 오류인 "후건 긍정의 오류(the fallacy of affirming the consequent)"를 범하고 있다.187) 다른 하나의 "잘못된 유비추리의 오류"는 그 당시 노예제가 종교적 용어로 반대되었고, 그것은 미국 역사의 한 과정이므로 정치적 자유주의도 낙태 등 사회적으로 민감한 사안들에 대해서는 도덕적, 종교적인 포괄적 교설에 입각한 좋은 삶에 대한 논의를 수용해야 한다는 것이다. 이러한 주장은 옛날에도 그렇게 했으니 지금도 그렇게 해야 한다는 것이다. 현대사회에서 노예제에 대한 반대는 1948년 12월 제3차 국제연합총회에서 채택된 이후 전 세계에서 널리 수용되고 있는 「세계인권선언」에 의거하고 있다.188) 샌델도 인정하고 있듯이, "오늘날 자유주의자들은 기꺼이 더글러스의 친구들에게 저항하면서, 아마도 노예제가 인간의 권리를 위배한다는 근거에서 노예제에 반대하는 국가 정책을 원할 것"은 당연하다.[189] 노예제에 반대하기 위해서 인권 말고 정치적 자유주의자들이 호소해야 할 것은 무엇이 있는가? 샌델은 미국 역사를 볼 때 노예제 반대는 종교적 용어로 전개되었기 때문에 오늘날에도 그렇게 해야 한다고 주장한다. 그러나 샌델의 이러한 주장은 구조주의의 용어를 빌리자면, 역사적 시간의 흐름에 따라 정치철학을 연구하는 통시적(通時的, diachronic)인 것을 역사에 관해 언급하지 않고 사회체계나 현존 사회의 구조적 특성에 대한 정치철학을 연구하는 공시적(共時的, synchronic)인 것으로 만들려고 하고 있으므로 그것은 시대착오적(anachronic)이라 아니 할 수 없다.[190] 다시 한 번 강조하자면, 롤스의 정치적 자유주의는 근현대 다원민주사회에서 다원주의의 사실에 부응하여 정의에 대한 중첩적 합의를 도출하기 위한 최선의 자유주의의 한 유형으로 제시된 것임을 알아야 한다. 또한 19세기 중반 미국 노예제 폐지론자들이 종교적 용어로 자신들의 정치적 입장을 개진한 것은 진정한 정치적 자유주의를 실행할 수 있는 다원민주적인 사회적 상황을 결여하고 있었기 때문이다. 샌델은 "1830년대와 1840년대의 미국 노예제 폐지론자들은 전형적으로 정치적 자유주의가 호소하지 못한 [전적으로] 종교적 용어에 기대어 논쟁을 펼쳤다"고 주장했다.[191] 이것은 사실일 것이다. 「미국독립선언서」(1776) 전문에 "우리는 다음과 같은 것을 자명한 진리라고 생각한다. 즉 모든 사람은 평등하게 태어났고, 조물주는 몇 개의 양도할 수 없는 권리를 부여하였으며, 그 권리 중에는 생명과 자유와 행복의 추구가 있다"는 종교적 언명이 있다는 것은 사실이다. 그러나 「미국독립선언서」에는 이러한 종교적 언명 이외에 절대왕정에 반대하는 민주주의적 혁명, 자유와 평등의 인정, 자연권으로서 생명권과 행복추구권과 재산권 등 천부인권의 천명, 로크의 사회계약론의 영향을 받은 피치자 동의(consent of the governed)에 의한 주민 주권론과 통치자가 사회계약을 파기할 때 발동되는 혁명권 및 저항권이 명시되어 있음을 알아야 한다. 이상의 서술한 정치사상들은 자유주의의 역사에서 매우 중요한 요소들이다. 샌델은 롤스의 정치적 자유주의는 그 중립성 논변으로 말미암아 인간 존중의 가치를 목적 그 자체로 다루어야 한다는 칸트식의 포괄적인 이상적 자유주의를 통해서 더글러스의 입장을 비판할 수 없다고 몰아세운다.192)

샌델이 링컨과 더글러스의 논쟁이 벌어진 1858년의 시대적 상황으로 볼 때는 아직은 먼 이야기인 정치적 자유주의를 통해서 더글러스를 비판하라고 강변하는 것은 시대착오적이고 지나친 것이다. 정치적 자유주의의 연역적 전신이었고 그 당시 충분히 발현하고 있었던 자유민주주의의 기본적 강령과 그 옹호자인 로크, 칸트, 밀을 통해서 왜 더글러스를 비판하지 못한다는 말인가? 우리는 여기서 정치적 자유주의가 인간성의 자율적 존중과 자유로운 개인성의 발현을 중시하는 칸트와 밀의 방식의 포괄적인 도덕이상적 자유주의를 통해 노예제를 비판할 수 있다고 생각한다. 롤스는 자신의 정치적 정의관이 그 "연역적 근거(deductive basis)"인 칸트와 밀의 자율성과 개체성이라는 포괄적 자유주의 이론과 같이 포괄적인 도덕적 학설을 통해 도출될 수 있다고 생각한다.193) 롤스는 로크의 경우처럼 인권과 재산권의 종교적 근거와 자유로운 신앙관을 통해 그러한 정의관이 관용의 원칙으로 발전하여 결국 입헌정체의 근본적인 자유를 체계적으로 보장할 수 있게 되었다고 해명한다.194) 사실 로크는 당시 강력했던 로버트 필머(Robert Filmer)의 왕권신수설에 대항하기 위해서 인권신수설을 제창하였던 것이다.195) 왕 한 사람만을 위한 신의 은총과 만인을 위한 신의 은총 중 어느 것이 논리적으로, 기독교 교리적으로 타당한가는 시간이 가면서 자연히 인권신수설이 헤게모니를 장악함으로써 결판이 났다. 결판 이후 인권신수설도 서서히 역사의 무대 뒤로 사라졌던 것이다. 이제 인권은 인간의 존엄성과 상호 존중과 개체성, 그리 인간 본성의 자아실현에 의거하여 정당화되고 있다.196)

미국의 종교는 이민시대 초기에는 반가톨릭적인 엄격한 청교도주의 (Puritanism)가 매우 강했던 것이 사실이다. 미국의 청교도들은 종교의 자유를 찾아서 미국으로 이민을 와서 새로운 사회를 구축하였고, 애초 부터 군주, 귀족, 성직자와 같은 봉건세습적인 특권층이 없는 상황에서 종교의 자유를 구가했던 것이다. 따라서 식민지 초기 미국사회는 "자유 인들로 이루어진 자유사회(liberal society)"에서 출발했던 것이다."197) 이 러한 자유사회는 국가의 간섭이 없는 개인주의적 가치를 옹호하였고, 아울러 프로테스탄티즘적인 근로윤리를 앙양시켰지만, 국교를 인정하 지 않는 미국적 정교분리의 기본적 바탕을 손상시키지는 않았다. 미국 의 종교는 국교나 국교회(state church)가 아니고, 국가가 관장하지 않는 자유교회(free church)이며 종파(denomination)나 분파(sect)의 형태를 띤 다. 그것들은 집회와 결사의 자유가 보장된 상황에서 개인의 자발적인 양심과 의지의 결단에 따라 가입하는 동지애적인 종교단체들이다.198)

「미국독립선언서」에는 기독교적 언명이 사용되었지만 미국 헌법의 문구 자체에는 어디에도 기독교적인 조항이 삽입되지 않았다. 그러나 종교의 자유는 헌법에 의해서 보장되어 있었던 것이다. 우리는 종교의 자유를 명시한 미국 '수정헌법' 제1조에 주목해야 한다.199) 그래서 "미 국에서는 프로테스탄티즘과 자유주의를 분리시키는 것은 쉽지 않다." 그리고 "미국의 신조는 하나님이 없는 프로테스탄티즘, 교회의 영혼이 있는 나라의 세속적 신경(信經, credo)이다"라고 말해진다.200) 그리고 미국은 건국 초기 이후 어느 정도 기간이 지난 뒤부터는 종교다원주의 가 서서히 점증했던 상황이었으므로 각각의 전통 종교가 상대화되었다. 따라서 미국에서는 종교가 비록 공적 영역에 개입하였지만 그것은 세속 적 목적을 가진 종교로서 어느 한 종파나 분파에 치우치지 않는 일반적 인 종교적 신념을 견지하면서 정치적 목적을 위해서 의도적으로 활용되 었던 "시민종교" 혹은 "공민종교(civil religion)"였던 것이다.201) 따라서 미국 기독교는 세속화(secularization), 사유화(privatization), 주변화(marginalization), 탈주술화(demagicization)라는 복합적 경향으로 점철되었던 것이다.202)

　미국의 기독교 역사가 이러할진대, 샌델은 엄연한 역사적 경향을 무시하고, 공적 영역에서 포괄적인 종교적 교설들을 정치담론으로 재등장시키려는 국교주의적이고 근본주의적인 역사적 반동을 드러내고 있을 뿐이다. 샌델의 입장은 에이미 거트먼(Amy Gutmann)이 신랄하게 지적한 것처럼 "공동체주의적 비판자들은 우리로 하여금 [마녀사냥이 있었던] 세일럼(Salem)에 살면서 마녀의 존재를 믿지 못하게 한다."203) 물론 1585년에서 1635년 사이에 절정에 이르렀던 마녀사냥의 문제는 미국만의 문제는 아니고 그 당시 유럽 기독교 세계에서도 팽배했던 현상이었지만, 종교적 박해를 피하여 신앙의 자유를 찾아서 미국에 온 청교도들이 피해자에서 집단적 광기의 가해자가 된 것은 묵과할 수 없는 중대한 사건이다. 퓨리터니즘(Puritanism)은 거의 절대적인 남성의 권한과 더불어 여성의 연약함과 열등함을 강조하는 가부장적 이데올로기였으므로 쉽게 마녀사냥터로 변모할 수 있었을지도 모른다. 가장 유명한 사건이 바로 매사추세츠 세일럼 마을에서 1692년에서 1693년에 걸쳐 일어났던 마녀사냥과 재판이다.204) 사건 당시 한 청교도 목사는 악마가 마녀로 나타나 뉴잉글랜드의 낙원을 타락시키고 있다고 주장했다. 마녀사냥은 마녀와는 아무런 상관도 없는, 사회적 신분이 낮고 가정에 문제가 있고 자식이 없는 과부인 중년 여자들을 무참히 죽인 것이었다. 1692년 이후 1년여 동안 진행되었던 마녀 재판에는 모두 185명이 체포되었고, 59명이 재판에 회부되어 31명이 유죄 판결을 받았다. 그 가운데 경건한 목사 한 명도 포함된 19명은 교수형을 당했고, 한 명은 고문으로 죽었으며, 처음 마녀로 지목된 마을의 비렁뱅이 사라 굿(Sarah Good)의 딸을 포함한 5명이 감옥에서 죽었다.205) 마녀사냥은 세일럼에만 국한되지 않고 다른 뉴잉글랜드 지역으로 확산되었다. 세일럼의 마녀사냥 사건은 종교가 자유주의와 결별하고 가치통합적인 지배적 종교 공동체주의와 결부하면 어떤 일이 생기는가를 단적으로 보여주는 사례다: "이 사건으로 뉴잉글랜드 청교도 정신의 편협성과 독실함을 가장한 경직성이 분명히 드러났다. 또한 미국 헌법의 초안자들이 끝까지 막으려고 한 교회 국가의 위험을 분명히 확인시켜주었다. 지역사회 전체가 광기 하나 제대로 막지 못한 일은 미국사에서 뉴잉글랜드나 식민지의 어느 한 시대에만 국한되지 않는 비겁한 도덕성을 드러낸 가슴 아픈 사건이었다."206)

미국의 개신교 역사에서 중요한 사건으로 복음주의를 대두시킨 대각성 운동(Great Awakening)도 기독교의 근본으로 돌아가려는 운동이었지만 계몽주의적 자유주의를 버린 것은 결코 아니었다. 제1차 대각성 운동은 1730년대에 시작하여 1743년까지 지속되었던 국가적 신앙 부흥 운동으로, 주민의 종교적 자각을 고양시키고 교회의 교의나 제도에 변혁을 가져왔다. 이러한 신앙 부흥 운동은 내적인 은총 체험과 성경 연구와 전도에 주력하고, 개인의 종교적 신념과 감정을 중시하였다. 그리고 일반 신도도 순회 전도나 설교에 참여할 수 있었으므로 일반 기독교 신자들의 민주적 기풍을 앙양하였다. "대각성 운동이 내건 반형식주의와 탈정치주의의 기치는 정교의 엄격한 분리라는 민주주의의 기초를 닦는 데 결정적으로 공헌하였다. 그뿐만 아니라 대규모 군중집회들은 미국 정신세계의 큰 물줄기인 반귀족적 대중주의를 만들어냈다."207) 제2차 대각성 운동은 1787년에서 1825년 사이에 일어났으며 주로 정통 신앙의 확립, 도덕적 생활 고취, 국가 사랑, 노예 폐지, 여성의 권리, 선교 활동 등을 기치로 내세웠다.208)

(2) '합당한 다원주의의 사실의 적용 범위'에 관한 비판

"합당한 다원주의의 사실(the fact of reasonable pluralism)"은 정치적 자유주의의 입장을 지지하는 현실적, 경험적 사례다. 정치적 자유주의가 선에 대한 옳음의 우선성을 요구하는 것은 현대 다원민주사회에는 선에 대해 양립할 수 없는 합당한 포괄적인 교설들이 존재하는 "합당한 다원주의의 사실"이 존재하고 있기 때문이다.209) 샌델은 현대 다원민주 사회에서 서로 다른 다양한 도덕적, 종교적 견해가 등장하고 있는 것은 사실이지만, 도덕성과 종교에 관한 다원주의의 사실이라는 특징이 정의의 문제에는 적용되지 않는다는 롤스의 주장은 옳지 않다고 비판한다. 샌델은 여기서 선과 정의에 대한 비대칭성의 문제에 주목하고 두 가지 주장을 펼친다.210) 그 하나는 현대 다원민주사회에서 포괄적인 도덕적, 종교적 선과 가치관은 시민들 간의 합의가 불가능한 합당한 다원주의의 사실로 기술할 수 있다는 것이다. 그러나 롤스가 주장하는 것처럼, 정의의 문제에 관해서는 중첩적 합의가 가능하므로 합당한 다원주의의 사실로 기술될 수 없다는 것은 형평에 맞지 않는다는 것이다. 다른 하나는 만약 정의의 문제에 합당한 다원주의의 사실이 적용되더라도 중첩적 합의가 가능하다면, 포괄적인 도덕적, 종교적 선과 가치관도 합의가 불가능하다고 볼 이유는 없다는 것이다. 옳음과 선의 비대칭성에 근거한 이러한 샌델의 이중적 비판은 일견해서 강력한 것으로 보인다. 정의의 문제에도 합당한 다원주의의 사실이 존재한다는 샌델의 주장은 논란이 되고 있는 여러 정의 문제들을 지적하는 것으로 시작한다. 논란이 되고 있는 정의 문제들은 소수집단 우대정책, 소득 분배, 형평 과세, 의료 복지, 이민, 동성애와 동성혼, 자유로운 표현 대 증오 표현, 사형제 폐지 문제 등이다.211) 샌델은 정치적 자유주의자들이 두 가지 종류의 이견을 구분하면서 자신의 비판에 응수할 수 있을지도 모른다고 지적한다.212) 그러한 정치적 자유주의자들의 구분은 정의에 대한 이견은 어떤 정의의 원칙이어야 하는가에 대한 본질적 이견도 있고, 정의의 원칙의 적용 방식에 관한 부수적 이견도 있다는 것이다. 그래서 정치적 자유주의자들은 현대사회에서 정의에 대한 이견은 정의의 원칙의 적용 방식에 관한 부수적인 것이라고 주장한다. 그래서 정치적 자유주의자들은 도덕과 종교의 이견은 더 근본적인 것으로서 원칙 자체에 관한 본질적인 것이고 그 적용 방식에 관한 부수적인 것은 아니라고 응수한다.213) 여기서 샌델은 롤스의 공평 자유주의와 노직의 자유지상주의 사이의 논쟁을 들고 논쟁의 본질은 차등의 원칙의 적용에 관한 부수적 이견이 아니라 올바른 분배적 정의 원칙의 본질에 관한 이견이라고 주장한다.214)

그러나 이러한 샌델의 주장은 지나친 것이라고 생각된다. 우선 롤스와 노직은 모두 샌델의 공동체주의에 대해서는 자유와 권리의 우선성을 강조하면서 비판을 할 것이다. 둘 사이의 논쟁의 강도와 둘 모두와 공동체주의 사이의 논쟁의 강도를 비교할 때 후자가 더 높다는 것은 당연한 것이다. 롤스와 노직 간의 논쟁은 자유와 평등의 실현이라는 자유주의의 "목적이 아니고 그 수단에 대한 내부 논쟁"이라고 평가하는 견해는 옳다고 생각된다.215) 노직은 소유물의 원초적 취득과 소유물의 이전, 그리고 부정의의 교정에 관련한 세 가지 정의 원칙을 제시한다. 노직은 부정의의 교정에 관련하여 롤스의 최소 수혜자의 기대치를 최대한으로 증진하라는 차등의 원칙에 대해서 용인하는 태도를 보인다: "우리의 죄에 대한 벌로서 사회주의를 도입하는 것은 너무 과하다고 할 수 있겠지만 (인류 역사에서 저질러진) 과거의 부정의들은 너무나 심각하여 우리는 이를 교정하기 위해 단기적으로 볼 때는 더 포괄적인 국가를 필요로 할지도 모른다."216) 우리는 현재의 최소 수혜자들이 그러한 부정의를 당한 사람들의 후손들이라고 상정할 수 있을 것이다. 노직의 이러한 과거의 부정의에 대한 인정은 최소국가가 아니라 롤스의 최소 수혜자의 기대치를 최대로 향상시키라는 차등의 원칙이 적용되는 포괄적인 복지국가가 필요함을 인정하는 것에 다름이 아니다.217) 본서 제2장 4절 3)항 "3강. 우리는 우리 자신을 소유하는가?/자유지상주의"에 대한 "해제와 비판"에서 이미 언급한 것처럼, 자유지상주의의 가장 중요한 철학자인 노직이 자신의 철학적 입장을 변경한 것은 중요한 사건이다. 만약 롤스와 노직 사이의 논쟁이 정의 원칙의 적용 문제가 아니라 정의 원칙 자체였다면, 그리고 종교와 결부된 논쟁이었다면, 노직이 쉽사리 자신의 입장을 변경하기는 어려웠을 것이다. 종교와 결부된 대립된 논쟁에서 한 사람이 자신의 입장을 변경하는 것은 그렇게 쉽지 않은 개종이나 파문으로만 가능할 것이다. 노직은 이렇게 자인한다: "내가 한때 주창했던 자유지상주의는 이제 보니 심각하게 부적절한 것으로 보이는데, 그 이유 중 하나는 인간적인 고려 사항들과 공동적 협동 활동을 전체적 이론 구조 안에 그 여지가 남겨질 수 있도록 충분히 그리고 면밀하게 짜 맞출 수 없었다는 데 있다."218)

샌델은 이어서 다른 하나의 비판을 제기했는데 그것을 논의해보자. 만약 정의의 문제에 합당한 다원주의의 사실이 적용되더라도 중첩적 합의가 가능하다면, 포괄적인 도덕적, 종교적 선과 가치관도 합의가 불가능하다고 볼 이유는 없다는 것이다.219) 정당성과 선의 비대칭성에 근거한 이러한 샌델의 이중적 비판은 일견해서 강력한 것으로 보인다. 그러나 정치적 자유주의에 대한 이러한 비판은 샌델이 정당성에 대한 선의 우선성을 주장하는 공동체주의적 입장을 동시에 포기하지 않는다면 성사될 수 없는 것이다. 그러나 샌델은 그러한 우선성을 포기할 마음이 없는 듯이 보인다. 또한 샌델은 이상에서 제기한 두 가지 비판이 상호 모순적이라는 점도 깨닫지 못하고 있다. 첫 번째 비판은 합당한 다원주의 사실에 관련하여 포괄적인 도덕적, 종교적 좋은 삶에 관련된 논란뿐만이 아니라 자유주의적 정의의 문제도 합당한 다원주의의 사실에 포섭된다고 주장하는 것으로 "자유주의!" "너도 그렇다(you, too, *tu quoque*)"는 "피장파장"의 논변을 제시하고 있다.220) 두 번째 비판은 합당한 다원주의의 사실에도 불구하고 정의에 관한 문제들이 합의에 이를 수 있다면, 포괄적인 도덕적, 종교적 좋은 삶에 대한 논란도 합의에 이를 수 있어야 한다는 것으로 "공동체주의!" "나도 그렇다"(me, too, *mihi quoque*)는 "피장파장"의 논변을 제시하고 있다. 그러나 다양한 포괄적인 종교적, 도덕적, 철학적 교설들이 서로 상충하는 혹은 불가통약적인 인생의 의의, 가치와 목적에 대한 신조들을 개진하는 것은 현대 다원민주사회의 영속적인 특색이라는 합당한 다원주의의 사실을 감안해보자.221) 오직 합의의 영역을 정치적 영역으로 축소한 정치적 정의관만이 중첩적 합의에 이를 수 있고, 당면하고 있는 주제들에 관련하여 어떠한 합의 영역도 축소하지 않은 포괄적인 종교적, 도덕적 좋은 삶에 대한 합의는 불가능하다. 그렇다면 샌델의 두 가지 주장은 포괄적인 종교적, 도덕적 교설들이 롤스의 정치적 정의관처럼 합의의 영역을 축소하여 간단하게 하지 않고 그대로 존속하고 있다고 가정한다고 볼 수 있다. 그렇다면 그것들은 첫 번째 주장에서처럼 합의에 도달하기 어려운 합당한 다원주의의 사실에 포섭됨과 동시에 두 번째 주장에서처럼 정치적 정의관과 같이 쉽게 합의에 이를 수 있다는 근거 없는 낙관주의적 신념을 고수하고 있는 자가당착적 모순을 보일 뿐이다. 만약 샌델이 정치적 자유주의도 포괄적인 종교적, 도덕적 교설들처럼 합의에 도달할 수 없는 합당한 다원주의의 사실의 영역에 포섭되므로 "너도 그렇다(you, too)"를 주장한다면, 합의에 도달할 수 없는 합당한 다원주의의 사실에도 불구하고 정치적 자유주의의 정치적 정의관처럼 포괄적인 도덕적, 종교적 교설도 합의에 도달할 수 있다는 "나도 그렇다(me, too)"를 주장할 수 없다. 이 두 가지 비판은 상호 모순적인 것이다. 샌델은 여기서 중층적인 "피장파장의 오류"를 동시에 노정하고 만다.222) 결국 샌델의 이러한 중층적 피장파장의 오류는 "눈 가리고 아웅 하는 식"으로 자유주의와 공동체주의의 진정한 정체성의 준별을 왜곡한다. 그래서 샌델의 이러한 정체성의 왜곡은 (자기 마음대로 슬며시) 자유주의를 공동체주의 쪽으로 이끌고, (자신이 원하는 대로 슬며시) 공동체주의를 자유주의 쪽으로 다가가게 하는 임시변통식의 문제 해결 방식인 미봉책(彌縫策)에 불과한 것이다.223) 잘못하다가는 두 개가 완전히 붙어버려 샌델의 공동체주의는 자기정체성을 상실하고 정치적 자유주의에 함몰되어 흡수 통일되고 말 것이다.

우리가 이미 본서 제5장 4절 1)항 "자유주의적 무연고적 자아에 대한 샌델의 비판"에서 논의한 것처럼, 샌델은 정치적 자유주의가 주장하는 목적에 대한 자아의 우선성과 이에 따라서 도출되는 선에 대한 정당성의 우선성을 모두 비판하고, 그 반대로 무연고적 자아에 대한 구성적 목적의 우선성과 이에 따른 정당성에 대한 선의 우선성을 주장한 바 있다. 이러한 비판은 정치적 자유주의로부터 자신의 공동체주의적 입장을 확연히 구분하기 위한 것이다. 그러나 우리가 논의한 것처럼 "너도 그렇다" 논증은 정치적 자유주의를 자신의 공동체주의 쪽으로 끌어당기는 것이고, "나도 그렇다"는 자신의 공동체주의를 정치적 자유주의 쪽으로 다가가게 하는 것이다. 이러한 양수겸장(兩手兼將)의 수렴은 자신의 공동체주의와 정치적 자유주의의 구분을 스스로 무화시키는 것이다. 샌델은 자유주의가 좋은 삶에 대한 식견을 포용하지 않고 자유주의적 좋은 삶의 발현인 일련의 자유와 권리를 주장하는 것을 "상대주의자의 곤경(the relativist predicament)"이라고 비판한 바 있다.224) 샌델은 자유주의 사회의 상대주의적 혹은 다원주의적 문화를 경멸하고, 한 사회에서 포괄적인 도덕적, 종교적 좋은 삶과 가치에 대한 공유된 인식에 근거한 지배적인 삶의 양식이 정치적 삶 속에서 공적으로 영위되어야 한다는 가치통합론(value-integrationism)을 주장한다. 그리고 샌델은 미국 근현대사에서 자유주의적 정치체제의 탄생을 "(1) 공동적 목적의 공공철학에서 공정한 절차로, (2) 선의 정치에서 정당성의 정치로, (3) 국민적 공화국에서 절차적 공화정으로" 이행했다고 보고, 다시 미국 초기의 공화국 사회로 복귀하여야 한다고 주장한다.225) 절차적 공화정은 자유주의가 특정한 목적보다는 공정한 절차가 우선이므로, 자유주의가 규정하는 공적 생활을 절차적 공화정이라고 명명하는 것이다.226) 그리고 샌델은 정치적 자유주의를 "최소주의적 자유주의"로 명명하고 있다.227) 샌델이 정치적 자유주의와 자신의 가치통합론적 공동체주의 사이의 구별을 특징짓는 것으로 제시한 여러 이분법의 횡포는 정치적 자유주의와 가치통합론적 자유주의 사이의 메울 수 없는 간극을 드러낸다. 그러나 샌델은 여기서 그러한 간극을 "너도 그렇다"와 "나도 그렇다"의 양수겸장을 통해서 무화시키려고 하고 있는 것이다. 그러나 자신의 공화주의적 공동체주의와 정치적 자유주의를 세 가지 관점에서 준별하고 그 준별을 매우 공고히 했던 것은 오히려 샌델이 아니었던가? 최소주의적인 정치적 자유주의와 가치통합론적인 포괄적인 종교적, 도덕적 교설 중 어느 쪽이 현대 다원민주사회에서 "합당한 다원주의의 사실"의 사례일까? 이것은 당연히 샌델이 공적 영역으로 불러올리려는 포괄적인 종교적, 도덕적 교설들이다. 그리고 둘 중 어느 쪽이 중첩적 합의의 대상이 될 수 있을 것인가? 이것은 당연히 합의의 영역을 축소한 롤스의 정치적 자유주의다.228) 샌델이 자신의 공동체주의에 어떠한 변형도 가하지 않고 정치적 자유주의의 단점을 회피하고 장점만 취하려는 태도는 감나무 밑에 누워서 홍시가 입 안에 떨어지기를 기다리는 것과 같고, 그것은 연목구어(緣木求魚)요, 건목수생(乾木水生)이요, 백년하청(百年河淸)일 뿐이다.229) 샌델은 이제 자유주의자들의 두 가지 이견의 구분을 받아들여야 한다. 즉 정의에 관한 이견은 정의 원칙 자체에 대한 것이 아니고 정의 원칙을 적용하는 방법에 관한 이견이지만, 대조적으로 도덕성과 종교에 대한 이견은 더 근본적이다.230)

> "대조적으로, 도덕성과 종교에 관한 이견은 더욱 근본적인 것으로 여겨질 수도 있다. 그러한 이견들은 폭넓은 동의를 얻어내거나 심사숙고를 통해 동의를 얻어낼 수 있는, 좋은 삶의 개념을 실행에 옮기는 방법에 관한 이견이 아니라 좋은 삶에 관한 개념들 자체에 대한 이견을 의미한다. 만약 도덕성과 종교에 관한 논쟁은 심각한 데 반해 정의에 관한 논쟁은 우리가 공유하게 될 원칙과 관련이 있다면 정치적 자유주의가 제시한 옳음과 좋음의 불균형은 정당하다."

롤스가 포괄적인 종교적, 도덕적 교설들을 정치적 정의관으로서 합당치 않다고 거부하는 이유는 그것들이 기본적인 정의의 문제들에 대한 충분한 중첩적 합의를 이끌어낼 수 없다는 데 있다. 이것은 현대 다원민주사회의 도덕적 위기 상황과 사회정의의 문제를 보는 롤스의 독특한 시각에 달려 있다. 현대 다원민주사회의 도덕적 위기 상황은 자유민주사회의 전통 속에 내재한 "자유와 평등의 갈등"으로 요약된다. 이러한 갈등은 사회경제적 이익의 상충과 사회제도와 정책의 수행에 관한 다양한 사회과학이론들 사이의 논쟁들뿐만 아니라 상이한 종교적, 철학적, 도덕적 교설들 사이의 "가장 고귀한 것을 위한(for the sake of the highest things)" 논쟁들에도 그 근거를 둔다.231) 롤즈가 정치적 자유주의를 통해 중첩적 합의를 추구하는 이유는 특히 가장 고귀한 것들에 대한 합의가 불가능하다는 "합당한 다원주의의 사실(the fact of reasonable pluralism)" 때문이다. 이러한 사실들은 어떠한 정치적 정의관도 전제해야 하는 정치적, 사회적 세계와 정치사회학과 인간심리학에 관한 일반적 사실들로서 한탄해야 할 파국이 아니라 자유민주주의 사회의 자연적 결과다.232) 여기서 합당한 다원주의의 사실을 고려하면, 문제는 자유롭고 평등한 시민들이 도덕적, 철학적, 종교적 차이에도 불구하고 지지할 수 있는 정의의 원칙을 찾는 것이다. "이는 최고선(the highest good)에 관한 것이 아니라 정치적 정의의 문제다."233)

샌델은 유대인으로서 이스라엘과 팔레스타인/아랍 진영의 끝 간 데 없는 분쟁이 민족적이고 종교적인 근원을 갖는 것으로 쉽사리 해결될 수는 없다는 것을 인식하지 못하고 있단 말인가? 아랍 진영은 이슬람교 경전 코란(Koran, Qur'an)에 의거한 성전(聖戰, Jihad)을 부르짖고 있고, 이스라엘은 모세오경(Torah)과 『탈무드(Talmud)』에 의한 이스라엘 건국의 정당성과 유대교에 의한 선택된 민족이라는 선민(選民)사상으로 대응하고 있다. 물론 종교전쟁이라고 단정 지을 수는 없지만, 선지자 아브라함(Abraham)에 같은 기원을 두고 공통된 철학을 가진 유대교와 이슬람교가 서로 분쟁하는 것을 보면 참으로 아이러니라고 아니 할 수 없다. 아무튼 종교적 근원은 결코 무시할 수 없는 갈등의 원천이다. 역사적으로, 그리고 현대에도 여전히 존재하고 있는 "반유대주의(anti-Semitism)"는 쉽사리 합의되어 처리할 수 있는 문제가 아니다. 2002년부터 이스라엘이 요르단강 서안 지구 내에 건설한, 이스라엘과 팔레스타인 사이를 갈라놓는 거대하고도 높디높은 분리 장벽은 그러한 전쟁과 갈등을 시각적으로 극명하게 웅변해주고 있다. 2004년에 국제사법재판소는 "이스라엘에게 장벽의 건설은 부당하며, 또한 자기방어권을 필요로 하지 않는다"고 권고하였다.234)

이러한 우리의 비판이 유대인으로서의 샌델에 대한 "인신공격의 오류"요, "사람에 관련된 오류(argumentum ad hominem)"라고 말할 수는 없을 것이다.235) 그러한 인식의 요구는 매우 상식적인 것이기 때문에 결코 "인신공격의 오류"일 수 없다. 샌델이 『정의란 무엇인가』에서 스스로 유대인으로서 등장하여 비판을 전개한 것은 단 한 번으로, 7강 "소수집단 우대정책 논쟁"에서다. 샌델은 "1920년대와 1930년대 일부 아이비리그 대학이 공식적, 비공식적으로 채택한 반유대적 할당제"를 비판하면서 "대학은 내키는 대로 사명을 정할 수 있으며, 그 사명에 걸맞은 입학 정책은 모두 공정하다"고 말할 수 없는 명백한 사례라고 강조했다.236) 우리가 첫 번째로 유대인으로서의 샌델을 염두에 두고 논의를 전개한 것은 본서 제2장 4절 1)항 "1강. 옳은 일 하기"의 "해제와 비판"에서다. 우리는 거기서 미덕과 악덕의 구분은 편견에 사로잡힌 것일 수 있으며, 그러한 사례로서 셰익스피어의 『베니스의 상인』에 나오는 악덕 고리대금업자 샤일록이 반유대주의적 편견의 희생자일 수도 있다는 점을 지적했다. 그 다음 우리가 샌델을 유대인으로서 호출한 것은 곧 보게 될 것이지만, 본서 제5장 4절 3)항 (3) " '자유주의 공적 이성의 한계들'에 관한 비판"에서 이스라엘 사회에서 골칫거리가 되고 있는 초정통파 유대교인 하레디(Haredi Judaism)에 대한 어떤 해결책이 있는지를 물은 것이다. 그리고 이어서 (5) (정치적 자유주의와 포괄적인 종교적 교설 사이의) "다섯 가지 난제의 한 해결책으로서 종교의 세속화와 고등교육의 기독교적 커리큘럼의 세속화"에서다.

우리는 여기서 샌델을 다시 한 번 마지막으로 유대인으로서 호출하고자 한다. 샌델은 역사적으로는 유럽의 "종교전쟁"을, 그리고 현대적으로는 이스라엘 대 팔레스타인/아랍 진영의 대립을 생각한다면 "도덕과 종교의 이견은 더 근본적이다(Our disagreement about morality and religion, by contrast, might be seen as more fundamental)"라는 이견 사이의 준별을 받아들여야만 할 것이다.237) 『이기적 유전자』(1976)로 유명한 리처드 도킨스(Richard Dawkins)는 그의 저서 『만들어진 신(*The God Delusion*)』에서 신을 믿음으로써 벌어진 참혹한 전쟁과 기아, 그리고 빈곤 문제를 일깨운다. 그는 신에 대한 부정은 도덕적 타락이 아니라 인간 본연의 가치인 진정한 사랑을 찾는 일이라고 주장한다.238) 여기서 우리는 『만들어진 신』의 기본적 주장인, 신은 없고 모든 종교는 틀렸다는 것을 받아들이기보다는 종교가 참혹한 전쟁, 분쟁, 갈등, 기아, 빈곤의 근원이며, 또한 그러한 근원이 되었을 때 결코 해결이 쉽지 않다는 것만을 선별적으로 받아들일 뿐이다.

(3) '자유주의 공적 이성의 한계들'에 관한 비판

이어서 샌델은 "자유주의 공적 이성의 한계들"에 관한 비판을 전개하고 있는데 이것을 자세히 논구해보자. 샌델에 따르면, 정치적 자유주의가 제시한 공적 이성에 의거하면 시민들은 도덕적, 종교적 이상을 참고해서는 근본적인 정치적, 헌법적 문제를 합법적으로 논의할 수 없다. 그러나 샌델은 이것은 지나치게 엄격한 제한이라고 지적한다. 그리고 이러한 제한은 정치담론을 메마르게 하고 공적 토의의 중요한 안건들을 배제시킨다고 비판한다.239) 샌델에 따르면, 정치적 자유주의가 준별하는 정치적 영역에서는 서로 경쟁하는 포괄적인 도덕성을 점검하는 데 필요한 공적 숙의가 이루어질 여지가 없다. 정치적 자유주의는 자유로운 언론을 지지하지만 정치적 토론은 엄격히 제한적이며 이러한 제한은 정당성이 선에 우선함을 반영한다. 정부는 선과 가치관을 공식적으로 지지하지 않을 뿐만 아니라 시민들은 정의와 권리와 헌법의 요체적인 문제를 토론할 때 자신이 가지고 있는 포괄적인 도덕적, 종교적 신념을 정치적 담론에서 표명하거나 그것에 근거하여 정치적 입장을 도출할 수 없다.240) 롤스는 이러한 제한이 정치적 자유주의에서 발휘되는 공적 이성에 의해서 요구된다고 주장한다. 공적 이성의 제한은 정치문제에 대해서 사적으로 개인의 생각을 피력하거나 교회와 대학과 같은 조직의 구성원으로서 갖는 토론에는 적용되지 않고, 오직 정치적 영역에서의 공개적인 토론에서만 적용된다는 것이다.241) 롤스는 공적 이성을 따르고 있는지의 시험은 자신의 논쟁이 사법부 법관의 의견 형태로 제시되고 있는가에 달려 있다고 제안한 바 있다. 민주시민이 정치적 영역에서의 근본적인 문제에 자신의 도덕적, 종교적 신념을 피력하지 않는 것과 마찬가지로 대법원 판사는 헌법을 자신의 도덕적, 종교적 신념에 의거하여 해석해서 사건을 판결하지 않는다.242)

그러나 샌델은 공적 이성의 제한적 특징은 낙태에 관한 논쟁에서 잘 입증된다고 본다. 그래서 태아가 수태되는 순간부터 사람이기 때문에 낙태가 살인이라고 생각하는 사람들은 공개적인 정치 토론에서 다른 시민들에게 그러한 자신의 견해를 발표하고 설득할 수 있는 기회가 상실된다고 비판한다.243) 그리고 동성애자들을 종교적 관점에서 부도덕하다고 보기 때문에 그들에겐 이성애자들에게 부여되는 사생활 보호 권리를 주장할 수 없다고 생각하는 사람들은 공공 토론에서 자신의 견해를 정당하게 밝히지 못한다고 불평한다.244)

2015년 6월 26일 미국 연방대법원은 동성 커플의 결혼이 합헌이라고 판결했다. 연방대법원은 헌법상 동성 간 결혼을 금지하고 있는 '결혼보호법'이 위헌임을 선언하고, "동성 커플은 미국 전역 어디서나 결혼할 수 있는 권리를 가진다"고 천명하였다. 오바마 미국 대통령은 "오늘의 판결은 평등을 향한 우리의 커다란 걸음"이라고 환영하는 입장을 밝혔다.245) 샌델은 『정의란 무엇인가』 10강 말미에서 2008년 대선 유세 중 오바마 대통령 후보가 우리 삶에 있어서 종교가 차지하는 위치를 높이 찬양하는 "도덕적, 영적 갈망(moral and spiritual aspiration)"이 담긴 정치를 역설했다고 칭송했다.246) 이제 샌델은 오바마 대통령이 그러한 도덕적, 영적 갈망을 상실했다고 아쉬워할 것인가? 샌델은 이러한 판결에 대해서 여전히 동성애와 동성혼을 반대하는 포괄적인 도덕적, 종교적 교설들을 공론장 영역에서 배제하는 불공정한 판결이라고 강변할 것인가? 본서 제3장 2절 2)항 "방법론적 반중립주의와 실질적 견해 사이의 괴리"에서 다룬 낙태 문제처럼, 샌델은 동성혼의 경우도 방법론적으로는 정치적 자유주의의 중립성 논변을 반대하지만 실질적으로는 동성애와 동성혼은 찬성하는 것일까? 동성혼이 합헌이라는 연방대법원의 판결은 정치적 자유주의의 중립성 논변에 의거한 것이 아니라는 해석도 가능하다. 차라리 본서 제5장 4절 3)항 (1) "자유주의의 '중대한 도덕적 문제 제외'에 관한 샌델의 비판과 롤스의 응답"에서 다루었던 "사상의 자유시장론(the free trade in ideas)"에 의거하여 동성애와 동성혼에 대한 반대가 공론장에 등장하였지만 사회문화적 헤게모니를 잃었다고 해석할 수도 있다.247) 그리고 동성애와 동성혼의 문제는 국민의 사생활과 성적 취향에서의 자율권을 보장하는 자유주의의 헌법적 요체라고 생각할 수 있다.

연방대법원에 의한 동성혼의 합헌 판결은 아직도 반대자들의 만만치 않은 항거에 직면하고 있다. 미국 가톨릭 주교회의 의장인 조셉 커츠(Joseph Kurtz) 대주교는 그러한 판결은 "완전히 비도덕적이며 부당한 판결로서 비극적 오류"라고 공식적으로 발표했다.248) 몇몇 사람들은 각자의 종교적 혹은 개인적 신념에 의거하여 동성결혼에 대한 서비스, 즉 결혼식의 꽃 주문 배달을 거부하거나 결혼식 피로연용 케이크 제작을 거부하여 소송을 당해 재판에 회부 중이다.249) 동성애와 동성혼에 대한 반대는 흔히 가톨릭과 가톨릭교도들, 그리고 기독교 기본주의자들인 것으로 알려져 있지만, 더 강경한 입장을 보이는 교파는 극단적 정통파 유대교 혹은 초정통파라고도 하는 하레디(Haredi Judaism)다. 이 종파의 종교적 신념은 남녀의 엄격한 구별을 중시하고 동성애를 철저히 반대하고 있다. 2015년 7월 30일 이스라엘 예루살렘에서 전개된 성소수자 행렬에 극단적 정통파 유대교의 한 광신도가 흉기를 휘둘러 6명이 중상을 입은 사건이 발생했다.250)

하레디(Haredi Judaism)는 유대교 교파의 하나로, 번역하면 초정통파(超正統派, Ultra-Orthodox)라고 할 수 있다. 하레디는 두려움, 경외를 뜻하는 히브리어 '하레드(hared)'에서 유래했다. 외부적으로는 유대교 근본주의자들로 평가되며 이스라엘 인구의 10퍼센트 정도인 75만 명의 신도가 존재한다. 이들은 이스라엘에서 정치적으로도 영향력을 행사하는데 대개 강경 우익 성향을 드러낸다. 하레디는 세속주의를 배격하고 유대교 경전 토라를 전적으로 따르려는 유대인이다. 하레디는 여성의 바지 착용도 반대하는데 한 하레디 남성이 바지를 입은 여성에게 침을 뱉어 긴급 체포되기도 했다. 검은 모자와 검은 의상에 흰 와이셔츠, 길게 기른 턱수염이 하레디 남성들의 특징인데, 이들은 경제활동은 하지 않고 정부의 보조금으로 먹고살며 유대교 경전 공부만 하고 있다. 또한 이스라엘 고등법원이 2012년 하레디 남성의 군 복무 거부가 위헌이라고 판정했음에도 불구하고 2013년 군 복무한 하레디 남성은 하레디 남성 전체의 35퍼센트에 그쳤다. 이들은 이제 이스라엘 정부와 사회에 큰 골칫거리가 되어가고 있다.251) 샌델은 하레디 문제를 해결할 수 있는 어떤 묘안이라도 있는 것일까? 종교를 공론장 영역에 불러올리자고 한 것은 샌델이니 무슨 묘안이 있어야 하지 않을까?

앤서니 케네디(Anthony Kennedy) 전 대법관은 "성소수자들의 결혼에 대한 희망은 단순히 혼자서 외롭게 살기 싫다는 것이 아니라 시민의 권한에서 배제되는 것이 싫다는 것이며, 그들은 법적으로 동등한 존엄성을 회복하고 싶었고, 대법원이 이를 보장한 것이다"라고 부연했다.252) 이제 동성혼을 허용하는 국가는 전 세계적으로 35개국으로 그중 17개국은 자녀의 입양도 허용하고 있다. 이러한 사실은 성소수자들(LGBT, Lesbian(레즈비언), Gay(게이), Bisexual(양성애자), Transgender(성전환자))에게 매우 고무적인 현상으로 받아들여지고 있다.253)

우리나라의 동성애와 동성혼에 대한 찬반양론에서 동성혼 찬성 측은 (1) 미국 등 21개국에서 동성혼을 합법화하고 있다는 엄연한 사실, (2) 성적 취향과 선호의 자기결정권과 사생활 보호에 의거하여 이성혼과의 차별 반대, (3) 헌법은 다양한 결혼 방식에 대해서 평등하게 보장해야 함을 주장한다. 동성혼 반대 측은 (1) 우리나라 헌법 제36조 1항에서 "혼인과 가족생활은 개인의 존엄과 양성(兩性)의 평등을 기초로 성립되고 유지되어야 하며, 국가는 이를 보장한다"고 되어 있으므로 동성혼을 보장한다면 명시적 규정은 없음, (2) 전통적인 가족제도와 사회질서를 붕괴시킬 수 있고, 근친혼, 저출산, 특이한 성행위와 그에 따른 에이즈 문제 발생, (3) 종교적 신념에 의거하여 동성애와 동성혼을 반대하는 사람들의 사상과 양심과 표현의 자유 침해, 그리고 그들의 선호가 무시됨을 주장한다.254)

샌델은 또한 미국에서 1830-40년대에 노예제 폐지론자들이 복음주의 프로테스탄티즘(Evangelical Protestantism)에 근거하여 노예제가 종교적으로 극악무도한 죄라는 이유로 노예를 즉각 해방해야 한다고 주장했던 것을 정치적 자유주의의 공적 이성으로는 설명할 길이 없다고 비판한다.255) 샌델은 낙태권, 동성애자 권리, 노예제 폐지론의 사례들은 자유주의적 공적 이성이 정치적 토론에 가하는 엄격한 제한을 잘 드러낸다고 주장한다. 그래서 샌델은 자유주의적 공적 이성으로 인한 손실을 두 가지 종류로 분류한다. 그 하나는 주민 주권의 중립성 논변에 의거하여 더글러스가 찬성하는 노예제처럼 정치적 정의관이 중대한 도덕적 잘못을 용인할 때 가장 손실이 크다는 것이다. 다른 하나는 낙태에 대한 주장에서 가톨릭 교리가 옳을 경우 도덕적, 종교적 교설을 고려 대상에서 제외할 때 도덕적 손실은 더글러스 사례 못지않게 크다는 것이다.256) 샌델은 정치적 자유주의의 관점에서는 정의에 관한 정치 토론에서 도덕적, 종교적 이상을 개입시킨다면 상호 존중이 침해되는 것으로 간주한다고 지적한다. 그러나 정치 영역에서 포괄적인 도덕적, 종교적 교설에 의거한 정치 토론이 가능하다면 그것은 도덕적, 종교적 이견이 인간적 선의 궁극적인 다양성을 반영하기 때문에 상호 존중을 증진시킬 수 있다고 주장한다.257)

그러면 샌델의 주장을 차례로 살펴보고 평가해보기로 하자. 우선 낙태권, 동성애자 권리, 노예제 폐지론은 자유주의적 공적 이성이 정치 토론에 부과할 엄격한 제한을 예증한다는 주장부터 살펴보기로 하자. 사실이 세 가지 사례는 본서 제5장 4절 3)항 (1) "자유주의의 '중대한 도덕적 문제 제외'에 관한 샌델의 비판과 롤스의 응답"에서 낙태권과 링컨과 더글러스의 논쟁을 통해서 이미 다루었다. 동성애자 권리와 동성혼에 관한 논쟁은 바로 전에 다루었고, 낙태권에 대한 가톨릭의 입장을 고려할 때 동일한 사안이므로 더 이상 다루지 않아도 될 것 같다. 전체적으로 정리하자면 샌델은 자유주의적 공적 이성의 역할은 낙태권과 동성애자 권리에 대해서 가톨릭의 포괄적인 종교적 입장이 개입되지 않도록 제한한다는 것이다. 그러나 만약 그러한 제한이 없다면 낙태권과 동성애자 권리는 애당초 인정되지도 못할 것이다. 그렇다면 현대 다원민주사회에서 정치적 자유주의의 공적 이성의 한계에서 오는 손실인 가톨릭의 입장에 대한 배제와 가톨릭의 입장이 정치 영역에 유입되어 낙태와 동성애에 관련된 일체의 권리가 박탈되는 손실 중 어떤 것이 더 클 것인가? 자유주의의 역사는 배제의 역사에서 포함의 역사로의 이행인데 샌델의 주장은 그것을 다시 반대로 돌려놓는 꼴인 시대역행이고, 시대착오이며, 종교적 보수 반동이다. 그리고 더글러스의 중립성 논변은 이미 언급한 것처럼 노예제에 대해서 규범적 노터치를 이끌어내려고 하는 자기방어적 상대주의를 숨기고 있는 사이비 정치적 자유주의일 뿐이다. 물론 샌델이 주장하는 것처럼 1830-40년대에 미국의 노예제 폐지론자들이 복음주의 프로테스탄티즘에 근거하여 노예제가 종교적으로 극악무도한 죄라는 이유로 노예제도의 즉시 폐지를 주창한 것은 사실이다. 그러나 현대 다원민주사회를 배경으로 하는 롤스의 정치적 자유주의가 과거로 돌아가 포괄적인 종교적 교설에 의거하여 노예제를 비판하는 것을 대행할 필요는 없다. 이것을 요구하는 것은 시대착오적 발상일 뿐이다. 이미 언급한 것처럼, 노예제에 대한 반론의 근거는 복음주의 프로테스탄티즘에서 시작한 것이 사실이지만 「미국독립선언서」에는 이러한 종교적 언명 이외에 절대왕정에 반대하는 민주주의적 혁명, 자유와 평등의 인정, 자연권으로서 생명권과 행복추구권과 재산권 등 천부인권의 천명, 로크의 사회계약론의 영향을 받은 피치자 동의(consent of the governed)에 의한 주민 주권론과 통치자가 사회계약을 파기할 때 발동되는 혁명권 및 저항권이 명시되어 있음을 직시해야 한다. 샌델도 인정하는 것처럼 미국의 현재 정치문화는 남북전쟁, 남부 재편입, '수정헌법' 제13, 14, 15조, 민권운동, 1965년 투표권법 등을 통해 시민권의 개념을 형성하는 방식으로 발전했는데 그 정치적 문화는 노예제를 충분히 반대하고 남음이 있다.258) 그러나 샌델은 1858년 링컨과 더글러스의 논쟁시 정치적 자유주의는 노예제도를 실질적으로 반대할 수 있는 방식을 보여주지 못했다고 계속해서 강변하고 있다.259) 그러나 우리는 본서 제5장 4절 3)항 (1) "자유주의의 '중대한 도덕적 문제 제외'에 관한 샌델의 비판과 롤스의 응답"에서 이미 더글러스의 주민 주권에 의거한 중립성 논변이 사이비 중립성이고, 상대주의의 위장임을 적나라하게 파헤친 바 있다.

(4) 정치적 자유주의와 포괄적인 종교적 교설 사이의 관련 방식에 대
한 다섯 가지 아포리아적 난제

샌델은 (1) 롤스가 노예제에 반대하는 폐지론자들의 주장이 비록 종
교적이기는 하지만 자유주의의 공적 이성을 거스르지 않았다고 주장했
던 것에 대해서 이러한 주장을 어떻게 생각해야 할지 알기는 어렵다고
폄하한다. 샌델은 롤스의 주장을 세 가지로 해석하고 그 어느 것도 가능
성이 없다고 주장한다: "이 논변이 무엇을 말하려고 하는지 알기는 어렵
다. 나는 노예제 폐지론자들이 세속적이고 정치적인 근거에서 노예제를
반대했지만 단순히 대중의 지지를 얻기 위해서 종교적 논거를 이용했다
고 생각할 어떤 근거도 없으며, 롤스가 그러한 것을 의미했다고 생각하
지도 않는다."260) 샌델의 이러한 주장은 "바위에 호소하는 논증의 오류"
이며, "개인적 불신으로부터의 논증의 오류"다.261) 물론 우리는 이러한
오류들을 지적함으로써 샌델의 다섯 가지 아포리아적 난제를 쉽사리 해
결했다고 자만할 수 없다. 우리는 소극적이고 부정적인 접근이 아니라
적극적인 논변을 전개할 것이다.

그러면 샌델의 세 가지 해석을 명확히 정리해보자. (2)-① 노예제 폐
지론자들은 세속적이고 정치적인 근거에서 노예제를 반대했지만 그것
은 단순히 대중의 지지를 얻기 위해서 종교적 논거를 이용해 활동했다
고 해석하는 것이다. (2)-② 노예제 폐지론자들은 열띤 종교적인 논의를
통해 세속적이고 정치적인 담론이 진행되는 안전한 세상을 만들었다고
해석하는 것이다. (2)-③ 노예제 폐지론자들은 노예제에 반대하는 종교
적 논거를 펼침으로써 정치적 토론에서 종교적 논거가 환영받지 못하는
사회가 출현하는 데 공헌했다는 자부심을 느꼈다고 해석하는 것이다.
샌델은 이러한 세 가지 해석은 매우 모순적인 것이므로 그것이 전혀 가
능할 수도 없다고 확신한다. 그러므로 오히려 그 반대가 더 가능성 있는
이야기라고 주장한다. 즉 (3) 노예제처럼 너무나도 명백한 불공평에 반

대하는 종교적 논거, 즉 노예제가 나쁜 이유는 신의 율법에 반하는 흉악한 도덕적 범죄라는 논증을 제기함으로써 노예제 폐지에 영감을 불어넣은 복음주의 프로테스탄티즘 신봉자들은 미국인들이 다른 정치적 문제에서도 도덕적, 종교적 관점에서 볼 수 있기를 장려했다는 것이다.262)

이것은 기본적으로 정치적 자유주의가 어떻게 포괄적인 종교적 교설의 지지를 받을 수 있는가의 문제다. 그리고 노예제를 반대하는 포괄적인 종교적 교설 자체와 정치적 자유주의의 가능한 세 가지의 모순적 관계를 해명하는 것이다. 또한 노예제 폐지론자들이 다른 정치적 문제들도 도덕적, 종교적 관점에서 보도록 장려했고, 그러한 결과가 실제로 발생했는지도 검토해야 한다. 언뜻 생각해볼 때 모순적인 세 가지 조건을 포함하는 샌델의 다섯 가지 논제에 대해서 모두 답변하는 것은 불가능한 것처럼 예견되었다. 『자유주의와 정의의 한계』(2판 1998)의 영어 원본을 자세히 보면, (2)의 세 가지 해석은 동시에 모두 가능할 필요는 없는 선언지(1∨2∨3) 형식으로 주장되었으므로, 어느 한 가지 해석만 가능해도 (3)은 부정될 수 있는 것이다. 처음에는 한 가지 가능한 해석만을 찾아서 (3) "노예제에 대한 종교적 논거의 다른 정치적 문제로의 확산"에 대한 반증 사례를 제시할 것이지만, 궁극적으로는 더 광범위한 유사한 다른 사례를 통해 샌델의 포괄적인 종교적 교설과 정치적 자유주의에 관한 다섯 가지의 출구가 보이지 않는 아포리아(aporia)적 난공불락의 난제를 모두 동시에 해결해보도록 하겠다.263)

샌델이 잘 지적한 것처럼, 1830년대와 1840년대 미국 노예제 폐지론자들은 신이 동등하게 창조한 인간들 사이에서 어느 한편이 다른 한편을 노예로 부린다는 것은 극악한 죄라는 복음주의 프로테스탄티즘이 해석하는 성경적 근거에서 노예제의 즉각적인 폐지를 주장한 것이 사실이다.264) 이러한 샌델의 지적은 역사적으로 널리 인정되고 있는 타당한 서술이다.265) 우리가 본서 제5장 4절 3)항 (1) "자유주의의 '중대한 도덕적 문제 제외'에 관한 샌델의 비판과 롤스의 응답"의 말미에서 언급한 것처럼 미국 개신교의 제2차 대각성 운동은 노예제 폐지와 여성의 동등한 권리를 옹호하는 견인차가 된 것이 사실이다.266) 엄밀하게 보면, 미국 개신의 제1, 2차 대각성 운동은 프로테스탄트 목사들이 주도하여 복음주의를 발흥시킨 것도 사실이다.267)

그러면 샌델의 다섯 가지 아포리아 중 (1)을 보자. 우리는 샌델이 롤스가 노예제에 반대하는 폐지론자들의 주장이 비록 종교적이기는 하지만 자유주의의 공적 이성을 거스르지 않았다고 주장했던 것에 대해서 이러한 주장을 어떻게 생각해야 할지 알기는 어렵다고 폄하한 것을 누누이 지적했다. 우선 샌델의 비판을 면밀히 살펴보기로 하자. 롤스는 복음주의 프로테스탄티즘의 노예제 폐지론자들의 주장이 비록 종교적이기는 했지만 자유주의의 공적 이성을 거스르지 않다고 해석했다. 롤스는 사회가 아직 질서정연하지 않거나 충분한 다원민주사회가 아니라면, 전적으로 '정치적 가치'에 대해서만 공적 토론이 이루어지는 사회를 만들기 위해 포괄적인 도덕적 교설에 일단 의존할 수 있다고 생각했다. 노예제 폐지론자들의 종교적 논거는 그것이 공적 토론에서 더 이상 합당한 역할을 하지 않는 시대를 앞당겨주는 것으로 정당화될 수 있었다는 것이다.268) 따라서 롤스는 "그들이 호소했던 포괄적인 교설들이 정치적 개념이 나중에 실현될 수 있도록 충분한 강점을 제공하기 위해서 요구된다고 생각했다면, 혹은 숙고하여 생각할 수 있었다면 (이들이 확실히 이렇게 생각할 수 있었던 것처럼) 이들이 공적 이성의 이상에 위배되지 않았다고 할 수 있다"고 지적한다.269) 그러나 이미 몇 번씩이나 지적한 것처럼 샌델은 이 주장의 진의가 무엇인지 알기 어렵다고 힐난한다. 샌델은 왜 이것을 이해하기 어렵다고 했을까? 다섯 가지 아포리아 중 (1)번 난제는 기본적으로 중첩적 합의의 대상이 되는 정치적 정의관과 포괄적인 종교적, 도덕적 교설들 사이의 관련 방식이 무엇인가 하는 문제다. 롤스에 따르면, 어떤 포괄적인 교설은 그 자체의 종교적 교설과 자유로운 신앙에 대한 신념을 통해 관용의 원리로 나아감으로써 결국 입

헌민주주의에서 근본적인 자유를 보장하는 정치적 정의관을 인정하게
된다. 롤스는 존 로크(John Locke)가 이 경우에 해당한다고 밝힌다.270)
존 로크는『관용에 관한 편지』(1689)에서 인간의 평등성과 신앙의 자유
에 관한 종교적 논거를 언급하고 있다. 그러나 로크가 그 편지를 쓴 주
요한 이유는 영국과 유럽 전역에서 지속된 전쟁과 내란의 주요 원인이
종교계의 정치적 개입과 종교적 관용의 부재에 있다고 보았기 때문이
다.271)

그러면 샌델이 정치적 자유주의를 비판하는 데 원용했던 노예제 폐지
론자들의 입장을 롤스는 어떻게 평가하고 있는지 살펴보자. 그들은 남
북전쟁 전 남부의 노예제도가 신의 율법에 어긋난다면서 남부를 비판했
던 복음주의 프로테스탄트들이었다. 그들은 즉각적이고 전면적이고 보
편적인 노예해방을 부르짖었다. 롤스는 이 경우 "특정한 기독교 교회들
의 비공적 이성이 공적 이성의 명확한 결론을 지지하게 되는 결과를 가
져왔다"고 주장한다.272) 롤스는 마틴 루터 킹(Martin Luther King) 목사
에 의해서 주도된 흑인 민권운동도 마찬가지라고 평가한다. 롤스는 킹
목사가 분명히 종교적 교리에 의해 흑인 민권운동을 지지했지만, 이 종
교적 교리는 일반적인 용어로 표현되었으며(이미 논의했던 미국 기독교
의 시민종교적 관점), 종교적 논거에 기반했던 노예제 폐지론자들이 호
소할 수 없었던 헌법적 가치를 지지했으므로 공적 이성과 조화를 이루
고 있다고 지적한다.273) 롤스는 링컨의 경우도 그렇다고 생각한다. 링컨
은 1861년 국가적 단식일(A National Fast Day)을 지정했고, 1863년과
1864년 10월 추수감사절을 두 번 선포했고, 남북전쟁을 범죄적인 노예
제도에 대한 신의 징벌로 선언했기 때문에 공적 이성을 위배했다는 의
문이 들 수도 있다는 것이다.274) 그러나 롤스는 지금과 달리 (공적 이성
이 적용될 사회적 호조건이 없었던) 그 시절에 적용될 때 링컨은 공적
이성을 위배하지 않았다고 해명한다.275)

롤스가 언급하고 있는 종교적 근거에 의거한 노예제 폐지론자는 윌리

엄 채닝(William Channing)이다. 채닝은 복음주의 프로테스탄트는 아니
며 유니테리언파(Unitarian, 유일교회파) 목사로서 칼뱅파 프로테스탄트
의 삼위일체설을 반대하고 하나님의 신성만 인정하는 유일신론을 주창
하였다. 유니테리언파는 인간성의 가치 인정과 존중, 각 개인의 진리를
추구할 수 있는 권리와 능력의 소유, 신학적 관념들의 이성의 빛에의 종
속, 각 개인 속의 신의 내재를 믿었다. 그래서 그의 유니테리언파는 교
회 내에서의 혁신뿐만 아니라 사회적 개혁도 시도하면서, 자유주의적
개인주의와 인간의 이성적 측면을 강조했다.276) 따라서 복음주의 프로
테스탄트들과는 달리 노예제 폐지론자로서 채닝의 종교적 논거는 "그
논거가 공적 토론에서 더 이상 합당한 역할을 하지 않는 시대를 앞당겨
주는 것으로 정당화될 수 있다."277) 따라서 채닝의 종교적 논거는 샌델
의 아포리아 다섯 가지 중 (1) 종교적 논거가 공적 이성을 위배하지 않
는다는 사례에 이어 (2)-②와 (2)-③에 대한 입증 사례를 제시할 수 있
게 만든다. 즉 (2)-② 노예제 폐지론자들은 열띤 논의를 통해 세상을 세
속적인 정치담론을 하기에 안전한 곳으로 만든다는 것과 (2)-③ 노예제
폐지론자들은 노예제에 대해 반대하는 종교적 논거를 펼침으로써 정치
적 토론에서 종교적 논거를 환영하지 않는 사회의 도래를 촉진하고, 그
러한 사회의 탄생에 기여했다는 자부심을 가질 수 있다는 것에 대한 매
우 적합하고도 엄연한 사례가 될 것이다.278) 샌델은 우리가 흔히 인정
할 수 있듯이 "신 앞에 평등한 인간이라는 종교적 개념"으로부터 자유
민주주의와 정치적 자유주의의 헌법적 요체인 "법 앞에 평등하고 자유
로운 인간"이라는 정치적 개념을 도출할 수 있다는 것은 인정할 수 없
단 말인가? 그렇다면 샌델은 자유민주주의의 신학적 근거도 인정하지
않을 것인가?279) 또 역으로 샌델은 종교와 신앙의 자유는 종교적 근거
와 아울러 자유민주주의와 정치적 자유주의의 헌법적 보장으로 더욱 공
고히 될 수 있다는 것을 결단코 외면한단 말인가?280)

　샌델은 복음주의 프로테스탄티즘의 노예제 폐지론과 아울러 링컨과

더글러스의 노예제 폐지 논쟁을 다루고 있다. 샌델은 이 두 사안을 개별적으로만 다루고 있다. 그러나 이 두 가지 사안은 같은 주제인 노예제 폐지를 다루고 있기 때문에 상호 연결될 수도 있을 것이다. 이 두 가지 사안이 상호 연결된다면 어떤 일이 벌어질까? 그것은 두 사안 사이의 이행 문제로서 그 사이 무슨 일이 벌어졌을까 하는 문제다. 1830-40년 대의 노예제 폐지론자들은 복음주의 프로테스탄티즘에 근거해서 노예제 폐지를 주장했다. 그런데 이미 우리가 본서 제5장 4절 3)항 (1) "자유주의의 '중대한 도덕적 문제 제외'에 관한 샌델의 비판과 롤스의 응답"에서 다룬 것처럼, 1858년 링컨과 더글러스의 논쟁은 샌델이 기술한 바에 의하면 노예제도에 대한 실질적인 논쟁이라기보다는 노예제도의 문제가 정치적 논란의 대상이 될 것인가 아닌가의 문제다. 더글러스는 주민 주권론에 의거한 중립성 논변을 통해서 노예제도에 대한 판결은 각 주의 주민에 맡겨야 한다는 주장을 개진했다. 링컨은 그것을 당연히 반대하였다. 그는 노예제도에 관한 도덕적 비판을 전개하고 각 주의 주민이 아니라 연방의 관점에서 노예제도를 보아야 한다고 대응했다. 샌델은 이 논쟁에서 종교적 논거가 제시되고 있는가 하는 문제는 다루고 있지 않고, 또한 다루려고 하지도 않는다. 그렇지만 그 논쟁에 대한 샌델의 서술은 노예제에 대한 종교적 논거와는 무관한 것으로 보인다. 그렇다면 샌델은 과연 두 사안 사이의 역사적 이행을 어떻게 보고 있을까? 노예제 폐지론에 관련하여 볼 때 1830-40년대 복음주의 프로테스탄티즘에서 1858년 링컨과 더글러스의 논쟁의 중립성 논변 및 정치적 논제로의 이행은 세속화 과정을 거친 것으로 볼 수 있다. 그렇다면 샌델의 다섯 가지 아포리아 중, (3) 복음주의 프로테스탄티즘의 종교적 논거에 근거한 노예제 폐지 주장은 노예제뿐만 아니라 다른 정치적 문제들도 그렇게 보도록 미국인들을 독려했다는 주장을 상기해보자.281) 샌델의 이러한 주장은 두 사안의 이행 문제를 감안해볼 때 시대착오적이며 시대역행적인 종교적 허상에 아직도 갇혀 있다고밖에 말할 수 없다. 엄밀

344

히 말하면, 다른 정치적 문제들은 고사하고 노예제 자체 문제에서조차도 종교적 논거는 사라졌고, 노예제 문제는 헌법적 논쟁으로 수렴되었다는 것이 정확한 견해다.282) 샌델의, 노예제에 관한 종교적 논변이 다른 정치 영역으로 확산되었다는 주장은 "성급한 일반화의 오류(the fallacy of hasty generalization)"를 범하고 있을 뿐이다.283) 또한 근대사회에서 기술적, 산업적 영역이 빠르게 변하였고, 종교도 거기에 따라 세속화 과정을 걷게 되었는데, 샌델은 종교에 대해서 결코 변하지 않는 극단적 문화 지체(cultural lag)를 견지하고 있을 뿐이다.284) 샌델은 감히 자신의 무오류성(infallibility)을 확신하고 있지는 않을 것이다. 그러나 샌델이 포괄적인 종교적 교설과 정치적 자유주의의 관계에 관한 다섯 가지 출구 없는 아포리아적 난제들을 1994년 「정치적 자유주의」라는 논문에서 처음 제기한 이후, 세 가지 다른 저작들에 재수록한 것을 보면, 그 난제들은 20여 년 동안의 변함없는 확신으로 보인다.285) 샌델은 이러한 난제들에 관련하여 "자신의 주장이나 가정에 반대증거라고 할 만한 어떤 증거도 고려하지 않으려고 하거나 고려할 수 없다고 고집하는 논증"인 "옹고집의 오류" 속에서 독단의 미몽(迷夢, dogmatic slumber)에 빠져 있었던 것이다.286) 이제 샌델에게 그 독단의 긴 미몽에서 깨어나야 할 시간이 도래했다.

　포괄적인 종교적 교설에 근거한 노예제 폐지 주장이 노예제뿐만 아니라 다른 정치적 문제들도 그렇게 보도록 미국인들을 독려했다는 샌델의 주장은 일말의 역사적 진실성을 가지고 있다. 그것은 다른 정치적 문제로의 확산은 아니고, 북부의 복음주의 프로테스탄티즘의 노예제 폐지론에 대항하여 남부에서도 성경에 근거한 노예제 찬성론이 크게 대두하였다는 것이다. 그런데 남부에서 먼저 성경에 의한 노예제의 정당화를 시작했다는 것이 정설이라는 주장도 있다. 남부의 노예 소유자들은 자신들의 거대 플랜테이션 농업사회를 지탱하는 독특한 사회경제적 제도인 노예제도를 북부인들이 성경에 근거하여 반대하는 것에 분노하고 나섰다. 1830년대 이후 남부인들은 노예제도에 대한 강력한 이데올로기적 방어 기제를 발전시켰다. 노예 소유자들은 노예제도가 주인과 노예 모두에게 큰 현실적 이득이 되는 체제이며, 이것은 명백하게 신에 의해서 인가되었다고 주장했다. 또한 하나님은 백인을 먼저 만들고, 흑인은 나중에 따로 만들었지만 두뇌 용량이 작아 하나님이 백인들로 하여금 흑인들을 보살피도록 했다는 것이다.[287) 프레드 로스(Fred A. Ross) 목사와 후에 남부연합 대통령이 된 제퍼슨 데이비스(Jefferson Davis) 같은 정치적 지도자들이 성경에 근거한 노예제 옹호 논증을 역설하였다. 남부인들의 성경 해석은 북부인들의 그것과는 당연히 모순되었다. 남부 대중들에게 가장 인기를 끌었던 성경 이야기는 아프리카에 살고 있는, 노아(Noah)의 아들 함(Ham)과 그 후손들에 대한 성경의 저주가 아프리카 흑인들의 노예화에 대한 정당화가 된다는 것이다.[288) 이는 『구약성경』 「창세기」 6-10장에 나오는 이야기다. 노아의 아들에는 셈(Shem), 함(Ham), 야벳(Japheth)이 있었는데, 함은 가나안의 선조로서 아버지인 노아가 술 먹고 옷을 벗고 잤을 때 국부를 덮어주지 않고 그대로 형제들에게 그 상황을 까발리는 불경죄를 저질렀다. 그래서 함의 가나안 자손들은 셈과 야벳의 종이 될 저주를 받게 되었다는 것이다. 그렇다면 샌델은 노예제에 관련하여 상반된 이 두 가지 성경 해석에 대해서 어떻게 말할 수 있을 것인가? 샌델은 포괄적인 종교적 교설들의 진리성, 즉 진위 여부가 정치적 공론장에서 포괄적인 종교적 교설을 괄호 치는 것이 합당한가의 문제에서 결정적으로 중요하다고 주장한다.[289) 그렇다면 어떤 해석이 진리이고, 진리라는 근거는 무엇인가?[290) 결코 합의점에 도달할 수 없는 이러한 모순적인 성경 해석을 보면서, 본서 제5장 4절 3)항 (2)의 "합당한 다원주의의 사실의 적용 범위"에 관련하여 종교적, 도덕적 교설들만이 아니라 정의의 문제도 합당한 다원주의의 사실에 부합한다고 샌델이 주장한 것을 상기해보자. 그리고 합당한 다원주의의 사실에 부합한 정의의 문제가 합의 가능하다면 도덕적, 종교적 교설들 사이에서도 합의가 가능하다는 그의 주장도 상기해보자. 과연 샌델은 노예제에 대한 상반된 남과 북의 해석을 목도할 때 그러한 주장을 할 수 있을 것인가? 샌델은 자신이 동의하지 않은 주장, 즉 "도덕과 종교의 이견은 더 근본적인 것"이라는 것을 이제는 인정해야 되는 것이 아닐까?291)

그러면 샌델에 대한 이러한 비판을 샌델의 다섯 가지 아포리아 중 (2)에 적용해보자. 이제는 노예제 폐지론자들뿐만 아니라 노예제 옹호론자들의 종교적 논거도 동등하게 인정해야 한다. 그렇다면 샌델이 (2)-①에서 거부했던 해석을 살펴보자. 즉 양측이 세속적인 정치적 근거에서 노예제를 반대했지만 단순히 대중의 지지를 얻기 위해 종교적 논증을 활용했다고 가정할 수도 있는 것이다. 미국 남북전쟁 이전 남과 북의 대치가 단순한 노예제도의 종교적인 인본주의적인 찬반양론에만 국한된 것은 아니었다. 그것은 여러 정치적, 경제적 문제들이 복합적으로 작동하고 있었던 것으로 보아야 한다. 기본적으로 북부는 공업 중심 지역으로 노예들이 필요하지 않지만 남부는 플랜테이션 농업 중심 지역이므로 많은 노예들이 필요하다는 현실적 차이는 노예제도에 상반된 이해를 낳게 하였던 것은 아닌가? 그러한 상반된 이해가 미국 연방을 유지하느냐 아니면 남부연합이 연방에서 탈퇴하느냐의 문제에 결정적인 역할을 한 것이 아닌가? 남부에서 노아의 아들 함에 대한 저주가 아프리카 흑인들에 대한 노예화를 정당화하는 논변으로서 가장 대중적으로 인기에 영합했다는 사실은 무엇을 말하고 있는가? 급진적인 노예제 폐지론자이며 『뉴욕 트리뷴(The New York Tribune)』지의 편집장이자 사주인 호러스 그릴리(Horace Greely)의 1862년 8월 칼럼 "2천만인의 기도(A Prayer of Twenty Millions)"에 대한 링컨 대통령의 다음의 반박문을 살펴보자.292)

"나의 최고 목표는 이 연방을 유지시키는 것이지 노예제도의 존폐가 아닙니다. 만약 노예들을 해방시키지 않고 이 연방을 유지할 수 있다면 나는 그리할 것이고, 만약 노예들을 해방시킴으로써 연방을 유지할 수 있다면 그리할 것이며, 노예들의 일부를 해방시키고 일부를 노예로 둠으로써 연방을 유지한다면 역시 그리할 것입니다. 내가 노예제도와 유색인종에 대하여 행하는 모든 일은 이로써 연방을 유지할 수 있다고 믿기 때문이며, 만약에 행하지 않는 일이 일이 있다면 연방을 유지하는 데 도움이 되지 않는다고 생각하기 때문입니다."

링컨의 이러한 반박문은 1863년 1월 1일 발표했던 '노예해방선언 (Emancipation Proclamation)'을 준비하고 있었던 때였다. 링컨의 반박문은, 당시 정치적 상황으로 볼 때, 노예제 즉시 폐지론자의 주장은 너무 강하다고 보고, 노예제 폐지를 위해서 현실적이고 잠정적인 타협안을 제시하여 중간층의 지지를 끌어들이려는 "정치적 발언"이었다고 볼 수 있다.293) 이러한 링컨의 정치적 발언은 롤스의 정치적 자유주의의 헌법적 요체에 대한 중첩적 합의를 위해서 잠시 노예제도의 찬반양론에서 벗어나 중립적 입장을 취하는 잠정타협적 자유주의(modus vivendi liberalism)에 근거했던 것이다. 샌델이 더글러스의 주민 주권에 따른 노예제 중립성 논변을 정치적 자유주의라고 해석한 것은 크게 잘못된 것이다. 차라리 링컨의 연방 유지론이 정치적 자유주의의 중립성 논변을 원용한 것으로 보아야 한다. 그리고 노예제에 대한 세속적 동기를 감추고 종교적 근거를 통해 대중의 지지를 얻으려고 했던 사건 중 유명한 것은 무장투쟁적인 노예제 폐지론자였던 존 브라운(John Brown)의 경우다. 그는 1859년 10월 16일 추종자들을 이끌고 웨스트버지니아에 있는 연방 무기고를 공격했으나 체포되어 투옥되었고, 같은 해 12월 2일 교수형에 처해졌다. 그는 마지막 순간까지도 자신이 "하나님의 도구로서 노예 소유자들의 죄악을 처벌하라는 신의 분노를 대행한다"고 주장했다.294) 아마도 그는 마지막 죽는 순간이니 세속적 이유보다는 더 고귀하게 보이는 종교적 순교자로 남기를 원했을 것이다. 하나님의 도구라는 주장은 포괄적인 것으로 광신주의자였던 그가 명확한 성경적 해석에 의거하여 그렇게 한 것은 아니었을 것이다. 성경에 대한 광신주의적 해석은 얼마든지 자의적으로 가능할 터이니 말이다. 이것은 논리적으로 보면 "도덕적 고차원의 오류(the fallacy of moral high ground fallacy)"다. 상대방보다 더 좋고 멋있게 보여, 유리한 입지를 확보하여, 토론에 이기기 위해 "나는 당신보다 더 성스럽다(holier-than-thou)"는 태도를 견지하는 오류다.295) 샌델의 다섯 가지 아포리아적 난제에서 (2)-①은 이 오류로 말미암아 결정적인 반증에 직면한다고 볼 수 있을 것이다.

그러면 이번에는 복음주의 프로테스탄티즘의 종교적 근거를 통한 노예제 폐지와 링컨과 더글러스의 논쟁과의 관계에서 발생하는 문제를 검토해보자. 샌델은 더글러스의 노예제에 대한 중립성 논변, 즉 노예제 논란은 연방적 차원에서 해결할 것이 아니라 연방적으로는 중립을 취하지만 주민 주권에 따라 투표로 찬반양론을 해결해야 한다고 주장하는 더글러스의 중립성 논변을 롤스의 정치적 자유주의의 한 유형으로 해석한다. 그러나 이 해석에 관련하여 샌델은 딜레마에 봉착하게 된다. 만약 샌델이 주장하는 것처럼, 더글러스의 입장이 롤스의 정치적 자유주의라면 1830-40년대의 복음주의 프로테스탄티즘의 노예제 폐지론이 사라지고 1858년 링컨과 더글러스의 노예제 논쟁에서 정치적 자유주의가 등장했다는 것을 의미한다. 단적으로 말하면, 두 사안 사이의 이행은 노예제 폐지론 논거의 배경이 복음주의 프로테스탄티즘에서 정치적 자유주의로 변했다는 것을 의미한다. 이것은 샌델의 다섯 가지 아포리아 중 (2)-② 노예제 폐지론자들은 종교적인 열띤 논의를 통해 세속적이고 정치적인 담론이 진행되는 안전한 세상을 만들었다는 해석과 (2)-③ 노예제 폐지론자들은 노예제에 반대하는 종교적 논거를 펼침으로써 정치적 토론에서 종교적 논증이 환영받지 못하는 사회가 출현하는 데 공헌했다는 자부심을 느꼈다는 해석이 결과적으로 수용될 수밖에 없다는 것을 입증한다. 만약 샌델이 이러한 딜레마의 한 뿔을 피해 가기 위해, 링컨과 더글러스의 노예제 논쟁의 배경이 정치적 자유주의가 아니라고 한다면, 더글러스의 주민 주권을 위한 중립성 논변이 롤스의 정치적 자유주의에서 포괄적인 도덕적, 종교적 교설에 대한 중립성 논변과 동일하다는 점에서 롤스의 정치적 자유주의를 비판할 수는 없을 것이다. 샌델은 어느 뿔을 잡고 자기에게 유리한 해석을 할 수 있을 것인가? 아니면, 두 뿔 사이로 피할 수 있는 방법이라도 있을 것인가?296)

(5) 다섯 가지 난제의 한 해결책으로서 종교의 세속화와 고등교육의 기독교적 커리큘럼의 세속화

샌델의 다섯 가지 아포리아적 난제는 종교의 세속화 과정과 아울러 그 과정과 연계되어 있는 미국 대학의 창립과 커리큘럼의 세속화 과정을 살펴봄으로써 전반적인 해결이 가능하다고 생각된다. 샌델은 기독교와 관련하여 그 세속화 과정에 전혀 주목을 하지 않고 있는데, 공동체주의 4대 이론가의 한 사람인 찰스 테일러는 기독교의 세속화에 주목하고 있다. 테일러는 그의 저서 『자아의 원천들(*Sources of the Self*)』(1989)에서 샌델과 매킨타이어처럼 강성 공동체주의자들의 비판과는 달리 근대 개인주의에는 "본래성/진정성/자기충실성(authenticity)"이라는 윤리적 이상이 존재하고 있음을 인식하고, 근대적 개인주의는 그 주관주의적 편향이 극복된다면 자유주의적 자아는 공동체주의적인 배경 속에서 그 진정한 사회적 의미 지평을 찾고 만개하게 될 것이라는 희망을 버리지 않고 있다.297) 그 책의 제III부 "일상적 삶의 옹호"에서 테일러는 전근대적인 영웅적 혹은 종교적 이상에 따른 예외적 삶이 더 이상 삶이 지닌 의미의 원천이 되지 못하고, 인간의 노동과 가정적 생활이 삶이 지닌 의미의 원천으로 대체되는 과정을 논구하고 있다. 테일러는 서구 근대적 문화의 주요한 추진력의 하나는 일상적 삶을 인간 존재의 중심축으로 삼았던 도덕적, 정신적 사유에서의 혁명으로부터 유래한다고 갈파한다. 도덕적 탁월성은 이제 더 이상 어떤 고귀한 활동들, 즉 철학적 관조, 기사나 공화정 시민으로서의 임무, 그리고 청빈, 동정, 순정이라는 수도 생활적 소명 속에서가 아니라, 일상 직업적 활동과 가정적 생활에서의 삶의 방식 속에 존재하게 된다.[298] 『프로테스탄트 윤리와 자본주의 정신』(1905)에서의 막스 베버(Max Weber)의 입론에 따라, 이러한 변천은 종교개혁에서 시작되어 다양한 세속적 형태로 나타나게 된 것으로 간주된다. 금욕적 프로테스탄트의 직업윤리는 자본주의를 가능케 하는 원초적 자본의 축적을 가능케 했고, 자본주의에서의 성공을 신의 소명으로 보게 하는 칼뱅주의는 많은 성공한 프로테스탄트들의 큰 호응을 받은 바 있다.[299]

1636년에 하버드(Harvard), 1701년에 예일(Yale), 1746년에 프린스턴(Princeton), 1746년에 다트머스(Dartmouth) 등 여러 사립대학이 문을 열었다. 이러한 사립대학들은 기독교 각 종파가 그들의 성직자를 길러내기 위해 설립한 것이었다. 매사추세츠 식민지 일반의회의 결의에 따라 설립된 하버드대학교도 식민지 시대에는 목사 양성에 필요한 종교교육을 의무화했다. 18세기에 세워진 모든 미국의 대학은 교단과 교회들이 후원하는 대학이었다. 또한 전통적으로 1870년까지는 대학이 전반적으로 개신교 신앙을 위한 주요 교육기관이었다. 남북전쟁이 끝날 즈음까지는 대학들은 전쟁 이전의 학풍을 유지하고 있었으나, 세기말에는 하버드대학교와 존스홉킨스대학교 등이 주도하여 탈기독교적인 커리큘럼을 채택하게 됨으로써 그러한 교육개혁은 점차로 전 대학으로 확산되었다.[300]

미국 대학사에서 또 한 가지 중요한 사실은 미국 대학들이 19세기 중반 이후 산업화와 도시화가 몰고 오는 변화의 소용돌이 속에서 변화를 강요받게 되었다는 것이다. 남북전쟁 이후 산업화에 따른 경제규모의 확대로 떼돈을 벌게 된 석유 재벌 록펠러(John Davison Rockefeller), 철강 재벌 카네기(Andrew Carnegie), 그리고 해운 및 철도 재벌 밴더빌트

(Cornelius Vanderbilt) 등의 백만장자들은 세속적인 "부의 복음(The Gospel of wealth)"을 신봉하는 이들이었다.301) 이들은 베버가 말하는 금욕적 직업윤리와 신의 소명에 의거하여 자본주의에서 성공한 사람들로 수백만 달러를 하버드나 예일 같은 기존 대학교에 기증하거나 아예 새로운 대학을 세워나가기 시작했던 것이다. 밴더빌트(Valderbilt)대학교, 존스홉킨스(Johns Hopkins)대학교, 코넬(Cornell)대학교, 듀크(Duke)대학교, 스탠포드(Stanford)대학교 등이 그 예다. 미국 대학들은 이제 아주 풍성한 재정적 기반 속에 서서히 잘 성장할 수 있었던 것이다.302)

샌델이 가르치고 있는 하버드대학교의 역사를 보더라도, 하버드대학교는 1636년에 개교할 당시에는 목사 양성을 위한 미션스쿨로 시작되었지만, 1789년 종합대학으로 승격했고, 이후 19세기 말 재임기간이 40년(1869-1909)에 달하는 찰스 엘리엇(Charles W. Eliot) 총장에 의해 기독교에 기반한 커리큘럼의 세속화가 진행되어 자유주의적이고 근대적인 종합연구대학으로 변모되었다.303) 엘리엇 총장은 그 당시 커리큘럼에서 기독교의 우월하고도 지배적인 입장을 제거하고, 학생들의 자기주도적 학습과 선택 과목에 기반한 교육으로 개방시켰다. 그는 미국 고등교육의 세속화에서 가장 중요한 인물이었지만 그 동기는 교육을 세속화하려는 욕구가 아니라 초월주의적 유니테리언 교회(유일교회)의 신념이었다.304) 당시 초월주의적 유니테리언 교회의 지도자는 윌리엄 채닝과 랠프 에머슨(Ralph W. Emerson)이었고, 유니테리언 교회의 신념은 인간 본성의 존엄성과 가치, 그리고 인간이 진리를 추구하고 인식할 수 있다는 권리와 능력의 소유, 그리고 각 개인 속에 내재하는 신에 대한 믿음이었다.305) 따라서 그들은 자유주의적 신학을 옹호하는 종교적 자유주의자라고도 지칭되었다. 비록 엘리엇 총장의 고등교육의 세속화는 유니테리언 교회적 신념이었지만 그 결과는 고등교육의 세속화와 자유주의적이고 개인주의적인 커리큘럼의 등장이었다. 이미 언급했지만 롤스도 윌리엄 채닝의 유니테리언 교회의 포괄적인 종교적 교설에 근거한 노예제 폐지 주장이 정치적 자유주의의 공적 이성을 위배하지 않았다고 지적한 바 있다.306) 또한 엘리엇 총장은, 비록 고등교육의 세속화를 유니테리언 교회적 신념으로부터 추구했고, 하버드대학교 신학부가 중심이 되어 유니테리언 교회가 성립되었고, 일반 사회에서 어느 정도의 선교는 인정했지만, 대학 교육과 공적 영역에서 그것을 드러내놓고 옹호한 것은 아니었다. 유니테리언 교회는 하나의 시민종교였던 것이다.307) 그는 그것을 자신의 개인주의적인 종교적 신념으로만 견지하고 있었던 것이다. 이것은 포괄적인 종교적 신념과 교설을 공적 영역에 가져오려는 샌델의 주장에 대한 하나의 움직일 수 없는 역설적 반증, 즉 기독교 내의 한 종파의 종교적 신념을 통해서 전 커리큘럼 상에서 기독교 전체의 혜택 받는 위상이 제거되어 고등교육이 세속화가 되었던 절묘한 사례인 것이다.308) 이 논증만으로도 샌델의 다섯 가지 아포리아적 난제를 충분히 해결할 수 있을 것이나, 다섯 가지 난제를 일일이 짚어가면서 확실히 논파해보도록 하자.

난제 (1)은 초월주의적 유니테리언 신앙에 의한 엘리엇 총장의 교육 개혁은 롤스의 자유주의적 공적 이성을 거스르는가의 문제다. 이미 노예제 폐지와 관련한 채닝의 예에서 논의한 것처럼, 롤스가 그는 공적 이성을 거스르지 않았다고 판정한 것과 마찬가지로 그렇게 판정할 수 있을 것 같다. 왜냐하면 엘리엇 총장은 같은 유니테리언으로서 인간 본성의 존엄성과 가치, 그리고 인간이 진리를 추구하고 인식할 수 있는 권리와 능력의 소유, 그리고 각 개인 속에 내재하는 신에 대한 믿음이라는 종교적 논거를 통해 대학의 세속화와 대학의 학문적 자유를 증진시켰으므로 롤스의 정치적 자유주의의 공적 이성에 거스른다고 말할 수 없다. "엘리엇의 성취는 신학자로서의 그의 독창성에서 발견되는 것이 아니고, 오히려 신학적 개념을 고등교육의 개혁을 위해서 적용했다는 데 있다."309)

난제 (2)-①은 노예제 폐지론자들이 세속적 근거에서 노예제를 반대했지만 단순히 대중의 지지를 얻기 위해서 종교적 논증을 활용했다고 볼 수 있느냐의 문제다. 엘리엇 총장은 그 당시 하버드가 그 중심지인 초월주의적 유니테리어니즘을 통해 대학개혁을 추진했지만 사실은 세속적 이유들도 매우 중요했다. 즉 하버드대학교를 유럽 대학, 특히 영국의 옥스퍼드대학교와 케임브리지대학교에 버금가도록 발전시키고, 발전된 과학과 기술에 따른 산업사회에 부응하며, 자본주의의 발전에 따른 기업과 시장의 요구를 대학이 수용해야 한다는 이유들이다.310) 그래서 로스쿨, 비즈니스 스쿨, 메디컬 스쿨, 과학기술 스쿨 등 실무와 연구 중심 대학원들이 생겨났다. (2)-②는 노예제 폐지론자들이 종교적인 열띤 논의를 통해 정치척인 담론이 진행되는 안전한 세상을 만들었는가 하는 난제다. 엘리엇 총장은 그 당시 뉴저지대학교(프린스턴대학교의 전신) 총장이었던 제임스 매코시(James McCosh) 총장과 논쟁을 벌였는데, 매코시는 엘리엇의 교육개혁을 반대하고, 기독교와 고전 중심의 커리큘럼을 강하게 옹호했다. 이 논쟁은 대학개혁 자체가 종교적 기반에서 이루어진 것은 사실이지만 그 결과는 대학에서 종교적 색채가 배제되고 학문적 자유에 기반한 논증들이 전개되는 결과를 낳았다.311) ②-3은 노예제 폐지론자들이 노예제에 반대하는 종교적 논거를 펼침으로써 정치적 토론에서 종교적 논증이 환영받지 못하는 사회가 출현하는 데 공헌했다는 자부심을 느낀다고 해석하는 것이다. 엘리엇 총장은 40년간의 재임기간 동안 자신의 자유주의적 교육개혁을 커다란 확신과 자부심을 가지고 진행했다.312) 그의 하버드대학교 교육개혁은 미국 전 지역의 대학을 변화시키는 견인차 역할을 했던 것이다.

마지막 난제 (3)은 노예제 폐지에 종교적 영감을 불어넣은 복음주의 프로테스탄트들은 미국인들이 다른 정치적 문제에서도 도덕적, 종교적 관점에서 보도록 장려했다는 것이다. 그러나 샌델의 이 난제는 종교의 세속화 과정을 무시하는 것으로서 엘리엇 총장의 초월주의적 유니테리언적 논거는 다른 정치적 문제에서도 도덕적, 종교적 관점에서 보도록 장려하기는커녕 대학의 커리큘럼의 개혁에서조차도 종교적 논거가 더 이상 필요하지 않게 만들었던 것이다. 앨리엇 총장과 매코시 총장의 "대학에서 종교는 어떤 위치를 차지해야 하는가?"에 대한 논쟁은 "결국 논쟁 양측의 주장은 지속되고 있으나 19세기 중엽까지 미국 대학을 풍미했던 거룩한 진리에 대한 열망과 자연과학과 인문과학 안에서 신적 질서를 탐구하던 심오한 추구는 캠퍼스에서 사라진 지 오래되었다"는 것이다.313) "그것은 대학 안에서 종교가 효율적으로 추방되었거나 아니면 교육과 연구의 중심적인 자리에서 변두리로 이동되었다는 것이다. 즉 기독교의 주변화(marginalization)가 급속히 이루어졌다는 것이다."314) 그리고 엘리엇 총장은 하버드가 유대인과 로마가톨릭교도의 입학을 제한하는 것을 반대했다.315) 샌델은 『정의란 무엇인가』 7강 "소수집단 우대정책 논쟁"에서 1920년대와 1930년대에 일부 아이비리그 대학이 공식적, 비공식적으로 채택한 유대인 할당제를 비판하고, 그 할당제 비판을 통해 대학의 설립과 운영 목적을 대학 마음대로 설정하는 데 반대하는 논거로 사용했다.316) 샌델은 이제 엘리엇 총장에 대한 억하심정과 반감은 전혀 없게 되었을 것이다.317) 엘리엇 총장은 20세기 초반 토착(민)주의(nativism)가 고조되는 상황에서 소수 의견인 개방적인 이민 정책도 지지했다. 그는 이민자들의 동화(assimilation)를 주장하는 입장에서 서서히 문화적 다원주의를 옹호하는 방식으로 변해갔다.318)

샌델이 그 당시에 있었다면 엘리엇 총장의 커리큘럼의 세속화를 하버드대학교 설립의 본질적 동기는 퓨리턴적 프로테스탄티즘이라면서 반대했을까? 샌델은 정말로 하버드대학교가 퓨리턴적 프로테스탄티즘 대학으로 남아 있기를 원했을까? 만약 그랬다면 샌델은 『정의란 무엇인가』를 강의할 수도 없었을 것이고, 책도 나올 수 없었을 것이다. 샌델은 적어도 자신이 가르치고 있는 대학의 역사쯤은 알고 있어야 되지 않을까? 그래야만 샌델은 롤스의 정치적 자유주의와 포괄적인 종교적 교설의 관계에 대한 수많은 시대착오적 억견과 강변을 피할 수 있었을 것이다. 사실 샌델의 다섯 가지 난제는 진정한 난제는 아니었으며, 일종의 커다란 곡해에서 비롯된 것으로서 이제 다 해결되었음을 선포하는 바이다!

본서 제5장 4절 3)항 (3) " '자유주의 공적 이성의 한계들'에 관한 비판" 마지막에서 샌델은 낙태 논쟁, 동성애자 권리, 복음주의 프로테스탄티즘에 근거한 노예제 폐지론을 예로 들면서, 정치적 자유주의가 제시한 중립성에 기반한 공적 이성에 따르면 시민들은 도덕적, 종교적 이상에 준거해서 근본적인 정치적, 헌법적 문제를 합법적으로 논의할 수 없다고 비판했다. 따라서 자유주의 공적 이성과 그 중립성은 지나치게 엄격한 제한이라고 비난한다. 이러한 제한은 정치담론을 메마르게 하고 공적 토의의 중요한 차원을 배제시킨다는 것이다. 부연하면 정치적 자유주의와 포괄적인 도덕적, 종교적 교설을 인정하는 가치통합론적 공동체주의를 대비하면서, 마치 자유주의는 공적 이성의 엄격한 제한으로 인해 좁은 의미의 상호 존중만을 실현할 수 있으므로 불관용적이고 비자유주의적인 것처럼 비쳐지고, 가치통합론적 공동체주의는 포괄적인 종교적, 도덕적 다원주의를 수용하여 넓은 의미의 상호 존중을 실현할 수 있으므로 관용적이고 자유주의적인 것으로 비쳐진다.[319] 이것은 자유주의와 공동체주의의 대비의 역사에서 볼 수 있는 가장 왜곡된 해석으로, 자유주의와 공동체주의의 관계에 대한 커다란 허상이고, 주인과 손님이 바뀌는 주객전도(主客顚倒)이고, 본질적인 것과 말단적인 것이 바뀌는 본말전도(本末顚倒)라 아니 할 수 없다. 이것은 마치 영국의 경험론 철학자 프랜시스 베이컨(Francis Bacon)이 『신기관(*Novum Organum*)』 (1620)에서 설파했던, 극장의 우상(Idols of the Theatre, *Idola Theatri*), 즉 잘못된 독단적 원칙이나 학설, 전통이나 권위를 아무런 비판 없이 맹목적으로 수용하고 신뢰하는 데서 생기는 편견 속에 꽉 막혀 있는 것과 같다.

만약 낙태와 동성애에 관하여, 수태된 순간에 인간의 생명이 시작하고, 인간 삶의 본질은 오직 이성애적 결혼과 생식과 양육에 의해서 결정

356

된다는 가톨릭의 입장이 공론장 영역에 들어온다면, 낙태를 여성의 자기 몸에 대한 선택권으로 간주하는 입장과 동성애적 삶의 권리를 주장하는 많은 동성애자들의 입장을 일거에 배제하여 무화시키는 것이 될 것이다.320) 과연 포괄적인 종교적 교설에 대한 자유주의적 중립성의 대가와 평등한 시민으로서의 여성과 동성애자 권리 옹호의 상실의 대가 중 어떤 것이 더 손실이 클 것인가?321) 대법원의 동성혼에 대한 합헌 인정은 이러한 문제에 대한 명확한 답변을 제시하고 있다. 여기서 1830-40년대의 복음주의 프로테스탄티즘에 근거한 노예제 폐지론은 남부 사람들의 노예제도에 대한 모순적인 성경 옹호를 야기했다는 점을 상기해보자. 남부 대농장주들은 대농장 선교와 노예 기독교의 확립을 통해 노예들을 기독교 신자로 개종시키고 비록 노예지만 혹독한 삶 속에서 조그만 위안이라도 주려고 노력했다.322) 이러한 관점에서 보면 복음주의 프로테스탄티즘보다도 남부의 침례교, 감리교, 장로교 등이 더 강력하고 광범위하게 노예제에 대한 성경적 옹호를 이념적으로뿐만 아니라 실제적으로 흑인들을 세뇌시키는 데 사용했던 것이다. 이후 노예제에 대한 성경적 해석은 남북 사이에 팽팽한 상호 대립을 낳았고, 1850년 이후에는 링컨과 더글러스의 논쟁(1858)을 통해서 보듯이 노예제에 대한 성경적 해석은 서서히 사라지고 노예제는 정치적이고 헌법적인 문제가 되었던 것이다.

(6) 두 유형의 공동체주의와 공동체주의의 한계

샌델은 공동체주의의 한계에 대해서 스스로 두 가지 관점에서 논의하고 있다. 그 하나는 통상적으로 공동체주의라고 흔히 생각되는 입장이다. 이러한 공동체주의는 공동체의 가치와 다수의 견해가 언제나 압도적으로 우세하다고 가정하며, 또한 우리는 상이한 문화와 전통에 내재하는 가치에 대해서 비판하거나 평가할 수 없다는 상대주의를 취하고 있다. 샌델은 이러한 유형의 공동체주의에는 찬성하지 않는다는 것을 명확히 한다. 이러한 입장의 공동체주의는 다수결주의의 또 다른 이름일 뿐이며, 개인의 권리가 어떤 특정한 시간에 주어진 공동체의 지배적인 가치에 종속되어야 한다는 신념을 견지한다.323) 샌델은 자신이 옹호하는 공동체주의는 사회의 기본구조를 다스리는 정의의 원칙들이 한 사회의 시민들이 옹호하는 경쟁적인 도덕적, 종교적 신념들에 대해서 중립적이어야 한다는 주장에 반대하는 공동체주의라고 밝힌다. 다시 말하면 샌델의 공동체주의는 자유주의의 선에 대한 정당성의 우선성을 배척한다는 것이다.324) 샌델은 선관(善觀) 혹은 가치관이 정의의 원칙과 연관되는 방식을 다음과 같이 해석한다: "정의가 선관과 연관되는 방식은 정의의 원칙들의 정당화가 정의의 원칙들이 충족시키려는 목적의 도덕적 가치 혹은 본질적 가치에 달려 있다"는 것이다. 이러한 자신의 입장을 샌델은 목적론적이고 완전주의적이라고 해석한다.325) 그러나 샌델의 이러한 자기 입장의 명료화는 "단순 공동체주의자의 딜레마(simple communitarian dilemma)"에 봉착한다. 만약 가치에 대한 사회적 의미가 현재 공동체가 가지고 있는 분배적 관행과 제도에 의거하고 있다면, 그러한 사회적 의미는 보수적인 것으로 비판적 원칙으로 작동할 수 없다. 만약 가치에 대한 사회적 의미가 공동체의 현재 관행과 제도에 의거하지 않고 그러한 의미를 통해서 관행과 제도를 비판할 수 있다면, 그러한 가치가 정당하다는 것을 공동체주의적 가치론에 의해서 어떻게 알 수 있는가? 또한 이 딜레마의 두 번째 뿔은 가치가 하나가 아니고 서로 경쟁하는 가치들인 경우로 재구성될 수 있다. 이때도 역시 공동체주의적 방법론은 전혀 손을 쓸 수 없다.326) 첫 번째 딜레마는 샌델이 아니라고 회피했던 통상적 공동체주의에 관한 것이고, 두 번째 딜레마는 샌델이 주창하는 목적론적 완전주의적 가치관의 생성 근거에 관한 것이다. 샌델이 만약 통상적 공동체주의의 전체주의적 함축을 피하기 위해서 공동체와 관계없는 목적론적 완전주의적 가치관을 설정한다면 그 가치관은 도대체 어디서 나온 것이며, 어떻게 생성된 것이란 말인가? 그리고 도대체 무슨 근거로 그 가치관을 공동체의 시민들에게 설득시켜 추종하도록 만들 수 있단 말인가?

그런데 샌델은 다른 곳에서는 자신이 신봉하는 유형이 아니라고 회피했던 공동체주의의 전체주의적 함축성에 대해서 방어한다. 자유주의자들은 통상적으로 충성과 의무, 전통에 의존할 수밖에 없는 공동선의 정치가 선입견과 편협한 태도로 이어진다고 비판한다. 즉 "선을 기반으로 통치를 하려는 시도는 전체주의적 유혹에 빠질 가능성이 높다고 말이다."327) 샌델은 공동체주의적 관점에서 보면, 편협한 태도는 삶의 형태가 혼란스럽고 근원이 불안정하며 전통이 완성되지 않은 곳에서 가장 창궐하며, 우리의 공공생활이 허약해지고 유대의 느낌이 희미해질 때, "전체주의적 해법을 제시하는 대중정치"에 빠질 위험이 있다고 주장한다.328) 여기서의 공동체주의적 관점은 통상적인 공동체주의의 관점이 분명하다. 그 이유는 통상적인 공동체주의에 대한 자유주의의 비판에 대한 한 대응으로 제시된 것이기 때문이다. 샌델은『왜 도덕인가?(*Public Philosophy*)』에서 어떤 곳에서는 통상적인 공동체주의를 회피하고 어떤 곳에서는 통상적인 공동체를 옹호하고 있는데, 샌델의 최종적 입장은 과연 무엇인가? 샌델은 자유주의가 전체주의적 대중정치와 아울러 기독교 근본주의의 대두를 불러온다고 지적한다.329) 우리는 이 문제를 본서 제3장 2절 5)항 "기독교의 근본주의의 대두와 자유주의에의 책임 전가"에서 부분적으로 다루었다. 우리가 다루지 않았던 전체주의적 대중정치는 자유주의의 실패로부터 등장하는 것이 아니라 샌델이 옹호하지 않는다고 했다가 변덕스럽게 다시 옹호하려고 하는 전체주의적 함축성을 가진, 통상적 공동체주의의 성공에서 비롯되는 것임을 샌델은 아직도 자인하지 못한다는 말인가? 샌델이 통상적 공동체주의에 관해서 식언(食言)을 계속한다면, 동양 속담 "남아일언중천금(男兒一言重千金)"은 사회철학 분야에서도 금옥(金玉)같이 소중히 여기고 지켜야 할 교훈인 금과옥조(金科玉條)라는 것을 알려주고 싶다. 샌델이 제기한 기독교 근본주의의 대두와 자유주의에의 책임 전가는 이미 "잘못된 인과추론의 오류(the fallacy of faulty cause and effect)"임이 입증되었다.330)

(7) 종교의 중립성 논변, 종교의 자유, 그리고 자발주의적 선택

샌델은 『민주주의의 불만』(1996) 제3장에서 종교의 자유에 관련하여 자유주의의 중립성 논변을 여러 사건들과 판례들을 원용하면서 상세히 비판하고 나선다.331) 여기서는 여러 사건들과 판례들을 전부 논할 수는 없고, 종교와 종교의 자유에 관한 자유주의의 중립성 논변에 초점을 맞추어 살펴보기로 하자. 샌델은 우선 정부가 종교 문제에서 중립적이어야 한다는 주장은 오늘날에는 익숙한 것이지만, 그것은 장구한 세월에 걸쳐 존재해온 것이 아니라 "불과 지난 50년 동안의 발전의 산물"이라고 강조한다. 그래서 1947년까지도 연방대법원은, 연방정부가 아닌 주정부 차원에서는 종교에 대해서 중립적이어야 한다고 판결하지 않았다고 밝힌다.332) 그러나 미국은 연방제적 합중국이므로 주정부 차원에서는 그러한 차이가 있다고 하더라도 연방정부 차원에서는 종교의 자유와 종교의 국교화 금지, 그리고 정교분리가 '수정헌법' 제1조에 의거하는 헌법적 요체에 속하는 문제로서 이미 합의가 이루어져 있다고 보아야 한다. 샌델은 상당히 많은 사례들과 판례들에 대한 분석을 통해 정부가 종교 문제에 완벽하게 중립적이지 못했고, 또 중립성이 바람직하지 않은 것임을 입증하려고 시도하고 있다. 물론 대법원 차원에서는 비교적 적겠지만, 주정부 차원에서의 종교 문제에 대한 논란은 상당히 오랜 기간 지속된 것은 사실이다. 샌델은 이러한 사실을 들어 미국에서 종교의 자유와 종교의 국교화 금지, 그리고 정교분리는 완벽하게 실현되지 못하고 있다고 주장한다.333) 그러나 우리는 여기서 샌델의 역사관은 너무 단선적이라고 비판할 수 있다. 역사는 여러 실제 단계의 사례들에서는

이리저리 아래위로 왔다 갔다 하지만, 메타 단계의 차원에서 보면 대세적인 것이 무엇인가는 확연히 파악할 수 있다고 생각된다. 샌델은 연방대법원이 중립성 적용에서 상충하는 모습을 보인 것을 판례들을 통해 적시하면서, 그것을 평가하기 위해서는 중립성을 지지하는 이유를 면밀히 살펴볼 필요가 있다고 밝힌다.

샌델이 해석하기로는 연방대법원이 내린, 정부가 종교에 대해서 중립을 지켜야 한다는 판결에는 두 가지 정당화가 있다. 그 하나는 한편으로는 종교의 이익을, 다른 한편으로는 국가의 이익을 보호하려는 것과 관련이 있다. 정교분리는 국가와 교회가 서로의 이익을 침해하는 것을 방지하기 위한 것이다. 정교분리는 국가와 교회의 분규 상황에서 사회적 갈등을 방지하는 데 목적이 있다. 그리고 정교일치는 정부를 파괴하고 교회를 타락시키는 경향이 있다는 것이다.334) 그러므로 중립성이 정부와 종교에게 모두 최선이라는 것이다. 샌델은 여기서 1963년 연방대법원이 공립학교에서 성경을 가르치는 것은 정부가 종교에 대해서 엄정 중립을 유지해야 한다는 요구에 부합하지 않는 신앙 행위라고 내린 판결에 주목한다.335) 쉽게 말하면 공립학교에서 성경을 가르치지 말아야 한다는 판결이다. 그리고 1968년 연방대법원이 진화론을 가르치는 것을 금하는 아칸소주의 법률에 대해 위헌 결정을 내린 판례도 든다.336) 에이브 포르타스(Abe Fortas) 연방대법관은 정부가 종교이론과 종교적 교설의 실천의 문제에서 중립성을 유지해야 한다는 의견을 냈다. 그러나 샌델은 여기서 두 판결이 엄밀한 의미에서 중립성을 유지한 것은 아니라고 본다. 실질적으로 1963년 판결은 세속주의와 종교가 사적으로만 이루어져야 한다는 사람들의 신념을 정부가 지지한 것으로 보아야 한다고 역설한다. 1968년 판결은 만약 진정으로 중립적이라면 성경과 진화론 모두를 가르치지 말아야 한다고 주장한다.337)

그러나 샌델은 1968년 진화론을 옹호하는 대법원 판결은 그 유명한 스콥스(John T. Scopes) 재판과 연계선상에서 보아야 한다는 점을 무시하고 있다. 1925년 개신교 근본주의자들이 대다수인 테네시 주의회는 성서의 천지창조설에 반하는 이론을 공립학교에서 가르치는 것을 금지하였다. 이것이 버틀러법(Butler Act)인데, 조그만 마을 데이턴(Dayton)의 생물학 선생이 이 법을 의도적으로 위반하자 체포되어 100달러의 벌금형을 선고받았던 사건이다. 당시 전국적인 유명인들이 검사 측과 변호사 측에 포진하여 진화론과 창조론이 한판 붙은 세기의 사건이었다. 비록 판결로는 진화론이 졌다고는 하지만 성경의 축자적 해석은 여지없이 자기모순에 봉착하고 말았으므로 추후 대부분 진화론의 승리로 보았다.338) 그렇다면 샌델은 이 판결을 어떻게 볼 것인가? 공동체주의적 다수결주의와 포괄적인 종교적 교설에 의거한 정당한 판결로 볼 것인가? 아니면 중립성을 유지하기 위해서 진화론과 창조론 모두 부결해야 했을까? 1968년 판결은 1925년 스콥스 재판의 부당성을 바로잡는 판결로 보아야 할 것이다. 그렇다면 샌델은 어떻게 1968년 진화론 교육 금지 위헌 판결에 대해서 진화론과 창조론 모두를 괄호 치는 무차별적 중립성을 말한다는 말인가? 이것은 롤스의 중립적인 정치적 자유주의, 그리고 더글러스의 중립적인 주민 주권론, 링컨의 노예제 문제(한때 중립적으로 둠)에 우선한 연방제 옹호보다 더 강경한 중립성 논변이 아닌가? 샌델은 여기서 중립성 논변에 관한 한 최고의 엄격한 판관으로 등장하는 것을 볼 수 있다. 변신도 이렇게 크게 변신할 수 있단 말인가?339) 즉 이것은 중립성이 지켜지지 않으면 아무것도 허용될 수 없다는 최대로 강경한 "전부 아니면 무(all or nothing)"의 "흑백논리" 혹은 "흑백론적 사고(black-and-white thinking)"가 아니고 무엇이겠는가?340) 이것은 샌델의 공동체주의적 종교론으로 볼 때 자유주의의 중립성 논변을 거부하기 위해서 지나친 대가— 1968년 아칸소주 진화론 교육 금지 법안에 대한 연방대법원 위헌 판결을 보고 샌델은 성경과 진화론 모두 교육 금지를 주장— 를 지불하는 고육책(苦肉策)이라고 아니 할 수 없다.341)

샌델이 언급하고 있지는 않지만, 진화론에 대한 세 번의 중대한 판결들 중 마지막 판결은 루이지애나 주지사 에드윈 에드워즈와 고등학교 생물교사 돈 아길라드의 소송, 즉 '에드워즈 대 아길라드 사건(*Edwards vs. Aguillard*)'(1987)이다. 루이지애나 주의회는 1981년 공립학교에서 진화론을 교육할 때 창조과학 이론도 같이 가르칠 것을 의무화한 "창조과학과 진화과학의 균형된 취급을 위한 법령"을 제정했다. 여기에 반발해 72명의 노벨상 수상 과학자들과 20여 개의 학술단체들이 고등학교 생물교사인 돈 아길라드(Don Aguillard)를 대표로 내세워 루이지애나 주지사 에드윈 에드워즈(Edwin Edwards)를 상대로 해당 법령의 위헌성을 고발하면서 소송이 시작되었다. 고소인 측은 그 법령이 특정 종교의 교리를 과학으로 위장하여 학생들에게 주입시키려는 의도가 있으므로 헌법의 국교 금지 조항에 위배된다고 주장했다. 주정부 측은 그 법령은 학생들의 학문적 자유를 보호하고 생명의 근원에 대한 다양한 시각을 제공함으로써 균형 잡힌 시각을 제공하려는 의도였을 뿐이라고 항변하였다. 주정부가 그 법령이 위헌 소지가 있다는 하급 법원의 판결에 불복하고 항소하면서 1987년 사건은 연방대법원으로 이관되었다. 연방대법원은 7 대 2로 하급 법원의 위헌 소지가 있다는 판결을 지지했다.342) 샌델은 여전히 연방대법원 판결은 잘못되었고, 창조과학과 진화론을 다 가르치는 법령이 옳다고 생각할까? 그렇다면 샌델은 참으로, 자신이 주장했던 포괄적인 종교적 교설의 진리성 여부에 관계없이, 대립적 견해를 다 포섭하려는 다원주의적 중립성 논변을 전가(傳家)의 보도(寶刀)처럼 휘두르면서 숭배하고 있다고밖에 볼 수 없다.

샌델은 1984년 연방대법원이 구유에 누운 아기 예수 성탄상 등 크리스마스 장식을 퍼터컷(Pawtucket)시의 후원으로 준비하고 광장에 전시할 수 있는가에 대해서 합헌 판결을 내렸던 사건에 주목했다.343) 언뜻 생각할 때 이것은 종교의 자유를 증진하는 것으로 볼 수 있지만 샌델은 대법원의 찬성 판결 근거에 이의를 제기한다. 대법원은 크리스마스 장식은 기독교의 고유한 종교적 표현이라기보다는 충분히 세속화되었기 때문에 다른 종교들에게 지장을 주지 않는다는 관점에서 찬성 판결을 한 것이었다. 샌델의 불만은 그 찬성 판결이 결코 종교에 우호적인 판결이 아니라, 세속화를 강조함으로써 아기 예수 성탄상 등이 가진 종교적으로 신성한 의미를 부인한 결과라는 점이다. 따라서 샌델은 광장에 설치된 아기 예수 성탄상 전시는 차라리 그 종교적 신성함을 지키기 위해서 포기했어야 했다고 강변한다. 논리적으로 보면, 이러한 편협한 태도는 "우물에 독 풀기의 오류"다.344) 퍼터컷 시민들은 어떻게 생각할까? 우리는 샌델의 이 강변을 어떻게 생각해야 할 것인가? 성탄상의 신성한 의미를 지키기 위해서라면 차라리 크리스마스 장식도 전시되지 말고 성탄절도 공휴일이 되지 말아야 한다는 것인가? 우리가 이미 언급했던 1963년 판례, 즉 공립학교에서 성경을 가르치는 것이 위헌이라는 판결에 대해서 샌델은 그 판결은 세속주의와 종교가 사적으로만 이루어져야 한다는 사람들의 신념을 정부가 지지한 것으로 보아야 한다고 항변했다. 이미 본장인 제5장 4절 3)항 (4)에서 다섯 가지 종교적 난제를 논할 때 언급한 것처럼 샌델은 여기서도 종교의 세속화를 전혀 인정하지 않고 있다.

이것은 기독교 근본주의자의 편견이 아닌가? 이것은 공립학교에서 성경 교육 금지에 대한 대법원 판결에 대해서 종교의 세속화를 옹호하므로 정당한 판결이 아니라는 근본주의적인 '물타기 작전'이요, 그럴 바에는 (즉 세속화로 신성한 의미를 인정 못 받을 바에는) 다 죽자는 '물귀신 작전'에 불과하다. 여기서 우리나라의 해결책을 생각해보자. 우리나라에서는 기독교 성탄절을 국가 공휴일로 정하고 공적 장소에 아기 예수 성탄상과 크리스마스 장식을 전시하는 것을 오랫동안 시행해왔다. 그러자 불교계에서 기독교에 허용된 성탄절이 동일하게 불교의 성탄절, 즉 '부처님 오신 날'에도 허용되어야 한다는 주장이 제기되었고, 그것은 종교 형평성의 관점에서 우리 정부에 의해서 타당한 주장으로 수용되어 오늘날에는 잘 정착되어 있다. 우리나라의 해결책은 종교다원주의적 관점에서 두 종교를 다 살리는 해결책이라고 생각된다. 그러나 샌델은 우리나라의 종교다원주의적 해결책보다는 해당 기독교 종파의 신성한 의미는 꼭 지켜져야 하고, 만약 그렇지 못하다면 성탄절도 거부해야 한다는 종파주의적이고 근본주의적 태도를 견지하면서 근현대사회에서 종교의 부인할 수 없는 사회적 현상인 세속화를 계속 무시하고 있을 뿐이다. 이러한 강경한 태도는 우리가 그간 익히 보아왔던 "옹고집의 오류"요, 또한 "관련 증거를 무시하는 오류"가 아닌가?345)

샌델은 현대사회에서 중립성에 관한 가장 중요한 정당화는, 개인의 종교의 자유와 양심의 자유를 지키기 위해서는 종교의 국교화와 정교일치를 거부하는 중립성이 확보되어야 한다는 것으로 파악한다. 즉 이러한 정당화는 종교적 신념과 신앙을 스스로 선택할 수 있는 자유에 대한 존중으로 파악하는 자발주의적 유형(voluntarist version)에 기반한다.346) 이것은 자유주의적 자아관의 본질로서 선에 대한 정당성의 우선과 목적에 대한 개인적 선택의 우선에 기반하고 있는데, 샌델에 의해서 무연고적 자아(unencumbered self)라고 익히 비판된 것이다.347)

샌델은 종교의 자유와 양심의 자유에 관한 자발주의적 견해를 가장 분명하게 보여주는 것은 앨라배마주의 한 공립학교에서 기독교식 기도를 무효화한 1985년 대법원 판결이라고 지적한다. 존 스티븐스(John Stevens) 대법관의 "존중할 가치가 있는 종교적 신념들은 신자들의 자유롭고 자발적인 선택의 산물이다"라는 다수 의견 진술은 자발주의적 견해를 잘 나타낸다.348) 샌델은 여기서 종교에 대한 자유주의의 자발주의적 견해는 "인간을 자신들이 선택하지 않은 종교적 의무를 지고 있는 존재로 보는 사람들의 종교적 자유를 보장하는 데 소홀하게 된다"고 비판한다.349) 샌델은 여기서 현대문명을 거부하는 매우 보수적인 프로테스탄트 교회의 하나인 아미시파(Amish) 사건(1972)을 들고, 연방대법원은 16세까지 학교를 다니게 되어 있는 위스콘신주의 법률에도 불구하고 아미시파 신자들이 8학년을 마친 자녀들을 더 이상 학교에 보내지 않을 권리를 가지고 있다고 합헌 판결하였다는 것에 주목한다.350) 그는 이러한 판결은 연방대법원이 종교를 특별한 보호의 대상으로 고려하고 있는 것으로 종교에 대한 자발주의적 견해와 잘 들어맞지 않는다고 확언한다.351) 그리고 샌델은 연방대법원이 아메리칸 원주민의 종교 의식에서 환각제인 페요테의 성사적(聖事的) 사용, 공군에서 유대인의 전통 모자인 야물커 착용, 안식일 준수의 편의 도모에 대해서는 특별한 보호를 인정하지 않은 것은 종교의 자유를 인정하는 자유주의적 신조에 반하는 것이라고 지적한다.352) 따라서 샌델은 그것들은 모두 종교의 자유에 따라 인정되고 자유로운 종교 행사로서 포함되어 실행되어야 한다고 주장한다. 샌델은 종교적 의례에서 환각제인 페요테의 사용을 허용하는 것이 어떤 결과를 가져올 것인지를 정녕 모른다는 말인가? 이것은 마약을 금하는 미국 법률과 배치되며, 종교적 의례에서만이 아니라 일상적으로도 마약 사용을 촉진할 수 있다는 사실을 무시하고 있다. 만약 광신적 신흥종교가 강력한 마약인 LSD를 종교 의식에 사용한다면 샌델은 그것도 허용해야 한다고 주장할 것인가? 물론 대마초 사용을 허용하고 있는 콜로라도 주와 워싱턴 주가 있기는 하지만 대부분의 주들은 그것을 금지하고 있다.353)

샌델은 종교의 이름으로 무엇이든지 할 수 있다고 주장하는 것인가? 샌델은 종교의 이름은 보편적 명제로서 모든 개별적 인간들의 이름보다 상위에 있다는 중세적 종교근본주의적 신념을 견지하고 있다. 그렇다면 샌델은 움베르토 에코(Umberto Eco)의 장편소설 『장미의 이름(The Name of the Rose)』(1980)을 꼭 읽어야 한다. 그리고 그 소설을 영화화해서 숀 코너리가 프란체스코 수사 윌리엄으로 열연한 「장미의 이름」(1989)도 꼭 보아야 한다. 저자는 본서에서 지금까지 90여 편의 영화를 언급했는데 어느 한 편도 샌델에게 보라고 추천하지 않았다. 여기서 한 편의 영화를 추천한다면 그것은 「장미의 이름」이다. 저자는 샌델에게 이 영화를 중세 보편논쟁의 관점에서 볼 것을 제안한다. 보편적 장미의 이름처럼, 보편적 종교의 이름으로 자행되는 모든 행위는 보편적 이름이 다만 실체가 없는 공허한 이름뿐이라는 유명론(唯名論)의 주창자 오캄(William of Ockham)에 의해서 논파당한다. 진정한 이름은 오직 여기 있는 한 송이 장미의 이름뿐이다.354) 샌델이 이러한 저자의 생각을 이해할 것을 간절히 바라는 바이다. 이런 말을 하기는 싫지만, 샌델은 다섯 가지 종교적 난제에 관련된 독단의 미몽에서 20년간 깨어나지 못하고 있는 정도가 아니라, 아직도 중세에 존재하고 있는 것처럼 보인다. 중세의 벽을 뚫고 나오기 위해서는 보편논쟁을 거쳐 보편적 종교의 이름이, 종교의 이름으로 행해지는 (모든 것은 아닐지라도) 적어도 해악적인 것은, 그 실재적 권위가 없는 다만 공허한 이름뿐으로 자행된 것임을 깨달아야 한다.

샌델이 제시한 아미시파 판례와 세 가지 판례는 자유주의만의 문제는 아니고 자유주의와 공동체주의와 문화적 다원주의에 관련된 좀 더 복잡한 문제의 일환이다. 자유주의의 종교에 대한 자발주의적 견해는 종교를 전통적 삶의 일환으로 보는 문화적 다원주의와 상충될 수 있으나, 종교의 자유의 관점에서 그러한 다원주의를 인정할 수 있다. 공동체주의는 기본적으로 종교를 전통적 삶의 일환으로 보는 문화적 다원주의를 잘 수용하는 것처럼 보이지만, 문화적 다원주의는 한 공동체에서 지배적인 국교 혹은 교파를 인정하고 조장하는 공동체주의와 상충될 수도 있다. 특히 샌델과 매킨타이어 같은 공동체주의적 가치통합론자(value-integrationist)는 동화(assimilation)를 추구할 것이므로 소수 종교를 흡수하려고 할지도 모른다.355) 아무튼 샌델이 종교에 관한 자유주의의 자발주의적 견해를 비판한다고는 하지만, 정교일치와 신정정치(神政政治, theocracy)까지 주장하는 것은 아닐 것이다. 그리고 "교회 밖에서는 구원이 없다(*Extra Ecclesiam nulla salus*)"는 기독교의 근본주의적이고 교조주의적인 경구를 신봉하고 있지도 않을 것이다. 자유주의의 자발주의적 견해가 종교가 전통적 삶의 방식을 규정하는 소수 집단의 문화적 다원주의와 외면적으로 볼 때 상충하는 것처럼 보이는 것이 사실이다. 그러나 자유주의의 자발주의적 견해는 소수 집단 자발주의로, 즉 개인의 종교적 권리에서 집단적인 문화적, 종교적 권리를 인정하는 인권의 3단계를 실현할 수 있을 것이다.356)

현대사회에서 종교의 문제는 샌델이 논의하고 있는 것보다 훨씬 많은 난제들이 도사리고 있는 것이 사실이다. 그러한 난제들을 통해 보면 종교가 공적 영역에서 재등장하고 사회적 논란의 중심에 서 있다는 주장이 팽배하고 있다.357) 심지어 종교의 세속화는 끝났고, 이제는 탈세속화 과정이 시작되었다고도 한다.358) 우리 한국에서의 초대형 교회의 등장과 교회 세습의 문제,359) 여성 이슬람교도의 히잡 등 전통적 복장을 공적 영역에서 불허한 2004년 프랑스의 조치, 미국에서 와스프(WASP, White Anglo-Saxon Protestant) 중심의 기독교적 선도에서 와스프 자체도 유럽 이민 백인들로 확대되고 종교 자체도 다양한 이민사회를 통해 다원화하는 현상, 미국에서 2001년 9·11 이후 등장한 테러리즘의 원천으로서의 이슬람교에 대한 관심 혹은 증오의 증대, 이스라엘과 팔레스타인과 아랍 진영 사이의 종교에 기반한 끝이 없는 투쟁, 살만 루시디(Salman Rushdie)의 『악마의 시』(1988)의 출간과 이슬람권의 분노와 이에 따른 살해 명령 등 종교적 난제는 일일이 다 열거할 수 없을 정도다. 또한 최근 미국 대학에서는 단순한 웰빙을 넘어서 삶에 의미를 주는 정신성 혹은 영성(spirituality)과 종교적인 신성(divinity)을 추구하는 경향도 높아지고 있다는 지적도 많다.360) 불교에 심취하는 사람들이 많은 캘리포니아적인 현상과 그에 따른 여러 형태의 출가의 증대도 목도되고 있다. 이러한 사회적 현상은 전통적 종교의 재등장이라기보다는 역사적인 전통적 종교에 대한 개인적 혹은 공적 신앙 형태로서의 가시성(visibility)이 발현된 것으로 보는 해석도 있다.361) 그러나 종교 문제 자체는 본서의 범위를 넘어서는 것이고, 쉽게 다룰 수 없는 난제들이므로 미래의 과제로 넘기겠다.362)

마지막으로 본서 제5장 4절 2)항과 3)항에서 주요 논의의 대상이 된 사항들, 즉 롤스의 정치적 자유주의에서 정치적 정의관에 대한 포괄적인 도덕적, 종교적 교설로부터의 중첩적 합의와 공적 이성을 통한 정치적 정의관의 정당화 문제를 구체적으로 논의해보기로 하자.

(8) 롤스의 정치적 자유주의와 중첩적 합의, 그리고 공적 이성을 통한 정당화

롤스의 정치적 자유주의에서의 중첩적 합의와 공적 이성을 통한 정당화 방법론을 살펴보기로 하자.363) 롤스의 정치적 정의관의 공적 이성을 통한 정당화는 두 단계로 이루어진다. 제1단계는 민주주의적 정치문화에 내재한 근본적인 신념들을 반영하여 모형화한 원초적 입장을 통해서 정의의 원칙을 도출하는 정치적 구성주의의 단계다. 롤스는『정의론』에서 원초적 입장에서의 합의를 자기 이익을 추구하는 합리적 개인들의 공정한 합의로 해석하므로 자신의 공정성으로서의 정의관이 합리적 선택이론의 일부라고 주장했다. 그러나 나중에 롤스는 원초적 입장이 합리적 선택이론에 따른 연역적 정당화가 아니라고 부인한다.364) 따라서 원초적 입장은 합리적 선택이론에만 의거한 연역적인 체계는 아니며, 자유롭고 평등한 인간이라는 정치적 인간관이 반영된 것이다. 원초적 입장은 정의원칙의 선택에 부과되는 공정한 배경으로 무지의 장막, 계약 당사자들의 대칭성 등의 합당성(the reasonable)의 제약조건을 설정하고, 그 제약조건 아래 각자의 이익추구라는 합리성(the rational)이 작동하게 된다. 이제 원초적 입장은 그 독립적인 정당화의 능력을 상실하고 자유주의 정치문화에 내재한 근본적인 직관적 신념들을 재현하는 "대변 (혹은 대리)의 도구(the device of representation)"가 된다.365) 그러나 이것도 있는 사실을 그대로 대변하는 것이 아니라 엄밀하게는 근본적인 신념에 대한 하나의 "해석의 도구(the device of interpretation)"다.366) 만

일 원초적 입장이 단순한 대변의 도구라면 우리는 원초적 입장을 통하지 않고 직접 정의의 원칙들을 도출할 수 있을지도 모른다.367) 그러나 롤스는 우리의 직관적 신념을 모형화하여 명료하게 만들고, 공정한 실질적 내용을 구체화하기 위해선 여전히 원초적 입장을 통한 정치적 구성주의가 필요하다고 본다.368) 종합적으로 볼 때, 제1단계에서 가장 중요한 정당화는 원초적 입장에서 도출된 정의원칙과 배경적인 사회적 사실과 이론들, 그리고 우리의 숙고적 신념 사이의 광역적인 반성적 평형(wide reflective equilibrium)이다.369)

그러면 정치적 정의관의 제2단계를 보자. 롤스는 제1단계에서 도출된 정치적 정의관으로 규제되는 질서정연한 다원민주사회가 합당한 다원주의의 사실을 감안할 때, 사회적 통합과 안정성을 확보할 수 있는가를 제2단계에서 해결해야 할 문제로 본다.370) 이러한 안정성의 문제는 두 가지에 달려 있다. 그 하나는 질서정연한 사회에서의 구성원들이 정치적 정의관을 준수할 만한 충분한 정의감을 가지고 있느냐의 문제다.371) 다른 하나는 합당한 포괄적 교설들 사이에서 정치적 정의관이 중첩적 합의의 초점이 될 수 있느냐의 문제다.372) 우리는 여기서 롤스가 포괄적인 교설들이 중요하지 않다거나, 혹은 그것들을 정치적 정의관을 통해서 대체하거나, 혹은 그것들에 진정한 기초를 주려고 생각하지 않는다는 것에 유의해야 한다.373) 다원민주사회의 시민들은 두 부분의 다른 견해를 갖는 것으로 생각된다. 한 부분은 정치적 정의관에 따라서 중첩하는 견해이고 다른 부분은 정치적 정의관과 "어떤 방식으로든 연관되어 있는" 포괄적인 교설에 따른 견해다. 물론 모든 포괄적인 교설들이 인정되는 것은 아니고 민주주의의 기본적 신념에 위배되지 않는 것들만이 "허용 가능한 합당한 포괄적인 교설"이 된다.374) 그러한 교설들 가운데 어떤 것을 지지하고 선택하는가는 시민 각자의 자유로운 고유 영역이다.

중첩적 합의와 관련해서 가장 관심을 끄는 문제는 정치적 정의관과 합당한 포괄적인 교설들의 관련 방식이다.375) 롤스는 중첩적 합의가 하나의 초점, 필수적 구성부분인 모듈(module), 혹은 정리(theorem)라고 말한 바 있다.376) 그 구체적인 관련 방식은 어떤 경우에는 정치적 정의관이 단순히 포괄적 교설의 단순한 결과일 수도, 연속적일 수도 있다. 어떤 경우에는 수용할 만한 근사치(acceptable approximation)일 수도 있다.377) 롤스가 이러한 관련 방식을 구체적으로 제시한 것이 모형적 사례다. 그 모형적 사례는 네 가지로 정리할 수 있다.378) 첫째는 어떤 포괄적 교설은 자신들의 종교적 교설과 자유로운 신앙에 대한 신념을 통해 관용의 원리로 나아가서, 결국 입헌적 민주주의의 근본적 자유인 정치적 정의관을 인정하는 경우다. 둘째는 칸트와 밀의 자율성과 개체성의 포괄적 자유주의 이론과 같이 포괄적인 도덕적 학설의 논리적 귀결로서 정치적 정의관이 수락되는 경우다.379) 셋째는 다양한 정치적 가치들과 비정치적 가치들의 상호 조정에 따라서 사회질서가 유지되어야 한다는 부분적으로 포괄적인 교설로부터 민주주의가 가능한 충분히 우호적인 조건에서 정치적 가치가 다른 비정치적 가치와 충돌할 때 정치적 가치가 우월성을 갖는다는 것을 인정하게 되는 경우다. 넷째는 제러미 벤담(Jeremy Bentham)과 헨리 시지윅(Henry Sidgwick)의 공리주의처럼 사회적 상황을 고려할 때, 즉 인권과 자유를 무시하는 방식으로는 최대 다수의 최대 행복이 달성되지 않는다는 해석을 통해, 정치적 정의관을 수용할 만한 근사치로 받아들이는 것이다.380)

5. 자유주의의 중립성과 반완전주의에 관한 논쟁

자유주의와 공동체주의의 논쟁에서 가장 복잡한 문제가 있다면 그것은 자유주의의 반완전주의와 중립성 논변이다.381) 왜냐하면 이 논쟁은 자유주의자와 공동체주의자 사이의 논쟁일 뿐만 아니라 자유주의의 자기정체성과 정당화 방식에 대한 자유주의자들 사이의 논쟁도 포함하고 있기 때문이다. 자유주의 도덕철학과 정치철학은 선에 대한 정당성의 우선성 혹은 공동선에 대한 정의의 우선성을 주장하는 의무론적 자유주의를 취하고 있다. 이러한 의무론적 자유주의는 한 사회를 규제하는 정의의 원칙이 어떤 특정한 가치관과 삶의 방식을 반영해서는 안 된다는 공정한 중립성의 요구와 이러한 중립성의 요구는 어떤 특정한 가치관과 삶의 방식의 탁월성을 주장하는 완전주의와는 양립할 수 없다는 것을 전제한다. 이러한 반완전주의적 중립성은 근현대 민주사회를 서로 상충하는 양립 불가능한 다양한 가치관이 혼재하는 다원민주사회라고 보는 자유주의의 기본적 정치사회학에 근거하고 있다. 이러한 반완전주의적 중립성은 자유주의 도덕 및 정치철학적 체계와 국가관을 동시에 규정하고 있다.382)

공동체주의자들은 이러한 반완전주의적 중립성은 위선적이며 모순적이라고 주장한다. 자유주의자들은 자유주의적 제도와 규범이 다양한 삶의 방식을 모두 포괄하는 듯한 불편부당성을 과장하고 있다는 것이다.383) 결국 자유주의적 중립성 자체는 자유주의적인 삶을 옹호하게 되는 명백한 모순을 피할 수 없다는 것이다. 그런데 문제를 더욱 복잡하게 하는 것은 공동체주의자들뿐만 아니라 소위 완전주의적 자유주의자(perfectionist liberal)들인 윌리엄 갤스톤, 조셉 라즈(Joseph Raz), 스티븐 마세도(Stephen Macedo) 등도 이러한 비판에 동조하고 나선다는 것이다. 완전주의적 자유주의자들은 자유주의 사회에는 일련의 독특한 자유주의적 덕목의 집합으로 이루어진 공유된 도덕체계가 존재하고 있다고 주장한다.384)

롤스는 정치적 자유주의도 자유롭고 평등한 인간들 사이의 사회적 협동이라는 실질적 가치관을 가지고 있기 때문에 완전히 순수한 절차적 중립성을 주장할 수 없다는 것을 인정한다. 그리고 롤스의 강조에 따르면, 정치적 자유주의가 가치관들 사이의 공통적 기반과 중립성을 추구하지만 여전히 어떤 형태의 도덕적 성격의 우월성과 일정한 도덕적 덕목들을 권장한다는 것은 중요하다. 즉, 공정성으로서의 정의는 특정한 정치적 덕목들, "시민성"과 "관용"의 덕목과 같은 "사회적 협동"의 덕목, 선의 추구를 제약하는 "합당성"과 "공정성" 같은 덕목들을 요구한다는 것이다. 그러나 롤스는 여전히 이러한 덕목들을 정치적 정의관 속에 유입시키는 것이 포괄적 교설 위주의 완전주의 국가에 이르지 않는다고 주장한다. 롤스는 가치통합적이고 완전주의적인 공동체주의의 포괄적인 가치관은 결코 다원민주사회에서 적합하지 않다고 지적한다. 이러한 포괄적 가치관을 사회적으로 유지하는 것은 오직 국가 권력의 억압적 사용을 통하는 길밖에 없다.385) 롤스의 이러한 중립성과 반완전주의는 그의 정치적 정의관의 정당화 방법론과 밀접하게 연관된다. 그는 정치적 정의관이 근현대 다원민주사회에서 "합당한 다양한 포괄적 가치관과 삶의 양식들" 사이의 중첩적 합의를 통해서 도출된다는 점에서 정당화된다고 주장한다.386)

그러나 문(J. Donald Moon)은 이러한 롤스의 정치적 자유주의가 반완전주의라는 점은 동조하지만 결코 중립적일 수는 없다고 주장한다. 즉 문은 롤스의 정치적 자유주의는 정치적 공동체 자체를 목적으로 삼으나 결코 어떤 특정한 인간의 번영 방식이나 탁월성의 실현을 도모하지 않는다는 점에서 다원주의에 대한 최선의 방책이라고 생각한다. 그러나 그는 자유주의 국가는 가족법, 국적 취득과 정치적 구성원 자격에 관련된 영역에서는 적어도 부분적으로 포괄적인 가치관에 의존하지 않을 수 없다고 주장한다.387) 이와는 다르게 설령 중립성이 가능하다고 해도, 그것은 결코 바람직하지 않다는 입장도 등장한다. 완전주의적 자유주의자인 라즈는 개인적 자율성의 사회적 실현이 가능할 정도로 다양한 의미 있는 선택 대안들이 존재하기 위해서는 어떤 제도적 문화적 구조가 구비되어 있어야 한다고 주장한다. 자유주의자들이 믿는 것처럼 자유주의적 문화적 시장이 자동적으로 그러한 대안들을 산출하고 유지하지는 않는다는 것이다. 가치 있는 삶과 사회문화적 구조는 국가의 원조를 필요로 하는데, 이것은 중립성을 통해서는 달성될 수 없다.388) 공동체주의자 테일러는 같은 맥락에서 자유주의적인 중립 국가는 결국 정치적 합법성을 상실하게 될 것이라고 주장한다. 자유주의는 자유와 평등과 자율성 같은 실질적인 가치를 가정하고 있는데, 중립성은 결코 이러한 가치를 장려할 수 없다는 것이다. 특히 롤스가 주장하는 자유주의적 복지국가는 공동체적 희생과 고통 분담을 요구하지만 개인의 권리만 강조하는 의무론적 중립성은 결코 그러한 희생과 고통 분담에 대한 정치적 합법성을 제공해주지 못한다는 것이다.389)

이러한 주장에 대해서 윌 킴리카(Will Kymlicka)는 만약 자유주의적 문화적 시장이 가치 있는 대안을 제공해주지 못하는 것이 사실이라고 한다면 자유주의적 중립성은 국가의 원조와 양립 가능할 수 있다고 생각한다. 그러나 국가의 원조를 통해 가치 있는 대안들의 영역을 확장하는 것은 그중 어떠한 대안을 완전주의적으로 옹호하는 공동체주의와는 구별된다. 킴리카에 따르면, 근대적 사회적 조건을 볼 때 국가완전주의보다는 국가중립주의가 타당하며, 다양한 선택 대안을 가능케 하는 제도적 문화적 구조에 대한 원조를 국가 원조와 동일시하는 것은 정치 영역과 사회 영역을 혼동하는 것이다. 킴리카는 자유로운 경쟁을 통해 다양성을 창출하고 가치 있는 대안들이 번성하게 되는 자유주의 시민사회의 건전성을 신뢰한다.390) 테일러의 비판에 대한 롤스의 대응은 다음과 같다. 정치적 자유주의의 "질서정연한 민주사회"는 다원주의적 가치관들 사이에서의 중첩적 합의를 거친 정의원칙에 대한 신뢰를 통해 정의감을 고양함으로써 사회적 안정성과 통합성, 그리고 더 나아가서 정치적 합법성을 확보할 수 있다는 것이다.391) 킴리카도 여기에 동조하면서 정치적 합법성의 기초는 "공유된 가치관이 아니라 공유된 정의감"이라고 응수한다.392)

결국 자유주의적 중립성과 반완전주의의 문제는 자유주의의 어떤 유형이 가장 적절한 자유주의의 정당화 방식이며 또한 공동체주의에 대한 가장 효과적인 대응책인가 하는 문제와 연관된다. 롤스는 자신의 정치적 자유주의가 홉스적인 잠정협정적 자유주의(modus vivendi liberalism)와 칸트와 밀의 포괄적인 도덕적 이상주의로서의 자유주의(comprehensive moral ideal liberalism)의 딜레마를 피해 가려는 시도임을 명백히 한다.393) 즉, 잠정협정적인 자유주의는 지속적인 사회적 안정과 통합을 확보하지 못하고 도덕이상적 자유주의는 다원민주사회에서 충분한 합의를 창출해내지 못한다. 롤스는 비록 자유주의의 이러한 딜레마의 양 뿔 사이로 피해 가려고 하지만 그것은 결코 쉬운 일은 아니다. 홉스적인 잠정협정적 자유주의는 오늘날 데이비드 고티에(David Gauthier) 등에 의해서 재부활하고 있으며,394) 도덕이상적 자유주의는 라즈, 갤스톤, 마세도 등에 의해서 이미 언급한 것처럼 완전주의적 자유주의로 재무장하고 있다. 그들은 오히려 롤스에게 딜레마의 시퍼런 양날(논리적으로 양도논법(兩刀論法))을 들이대고 있다. 홉스적 협상주의자인 고티에는 롤스의 합리적 선택이론은 그가 원하는 자유와 평등의 상부구조를 정초시키지 못했다고 주장한다. 이제 후기 롤스는 합리적 선택이론을 버리고 질서정연한 사회적 협동체에서의 자유롭고 평등한 인간이라는 직관적 신념을 받아들였지만, 그것은 중립성을 표방하는 롤스가 수용할 수 없는 실질적인 가치라는 것이다. 그러한 실질적 가치는 경쟁적 개인주의, 가부장적 보수주의, 기독교적 박애와 자선 등 다양한 가치관들과 현대 테크놀로지 사회에서의 불평등한 인간의 능력을 감안해볼 때, 그 기초를 결여하고 있는 역사적 유물로서의 도덕적 이상에 불과하다.395) 고티에에 따르면, 합리적 상호 이익을 추구하는 자유주의적 개인들은 계약적 협상을 통해서 자유주의 사회를 잠식하는 무임승차자 문제를 극복하고 안정적인 사회적 협동체제를 도출할 수 있다. 즉, 공동체주의자들이 우려하는 공공선 혹은 공공재의 문제는 합리적 이기주의자들 사이의 계약론적 유인제도 혹은 상호 감시제도에 의해서 처리될 수 있다는 것이다.396)

반면에 완전주의적 자유주의자인 갤스톤은 도덕적 이상을 버린 중립적 절차로서의 자유주의 도덕은 도덕적 회의주의와 무관심을 야기하며, 결국 잠정협정적 자유주의로 귀착하게 된다고 주장한다. 어떠한 자유주의적 정의관도 결국은 자유주의적 가치관을 전제하지 않을 수 없기 때문에, 자유주의는 실질적 정당화를 직접적으로 추구해야만 한다는 것이다.397) 이미 롤스는 합리적 선택이론적 정당화를 거부하였기 때문에 롤스가 피해 갈 수 있는 뿔은 후자다. 어차피 모든 삶의 양식이 다 보전되는 사회를 생각할 수 없다면, 비록 정치적 자유주의가 실질적 가치관을 전제하고 그 우월성을 주장하기는 하지만, 그것은 어떠한 다른 포괄적인 가치관보다는 여전히 중립적이며, 결코 포괄적인 교설에 따른 완전주의적 국가에 이르지 않는다는 것이다.398) 우리는 잠정협정적 자유주의보다는 완전주의적 자유주의가 개인주의를 불신하는 공동체주의의 비판에 더 효과적인 대응이라고 생각해볼 수는 있을 것이다. 그러나 완전주의적 자유주의는 국가완전주의로 나아가게 될 경우 개인의 자율성과 충돌의 여지가 있다. 따라서 국가완전주의는 개인의 자율성을 보호하고, 좀 더 가치 있는 삶에 대한 반성적 판단 능력을 배양시키고, 사적 영역에서의 개인의 완전한 삶의 추구에 대한 제한적인 간접적 지원을 통한 온건한 완전주의로서 롤스의 정치적 자유주의를 보완하는 정도에 그쳐야 한다.399)

6. 공동체 개념의 모호성과 공동체 구성의 현실적 한계

공동체주의자들은 자유주의적 자아관과 관련해서 자유주의적 개인주의와 공동체 개념을 비판한다.400) 첫째, 공동체주의자들은 자유주의가 개인과 공동체 사이의 관계를 순전히 개인주의적이고 도구적인 관계로만 파악한다고 비판한다. 즉 자유주의가 개인의 이익과 권리를 공동체적 가치보다 우선시키는 것은 공동선의 정치를 손상시키며, 개인들 사이의 계약론적 관계를 통해서 사회구조가 정당화된다고 보는 것은 공동체를 부차적이고 도구적으로만 파악하는 것이라고 비판한다.401) 둘째, 공동체주의자들은 자유주의는 도구적 가치만을 중시함으로써 개인들에게 가장 중요한 것이 한 사회와 공동체와 전통의 일원이 되는 구성원 자격이라는 것과 또한 그것이 본질적 가치를 가진다는 것을 망각한다.402) 이러한 두 가지 비판과 아울러 공동체주의자들은 자유주의자들이 찬양하고 있는 자율성의 가치도 사실은 비판적 사고 역량을 중시하는 사회적 전통을 전제하고 있다는 사실을 지적한다.403)

첫째 비판에 대해서 자유주의자들은 두 가지 방식으로 대응한다. 첫째, 롤스는『정의론』에서 원용했던 합리적 선택이론적 정당화를 포기한다. 이제 롤스는 정의론이 순전히 합리적이고 상호 무관심한 개인들의 계약적 합리성(the rational)을 통해서만 정당화되는 것이 아니라고 본다. 더 중요한 것은 계약 당사자들이 사회를 공정한 사회적 협동체로 간주하고 그 제약조건을 반영하는 합당성(the reasonable)을 가지고 있다는 사실이다. 더 나아가서 롤스는 사회정의에 의해서 규제되는 자유주의 사회는 하나의 정치적 공동체로서 시민성과 관용과 같은 공정한 사회적 덕목, 선의 추구를 제약하는 공정성과 같은 사회적 덕목과 가치를 요구한다고 밝힌다.404) 자유주의자들은 이러한 관점에서 자율성의 덕목도 순전히 개인주의적인 것은 아니며 그것은 일련의 의미 있는 사회적 선택 대안들의 집합을 전제하고 있고 이러한 집합은 다양한 선택이 가능한 사회적, 역사적 제도의 존재를 또다시 전제한다고 시인한다.405) 둘째, 앨런 뷰캐넌(Allen Buchanan)을 위시한 자유주의자들은 개인적 권리의 우선성을 강조하는 것은 공동체주의적 방식보다 오히려 공동체와 공동체의 가치를 더 잘 보존하고 증진시킬 수 있다고 주장한다. 즉 자유주의가 종교, 사상, 표현, 결사의 자유에 대한 권리를 공동체에 귀속시키지 않고 개인에게 귀속시키는 이유는 새로운 공동체가 결성되거나 기존의 공동체가 변경되는 것은 개인이나 소수자의 믿음이나 행동으로부터 유래하는 경우가 비일비재하기 때문이다. 물론 현존 공동체를 보존하는 데는 공동체에 권리를 귀속하는 것이 더 나을 수도 있다. 그러나 공동체의 평화적 변천과 자의적인 정치적 권력으로부터의 소수자 집단의 보호를 위해서는 개인에게 권리와 자율성을 귀속시키는 것이 더 타당하다. 물론 이러한 뷰캐넌의 주장은 개인에의 권리 귀속이 결코 사회의 원자화와 파편화에 이르지 않는다는 J. S. 밀의 『자유론』에서 개진된 자유주의적 신념에 근거하고 있다.406)

그러나 이러한 자유주의자들의 반응도 공동체의 구성원 자격이 가장 중요한 본질적 가치를 가진다는 두 번째 비판에 대해서 충분한 반론이 되지 않는다. 킴리카를 위시한 자유주의자들은 이러한 비판에 대해서 간접적으로 답변한다. 즉 자유주의적 개인주의는 존재론적인 관점에서의 반사회적 개인주의(asocial individualism)가 아니라 가치와 의무의 원천은 개인과 그 개인의 선택과 선호라는 관점에서의 도덕적 개인주의(moral individualism)라는 것이다.407) 이러한 도덕적 개인주의는 사람들이 가장 중요하게 생각하는 가치가 어떤 특정한 공동체의 구성원 자격이라는 공동체주의의 주장과 최소한 양립 가능하다. 킴리카는 이러한 관점에서 자유주의자들은 문화적 구성원 자격이 개인들에게 기본적인 사회적 가치임을 인식해야만 한다고 강조한다.408) 단, 킴리카는 뷰캐넌과 마찬가지로 개인들이 그러한 구성원 자격과 공동체적 결부를 자유롭게 형성하고 수정할 수 있는 한에서 그러하다는 단서를 붙인다. 다른 자유주의자는 어떤 한 공동체의 도덕적 건전성은 그 구성원이 독립적인 권리의 담지자라는 것을 인식하는 정도에 달려 있다고 주장한다.409) 또 다른 자유주의자는 이러한 도덕적 개인주의는 공동체주의자들도 암묵적으로 가정할 수밖에 없다고 주장한다. 즉, 권위주의적 독재정부로부터 개인들을 보호하기를 원하는 공동체주의자들은 도덕적 개인주의와 인권을 공동체적 가치의 사회적 공유와 참여민주주의적 제도 속에 반영하지 않을 수 없다.410)

자유주의자들이 공동체주의자들의 공동체 개념과 그 전체주의적 함축성에 대해서 펼치는 역공은 다음과 같다.411) 공동체주의자들이 스스로 강조하는 것처럼 그들이 꿈꾸는 공동체가 현대사회에서 "돌이킬 수 없이 사라진(irrevocably lost)" 것이고, 근대 자유주의적 철학과 관행이 그러한 상실을 야기했다고 한다면 공동제주의자들은 공동체를 어떻게 재건할 수 있을 것인가?412) 공동체주의자들의 주장은 현실적 기반과 살아 있는 전통을 결여한 '반역사적 지성주의'일지도 모른다. 또한 자유주의자들은 공동체주의자들이 말하는 공동체는 도대체 어떠한 공동체인가 하고 되묻는다.

공동체주의자들은 매킨타이어와 샌델처럼 흔히 지방적(중간적, 혹은 탈중앙화된) 공동체나, 샌델이나 테일러처럼 공화주의적 공동체, 혹은 월저처럼 국가적 정치 공동체를 언급한다.413) 그러나 어떠한 공동체주의자도 그러한 공동체의 현재 존재하는 공동체와의 관계, 그리고 그러한 공동체의 창출과 유지를 위한 조건과 방식에 관한 직접적인 설명을 제공하지 않고 있다. 공동체주의자들은 또한 그러한 지방 공동체가 국가에 대해서 갖는 관계에 대해서도 거의 논의하지 않고 있으며, 또한 기존의 지방 공동체들 사이의 갈등과 기존 공동체와 신설 공동체 사이의 갈등을 어떻게 해결할 것인가에 대해서도 논의하지 않고 있다.414) 매킨타이어가 제시하고 있는 현실적 처방이라는 것도 "우리의 시민성과 지적, 도덕적 삶이 이미 우리에게 도래하고 있는 새로운 암흑기를 헤치며 지속할 수 있도록 지방적 형태의 공동체를 구성하는 것이 현 단계에서 중요한 것이다"라고 한다면, 팽배하고 있는 지역 공동체적 이기주의와 공동체들 사이의 다양한 갈등은 어떻게 해소할 것인가?415) 샌델은 "공동선의 정치"를 말하고 바버는 "강한 참여민주주의"를 말하고 있는데, 이것은 정치 공동체를 중시하는 것이다.416) 따라서 공동체주의는 공적인 정치 영역을 확장하려고 하고, 자유주의적 개인주의는 그것을 축소하려고 하는 것처럼 보인다.417) 여기에 관련해서 낸시 로젠바움(Nancy Rosenbaum)은 공동체주의자들이 정치 공동체와 일반 공동체를 전혀 구

분하지 않고 있다고 비판한다.418)

공동체주의자들 중에 로베르토 웅거(Roberto Unger)만이 오직 공동체 구성에 관련된 딜레마를 솔직히 인정하고 있다. 그는 그러한 딜레마를 "공동체주의 정치학의 딜레마"로 보고 다음과 같이 구성한다: 수직적 통합 대 수평적 통합, 조정자로서의 국가 대 공동체로서의 국가, 기존 공동체 대 신생 공동체, 집단 응집력 대 비판적 교육, 집단 내 관계 대 집단 간 관계, 사회의 구조 대 정치의 과정, 특수성의 정치학 대 보편성의 정치학 등이 그것들이다.419) 사회과학의 관점에서 공동체주의의 딜레마를 가장 심도 있게 논의한 어윈 샌더스(Irwin T. Sanders)는 여러 가지 하위적 딜레마를 형성하고 있는 총 5개의 일반적 딜레마를 말하고 있다: 지역적 공동체 대 비지역적 공동체, 법률적 공동체 대 자연적 공동체, 사회적 관계의 포괄적 영역 대 선택적 영역, 명시적인 이론적 구조 대 묵시적인 이론적 구조, 서술적인 배경적 요소 대 상호작용적인 배경적 요소.420) 물론 우리는 여기서 자유주의적 공동체론이 이러한 문제를 다 해결할 수 있다고 주장하는 것은 아니다. '자유와 평등의 구현체'로서의 자유주의 공동체론도 이러한 문제를 처리하지 않으면 안 된다. 그러나 이러한 딜레마의 해결에 대한 이론적, 실천적 부담은 현재로서는 공동체주의자들이 더 짊어져야 한다.

자유주의자들 중에서 공동체주의자들이 가지고 있는 공동체 개념에 대한 구체적인 논의를 통해서 공동체주의를 논박하고 있는 것은 잭 크리텐든(Jack Crittenden)과 데렉 필립스(Derek Philips)다. 크리텐든은 공동체를 네 가지의 별개의 필요조건과 그것들을 모두 합친 공동 충분조건으로 정의한다. 즉 (1) 총체적 삶의 방식의 공유, (2) 면접적 관계, (3) 모든 공동체 구성원의 복지에 대한 고려와 복지를 증진시킬 상호 의무, (4) 개인의 정체성 구성이 그것들이다.421) 크리텐든은 이러한 공동체는 소규모 촌락에나 적합하고 또 필연적으로 개인의 자율성을 침해하게 될 것이라고 비판한다. 필립스도 공동체주의자들의 저작을 통해서 공동체주의자들이 원하는 공동체를 역시 네 가지의 각 필요조건과 공동 충분 조건으로 정의한다. 즉 (1) 공동 영역과 지역, (2) 공동의 역사와 공유된 가치, (3) 광범위한 정치적 참여, (4) 높은 정도의 도덕적 연대가 그것들이다. 그는 매킨타이어, 테일러, 벨라, 샌델이 꿈꾸고 있는 고대 그리스 폴리스, 중세 공동체, 미국 건국 초기의 공화정 촌락을 면밀히 조사한 뒤, 역사적 자료를 통해 볼 때 억압받고 배제된 집단들이 항상 존재했기 때문에, 그 셋 중 어떤 것도 그러한 정의에 꼭 들어맞지 않는다고 지적하고, 그들의 공동체 개념은 낭만적이 아니라 오류에 가득 찬 잘못된 노스탤지어의 정치학에 불과하다고 혹평한다.422) 따라서 필립스는 재생하거나 부활시켜야 할 어떠한 공동체주의적 공동체도 없다고 공동체주의에 대한 논리적 귀류법(歸謬法, *reductio ad absurdum*), 즉 공동체주의가 참이라고 가정하면 어떤 결과가 나오는지를 입증하여 비판하는 방식을 신랄하게 전개한다. 그는 "공동체주의자들이 소속감의 주는 황홀경을 찬양하느라, 과거[역사의 암흑]에 대한 믿을 수 없는 망각을 노정하고 있다"고 비판한다.423) 리처드 윈필드(Richard Winfield)는 「공동체주의 없는 윤리적 공동체」라는 논문에서 공동체주의자들이 윤리적 공동체의 개념을 왜곡하고 있다고 반박한다. 즉 공동체주의자들은 윤리적 공동체를 그 내용이 역사적으로 주어진 형식적 상황으로 간주함과 동시에 행위의 규범성에 대한 유일한 준거로서 절대화함으로써 그것을 왜곡시킨다. 그러나 윈필드에 따르면, 도덕적 공동체는 결코 원자론적 개인주의일 수 없는 재산권과 도덕적 책임과 나아가서 개념적으로 명백하게 규정된 자유의 제도적 구성을 전제하지 않고서는 불가능하다. 가족과 시민사회와 국가는 그러한 윤리적 공동체의 제도적 구성으로 볼 수 있으며, 그러한 구성은 공동체주의 없이도 충분히 가능하다.424) 이렇게 크리텐든과 필립스와 윈필드에 의해서 개진된 공동체주의자들의 공동체 개념 비판은 자유주의자들의 공동체주의에 대한 규범적 비판으로 자연스럽게 이어진다.

7. 공동체주의의 규범적, 방법론적 난점: 공동체주의의 딜레마 봉착

자유주의자들의 공동체주의에 대한 역공 중 가장 강력한 부분은 공동체주의가 독재주의, 전체주의, 권위주의, 보수주의, 다수결 횡포의 함축성을 지니고 있다는 규범적 비판일 것이다.425) 그것은 공동체주의가 자아의 공동체적인 구성적 결부와 귀속, 개인의 사회적 역할 강조, 가치에 대한 공유된 이해와 통합을 바탕으로 "공동선의 정치"를 주장하고 있기 때문이다. 공동체주의는 그러한 정치의 실현을 위해서 가능한 한 동질적인 사회를 만들려고 할 것이며, 완전주의적 가치를 강요하고, 사적 영역과 공적 영역의 통합을 시도할 것이며, 사회적 갈등을 무시하고,426) 소수자의 권리와 자유를 억압하고, 개인의 자율성과 다원주의적 관용을 해치게 될 가능성이 만연할 것이라고 자유주의자들은 우려한다.427) 이러한 우려는 단순한 개연성이 아니라 역사적 사실이며 논리적인 필연성이라고 주장된다. 우선 자유주의자들은 개인의 권리가 공동선과 일반적복지를 위해서 국가나 공동체가 행할 수 있는 것의 한계를 지정한다고본다. 그래서 공동체주의자들이 만약 개인의 권리를 공동선의 정치로대체하려고 한다면 도대체 개인의 권리와 자유를 어떻게 보장할 수 있을 것인가라고 반문한다.428) 논리적 필연성을 주장하는 자유주의자들은 공동체주의자들의 자아 개념은 자아정체성과 공동체의 상호 구성적 결부와 통합에 근거하고 있는데, 그러한 자아 개념과 20세기에서 등장한전체주의 사회는 밀접한 관련이 있다고 갈파한다. 따라서 공동체주의자들의 그러한 자아관에 근거한 공동체라면 우리는 "잘 실낙원 했다(paradise well lost)"고 안도한다.429) 허쉬(H. N. Hirsch)는 불구자, 외국인, 동성애자, 소수자 집단의 문제를 들고, 그들에게 전체 공동체적 정서를 강조하는 것은 그들에게 아무것도 해주는 바가 없다고 본다. 따라서 그들에게 "공동체의 존재는 문제 해결의 일부분이 아니라 오히려 문제의 일부분이다."430) 앞서 언급한 대로 거트먼도 "공동체주의적 비판자들은 우리들로 하여금 [마녀사냥이 있었던] 세일럼에 살도록 하면서 마녀의 존재를 믿지 못하게 한다"고 냉소한다.431) 자유주의적 여성주의자들도 공동체주의자들이 옹호하는 세 가지 전형적 공동체, 즉 고대 그리스 폴리스, 중세 촌락 공동체, 미국 건국 초기의 공동체들은 모두 여성을 비롯한 많은 구성원들에게 공동체적 혜택을 배제했다고 비난한다. 물론 자유주의자들은 공동체주의자들이 실질적으로 역사적 공동체의 배제적 측면과 독재사회를 옹호하고 있다고 주장하는 것은 아니다. 오히려 그들은 공동체주의가 그러한 전체주의적 함축성의 문제를 자유주의에 의존하지 않고서는 해결하지 못한다고 웅변한다.432)

물론 공동체주의자들 중 자유주의자들의 비판에 대해서 그렇다고 대답하는 사람은 아무도 없다. 그들은 오히려 전체주의의 가능성을 다른 곳에서 찾음으로써 비난의 예봉을 피하려고 한다. 샌델은 사회적 불관용과 전체주의적 가능성은 자유주의적 개인주의가 만연되어 공동체가 파괴된 결과인 아노미적 상태에서 일어난다고 강변한다. 즉 삶의 양식들이 제자리를 잃고, 근본이 불안정하고, 공통적 의미와 전통이 상실되었을 때, 개인들이 참여하는 공적 영역도 축소되고 공동화되며, 그러한 공동화는 전체주의인 대중정치에 취약성을 보인다는 것이다.433) 바버도 여기에 동조하여 정치적 참여가 배제된 소극적이고 수동적인 자유의 상태에서 전체주의나 독재가 발생할 가능성이 많다고 지적한다. 샌델과 바버는 모두 강한 민주주의가 독재를 예방해줄 것으로 기대한다. 그러나 이러한 해석은 그동안 전체주의와 독재가 어디서 어떻게 등장했는가 하는 발생학적 측면에서 보면 납득할 수 없다.434) 전체주의와 독재는 비자유주의 국가에서 발생했으며, 그것은 결국 민주주의라는 이름으로 국민들의 열광적인 정치적 참여를 강요했고, 그 강요의 힘은 어떠한 사회적 예외도 허용하지 않았던 역사를 볼 때 공동체주의자들의 변명은 구차하게 들린다. 최근 아미타이 에치오니(Amitai Etzioni)는 입헌민주주의에 호소하고 있지만, 소수자의 언론의 자유와 인권을 보호하기 위해서 다수결주의를 입헌적으로 제약한 미국 '수정헌법' 제1조(종교, 언론 및 출판의 자유와 집회 및 청원의 권리) "연방의회는 국교를 정하거나 또는 자유로운 신앙 행위를 금지하는 법률을 제정할 수 없다. 또한 언론, 출판의 자유나 국민이 평화로이 집회할 수 있는 권리 및 불만 사항의 구제를 위하여 정부에게 청원할 수 있는 권리를 제한하는 법률을 제정할 수 없다"는 순전히 민주주의적이라기보다는 오히려 자유주의적 혹은 자유민주주의적 조항으로 보는 것이 더 타당할 것이다.435)

자유주의자들은 공동체주의에 대한 규범적 비판과 아울러 공동체주의에 대한 방법론적 난제를 들고 나온다. 자유주의자들은 공동체의 상실과 그에 따른 자유주의의 문책은 공동체주의자들이 간과하기 쉬운 딜레마를 숨기고 있다고 갈파한다. 만약 공동체주의자들이 주장하는 것처럼, 자유주의적 개인주의의 만연이 공동체의 상실을 불러왔다면, 자유주의는 현대사회에 대한 정확한 이론적 반영이라고 할 수 있다. 모든 공동체주의자들이 주장하는 것처럼, 자유주의적 개인주의 정치철학과 자유주의적 개인주의 문화와 관행은 상호 보강 관계를 유지해왔다. 그런데, 만약 공동체주의자들이 공동체 재건의 가능성을 확보하기 위해서 자아의 구성적 결부와 함께 현대사회의 이면에 암묵적으로 존재하는 공동체의 맥락을 주장한다면, 자유주의는 자아와 현대사회에 관한 정확한 이론적 반영은 아니다. 이 경우 공동체 상실에 대한 자유주의의 문책은 불가능한 것이 된다. 테일러는 자유주의적 개인주의 사회의 심층 구조는 사실상 공동체주의적이라는 주장을 편다.436) 공동체주의의 이상과 같은 상이한 두 가지 주장의 집합들, 즉 공동체의 상실과 공동체의 암묵적 존속, 그리고 현대사회에 관한 정확한 이론적 반영과 부정확한 이론적 반영으로서의 자유주의는 모두 옳을 수 없다. 공동체주의자 월저는 고통스럽게도 이러한 공동체주의의 역리(逆理)를 인정하지 않을 수 없다고 고백한다.437) 데이비드 잉그램(David Ingram)은 영미권 공동체주

의자들 전체가 이러한 역리에 오락가락하고 있다고 폭로한다.438)

자유주의자들의 공동체주의 방법론에 대한 질타는 여기에 그치지 않는다. 공동체주의는 방법론적으로 볼 때 보수주의와 상대주의를 함축하며, 따라서 "단순 공동체주의자의 딜레마"와 "해석학적 순환"이라는 더욱 정교한 철학적 방법론상의 난제에 직면하게 된다. 또한 그러한 난제는 공동체주의적 방법론으로 해결될 수 없다는 사실도 아울러 폭로된다. "단순 공동체주의자의 딜레마(simple communitarian dilemma)"는 만약 가치에 대한 사회적 의미가 현재 공동체가 가지고 있는 분배적 관행과 제도에 의거하고 있다면, 그러한 사회적 의미는 보수적인 것으로 비판적 원칙으로 작동할 수 없다. 만약 가치에 대한 사회적 의미가 공동체의 현재 관행과 제도에 의거하지 않고 그러한 의미를 통해서 관행과 제도를 비판할 수 있다면, 그러한 가치가 정당하다는 것을 공동체주의적 가치론에 의해서 어떻게 알 수 있는가? 또한 이 딜레마의 두 번째 뿔은 가치가 하나가 아니고 서로 경쟁하는 가치들인 경우로 재구성될 수 있다. 이때도 역시 공동체주의적 방법론은 전혀 손을 쓸 수 없다. 조슈아 코헨(Joshua Cohen)은 사회적으로 많은 논란과 갈등을 함축하고 있는 가치들의 경우에는, 그러한 상충하는 의미를 평가하기 위해서도 지도적 원리로서 자유주의의 일반적이고 보편적인 정의의 개념이 필요하다고 주장한다.439) 월저와 매킨타이어의 경우, 가치의 사회적 의미와 전통에 대한 상충된 해석들이 존재할 경우 이데올로기적 허위의식을 배제하고 진정한 해석만을 추려내서 평가하는 기준은 "해석학적 순환(hermeneutical circle)"을 피할 수 없다. 다양한 부분적 해석들은 오직 총체적인 해석틀 안에서만 의미를 갖고 평가될 수 있지만, 그러한 총체적인 해석틀은 다시 다양한 부분적 해석들에 의거하고 않고서는 산출될 수 없기 때문이다.440)

8. 자유주의와 현대사회의 문제

공동체주의자들은 자유주의가 그 이론적, 철학적 오류로 말미암아 바람직하지 못한 정치적 결과를 가져올 뿐만 아니라, 자유주의적 개인주의 사회에서 여러 가지 사회적 문제들을 야기하고 증폭시키고 있다고 비판의 범위를 확장한다.441) 공동체주의자들은 자유주의적 개인주의 문화는 가치의 상대성으로 말미암아 삶의 지표의 근본과 공동체적 통합성을 상실하게 된다고 비판한다. 따라서 자유주의적 개인주의 사회는 고립적이고 파편적이고 고독한 개인, 방종과 이기심의 만연, 초개인주의적 환상과 도피주의와 나르시시즘, 이혼율의 증가와 가족의 해체, 정치적 무관심과 수동성, 상업주의적이고 감각주의적 탐닉의 만연, 폭력적인 대중문화, 마약의 범람, 범죄율의 증가 등 다양한 도덕적 해이와 실패를 노정한다는 것이다.442)

매킨타이어가 『덕의 상실』에서 전개한 비판은 자유주의에 국한되고 있는 것은 아니다. 오히려 그것은 근대 이후의 모든 도덕철학과 정치철학을 포괄하는 근대성 자체에 대한 질타다.443) 그는 자유주의적 개인주의의 결과인 공동체 문화의 상실에서 야기되는 현대 서구사회의 도덕적 위기가 근대의 "계몽주의적 기획", 특히 추상적인 도덕주체로부터 의무론적 규칙의 윤리를 보편적으로 정당화하려는 시도로부터 유래함을 밝힌다. 그러한 시도는 결국 실패했다는 것이다.444) 매킨타이어는 우선 현대사회의 도덕적 상황을 심각한 위기라고 진단한다. 즉 현대사회는 통약 불가능한 전제들과 상이한 대안적 신념체계들로 말미암아 도덕적 불일치에 대한 어떠한 합리적 해결도 가능하지 않은 심각한 상대주의적 무질서 속에 있다. 그는 비록 롤스를 비롯한 현대의 자유주의 도덕철학자들이 도덕의 공평무사하고도 객관적인 합리적 근거를 제공하는 것을 목표로 삼고 있기는 하지만, 그러한 근거에 대해서 그들 사이에 어떠한 합의도 이루지 못하고 있다고 지적한다. 따라서 자유주의 도덕철학은 결국 이모티비즘(emotivism, 정의주의(情意主義))을 극복할 수 없다는 것이다. 이모티비즘은 모든 도덕판단이 개인적 선호, 태도, 혹은 감정의 표현에 불과하다는 것이다. 현대사회와 현대문화는 이모티비즘으로 말미암아 자기 자신의 감정과 태도에 대한 표현과 타인의 감정과 태도에 대한 조작이라는 이중성으로 점철된다. 따라서 개인적 만족에 몰두하는 탐미주의자들, 효율적인 관료적 통제를 추구하는 전문 경영인들, 그리고 타인의 삶에 대한 감정과 태도를 조작하는 임상적 치료사들이 대표적 인물들로 등장하게 된다. 현대사회와 현대문화는 그러한 개인적 자의성과 공공적 조작성으로 말미암아 개인과 사회의 도덕적 통합이 해체되고 조작성과 비조작성에 대한 윤리적 구분이 상실되는 도덕적 위기를 맞는다는 것이다.445) 그러나 불행하게도 그는 전근대와 근대, 덕의 윤리와 권리의 윤리 사이의 "현혹적인 양극화(mesmeric dichotomy)"에만 집착함으로써 근대성이 가지고 있는 변증법적 성격을 외면한다.446) 근대의 자유주의적 개인주의는 물론 덕의 상실 이후(after virtue)에 오는 것이지만 그것은 또한 "신분적 위계질서, 노예제도, 절대주의, 그리고 무지몽매" 이후에 오는 것이기도 하다. 근대 이후 루소, 헤겔, 마르크스도 역시 자유주의적 개인주의가 가지고 있는 문제점들을 심각하게 인식했지만 매킨타이어처럼 근대성에 일방적 매도만을 퍼붓지는 않았다. 마르크스가 경고한 대로 "복고에의 동경(zurückzusehnen)"은 돌아올 수 없는 연인에 대한 노스탤지어의 손수건을 흔드는 것은 아닐까?

매킨타이어가 이렇게 근대성과 계몽주의를 일방적으로 매도하고 자유주의적 개인주의를 그것의 필연적 산물로 간주하는 데 반해서, 테일러는 근대 개인주의 문화가 한계와 가능성 모두를 가지고 있다고 본다.447) 근대 개인주의는 "본래성/진정성/자기충실성(authenticity)"이라는 이상을 가지고 있는데, 그것은 내면적 자아와의 도덕적 대면과 자아실현, 그리고 주체적 결정의 자유를 의미한다.448) 그러나 근대 개인주의 문화는 자아중심적이고 그 원자론적 형태로 말미암아 그러한 본래성의 이상을 살리지 못하고 있다. 따라서 원자론적이고 자아중심적인 개인주의는 삶의 의미 지평의 상실과 도덕적 차원의 질적인 하락을 불러왔다. 그리고 근대성은 도구적 이성의 지배를 강화시켜 궁극적 목적에 대한 관심을 배제시켰다. 더 나아가서 근대성은 관료제의 심화와 개인의 공적 영역에서의 소외와 정치적 영향력의 쇠퇴로 말미암아 자유의 진정한 의미를 상실케 하였다.449) 테일러의 이상의 진단에 따른 처방에 의하면, 근대적 개인주의의 본래성의 이상을 회복하기 위해서는 개인의 선택 행위에 의미와 중요성을 부여하는 사회적 의미 지평의 확대와 타인과의 상호 대화가 가능한 공동체적 유대를 필요로 한다. 테일러는 이러한 공동체적 유대의 복원을 통해서만 "근대성의 병폐(the malaise of modernity)"를 치유할 수 있다고 주장한다.450)

참여민주주의적 공동체주의자인 벤자민 바버(Benjamin Barber)는 주로 자유민주주의 시민의 정치적 무력감과 수동성의 문제를 지적한다.451) 로버트 벨라(Robert Bellah)는 주로 개인주의 문화의 나르시시즘적 성격을 비판하고 있다.452) 그런데 이러한 공동체주의자들의 개인주의 문화 혹은 근대성에 대한 다양한 비판은 자유주의가 전적인 책임을 짊어져야 하는가에서 약간의 입장 차이를 보인다. 공동체주의자 로버트 파울러(Robert Booth Fowler)는 현대사회에서 오는 모든 문제는 근대성과 자본주의의 문제를 포함해서 자유주의가 책임을 져야 한다고 생각한다.453) 그러나 바버는 근대 자유주의 사회의 모든 병폐들을 "자유주의의 본질적인 철학적 결함"으로 귀착시키는 것은 어이없는 일이라고 지적한다. 그러나 그도 역시 자유주의 정신은 근대정신의 일환이며 적어도 물질적 번영과 경제적 해방에 대한 옹호로 말미암아 자유주의는 그러한 병폐들에 대한 부분적 책임이 있다고 비난한다. 자유민주주의가 책임을 가져야 할 것으로 바버가 들고 있는 사회적 병폐의 예는 공공적 부담을 회피하려는 무임승차자 문제, 최소 수혜자에 대한 희생자 비난과 자기책임론, 복지문제 등 사회문제에 대한 정부의 방임적 포기, 모든 공공선은 사적 이익을 통해서 달성된다는 믿을 수 없는 주장, 소수자 집단의 권리 주장을 민주적 질서의 혼란으로 보는 견해 등이다.[454]

자유주의자들은 대체로 다음과 같은 세 가지 반응을 보인다. 첫째, 자유주의자들은 일단 근대성의 모든 문제를 자유주의가 혼자 짊어지는 것에 대해 못마땅하게 여기고 분노한다. 즉 현대사회의 문제는 자본주의, 대중사회와 조작적 문화, 과학기술, 세속화, 종교적 광신주의, 지역이기주의, 민족적 갈등, 낭만주의적 미학 등 다양한 원천으로부터 발생할 수 있는데, 유독 자유주의를 지목하는 것은 공정하지 못한 것이다. 로젠바움은 자유주의는 개인이 공동체적 유대를 형성할 수 있는 충분한 자유의 영역을 확보하고 있으므로 진정한 공동체의 실현이 가능하다고 주장한다. 현대사회의 결속을 해치는 최대의 적은 개인주의가 아니라 오히려 집단적 감정, 이념적 갈등, 그리고 인종적, 종교적, 지역적 편견과 오만에 기초한 공동 연대라고 논박하면서 자유주의를 간접적으로 방어한다.[455] 롤스도 아마 매킨타이어와 테일러를 의식해서인지 자신의 정치적 자유주의는 결코 "계몽주의적 기획"을 감히 시도하지 않는다고 겸허하게 자인하고 있다.[456] 물론 자유주의는 "근대성에 대한 정치적 이론"이기는 하지만, 그것은 롤스의 정치적 자유주의와 그 인간관에서 명백해진 것처럼 결코 삶의 가치와 인격적 덕목과 성격의 이상을 전반적으로 규정하는 포괄적인 종교적, 철학적, 도덕적 교설이 아니다. 즉 "자유롭고 평등한 인간으로서의 시민의 관념"인 정치적 인간관은 칸트의 자율성과 밀의 개체성에 근거한 도덕이상적 자유주의가 아니다.[457]

둘째, 자유주의자들은 공동체주의자들이 한탄한 자유주의적 개인주의의 다양한 문화적 현상은 병폐로 볼 수만은 없고 근대 다원민주사회에서 피할 수 없는 현실적 귀결이라고 답변한다. 롤스는 상충하고 불가통약적인 가치관들이 편재한다는 "다원주의의 사실"은 종교개혁 이후 관용의 정신으로부터 출발한 자유주의가 기본적으로 인정할 수밖에 없는 근대사회의 "영속적 특색"으로서 파국(disaster)이 아니라 자유민주사

회의 "자연적 결과"로 본다.458) 따라서 다원주의의 사실은 매킨타이어
가 생각하는 것처럼 도덕적 위기와 무질서로 볼 수만은 없다. 롤스는 이
사야 벌린(Isaiah Berlin)의 입장을 원용하면서 어떤 사회도 아무런 상실
도 없이 모든 삶의 양식을 다 보존시킬 수는 없다고 지적한다. 자유주의
사회는 결국 근대세계를 거부하는 종교적 근본주의자들이나 광신주의
자들의 지나친 공동체적 연대의식과 배타성을 거부하는 효과를 낳을 수
밖에 없다.459) 라즈도 급변하는 사회경제적, 기술적 조건들로 말미암아
현대인은 어떤 하나의 하위문화에 고착할 수는 없고 새로운 하위문화로
급속하게 이동하고 있다고 생각한다.460) 마세도는 더욱 극명하게 근대
자유주의적 사회는 다양성과 관용과 실험정신의 대가로 어느 정도의 피
상성, 즉 심원하고도 영속적인 헌신에 대한 결여를 허용할 수밖에 없다
고 솔직하게 인정한다. 그래서 그는 "자유주의는 모든 세계를 마치 캘리
포니아처럼 만들겠다는 약속 혹은 위협을 하고 있다"고 말한다. 캘리포
니아는 각가지 괴벽과 기행적 삶의 방식이 관용되는 곳으로, 이번 주 나
는 하나의 공동체를 창설하고 그 충실한 일원이 될 수 있으나, 다음 주
는 직장과 가정을 버리고 불교 승려가 되기 위해서 출가할 수도 있다는
것이다.461) 이러한 상황에 대해서 공동체주의자들은 틀림없이 지나친
손실과 대가라고 생각할 것이지만, 자유주의자들은 "기꺼이 지불해야
할 대가(a price worth paying)"로 생각할 것이다.462)

  셋째, 자유주의자들은 공동체주의자들의 정책 대안과 현실적 치유책
이 명백히 제시되지 않고 있다는 점에서 대부분 그러한 비판들을 무시
한다.463) 그러나 최근에 다니엘 벨(Daniel A. Bell)과 에치오니는 다양한
정책적 대안을 제시하고 있고, 공동체주의자들은 '공동체주의 강령'을
선포하고 자신의 저널을 만들면서 현실적 정책 대안을 제시하기 위해서
동분서주하고 있는 것이 사실이다.464) 벨과 에치오니는 개인의 권리에
대한 제한을 부과하고 공동체적 가치를 증진하는 정부의 조치를 요구한
다. 또한 그들은 올바른 성격 형성을 위한 국방의 의무 수행을 주창한

다. 에치오니는 국민생활을 적게 침해하면서도 공중보건과 안전을 증진할 수 있는 조치로 음주 측정 장소 설치, 마약 검사, 전 국민 ID 카드, 엄격한 총기 규제, 장기간의 가족 휴가를 제안한다. 벨은 "공동체 옹호를 위한 정치적 조치"로 기존의 건축양식을 무시한 건축에 대한 지역적 거부권, 동일산업 공동체에 대한 보호, 생산 위주의 경제, 위협받고 있는 언어 공동체에 대한 정치적, 경제적 원조, 엄격한 이혼법, 협동심 배양의 교육을 제시한다.465)

그러나 자유주의자들은 이러한 일련의 정책들은 엄청난 사회적 비용과 낭비를 유발할 수 있고, 개인의 자유를 축소하고, 개인의 부담과 고통을 가중시키고, 사적 영역에 대한 국가의 간섭을 가중시켜 국가의 중립성을 해치게 된다는 점에서 선뜻 응하지 않고 있다.466) 또한 자유주의자들은 공동체주의자들이 막연하게 주장하는 공동체의 존속과 보존을 위한 국가 지원도 그 지원의 우선순위와 사회적 자원의 공정하고도 효율적인 분배를 외면할 수 없으므로 결국 자유주의적 조정을 거치지 않으면 안 된다고 생각한다. 아마도 실행 가능한 공동체주의 정책은 온건한 완전주의적 자유주의에 의해서 용인되는 정도일 것이다.

9. 공동체주의자들의 본색: 어쩔 수 없는 근대주의자와 자유주의자

마치 마르크스가 말년에 자신은 마르크스주의자가 아니라고 했듯이, 공동체주의자들도 자신들이 공동체주의자라는 것을 흔쾌히 인정하지 않고 있다.467) 그 이유는 영미권 상황에서 공동체주의는 자유주의의 집단적 무의식이 주는 융(Jung)식의 원형적 압박감을 함유하고 있기 때문일 것이다. 사적인 영역에서 가족과 같은 공동체는 삭막한 이 세계에서의 유일한 안식처인 것은 사실이다. 그러나 공적 영역에서의 공동체주의는 대중들에게는 그 어원적 친근성 때문에 공산주의로 오해받을 수도 있다. 또한 나치즘과 파시즘 등 전체주의 때문에 생겼던 공포가 아직 완전히 가시지 않았으므로, 가치통합적인 공동체주의는 하나의 억압적 기제로도 작동할 수 있다는 의구심과 압박감 때문이다. 이는 공동체주의자 에치오니와 완전주의적 자유주의자인 갤스톤 등이 주도하여 공포한 '공동체주의 강령'에 주요한 철학적 공동체주의자인 매킨타이어, 테일러, 월저, 샌델 등이 서명하지 않고 있다는 점에서도 잘 드러난다.468) 매킨타이어는 자신이 서명하지 않은 이유를 이렇게 말한다: "소문과는 반대로, 나는 결코 공동체주의자가 아니고 또 공동체주의자인 적도 없다. 내 판단으로는 어떤 다른 나라와 마찬가지로 미국에서의 근대화의 진보에 따른 정치적, 경제적, 도덕적 구조는 과거의 다양한 역사적 시기에 이룩되었던 찬양할 만한 그러나 언제나 불완전한 행태로 존재했던 정치적 공동체 유형들 중 그 어떤 것도 실현될 가능성을 배제한다. 나는 또한 근대사회를 공동체주의적 방식으로 체계적으로 재구성하려는 시도는 언제나 비효율적일 뿐만 아니라 파국을 몰고 올 것이라고 생각한다."469)

이러한 매킨타이어의 솔직한 고백을 통해 본다면, 매킨타이어는 어쩔 수 없이 가치다원주의적 자유주의자나 근대주의자(a modernist malgré lui)가 되어야 할 것이라는 찰스 라모어(Charles Larmore)의 주장은 옳았다.470) 라모어는 공동체에 대한 자유주의적인 초월적 비판의 가능성을 전혀 인정하지 않는다면 매킨타이어의 덕의 윤리는 보수주의적이고 반동주의적이라고 아니 할 수 없다고 비판한다. 그러나 매킨타이어는 에드먼드 버크(Edmund Burke)식의 전통적인 반동적 보수주의와 구별되기를 바라고, 또한 아리스토텔레스의 형이상학적, 생물학적 목적론을 잘못된 것이라고 비판하면서 목적론을 인간 본성에만 국한시킨다. 또한 인간 본성 자체에서 사회계급의 분화를 찾는 시도, 즉 아리스토텔레스의 자연적 노예론도 일축한다. 수잔 오킨(Susan Okin)에 따르면, 매킨타이어가 찬양하는 도덕적 전통에 대한 이러한 교정은 자유주의적 관점이

아니면 이룩될 수 없다.471)

샌델의 입장은 롤스의 무연고적 자아관과 상호 연대를 요구하는 "최소 수혜자의 기대치를 최대로 하라"는 차등의 원칙과의 비일관성을 지적할 뿐이지 결코 자유주의를 정면으로 반대하지 않는다.472) 그래서 샌델의 비판은 자유주의 내부 비판으로 분류되기도 한다.473) 샌델은 자신의 최근의 저작 『민주주의의 불만』(1996)에서 공화주의적 공공철학을 들고 나온다. 그러나 여기서 샌델은 "공화주의의 정치가 보장이 없는 위험한 정치"일 수 있다는 점을 솔직히 인정한다.474) 공화주의적 전통은 노예제, 여성의 참정권 배제, 유산계층에 유리한 선거권 제도, 이민자들에 대한 차별 등과 관련하여 비판의 대상이 된다는 점을 인정한다. 그렇다고 한다면, 그러한 인정은 과연 자유주의적 관점이 아니고 공화주의 자체에서 나올 수 있는가?

테일러는 이미 우리가 논의한 것처럼 근대 자유주의적 개인주의는 본래성의 윤리라는 이상이 있다는 것을 인정하고 그것을 공동체주의적으로 보완하려는 제한적인 의도만을 가진다. 또한 테일러는 자신을 공동체주의자라고 생각하지도 않으며, 자신의 자아관이 존재론적으로 볼 때 흔히 생각하듯이 "총체론적 집단주의(holist collectivism)"가 아니라 "총체론적 개인주의(holist individualism)"임을 밝힌다. 그는 물론 노직의 "원자론적 개인주의(atomist individualism)"를 거부한다. 이러한 관점에서 테일러는 롤스의 정의론, 특히 "사회적 연합체들의 연합으로서의 공동체"의 개념을 지지한다. 다만 테일러는 롤스의 차등의 원칙을 좀 더 아리스토텔레스적인 방식으로 보완하려고 시도하면서 자유주의적 복지국가를 옹호한다.475)

월저는 비록 자유주의의 방법론적 기초인 개인주의, 도덕적 보편주의, 권리준거적 의무론, 가치중립성을 거부하지만, 자유주의의 전통적 이념인 자유와 평등이 사회적 가치들의 공유된 이해에 근거한 공동체주의 정의론을 통해서 진정으로 실현될 수 있다고 주장하는 점에서 자유주의에 친화적이다. 월저는 "자유주의를 그것의 기본강령으로부터 급속하게 퇴각하는 자유주의자들로부터 옹호하는 것이 중요하다"고 생각한다.476) 또한 자신의 공동체주의는 "전근대적인 혹은 반자유주의적 공동체가 도래할 것을 기다리는" 반동적인 공동체주의는 아니며, "자유주의(혹은 사회민주주의) 정치 속에서 화합"될 수 있는 유형의 공동체주의라고 밝힌다. 그리고 그는 공동체주의는 자유주의에 대한 "재발적 교정"이지 "전면적 대체"는 아니라고 지적한다.477) 월저는 자유주의의 진정한 실현은 사회민주주의로의 이행을 의미한다고 주장한다. 그러나 미국적 상황에서는 좌파 자유주의와 사회민주주의는 현실적으로 동일한 것으로 간주된다. 그는 자유주의에 대한 공동체주의적 교정은 전통적 삶의 방식에 따른 유구한 불평등을 강화할 수도 있고, 아니면 자유시장과 관료주의 국가에서의 새로운 불평등에 대항하는 방식을 취할 수도 있다고 구분하고, 자기는 후자의 입장임을 분명히 한다.478)

바버는 가치통합론적 공동체주의자를 "사이비 공동체주의자"로 비하하고 자신은 자유민주주의를 참여민주주의적인 방식으로 보강하려는 제한적 의도만을 가지고 있음을 명백히 한다. 바버는 자유주의를 민주주의적 불충분성 때문에 비판하는 것이 결코 자유주의와 자유주의 철학을 공격하는 것을 의미하지 않는다고 강조한다.479) 공동체주의 운동을 주도하고 있는 에치오니도 자신을 자유주의의 반대자로 간주하지 않는다.480) 에치오니가 주도적으로 작성한 '공동체주의 강령'에는 "우리가 만약 오늘날 중국에 있다면, 우리는 더 많은 개인의 권리를 격렬하게 주창할 것이다"라는 점이 부각되고 있다.481) 그의 "온건한 공동체주의"는 공동체주의 운동을 하나의 "진보주의 운동"으로 생각하고 급진적 자유지상주의자들과 전 세계적 금융 자본주의를 옹호하는 신자유주의자들을 주요 공격 목표로 하고 있다.482) 따라서 많은 자유주의자들이 이 운동에 동참하고 있는 것은 우연이 아니다.483)

스티븐 홈스(Stephen Holmes)는 왜 공동체주의자들이 자유주의에 대해서 이러한 유순성을 가지고 있고, 또 극명한 반자유주의자들이 될 수 없는가 하는 이유를 역사적 상황을 통해 설명한다. 공동체주의는 넓게 보아 반마르크스주의적 반자유주의 전통에 속한다. 이러한 전통은 "개인들의 근거 상실(the uprooting of individuals)"로 설명될 수 있는 도덕과 사회의 타락에 대한 우려의 일환으로서 자유주의를 비판한다. 이 전통은 개인들의 근거 상실에 대한 원인으로 자유주의의 핵심으로 간주될 수 있는 개인주의, 합리주의, 인본주의, 회의주의를 들고, 그것들이 사회를 부식시키고 와해시킨다고 진단한다. 그리고 이러한 원인의 더 근본적인 원천은 계몽주의까지 소급될 수 있다고 분석한다. 홈스는 공동체주의가 이러한 전통의 유연한 측면을 반영하고 있다고 분석한다. 공동체주의자들은 프랑스 혁명에 반대한 가톨릭 군주제 옹호자인 조제프 드 메스트르(Joseph de Maistre)나 파시스트인 칼 슈미트(Karl Schmitt)와 같이 계몽주의에 노골적인 반감을 표시하는 골수 전통주의자들을 추종하지 않는다.

따라서 공동체주의자들은 자유주의를 통째로 거부하는 급진적인 정책을 제시하지 못한다는 것이다.484) 공동체주의자 벨도 킴리카와의 논쟁에서 기본적 권리에 대한 존경은 서구문화에서 중심적인 것이며, 극단적인 강제적 수단으로는 결코 공동체주의적 가치를 증진시키지 못할 것이라는 점을 인정한다.485) 그렇다고 한다면, 도대체 공동체주의자는 왜 일어났는가 하고 반문할 수도 있는 것이다. 이러한 반문을 하는 어떤 자유주의 철학자는 헤겔의 비판을 통해서 칸트적 자유주의는 이미 충분히 현대사회에서 가능한 만큼 최대한의 공동체주의적 요소를 수용했다고 밀과 롤스의 저작을 통해 진단하고, 현대 공동체주의자들은 시간 낭비를 한 것이라고 주장한다.486) 헤겔의 사상을 원용했던 토머스 그린(Thomas Green)과 프랜시스 브래들리(Francis Bradley) 등이 영국의 복지국가의 초기 모형을 구축하는 데 선구적인 역할을 하고, 자유주의가 복지국가를 수용하는 철학적 근거를 제시했다는 것은 우연이 아닐 것이

다. 그들은 자유주의의 개인주의적 요소를 공동체주의적 고려와 국가
개입과 조화시키려고 한 점에서 그들의 입장은 당시에 "신자유주의
(New Liberalism)"라고 불렀던 사실을 염두에 두어야 할 것이다.[487]

본서 제2장 4절 9)항 "9강. 우리는 서로에게 어떤 의무를 지는가?/충
직 딜레마"에서 샌델은 같은 공동체주의자인 매킨타이어와 월저의 입장
을 매우 간단히만 언급하고 있고, 자신의 스승인 테일러는 언급조차 하
지 않고 있다. 따라서 우리는 샌델을 제외한 공동체주의의 3대 사상가
들을 어느 정도 자세히 알 필요가 있다.

1) 알래스데어 매킨타이어: 전근대적인 완전주의적 정의

그의 주저 『덕의 상실』(1984)에서 매킨타이어는 현대 윤리학설에는
"니체인가, 아니면 아리스토텔레스인가"라는 오직 두 가지의 선택지밖
에 없다고 주장한다.[488] 즉, 현대 윤리학에는 계몽주의적 개인주의를 영
웅적인, 그러나 불모의 도덕적 허무주의로 소진시키는 도덕철학이나,
아니면 공동체의 개념, 공유된 가치관, 인생의 목적(telos), 서사, 관행과
전통에 근거하는 도덕철학이라는 두 가지 선택지밖에 없다는 것이다.
매킨타이어는 인간의 본성에 대한 아리스토텔레스적인 목적론적 개념
과 행위 주체자로서의 인간에 대한 상황론적 견해를 제시한다.[489] 도덕
과 정치에 합리적 근거를 제시하려고 했던 근대 "계몽주의적 기획"의
가장 큰 과오는 인간의 본성에 대한 목적론적 개념과 인간 행위자의 상
황론적 이해를 동시에 거부한 것이었다. 목적론적 견해에 따르면, 도덕
적 행위는 의무론처럼 규칙과 원칙에 대한 양심적 고수가 아니라 선의
실현을 목표로 하는 덕의 실행을 그 특성으로 한다.[490] 이러한 관점에
서 매킨타이어는 롤스와 노직의 원칙 중심적 의무론적 정의관은 "우리
에게 아무런 도움도 되지 않는다"고 비판한다.[491]

매킨타이어는 도덕적 삶과 그에 부수되는 덕목들은 오직 공유된 가치

관으로 통합된 지방적 형태의 공동체와 함께 번성할 수 있다고 주장한
다. 근대 자유주의 이론의 중요한 결점의 하나는 도덕적 인격의 구성자
로서, 그리고 도덕적 관행의 근거지로서의 공동체에 대한 적절한 이론
이 결여되어 있다는 것이다. 따라서 매킨타이어는 롤스와 노직의 반사
회적인 개인주의는 "마치 우리가 각자 서로 모르는 일단의 낯선 사람들
과 함께 무인도에 난파된 것처럼 간주한다"고 신랄하게 비판한다. 매킨
타이어는 『덕의 상실』 제17장에서 롤스와 노직의 자유주의적 정의관을
비교하고 비판하면서 정의관의 구체적 내용에 관한 중대한 지적을 한
다. 즉 롤스와 노직의 정의관에는 실제 사회에서 비슷한 정의관을 가진
사람이라면 그들의 정치적 논의에 있어서 당연히 고려해야만 하는 응분
(desert)의 개념이 어떠한 위치도 차지하지 못한다는 것이다.[492] 그래서
응분의 개념을 산출하는 강력한 사회적 유대가 결여되어 있는 현대 미
국의 다원주의적 문화에는 롤스의 필요 개념과 노직의 합당한 권리 개
념 사이의 갈등을 해소하거나 그 비중을 재는 어떠한 합리적 기준도 존
재하지 않는다는 것이다.[493] 여기서 매킨타이어는 자유주의적 개인주의
철학자들이 어떠한 합리적 해결도 불가능한 불가통약적 전제와 논증들
을 노정하고 있을 뿐이라는 점을 다시 한 번 입증하려고 한다.[494]

　매킨타이어는 정의를 일종의 응분이라고 주장한 바 있지만, 동시에
정의를 관행의 내재적 구성요건으로 간주한다.[495] 이것이 어떻게 가능
한가 하는 질문은 그의 정의관의 긍정적 측면을 이해하는 관건이 된
다.[496] 공동체주의적 덕목들, 즉 진실, 용기, 정의, 절제 등 그 자체는
어떤 특정한 관행의 내재적 가치를 달성 가능하게 하는 획득된 경향성
(acquired dispositions)이다. 매킨타이어가 의미하는 응분은 진정한 인간
적 삶의 목적(telos)에 따른 탁월성의 개념에 상응해서 어떤 특정한 사회
적 관행 속에 독특한 방식으로 존재한다. 모든 관행은 탁월성과 성취의
기준을 가지고 있으며, 모든 사람들이 그러한 기준에 의거해서 최고의
성취자가 최고의 보상을 받고 그 다음의 성취자는 그 다음의 보상을 받

는 방식으로 각자가 행위하고 사회가 영위될 때 정의는 달성된다. 다시 말하면, 사회의 모든 구성원들은 사회적 재화들이 응분에 따라서 분배되기를 기대하며, 그러한 응분은 공동선의 추구에 있어서의 상호 의존성을 그 기초로 한다. 매킨타이어는 자기의 입장을 다음과 같이 일목요연하게 정리한다.497)

"정의는, 아리스토텔레스적 견해에 따르면, 각자에게 그의 당연한 몫 혹은 응분의 보상을 주는 것으로 규정된다. 상을 받을 만하다는 것은 어떤 실질적인 방식으로 그러한 [관행 내재적] 선들의 성취에 공헌했다는 것을 의미하며, 그러한 선들의 공유와 공통적 추구는 인간 공동체의 기초를 마련해준다. 그러나 관행 내재적 선들도— 공동체를 형성하고 유지하는 관행에 내재적인 선들을 포함해서— 우리가 상대적 응분을 평가하려면 어떠한 방식으로든지 서열화되고 평가될 필요가 있다. 그래서 아리스토텔레스적 정의 개념의 실질적 적용은 관행 내재적인 선들과 아울러 그러한 다양한 선들을 벗어나는 어떤 [고차적] 선의 이해를 필요로 한다."

매킨타이어는 관행 내재적 선을 응분의 기준으로 삼음으로써 사회주의의 초석을 놓은 것처럼 보인다.498) 그는 기본적으로 자본주의가 지배인적 관료주의(managerial bureaucracy)의 이데올로기에 의거하고 있다고 신랄하게 비판한다. 관행 내재적 선과 외재적 선의 구분은 자본주의를 비판하는 또 다른 근거를 마련해준다.499) 그러나 자본주의적 시장경제에서 응분은 여전히 재화의 분배를 평가하는 중요한 기준이라고 해석될 수 있다.500)

그렇다면 매킨타이어의 이러한 완전주의적인 응분적 정의관은 자유주의적인 중립적 정의관과 어떻게 대비될 수 있는가? 매킨타이어는 정의 원칙에 대한 중립적 정당화는 존재할 수 없다고 본다. 왜냐하면 모든 정의관은 하나의 전통 속에 위치해 있고, 그러한 전통의 고유한 가치관을 구현하고 표출하는 것이기 때문이다. 따라서 선은 언제나 정당성에 우선한다. 문제는 자유주의적 전통에 의해서 구현된 선의 관념이 다른 관념, 즉 공동체주의자들의 관념에 비해서 합리적으로 우월하다고 주장하는 자유주의자들의 주장을 어떻게 반박할 수 있는가이다. 매킨타이어는 이러한 문제를 그의 저작 『누구의 정의인가? 어떤 합리성인가?』(1988)에서 상세히 다루고 있다. 『덕의 상실』에서와는 달리 이제 "자유주의는 하나의 전통으로 변형된다."[501] 그리고 이제는 아리스토텔레스적 전통보다는 토미즘의 전통이 더 중요시된다. 매킨타이어는 원죄와 신의 은총에 관한 토미즘적 전통이 인간의 가장 적절한 덕행을 정초하는 데 필요한 인간 본성에 대한 서술을 제공해준다고 주장한다.

여기서도 정의는 여전히 응분(desert)으로서 이해된다. "정의는 자신을 포함한 모든 사람에게 각자가 받아야 마땅한 것을 주고, 어떠한 사람도 그들의 응분과 양립되지 않는 방식으로 취급하지 않는 하나의 경향이다."[502] 그러나 매킨타이어의 정의 개념에 있어서 가장 중요한 초점은 아리스토텔레스적인 응분의 개념에서 적법성의 정의(justice as legality)라는 것이다. 즉 정의는 신법, 자연법, 그리고 실증법이 우리에게 요구하는 것을 행하는 것이라는 토미즘적 개념으로 옮겨가고 있다.[503] 그의 책 『도덕적 탐구의 경쟁적 입장들: 백과전서, 계보학, 전통』(1990)에서 매킨타이어는 도덕의 진정한 합리적 탐구는 특정한 유형의 도덕적 공동체와 전통의 구성원이 될 것을 요구한다고 주장하면서, 토미즘적 전통의 옹호를 더욱 공고히 하고 있다.[504] 요약적으로, 우리는 매킨타이어의 정의관을 전근대적인 완전주의적 정의관이라고 특징지을 수 있다.[505]

2) 마이클 월저: 평등주의적인 다원론적 정의

월저는 자신의 공동체주의적 정의관을 피력하고 있는 『정의의 영역』

(1983)에서 자유주의적 중립성론자들과 함께 완전주의와 공리주의적 추론에 대한 반감을 공유하고 있다.506) 그러나 그는 자유주의적 중립성론자들의 방법론적 개체주의(methodological individualism)를 거부한다. 평등과 다원론이라는 자유주의적 가치를 진정으로 실현하기 위해서는 한 사회의 정의 여부를 평가할 때 우리는 각각의 공동체가 채택하고 있는 상이한 기준들을 고려해야만 한다는 것이다. 그는 공동체가 우리의 도덕적 특성을 형성하는 것뿐만 아니라 우리의 다양한 정의관을 구성하는 것에 대해서도 강조한다. 사회적 가치들의 정의로운 분배는 사회구성원들이 그러한 가치들에 대해서 가지고 있는 공통된 이해에 달려 있다는 것이다. 이러한 이해가 사회구성원들이 거주하고 있는 공동체의 본성에 달려 있다고 생각하는 것은 당연할 것이다. 월저의 견해에 따르면, 공동체 사회의 구성원 자격 그 자체가 가장 중요한 가치다. 왜냐하면 그것은 사회적 가치에 대한 우리의 이해를 형성하고 우리의 다양한 정의관을 규정하기 때문이다.507)

월저는 이른바 보편적이고도 영원한 진리를 발견하기 위해서 사상가는 공동체와의 모든 유대를 끊고 자신을 유리시켜야 한다고 가정하는 유형의 철학적 추론에 대해서 반대한다.508) 우리에게 필요한 것은 보편적이고도 영원한 진리로서의 정의가 아니라, "지금 여기서의 [현 상황적] 정의(justice here and now)"라는 것이다.509) 월저는 비록 롤스의 보편주의적인 도덕 인식론을 거부하지만, 정의의 우선성과 그러한 정의의 실현은 현 사회에서 자유와 평등의 제도화로 이루어진다는 견해에 대해서는 동조한다.510) 그러나 월저는 평등을 인식하는 방식에서 롤스와 결별하고, 『정의의 영역』에서 사회정의에 관한 다원론적이고도 특수론적인 이론(pluralistic and particularistic theory)을 제시한다. 월저의 정의론의 목표는 "복합적 평등(complex equality)"을 실현하는 것이다.511)

이러한 복합적 평등은 상이한 사회적 가치들이 단일한 방식에 의해서

가 아니라 그러한 사회적 가치들의 다양성과 그것들에 부착되어 있는 의미들을 반영하는 다양한 영역적 기준들에 의해서 분배되도록 요구한다. 월저는 열한 가지의 분배 영역을 제시하고 있다. 즉 공동체 구성원의 자격, 안전과 복지, 부와 상품, 직장과 직위, 천하고 힘든 노동, 자유시간, 교육, 친족관계와 사랑, 신의 은총, 인정, 그리고 정치적 권력이 그것들이다. 이러한 각 영역들의 분배 기준을 간략히 요약하면, 국민의 자격은 기본적으로 국민들의 합의에 의해서, 사회적 안전과 의료혜택은 필요에 의해서, 화폐는 자유교환에 의해서, 공직은 공적에 의해서, 고되고 힘든 노동은 엄격한 평등에 의해서, 여가는 자유교환과 필요에 의해서, 기본교육은 엄격한 평등에 의하고 고등교육은 시장과 공적에 의해서, 가족과 사랑은 이타주의에 의해서, 종교적 은총은 자유로운 신앙의 추구와 헌신에 의해서, 사회적 인정은 자유롭고 자발적인 교환에 의해서, 정치적 권력은 설득력과 민주주의에 의해서 분배되어야 한다는 것이다. 평등은 모든 영역에 걸친 단순한 기계적 동일성은 아니다. 오히려 평등은 일련의 사회적 가치들에 의해서 매개된 인간들 사이의 복합적 관계라고 보는 것이 더 타당하다. 가장 중요한 것은 각 영역에 적합한 분배의 원칙을 위배하지 않는 것이며, 경제적 부처럼 한 영역에서의 성공이 다른 영역에서도 우세한 것이 될 가능성을 봉쇄하는 것이다. 따라서 월저에게 있어서 정의는 분배의 기준에 대한 해명과 적용의 문제뿐만이 아니라 상이한 영역들 사이의 구분과 경계의 문제도 포함한다. 이것은 어떠한 사회적 가치도 지배의 수단으로 사용되어서는 안 되므로, 한 사람의 손에 정치적 권력과 부와 명예와 특히 바람직한 직책과 직위들이 집중되어서는 안 된다는 것을 의미한다.

정치적 문제들에 대한 월저의 실질적 견해는 평등주의적이고도 민주주의적인 가치들에 대한 헌신을 반영한다. 월저는 그러한 가치들을 사회민주주의적 전통에 입각해서 논하면서 현재 미국의 권력과 이익의 구조를 비판하고 있다. 『정의의 영역』이 거의 끝날 즈음, 월저는 그의 실

질적인 정치적, 경제적 견해를 다음과 같이 요약한다.512)

　"나는 우리 사회의 적절한 사회적 구성방식이 탈중앙화된 민주적 사회주의라고 생각한다. 적어도 부분적으로는 지역 아마추어 관리들에 의해서 경영되는 강한 복지국가, 제한된 시장, 개방되고 계몽된 시민적 서비스, 독립적인 공립학교들, 근면과 여가의 공유, 종교적, 가족적 삶의 보호, 사회적 직위와 계층의 고려로부터 독립한 공공적 명예와 불명예의 체제, 회사와 공장의 노동자 통제, 복수정당, 사회운동, 회합, 그리고 공공적 토론의 정치."

　월저에게 "국가는 기본적으로 복지국가이어야만 한다."513) 그러나 그의 실질적 견해를 통해서 본 것처럼, 월저는 자본주의적 복지국가에서 머무르지 않고 사회민주주의적인 복지국가를 지향한다.

　그렇다면, 월저에게 있어서 정의의 신조는 무엇인가? 일견해서 볼 때, 월저는 다원론을 옹호하기 때문에, 고정된 정의의 신조가 없을 것으로 생각된다. 그러나 다원론이 제시된 모든 분배적 기준들을 수용하라거나 혹은 수혜자가 되어야 한다고 주장하는 모든 사람들에게 혜택을 주라고 요구하는 것이 아니므로, 우리에게는 다원적 선택을 정당화하고 그것에 제한을 가하는 원칙들이 있어야만 한다.514) 그는 자유교환, 응분, 그리고 필요가 가장 중요한 분배원칙의 기준이라고 본다. 이러한 세 가지 기준들은 『고타강령비판』에 나오는 마르크스의 유명한 분배법칙, "능력에 따라서 일하고, 필요에 따라서 분배받는다"의 변형으로 압축된다는 것이다.515) "각자는 그의 능력(혹은 자원)에 따라서 일하고, 그의 사회적으로 인정된 필요에 따라서 분배받는다."516) 이상의 논의를 통해서, 우리는 월저의 정의관을 사회민주주의를 위한 평등주의적인 다원론적 정의관이라고 요약할 수 있다.

3) 찰스 테일러: 공화주의적인 총체론적 정의

테일러는 샌델과 마찬가지로 자유주의적 자아관에 대한 공격을 통해서 공동체주의를 부각시키려고 한다.517) 테일러는 자유주의적 자아관이 소위 원자론적인 것으로서 개인의 자기충족성을 그 중요한 특성으로 간주하는 것으로 파악한다. 이러한 자유주의적 자아관은 인간을 근본적으로 사회의 품속에서만 그 본성을 실현하는 정치적 동물로 간주하는 아리스토텔레스적 인간관에 비하면 빈약하기 짝이 없다는 것이다. 노직의 저작들 속에서 가장 명백하게 표현된 자유주의자의 원자론적 자아관을 비판하면서, 테일러는 인격적 동일성의 사회적, 문화적, 역사적, 그리고 언어적 구성을 강조하는 상호 주관적인 관계적 자아관을 옹호하려고 노력한다.518) 이러한 그의 노력이 결실을 본 것이 『자아의 원천들』이다.519) 이 책에서 테일러는 자연적으로 본래적인 권리를 가진 것으로 생각되고 있는 근대적 개인은 사실상 유구하고도 착종된 역사적 발전의 결과이며, 또한 각자의 목표를 마음대로 선택할 수 있는 자유로운 근대적 개인의 존재도 오직 특정한 형태의 사회 속에서만 가능하다고 갈파한다.

테일러는 원자론적 개인주의자(로버트 노직)와 총체론적 집산주의자(칼 마르크스)의 양 뿔을 피해 갈 수 있는 제3의 방도를 찾으려고 한다. 그러한 제3의 방도는 훔볼트(Wilhelm von Humboldt) 등에 의해서 주장된 총체론적 개인주의자(holist individualists)의 입장이다. 테일러는 총체론적 개인주의가 주체적 인간의 (존재론적인) 사회적 형성을 충분히 인식할 뿐만 아니라, 동시에 자유와 개인적 차이를 높이 찬양하고 있는 사상적 조류라고 해석한다.520) 이러한 관점에서 테일러는 롤스의 정의론이, 특히 사회적 연합체들의 사회적 연합으로서의 공동체의 개념으로 볼 때, 훔볼트의 입장과 이론적으로 친화적이라고 생각한다.521) 테일러는 롤스의 이론이 원자론적은 아니라고 평가하면서, 롤스의 "차등의 원칙"을 아리스토텔레스적인 방식, 즉 인간의 가치에 대한 더욱 정교한 사회적, 역사적 견해를 통해서 보강하려고 한다.522) 따라서 우리는 테일러의 저작이 원자론적 개인주의에 대항하면서 복지국가가 마련하려고 하는 개인적 자유와 평등을 옹호하려는 시도라고 말할 수 있을 것이다. 테일러의 가장 영향력 있는 초기 논문 「원자론」은 "좌파 자유지상주의(left-libertarianism)"적 관점에서 노직의 "자유시장적 자유지상주의(free-market libertarianism)"를 비판하는 것이었다.523) 원자론적 개인주의에 대한 이러한 존재론적 비판의 효과는 오직 강한 공동체적 유대성을 공유하는 연고적 자아만이 평등주의적인 복지국가를 유지하는 데 필요한 상호 헌신감을 가질 수 있다는 점을 밝혀주는 것이다.524)

이상과 같은 논의를 통해서, 테일러는 가장 적절한 정치적 체제는 고대적 혹은 고전적 공화주의(ancient, or classical republicanism) 사회라고 주장한다.525) 고대적 혹은 고전적 공화주의적 사회는 다음과 같은 구체적인 모습으로 파악된다.526)

"그것은 대다수의 사람들이 그들의 경제활동을 영위함에 있어서 추구하는 주요한 가치들이 더 이상 개인적 재산이 아니라, 예를 들면, 어떤 공공적 목표 혹은 일 자체로부터의 본래적 만족이 되는 사회를 의미할 것이다. 혹은 그것은 사람들의 필요가 거의 없거나 제한되어 있는 사회로서, 그 속에서 삶의 수단에 대한 생산은 어떤 적절한 수준의 번영 이상이 되면 아무런 흥미도 없으며, 모든 잉여적 에너지가 다른 것들에 바쳐지는 사회, 즉 고대인들이 언급하고 루소가 꿈꾸었던 그런 유형의 사회가 될 것이다. 그러한 사회 속에서 사람들은 명예와 공공적 봉사와 직책, 즉 아리스토텔레스가 분배적 정의가 관여하는 주요한 사회적 선으로서 언급한 것에 대해서 더 큰 관심을 가질 것이며, 수입이나 부에 대해서는 더 작은 관심을 가질 것이다."

그렇다면, 그러한 사회에서의 정의원칙은 무엇일까? 여기에 관련해서, 테일러는 분배적 정의에 대한 단일한 원칙을 찾으려는 시도를 포기해야 한다고 주장한다. 왜냐하면, 근대사회는 상이하고 상호 환원될 수 없는 관점들이 착종되어 있으므로 하나의 일률적이고 보편적인 정의원칙에 의해서 평가될 수 없다는 것이다.527) 그렇다고 해서 테일러가 모든 분배적 정의의 원칙들이 타당하다고 주장하는 것은 아니다. 그는 정의가 통상적으로 동등한 몫(equal sharing)의 원칙과 (우리가 시민으로서 상호 의존하고 있다는 사실에 의해서 완화된) 기여(contribution)의 원칙에 적절한 비중을 두는 것이라고 조심스럽게 제안한다.528) 이러한 논의를 종합해볼 때, 우리는 테일러의 정의관을 공화주의적인 총체론적 정의관이라고 명명할 수 있다.

10. '자유주의 대 공동체주의 논쟁'의 자유주의적 종식과 공동체주의의 가능성

1) '자유주의 대 공동체주의 논쟁'의 자유주의적 종식

"자유주의의 자화상은 통상적으로 있는 그대로가 아니라 미화되어서 그려져 온 것이 사실이다."529) 공동체주의자들의 최대 공헌은 자유주의자들로 하여금 자유주의에 대한 솔직한 자화상을 그리도록 도와준 것이다. 그래서 공동체주의는 "자유주의 이후(post-liberalism)"의 철학일지언정, 결코 "자유주의 사후(a postmortem-liberalism)"의 철학일 수는 없다.530) 공동체주의가 자유주의 이후의 철학이라는 의미는 "공동체주의가 민주주의적 관행이 확립된 자유주의 전통 속에서 발전되어왔으며, 또한 공동체의 가치가 어떤 교정이 필요할 정도로 하락하도록 놔두는 자유주의 문화 속에서 발전되어왔다"는 것이다.531) 그러한 교정은 자유주의 속에서 이루어져야 하며, 그러한 교정이 자유주의 문화 자체를 위협한다는 것은 말도 안 되는 어불성설(語不成說)이다. 공동체를 들고 온다고 해서 '만병통치약'이나 '비책(nostrum)'이 되는 것은 아니다. 자유주의는 전통적으로 집회와 결사의 자유, 양심의 자유, 거주 이전의 자유를 통해서 다양한 종교, 사상, 도덕, 문화, 예술, 과학의 공동체와 지역적 공동체, 그리고 시민사회를 형성하도록 한다. 물론 자유주의는 공동체에서의 탈퇴와 공동체들 사이에서의 자유로운 이전도 보장하고 있다. 그런데 공동체주의는 흔히 자유주의의 공동체 형성과 보존에의 기여를 망각하고 있거나, 아니면 탈퇴나 이전 등 해체적 경향만을 강조하고 있다.

'자유주의 대 공동체주의 논쟁'은 자유주의적 자아관, 자유주의적 개인주의와 사회관, 자유주의의 중립성과 반완전주의, 자유주의적 보편주의, 그리고 자유주의와 현대사회 문제라는 다섯 가지의 쟁점으로 전개되었다. (1) 자유주의적 자아관은 공동체주의자들이 생각하듯이 순전히 무연고적, 무귀속적 자아로서의 존재론적 원자론이 아니다. 자유주의적 자아관은 가치관에 대한 합의가 없는 다원민주사회에서의 자유롭고 평등한 시민의 관점이라는 롤스의 정치적 자유주의의 자아관을 대변한 것이다. 이러한 자아관은 사적인 영역에서 공동체적 결부와 귀속을 인정한다. 그러나 자유주의적 자아관은 공동체적 결부와 구속도 개인이 처한 사회적 정황의 제약 아래서 비판되고 변경될 수 있다고 개인의 자율성을 여전히 강조한다. (2) 자유주의적 개인주의와 사회관은 공동체주의자들이 비판하듯이 순전히 자기 이익 추구를 지상 목적으로 하는 원자론적 개인들의 피상적인 협동관계인 도구적 사회가 아니다. 자유주의적 개인주의는 반사회적 개인주의가 아니라 가치와 의무와 책임의 원천은 개인에게 있다는 도덕적 개인주의다. 그러한 자유주의적 개인은 자기 이익 추구의 제약을 위한 공정한 사회적 협동체계를 수용함과 동시에 집회와 결사의 자유와 권리를 통해서 다양한 공동체를 형성하고 번성시킬 수 있다. (3) 자유주의의 중립성과 반완전주의는 공동체주의자들이 비판하듯이 자유주의적 개인주의만을 조장하는 위선성과 편협성만을 위한 것은 아니다. 자유주의의 중립성과 반완전주의는 근대 다원민주사회에서의 도덕체계와 정치체계에 대한 피할 수 없는 제약조건으로 보지 않으면 안 된다. 그러나 완전주의적 자유주의자들은 공동체주의자들의 비판에 부분적으로 동조하고 가치 있는 삶의 증진을 위해서 국가가 그러한 삶이 가능한 공동체와 배경 조건을 지원해야 한다고 생각한다. 그러나 이러한 완전주의적 자유주의자들의 주장은 국가완전주의로 나아갈 경우 개인의 자율성과 충돌되므로, 중립적 자유주의의 한계 내에서 간접적인 지원책이 되어야만 한다. (4) 자유주의적 보편주의는 공동체주의자들이 비판하듯이 역사적 공동체가 처한 특수성과 다원성을 무시하는 추상적이고 비현실적인 관점이 아니다. 자유주의적 보편주의는 서구 자유민주주의 사회의 공공적인 정치문화와 전통에 내재한 근본적인 직관적 신념들을 배경으로 구성된 것이다. 그러나 이러한 출발점도 공동체주의자들이 빠지기 쉬운 상대주의적이고 보수주의적인 관점을 극복하기 위해서는 최소한의 공정성과 불편부당성을 보장하는 비판적인 입각지를 갖지 않으면 안 된다. 롤스의 정치적 자유주의는 이러한 인식 아래 다양한 포괄적인 도덕적, 종교적, 철학적 교설들 사이에서 중첩적 합의를 추구하는 보편적인 관점으로 이해될 수 있다.532) 따라서 롤스의 정치적 자유주의는 공동체주의보다도 더 공동체주의적이 될 수 있다는 해석도 가능하다.533) (5) 자유주의와 현대사회의 문제에 대해서 자유주의자들은 현대사회의 결속을 해치는 최대의 적은 개인주의가 아니라 오히려 집단적 감정, 이념적 갈등, 인종적, 종교적, 지역적 편견과 오만에 기초한 공동연대라고 논박하면서 자유주의를 방어한다. 그리고 자유주의자들은 공동체주의자들이 한탄하는 자유주의적 개인주의의 다양한 문화적 현상은 병폐로만 볼 수는 없고 근대 다원민주사회의 피할 수 없는 상실에 대한 현실적 귀결이라고 답변한다.

공동체주의자들의 비판에 대해서 자유주의자들은 이상과 같은 방어적 대응과 자유주의에 대한 적극적 재구성을 시도함과 아울러 공동체주의자들에게 다양한 직접적인 역공을 가한다. 자유주의자들은 대체로 자유주의가 가진 문제점을 인정하기는 하지만, 공동체주의적 대안은 더 참혹한 결과를 야기할 것이라고 응수한다. 우선 공동체주의는 공동체 개념과 공동체 구성의 현실적 방안에 관련된 신뢰할 만한 대안을 결코 제시한 적이 없다는 사실이 지적된다. 설령 공동체주의적 대안이 명료화된다고 해도 그것은 현대사회에서는 부적절한 낭만주의적 노스탤지어에 불과하거나, 롤스의 정치적 자유주의가 밝힌 것처럼 근대 다원민주사회에서는 부적절한 포괄적인 도덕적 교설의 하나로서 충분한 사회적 합의를 이끌어낼 수 없다. 이어서 자유주의자들은 공동체주의가 규범적으로도 방법론적으로도 다양한 딜레마에 봉착하여 헤어날 수 없음을 지적한다. 공동체주의는 공동선의 정치를 주장함으로써 전체주의, 보수주의, 혹은 다수결 횡포의 함축성을 지닌다. 그러나 공동체주의는 자유주의에 의존하고 않고서는 이러한 함축성에서 벗어날 수 없다. 방법론적으로 볼 때 공동체주의는 공동체의 관행과 가치와 전통에 도덕적 준거를 두고 있는 한, 건전한 사회비판을 수행할 수 없는 보수주의적이고도 상대주의적 입장에서 헤어나지 못한다. 이러한 방법론적 딜레마는 더 정교한 철학적 방법론상의 딜레마인 "단순 공동체주의자의 딜레마"와 "해석학적 순환"으로 재구성되었다. 특히 자유주의 이론과 자유주의 사회의 관계에 대한 공동체주의자들의 모순된 두 가지 비판과 주장, 즉 공동체의 상실과 원자론적 개인, 혹은 공동체의 암묵적 존속과 자아정체성의 구성적 결부, 그리고 그에 상응해서 전개된, 현대사회에 대한 정확한 이론적 반영과 부정확한 이론적 반영으로서의 자유주의에 대한 비판은 동시에 옳을 수 없다는 것이 지적되었다.

공동체주의자들의 자유주의에 관한 비판들에 대한 자유주의자들의 대응과 그들의 자유주의의 적극적인 재구성 노력과 아울러 공동체주의에 대한 역공을 종합적으로 평가한 결과, 자유주의는 공동체주의의 도전을 물리칠 만한 이론적, 현실적 역량을 가지고 있으므로 아직 건재하다고 결론을 내려도 좋을 것 같다. 그러나 그렇다고 해서 공동체주의가 사라졌다거나 현대사회에서 소용이 없다고 주장하는 것은 아니다.

이상과 같은 '자유주의 대 공동체주의 논쟁'에 대해서 한편에서는 이 논쟁이 더욱 확산일로에 있다고 주장되기도 하고, 다른 한편에서는 이미 논쟁은 끝났고, 양자는 상호 수렴하고 있다고 지적되기도 한다.[534] 그렇지만 대체로 그 논쟁의 결과, 자유주의와 공동체주의는 극도의 양극화 또는 이원론의 횡포로부터 벗어나야 한다는 시각이 정립된 것도 사실이다.[535] 따라서 자유주의는 지역적이고 민족적이고 인종적인 역사, 문화, 언어, 종교의 담지체인 공동체의 존속과 공동선의 추구에 더 많은 관심을 기울이게 되었으며, 공동체주의도 개인의 인권과 자율성을 보호하는 공동체의 개념 정립과 공동체 실현의 다양한 현실적 전략에 대해 더 많은 관심을 보이고 있는 것도 사실이다. 물론 개인의 자율성과 공동체의 질서는 모든 형태의 사회에 내재해 있는 본질적인 갈등적 딜레마이지만, 현실적으로 어느 정도 그 갈등을 조정하고 절충할 수 있느냐 하는 것은 각 공동체의 구성원들이 처한 시대적 상황과 사회적 역량에 달려 있는 것이다. 자유주의와 공동체주의는 한 사회의 구성원이 가지는 자기정체성의 중요한 두 가지 요소로서, 그러한 자기정체성이 하나의 통일적 인간관계로 형성, 발전되기 위해서는 통합적으로 고려되지 않으면 안 될 것이다.

이 논쟁을 우리 한국사회에 적용시켜본다면, 우리에게는 어쩌면 자유주의적 개인주의의 폐해를 공동체주의적으로 보완해야 하기보다는, 오히려 지연, 혈연, 학연이라는 전근대적인 폐쇄적 연고주의와 지역감정과 집단이기주의를 타파하기 위해서도 공적 영역에서 개개인의 능력과 창조성과 인권이 존중되는 자유주의가 확대되어야 할 것으로 생각된다. 그러나 우리는 사적 영역에서 각종의 연고적 공동체 속에서 서로 인정을 나누면서 그 끈끈한 삶의 유대와 정감을 지속해왔던 공동체주의적 삶도 버릴 수 없는 것처럼 보인다. 이제 출산율의 저하와 가족의 해체 등으로 말미암아 고속으로 초고령사회로 진입할 것으로 예상되는 우리

한국사회에서 가장 기초적인 사회적 공동체인 가족 공동체의 지속과 복원은 중대한 시대적 과제로 다가오고 있다. 그러나 우리 모두가 예견하듯이 그러한 시대적 과제는 결코 개인의 자율성을 억압하는 반자유주의적인 방식으로는 달성될 수 없을 것이다. 그것은 자유주의적 남녀평등을 기반으로 출산과 육아에 대한 개인적 욕구와 동기를 강화함과 아울러 경제적, 사회적 유인과 복지 지원도 충분히 제공되는 사회적 배경의 형성에 달려 있을 것이다.

2) 현대사회에서 공동체주의의 가능성

공동체주의의 이론적, 현실적 유효성은 자유주의적 개인주의 문화가 그 지리적, 사회적, 가족적, 정치적 유동성으로 말미암아 공동체의 해체를 조장할 때 끊임없이 등장하는 재발적 교정에서 찾을 수 있지, 자유주의에 대한 전면적 대체에서 찾을 수 있는 것은 아니다. 공동체주의의 유효성은 자유주의의 제약 아래 다음 네 가지 관점에서 찾을 수 있으며, 이러한 네 가지 관점의 실현은 현대 규범철학의 중대한 과제가 될 것이다. 첫째, 공동체주의는 지구화 시대를 맞이하여 전 지구적인 공동체의 실현과 국가의 쇠퇴에 대비할 중간적인 사회적 단위로서 여전히 중요할 것이다. 둘째, 공동체주의는 문화다원주의 시대에 각종의 문화에 대한 지속과 유전을 담당할 중요한 지역적, 민족적, 결사적 공동체의 기반으로서 중요할 것이다. 셋째, 공동체주의는 국가와 시장으로 말미암아 초래된 생태위기를 해결하기 위한 환경 친화적 공동체의 실현 가능성 때문에 중시될 것이다. 넷째, 공동체주의는 정보통신사회에서 컴퓨터 매개 커뮤니케이션(computer-mediated communication, CMC)을 통해 다양한 순수 관심 공동체의 대두와 정치적 결사와 동원의 표출 방식으로 중요하게 작동할 것이다. 그리고 기왕에 있었던 많은 블로그들과 함께, 최근에 등장하고 있는 트위터, 페이스북, 카카오톡, 라인, 밴드 등 다양한 소셜 네트워크 서비스(social network services, SNS)도 많은 팔로워 (follower)들을 거느리고 있어 정보통신사회에서 새로운 공동체주의의 출현의 견인차가 될 것이다.536) 최근 "플래시 몹(flash mob)" 현상이 두 드러지는데, 불특정 다수의 사람들이 이메일과 휴대전화 문자 메시지를 통해 특정한 날짜, 시간, 장소를 정한 뒤 모인 다음, 약속된 행동을 하고 아무 일 없었다는 듯이 흩어지는 모임이나 행위를 말한다. 이러한 플래 시 몹은 인터넷을 이용해 온라인 공동체가 오프라인, 즉 현실세계로 나 오는 공동체의 한 경향으로도 정의된다.537) 그러나 온라인 공동체의 가 능성은 익명성이 보장되는 인터넷에서 익명성이 인터넷 사용자들에게 개방적 태도를 유발하지만 도덕적 규범의 해이를 결과하지 않도록 어떻 게 조정할 수 있느냐에 달려 있다.

사이버 공간에서는 한편으로 볼 때, 익명성으로 인하여 의견을 자유 롭게 표현하고 도덕적 구속력이 적어져 더 개방적인 태도를 가지게 되 는 "양성적 탈금제 효과(benign disinhibition effect)"가 나타난다. 아울러 다른 한편으로, 개인의 정체가 뚜렷이 드러나는 현실세계에 비해서 개 인의 행동에 대한 책임을 묻거나 강제력을 동원할 수 없어서 발생하는 각종의 "악성적 탈금제 효과(toxic disinhibition effect)"도 두드러지게 나 타나는 것이다.538) 따라서 사이버스페이스는 도덕적 자유지대(morality-free-zone) 혹은 윤리적 진공상태(ethical vacuum)로서의 "익명의 바다"라 고 폄하되기도 한다. 이러한 사이버 공간에서의 익명성과 탈금제 효과 는 자유로운 의견의 표현과 다양한 자아정체성의 실험과 새로운 인간관 계의 형성을 가능하게 해주지만 신뢰감의 상실과 무책임성과 무절제를 조장할 수 있다. 또한 자유로운 의견의 개진은 새로운 아이디어의 창출 에는 효과적이지만 합의나 의사결정에서의 비효율을 초래할 수도 있다. 익명적 사이버 공간이 제공하는 개방성과 다양성은 그 자체로서의 가치 뿐만 아니라 평등한 대화 상황의 형성이라든지 온라인상에서의 사회적 항의 가능성과 민주적 참여 기회의 확대라는 긍정적인 측면을 포함하고

있지만, 집단의 경계가 개방됨으로써 개인 행위에 대한 집단 규범의 영향력이 약화된다.539)

우리는 서문에서 인간은 정의감을 가지고 있지만 동시에 부정의하게 행위하려는 여러 가지 악에의 충동도 만만치 않다는 것을 언급했다. 그중에서도 플라톤이 『국가』에서 언급한 돌리면 몸이 보이지 않는 "기게스의 반지"가 사용되는 익명성(anonymity)의 상황에서는 도덕적 제약과 구속력이 매우 해이해진다. 이러한 상황은 인터넷 상에서 극명하게 드러난다. 그러면 익명성의 문제와 도덕규범의 구속력 문제를 탐구해보기로 하자.540)

3) 사이버 공동체에서 익명성의 문제와 도덕규범의 구속력

(1) 플라톤의 기게스의 반지 신화: 익명성의 신화적 원형

판타지 액션 영화 「반지의 제왕: 왕의 귀환」(뉴질랜드, 미국, 2003)은 「반지의 제왕」 시리즈의 3편으로, 3부작 중 최고의 영화라고 찬사를 받으며 전 세계에서 8억 5천만 달러의 흥행을 돌파하고 우리나라에서도 6백만 관객을 동원하였다. 1편 「반지의 제왕: 반지 원정대」(2001), 2편 「반지의 제왕: 두 개의 탑」(2002)을 모두 합하면 그 흥행은 미증유의 기록일 것이다. 그 반지를 끼면 보이지 않게 되고 또 어둠 속에서도 환히 볼 수 있는 등 무소불위의 힘을 갖게 되는 절대반지를 둘러싸고 벌어지는 흥미진진한 모험과 무용담은 컴퓨터 그래픽의 영상 효과를 통해 우리의 마음속에 엄청난 판타지의 장을 각인시켜주었던 것이다. 이렇게 「반지의 제왕」 시리즈가 인류의 커다란 관심을 끌게 된 것은 우연이 아닐 것이다. 그것은 칼 융(Carl G. Jung)이 주창했던 것처럼, 인류의 집단적 무의식 속에 자리 잡은 "반지의 제왕" 신화의 "원형(archetype)"이 있었기 때문에 가능했을 것이다.541)

"반지의 제왕" 신화의 원형은 플라톤의 『국가』 제2권에 등장하는 "기게스의 반지(the Ring of Gyges)" 신화다.542) 『국가』 제2권의 논의는 글라우콘(Glaukon)의 강력한 논변으로 시작된다. 소크라테스에 대한 그의 도전은 옳지 않은 행위에 따르는 피해, 즉 처벌에 대한 두려움 때문에 옳은 행동을 하게 된다는 생각의 잘못됨을 밝힘과 아울러 정의로움은 그 자체로 추구되어야 함을 논증해야 한다는 것이다. 즉 옳지 않은 행동에는 벌이 뒤따를 것이라는 통상적인 두려움이 없는 상태에서도 인간이 올바른 행위를 선택함을 입증해야만 한다는 것이다.

"올바름을 실천하는 사람들일지라도, 그걸 그들이 실천하는 것은 올바르지 못한 짓을 저지를 수 없는 무능 때문에 마지못해서 하는 것이라는 점은, 우리가 머릿속으로 다음과 같은 상정을 해보면, 가장 잘 알아볼 수 있을 겁니다. 각자에게, 즉 올바른 사람에게도 올바르지 못한 사람에게도 각자가 하고 싶은 것은 무엇이나 할 수 있는 자유를 부여한 다음, 각자의 욕망이 각자를 어디로 이끌고 가는지를, 그들을 따라가며, 관찰해볼 수 있을 것입니다. 그러면 우리는 올바른 사람도 그 탐욕 때문에 올바르지 못한 사람과 똑같은 방향으로 가고 있는 곳을 현행 중에 포착하게 될 겁니다. 이는 모든 천성이 좋은 것으로서 본디 좇기 마련인 방향이지만 법에 의해서 강제로 평등에 대한 존중 쪽으로 천성이 유도되는 것일 뿐입니다."(359b-c)

여기서 처벌과 제재에 대한 그러한 두려움을 제거하는 가능성으로 "기게스의 반지" 전설이 도입되는데, 이것은 제10권에 언급되는 "하데스의 모자(Hades' Cap)"(612b)와 함께 자신의 정체성이 드러나 보이지 않을 수 있는 가능성을 설정하기 위한 것이다.543) 이러한 신통력을 가정하는 일은 그렇게 가정함으로써 사회적 관습(nomos)에서 비롯하는 모든 제약이 제거될 경우 사람들이 취할지 모를, 있는 그대로의 모습을 노출시키기 위한 것이다.544) "기게스의 반지" 신화는 다음과 같이 서술된다.

"제가 말씀드리고 있는 그 멋대로 할 수 있는 자유는 가령 옛날에 리디아인 기게스의 조상에게 생겼다고 사람들이 말하는 그러한 힘이 이들 두 사람에게 생길 경우에 가장 제격일 것입니다. 사실 그는 당시의 리디아의 통치자에게 고용된 목자였다고 하죠. 심한 뇌우와 지진이 있고 나서, 땅이 갈라지더니, 그가 양들에게 풀을 먹이고 있던 곳에도 갈라진 틈이 생겼다죠. 이를 보고 놀라워하면서 그는 아래로 내려갔죠. 이윽고 그는 사람들이 이야기로 전하는 다른 여러 가지의 놀라운 것도 보았지만, 또한 속이 비고 자그만 문들이 달린 청동 말 한 필을 보았고요. 그가 그 문 아래로 몸을 구부리고서 안을 들여다보니까, 사람 크기보다도 더 커 보이는 송장이 그 속에 있는 게 보였는데, 이 송장은 다른 것은 아무것도 걸친 것이 없이, 다만 손가락에 금반지를 끼고 있었고, 그는 그것을 빼 밖으로 나왔죠. 한데, 왕에게 양들에 관한 일을 보고하기 위해서 목자들이 늘 갖는 모임이 마침 있게 되었을 때, 그 역시 참석했는데, 그 반지를 끼고서였다죠. 다른 사람들과 함께 자리에 앉아 있던 그는 우연히도 반지의 보석받이(거미발)를 자신을 향해 손 안쪽으로 돌렸는데, 이 일이 있자 그 자신이 동석한 사람들에게 보이지 않게 되어, 그들은 그에 관해서 마치 떠나버린 사람에 관해서 말하듯 대화를 하였다죠. 이에 놀란 그가 다시 그 반지를 만지작거리면서 보석받이를 밖으로 향하게 돌렸더니 이 돌림과 함께 자신이 보이게 되었고요. 이를 알아차린 그는 과연 그 반지가 그런 힘을 지니고 있는지를 시험해보았는데, 역시 그에게 같은 일이, 즉 보석받이를 안쪽으로 돌리면 그가 보이지 않게 되나, 바깥으로 돌리면 보이게 되는 사태가 일어났다고 하죠. 이를 확인하게 된 그는 왕한테로 가는 사자들 속에 자신도 끼이게 곧바로 일을 꾸며서는, 그곳으로 가서 왕비와 간통을 한 후에 왕비와 더불어 왕을 덮쳐 살해한 다음, 왕국을 장악했다고 합니다."(359c-360b)

이러한 "기게스의 반지" 신화가 주는 철학적 의미는 곧 이어서 다음과 같은 논증으로 전개된다.

"그러니, 만약에 이런 반지가 두 개 생겨서 하나는 올바른 사람이, 그리고 다른 하나는 올바르지 못한 사람이 끼게 된다면, 그런 경우 올바름 속에 머무르면서 남의 것을 멀리하고 그것에 손을 대지 않을 정도로 그처럼 철석같은 마음을 유지할 사람은 아무도 없을 것같이 생각됩니다. 말하자면 시장에서 자기가 갖고 싶은 것은 무엇이든지 두려움 없이 가질 수 있고, 또 어느 집에서든지 들어가서 자기가 원하는 사람이면 누구와도 교접할 수 있다면, 그리고 또 자기가 그러고 싶은 사람이면 누구든 죽이거나 속박에서 풀어줄 수 있으며, 또한 그 밖의 여러가지에 있어서 인간들 사이에서 신과도 같은 존재로서 행세할 수 있다면 말씀입니다. 이처럼 행동할진대, 그는 다른 한쪽 사람과 조금도 다를 것이 없을 것이고, 양쪽 다가 똑같은 방향으로 갈 겁니다. 하지만 이것이야말로 누군가가, 올바름이 개인적으로는 좋은 것이 못 되기에, 아무도 자발적으로 올바르려고 하지 않고 부득이해서 그렇게 되는 것이라는 데 대한 강력한 증거로 주장함직도 합니다."(360b-c)

소크라테스는 철학사에서 잘 알려진 대로 이성, 기개, 욕망으로 삼분된 영혼이 이성적 지혜에 의해서 통괄됨으로써 기개에 의한 용기가 적당히 조절되고, 또한 욕망의 실현이 적절한 범위에서 절제될 수 있다고 보았다. 이때 영혼은 각각의 주어진 기능을 잘 수행할 뿐만 아니라 조화를 이루게 된다. 이러한 이성적 지혜에 의한 영혼의 조화와 내적 질서는 한 개인으로 하여금 정의로운 행동을 그 자체로서 행할 수 있는 내적 통제력과 도덕적 구속력을 갖게 한다. 따라서 그 자체로서 정의로운 행위를 하는 것은 영혼의 조화를 외부적으로 구현하는 방식이 된다. 이러한 외부적 구현 방식은 결국 국가 사회로 확대 유추되어 이성적 지혜를 가진 지배자 계급이 기개에 의거하는 수호자 계급과 욕망의 절제에 의거하는 생산자 계급을 통괄하고 지배할 때 최선의 조화롭고 정의로운 사회가 실현된다는 사회정의론으로 나타난다. 결국 정의를 그 자체로 실현하는 것은 개인적 영혼과 사회적 계층의 조화를 실현하는 최선의 이중적 선이 된다. 여기서 대부분의 사람들은 보지 못하는 선의 이데아(*eidos*, idea)를 이성적 지혜를 통해 인식하는 사람만이 철학자이고 또 그러한 철학자만이 선의 이데아를 궁극적으로 현실세계에 실현할 수 있으므로 국가의 통치자가 되어야 한다는 그 유명한 철인왕론이 등장하게된다. 이러한 긴 논증 끝에 『국가』 제10권에서 소크라테스는 다음과 같이 말한다.

"우리는 '올바름'이 그 자체로 혼 자체를 위해서 최선의 것임을 알게되었으며, 혼으로서는, 자기가 '기게스의 반지'를 가졌건 갖지 않았건간에, 그리고 그런 반지에 더하여 '보이지 않게 하는 (하데스의) 모자'를 가졌건 갖지 않았건 간에, 올바른 것들을 행하여야만 한다는 것을알게 되지 않았는가?"(612b)

이러한 "기게스의 반지" 신화는 원래 헤로도토스(Herodotos)의 『역사』 1권에 서술되었던 "리디아의 고사"로까지 소급될 수 있다.545) 그책에는 기게스가 리디아의 왕이 된 내력이 다음과 같이 기술되어 있다.

기게스는 원래 리디아의 왕 칸다울레스(Candaules)의 측신이었다. 그런데 왕은 자신의 왕비를 이 세상에서 가장 아름다운 여인이라고 확신하고 마냥 칭찬하였다. 왕은 그것을 말로만이 아니라 실제로 증명해 보이기 위해 기게스로 하여금 왕의 침소에 숨어 왕비의 벗은 모습을 볼것을 요구한다. 기게스가 그러한 법도에 어긋난 명령을 거두어줄 것을요청하나 받아들여지지 않는다. 기게스는 할 수 없이 그렇게 하는데, 문제의 발단은 왕비의 벗은 모습을 보고 나서 침소를 빠져나오다가 그만왕비에게 발각되고 만 것이다. 다음 날 왕비는 그를 불러 양자택일을 요구한다. 즉, 기게스가 칸다울레스를 죽이고 왕비와 함께 왕국을 차지하든지, 아니면 앞으로 왕의 명령에 무작정 복종해서 보아서는 안 되는 것을 보는 일이 다시 발생하지 않도록 그를 당장 죽인다는 것이다.546) 결국 기게스는 전자를 선택하여 칸다울레스가 숨어 있으라고 한 바로 그 자리에 숨었다가 왕을 죽이고 왕위에 오른다. 그리하여 그는 리디아 최초의 참주(僭主, tyrannos), 즉 비합법적 수단으로 권력을 획득한 독재적 지배자가 된다. 기게스의 힘의 원천은 결국 자신은 보이지 않으면서 대상을 볼 수 있는 데에 있었던 것이다.547)

이러한 익명성(anonymity)과 불가시성에 관련된 처벌받지 않을 가능성과 완전범죄의 이야기가 서양에만 있었던 것은 아니다.548) 불교 설화 "용수의 가면"은 익명성이 주는 절대적 자유와 힘을 통해 인간이 어떻게 도덕적 구속력과 사회적 제약을 벗어던질 수 있는지를 다시 한 번 잘 웅변해주고 있다. 용수(龍樹, 나가르주나)는 불교철학사의 주요 흐름인 중관철학, 즉 중도의 진리를 관찰하려는 유파를 대표하는 학자다. 젊은 시절 용수는 자신의 친구와 함께 자신들의 몸을 숨길 수 있는 도술을 부려서 상상도 할 수 없는 온갖 일을 저지른다는 내용이 "용수의 가면" 설화에 잘 나타나 있다.549)

(2) 투명인간과 할로우 맨: 익명성 문제의 현대적 유전

"기게스의 반지" 신화는 이렇게 하나의 원형으로 정착되어 영국의 작가 허버트 웰스(Herbert G. Wells)의 『투명인간(*The Invisible Man*)』에서 다시 나타난다. 이 작품은 그의 대표적인 공상과학소설의 하나로 1897년에 발표되었다. 인체의 세포에 유리와 같은 빛의 굴절도를 주어서 타인의 눈에 보이지 않게 하는 약품을 발명한 사나이가 자기 육체가 보이지 않게 되는 것을 악용하여 재산과 권력을 차지하려고 온갖 악행을 자행하다가 끝내는 궁지에 몰려 죽게 된다는 것이 그 스토리다.550) 투명인간의 도덕적 말로가 비참했다는 교훈은 커다란 인기를 끌었던 영화 「할로우 맨(Hollow Man)」(미국, 독일, 2000)에서 다시 반복된다. 1편보다는 못하지만 「할로우 맨 II」(미국, 2006)도 만들어져 상영되었다.551)

「로보캅」, 「토털 리콜」, 「원초적 본능」, 「쇼걸」에 이르기까지 화려한 볼거리와 자극적인 소재로 광기와 폭력의 현장을 생생하게 그려온 폴 버호벤(Paul Verhoeven) 감독은 「할로우 맨」에서 뛰어난 컴퓨터 그래픽 기술로 완벽하게 투명인간을 형상화함으로써 그 고전적 소재를 현대적인 SF 스릴러물로 재구성했다. 과연 인간은 자신의 존재가 타인에게 드러나지 않는다면 어떠한 악행도 자행할 수밖에 없는가? 인간은 단지 자신의 정체가 드러났을 때만 사회규약 앞에서 도덕적인 존재가 되는가? 영화 「할로우 맨」은 이러한 중대한 철학적인 질문을 던진다고 볼 수 있다. 천재 과학자 세바스찬의 과학에 대한 과도한 집념과 광기가 투명인간을 만들어내고, 그러한 투명인간이 사회의 규제에서 벗어나 벌이는 사악함의 전말이 적나라하게 묘사되고 있는 것이 영화의 기본 줄거리다. 누구나 한번쯤 상상해볼 만한 행위를 답습함으로써 투명인간이란 존재, 즉 행동의 제약, 나아가 사회의 규제로부터 벗어난 존재가 주는 공포와 그 한계를 다시 한 번 생각하게 한다.

천재 과학자 세바스찬은 투명인간이 되어 잠자는 투명인간 연구팀 여자 동료의 젖가슴을 만지는 유치한 행위를 한다. 그런데 애인이었던 여자 동료의 성관계를 목격하고 점점 포학해져서 옆집 여인을 강간하고 사람들을 죽이게 된다. 연구팀 동료들이 상부에 보고하고 체포하려고 하자 세바스찬은 동료들을 몰살시키려고 하면서 이들 사이에 죽음의 게임이 시작된다. 세바스찬이 처음에 행했던 유치한 행위는 우리가 한번쯤 상상해본 호기심, 내 몸이 보이지 않는다면 가장 먼저 대중목욕탕에 가보고 싶다는 원초적 욕망의 호기심인 것이다. 이것은 우리가 이미 헤로도토스의 『역사』에 나오는 "리디아의 고사"에서 익히 보았던 소재가 아닌가. 만약 우리가 투명인간이 된다면 무엇을 하고 싶은가? 어린 시절 한번쯤은 상상해보았을 이 흥미로운 질문 앞에 많은 사람들은 재빨리 머리를 굴려 다양한 상상의 세계를 펼쳐 보일 것이다. 아무도 나의 행동을 볼 수 없고, 제재할 수 없다면 우리는 무엇이든지 할 수 있고 어디든

갈 수 있을 것이다. 이 야릇한 흥분과 완전한 자유가 주는 결과에 대해 인간은 끊임없는 호기심을 보여왔고, 다양한 상상물을 만들어냈다. 보이지 않게 만드는 도깨비감투를 빌려와 곤경에 처한 사람을 도와준다는 전래동화에서부터 과학의 발전이 빚어낸 도덕적 혼란을 그린 소설에 이르기까지, 투명인간은 수세기 동안 이어져온 매혹적인 상상의 소재인 것이다.552)

(3) 사이버 공간에서의 투명인간 해프닝

이제 투명인간의 가능성은 익명성이 보장되는 사이버 공간에서 실제로 구현된다. 최근 경찰과 네티즌 사이에 '사생활 침해'와 관련해서 많은 논란을 불러일으켰던 사건이 있다. 인터넷 화상 채팅 사이트를 통해 자신의 은밀한 부위를 다른 사람에게 보여주며 사이버 섹스에 탐닉해온 네티즌들이 무더기로 경찰에 적발되었던 것이다. 경찰이 음란 화상 채팅을 이유로 성인을 검거하기는 이번이 처음이었다고 한다. 피의자들은 "성인 인증이 되어야 입장 가능한 채팅방에서 우리끼리 즐긴 것뿐인데 어떻게 죄가 될 수 있느냐"고 항변하였지만, 경찰의 한 관계자는 "조사 결과 불특정 네티즌들이 프로그램 상 '투명인간' 기능을 구입해 다른 사람의 음란 화상 채팅 장면을 볼 수 있다는 것을 피의자 자신들도 알고 있었고 또한 그것을 조장했기 때문에 입건할 수 있었다"고 설명했다. 1,500원을 내면 한 시간 동안 사용할 수 있는 '투명인간' 기능은 '개설자'의 허가가 있어야 있는 들어갈 수 있는 대화방에 자신의 존재를 드러내지 않고 입장하여, 다른 사람이 화상 채팅하는 화면을 지켜볼 수 있게 하는 것이다. 결국 사이버섹스 화상 채팅방에서의 투명인간의 출현은 기게스에게 왕비의 벗은 몸을 보게 했던 "리디아의 고사"가 다시 재현되고 있는 셈이다.553)

그렇다면 익명성과 도덕규범의 구속력 간의 문제는 인류의 가장 고색

창연한 문제임과 동시에 사이버스페이스라는 가상현실 속에서 가장 초현대적인 혹은 포스트모던적인 문제가 되고 있는 셈이다. 이것이 바로 우리가 고전에 주목해야 할 이유가 된다. 고전은 어떤 의미에서 "과거의 미래(the future of the past)"를 적나라하게 드러낸다. 이러한 의미에서 컴퓨터 혹은 사이버 윤리학의 정체성과 위상에 대한 철학자 데보라 존슨(Deborah Johnson)의 견해는 적절하다고 평가된다. 그녀는 컴퓨터 혹은 사이버 윤리학이 완전히 새롭고 독특한 것이 아니라 기존의 윤리학설을 상황에 따라 적절히 적용하거나 혹은 재해석함으로써 가능하다고 주장한 바 있다. 즉 정보통신사회의 문제들은 일반적인 도덕적 문제들(generic moral issues)의 새로운 종(new species)이라는 것이다.554)

온라인상에서나 오프라인상에서 자기공개(self-disclosure)와 자기은닉(self-concealment) 사이의 건전한 균형을 유지하는 것은 이제 포스트모던적 사이버 시대를 살아가는 우리에게 주어진 최대의 (헤로도토스와 플라톤으로부터 유전된) 고색창연한 윤리적 과제가 되었다. 익명성에 대한 우리 인간의 전반적인 두려움은 결국 보이지 않는 적과 낯선 사람들, 무명의 서러움과 더 나아가서 우리 인간의 최종적 익명성인 죽음을 통한 영원한 망각 때문에 오는 것은 아닐까. 살아 있는 동안 우리의 익명성은 우리의 자아 속에 자리 잡은 우리 자신의 그림자, 즉 억압되어 해방을 간절히 기다리는 동물적 욕망을 상징한다. 그렇다면 익명성의 문제는 결국 우리 인간이 인간이면서 동시에 동물이라는 평범한 진리를 다시 한 번 자각하게 만든다. 그것은 우리가 매일 경험하는 낮과 밤의 교차처럼 우리 인간사회에서 영원히 존재할 것이다.555)

또한 익명성의 문제는 이 세계 속에 우리 자신들만이 아니라 타인들도 존재한다는 또 하나의 평범한 진리를 깨닫게 만든다. "불의를 처벌받지 않고 행할 권리"로서의 기게스의 반지는 더 이상 존재해서는 안 될 것이다. 「반지의 제왕」의 완결편 3부 「왕의 귀환」에서 그 귀환은 결국 12번째 절대반지가 그것이 만들어진 "불의 산"의 용암 속에서 녹아 없어진 뒤에야 비로소 가능하지 않았는가. 그렇지만 반지에 대한 선택은 여전히 우리의 몫이다. 강요된 실명제는 억지로 반지를 빼는 꼴이 될 것이다. 물론 악의 세력은 척결해야겠지만, 신과 악마 사이의 중간계에 존재하는 우리는 인간이 자발적인 도덕적 존재가 될 때까지 기다려야 한다. 왜냐하면 때로 혼자 있고 싶은 익명성이 주는 프라이버시 속에서 "타인의 시선은 지옥"이지만, 그래도 우리는 때때로 그러한 타인의 시선과 관심을 그리워하는 존재이기도 하기 때문이다.

만일 우리가 단 한 번뿐인 우리 삶의 그러한 실존적 양상을 분명히 이해한다면 타인의 시선의 관점에서 오는 도덕감과 자제력으로 행위하게 될 것이다. 비로소 그때 우리는 현실 공간과 끊임없는 피드백을 유지하는 사이버 공간을 통해 우리 세대의 삶의 질을 높이고, 우리 다음 세대의 좀 더 나은 삶을 위한 도구로서 정보통신사회의 네트워크에 관한 무한한 가능성을 기대하면서 바람직한 통합적 삶을 영위할 수 있을 것이다.

저자 후기

본서 『마이클 샌델의 정의론, 무엇이 문제인가』의 이상과 같은 기나긴 논의는 샌델의 정의론과 공동체주의 철학에 대한 최고차적인 비판이라고 말할 수 있을 것이다. 샌델의 저작들 중 두 저서가 본격적인 정치철학적 저서로 인정된다. 그중 하나는 본서 제5장 2절 1)항 "샌델: 교정적 덕목으로서의 정의", 그리고 3절과 4절 3)항 (1), (2), (3), (4)에서 책 전반과 부록을 거의 다룬 *Liberalism and the Limits of Justice*(2nd edn., Cambridge: Cambridge University Press, 1998)이다. 다른 하나는 정치철학적으로 가장 고차적이고 종합적인 저서로 알려져 있는 *Democracy's Discontent: America In Search of A Public Philosophy*(Cambridge, Massachusetts: The Belknap Press of Harvard University Press, 1996)이다. 우리는 본서 제5장 4절 3)항 (7) "종교의 중립성 논변, 종교의 자유, 그리고 자발주의적 선택"을 통해 총 9개의 장과 결론으로 이루어진 이 책에서 제1장 "현대 자유주의의 공공 철학", 제2장 "권리와 중립적 국가", 제3장 "종교의 자유와 언론의 자유"는 거의 다루었다고 생각한다.

두 번째 저서에 대해서 미국의 기라성 같은 24명의 철학자들과 정치학자들이 비판하고 샌델이 답하고 있는 책은 Anita L. Allen and Milton C. Regan, Jr. eds., *Debating Democracy's Discontent: Essays on American Politics, Law, and Public Philosophy*(Oxford: Oxford University Press, 1998)가 있다. 그리고 샌델이 기조연설을 하고, 6명의 학자들이 논문을 발표한 것이 수록된 *Georgetown Law Journal*, Vol. 85(1997) 특집호도 있다. 이상에서 언급한 샌델의 저서들과 논문 선집들에 대한 포괄적이고 심층적인 논의는 미래 과제로 남겨둔다. 후학들의 도전을 권면하고 싶다.

본격적인 저서로 인정받고 있는 샌델의 두 저서는 우리가 "정치적 자유주의와 포괄적인 종교적 교설 사이의 관련 방식에 대한 다섯 가지 아포리아적 난제"와 "현대 자유주의의 공공철학", "권리와 중립적 국가", "종교와 언론의 자유"에 연관하여 최고차적 논의로서 다루었다고 생각한다. 『자유주의와 정의의 한계(*Liberalism and the Limits of Justice*)』는 거의 다 다루었고, 『민주주의의 불만(*Democracy's Discontent*)』은 제1, 2, 3장만을 부분적으로 다루었다. 두 저서 모두 본서의 가장 심원한 문제인 다섯 가지 아포리아적 난제와 연관되어 있으므로 본서는 샌델의 정의론과 공동체주의 철학에 대한 최고차적인 비판이라는 자부심을 견지하고 싶다. 본서 『마이클 샌델의 정의론, 무엇이 문제인가』는 저자 나름대로는 라틴어 경구, "최고가 아니면 안 된다(*Nil satis nisi optimum*)"는 정신으로 처음부터 끝까지 최선과 최고의 노력을 경주하여 쓴 책이다. 다만 본서에서 참고문헌과 다른 정보가 실린 후주가 총 1,150여 개로 매우 많아서 참고문헌을 따로 정리하지 못하고, 저자의 참고문헌 51편과 영화 참고자료 101편만을 정리하였음을 송구스럽게 생각하는 바이다. 독자 여러분의 격려와 아울러 질정(叱正)을 바라마지 않는다.

후주

제1장 마이클 샌델의 약력, 학문적 이력과 저작, 교육과 강연

1) Michael Sandel, *Justice: A Reader*(Oxford, New York: Oxford University Press, 2007), p.viii.
2) 마이클 샌델, 김선욱 감수, 김명철 옮김, 『정의란 무엇인가』(서울: 와이즈베리, 2014), "한국어판 서문", p.13.
3) DBR(동아비지니스리뷰) 엮음, 『어떻게 차별화할 것인가』(서울: 레인메이커, 2005), 특히 pp.45-80 참조.
4) 양은하 기자, "마이클 샌델, '정치권에 좌절, 실망, 공허함 팽배' … 경청의 기술 필요", 『뉴스1』, 2014년 12월 4일자.

제2장 마이클 샌델의 『정의란 무엇인가』의 해제와 비판

1) 권은중 기자, " '정의란 무엇인가' 100만 부 돌파", 『한겨레』, 2011년 4월 18일자.
2) 이정환 기자, "정의란 무엇인가, 왜 우리나라에서만 인기일까? 미국은 10만

부, 한국은 130만 부", 『미디어 오늘』, 2012년 6월 8일자; 정원식 기자, " '정의란 무엇인가' 출판 이야기", 『경향신문』, 2014년 11월 25일자. 『정의란 무엇인가』의 최초 출판사인 김영사는 2014년 11월까지 실제로 팔린 것은 정확히 123만 4,298부라고 밝혔다.

3) 마이클 샌델, 김선욱 감수, 김명철 옮김, 『정의란 무엇인가』(서울: 와이즈베리, 2014), 앞표지.

4) 여기서 언급한 논저들 중에서 마사야 교수의 책과 김선욱, 김영기, 김은희, 맹주만, 이양수, 홍성우, 황경식 교수의 논문을 제외하고는 다루지 못했다. 비록 본서에서 전부 논의되거나 인용되지는 못했지만, 여기에 수록된 샌델 교수의 『정의란 무엇인가』에 대한 국내 참고문헌은 샌델의 정의론과 공동체주의 철학, 그리고 현대 정의론에 대한 후학들의 탐구를 돕기 위해 마련한 것이다.

5) 마이클 샌델, 이창신 옮김, 『정의란 무엇인가』(파주: 김영사, 2010), pp.45-46(앞으로 샌델, 『정의란 무엇인가』, 인용 페이지로 표기함. 위에 같은 책이 있어도 그대로 다 표기함). 'Sandel'의 표기는 지금은 '샌델'로 통일되었지만 예전에는 '샌들'이라고 쓴 경우도 있었다. 본서의 본문에서는 모두 '샌델'로 통일하였으나, 참고문헌과 후주에서는 '샌들'로 표기한 경우도 있다.

6) A. R. Jonsen, "Casuistry: An Alternative Or Complement To Principles", *Kennedy Institute of Ethics Journal*, Vol. 5(1995), pp.237-51; John D. Arras, "A Case Approach", in Helga Kuhse and Peter Singer, ed., *A Companion to Bioethics*(Oxford: Blackwell, 1998), pp.106-114; Stanly G. Clarke and Evan Simpson, ed., *Anti-Theory in Ethics and Moral Conservatism*(Albany: State University of New York Press, 1989) 참조.

7) 플라톤, 박종현 역주, 『국가 · 정체』(파주: 서광사, 1997), p.63(1권 331c-d).

8) 자기발견적 접근 방법(a heuristic approach)은 원래 컴퓨터 과학과 IT(information technology)에서 사용된 방식이다. 주어진 문제의 해결을 결정적인 연산 방식(algorism)에 의하지 않고 시행착오를 통해 축적된 경험적인 지식을 통해서 구하는 것, 또는 그 경험적인 지식을 말한다. "발견적 방법"(IT용어사전, 네이버 지식백과) 참조. 여기서의 자기발견적 접근 방법은 일반적인 의미로 보아도 무방할 것이다.

9) 이상인, 『진리와 논박: 플라톤과 파르메니데스』(서울: 길, 2011) 참조. 평이한 설명은 "[생활 속의 철학] 플라톤의 철학적 발제 01: 플라톤과 소크라테스의 만남"(네이버캐스트) 참조. 플라톤의 『메논(*Menon*)』에서는 탁월함이란 무엇이며, 그것은 가르쳐질 수 있는 것인가의 문제가 논의되고 있다.

"만일 어떤 사람이 그의 탐구의 주제에 관해 모른다면, 그가 그것을 발견했다 하더라도 알아볼 수 없을 것이며, 반면에 그것이 이미 알고 있는 것이라면, 이미 알고 있는 것을 알려고 하는 것이므로 탐구 자체가 쓸데없는 중복이 된다"라는 메논의 역설은 탁월함에 관한 탐구의 가능성 자체마저 위협한다. 그러나 만일 혼이 죽어 없어지는 것이 아니며, 오래전에 진리를 모두 배웠으므로 이제 진리들을 다시 기억해내는 일만 필요하다면, 메논의 역설로 인한 난점은 극복될 수 있다. 이것을 증명하기 위해 소크라테스는 기하학을 배운 적이 없는 노예 소년이 피타고라스 정리 등 수학적 진리들을 인식하기에 이르는 과정을 보여준다. 노예 소년은 '그 자신으로부터' 정답을 이끌어낸다. 그렇다면 결국 지식은 인간의 혼이 태어나기 전 보아온 이데아를 되돌아봄으로써 참된 인식에 도달하는 '상기(想起, *anamnesis*)'가 된다. 플라톤, 이상인 옮김, 『메논』(서울: 이제이북스, 2009) 참조.

10) 아포리아(*aporia*)는 그리스어로 "통로가 없는 것", "길이 막힌 것"을 뜻하는 철학 용어의 하나로 어떤 사물에 관하여 전혀 해결의 방도를 발견할 수 없는 난관의 상태를 말한다. "아포리아"(인터넷 두산백과, 네이버 지식백과).

11) 샌델, 『정의란 무엇인가』, p.45.

12) 존 롤즈, 황경식 옮김, 『정의론』(서울: 이학사, 2003), p.56. 그간 한국 철학계에서는 'Rawls'를 '롤즈'라고 표기하였으나 『정의란 무엇인가』에서는 외래어 표기법에 따라 '롤스'로 표기하였기 때문에 혼동이 생겼다. 『정의란 무엇인가』를 논할 때는 '롤스'로 표기했고, '롤즈'로 표기한 기존의 책과 논문은 그대로 하였다. 다만 본서의 본문에서는 '롤스'로 통일하였다.

13) 특집호 "Symposium: Experiment and Intuition in Ethics", *Ethics*, Vol. 124 (2014) 참조.

14) 샌델, 『정의란 무엇인가』, p.46.

15) 샌델, 『정의란 무엇인가』, p.46. 최근 꼭 공동체주의적인 도덕적 진리관이라고 말할 수는 없지만, 조너선 하이트(Jonathan Haidt)의 책 『도덕적 판단에 관한 사회적 직관주의』(강인구 옮김, 서울: 서현사, 2003)에서 하이트는 인간의 도덕적 판단은 동일한 경우가 많은데 그것은 인간이 사회적 직관을 공유하고 있기 때문이라고 주장한다. 하이트는 직관이 추론에 우선한다고 강조한다. 전중환, 『오래된 연장통』(서울: 사이언스북스, 2010), pp.188-189 참조. 이것은 마치 월저의 사회적 가치에 대한 공유된 이해와 상응한다. 저자의 졸고, 박정순, 「공동체주의적 사회비판의 가능성: 마이클 왈쩌의 논의를 중심으로」, 『범한철학』, 제30집(2003), pp.220-224 참조. 샌델은 공동체주의적 진리관은 공동체적인 도덕적 사고와 추론을 통해 도덕적 명제의 진위치를 평가하고 인식할 수 있다는 인지주의(cognitivism)를

취하고 있다. 존 롤스(John Rawls)의 『정의론(*A Theory of Justice*)』(Cambridge: The Belknap Press of Harvard University Press, 1971)은 현대 윤리학의 인지주의적인 규범윤리학의 복귀를 이룩해낸다. 현대 규범윤리학의 인지주의는 도덕적 명제가 감정의 표현에 불과하다는 이모티비즘(emotivism)과 도덕적 선택은 합리적으로 설명할 수 없는 개인의 실존주의적 결단이라는 실존주의(existentialism)를 극복한 스티븐 툴민(Stephen Toulmin)의 "정당근거적 접근방식(the good reasons approach)"으로부터 시작한다. 저자의 졸고, 박정순, 「일상언어와 도덕적 합리성: 스티븐 툴민의 정당근거적 접근방식을 중심으로」, 박영식 외, 『언어철학연구』(서울: 현암사, 1995), pp.421-456 참조. 논리실증주의(Logical positivism)의 검증원리(verfication theory)에 의해서 수학적, 논리적 명제와 경험으로 검증할 수 있는 경험적 명제만이 진위치를 판명할 수 있으므로 유의미하고, 도덕적, 종교적 명제는 진위치를 판명할 수 없으므로 무의미하다. 이모티비즘은 논리실증주의의 학설로서 도덕적, 종교적 명제가 감정의 표현에 불과하다는 주장이다. 저자의 졸고, 박정순, 「논리실증주의의 검증원리와 형이상학」, 오영환 외, 『과학과 형이상학』(서울: 자유사상사, 1993), pp.285-307 참조.

도덕적 사고와 추리에서 회의론과 반인지주의(non-cognitivism)에 의하면 (1) 도덕에 관한 논쟁은 해결될 수 없다. (2) 도덕적 주장은 맥락과 상황에 따라 상대적이다. (3) 도덕은 사회적 관례의 문제다. (4) 도덕적 주장은 개인의 의견일 뿐이다. (5) 도덕적 명제는 진리값을 가지지 않는다. 현대 규범윤리학은 이러한 다섯 가지 주장을 극복하고 등장한 것이다. 박은진 · 김희정, 『비판적 사고』(서울: 아카넷, 2008), pp.478-487 참조. 이상의 문제들을 포함한 현대 윤리학의 여러 과제들에 대해서는 저자의 졸고, 박정순, 「서양 현대윤리학의 쟁점과 한국 윤리학의 과제」, 『동방학지』, 108호(2000), pp.211-267 참조. 윤리학적 상대주의와 상대주의 일반에 관한 논의는 저자의 졸역, 루번 아벨, 박정순 옮김, 『인간은 만물의 척도인가』(서울: 고려원, 1995) 참조. "인간은 만물의 척도이다"라는 명제는 고대 그리스의 상대주의를 개진한 프로타고라스(Protagoras)의 유명한 언명이다.

16) Alasdair MacIntyre, *After Virtue*(Notre Dame: University of Notre Dame Press, 1981; 2nd edn. 1984), p.201. 본서에서 언급한 책은 이하 모두 제2판(1984)임. 번역본은 알래스데어 매킨타이어, 이진우 옮김, 『덕의 상실』(서울: 문예출판사, 1997) 참조. 'MacIntyre'의 표기는 지금은 '매킨타이어'로 쓰지만 이전에는 '맥킨타이어'라고 쓴 경우도 있었다. 본서의 본문에서는 모두 '매킨타이어'로 표기하지만, 참고문헌과 인용문에서는 이전의 표기도 쓸 것이다.

17) 샌델은 서사적 존재의 개념을 매킨타이어의 『덕의 상실』로부터 원용한다. MacIntyre, *After Virtue*, p.201; 샌델, 『정의란 무엇인가』, pp.309-312. 서사적 존재의 문제는 본서 제2장 4절 9)항 "9강. 우리는 서로에게 어떤 의무를 지는가?/충직 딜레마"의 "요약"과 "해제와 비판" 참조. 그리고 매킨타이어의 서사적 존재를 포함한 구체적 입장은 본서 제5장 9절 1)항 "알래스데어 매킨타이어: 전근대적인 완전주의적 정의" 참조.

18) Michael Sandel, *Liberalism and the Limits of Justice*(Cambridge: Cambridge University Press, 1982), p.179.

19) 샌델, 『정의란 무엇인가』, p.47. 마이클 샌델의 장남의 저작, Adam Sandel, *The Place of Prejudice*(Cambridge: Harvard University Press, 2014)를 샌델의 입장과 비교해보면 좋을 것이다. 애덤 샌델, 이재석 옮김, 『편견이란 무엇인가』(서울: 와이즈베리, 2015). 이 책에서 애덤 샌델은 이성의 힘으로 우리가 편견으로부터 자유로울 수 있다는 계몽주의적 신념 자체가 거대한 편견이라는 도전적 발상을 그 기조로 하고 있다. 김환영 기자, "편견을 깰 수 있다는 편견은 버려, 마이클 샌델 아들이 던진 돌직구", 『중앙일보』, 2015년 8월 8일자, 18면 참조. 애덤 샌델은 영국 옥스퍼드대학교에서 정치학 박사학위를 받았고, 현재 하버드대학교 사회학과에서 강의하고 있다.

20) 저자의 졸고, 박정순, 「자유주의의 건재」, 황경식 외, 『정의론과 사회윤리』(서울: 철학과현실사, 2012), p.147. 공동체주의의 상대주의와 보수주의의 함축성 문제는 본서 제5장 7절 "공동체주의의 규범적, 방법론적 난점: 공동체주의의 딜레마 봉착" 참조. 그리고 본서 제5장 9절 1), 2), 3)항에서 각각 논의된 공동체주의자 알레스데어 매킨타이어, 마이클 월저, 찰스 테일러의 구체적 입장 참조.

21) 에드워드 데이머, 김회빈 옮김, 『논리의 오류』(서울: 중원문화, 1994), p.245. "전통에 호소하는 오류"는 "적절한 증거를 제시하는 것이 아니라 자기의 관점을 지지해주는 전통에 대한 존중심에 호소함으로써 다른 사람들을 자신의 관점으로 설득하려 하는 논증"이다.

22) 고바야시 마사야, 홍성민·양혜윤 옮김, 『마이클 샌델의 정치철학: 정의사회의 조건』(서울: 천일문화사, 2012), p.46.

23) 샌델, 『정의란 무엇인가』, pp.16-17.

24) 장상진 기자, "빚더미 公기업 30곳 '성과급 잔치'", 『조선일보』, 2015년 8월 1일자, A1, A5면. 2014년 말 전국 중앙 공기업 30곳의 총부채는 429조 3,216억 원으로 나타났다. 그럼에도 불구하고 공기업들은 2012-2014년 3년간 총 3조 4,985억 원을 임직원에게 성과급으로 지급했다고 한다.

25) 존 스타인벡(John Steinbeck)의 소설 『분노의 포도(*The Grapes of Wrath*)』

(1939)는 포도로 비유되는 일반 국민의 정당한 도덕적 분노에 대한 한 전형을 이룬 소설로서 미국의 경제 대공황 당시 은행에 땅을 빼앗겨서 오클라호마주에서 캘리포니아주로 이주해야 했던 조드 일가의 삶을 다루었다. 1940년 헨리 폰다 주연의 동명의 영화 「분노의 포도」(미국, 1940)로 만들어져 많은 호평을 받았다. 네이버 영화 참조.

26) 샌델, 『정의란 무엇인가』, pp.13-33. 2008-2009년에 일어났던 미국의 금융위기 때 몰락했던 월스트리트에서의 탐욕과 실패의 보상에 대한 분노를 다룬 영화로는 「월스트리트: 분노의 복수(Assault on Wall Street)」(미국, 2013)가 있다. 증권회사의 잘못된 투자로 펀드가 폭락하여 전 재산을 잃어버린 현금수송차 안전요원의 애환과 분노를 그린 영화다. 금융위기 이전 월스트리트의 내부 고발적인 영화는 찰리 신, 마이클 더글러스 주연의 「월스트리트(Wall Street)」(미국, 1987)가 유명하다. 영화 중 명대사는 돈의 화신인 고든 게코(마이클 더글러스 분)의 대사, "탐욕(greed)은 좋은 것이다. 세상을 발전시키는 동력이므로"이다. 이 영화의 속편 격인 영화로는 「월스트리트: 머니 네버 슬립스(Wall Street: Money Never Sleeps)」(미국, 2010)가 있다. 역시 고든 게코(마이클 더글러스 분)가 남긴 명대사는 "돈은 결코 잠들지 않는다(Money never sleeps)"이다. 네이버 영화 참조.
2014년 서울도서관의 디지털자료실에서 가장 많이 대출된 영화는 「마진 콜(Margin Call)」(미국, 2011)이었다고 한다. 장우성 기자, "서울도서관 찾은 시민이 대출한 영화는? … 흥행성보다 작품성!", 『뉴스1』, 2015년 1월 30일자. 영화 「마진 콜」은 2008년 리먼 브라더스 사태 하루 전 월스트리트의 한 투자회사에서 벌어진 실화를 바탕으로 한 금융 스릴러다. 네이버 영화 참조. '마진 콜'은 선물 거래나 펀드 투자에서 애초 증거금이 선물 가격이 하락하거나 펀드 투자자의 투자원금에 손실이 발생해 계약 당시 유지 증거금 이하로 떨어질 경우에 행해지는 증거금 추가 납입 요구를 말한다. 대표적인 글로벌 투자 은행의 하나였던 '리먼 브라더스(Lehman Brothers)' 사태는 서브프라임모기지(비우량 주택담보대출)의 후유증으로 그 회사가 파산한 것을 말한다. 리먼 브라더스 사태는 악성 부실 자산과 부동산 가격 하락으로 가치가 떨어지고 있는 금융상품을 과도하게 차입하여 발생하였다.

27) 트롤리 문제는 Philippa Foot, "The Problem of Abortion and the Doctrine of the Double Effect", *Oxford Review*, No. 5(1967), pp.5-15에서 최초로 제기된 것이다. 이후 많은 학자들이 이 문제를 집요하게 파고들어 트롤리학(trolleyology)이라고 할 정도로 하나의 연구 영역으로 독립되었고, 많은 연구 성과들이 축적되었으며, 지금도 이 문제에 대한 논란이 계속되고 있다.

28) 이 사례는 영화 「론 서바이버(Lone Survivor)」(미국, 2013)에서 다루어졌다. 민간인을 그대로 보내줘 큰 피해를 당하는 「론 서바이버」와 반대되는 사례는 '노근리 양민학살사건'이다. 6·25 전쟁 발발 직후인 1950년 7월 노근리 철교 밑 터널, 속칭 쌍굴다리 속에 피신해 있던 인근 마을 주민 수백 명을 향하여 미군들이 무차별 사격을 가하여 민간인 300여 명이 살해된 사건이다. 이것은 민간인들을 학살한 명백한 전쟁범죄다. 미군들은 "미군의 방어선을 넘어서는 자들은 적이므로 사살하라"는 명령을 받았다고 한다. "노근리 양민학살사건"(위키백과) 참조. 2010년 4월 미군의 노근리 민간인 학살사건을 고발한 영화 「작은 연못」(한국, 2009)이 제작되었다. 네이버 영화 참조.

29) 샌델, 『정의란 무엇인가』, p.44

30) 샌델, 『정의란 무엇인가』, p.47. "동굴의 비유"는 플라톤의 『국가』 제7권에 나온다. "동굴의 비유" 문제는 제5장에서 다루어지는 '자유주의 대 공동체주의 논쟁'에서도 원용된다. 본서 제5장 2절 3)항 "자유주의적 보편주의 대 공동체주의적 특수주의" 참조. 플라톤, 박종현 역주, 『국가·정체』, pp.448-457(514a-519a). James S. Fishkin, "Defending Equality: A View From The Cave", *Michigan Law Review*, Vol. 82(1984), pp.755-760 참조. 플라톤의 "동굴의 비유"를 포함한 인식과 방법의 문제는 이상인, 『플라톤과 유럽의 전통』(서울: 이제이북스, 2006), 제3장 참조.

31) 샌델, 『정의란 무엇인가』, p.47.

32) 윌리엄 셰익스피어(William Shakespeare)의 5막 희극인 『베니스의 상인(*The Merchant of Venice*)』(1596) 참조. 알 파치노가 샤일록(Shylock)으로 열연한 동명의 영화 「베니스의 상인」(미국, 이탈리아, 영국, 2005)으로 만들어져 큰 히트를 쳤다. 네이버 영화 참조. 사법적 정의의 관점에서의 논의는 안경환, 『법 셰익스피어를 입다』(서울: 서울대학교 출판문화원, 2012) 참조.

33) "고난과 형극의 유대인"(네이버 지식백과). 이 자료는 정성호, 『유대인』(서울: 살림지식총서, 2003)에서 요약된 것이다. 그리고 "반유대주의"(종교학대사전, 네이버 지식백과) 참조. 유대인과 고리대금업과 은행업에 관련된 내용은 홍익희, 『세 종교이야기: 유대교·기독교·이슬람교, 믿음과 분쟁의 역사』(서울: 행성 B, 2014), pp.421-429, "유대인이 박해를 많이 받은 이유" 중 "기독교 대부업 금지", '유대교의 이자 허용', "유대인의 대부업", "유대인, 처음으로 돈을 상품으로 본 민족", "뱅커의 출현, 환시세에 정통하다" 참조.
칼 마르크스(Karl Marx)는 「유대인 문제에 대하여」(1843)에서 유대교도, 유대인의 본질로 간주되는 이기주의나 화폐 숭배는 그 자체가 근대 시민

사회의 원리라고 주장하였다. 유대교도가 보편적인 인간의 모습과 모순될 때 그 모순은 정치적 국가와 자본주의적 시민사회 사이의 일반적 모순의 일부일 뿐이라고 날카롭게 논파했다. 따라서 근대 시민사회의 인간은 모두 유대적 인간이므로, 근대 시민사회에서 인간의 해방은 유대교도적, 유대인적 화폐 물신주의로부터의 인간의 해방이라고 해석했다. Karl Marx, "On the Jewish Question", in David McLellan ed., *Karl Marx: Selected Writings* (Oxford: Oxford University Press, 1977), pp.39-74. "유대인 문제에 대하여"(맑스 사전, 네이버 지식백과).

Adam Sandel, *The Place of Prejudice* 참조. 이미 언급한 것처럼 이 책에서 애덤 샌델은 이성의 힘으로 우리가 편견으로부터 자유로울 수 있다는 계몽주의적 신념 자체가 거대한 편견이라는 도전적 발상을 그 기조로 하고 있다. 그렇다면 우리는 반유대주의적 편견으로부터 자유롭기는 더욱 힘들어진 것처럼 보인다.

우리나라에서 시한 연장을 담은 대부업법 개정안이 2015년 말 국회 문턱을 넘지 못하면서 2016년 1월 1일부터 대부업체의 대출 금리 상한선이 없어졌다고 한다. 따라서 당장 급전이 필요한 서민의 '이자 폭탄' 피해가 우려된다. 대부업법 개정 지연으로 정부가 추진하고 있는 최고 금리 인하(연 34.9퍼센트 → 연 27.9퍼센트)가 이루어지지 않은 것은 물론 대출 금리 규제 자체가 사라져, 연 50-100퍼센트의 금리를 받아도 법적으로 제재를 할 수 없는 상황이 벌어지고 말았다. 이태경 기자, "대부업체 금리 상한 없어져, 서민 이자 폭탄 우려", 『중앙일보』, 2016년 1월 4일자, 8면. 그렇다면 천정부지의 이자를 받는 대부업체는 용인해야 할 필요악이 아니라, 발본색원해야 할 절대악이 될 것이다.

34) "악의 축"(인터넷 두산백과, 네이버 지식백과). 윤정호 워싱턴 특파원, "건방진 럼즈펠드, 강경 일변도 체니 … 9·11 발생 이후 내 아들 잘못 보좌, 아버지 부시 자서전 논란", 『조선일보』, 2015년 11월 6일자, A20면. "부시 전 대통령은 아들에 대해서 대체로 긍정적인 평가를 했다. 다만 그는 아들 부시가 '악의 축'이라는 용어를 사용했던 것에 대해서는 누구에게도 도움이 되는 말은 아니었다고 회고했다."

35) 이분법적 분열을 의미하는 "Splitting"(Wikipedia) 참조. 이분법적 분열은 "흑백논리" 혹은 "전부 아니면 무(all or nothing)"라고도 한다. 그리고 "black-and-white thinking" in "False Dilemma"(Wikipedia) 참조. 이라크 전쟁에 대한 정의전쟁론에서의 평가는 저자의 졸고, 박정순, 「마이클 왈쩌의 정의전쟁론: 그 이론적 구성체계와 한계에 대한 비판적 고찰」, 『철학연구』, 제68집(2005), pp.77-121.

36) "미국의 예외주의"(위키백과).

37) 샌델, 『정의란 무엇인가』, p.18.

38) 샌델, 『정의란 무엇인가』, p.21.

39) 본서의 트롤리 문제 삽화는 Tristan Vick, "Trolley Problem: A Thought", *Advocatus Atheist: I Think Therefore I Blog*(Sunday October 23, 2011), pp.1-3에서 기본적 바탕을 취하였으나 상황에 알맞게 수정하였다. 그 책에 수록된 그림은 2개이나 본서는 8개로 증가하였다. 구글 이미지를 클릭했더니 원본 그림에 바탕을 두었으나 여러 다른 유형의 그림들이 많이 생겨나고 있음을 알 수 있었다. 이제 누구의 그림이 원본인가의 문제는 중요치 않은 것 같다. 전 세계적으로 많은 사람들이 이 문제에 달려들고 있으니 그럴 법도 하다.

이것은 더 이상 원본은 없고 어느 의미에서는 원본과 모사물의 구별도 없다는 장 보드리야르(Jean Baudrillard)의 시뮬라시옹(simulation) 이론의 재현이 아닌가? 시뮬라시옹에 의한 많은 결과물들인 시뮬라크르(simulacre)의 등장이 트롤리 문제를 더욱 흥미롭게 만들고 있다. 이제 독자들은 어느 역에서 어디로 갈지도 모르는 트롤리를 기다리거나, 아니면 운 좋게 어느 트롤리에 타고 잘 가거나, 아니면 브레이크가 고장 나 트롤리가 갑자기 돌진할지도 모르는 어느 선로에 있거나, 그래서 트롤리에 치이거나 하는 상황에 직면하게 될 것이다. 모두에게 행운을 빈다! 부디 살아 돌아오시기를!

40) 트롤리 문제를 트롤리 운전사가 아니라 사건 목격자의 관점으로 일목요연하게 통일하자는 주장은 Jadith Jarvis Thomson, "Killing, Letting Die, and the Trolley Problem", *The Monist*, Vol. 59(1976), pp.204-217 참조. 만약 트롤리 운전사가 살아 있다면 운전사는 사태를 수수방관하기는 어려울 것이다. 운전사는 같은 회사의 철도 인부들이 철로에서 일하는 상황에서는 누구나 죽을 수도 있다는 가정을 함으로써 좋은 결과를 찾으려고 할 것이다. 그래서 어차피 사고를 피할 수 없다면 철도 인부들 모두를 동등한 사람으로 간주하여 5명이 일하는 선로를 피해 1명이 일하는 지선으로 방향을 바꿀 수 있을 것이다. 이것은 트롤리 운전사가 내부자의 관점에서 그렇게 판단하는 것이다. 그러나 사건 목격자는 외부자이므로 수수방관을 할 수도 있을 것이며, 또한 자신의 판단에 따라 지선으로 방향을 바꿀 수도 있을 것이다. 인구 밀집 지역에 추락하는 비행기의 조종사도 덜 밀집한 지역으로 비행기 추락 방향을 돌릴 것이라는 점에서 트롤리 운전사와 같을 수 있을 것이다.

그리고 제8유형의 경우 트롤리 운전사는 자기 어머니를 살리고 같은 동료인 5명을 죽이기는 어려울 수도 있다. 철도 사고라는 것이 빈번하지는 않

지만 사고의 위험은 항상 있을 수 있는 것이기 때문에 운전사는 철도 인부
들을 우선적으로 고려할 수밖에 없을 수도 있다. 그리고 한 트롤리 운전사
는 자기가 아닌 다른 트롤리 운전사가 철도 인부들을 죽이고 자신의 어머
니를 살리는 것은 자신이 철도 인부인 경우를 생각할 때 수용할 수 없는
것으로 생각할 수 있다. 물론 본선에 있는 철도 인부 5명 중의 1명의 어머
니가 지선에 있는 경우의 더욱 복잡한 사태인 경우는 그 1명은 자기가 죽
고 어머니를 살리기를 원할 수도 있겠지만 4명의 동료들도 같이 죽어야 하
므로 동료들을 볼 때 그렇게 쉽사리 주장하지 못할 것이다. 따라서 5명의
인부 중의 1명의 어머니가 지선에 있는 경우에도 트롤리 운전사는 그 1명
의 어머니를 희생시킬 수밖에 없을 것이다. 그래서 우리는 여덟 가지 유형
의 경우 사건 목격자의 입장을 택한다면 일관된 선택을 할 수 있을 것으로
간주되므로 모두 그러한 상황으로 설정할 것이다. 마크 하우저도 트롤리
운전사는 기절했기 때문에 제1유형의 경우는 승객이, 제2유형과 제5유형
과 제6유형의 경우는 철로 밖의 사건 목격자가 선로 변경을 할 수 있도록
상황 설정을 한다. Marc Hauser, *Moral Minds: How Nature Designed Our
Universal Sense of Right and Wrong*(New York, Ecco, 2006), pp.112-20; 토
마스 캐스카트, 노승영 옮김, 『Trolley Problem: 누구를 구할 것인가』(파주:
문학동네, 2014), pp.10-11, p.116.

41) 곤궁에 빠진 사람을 구하는 의무 이상의 도덕적 행위를 입법화하는 '선한
사마리아인 법(the good samaritan law)'이 실행되는 경우 그 사람을 구하지
않는 행위는 불법적이며 부도덕한 것이 된다. "Good Samaritan Law"
(Wikipedia). 본서 제3장 2절 9)항 "도덕의 입법화와 선한 사마리아인의
법" 참조.

42) 국제담당 논설위원 남정호, "미 동성결혼 족쇄 풀린 미국 … 한국도 법정
싸움 시작됐다", 『중앙일보』, 2015년 6월 29일자, 8면.

43) 로렌스 콜버그, 김민남·진미숙 옮김, 『도덕발달의 심리학』(서울: 교육과학
사, 2001), pp.615-627. 하인츠의 딜레마는 대표적인 것으로 콜버그는 이
책에서 "9개의 가설적 딜레마"를 제시한다. 여기에는 (1) 하인츠의 딜레마
의 후속 딜레마인 (2) 경찰관 브라운의 딜레마도 나온다. 하인츠가 약국에
서 약을 훔친 것을 목격한, 하인츠의 친구인 경찰관 브라운은 경찰에 그를
고발해야 할 것인가? (3) 『레 미제라블(*Les miserables*)』의 장발장 딜레마도
있다. 빅토르 위고(Victor-Marie Hugo)의 소설을 영화화한 「레 미제라블」
(영국, 2012)은 호평을 받았다. 생계형 범죄를 저지르고 수감된 장발장이
탈옥 후 크게 성공한 뒤 좋은 일을 많이 했지만, 탈옥 사실을 우연히 알게
된 양복공은 이 사실을 당국에 신고해야 하는가? (4) 말기 암 환자가 불법

인 안락사를 간청한다면 의사는 안락사를 수용해야 하는가? (5) 그 의사가 불법인 안락사를 시킨 사실을 안 다른 의사는 당국에 고발해야 할 것인가? (6) 한국전쟁 때 해병 중대가 후퇴하고 있는데 다리를 폭파하면 더 안전한 후퇴가 가능한 상황이다. 지원병을 모집하지만 그 지원병은 당연히 살아 돌아오지 못하기 때문에 아무도 지원하지 않는다. 그렇다면 부하들을 안전 하게 후퇴시킬 수 있는 방법을 유일하게 알고 있는 중대장이 다리를 폭파 시키려고 가야만 할 것인가? (7) 급히 마을을 빠져 나가야 하는 형제는 돈 이 필요하여 마을에서 돈을 잘 빌려주는 것으로 소문이 나 있는 노인에게 돈을 갚을 수도 없고 갚지도 않을 것이면서 거짓말을 하여 돈을 빌린다. 과연 이러한 행위는 허용될 수 있는가? (8) 주디는 12세 소녀다. 주디 엄마 는 주디가 아이 봐주기 등을 해서 돈을 저축한다면 마을에서 열리는 록 콘 서트에 보내주기로 약속했다. 그러나 엄마는 그 돈으로 주디의 옷을 사야 겠다고 마음을 바꾼다. 실망한 주디는 5달러밖에 벌지 못했다고 거짓말을 하고 남은 15달러로 록 콘서트 표를 산다. 주디의 언니 루이지는 이 사실 을 엄마에게 고자질해야 하는가? (9) 조는 캠핑을 좋아하는 14세 소년이다. 아버지는 조가 캠핑을 할 만큼 충분한 돈을 모은다면 캠핑을 보내주겠다 고 약속했다. 조는 열심히 아르바이트를 하여 캠핑 경비 40달러를 저축했 다. 그러나 아버지는 친구들과 낚시 약속이 잡혔다며 조에게 돈을 달라고 요구한다. 조는 아버지에게 돈을 드려야 하는가?

44) 샌델, 『정의란 무엇인가』, p.39.

45) 1명 쪽으로 방향을 바꾸거나 육교 위 비만자를 밀치는 행위에 대해서 조사 대상자들은, 제1유형은 89퍼센트, 제2유형은 11퍼센트, 제5유형은 56퍼센 트, 제6유형은 72퍼센트의 찬성률을 보였다. "광차 문제"(위키백과) 참조. 이러한 통계는 Fiery Cushman, Liane Young and Marc Hauser, "The Role of Conscious Reasoning and Intuition in Moral Judgement: Testing Three Principles", *Psychological Science*, Vol. 17, No. 12(Dec. 2006), pp.1082-1089 에서 실시된 결과다. 미필적 고의는 자기 행위로 어떤 범죄 결과의 발생 가능성을 인식(예견)하였음에도 불구하고 그 결과의 발생을 인정하고 받아 들이는 인용(認容)을 한 것으로 피해자의 사망을 기원하거나 목적으로 할 필요는 없는 상황이다. "미필적 고의"(법률용어사전, 네이버 지식백과). 형 법에서는 살인죄의 경우 미필적 고의도 살인죄로서 처벌의 대상이 된다. 그러나 트롤리 제1유형에서 지선으로 방향을 바꾼 것을 미필적 고의로 해 석할 수도 있지만 그 행위가 도덕적 관점에서는 무죄라고 판단된다. 도덕 적 관점에서 미필적 고의가 무죄라고 하는 판정은 이중결과의 원칙(the principle of double effect)으로부터 나온다. 그리고 미필적 고의가 긴급피난

에 따른 불가피한 상황에서 수행된 것이라고 하면 무죄라고 판단할 수도 있다. 다음 긴급피난 후주 참조. 이중결과의 원칙은 본서 제4장 1절 1)항 "트롤리 문제와 이중결과의 원칙" 참조.

46) 긴급피난은 자기 또는 타인에 대한 현재의 위난을 피하기 위하여 부득이 행한 행위를 말하는 것으로 위법성 조각 사유, 즉 실질적으로는 위법이 아니라고 인정할 만한 특별한 사유가 되며, 그 행위에서 생긴 피해는 피하려는 피해의 정도를 넘지 않은 경우에만 인정된다. 따라서 5명을 살리기 위해서 1명 쪽 지선으로 방향을 돌리는 것은 긴급피난이나 그 역은 아니다. "긴급피난"(법률용어사전, 네이버 지식백과).

긴급피난의 최초 법정 사례는 '카르네아데스의 널빤지(Plank of Carneades)'다. 배가 난파되어 카르네아데스가 한 사람이나 겨우 매달릴 수 있는 널빤지를 잡고 있었는데 다른 한 사람이 나타나 그 널빤지에 매달리려고 하자 밀쳐 죽게 하였다. 이후 그는 지나가는 배에 구조되어 재판을 받았지만 무죄를 선고받았다. "Plank of Carneades"(Wikipedia).

긴급피난은 위난의 위법, 적법을 불문하고, 피난행위도 위난을 야기한 자뿐만 아니라 제삼자에게도 가능하므로 정 대 정의 관계다. 그러나 정당방위는 위법한 침해를 전제로 하고, 방위행위도 직접적인 침해자를 대상으로 하므로 부정 대 정의 관계다. "긴급피난"(위키백과) 참조. 정당방위는 자신 또는 타인의 법익을 보호하기 위해 불법행위나 형법상의 위법행위를 하는 상당한 이유가 있는 행위로서 무죄로 인정된다. 물론 정당방위의 한계를 벗어난 과잉방위는 무죄가 아니다. 최근 자신의 집에 침입해 자신의 예비 신부를 숨지게 한 군인과 싸움 끝에 흉기로 살해한 남성에게 경찰이 정당방위를 인정한 '공릉동 살인사건'이 발생했다. 경찰은 이 사건이 "정당방위의 제1요건인 자신과 타인의 법익에 대한 부당한 침해를 받은 경우로 인정된다"고 밝혔다. 이번 정당방위 인정 사례는 1990년 경북 지역에서 자신의 애인을 추행한 사람을 격투 끝에 살해한 남성이 정당방위를 인정받은 이후 25년 만에 나온 것이다. 이효석 기자, "새벽에 흉기를 들고 침입한 군인 살해 … 정당방위 인정", 『연합뉴스』, 2015년 12월 9일자.

정당방위는 트롤리 문제에서 제4유형 문제와 관련이 있다. 정당방위는 보통 개인의 정당방위를 말하며, 국가의 정당방위는 자위권이라고 부른다. "정당방위"(위키백과) 참조. 따라서 5명의 레지스탕스를 살리기 위해 독일 게슈타포를 밀쳐 죽이는 것은 자위권이 인정된 한 국가의 국민으로 애국심과 정의전쟁론에 의거한 정당방위로 인정될 수 있다. 정당방위는 본서 제4장 1절 2)항 "이중결과의 원칙의 적용과 그 문제점들"과도 관련이 있다.

47) 토마스 캐스카트, 노승영 옮김, 『Trolley Problem: 누구를 구할 것인가』, p.103 참조. 트롤리 문제에 대한 종합적 탐구는 강철, 『트롤리 문제(the trolley problem)에 대한 윤리학적 탐구』(연세대학교 대학원 박사학위논문, 2012) 참조. 그 외 4편의 논문이 있다. 포괄적인 논의는 데이비드 에드먼즈, 석기용 옮김, 『저 뚱뚱한 남자를 죽이겠습니까?: 당신이 피할 수 없는 도덕적 딜레마에 대한 질문』(서울: 이마, 2015) 참조. 이 책은 본서에서 다루지 않은 다른 유형의 문제들도 다루고 있다.

이타주의 불가능성 테제에 대한 반대 논변은 등산 재난 영화 「버티칼 리미트(Vertical Limit)」(미국, 2000)에서 찾아볼 수 있다. 세계 최고의 산악인 로이스는 아들 피터, 딸 애니, 그리고 동료 등반 대원들과 함께 깎아지른 절벽에서 암벽 등반을 즐기고 있었다. 그러나 한 대원의 실수로 그 대원과 다른 대원들은 모두 추락하여 죽고, 자신의 아들과 함께 딸의 자일에 매달리는 신세가 되었다. 3명이 자일 하나에 지탱할 수 없다는 것을 알고 있는 로이스는 피터에게 자일을 자르라고 명령한다. 애니는 절대 안 된다고 소리치고, 마지못해 피터가 자일을 자르자 로이스는 죽고 두 사람은 살게 된다. 애니는 살았지만 아버지를 죽여 살아난 것처럼 죄책감에 사로잡혀 피터를 외면한다. 이것이 자일 절단의 윤리적 문제인데, 약칭해서 '자일 문제'라고 하자. 이러한 이타주의 가능성의 상황을 보면 로이스가 자신을 희생하려는 것은 가족적 유대 때문이라고 할 수 있을 것이다. 만약 가족적 유대가 없거나 오랫동안 한 팀의 등반 대원들로서 활동한 사람들 사이에서 찾아볼 수 있는 동료애가 없었다면 (만약 서로 급조된 등반 팀의 일원들이거나 더 나아가서 서로 반목하고 있다면) 하나의 자일을 잡고 있던 사람들 모두 추락하는, 즉 이타주의 불가능성 테제가 적용되는 상황이 될 것이다. 영화의 나머지 스토리는 히말라야 K2에서 조난당한 애니와 다른 두 사람을 구하기 위해 피터가 자신을 포함한 6명의 구조대원을 결성하여 떠난 다음 겪게 되는 극한의 구조 과정에 관한 것이다. 그러나 돌아온 사람은 피터와 애니, 그리고 여성 구조대원 모니크로 모두 3명에 불과하다.

이 영화는 3명을 구하기 위해서 과연 6명을 희생해야 했는가 하는 질문을 던진다는 점에서 본서 제2장 4절 1)항 "1강. 옳은 일 하기", "해제와 비판"에서 논의한 영화 「라이언 일병 구하기(Saving Private Ryan)」(미국, 1998)와 비슷하다고 하겠다. 자일 문제는 영화 「버티칼 리미트」에서 또 한 번 등장한다. 애니와 톰과 본 세 사람이 버티칼 리미트(수직 직벽으로 생명체가 살 수 없는 한계) 지역 근방에서 얼음이 갈라진 틈인 크레바스에 빠지자 피터를 비롯한 구조대원들은 자일을 이용해 구조하려고 한다. 그러나 크레바스 입구가 막혀 애니와 본, 그리고 사망한 톰의 시신을 자일로 끌어올릴 수 없게 되자 구조대원 윅이 크레바스로 내려간다. 자일로 모두를 구하는 것이 난관에 부닥치자 구조대원 윅은 자일을 잘라서 자일에 매달린 자신과 자신 아래에 매달려 있던 본과 함께 떨어져 죽는다. 자기만 살겠다고 폐수종 때문에 죽어가고 있는 톰을 폐수종 방지 스테로이드 제제를 놓는 척하고 주사 바늘로 찔러 죽인 본은 자일 절단을 거부하고 살겠다고 발악하지만 결국 떨어져 죽고 만다. 구조대원 총 6명 중 살아남은 피터와 모니크는 톰의 시신은 수습하지 못하고 오직 애니만을 살릴 수 있게 된다. 자일 문제가 나오는 우리나라 영화로는 「빙우」(한국, 2003)가 있다.

한 사람의 생명을 희생해서 더 많은 사람의 생명을 구하는 상황이 나오는 영화로는 「묵공(墨攻)」(중국, 한국, 일본, 홍콩, 2006)이 있다. 춘추전국시대 천하통일을 앞둔 조나라의 10만 대군은 조그만 양성 함락을 눈앞에 두고 있다. 인구 4천 명의 양성 사람들은 모든 사람을 사랑하라는 겸애를 주장하고, 전쟁의 살육을 그치게 하여 더 많은 사람을 살리기 위해서 싸우지 않고 전쟁을 종식시키는 전략적 방어술에 능한 묵가(墨家)에게 지원을 요청하지만 묵가에서 온 지원군은 단 한 명 혁리(유덕화 분)뿐이다. 혁리는 처음에는 모든 양성 사람들의 비웃음을 사지만 출중한 지략으로 조나라 첫 공격의 공성전에서 기적처럼 이긴다. 그러나 양성의 권력자들은 자신들의 위치에 불안감을 느끼고 혁리를 제거할 음모를 꾸미고 성 밖으로 내쫓는다. 심지어 혁리를 따르던 성민들까지도 처벌하자 그들은 성을 탈출한다. 그러나 한 성민이 데리고 온 어린아이가 울자 어른들은 자신들의 탈출이 발각될까 두려워 어린아이의 입을 막아 질식시키는 장면이 나온다. 묵가의 겸애설은 공리주의적 성향을 가지고 있으므로 한 어린아이를 죽여 다수의 어른들을 살리는 방도를 찬성할 것이다. 우리나라 영화배우 안성기가 조나라의 10만 대군을 이끌고 양성 함락을 위해 진군하는 항엄중 장군으로 열연한다.

영화 「마션(The Martian)」(미국, 2015)에도 1명 대 5명의 생명 중 누구를 구할 것인가의 문제가 등장한다. NASA 아레스3 탐사대 6명은 화성을 탐사하던 중 모래폭풍을 만나게 되어 긴급히 철수하게 되는데, 팀원 마크 와트니가 사망했다고 믿고 나머지 5명은 그를 남기고 떠난다. 그러나 나중에 그가 극적으로 화성에 생존해 있다는 사실이 밝혀진다. 화성에 마크 와트니를 구하러 다시 돌아가는 것은 죽을 확률이 높은 1명을 위해서 죽을 확률이 낮은 5명의 생명을 희생할 수도 있는 상황이었다. 그러나 지구로 귀환하던 아레스3 탐사대 5명은 만장일치로 마크 와트니를 화성에 남기고 온 것은 자신들의 실수라고 생각하여 책임감을 느끼고 그를 구하기 위해서 다시 화성으로 돌아간다. 이 구출 작전은 성공하고 전 세계가 바라는 마크 와트니의 귀환은 이루어진다. 그러나 만약 구출 작전이 실패하고 사망자가 다수 발생했다면 1명 대 5명의 생명을 구하는 문제가 심각하게 제기되었을 것이다. 모두 네이버 영화 참조.

48) 샌델, 『정의란 무엇인가』, pp.39-40, p.157. 칸트의 제2 정언명령은 임마누엘 칸트, 백종현 옮김, 『윤리형이상학 정초』(서울: 아카넷, 2005), B67 IV429, p.148. 제1유형과 제2유형에서 사람들의 특수적 도덕판단의 차이는 위험의 방향만 바뀌었는가, 아니면 새로운 위험이 만들어졌는가의 차이에 의거할 수도 있다. 제1유형은 위험의 방향만을 바꾸는 것이므로 허용되지만, 제2유형은 비만자를 밀쳐 죽이는 새로운 위험을 발생시키므로 허용될 수 없다는 판단이 그것이다. 뤼방 오지앙, 최정수 옮김, 『딜레마: 어느 유쾌한 도덕철학 실험 보고서』(서울: 다산북스, 2013), pp.81-82.

49) 샌델, 『정의란 무엇인가』, p.43, p.319.

50) 샌델, 『정의란 무엇인가』, pp.315-316. 차별적 인(仁)의 사상인 별애(別愛)를 포함한 유가 사상을 알기 위해서 보아야 할 영화는 「공자 춘추전국시대(Confucius)」(중국, 2010)다. 홍콩의 스타 주윤발이 공자로 분하여 열연하고 있다. 공자가 중국 천하 각지를 돌아다니면서 자신의 사상을 실천할 수 있는 나라를 찾아 나서는 주유천하(周遊天下)가 영화에서 중요한 부분이다. 공자에 대한 또 하나의 영화로는 「공자(孔子)」(중국, 2010)가 있다. 미국에서 유학 중인 매연이 공자를 주제로 한 박사학위 논문을 잘 마무리하기 위해 중국으로 돌아오는 것으로 영화는 시작된다. 영화는 한편으로는 매연이 공자를 연구하는 과정에서 겪는 이야기가 전개되고, 다른 한편으로는 공자의 일생과 주요 사상이 소개된다. 묵가의 겸애설을 살펴볼 수 있는 영화는 「묵공(墨攻)(중국, 한국, 일본, 홍콩, 2006)이 있다. 본장 후주 47 참조. 모두 네이버 영화 참조.

51) 리 듀코킨, 장봉석 옮김, 『동물들의 사회생활』(서울: 지호, 2002), 제1장 "정말 피는 물보다 진할까?" 참조. 그리고 "친족선택"(위키백과). 해밀턴 규칙은 $C < r \times B$이다. C는 비용(cost), r은 유전적 연관도(the coefficient of relatedness), B는 이득(benefit)의 세 가지 변수로 이루어진다. 이 법칙은 유전적 연관도를 고려해서 동물들의 이타적 행동이 이루어질 조건을 명시한다. 즉 자신의 희생으로 자기 종의 유전자를 더 구할 수 있으면 그렇게 한다.

예들 들어보면, 보통 4마리의 새끼를 낳는 자신의 형제 3마리가 물에 빠졌다고 하자. 비용은 1(희생되는 수) × 4(태어날 자식의 수) < 0.5 × 3(살아남은 수) × 4(태어날 자식의 수), 4 < 6이므로 한 개체는 자신이 죽더라도 자신의 형제 3마리를 구하기 위해 물에 뛰어들어 구하려고 한다. 유전적 연관도는 개체가 공유하는 유전자의 비율을 말한다. 부모와 자식 사이는 50퍼센트, 형제는 평균적으로 50퍼센트의 유전자를 공유한다. 부모의 형제

의 경우는 25퍼센트, 사촌의 경우는 부모와 50퍼센트를 공유하는 사람의 자식이므로 12.5퍼센트를 공유한다. 배다른 형제는 25퍼센트를 공유한다. "친족선택"(위키백과).

52) William Godwin, *An Inquiry Concerning Political Justice, and Its Influence on General Virtue and Happiness*(London: G. C. J. and Robinson, 1793), Bk. 2, p.83.

53) "Trolley Problem"(Wikipedia); "광차 문제"(위키백과); Marc Hauser, *Moral Minds*, pp.111-159; Fiery Cushman, Liane Young and Marc Hauser, "The Role of Conscious Reasoning and Intuition in Moral Judgement: Testing Three Principles", *Psychological Science*, Vol. 17, No. 12(Dec. 2006), pp.1082-1089.
마크 하우저는 네 가지의 트롤리 유형, 즉 제1유형, 제2유형, 제5유형, 제6 유형에 관련하여 다음과 같은 분석을 내놓았다. Marc Hauser, *Moral Minds*, p.120.

마크 하우저의 트롤리 네 가지 유형 분석

사례	행위	행위의 감정적 특성	부정적 결과 유형 의도/예견	행위의 부정적 결과	행위의 긍정적 결과
제1유형	스위치 당김	중립적/몰개인적	예견됨	1명 죽임	5명 살림
제2유형	사람 밀침	부정적/개인적	의도됨	1명 죽임	5명 살림
제5유형	스위치 당김	중립적/몰개인적	의도됨	1명 죽임	5명 살림
제6유형	스위치 당김	중립적/몰개인적	예견됨	1명 죽임	5명 살림

제1유형은 스위치를 당겨 트롤리의 선로를 변경하는 것이므로 1명을 죽이고 5명을 살린다. 그런데 1명을 죽이는 것을 직접적으로 의도하는 것이 아니라 단지 예견할 뿐이므로 행위의 감정적 특성은 중립적이고 몰개인적이다. 그러나 제2유형은 비만자를 밀치는 것이므로 비만자를 죽이는 것은 5명을 살리기 위해 직접적으로 의도된 것이다. 따라서 행위의 감정적 특성은 부정적이며 개인적이다. 여기서 개인적이라 함은 개인이 자신의 몸을 써서 손수 비만자를 밀쳤다는 의미다. 제5유형은 5명을 살리기 위해서 환상선에 있는 비만자 1명 쪽으로 선로를 바꾸는 것이다. 환상선에 있는 비만자 1명은 환상선이 5명 쪽으로 연결되어 있으므로 5명을 살리기 위한

수단이다. 따라서 그 비만자 1명의 죽음은 5명을 살리기 위한 수단으로 의도된 것이다. 여기서는 스위치가 사용되었으므로 감정은 중립적이고 행위자는 몰개인적 행위를 한 것이다. 제6유형은 5번과 똑같으나 1명이 있는 선로가 본선으로 합류하기 전 철괴가 있는 경우다. 이 경우 1명을 살리기 위해서 1명 쪽으로 트롤리의 선로를 바꾸는 것은 의도한 것이 아니라 예견된 것이다. 그래서 감정적 특성은 중립적이다. 그리고 스위치를 사용했기 때문에 몰개인적이라고 볼 수 있다. 마크 하우저는 여기서 본문에서 말한 세 가지 원칙, 즉 행동, 의도, 접촉의 원칙과 아울러 이중결과의 원칙(the principle of double effect)을 사용하여 분석하고 있다. Marc Hauser, *Moral Minds*, p.124.

54) M. Hauser and P. Singer, "Morality Without Religion," *Free Inquiry*, Vol. 26(2006), pp.18-19; 리처드 도킨스, 이한음 옮김, 『만들어진 신』(파주: 김영사, 2007), pp.337-343; 피터 싱어, 황경식 · 김성동 옮김, 『실천윤리학』(고양: 연암서가, 2013), pp.23-27.

55) 트롤리 문제와 그에 관련된 여러 유형의 문제들은 John Martin Fischer and Mark Ravizza eds., *Ethics: Problems & Principles*(Australia: Wadsworth, 1992), pp.1-57, "Introduction" 참조.

56) 마이클 샌델, 김선욱 감수, 이목 옮김, 『마이클 샌델의 하버드 명강의』(서울: 김영사, 2011), pp.22-23. 공리주의자 피터 싱어(Peter Singer)는 지진으로 피해를 당한 2명의 부상자의 예를 들고 있다. 그중 심하게 다친 사람은 한쪽 다리를 잃었고, 남아 있는 다른 쪽 다리의 발가락을 잃을 위험에 처해 있는 반면에, 덜 다친 사람은 다리를 다치긴 했으나 치료될 수 있다. 이러한 상황에서 싱어는 공리주의적인 이익평등 고려의 원칙에 의거하여 경상자의 치료를 선택한다. "우리가 제한된 [의료] 자원을 더 심하게 다친 사람보다 덜 심하게 다친 사람에게 사용한다면, 우리는 우리의 행동에 의해 영향을 받는 사람들의, 공평하게 고려된, 이익을 더욱 많이 증진시킬 수 있을 것이다." 피터 싱어, 황경식 · 김성동 옮김, 『실천윤리학』, pp.58-59. [ ]는 역자의 삽입.

57) J. J. C. Smart & Bernard Williams, *Utilitarianism For & Against*(Cambridge: Cambridge University Press, 1973), p.98-99.

58) 「소피의 선택」(네이버 영화); 「소피의 선택」(인터넷 두산백과, 네이버 지식백과); "[영화 속 클래식] 소피의 선택"(네이버캐스트); Guido Calabresi and Philip Bobbit, *The Tragic Choices*(London: W.W. Norton & Co, Ltd., 1978) 참조.

59) 「라이언 일병 구하기」(네이버 영화); 「라이언 일병 구하기」(인터넷 두산백

과, 네이버 지식백과); "[세계영화작품사전] 전쟁의 메시지를 던지는 영화: 라이언 일병 구하기"(네이버 지식백과).

60) 존 롤즈, 황경식 옮김, 『정의론』(서울: 이학사, 2003), p.59.

61) 고바야시 마사야, 홍성민 · 양혜윤 옮김, 『마이클 샌델의 정치철학』(서울: 황금물고기, 2012), p.53.

62) 제러미 벤담, 고정식 옮김, 『도덕과 입법의 원리 서설』(서울: 나남신서, 2011). 또 다른 번역으로는 제러미 벤담, 강준호 옮김, 『도덕과 입법의 원칙에 대한 서론』(서울: 아카넷, 2013).

63) 압정놀이(push-pin game)는 16-19세기의 영국 어린이들의 놀이로서 압정 머리 부분으로 서 있는 상대방의 압정을 자신의 압정을 튕겨 밀어 쓰러뜨리고 지나가면 그 압정을 따고, 못 지나가거나 압정을 쓰러뜨리지 못하면 자기 압정을 잃는 놀이다. 우리나라에서의 '바둑판에서 바둑알 튕기기 놀이'라고 보면 될 것이다. 철학적으로 보면, 압정놀이는 가치 없고 무의미한 놀이로 치부된다. 이 격률은 벤담의 잘 알려지지 않은 책, *The Rationale of Reward*(London: Robert Heward, 1830), p.296에서 나온다. "Push-pin (game)"(Wikipedia). 또 다른 전거는 *Bentham's Works*(Tait Edinburgh, 1843), Vol. 2, pp.253-254 참조.
벤담의 격률(dictum)에 관한 것은 존 스튜어트 밀, 서병훈 옮김, 『공리주의』(서울: 책세상, 2007), p.123. "'모든 사람이 똑같은 영향력을 지니며, 어느 누구도 남보다 더 큰 영향력을 가질 수 없다'고 하는 벤담의 원칙(dictum)이 효용 원리를 뒷받침해줄 수도 있을 것이다." 그리고 "Bentham", in *Dissertations and Discussions,* Vol. I(London, Parker, 1859), p.398 참조.

64) 이 사건에 대한 판결문은 Michael Sandel, *Justice: A Reader*(Oxford, New York: Oxford University Press, 2007), pp.3-7 참조. 안데스 산맥에 추락한 비행기 승객들이 죽은 승객의 인육을 먹고 생존하다가 구조된 사건을 다룬 영화 「얼라이브(Alive: The Miracle of the Andes)」(미국, 1993)는 덜 극적이기는 하지만 참조가 필요하다. 네이버 영화 참조. 구명보트 식인사건으로 더 유명한 것은 1816년 세네갈을 식민지로 삼기 위해 떠났다가 난파한 프랑스의 해군 군함 메두사호 사건이다. 400명을 태운 프랑스 군함 메두사호는 1816년 7월 2일 난파했다. 선장과 상급 선원과 신분이 높은 승객 등 250명은 구명보트를 타고 떠났지만, 나머지 하급 선원과 일반 승객 등 150명은 급조된 뗏목을 타고 표류하게 되었다. 12일에 걸친 표류 끝에 작은 범선에 의해 구조된 것은 15명뿐이었다. 생존자들은 처음에는 가죽이나 천을 먹고 연명했으나 결국 굶주림에 못 이겨 죽은 사람의 인육을 먹었다고 알려져 있다. 프랑스 화가 테오도르 제리코(Théodore Géricault)의 작품

「메두사호의 뗏목 위에서의 식인장면」(1819)이 이 사건을 묘사했다. "메두사호의 공포"(네이버 지식백과); "메두사호의 뗏목"(두산백과, 네이버 지식백과).

실화에 기초한 영국 영화 「이함(離艦, Abandon Ship!)」(1957)은 난파선 영화와 그 윤리 문제에서 중요한 위치를 점한다. 호화선박 SS 크레센트 스타 (SS Crescent Star)호는 대서양에서 수뢰에 부딪혀 침몰하면서 1,156명의 승객들은 모두 죽고 27명만이 조그만 구명보트에 타는데, 이 구명보트의 정원은 9명이다. 죽어가는 선장으로부터 명령권을 인계받은 일등항해사 알렉 홈스(Alec Holmes)와 살아남은 사람들은 무전기가 고장이 나 침몰 소식을 전하지 못했으므로 아프리카까지 1,500마일을 노를 젓고 물을 퍼내면서 가야 하는 상황에 봉착한다. 이러한 상황에서 홈스는 부상당하거나 정신을 잃은 승객들, 그리고 노약자들을 바다에 버리라고 명령한다. 즉 그러한 명령은 구명보트에 남는 사람은 노를 젓고 물을 퍼낼 수 있는 건강한 사람이어야 한다는 규칙에 의거한 것이다. 이러한 명령은 승객들의 강력한 반론에 부딪히나 그래도 진행시키자 승객 중 한 사람이 홈스를 칼로 찔러 부상을 입힌다. 홈스는 조명탄 발사기를 사용하여 그 승객을 죽인다. 많은 승객들이 바다로 수장되어 15명으로 가벼워진 배가 폭풍우를 견뎌내자 남은 승객들은 홈스에게 자기들을 살려준 것에 감사한다. 그러나 홈스는 자신의 부상이 심상치 않음을 인식하고 자신의 규칙에 의거하여 바다에 뛰어들어 자결을 시도한다. 그러나 그는 승객 중 한 사람에 의해 구조된다. 결국 구명보트는 지나가는 배에 발견되어 구조된다. 지나가는 배에 구조되자 남은 승객들은 두 사람만을 제외하고는 홈스의 행동에 자신들은 찬동하거나 관여하지 않았다고 거리를 둔다. 홈스는 살인으로 고소되어 살인죄로 판결되었으나 홈스와 승객들이 처한 비상한 상황이 감안되어 최종적으로 6개월 징역형으로 경감되었다. "Seven Waves Away: Abandon Ship!" (Wikipedia) 참조.

이 영화의 또 다른 제목인 "Seven Waves Away"는 "머나먼 파고를 넘어서" 정도로 번역할 수 있을 것이다. 이 영화를 공리주의적 견해와 의무론적 견해의 충돌이라는 관점에서 보고 있는 것은 Nina Rosenstand, *The Moral of the Story: An Introduction to Ethics*, Fifth edn.(Boston: McGraw-Hill, 2006), pp.204-205 참조. 홈스의 규칙 이외에 나온 제안들은 제비뽑기, 여성과 어린이 우선 고려, 자원자 모집 등이었다. 승객 중 한 대학교수는 홈스의 규칙은 야만(barbarism)적인 것이며, 문명화된 결정은 모두 같이 죽는 것이라는 대안을 제시하나 수용되지 못했다.

배가 침몰했을 때 여성과 어린이가 먼저 구조된다는 생각은 잘못된 환상이라고 BBC가 보도했다. 최근 스웨덴 웁살라대학의 실제 사례 조사 결과 여성과 어린이보다 선장과 승무원들이 더 높은 생존율을 보였다고 한다. 침몰 현장 상황과 동떨어진 '여성과 어린이가 구조 우선순위'라는 관념은 타이타닉호 침몰 당시 선장이 여성과 어린이부터 구하도록 한 명령에 따르지 않는 사람을 총으로 쏘며 강제했기 때문에 예외적인 기사도 정신이 발휘됨으로써 생긴 것이다. 그래서 생존자 710명 가운데 여성 310명과 어린이 50여 명이 포함됐다고 한다. 김강한 기자, "여성, 아이부터 구조? … 타이타닉이 만든 환상", 『조선일보』, 2012년 4월 14일자, A14면. 영화 「타이타닉(Titanic)」(미국, 2012)은 제임스 카메론 감독의 작품으로 전 세계적으로 크게 히트하였다.

65) 기독교 영화, 「쿼바디스(Quo Vadis)」(미국, 1951), 그리고 새로 만들어진 영화 「쿼바디스 도미네(Quo Vadis Domine)」(미국, 폴란드, 2001) 참조. 영화 제목은 "주여, 어디로 가시나이까?"이다. 네이버 영화 참조. 고대 로마 콜로세움에서 많은 관중들은 기독교인들이 사자에 물려 죽자 환호한다. 그렇다면 공리주의적 관점에서는 소수의 기독교인들의 고통을 능가하는 많은 관중들의 환호와 환희 때문에 최대 대수의 최대 행복이 이룩된 것이라고 볼 수 있을 것이다.

66) 고문의 정당화 문제는 맨해튼을 폭파할 핵무기의 정보를 가지고 있는 테러 용의자를 고문하고, 그래도 안 되면 그의 부인과 어린 아들과 딸을 고문해야 하는가의 문제다. 이 문제는 "시한폭탄 시나리오(Ticking time bomb scenario)"로 알려져 있으며 사고 실험의 문제 가운데 하나다. "Ticking time bomb scenario"(Wikipedia). 이와 관련된 영화는 「언싱커블(Unthinkable: Right and Wrong No Longer Exist)」(미국, 2010)로, 아랍 출신의 전직 미군 핵무기 전담 요원 영거(마이클 신)는 미국의 주요 세 도시의 중심가에 각각 한 개씩 핵폭탄을 설치하고 협박 비디오를 미국 정부에 보낸다. 그러나 곧 미국 국토안전부에 체포되고, 핵폭탄의 소재를 알아내기 위해 고문이 시작되지만 비인간적인 고문에 대한 반대 의견이 등장하면서 팽팽한 대립이 전개된다. 그러나 고문을 찬성하는 요원은 테러범의 가족인 부인과 아들과 딸을 인질로 잡고 그들도 고문하겠다고 위협하며 최후 협상을 벌인다. 고문을 찬성하는 요원은 테러범의 부인을 위협하다가 잘못해서 죽이게 된다. 테러범은 경악하지만 핵무기의 위치를 밝히지 않는다. 그러자 고문을 찬성하는 요원이 테러범의 어린 아들과 딸을 고문하겠다고 위협하자, 테러범은 세 도시에 설치된 핵폭탄들의 위치를 밝힌다. 이 와중에 테러범은 자신에게 접근한 한 요원의 권총을 탈취하여 자살하고 만다. 그러나 핵무기는 3개가 아니고 LA에 2개를 설치하여 총 4개였다. 3개는 모두 찾아 시한폭발 장치를 해제시키지만, 나머지 하나의 핵폭탄에서 시한폭

발 장치가 째깍째깍 돌아가는 대반전의 장면에서 영화는 끝난다. 테러범의 말을 곧이곧대로 믿어서는 안 된다는 교훈도 배울 수 있는 영화다. 네이버 영화 참조.

67) 샌델, 『정의란 무엇인가』, pp.59-63.

68) 샌델, 『정의란 무엇인가』, p.77.

69) 존 스튜어트 밀, 서병훈 옮김, 『자유론』(서울: 책세상, 2005), p.32.

70) 존 스튜어트 밀, 이을상 옮김, 『공리주의』(서울: 지식을 만드는 지식, 2011), p.29.

71) 셰익스피어의 『햄릿』의 동명 영화는 「햄릿(Hamlet)」(영국, 프랑스, 스페인, 1990)이 있다. 네이버 영화 참조. 「심슨 가족(The Simpsons)」(미국, 1989) 은 만화가 맷 그레이닝이 제작한 미국 폭스TV 최장수 만화 시리즈로 1989 년 12월 첫 방영이 시작된 이래 큰 인기를 얻으며 2011년까지 100여 개국 에서 50여 개 언어로 방영되고 있다. 2015년 9월 현재 시즌 27을 준비하 고 있다. 괴상한 외모를 가진 5명의 가족이 일상에서 벌이는 엉뚱한 소동 속에는 "미국사회에 대한 날카로운 풍자와 페이소스가 담겨 있다. 그렇기 때문에 「심슨 가족」은 단순한 만화 차원을 넘어 미국의 중산층을 이해하 는 문화적 코드로 받아들여지고 있으며, 말썽꾸러기 아들 바트 심슨은 1989년 『타임』지가 선정한 금세기 문화 · 예술 분야 20인에 선정되기도 했 다." "심슨 가족"(시사상식사전, 네이버 지식백과). 우리나라에서는 MBC에 서 1995년 1월 9일 시즌 1과 시즌 2를 더빙하여 방영했으나 이질적인 문 화 차이로 큰 호응을 얻지 못했다. 이후 2000년 7월부터 EBS에서 시즌 3 부터 시즌 11까지 더빙하여 방영함으로써 우리나라에서도 서서히 많은 팬 을 확보하게 되었다. 2010년부터 케이블채널인 투니버스에서 시즌 10, 11, 12, 13, 14, 15가 방영되고 있다. "미국의 텔레비전 방송 역사상 가장 오랜 기간 동안 주시청 시간에 방영되고 있으며, 미국의 애니메이션 영화의 스 타일을 재창조했다는 찬사를 듣고 있다." "심슨 가족"(위키백과).

72) 샌델, 『정의란 무엇인가』, p.82.

73) 이대희, 「G. E. 무어의 이상적 공리주의」, 『철학연구』, 제68집(1998), pp.237-258.

74) 저자의 졸고, 박정순, 『사회정의의 윤리학적 기초』(연세대학교 대학원. 석 사학위논문, 1984), p.53.

75) 샌델, 『정의란 무엇인가』, p.60. "공리주의자들이 고문을 좋아한다는 이야 기는 아니다. 어떤 공리주의자는 실용적인 의미에서 고문을 반대한다."

76) Lawrence Hinman, *Ethics: A Pluralistic Approach to Moral Theory*, 3rd edn. (Belmont: Wadsworth, 2003), p.139, p.156.

77) 같은 책, p.139; "Preference Utilitarianism"(Wikipedia).

78) 롤즈, 황경식 옮김, 『정의론』, p.374, p.427.

79) 샌델, 『정의란 무엇인가』, p.64; 밀, 이을상 옮김, 『공리주의』, p.158. "'누구나 한 사람으로 간주되고, 어느 누구도 한 사람 이상으로 간주되지 않는다'는 벤담의 언명도 이 공리의 원리 아래 있는 하나의 설명적인 주석으로서 쓰인 것이 틀림없다."

80) 샌델, 『정의란 무엇인가』, p.88

81) 밀, 이을상 옮김, 『공리주의』, p.158.

82) John Rawls, "Justice as Reciprocity", *Utilitarianism: John S. Mill with Critical Essays*, ed., Samuel Gorovitz(Indianapolis: The Bobbs-Merrill Co., 1971), p.262.

83) 박정순, 『사회정의의 윤리적 기초』, p.54.

84) Jeremy Bentham, "Principles of Civil Code"(1802).

85) 박정순, 『사회정의의 윤리학적 기초』, p.55.

86) 제러미 벤담, 강준호 옮김, 『도덕과 입법의 원칙에 대한 서론』(서울: 아카넷, 2013), pp.97-98.

87) 박정순, 『사회정의의 윤리학적 기초』, p.70.

88) 같은 논문, p.71. 공리주의를 비판하는 롤스는 공리주의의 표준적 가정이 분배적 정의의 근거로서는 불확실한 것이라고 비판한다. 또한 그는 표준적 가정에서처럼 모든 개인이 만족에 대한 유사한 능력을 가졌다고 전제하는 것은 개인 간 비교의 척도를 마련하기 위한 지나친 가정이라고 논박한다. 나아가서 그는 공리주의에서는 막연하게 욕구의 만족이 비교될 뿐이며, 그러한 비교의 객관적 근거가 결여되어 있다고 비판한다. John Rawls, *A Theory of Justice*(Cambridge: Belknap Press of Harvard University Press, 1971), p.91.

89) Hugo Adam Bedau, "Bentham's Utilitarian Critique of the Death Penalty", *The Journal of Criminal Law and Criminology*(Northwestern University School of Law), Vol. 74(Autumn, 1983), pp.1033-1065. "Capital Punishment"(Wikipedia)에서 재인용. 형벌과 사형제도에 관한 논의는 참고자료 영화, 「법과 정의」 3부작 중 「3부 죄와 벌, 인간을 처벌하는 어려움에 관하여」(EBS 다큐프라임 법철학 탐구 대기획, 2014. 5. 28) 참조.
인류의 범죄와 그 처벌의 역사에 관한 책은 콜린 윌슨, 전소영 옮김, 『인류의 범죄사』(서울: 알마, 2015) 참조. 이 책에 대한 소개는 어수웅 기자, "서양식 능지처참 살천도(수천 번에 걸쳐 살을 칼로 베어내는 형벌) … 인간은 왜 이리 잔인한가", 『조선일보』, 2015년 11월 7일자, A18면 참조.

90) Elie Halevy, *The Growth of Philosophical Radicalism*(Boston: The Beacon Press, 1955).

91) 샌델, 『정의란 무엇인가』, p.83.

92) Nina Rosenstand, *The Moral of the Story: An Introduction to Ethics*, 5th edn. (New York: McGraw-Hill), p.215.

93) 샌델, 『정의란 무엇인가』, p.83.

94) 샌델, 『정의란 무엇인가』, pp.53-54.

95) 저자가 대학교 1학년 때 사용했던 논리학 책이 아직 있어 그 책에서 인용해본다. 천옥환, 『논리학』(서울: 박영사, 1972), p.236. 딜레마 논변과 그 오류에 대해서는 본서 제5장 4절 3)항 (4) "정치적 자유주의와 포괄적인 종교적 교설 사이의 관련 방식에 대한 다섯 가지 아포리아적 난제" 마지막 부분 참조. 딜레마 논변과 그 오류, 그리고 그 오류를 피하는 두 가지 방법에 대해서는 제5장 4절 "자유주의적 무연고적 자아에 대한 샌델의 비판과 롤스의 정치적 자유주의로부터의 응답", 제5장 후주 296 참조.

96) "미끄러운 언덕 논증"은 기본적으로 미끄러운 언덕에서처럼 우리가 한 번 미끄러지면 가속이 붙어 더욱 세게 미끄러지는 현상에 주목한다. 이와 같이 "도덕적 퇴행 (점증) 논증", 혹은 "도덕적 함몰 (점증) 논증"은 한 번 부도덕한 행위를 하게 되면 마약에 중독되는 것처럼 부도덕한 행위를 거리낌 없이 더 심하게 하게 된다는 것을 주장한다. 자세한 논의는 Eugene Volokh, "Slippery Slope Arguments", Hugh LaFollete ed., *The International Encyclopedia of Ethics*(West Sussex: Willey-Blackwell, 2013), pp.4923-4929 참조.

   이 논증은 사회과학에서 많이 논의되고 있는 "하인리히 법칙(Heinrich's Law)", 즉 "대형사고가 발생하기 전에 그와 관련된 수많은 경미한 사고와 징후들이 반드시 존재한다는 것을 밝힌 법칙"과 유사점이 있다."(두산백과, 네이버 지식백과). 그리고 "깨진 유리창 이론(Broken Window Theory)", 즉 "낙서, 유리창 파손 등 경미한 범죄를 방치하면 큰 범죄로 이어진다는 범죄 심리학 이론"과도 역시 일맥상통하는 면이 있다(시사상식사전, 네이버 지식백과). 이 이론은 "우리의 일상생활에서 사소한 위반이나 침해행위가 발생했을 때 이것들을 제때에 제대로 처리하지 않으면 결국에는 더 큰 위법행위로 발전한다는 것을 의미한다." 따라서 사소한 위법행위이라도 죄질이 나쁜 경우 엄격하게 처벌해야 한다는 "무관용의 원칙(Zero Tolerance)"이 등장하게 된다(시사상식사전, 네이버 지식백과).
   "쐐기 원칙(wedge principle)"은 "도덕적 퇴행 논증"과 비슷한 것으로 우리가 쐐기를 사용하는 이유는 그것을 박아 나무가 쪼개질 때까지 쐐기를 계속해서 박기 위함이다. 쐐기 원칙은 "발단 논증"이라고 해석될 수 있는데, 한 번 불합리하고 비도덕적인 행위를 허용하면 그것은 더 깊숙이 들어가 심각해질 수밖에 없다는 것이다. 마치 판도라의 상자를 한 번 열면 온갖 악이 쏟아져 나오는 것처럼 말이다. Ronald Yezzi, *Medical Ethics: Thinking About Unavoidable Questions*(New York: Holt, Rinehart and Winston, 1980), p.119. 제4장 후주 9 참조

97) "*The Queen* (or *R*) *vs. Dudley and Stephens*(1884): The Lifeboat Case" 중 "Cultural Impact"(Wikipedia).

98) 샌델, 『정의란 무엇인가』, p.91.

99) Robert Nozick, *Anarchy, State, and Utopia*(New York: Basic Books, 1974). 번역본으로는 로버트 노직, 남경희 옮김, 『아나키에서 유토피아로: 자유주의 국가의 철학적 기초』(서울: 문학과지성사, 1983).

100) 노직, 남경희 옮김, 『아나키에서 유토피아로』, pp.193-195.

101) 황경식, 「공정한 경기와 운의 중립화」, 『공정과 정의사회: 정의의 철학』 (서울: 조선뉴스프레스, 2011), pp.11-46. 운에 따른 모든 이로운 점을 반영하는 것에 대한 논의는 Barbara Goodwin, *Justice by Lottery*(Chicago: The University of Chicago Press, 1992) 참조. 이러한 입장에 대한 반대는 "Luck Egalitarianism"(Wikipedia).

102) 샌델, 『정의란 무엇인가』, p.102.

103) 안락사와 관련하여 샌델은 죽음의 의사로 알려진 잭 케보키언(Jack Kevorkian) 박사의 예를 든다. 그는 안락사 허용 운동을 벌였고, 1990년 부터 1998년까지 환자 약 130명을 안락사시켜 2급 살인죄로 25년 징역을 선고받고 8년 6개월간 복역하다가 안락사를 더 이상 조력하지 않는다는 조건으로 2007년 가석방되었으며, 2011년 83세를 일기로 사망하였다. 샌델은 자유지상주의 철학은 내 삶과 신체가 내 것이라는 근거에서 안락사에 찬성하는 입장이지만, 안락사를 찬성하는 사람 다수가 자기소유권에 호소하기보다는 존엄과 연민을 내세운다는 사실을 들어 자유지상주의를 비판한다. 샌델, 『정의란 무엇인가』, p.106. 케보키언 박사에 대한 전기 영화는 알 파치노 주연의 「유 돈 노우 잭(You Don't Know Jack)」(미국, 2010)이 있다. 그리고 안락사에 대해서는 문화방송의 프로그램 「안락사」(MBC 논픽션 11, 1999) 참조. 참고자료로는 "잭 케보키언"(위키백과) 참조.

회생 가능성이 없는 환자의 임종 기간만 늘리는 무의미한 연명 치료를 환자의 뜻에 따라 중단할 수 있게 하는 '호스피스 완화치료 및 임종과정에 있는 환자의 연명의료 결정에 관한 법'(일명 웰다잉법)이 2016년 1월 8일

국회를 통과했다. 이로써 환자의 '자기 결정'에 따라 심폐소생술, 인공호흡기, 혈액 투석, 항암제 투여 등을 중단하고 존엄한 죽음, 즉 존엄사를 맞을 수 있는 길이 열렸다. 그러나 영양, 물, 산소 공급이나 통증 완화 치료는 중단할 수 없다. 이지혜 기자, "'존엄한 죽음' 환자가 선택, 웰다잉법 통과 … 2018년 시행", 『조선일보』, 2016년 1월 8일자, A1면; 이지혜 기자, "연명의료 중단, 환자의 뜻 모르면 가족전원 동의해야", 『조선일보』, 2016년 1월 8일자, A11면 참조.

104) 샌델, 『정의란 무엇인가』, pp.104-105

105) 이 일화는 번역본에는 누락됨. Sandel, *Justice: What's The Right Things To Do?*(2009), p.72. 번역본 샌델, 『정의란 무엇인가』, p.104 참조.

106) 총체성 원칙은 저자의 졸고, 박정순, 「악행 금지의 원칙」, 한국의료윤리교육학회 편, 『의료윤리학』(서울: 계축문화사, 2003), p.83. "논점 일탈의 오류"는 논점에서 벗어나는 오류로서 증거의 논점에서 벗어나 덜 관련된 다른 결론을 입증하는 증거를 사용하여 잘못된 결론을 이끌어내는 논증이다. "허수아비 논증의 오류"는 상대방의 관점이나 논증을 공격하기 쉽게 만들기 위해서 허위로 진술하는 논증이다. "성급한 일반화의 오류"는 너무 적은 사례, 예외 사례, 편향되거나 대표성이 없는 자료로부터 결론을 이끌어내는 논증이다. 에드워드 데이머, 김회빈 옮김, 『논리의 오류』, p.201, "39. 논점에서 벗어나는 오류", p.265, "53. 허수아비 논증의 오류", p.135, "24. 성급한 일반화의 오류" 참조. 평이하고 재미있는 방식으로 쓴 논리학 오류책은 탁석산, 『오류를 알면 논리가 보인다』(서울: 책세상, 2001); 박우현, 『논리를 모르면 웃을 수도 없다』(서울: 책세상, 2004) 참조.

107) "Modus Ponens", "Modus Tollens"(Wikipedia). 칸트는 "당위는 가능성을 함축한다"는 윤리학의 기본원칙을 *Religion Within the Boundaries of Mere Reason*, 6:50과 *Critique of Pure Reason*, A548/B576에서 제시했다. "Ought implies Can"(Wikipedia)에서 재인용. 조건논증에 관련된 부분은 에드워드 데이머, 김회빈 옮김, 『논리의 오류』, pp.287-292 참조. 좀 더 자세한 논의는 "Ought Implies Can", *The International Encyclopedia of Ethics*, ed. by Hugh LaFollette, Vol. 6(West Sussex, UK: Willey-Blackwell, 2013), pp.3748-3757 참조.

108) "버핏세"(시사상식사전, 네이버 지식백과).

109) 정시형 기자, "오바마 버핏세로 조세 정의 실현, 공화 일자리 · 투자 위축", 『조선일보』, 2014년 4월 13일자, A21면.

110) "버핏세"(시사상식사전, 네이버 지식백과) 참조. 그리고 "한국판 버핏세, 5

단계 초과누진세율에 대해서 알아보자", 국세청 SNS 기자단, 2014년 7월 21일자.

111) 정지선,「한국형 버핏세의 문제점과 개선 방안」,『조세와 법』, 제4권 특별 호(2012), p.147.

112) "[2012 시사상식] 버핏세란 무엇인가, 한국판 버핏세의 실효성"(네이버 블로그 http://blog.naver.com/exito777?Redirect=Log&logNo=90133304471) 참조.
새정치민주연합은 2016년 20대 총선 공약으로 부유세 형태의 '사회적 공헌세'를 신설하는 방안을 검토하고 있는 것으로 알려졌다. 그러한 방안은 "양극화가 심각한 상황에서 고소득층과 대기업은 사회적 공헌을 해야 한다"는 취지로 검토되고 있다. 그러나 새누리당은 "그렇게 과세를 하게 되면 실효성이 없이 조세를 회피하거나 해외로 돈이 빠져나가는 부작용만 있을 것"이라고 반대하고 있다. 위문희 기자, "새정치련 '사회적 공헌세 검토' … 새누리 '부작용 클 것'",『중앙일보』, 2015년 11월 16일자, 18면.

113) "포르노그래피"(위키백과).

114) 자세한 내용은「래리 플린트」(네이버 영화); "[세계영화작품사전] 법정영화: 래리 플린트"(네이버 지식백과). 그리고 마이클 리프·미첼 콜드웰, 금태섭 옮김,『세상을 바꾼 법정』(서울: 궁리, 2006), 6장 "포르노 황제와 전도사: 언론 자유의 상징이 된『허슬러』의 발행인", pp.387-480 참조.

115) Robert Nozick, *The Examined Life: The Philosophy Meditations*(New York: Simon and Schuster, 1989), pp.286-287.

116) 샌델,『정의란 무엇인가』, p.118.

117) 샌델,『정의란 무엇인가』, p.122. 샌델은 시민의 미덕과 공동선에 관한 반박에 관련하여 배심원 제도를 예로 들고 있다. 배심원은 시민의 의무이므로 다른 사람을 사서 배심원의 의무를 대신하게 하는 일은 허용되지 않는다. 또한 노동시장을 이용하여 자원자만으로 이루어진 전문 유급 배심원 제도도 만들지 않는다. 우리가 "배심원을 고용하기보다 징발하는 이유는 법정에서 정의를 집행하는 행위를 모든 시민이 함께 나눠야 할 책임으로 보기 때문이다." 샌델,『정의란 무엇인가』, p.123. 우리나라도 2008년 1월부터 국민참여재판이라는 이름으로 배심원 재판제도를 시행하고 있다. 만 20세 이상의 국민 가운데 무작위로 선발된 배심원들이 형사재판에 참여하여 유죄·무죄 평결을 내리지만 법적인 구속력은 없다(인터넷 두산백과, 네이버 지식백과).

118) 대리모에 관한 영화로는 임권택 감독 작품으로 배우 강수연이 열연하여 베니스 영화제 여우주연상을 수상한「씨받이(Surrogate Womb)」(1986)가

있다. 시대적 배경은 조선시대이며, 대갓집 종손과 그의 부인 사이에 손
이 없자 씨받이 여인을 들일 것을 결정하여, 씨받이로 옥녀가 간택된다.
옥녀는 빼어난 용모로 종손의 사랑을 받으나 아기를 낳자마자 그 아기는
종손 부인에게로 인도되고 옥녀는 바로 떠날 것을 종용받자 자신의 허망
하고도 한 많은 생을 아쉬워하며 죽음으로써 비인간적 처사에 항거한다.
네이버 영화 참조.

관련 우리나라 영화로는 「씨내리(Surrogate Father)」(1993)도 있다. 이 영
화의 시대적 배경 역시 조선시대이며 성행위를 통해 정자를 제공하는 남
자를 씨내리라고 한다. 씨내리가 되어야만 했던 한 남자의 파란만장한 생
애를 다룬 영화다. 네이버 영화 참조. 대리모 관련 외국 영화로는 「씨받
이 대소동」(이탈리아, 1975)과 「언노운 우먼」(이탈리아, 2006)이 있다. 네
이버 영화 참조.

119) Elizabeth Anderson, "Is Women's Labor is a Commodity?", *Philosophy and
Public Affairs*, Vol. 19(Winter, 1990), pp.71-92. 소외된 노동 이론은 칼
마르크스의 소외(alienation)론에 근거하고 있다. 마르크스는 네 가지의 소
외 유형을 말하고 있다. 즉 (1) 노동과 노동의 산물, (2) 그리고 그 생산
행위와 과정으로부터 소외된 인간은 (3) 그 자신과 타인들로부터도 소외
되어, (4) 종국적으로는 인류 공동체적인 유적 존재(species-being)로부터
도 소외된다. 이러한 소외된 노동의 결과, 모든 인간관계는 화폐와 상품
의 물신주의(the fetishism of commodities)로 전락하고 만다. 자세한 논의
는 "Marx's Theory of Alienation", "Fetishism"(Wikipedia) 참조.

120) 샌델, 『정의란 무엇인가』, p.143.

121) 샌델, 『정의란 무엇인가』, pp.112-113.

122) "미국, 징병제로 가는가?"(이글루스 블로그 http://steinwoo.egloos.com/
271176); 「화씨 9/11(Farenheit 9/11)」(미국, 2004). 네이버 영화 참조.

123) 샌델, 『정의란 무엇인가』, pp.115-116

124) 샌델, 『정의란 무엇인가』, pp.120-121; "[다함께 잘 사는 사회] 미국 징병
제 가능성은?"(네이버 블로그 http://blog.naver.com/skim209/40044237517)
참조.

125) 샌델, 『정의란 무엇인가』, p.124

126) 로마 사회에서는 귀족 등의 고위층이 전쟁에 참여하는 전통을 확고하게
지켜왔다. 로마가 한니발의 카르타고와 16년간 제2차 포에니 전쟁을 치
렀을 때 최고 지도자인 집정관 콘술만 13명이 전사했다. 그리고 로마 건
국이후 500여 년 동안 원로원에서 귀족이 차지하는 비중이 15분의 1로
급감한 것은 전쟁에 참여한 귀족들이 사망한 결과라는 것이 정설이다. 근

현대에 들어와서는 제1차, 그리고 제2차 세계대전에서 영국 고위층의 자제가 다니던 이튼 칼리지 출신 중 2천 명이 전사했고, 포클랜드 전쟁에서도 영국 여왕의 둘째 아들 앤드류가 전투헬기 조종사로 참여하였다. 6·25 전쟁에서도 미군 장성의 아들이 142명이나 참전해 35명이 목숨을 잃거나 부상을 입었다. 당시 미8군 사령관 밴플리트의 아들은 야간 폭격 임무 수행 중 전사했으며, 아이젠하워 대통령의 아들도 육군 소령으로 참전했다. 중국 지도자 마오쩌둥의 아들도 6·25 전쟁에 참전했다가 전사했지만 시신 수습을 포기하도록 지시했다는 일화는 유명하다.

그러나 이러한 노블레스 오블리주는 징병제가 아닌 모병제의 경우, 요즘 사회 고위층 자제들이 군대에 가지 않음으로써 그 정신이 단절되었다고도 볼 수 있다. 그리고 옛날과는 달리 전쟁에 참여하거나 전쟁에서 전사한다고 본인이나 가족에게 커다란 특혜와 보훈이 주어지는 것도 아니므로 군대에 복무할 동기가 많이 줄었다고 볼 수 있다. "노블레스 오블리주"(인터넷 두산백과, 네이버 지식백과); "노블레스 오블리주"(인터넷 한경 경제용어사전, 네이버 지식백과). 우리나라에서는 연평도 해전에서 전사한 장병들의 예우와 가족들에 대한 보상이 사회적 논란의 대상이 된 적이 있다. 영화 「연평해전(Northern Limit)」(한국, 2015)을 보면서 진정한 군 복무의 의미와 애국심, 그리고 징병제 문제를 생각해보자.

고대 그리스 시대의 군사적 용맹함과 공명정치(timocracy)에 관한 것은 호메로스의 대서사시 『일리아스(*Ilias*)』와 『오디세이아(*Odysseia*)』를 읽어야 알 수 있다. 호메로스, 천병희 옮김, 『일리아스』(서울: 단국대학교 출판부, 2001); 호메로스, 천병희 옮김, 『오디세이』(서울: 단국대학교 출판부, 1996) 참조. 이 책들에 대한 소개는 "[서양의 고전을 읽는다] 일리아드와 오디세이: 서양 최초의 문학작품[Iliad-Odyssei]"(네이버 지식백과) 참조. 관련 영화로는 불세출의 전쟁 영웅이자 위대한 전사인 아킬레스(브래드 피트 분)가 활약하고, 오디세우스가 거대한 목마를 이용해 트로이를 함락시키는 「트로이(Troy)」(미국, 2004)가 유명하다. 페르시아 백만 대군의 그리스 침공을 저지하는 300명의 스파르타 용사들의 분투를 그린 영화로는 「300」(미국, 2006)이 있다. 영화 「한니발(Annibale, Hannibal)」(이탈리아, 1959)은 알프스를 넘어 로마를 침공한 카르타고 군대의 모습과 처절한 전투 신을 담았다. 전 세계 총 인구의 4분의 1이 로마 황제의 지배하에 있던 절정기의 로마제국 시절, 후기 스토아학파의 철학자로서 『명상록』을 남긴 철인황제 마르쿠스 아우렐리우스(Marcus Aurelius)가 게르마니아(Germania) 정벌에 나선다. 이 정벌에서 아들처럼 총애하는 장군 막시무스(Maximus, 러셀 크로우 분)가 대승하자 그에게 황위를 물려주려고 한다. 그러나 황제의 아들 코모두스는 이에 질투를 느끼고 황제를 살해하고

막시무스의 가족도 살해한다. 겨우 혼자 살아남게 된 막시무스는 검투사
로 전락하지만 로마 콜로세움에서 민중으로부터 검투사로서 커다란 명성
과 인기를 얻고 코모두스 황제에 대한 복수를 다짐하면서 벌어지는 내용
을 담은 영화「글래디에이터(Gladiator)」(미국, 영국, 2000)는 당시 절찬리
에 상영되었다. 모두 네이버 영화 참조.

127) 노블레스 오블리주는 근현대사회에서는 고귀한 자들에게 고귀하게 처신
할 사명과 의무를 주지만 동시에 귀족주의와 그에 따른 특혜를 정당화하
는 단점도 있다. "Noblesse Oblige"(Wikipedia).

128) "Selective Service System"(Wikipedia). 미국의 경우 선발 징병제는 1972년
2월에 만들어졌으나 1973년 7월 1일 파기되었다가 1980년 구소련이 아
프가니스탄을 침공하면서 재도입되었다. 그래서 18-25세 국민은 등록해
야 한다. 이러한 등록은 유사시를 대비한 제도다.

129) 유성운 기자, "전문가 '모병제 30만 명 적정' … 육군은 병력 감축 반발",
『중앙일보』, 2014년 8월 13일자, 26면.

130) 징병제와 모병제의 다섯 가지 논쟁점들은 다음 세 글들에서 참조.
"미국, 징병제로 가는가?"(이글루스 블로그 http://steinwoo.egloos.com/
271176); "[다함께 잘 사는 사회] 미국 징병제 가능성은?"(네이버 블로그
http://blog.naver.com/skim209/40044237517); "미국의 징병제에서 모병제로
의 전환과 경제학자들의 연구"(NewsPeppermint, http://newspeppermint.
com/2014/01/15/allvolunteearmy/).

131) 대학생 통계는 샌델, 『정의란 무엇인가』, p.120.

132) "제승방략"(한국고중세사사전[한국사사전편찬회, 2007], 네이버 지식백
과).

133) "진관체제"(한국고중세사사전[한국사사전편찬회, 2007]); "진관"(시사상식
사전[지식엔진연구소, 박문각]), 모두 네이버 지식백과.

134) "군정"(한국민족문화대백과[한국학중앙연구원]); "군포"(한국민족문화대백
과[한국학중앙연구원]); "방군수포제"(한국민족문화대백과), 모두 네이버
지식백과.

135) "속오군"(인터넷 두산백과, 네이버 지식백과). 서애(西厓) 류성룡(柳成龍)
은 눈물과 회환으로 쓴 임진왜란(1592-1598)의 기록인 『징비록(懲毖錄)』
(1633)을 남겼다. 이 책은 우리나라 기록문학의 정수로 평가받고 있다.
"한국의 고전을 읽는다: 징비록, 눈물과 회환으로 쓴 7년의 전란의 기록"
(네이버 지식백과). 이 책은 KBS1에서 총 50부작의 연속극「징비록」으로
만들어져 2015년 2월 14일-8월 2일에 방영되었다.
임진왜란 기록문학의 또 하나의 정수는 류성룡이 등용시켰던 이순신 장

군의『난중일기(亂中日記)』다. "한국의 고전을 읽는다: 난중일기, 인간 이
순신의 속살, 그 연민과 감동의 텍스트"(네이버 지식백과). 임진왜란 때
큰 공을 세운 명장 이순신의 일대기는 KBS1에서 총 104부작 연속극「불
멸의 이순신」으로 만들어져 2004년 9월 4일-2005년 8월 28일에 절찬리
에 방영되었다.『난중일기』는 2013년 유네스코 세계기록유산으로 등재되
었다.

136) 천권필 기자, "러시아군 49만 명 중 20만 명 모병제 선발 … 세계적 추
세",『중앙일보』, 2014년 8월 13일자, 26면.

137) "[논쟁: 모병제 도입해야 하나?] 백군기, '군대도 전문전투조직 돼야.' 신인
균, '예산 등 현실 생각해야",『중앙일보』, 2014년 8월 15일자, 2면.

138) 유성운 기자, "전문가 '모병제 30만 명 적정' … 육군은 병력 감축 반발",
『중앙일보』, 2014년 8월 13일자, 26면.

139) 김강한 기자, "600명의 생물학적 아버지가 된 남자",『조선일보』, 2012년
4월 9일자, A35면.

140) 구인회, "비윤리적인 대리모 출산 관행 금지돼야",『조선일보』, 2014년 10
월 22일자.

141) 차학봉 특파원, "대리 출산 통해 자녀 15명 얻은 일본 재벌 2세 원래 목
표는 1,000명?",『조선일보』, 2014년 8월 18일자, A18면.

142) 천예선 기자, "태국 대리모 금지 후폭풍 … 부모들 방콕에 갇힌 신세",
『헤럴드 경제』, 2014년 8월 28일자.

143) 박태훈 기자, "日 산부인과, 시아버지 정자와 며느리 난자로 인공수정
110건, 가족관계논란",『세계일보』, 2014년 7월 28일자.

144) 여태경 기자, "죽은 남편 냉동 정자로 낳은 아기 … 법원, 친자 인정",
『NEWS1 코리아』, 2015년 7월 18일자. 23년 전 냉동 보관한 정자로 인
공수정에 성공해 건강한 아들을 출산한 부부가 화제다. 오스트레일리아
출신 알렉스 파웰은 23년 전 림프암에 걸려 항암치료를 받아서 완치되었
지만 불임 판정을 받았다. 그의 어머니는 아들이 항암치료를 받으면 불임
이 될 수 있다는 것을 예견해서 치료 전 정자를 냉동시켰다. 알렉스는 20
여 년 후 지금의 아내와 만나 결혼하게 됐지만 자연 임신을 할 수 없었
다. 그래서 23년 전 냉동 보관한 정자로 2013년 체외수정을 시도하여 1
년 6개월 만에 임신에 성공하고, 2015년 6월 17일 아들을 출산했다. 이
아기는 세상에서 가장 오랜 기간 냉동 보관된 정자로 태어난 아기로 기
네스북에도 등재되었다. 정자의 냉동 보관 기한은 따로 정해져 있지 않지
만 통상 10년 이상 지나면 운동성이 떨어져 수정 성공률이 낮을 것으로
알려지고 있다. 따라서 알렉스의 사례는 매우 이례적이고 운이 좋은 것이

었다. 전금주 기자, "기네스북 등재 아기 23년 된 정자로 탄생", 『국민일보』, 2015년 12월 14일자.

145) 샌델, 『정의란 무엇인가』, p.140

146) 구인회, "비윤리적인 대리모 출산 관행 금지돼야", 『조선일보』, 2014년 10월 22일자. 영국에서는 '세 부모 아기' 시술을 세계 처음으로 허용하는 법안이 통과되었는데 많은 논란을 낳고 있다. 이것은 소위 '엄마 둘, 아빠 하나'의 방식으로, 여성의 난자에서 유전적 결함이 있는 부분을 다른 여성에게 기증받은 난자로 대체하여 아빠의 정자와 체외수정하여 애초의 엄마의 자궁에 착상하는 방식인 "인공수정 및 배아법"이 영국 하원에서 2015년 2월 3일 찬성 382표, 반대 128표로 통과되었다. 2015년 10월에 이 법안이 발효되면 2016년 중 세계 최초로 세 부모를 가진 아기가 탄생할 것으로 전망된다. 이 법안에 대해 한편에서는 유전병 극복을 위한 필요한 조치라고 찬성하지만, 다른 한편에서는 유전적 조작이 만연할 것이라고 반대하고 있다. 이영환 기자, "英, '세 부모 아기' 시술 세계 처음으로 허용 … 논란부터 낳다", 『조선일보』, 2015년 2월 5일, A2면.

147) 조성은 기자, "음지서 번성 중인 대리모 시술 (상) 불임부부들 한시가 급한데 … 정부는 입법 추진 손도 못대", 『국민일보』, 2014년 9월 15일자; "음지서 번성 중인 대리모 시술 (하) 대리모가 낳은 아이는 법적으로 대리모 자녀", 『국민일보』 2014년 9월 17일자.

148) 「구글 베이비(Google Baby)」(이스라엘, 미국, 인도, 2009)(네이버 영화, Youtube) 참조.

149) Michael Walzer, *Spheres of Justice: A Defense of Pluralism and Equality* (New York: Basic Books, 1983). 번역본으로는 마이클 왈쩌, 정원섭 외 옮김, 『정의와 다원적 평등: 정의의 영역들』(서울: 철학과현실사, 1998). 마이클 월저의 공동체주의인 다원주의적 분배정의론은 본서 제5장 9절 2)항 "마이클 월저: 평등주의적인 다원론적 정의" 참조. 한국 철학계에서 그간 'Walzer'의 표기는 '왈쩌'로 했으나 외국 인명 표기법에 따라 '월저'로 표기하기로 했다. 다만 기왕의 책이나 논문 제명의 경우 왈쩌로 표기한 경우 그대로 인용하였고, 본문에서는 월저로 고쳤다. 복합평등에 대해서는 저자의 졸고, 박정순, 「복합평등의 철학적 기원」, 『철학연구』, 제76집(2007), pp.93-115. 그리고 저자의 졸고, Jung Soon Park, "The Philosophical Origins of Complex Equality", *Philosophy and Culture*, Vol. 4. *Practical Philosophy*(Seoul: Korean Philosophical Association, 2008), pp.135-160 참조.

150) 마이클 월저의 공동체주의 철학에 대해서는 저자의 졸고, 박정순, 「마이

클 왈쩌의 공동체주의」, 『철학과 현실』, 통권 41호(1999년 여름), pp.175-198; 박정순, 「공동체주의적 사회비판의 가능성: 마이클 왈쩌의 논의를 중심으로」, 『범한철학』, 제30집(2003), pp.211-237.

151) 화폐의 봉쇄된 교환은 마이클 왈쩌, 정원섭 외 옮김, 『정의와 다원적 평등』, pp.178-182. 권력 사용의 봉쇄는 같은 책, pp.441-443 참조.

152) 샌델, 『정의란 무엇인가』, p.148. 샌델은 또한 로크가 국가의 성립 기초를 위한 사회계약이 우리가 실제적으로 계약한 것이 아니라 국가가 만든 대로를 마차로 달려 국가의 혜택을 입었다면 암묵적으로 합의한 것과 마찬가지라고 주장한 것을 언급하고 있다. 샌델, 『정의란 무엇인가』, p.197; John Locke, *Second Treatise of Government*(1690), in Peter Laslett ed., *Locke's Two Treatises of Government*, 2nd edn.(Cambridge, U.K: Cambridge University Press, 1976), Sec. 119. 그리고 샌델은 마이클 샌델, 김선욱 감수, 이목 옮김, 『마이클 샌델의 하버드 명강의』(파주: 김영사, 2011), 제7강 "토지 약탈에는 정의가 있는가"에서 존 로크의 소유권론을 다룬다. 샌델은 또한 칸트가 사회계약론에 기반한 정치론을 펼쳤다고 언급하고, 그러한 사회계약론은 롤스에게로 유전되었다고 밝힌다. 샌델, 『정의란 무엇인가』, pp.192-193. 사회계약론의 역사는 홉스, 로크, 루소, 칸트로 이어졌고, 지난 세기 1970년대에 존 롤스(John Rawls)의 『정의론(*A Theory of Justice*)』(1971)에 의해서 부활했다. 샌델의 『정의란 무엇인가』에서 홉스는 단 한 번도 등장하지 않는다. 그러나 사회계약론의 역사에서 홉스의 그 선구자로서 매우 중요하므로 홉스의 사회계약론의 원초적 모형을 알 필요가 있다. 저자의 졸고, 박정순, 「홉스의 계약론적 윤리학과 합리성 문제」, 『매지논총』, 제15집(연세대학교 매지학술연구소, 1998), pp.241-278 참조.

153) 저자의 졸고, 박정순, 「사유재산권의 자유주의적 정당화의 과제」, 『사회비평』, 제6호(1991), pp.54-79. 샌델은 『정의란 무엇인가』, 6강 "평등 옹호/존 롤스" 처음에서 롤스가 칸트의 사회계약론을 이어받은 것으로 말하고 있다.

154) "바른 거래 사무국(The Better Business Bureau)"은 잘못된 번역이다. "고수익 기업체 연합"이 올바른 번역이 될 것이다. 샌델, 『정의란 무엇인가』, p.159. 이 예는 칸트가 든 것은 아니고 샌델이 칸트의 계산적인 가게 주인의 현대적 모형으로 언급한 것이다. 계산적인 가게 주인은 칸트, 백종현 옮김, 『윤리형이상학 정초』, B9 IV397, p.85 참조. 칸트는 고수익 기업체 연합의 "정직이 최선의 수단"이라는 표어를 타율적이고 가언명령적인 것으로 간주할 것이다. 그러나 현대사회에서 기업윤리관은 그렇게 간

단한 것은 아니다. 저자의 졸고, 박정순, 「윤리학에서 본 기업윤리관」, 『기업윤리연구』, 12권(2006). pp.1-18 참조.
저자는 여기서 현대 기업윤리관은 네 가지 유형이 있다고 분류했다. (1) 기업과 윤리는 아무런 관련이 없다. 무도덕적 기업의 신화가 이 유형이다. (2) 기업의 역할은 수익을 많이 내는 것이며, 그것이 바로 기업의 사회적 책임 혹은 윤리적 의무라고 보는 입장이다. 수익이 높은 기업이 윤리적이라는 것이다. (3) 윤리적 기업이 수익이 높은 기업이다. 윤리는 수지타산이 맞는다는 입장이다. (4) 가장 효율적이고 가장 수익이 높은 기업 활동이 언제나 추구해야 할 목표가 아니라고 보는 입장으로 세 번째 유형을 비판한다. 기업의 진정한 도덕적 관점은 부도덕한 수익을 배제하고 기업의 진정한 사회적 책임을 수행하는 것이라고 본다. 샌델이 예를 든 고수익 기업체 연합은 세 번째 유형이라고 할 수 있고 칸트의 입장은 네 번째 유형이라고 할 수 있다.

155) 칸트의 도덕철학에도 부합될 것 같은 사례라고 생각되는 영화는 「아름다운 세상을 위하여(Pay it Forward)」(미국, 2000)다. 홀어머니 밑에서 어렵사리 자라고 있는 트레버(할리 조엘 오스먼트 분)는 학교 숙제, "주위를 둘러보고 자신이 좋아하지 않는 무엇이 있으면 고쳐라"에 대해서 먼저 자기가 세 사람에게 선행을 하면, 그 선행을 받은 사람이 다시 세 사람에게 선행을 하자는 멋있고 사랑에 찬 제안으로 주위 사람의 심금을 울린다. 타인의 선행을 기다릴 것이 아니라 먼저 선행을 하자는 것이다. 네이버 영화 참조. 이것은 '나눔 릴레이'를 통해서 세상을 바꾸자는 것이다. "나눔 릴레이를 통한 세상 바꾸기, 'pay it forward' 운동"(네이버 블로그 http://blog.naver.com/nanum_in?Redirect=Log&logNo=220180942425).

156) 샌델, 『정의란 무엇인가』, pp.158-164.

157) 샌델, 『정의란 무엇인가』, p.174.

158) 칸트는 "소인은 폐하의 충직한 백성으로서, 앞으로 종교에 관한 공개 강의를 일절 삼가고 논문도 절대 쓰지 않겠습니다"라고 말했다고 한다. 그리고 나중에 국왕이 죽자 칸트는 이 약속에서 풀려났다고 생각했다고 한다. "영원히가 아니라 폐하가 살아 있는 동안만 … 자유를 빼앗기도록 매우 조심스럽게" 말을 골랐다고 설명했다고 한다. 샌델, 『정의란 무엇인가』, p.187 참조. 샌델은 이 사실들을 Alasdair Macntyre, "Truthfulness and the Lies: What Can We Learn From Kant?", Alasdair MacIntyre, *Ethics and Politics: Selected Essays*, Vol. 2(Cambridge, UK: Cambridge University Press, 2006), p.123에서 재인용했다. 이에 대한 국내 논의는 김재호, 「칸트 『순수이성비판』」, 『철학사상』, 별책 제3권 제16호(서울대학교 철학사상연구

소, 2004), p.9 참조.

159) "백마비마론"(인터넷 두산백과, 네이버 지식백과) 참조.

160) 범주 오류는 옥스퍼드 출신의 분석철학자 길버트 라일(Gilbert Ryle)이 그의 주저, 『마음의 개념(The Concept of Mind)』(1949)(이한우 옮김, 서울: 문예출판사, 1994)에서 제기했다. 그는 철저한 논리실증주의의 관점에서 마음이라고 부르는 모든 정신작용은 언어의 잘못된 사용에서 비롯된 것으로 범주 오류라고 비판한다. 이것은 마치 대학을 방문한 사람이 대학 건물, 도서관, 박물관, 학과 사무실 등을 보고 나서 그럼 대학이 어디 있느냐고 묻는 것과 같은 어리석은 질문이라는 것이다.

161) 칸트, 백종현 옮김, 『윤리형이상학 정초』, B68 IV430, p.150. 페이지수 앞의 칸트 원저 판본 표기는 백종현 번역본 참고. 원전 제2판 B, 학술원판 제4권 IV. 샌델의 『정의란 무엇인가』에서는 칸트의 이 저서가 『도덕형이상학의 기초』로 번역되어 있다. 독일어 원전 제목은 *Grundlegung zur Metaphysik der Sitten*이다. 영어 번역본 제목은 *The Foundations of the Metaphysics of Morals* 혹은 *Groundwork of the Metaphysics of Morals*, translated and analysed by H. J. Paton(New York: Harper Touch Books, 1964) 참조. 샌델, 『정의란 무엇인가』에서는 칸트의 이름이 '이마누엘'로 표기되어 있으나 백종현 교수는 '임마누엘'로 하였다. 본서 본문에서는 '이마누엘'로 하고, 후주에서는 '임마누엘'로 표기한 것을 그대로 둔다.

162) 김종국은 칸트의 황금률 비판을 네 가지로 정리한다. (1) "사람들이 네게 함을 바라지 않는 것을 남에게 하지 말라"라는 말은 "자기 자신에 대한 의무들의 근거"를 함유하고 있지 않다. (2) 황금률은 "타인에 대한 사랑의 의무의 근거도 함유"하고 있지 않다. 타인들에게 자선을 행하고 싶지 않다면 타인들도 나에게 자선을 행하고 싶지 않다는 것에 기꺼이 동의한다. (3) 황금률은 상호간의 당연한 의무의 근거도 지니지 않는다. 왜냐하면 범죄자는 이러한 근거에서 "당신이 감옥에 가고 싶지 않다면 나를 감옥에 보내서는 안 된다"고 항변할 수 있기 때문이다. (4) 황금률은 유일한 보편법칙으로서의 정언명법에 "여러 가지 제한"을 가함으로써 도출된다. (4)번은 황금률이 정언명법의 불완전한 하부 규칙인 탓에 발생하는 것으로 해석된다. 김종국, 「보편주의 윤리학에서 황금률 논쟁: 칸트와 헤어」, 『논쟁을 통해 본 칸트 실천철학』(서울: 서광사, 2013), p.84.
이러한 해석에 대해서 본서 저자는 본문에서 칸트가 황금률을 인간 상호 교류의 진정한 도덕적 기초인 황금률(the golden rule)이 아닌 외면적 상호성에 의해서 남용될 수 있고, 따라서 상호성만 갖추어지면 무엇이든지 허용되는 가언명령적인 황동률(the copper rule)로 간주한 것으로 파악했다. 결국 황금률은 진정한 정언명법에서 외면적 상호성만을 인정하는 제한적 상황에서 작동하게 된다. 감옥에 가고 싶지 않은 범죄자처럼 황금률 자체는 상대방의 특수한, 경우에 따라서는 비도덕적인 욕구가 수용 가능한 것인지에 대한 검증을 포함하지 않고 있다고 칸트는 생각하는 것이다. 같은 논문, p.87. 위 (4)번에 관련하여 보면, 칸트는 황금률이 정언명법에 외적인 제한이 가해져 도출된 것으로 보기 때문에 황금률이 정언명법과 같은 보편성을 갖지는 못한다. 황금률에 대한 정합적 설명은 황금률이 정언명법에 의해 정당화된 보편성을 특수한 사례에서 적용하는 경우에만, 즉 황금률이 정언명법을 전제하는 경우에만 가능한 것이다. 판사가 역할 교체 상상에서 황금률에 따라 피고인의 부도덕한 강변만을 고려한다면 그는 피고인을 처벌할 수 없을 것이다. 정언명법은 이러한 역할 교체 상상에 더하여 모든 관련된 사람들(가령 피해자 가족)을 도덕적 숙고 내에서 보편화 가능성을 통해 고려하기를 요구한다. 같은 논문, p.91.

163) 저자의 졸고, Jung Soon Park, *Contractarian Liberal Ethics and the Theory of the Rational Choice*(New York: Peter Lang Publishing Co., 1992), p.71. 황동률은 카브카가 주장한 것이다. 그것은 "Do unto others as they do unto you"이다. 즉 "다른 사람이 너한테 대접한 것처럼 너도 다른 사람을 대접하라"이다. Gregory S. Kavka, *Hobbesian Moral and Political Theory* (Princeton: Princeton University Press, 1986), p.347, 각주 3. 쉬운 속담 표현은 "Like for Like"이다. 즉 "은혜는 은혜로, 원한은 원한으로 갚다"이다. 우리 말 속담, "오는 말이 고와야 가는 말도 곱다"도 황동률로 볼 수 있다. 황동률은 우리말로는 "티격태격"적인 행위이며, 영어로는 응수전략 (tit for tat)이라고 할 수 있다. "Tit for Tat"(Wikipedia).
현대 게임이론에서 인간관계의 가장 효율적이고도 고차적인 원칙은 "변형된 응수전략"으로서 처음에는 협동을 하고, 나중에는 상대방이 협동하면 협동하고, 비협동하면 비협동하는 방식의 행위 전략이다. 이것은 Robert Axelrod, *The Evolution of Cooperation*(New York: Basic Books, 1984)에서 제시되었다. "변형된 응수전략"은 오리후지 가츠히로, 노재현 옮김, 『현명한 이기주의』(서울: 참솔, 2001), 특히 5장 "게임이론으로 본 도덕" 참조. 진화론적 생물학에서는 로버트 트리버스(Robert Trivers)가 "The Evolution of Reciprocal Altruism", *Quarterly Review of Biology*, Vol. 37(1971), pp.35-57에서 제시한 "상호적 이타주의(reciprocal altruism)"로 알려져 있다. "Reciprocal Altruism"(Wikipedia). 피를 서로 나누어 먹는 흡혈박쥐가 응수전략을 따른다는 것은 유명한 예다. "[생물 산책] 최재천 교수의 다윈 2.0: 호혜성 이타주의"(네이버캐스트) 참조. 그리고 리 듀거

킨, 장석봉 옮김, 『동물들의 사회생활: 동물들의 속임수와 협동에 관하여』(서울: 지호, 2002); 라가벤드라 가닥카, 전주호·강동호 옮김, 『동물 사회의 생존 전략』(서울: 푸른미디어, 2001) 참조.

164) 이러한 방식의 설명, 즉 황금률은 나와 타자의 양면적인 문제가 아니라 관련된 모든 사람들의 이익을 고려해야 한다는 주장은 황금률을 현대에 부활시킨 공리주의 철학자 헤어(Richard M. Hare)의 *Freedom and Reason* (Oxford: Clarendon Press, 1963), p.123 참조.

165) 칸트, 백종현 옮김, 『윤리형이상학 정초』, p.150, 역자 각주 68(칸트 본문 아님); 임마누엘 칸트, 백종현 옮김, 『실천이성비판』(서울: 아카넷, 2009), pp.456-458, 역자의 제2부 "실천이성비판 연구" 참조. 칸트의 황금률 비판에 대한 논의와 칸트의 정언명령과 충서지도의 관계는 유일한, 「칸트의 황금률 비판과 유가의 충서개념」, 『철학사상』, 제53권(2014), pp.3-25 참조.

166) 황금률에 대한 전반적인 논의는 "Golden Rule"(Wikipedia) 참조.

167) 칸트의 정언명령과 황금률의 동일성에 관한 주장은 Peter Kreeft, *Socrates Meets Kant: The Father of Philosophy Meets His Most Influential Modern Child*(St. Augustines Press, 2012), p.234, p.236. "Catergorical Imperative" (Wikipedia) 재인용.

168) 밀, 이을상 옮김, 『공리주의』, p.49. 현대 공리주의자 헤어(R. M. Hare)는 공리주의를 황금률을 통해서 재해석하고 있다. 김종국, 「보편주의 윤리학에서 황금률 논쟁: 칸트와 헤어」, 『철학연구』, 제62집(2003), pp.75-92. 칸트와 헤어에 대한 논의를 포함하되 황금률의 도덕적 법적 규범력에 대한 논의와 현대적 의의는 변종필, 「황금률의 규범력과 현대적 의의」, 『비교법연구』, 9권(2009), pp.7-31.

169) 칸트, 백종현 옮김, 『윤리형이상학 정초』, B52 IV421, p.132.

170) Lawrence Hinman, *Ethics: A Pluralisitc Approach to Moral Theory*, 3rd edn. (Belmont: Wadsworth, 2003), p.181. 정언명령에 대한 아이히만의 기계적 해석과 그 심리 상태에 관련된 자세한 배경인인 논의는 죙케 나이첼·하랄트 벨처, 김태희 옮김, 『나치의 병사들』(서울: 민음사, 2015) 참조. 이 책에 대한 종합적인 서평은 어수웅 기자, "살육이 아니라 '노동'을 했을 뿐이다", 『조선일보』, 2015년 10월 17일자, A18면 참조.

171) "아돌프 아이히만"(위키백과). 여기서 재판을 받는 아이히만에 관한 영상을 볼 수 있다. 간략한 영상은 「그가 유죄인 이유」(EBS 지식채널e, 2014), 긴 영상은 "Eichmann Trial: Session 1-8", "The Trial of Adolf Eichmann, Excerpt, Final Portion"(Youtube) 참조. Hannah Arendt, *Eichmann in*

Jerusalem: A Report on the Banality of Evil(London: Penguin Press, 1963; 2006), pp.135-136.

172) Hadley Arkes, *First Things: An Inquiry into the First Principle of Morals and Justice*(Princeton: Princeton University Press, 1986), p.109.

173) 김선욱, "'유대인 대학살'이 묻는다 … 악은 평범한가", 『한국일보』, 2015년 1월 6일자; 한나 아렌트, 김선욱 옮김, 『예루살렘의 아이히만: 악의 평범성에 관한 보고서』(서울: 한길사, 2006); 리처드 J. 번스타인, 김선욱 옮김, 『한나 아렌트와 유대인 문제』(서울: 아모르문디, 2009) 참조.

174) 영화 「한나 아렌트」(독일, 룩셈부르크, 프랑스, 2012)(네이버 영화) 참조.

175) 칸트, 백종현 옮김, 『윤리형이상학 정초』, B67 IV429, p.148.

176) "난징대학살"(인터넷 두산백과, 네이버 지식백과) 참조.

177) "731부대"(인터넷 두산백과, 네이버 지식백과) 참조.

178) John Rawls, *A Theory of Justice*(Cambridge: Belknap Press of Harvard University Press, 1971), p.92, pp.178-179, p.440.

179) 유명한 쿠엔틴 타란티노 감독의 영화 「장고: 분노의 추적자(Django Unchained)」(미국, 2013)는 백인 중심의 서부극을 전복하는 흑인 영웅의 복수극이다. 흑인 노예 출신의 장고(제이미 폭스 분)와 독일인 슐츠(크리스토프 왈츠 분)가 미국 노예제 사회를 헤집고 다니면서 장고의 사랑하는 아내 브룸힐다를 구출하려고 벌이는 복수극이다. 둘은 장고의 아내 브룸힐다가 미시시피주에 있는 거대 농장인 캔디 랜드에 있다는 사실을 알고 거기로 향한다. 거기에는 흑인 노예를 혹독하게 다루는 캔디 랜드의 주인 캘빈 캔디(레오나르도 디카프리오 분)가 있다. 그리고 캘빈 캔디가 태어나기 전부터 집안일을 돌보던 집사 스티븐(사무엘 L. 잭슨 분)이 있다. 그가 주인을 모시는 모습을 보면 노예제를 내면화하여 허위의식에 가득 찬 흑인 노예의 전형을 보는 것 같다. "장고: 분노의 추적자. 백인 중심 서부극을 전복하는 흑인 영웅의 복수극"(다음 블로그) 참조. 제2차 세계대전 중 영국에서 달링턴 경을 위해 집사로 일했던 스티븐스가 20여 년이 지난 1958년 지금 자신의 맹목적인 충직함과 직업의식 때문에 사생활의 많은 부분이 희생되었음을 깨닫는다는 영화 「남아 있는 나날(The Remains of The Day)」(미국, 1993) 참조. 모두 네이버 영화 참조.

180) 마르크스는 사회의 물질적 존재조건인 생산조건으로부터 사회의식이 생기며, 이것이 계급의식으로 발전한다고 보았다. 계급의식은 지배계급의 이데올로기에 의해 영향을 받는다. 이때 받게 되는 이데올로기에 의해서 형성된 의식이 허위의식이다. "허위의식"(교육학용어사전, 네이버 지식백과) 참조.

181) 졸고, Jung Soon Park, "The Dialectic of Master and Slave in Hegel's *Phenomenology of Spirit*(헤겔의 『정신현상학』에서 주인과 노예의 변증법)", 『매지논총』(연세대학교 매지학술연구소, 1999), pp.93-133 참조.

182) Immanuel Kant, "On A Supposed Right to Lie Because of Philanthropic Concerns", Sandel ed., *Justice: A Reader*, pp.199-201.

183) 샌델, 『정의란 무엇인가』, p.185.

184) 롤스의 정의론을 사회계약론의 관점에서 논구한 것은 저자의 졸고, 박정순, 「현대 윤리학의 사회계약론적 전환」, 한국사회윤리학회 편, 『사회계약론 연구』(서울: 철학과현실사, 1993), pp.173-207.

185) 롤즈, 황경식 옮김, 『정의론』, p.400.

186) 샌델, 『정의란 무엇인가』, pp.219-220; 롤즈, 황경식 옮김, 『정의론』, pp.111-122.

187) 롤즈, 황경식 옮김, 『정의론』, p.121; 황경식, 「공정한 경기와 운의 중립화」, 황경식 외, 『공정과 정의사회: 정의의 철학』(서울: 조선뉴스프레스, 2011), pp.11-46 참조.

188) 롤즈, 황경식 옮김, 『정의론』, p.140, p.410.

189) 샌델, 『정의란 무엇인가』, p.231

190) 이하는 저자가 쓴 "머리말", 황경식 · 박정순 외, 『롤즈 정의론과 그 이후』 (서울: 철학과현실사, 2009), pp.5-7에서 발췌.

191) 롤스에 대한 유용한 유튜브 필름은 "John Rawls & The Principles of Justice"(Mark Thorsby, Youtube, 2013. 11. 25) 참조. 분배적 정의론 일반과 롤스의 원초적 입장에서 무지의 장막에 의거한 분배적 정의에 관한 사고실험은 「법과 정의」 3부작 중 「2부 정의의 오랜 문제, 어떻게 나눌까?」(EBS 다큐프라임 법철학 탐구 대기획, 2014. 5. 27) 참조.

192) 퀜틴 스키너 편, 이광래 · 신중섭 · 이종흡 옮김, 『현대사상의 대이동: 거대이론에의 복귀』(춘천: 강원대학교 출판부, 1987), Ch. 6 참조.

193) 마르크스의 분배적 슬로건의 실현은 John Rawls, "Some Reasons for the Maximin Criterion", *American Economic Review*, Vol. 64(1974), p.14에서 언급.

194) 롤즈, 황경식 옮김, 『정의론』, p.400.

195) John Rawls, *Political Liberalism*(New York: Columbia University Press, 1993), p.5. 번역본은 존 롤즈, 장동진 옮김, 『정치적 자유주의』(파주: 동명사, 1998), p.6.

196) Rawls, *Political Liberalism*, p.331.

197) 같은 책, p.296; 저자의 졸고, 박정순, 「정치적 자유주의의 철학적 기초」, 『철학연구』, 제42집(1998), p.294 참조.

198) 롤즈, 황경식 옮김, 『정의론』, p.111.

199) 같은 책, p.112.

200) 같은 곳.

201) 같은 책, p.123.

202) 같은 책, p.120.

203) 같은 책, p.121.

204) 같은 책, p.119.

205) 같은 책, pp.119-121.

206) 같은 책, p.123.

207) 같은 책, p.153, p.126, p.221. p.411, p.415.

208) 샌델, 『정의란 무엇인가』, p.219.

209) 샌델, 『정의란 무엇인가』, p.249.

210) 롤즈, 황경식 옮김, 『정의론』, pp.158-159.

211) 같은 곳.

212) 샌델, 『정의란 무엇인가』, p.249

213) 롤즈, 황경식 옮김, 『정의론』, p.153.

214) 샌델, 『정의란 무엇인가』, p.249.

215) 샌델, 『정의란 무엇인가』, p.249.

216) 롤즈, 황경식 옮김, 『정의론』, p.410, p.413.

217) 같은 책, pp.409-410. "정의는 미덕을 기준으로 하는 행복이다." 샌델, 『정의란 무엇인가』, p.223.

218) 롤즈, 황경식 옮김, 『정의론』, pp.410-413.

219) 같은 책, p.415.

220) 같은 책, p.121, p.411. 이에 대한 설명은 샌델, 『정의란 무엇인가』, p.226 참조.

221) 롤즈, 황경식 옮김, 『정의론』, p.152, p.160.

222) 같은 책, pp.153-155.

223) 공동적 자산과 사회적 자산에 대한 논의는 저자의 졸고, 박정순, 『사회정의의 윤리학적 기초: John Rawls의 정의론과 공리주의의 대비』(서울: 연세대학교, 1983), p.29.

224) 샌델, 『정의란 무엇인가』, p.254. 샌델은 청렴성과 아울러 타락으로 번역된 부패(corruption)도 언급한다. 그러나 샌델은 본격적으로 청렴성과 부

패의 문제를 다루지 않고 있다. 『현대적 의미의 청렴개념 정립을 위한 연구』, 국가청렴위원회 제출 연구보고서(한국윤리학회, 연구자 황경식·박정순·이승환·김종걸, 2006. 12). 그리고 박정순, 「현대적 의미의 청렴개념과 그 윤리적 기반의 구축」, 현대적 의미의 청렴 개념 조명 공개토론회(한국윤리학회·국가청렴위원회, 2007. 4. 6), pp.49-78 참조.

225) 샌델, 『정의란 무엇인가』, p.255.

226) 샌델, 『정의란 무엇인가』, p.255.

227) 샌델, 『정의란 무엇인가』, pp.238-239, pp.297-312.

228) 롤즈, 황경식 옮김, 『정의론』, pp.120-122.

229) Robert Nozick, *Anarchy, State, and Utopia*, p.231. 샌델의 『정의란 무엇인가』에서 노직의 과거 불의의 교정은 p.94에서 언급된다. 번역본으로는 노직, 남경희 옮김, 『아나키에서 유토피아로』, pp.288-289 참조.

230) 샌델, 『정의란 무엇인가』, p.241-242.

231) "Support" in "Affirmative Action"(Wikipedia).

232) 역차별 논쟁은 인종과 성별에 따른 차별에 원칙적으로 반대하는 사람들 사이에서도 벌어지고 있다. 역차별과 기회균등에 관한 포괄적 논의는 Robert K. Fullinwider, "Reverse Discrimination and Equal Opportunity", *New Directions in Ethics*(New York: Routledge & Kegan Paul, 1986), pp.173-189.

233) "Criticism" in "Affirmative Action"(Wikipedia).

234) Thomas Sowell, *Affirmative Action Around the World: An Empirical Study* (New Haven: Yale University Press, 2004).

235) "Criticism" in "Affirmative Action"(Wikipedia).

236) "Legacy Preferences"(Wikipedia).

237) "Mismatching" in "Affirmative Action"(Wikipedia).

238) 같은 곳.

239) "Polls" in "Affirmative Action"(Wikipedia).

240) "Reverse Discrimination"(Wikipedia).

241) 샌델, 『정의란 무엇인가』, p.261.

242) 샌델, 『정의란 무엇인가』, p.289. 우리나라에서도 골프의 운동 효과에 대해서 논란이 전개되고 있다. 18세 이상의 성인의 경우 걸어서 9홀의 골프를 친 사람과 40분간 잔디 깎기를 한 사람의 운동량은 대동소이한 것으로 나타났다. 골프의 소비 열량은 310kcal이고, 잔디 깎기는 250kcal이었다. 9홀 골프에 2시간 30분 정도가 걸리는 것을 감안하면 단위 시간당 소

464

비 열량은 골프가 턱없이 적다. 잔디 깎기가 더 운동이 된다는 것이다. 이강원 뉴욕 특파원, "골프 인구 늘어나는데 … 운동 효과는 잔디 깎기보다 못해", 『연합뉴스』, 2015년 5월 8일자. 골프의 운동 효과가 상당하다고 주장하는 사람들은 18홀을 돌면 45분간 웨이트 트레이닝을 한 것과 비슷한 효과가 있다고 말한다. 골퍼들은 평균 8.64km를 걷고 1,954kcal의 열량을 소비한다. 캐디의 도움을 받아 걸어서 라운드하면 1,527kcal가 소비되며, 카트를 이용해서 라운드하면 걷는 거리가 3.84km로 줄고, 소비 열량도 1,303kcal로 감소하는 것으로 나타났다. 방민준 골프한국 칼럼니스트, "골프는 가장 낭만적인 걷기", 『데일리한국』, 2015년 8월 15일자.

243) 저자의 졸고, 박정순, 「철학용어 해설: 정의」, 『철학과 현실』, 통권 13호 (1992년 여름), pp.354-363 중 pp.356-362 발췌. 본서 p.154 첫째 문단까지가 발췌한 부분이다.

244) 흔히 소크라테스가 "악법도 법이다"라는 말을 했다고 알려져 있지만 그렇지 않은 것으로 밝혀지고 있다. 권창은 · 강정인, 『소크라테스는 악법이라고 말하지 않았다』(서울: 고려대학교 출판부, 2005). 평이한 책으로는 김주일, 『소크라테스는 악법도 법이다라고 말하지 않았다』(서울: 프로네시스, 2006) 참조.

245) 이상인, 『플라톤과 유럽전통』(서울: 이제이북스, 2006), 5장 6절 "플라톤적 국가이해의 특징들" 참조.

246) 플라톤, 박종현 역주, 『국가 · 정체』 참조.

247) 칼 포퍼, 김봉호 옮김, 『개방사회와 그 적들: 플라톤, 헤겔, 마르크스』(서울: 일조각, 1982).

248) 아리스토텔레스, 이창우 · 김재홍 · 강상진 옮김, 『니코마코스 윤리학』(서울: 이제이북스, 2006).

249) "세계의 사상 100선: 범죄와 형벌에서 사형제도의 의미"(http://teps990. tistory.com/196); 체사레 벡카리아, 한인섭 옮김, 『범죄와 형벌』(서울: 박영사, 2010) 참조. 본서 제4장 후주 1 참조.

250) 롤즈, 황경식 옮김, 『정의론』, p.428.

251) 프리드리히 니체, 장희창 옮김, 『차라투스트라는 이렇게 말했다』(서울: 민음사, 2004). 차라투스트라는 초인의 구체상(具體像)으로 신을 대신하는 모든 가치의 창조자로서 풍부하고 강력한 생을 실현하는 자다. 니체에 관련하여 참조할 도서는 이진우, 『니체의 인생 강의: 낙타, 사자, 어린아이로 사는 변신』(서울: 휴머니스트, 2015). 그리고 이진우의 강의, 「아모르 파티(amore fati), 운명을 사랑하라」(EBS 인문학 특강, 2015) 참조. 또 다른 저서로는 박찬국, 『초인수업』(서울: 21세기북스, 2014) 참조.

252) 롤즈, 황경식 옮김, 『정의론』, p.428.

253) 같은 책, p.428.

254) 같은 책, pp.428-431.

255) 같은 책, pp.430-431.

256) Rawls, *Political Liberalism*, p.13.

257) John Rawls, "The Priority of Right and Ideas of the Good", *Philosophy and Public Affairs*, Vol. 17(1988), pp.272-273.

258) 롤즈, 황경식 옮김, 『정의론』, pp.430-436.

259) 김영기, 「마이클 샌델의 정의관 비판: 정의란 무엇인가를 중심으로」, 『동서사상』, 제10집(2011), p.19. 샌델도 이러한 점을 인지하고 있다. Michael Sandel ed., *Liberalism and Its Critics*(New York: New York University Press, 1984), p.7.

260) 송유레, 「덕윤리의 르네상스」, 『인문논총』, 제68집(2012), pp.459-470.

261) 의무론적 윤리와 공리주의적 윤리는 의지박약의 문제뿐만 아니라 도덕적 행위를 스스로 원해서 하는 자기절제적인 사람(temperate person)과 스스로 원하는 것은 아니지만 마지못해서 따르는 사람(continent person)의 구분도 하지 못한다. Aristotle, *Nichomachean Ethics*, Book VII; Lawrence M. Hinman, *Ethics: A Pluralistic Approach to Moral Theory*(Belmont: Wadsworth/Thomson, 2003), p.271.

262) 황경식, 『덕윤리의 현대적 의의』(서울: 아카넷, 2012), pp.417-420; 송유레, 「덕윤리의 르네상스」, pp.461-462.

263) 롤즈, 황경식 옮김, 『정의론』, p.162에 있는 롤스의 의무론적 윤리학의 개념수(the tree of ethical concepts)에서는 의무 이상의 행위가 확실한 영역을 확보하고 있다. 그리고 공리주의에서 극대화 개념으로 말미암아 의무 이상의 행위가 들어설 자리가 없다는 비판은 존 스튜어트 밀, 서병훈 옮김, 『공리주의』(서울: 책세상, 2007), p.43 참조. 공리주의와 의무 이상의 행위 문제는 본서 제3장 2절 8)항 "도덕에 개입하는 정치와 의무 이상의 행위" 참조.

264) 황경식, 『덕윤리의 현대적 의의』, p.157.

265) J. Budziszewski, *The Nearest Coast of Darkness: A Vindication of the Politics of Virtues*(Ithaca and London: Cornell University Press, 1988), pp.17-47. 이 책의 저자인 부지셰프스키는 덕의 윤리를 옹호하는 입장이고 7개의 반론을 예시하고 답변하였다. 그러나 우리는 그의 반론에 대한 답변을 여기서 논의하지는 못했다. 우리는 다만 덕의 윤리의 비판에 관련하여 7개 반론만을 원용했고, 또한 부지셰프스키와는 약간 다른 해석도 첨가하

였다.

266) 중국 유가 철학에 등장하는 향원(鄕原)은 지방 토호로서 좋은 것이 좋다
는 식으로 모든 사람에게 환심을 사면서 뒤로는 자신에게 이익이 되는
사업과 부정부패를 일삼는 사람이다. 공자는 향원을 도덕의 적으로 보았
다. 향원은 위군자(僞君子), 즉 사이비 군자로서 겉으로 볼 때는 군자와
구분이 어려운 사람이다. 향원은 "충직함, 신실, 염치, 고결함 등의 덕목
으로 자신을 치장한 다음 주위로부터 인정받는 사회적 위치를 획득하여
자신의 영달을 추구하는 데만 몰두할 뿐 살기 좋은 세상을 만드는 데는
아무 관심이 없다." 박성규, 「향원이란 무엇인가?」, 공자 『논어』(해제)(서
울대학교 철학사상연구소, 2005), p.136 참조. 물론 의무론적 법칙을 준
수하는 위선자가 없는 것은 아니지만 그 위선의 정도로 볼 때 덕의 윤리
는 도덕적 습관화에 따른 성품 형성과 그에 따른 안정적 행위 유형을 견
지하는 점으로 보아 유덕자의 위선은 도덕적으로 볼 때 더 치명적이다.

267) 오스트레일리아 원주민은 'Australian Origin'의 줄임말인 '애버리진(Abori-
gine)'으로 불린다. 오스트레일리아 정부는 1900년경부터 1970년까지 원
주민의 복지와 보호를 내세웠지만 사실은 이들의 오스트레일리아 사회로
의 동화를 목적으로 원주민 자녀들을 강제적으로 종교시설 또는 사회복
지시설로 수용하거나 입양시켰다. 이러한 "원주민 아동 격리 정책"에 따라
원주민 가정에서 격리된 원주민들을 "도둑맞은 세대(Stolen Generation)"
혹은 "잃어버린 세대(Lost Generation)"라고 한다. "호주 정체성"(세계문화
사전, 네이버 지식백과) 참조. 샌델, 『정의란 무엇인가』, pp.294-295. 샌델
은 이러한 "원주민 아동 격리 정책"을 오스트레일리아 정부가 승인한 유
괴라고 부르며 그러한 승인을 묘사한 영화 「토끼 울타리(Rabbit-Proof-
Fence)」(오스트레일리아, 2002)를 언급한다. 이 영화는 1931년 그러한 격
리 시설을 탈출해 2천 킬로미터나 떨어진 곳에 있는 부모를 찾아가는 3
명의 여자 아이의 이야기를 담고 있다. 샌델, 『정의란 무엇인가』, p.294.
토끼 울타리는 한편으로는 목초지를 보호하고, 한편으로는 토끼를 보호
하기 위해서 만들어진 울타리로 오스트레일리아를 북에서 남으로 크게
이등분하며 지가롱에서 사막 안으로 통과하는 곳에 있다. 3명의 여자 아
이는 그들에게 부모가 있는 곳으로 안내해줄지도 모르는 토끼 보호용 울
타리를 찾아 긴 여정을 떠난다. 네이버 영화 참조.

268) 제2차 세계대전에서의 독일 전쟁범죄자들을 재판하고 단죄하는 영화 「뉘
른베르크의 재판(Judgement At Nuremberg)」(미국, 1961) 참조. 그리고 일
본의 전쟁범죄자들에 대한 재판이 행해진 동경 전쟁재판을 다룬 영화는
「동경심판(The Tokyo Trial)」(중국, 2006) 참조. 네이버 영화 참조. 뉘른

베르크 재판과 동경 재판을 다룬 논문은 최한준, 「법정영화 '뉘른베르크'를 통해서 바라본 전범문제의 법적 고찰」, 『경영법률』, Vol. 17(2007), pp.439-469 참조.

269) 샌델, 『정의란 무엇인가』, p.302.

270) "무연고적 자아"는 저자의 번역임. 본서 제5장 4절 1)항 "자유주의적 무연고적 자아에 대한 샌델의 비판" 참조. 샌델, 『정의란 무엇인가』, p.309. 여기서 번역은 "부담을 감수하는 자아"로 잘못되었다. "부담을 감수하지 않는 자아"가 맞다. 본서 저자가 번역한 "무연고적 자아"는 "부담을 감수하지 않는 자아(unencumbered self)"보다 더 적합한 번역이라고 사료된다.

271) MacIntyre, *After Virtue*, p.201 참조.

272) 영국 식민지 시절 영국과 프랑스의 식민지 쟁탈 전쟁 동안 '늪 속의 여우'라고 불리며 프랑스군이나 인디언들을 공포로 몰아넣었던 전설적인 전쟁 영웅 벤자민 마틴(멜 깁슨 분)이 이번에는 미국 독립군을 위해 영국군과의 전투에 참가하는 애국심에 관련된 영화는 「패트리어트: 늪 속의 여우 (The Patriot)」(미국, 2000)다. 네이버 영화 참조.

273) Michael Walzer, *Spheres of Justice: A Defence of Pluralism and Equality* (New York, Basic Books, 1983), p.63. 번역본은 마이클 왈쩌, 정원섭 외 옮김, 『정의와 다원적 평등: 정의의 영역들』(서울: 철학과현실사, 1999).

274) 남부연합군 총사령관이 된 로버트 리 장군의 전향은 그 당시 로버트 리 장군의 문제만은 아니었다. 그것은 각 방면에서 일하고 있는 북부 사람들이 남부에 농장과 노예를 소유하고 있는 경우가 많았기 때문이다. 남북전쟁이 발발하자 이러한 북부 사람들은, 심지어 북부연방군에 속해 있던 남부 출신 사람들도, 고향을 지키려고 남부연합 쪽으로 전향하였다. 리 장군이 등장하는 영화는 미국 남북전쟁의 최대 격전지인 게티스버그 전투 (1863)를 다룬 영화 「게티스버그(Gettysburg)」(미국, 1993)가 있다. 비슷한 영화로는 「신의 영웅들(Gods and Generals)」(미국, 2003)이 있다. 미국 남북전쟁 시 로버트 리 장군의 고뇌 못지않게 중요한 링컨의 위대한 선택을 다룬 「링컨(Lincoln)」(미국, 2012)은 꼭 봐야 할 영화다. 그리고 남부인이지만 이념적으로 북부의 노예해방사상을 존중하는 주인공 존이 남북전쟁 시 고민 끝에 종군기자가 되어 전쟁터를 누비는 영화 「남북전쟁 (The Blue and The Gray)」(미국, 1982)도 로버트 리 장군과 대척 상황의 영화이므로 볼 필요가 있다. 북부연방 정규군은 청색 군복을 입었고, 남부연합 정규군은 회색 군복을 입었기 때문에 청색과 회색은 각각 북부와 남부를 나타낸다. 남북전쟁 종전 이후 미국 군복은 통합을 상징하는 청색 상의에 회색 하의가 그 기본이 되었다. 모두 네이버 영화 참조.

물론 미국 남북전쟁을 배경으로 한 영화 중 최고의 영화는 마거릿 미첼 (Margaret Mitchell)의 동명 소설을 영화화한 「바람과 함께 사라지다(Gone with the Wind)」(미국, 1939)이다. 미국 남부의 대농장 타라를 소유한 오 하라 가문의 장녀 스칼렛(비비안 리 분)과 렛 버틀러(클락 게이블 분) 사 이에 벌어지는 파란만장한 러브 스토리를 미국 남북전쟁을 배경으로 다 루고 있는 대하 장편영화(러닝 타임 3시간 42분)다. 미국 남북전쟁을 배 경으로 한 또 다른 영화는 남군 병사인 인만이 전쟁 중 중상을 입고 병원 에 입원해 있다가 탈출한 뒤 벌어지는 러브 스토리를 다룬 「콜드 마운틴 (Cold Mountain)」(미국, 2003)이 있다. 네이버 영화 참조.

275) 윌리엄 빌 벌저와 제임스 화이티 벌저 형제의 이야기는 소설로 만들어졌 다. Dick Lehr and Gerard O'Neill, *Black Mass: The True Story of an Unholy Alliance Between the FBI and the Irish Mob*(New Work: Harper Paperback, 2001). 이 소설에 기반하여 만들어진 영화가 「블랙 매스(Black Mass)」(미국, 2015)다. 검은 미사는 중세시대부터 행해졌다고 하는 악마 숭배와 인간 제물을 바치는 의식을 말한다. "Black Mass"(Wikipedia). 스 콧 쿠퍼가 감독을 맡은 이 영화는 조니 뎁이 형인 갱 두목 제임스 화이티 벌저 역을 맡고, 베네딕트 컴버배치가 동생인 매사추세츠주 상원의장 윌 리엄 빌 벌저 역을 맡았으며, 조엘 에저튼이 FBI 요원인 존 코놀리 역을 맡아 관심을 끌고 있는 영화다. 제임스 화이티 벌저는 백인에 머리도 하 얗다고 해서 "화이티"라고 불린다. 이 영화는 1970년대에 보스턴에서 악 명을 떨쳤던 아일랜드계 출신의 갱 두목 제임스 화이티 벌저와 FBI가 서 로 협력하여 이탈리아 마피아 소탕에 나섰던 실화를 그리고 있다. 그러나 이러한 협력도 잠시였고, 보스턴에 불도그처럼 집요한 강력계 검사가 등 장한다. 19건의 살인 혐의를 받던 제임스 화이티 벌저는 1995년 자신과 자신의 갱단에 대한 일망타진이 시작되자 16년간 도피 생활을 하였고, 결 국 2011년에야 FBI에 의해서 체포되었다. 그는 1929년생이므로 82세에 체포가 되었던 것이다. 샌델이 언급한 것처럼, 윌리엄 빌 벌저는 도피 중 인 친형과 전화 통화를 했지만, 친형의 소재는 모른다면서 수사 당국에 협조하기를 거부했다. 샌델이 『정의란 무엇인가』를 출판한 2009년에도 제임스 화이티 벌저는 체포되지 않은 상태였다. 샌델, 『정의란 무엇인가』, p.330. 자세한 내용은 "Black Mass(film)"(Wikipedia).

벌저 형제 사례와 비슷한 영화로는 「블러드 타이즈(Blood Ties)」(미국, 2013)를 들 수 있다. 블러드 타이즈는 '혈연'이라고 번역된다. 이 영화는 실화를 바탕으로 한 것이다. 12년간 감옥에 있다가 출소한 범죄자 형과 경찰 동생의 재회는 많은 갈등을 자아낸다. 동생은 어렸을 때 형이 빈집

털이를 할 때 경찰이 오면 세 번 노크를 하기로 한 약속을 지키지 못하고 숨어버려 형이 경찰에 연행되어 그 뒤로 범죄자로 낙인이 찍힌 것을 후회하고 산다. 경찰 동생은 은행 현금 수송차를 탈취한 범죄자의 어깨를 쏘았는데 그 사람이 형이라는 것을 직감적으로 알게 되었지만 경찰에 알리지 않았고, 또한 사창가를 운영하는 형을 덮치려는 경찰의 계획을 전화로 아무 말도 하지 않고 세 번 노크를 하여 알려준다. 동생은 자신이 수감시킨 범죄자의 부인이 된 첫사랑 여자를 다시 만나 사랑하게 되었는데, 출옥한 남자가 도주한 부인과 동생을 쫓아가 죽이려고 할 때, 형이 그를 추적하여 사살하고 동생을 구한다. 결국 두 형제는 끈질긴 혈연으로 서로에게 진 빚을 갚은 셈이다. 네이버 영화 참조.

유나바머 사건은 「죽음의 발송자 유나바머(Unabomber: The True Story)」(미국, 1996)라는 영화로 만들어졌다. 이 영화는 18년 동안 우편물 폭탄 테러로 많은 사람들을 살상하고, 1995년 『뉴욕 타임스』와 『워싱턴 포스트』에 장문의 "반문명 선언문"을 기고한 후, 1996년에 친동생 데이비드 카진스키(David Kaczynski)의 고발로 체포된 테오도르 카진스키(Theodore Kaczynski)의 이야기다. 그는 전 세계 지식인들과 네티즌 사이에서 "과연 고독한 선각자인가, 아니면 영웅주의에 사로잡힌 테러리스트인가"를 두고 찬반의 격론이 벌어지기도 했다. 영화는 테오도르 카진스키의 범행과 주변 인물들, 그리고 그를 오랫동안 추적했던 한 우편물 검사국 요원의 집요한 추적과정을 담은 실화 드라마다. 네이버 영화 참조.

샌델은 이상의 세 가지 사례에서 가족 간의 연대성과 충직의 의무가 보편적 도덕법칙보다 우선한다고 주장하고 있다. 그러나 샌델은 여기서 소위 "카인과 아벨의 신드롬(Cain and Abel Syndrome)"을 철저히 무시하고 있다. 카인과 아벨의 신드롬은 "형제 사이의 불관용이 낯선 이들 사이의 그것보다 더 강하다는 아이러니한 사실"을 가리킨다. Michael Ignatieff, "Nationalism and Toleration", Susan Medus ed., *The Politics of Toleration: Tolerance and Intolerance in Modern Life*(Edinburgh: Edinburgh University Press, 1999), pp.77-106. 이그나티에프는 북아일랜드의 사례를 들면서 가톨릭과 프로테스탄트 간의 적대감에도 불구하고 "두 적대자들은 아무도 상대방을 그들만큼 이해하지 못한다는 것을 인정하곤 한다. 그들은 진정한 형제이자 적(brother enemies)인 것이다"라고 지적한다(같은 논문, p.98). 다른 사례로는 러시아와 우크라이나, 세르비아와 크로아티아, 아랍과 이스라엘, 그리고 남북한 사이의 적대감을 들 수 있을 것이다. 그들의 대치 상황은 "서로를 가장 많이 알고 서로 가장 적게 다름에도 불구하고 서로에 대해 가장 많이 불관용적일 수 있다는 아이러니가 통용되고 있는 셈이다." 김상범, 『자유주의적 관용에 대한 연구』(서울대학교 대학원 교육학박사 학위논문, 2013), p.117 참조. 종교사를 보면 다른 종교에 대해서 관대하면서도 같은 종교 내의 다른 교파나 저항 세력에 대해서는 더 폭력적인 불관용의 예가 상당히 많다. 김용환, 「관용의 윤리: 철학적 기초와 적용 영역들」, 『철학』, 제87집(2006), p.81 참조. 가톨릭과 프로테스탄트 사이의 갈등뿐만 아니라 이슬람교에서 수니파와 시아파의 갈등도 예로 들 수 있을 것이다.

276) 매킨타이어에 대한 논의는 본서 제5장 9절 1)항 "알래스데어 매킨타이어: 전근대적인 완전주의적 정의" 참조.

277) MacIntyre, *After Virtue*, p.222.

278) 샌델, 『정의란 무엇인가』, p.294.

279) "유엔 산하 자유권 위원회, 일본 보고서 심의 최종 의견서 전면 공개: 유엔 B규약 위원회", "日, 위안부 배상 빨리, 혐한시위 그만", 『뉴데일리』, 2014년 7월 25일자.

280) 길윤형 도쿄 특파원, "아베, 담화에 '식민지배에 대해 통절한 반성' 문구 뺀다", 『한겨레』, 2015년 1월 25일자.

281) 김수혜 도쿄 특파원·이용수 기자, "일, 반복해 사죄해왔다. 직접 사과 피해간 아베", 『조선일보』, 2015년 8월 15일자, A1, A2, A3면; 오영환 도쿄 특파원·유지혜 기자, "아베의 희한한 사죄: 직접 사죄 않고, '역대 내각 해와' 과거·3인칭 표현. 전후 70년 담화 ··· '식민지 지배·침략 가해자 명시 안 해, 군 위안부도 직접 언급 없어", 『중앙일보』 2015년 8월 15일자, A1, A3, A4, A5면.

282) 윤정호 워싱턴 특파원·김수혜 도쿄 특파원, "미 외교위원장 '사과 없는 아베 연설 실망', 부통령 '의미 있었다'", 『조선일보』, 2015년 5월 1일자; 최문선·박석원 기자, "한일 정상, 수교 50주년 행사 교차 참석", 『한국일보』, 2015년 6월 22일자. 한일 양 정상이 서울·도쿄서 국교 정상화 50주년 행사에 참석해 교차 축사를 함으로써 양국 관계는 어느 정도 해빙 무드로 전환하고 있다.

283) 최세호 기자, "김관용[경북 도지사] '일본 아베내각 망동 중단해야': 한·일 국교 정상화 50주년 계기, '다케시마의 날 조례 폐기 주장", 『내일신문』, 2015년 2월 24일자.
한국과 일본은 2015년 12월 28일 외교장관회의를 열고 한일 외교의 난제인 위안부 협상을 24년 만에 최종 타결했다고 발표했다. 타결안에는 '일본 정부의 책임 인정', '아베 신조 일본 총리의 사죄', '위안부 피해자를 위한 10억 엔 출연' 등이 들어 있다. 그러나 법적 책임을 명확히 하지 않은 문제에 대해서 국내에서 논란이 제기되고 있다. 우리 정부는 3대 조건인 '일본 정부 책임 인정', '총리 사죄', '일본 정부 예산 투입'을 감안해볼 때 사실상 일본이 법적 책임을 인정한 것으로 간주하고 있다. 그러나 야당 국회위원들은 국회 동의 없는 위안부 합의는 무효라고 주장하고 있으며, 위안부 피해자들도 협상 타결 전에 충분한 설명이 없었고 합의를 구하지 않았다는 점에서 불만을 토로하고 있는 실정이다. 그러나 그간의 일본의 행태를 볼 때 이번 위안부 협상 타결은 한일 간의 진일보한 관계를 위한 중요한 출발점임을 부인할 수는 없을 것이다. 김수혜 도쿄 특파원 · 임민혁 기자, "위안부 매듭 … 남은 건 '아베의 진정성", 『조선일보』, 2015년 12월 29일자, A1면.

284) 김충선 장군에 대한 자세한 설명은 "김충선"(위키백과) 참조. 우리나라에 조총을 전수한 것으로 알려지고 있는 김충선 장군의 귀화와 그 뒤 활약은 본장 후주 135에서 언급된 KBS1 연속극 「징비록」에서 볼 수 있다.

285) 벌금 이상의 형에 대해서 죄를 범한 자를 은닉 또는 도피하게 한 경우에 성립하는 범죄를 말한다(형법 제151조 1항). 3년 이하의 징역 또는 5백만 원 이하의 벌금에 처한다. 단 친족, 호주 또는 동거의 가족이 본인을 위해서 이 죄를 범한 때는 처벌하지 아니한다(친족간 특례 형법 제151조 2항).

286) 예전에는 아버지가 먼저 죽은 독자인 부선망 독자(父先亡 獨子), 2대 이상의 독자, 부모님 모두 60세 이상의 독자는 방위병으로 소집되어 6개월의 병역의무를 감당하였지만, 지금은 모두 폐지된 제도다. 일반 방위병은 14개월을 근무해야 했다. 모든 징병 대상자들은 징병검사에서 신체등위 1-3급 처분을 받으면 현역병으로 군 복무를 해야 한다. 그리고 공익근무요원의 경우, 신체적인 질병으로 신체등위 4급을 받으면 공익근무요원에 포함되며 24개월을 근무한다. 수형 사유자(6개월 이상 1년 6개월 미만의 징역 또는 금고의 실형을 선고받은 사람, 1년 이상의 징역이나 금고의 형의 집행유예를 선고받은 사람), 전공상자(戰公傷子: 전몰군경, 순직군인, 상이등급 1-6등급 전상군경, 공상군경) 가족만이 6개월의 공익근무요원으로 복무를 할 수 있다. 2012년 현재 현역의 복무기간은 육군 21개월, 해군 23개월, 공군 24개월이며, 공익근무요원의 경우 24개월이다. 대한민국 국민인 남자는 18세가 되면 제1국민역에 편입되어 병역 지원이 가능하며, 19세부터 징병검사 대상자가 된다. 한편, 여성의 경우 지원에 의해서 현역 및 예비역으로만 복무가 가능하다. 좀 더 자세한 사항은 병무청 홈페이지(www.mma.go.kr) 복무제도 참조. 전상군경은 군인 또는 경찰공무원으로서 전투 또는 이에 준하는 직무 중 상이를 입고 전역 또는 퇴직한 자다. 공상군경은 군인 또는 경찰공무원으로서 교육훈련 혹은 직무 수행 중

상이를 입고 전역 또는 퇴직한 자다.

병역 면제에 관련하여 논란이 되고 있는 것은 종교적 혹은 양심적 병역 거부다. 종교적 병역 거부자들은 입영 소집 통보를 받고도 병역의 의무를 이행하지 않아 병역법 위반 혐의로 기소되었다가 헌법 소원을 냈다. 이들은 "종교관과 가치관에 따라 전쟁과 인간의 살상에 대해서 반대하게 됐다"면서 병역 면제가 아니라 대체 복무(군 복무 대신에 사회복지시설 등에서 일하는 것) 기회를 달라는 것이라고 항변했다. 반면 국방부 측 대리인은 남북 대치 상황을 감안하면 병역 거부자 처벌이 기본권을 침해한다고 볼 수 없고, "형벌을 가하지 않으면 신념을 빙자해 병역을 거부하는 사람이 급증할 것이며, 신념을 객관적 기준으로 어떻게 가려낼 수 있는지도 의문"이라고 반박했다. 최연진 기자, "병역 면제 아닌 대체 복무 기회 달라는 것, 처벌 안 하면 신념 핑계로 기피 급증할 것", 『조선일보』, 2015년 7월 10일자, A12면.

287) 샌델은 아마도 공동체들의 수직적 통합을 중시할 것이므로 상위 공동체, 즉 국가에 대한 의무를 가족에 대한 의무보다는 우선적으로 채택할 것이다. 본서 제2장 4절 10)항 "10강. 정의와 공동선"의 "해제와 비판"에서 논의하는 공동체주의 정치학의 딜레마 참조. 그러나 샌델은 본서 제2장 4절 9)항 "9강. 우리는 서로에게 어떤 의무를 지는가?/충직 딜레마"의 "해제와 비판"에서 논의하는 것처럼 가족적 충직의 의무를 국가적 의무보다 앞세운다.

사르트르(Jean Paul Sartre)는 그의 제자가 구체적이고 직접적이나 일개인만을 위한 행동으로 어머니를 위해서 집에 머물러 있을 것인가, 아니면 무한정으로 광범위한 전체, 즉 국가를 위한 행동이지만 바로 그러한 이유로 원하는 결과가 나올지 애매한 것으로 독일군 침공 시 살해된 형의 원수를 갚으러 영국이나 알제리로 가서 참전할 것인가 하는 문제로 고심하고 있는 경우를 언급한다. 사르트르는 실존주의가 어떤 보편적 원칙이나 종교적 지침에 의거하는 것이 아니고, 자유로운 창조적 선택을 통해 행동하는 것 이외에는 어떠한 평가적 지침도 없다고 주장한다. 사르트르의 경우는 비록 개인적 선택의 배경에는 실존주의가 있기는 하지만 그것은 선택과 결단의 자유와 창조적 행위를 옹호하는 상위적인 메타적 원칙이므로 행위 선택의 단계는 반이론적 결의론(anti-theoretic casuistry)이 진행되는 단계로 볼 수 있다. 장 폴 사르트르, 방곤 옮김, 『실존주의는 휴머니즘이다』(서울: 문예출판사, 1993), pp.24-29, p.45. 단적인 주장은 "보편적인 모랄은 있을 수 없다"는 것이다. 같은 책, p.27.

그러나 샌델의 경우는 반이론적 결의론이라기보다는 보편적인 공동체주의적 지침이 행위 선택의 단계에서부터 존재하는 연역적 결의론(deduc-tive casuistry)이라고 할 수 있을 것이다. 윤리학에서 반이론에 관한 논의는 Stanley G. Clarke and Evan Simpson eds., *Anti-Theory in Ethics and Moral Conservatism*(Albany: State University of New York Press, 1989), "Introduction" 참조.

288) 샌델, 『정의란 무엇인가』, p.345. "Unencumbered self"는 여기서 "부담을 감수하지 않는 자아"로 번역되어 있지만, 본서의 저자는 우리말 의미와 어감상 더 적합한 "무연고적 자아"로 번역하였다.

289) 저자의 졸고, 박정순, 「정치적 자유주의의 철학적 기초」, 『철학연구』, 제42집(1998), pp.275-305 참조.

290) 미국 연방대법원은 2015년 6월 26일 동성 커플의 결혼을 합헌이라고 판결했다. 자세한 논의는 본서 제5장 4절 3)항 (3) " '자유주의 공적 이성의 한계들'에 관한 비판" 참조.

291) 샌델, 『정의란 무엇인가』, p.361.

292) 샌델, 『정의란 무엇인가』, p.364.

293) "마음의 습관"은 로버트 벨라(Robert Bellah)의 저서 *Habits of the Heart: Individualism and Commitment in American Life*(Berkeley: University of California Press, 1985)를 염두에 둔 것이다. 로버트 벨라는 종교사회학자로서 미국사회의 개인주의적 측면을 비판적으로 분석하고, 시민적, 종교적 전통에 근거한 민주적 공동체주의의 부활을 주창하고 있다. 그러한 부활은 개인들의 마음의 습관을 통해 표출되어 하나의 연합적 공동체로 달성된다. 번역본은 로버트 벨라 외, 김명숙 · 김정숙 · 이재협 옮김, 『미국인의 사고와 관습: 개인주의와 책임감』(서울: 나남출판, 2001) 참조.

294) 샌델, 『정의란 무엇인가』, p.371.

295) "Ultimatum Game", "Dictator Game"(Wikipedia) 참조. 좀 더 자세한 논의는 최정규, 『이타적 인간의 출현』(서울: 뿌리와이파리, 2004), pp.221-238.

296) 저자의 졸고, 박정순, 「호모 에코노미쿠스 생살부」, 『철학연구』, 제21집(고려대학교 철학연구소, 1998), pp.1-41 참조.

297) Sandel, *Liberalism and the Limits of Justice*, p.179. "… as members of this family or community or nation, or people …."

298) 샌델, 『정의란 무엇인가』, pp.39-40.

299) Roberto Unger, *Knowledge and Politics*(New York: The Free Press, 1975), p.289.

300) 사회학의 한 유파인 구조기능주의는 사회체계를 생물학적 유기체에 비유하여 사회구조를 구성하고 있는 각 부분들이 상호 의존적인 기능을 다하

여 조화롭게 통합됨으로써 사회가 안정적으로 유지될 수 있다고 본다. 여기서는 공동체주의자들이 구조기능주의를 수용했다고 주장하는 것이 아니라, 구조기능주의와 유사한 사회 혹은 공동체 개념을 가지고 있음을 지적하는 것이다. "사회학"(학문명백과: 사회과학, 네이버 지식백과).

301) Unger, *Knowledge and Politics*, p.205. *"Deus absconditus"*는 "숨어 계시는, 감추어진 하나님"이라는 뜻으로『구약성경』「이사야」45장 15절에 나오는 말이다. "구원자 이스라엘의 하나님이여, 진실로 주는 숨어 계시는 하나님이시나이다." 신은 형태가 없는, 일반적인 눈으로는 볼 수 없는 존재다. 신의 말이나 이름은 그 역사적 상황의 구원을 위한 섭리에 의해서 스스로를 나타낸다. "숨은 신"(철학사전, 네이버 지식백과).

302) 고대 그리스 연극에서, 그 클라이맥스에서 인간의 능력으로 해결할 수 없는 파국을 초자연적 힘이나 신에 의해서 해결하는 것을 말한다. 그 당시 신은 기계 장치에 의해서 하강했기 때문에 그러한 명칭이 생겼다. 즉 문자 그대로 하면 "신의 기계적 출현"인 것이다.

303) 공동체주의 정치학의 딜레마에 관련된 비판은 저자의 졸고, 박정순, 「자유주의 대 공동체주의의 방법론적 쟁점」,『철학연구』, 제33집(1993), pp.57-59에서 발췌. 딜레마에 대한 자세한 설명은 새로 부가한 것이다.

제3장 『정의란 무엇인가』에 대한 종합적 고찰

1) 박홍규, "칼럼: 획일주의가 낳은 블랙코미디",『경향신문』, 2010년 8월 25일자.

2) 장정일, 「'정의란 무엇인가'에 반대한다」,『무엇이 정의인가?: 한국사회, '정의란 무엇인가'에 답하다』(서울: 마티, 2011), p.20.

3) 안은별 기자, "마이클 샌델의『정의란 무엇인가』밀리언셀러 달성",『프레시안』, 2011년 4월 19일자.

4) "사회적 불평등 문제와 해결방안",『전북일보』, 2014년 7월 29일자.

5) 남녀평등과 여성주의 정의론은 저자의 졸고, 박정순, 「가족관계와 사회윤리: 자유주의와 여성주의 정의론」,『한국여성학회 춘계학술대회 자료집』(1998). pp.223-248 참조. 그리고 「여성을 위한 정의는 무엇인가?」(EBS 초대석, 2012) 참조. 유리천장(glass ceiling)은 여성과 소수민족 출신자들의 고위직 승진을 막는 조직 내의 보이지 않는 장벽을 뜻하는 말이다. "유리천장"(두산백과, 네이버 지식백과).

6) 이권우, 「마치며: '정의'가 읽혔던 2010 한국사회의 풍경」,『무엇이 정의인가?: 한국사회, '정의란 무엇인가'에 답하다』, pp.339-340.

7) 김재중, "책과 삶: 인문서『정의란 무엇인가』기염", 『경향신문』, 2010년 7월 9일자.

8) Van Ramstad, "U. S. Professor is Hit in Seoul", *The Wall Street Journal* (2012. 6. 5). 이정환 기자, "정의란 무엇인가? 왜 우리나라에서만 인기일까?", 『미디어오늘』, 2012년 6월 8일자에서 『월스트리트 저널』에 대한 기사 전부 재인용. 마이클 샌델, 김선욱 감수, 김명철 옮김, 『정의란 무엇인가』(서울: 와이즈베리, 2014), p.10, "한국어판 서문: 한국의 독자들에게"에서 38퍼센트와 74퍼센트 비교 언급함. 최근 연세대학교 행정학과 교수 14명이 공저한 『위험사회와 국가정책』(서울: 박영사, 2015)을 통해 대한민국을 "규칙을 어겨야 이익을 보는 사회"로 규정한 것은 시사하는 바가 많다. 백인경 기자, "교수 14명이 본 대한민국, 규칙을 어겨야 이익 보는 사회", 『중앙일보』, 2015년 7월 9일자, 27면 참조.

9) 하승수, "시론: '정의란 무엇인가'를 생각한다. 현실에 발 딛은 정의", 『프레시안』, 2011년 11월 11일자.

10) 강의의 연극적 아트는 토론의 묘미에서 온다. 영화「그레이트 디베이터스(Great Debaters)」(미국, 2007) 참조. 1930년대 미국 텍사스의 흑인대학 와일리 칼리지의 토론 팀이 승승장구하여, 결국 하버드대학 팀을 물리치고 전국 챔피언에 오르는 실화를 다룬 영화로 댄젤 워싱턴이 토론 팀을 이끄는 톨슨 교수로 열연한다. 이 영화 이야기를 다큐멘터리로 다룬「더 리얼 그레이트 디베이터스(The Real Great Debaters)」(미국, 2008)도 있다. 그리고 하버드 로스쿨 학생들의 도전과 성장을 그린 영화「하버드대학의 공부벌레들(The Paper Chase)」(미국, 1973) 참조. 이후「하버드대학의 공부벌레들」은 1978-1986년 시즌 1부터 시즌 4까지 TV로 방영되었다. 그리고 낙태를 주제로 대법원에서 개최되는 전국토론대회에 참가하는 어느 대학 토론 팀의 애환과 갈등, 그리고 그 극복을 다룬「모의법정(Listen to me)」(미국, 1989) 참조.

또한 "오늘을 살아라(*Carpe Diem*)"를 역설하며 파격적인 수업 방식으로 고등학생들에게 영감을 주는 선생님을 다룬 영화「죽은 시인의 사회(Dead Poets Society)」(미국, 1989) 참조. 키딩 선생님 역으로 이 영화의 주연을 맡아 열연했던 로빈 윌리엄스(Robin Williams)는 2015년 8월 11일 타계했다. 그를 찬양한 영화 속 명대사는 다음과 같다. "그는 학생들에게 영감을 주었고, 그들의 인생을 특별하게 만들었다(He was their inspiration. He made their lives extraordinary)." 원작 소설은 N. H. 클라인바움, 한은주 옮김, 『죽은 시인의 사회』(서울: 서교출판사, 2004) 참조. 모두 네이버 영화 참조.

11) 박찬구, 「원칙주의와 사례 중심 접근의 절충」, 『철학과 현실』, 통권 77호 (2008), pp.256-264; John D. Arras, "A Case Approach", Helga Kuhse and Peter Singer eds., *A Companion To Ethics*(Oxford: Blackwell, 1998), pp.106-114.

12) 샌델의 결의론과 반이론에 관련된 논의는 본서 제2장 3절 "『정의란 무엇인가』의 학문적 방법론과 전체 개요"와 제2장 4절 9)항 "9강. 우리는 서로에게 어떤 의무를 지는가?/충직 딜레마"에서 이미 행하였다.

13) Albert Jonsen and Steven Toulmin, *The Abuse of Casuisty: A History of Moral Reasoning*(Berkeley: University of California Press, 1988). 번역본은 앨버트 존슨 · 스티브 툴민, 권복규 · 박인숙 옮김, 『결의론의 남용: 도덕추론의 역사』(서울: 로더스, 2014).

14) "Jesuitism"(Wikipedia). 제수이티즘은 개인이 도덕적 상황에서 내리는 결정의 순간에 관련하여 도덕적 법칙보다는 개인적 경향성을 중시했으며, 양심에 따라 행하는 여러, 혹은 상반되는 사례를 통한 결의론을 전개했다. 그래서 제수이티즘은 신성한 목적을 부정한 수단으로 달성하는 것으로 비판되었다. 물론 샌델은 사례 중심적이기는 하지만 반이론(anti-theory)적인 것은 아니다. 그의 이론적 배경은 아리스토텔레스의 정의론과 공동체주의와 공화주의 철학이다.
제수이티즘을 부활시키고 결의론을 윤리학 방법론으로 적극 주창한 사람은 미국 성공회 소속 신부이자 생명의료윤리학자인 조셉 플레처(Joseph Fletcher)다. 그는 자신의 저서, *Situation Ethics: The New Morality*(Philadelphia: Westminster Press, 1966)에서 보편적 윤리규범을 부정하면서, 구체적인 상황에 처한 개인은 자신의 윤리학적 당위를 스스로의 직관에 의해서 식별하여 거기에 따라야 한다고 주장했다. 플레처는 상황윤리가 무원칙의 원리가 아니라 시시각각으로 변하는 상황에 진정으로 대처하는 윤리라고 주장했다. 이러한 상황윤리는 율법주의를 완전히 부정하는 강한 반율법주의가 아니라 구체적이고 특수한 상황에서는 율법에 대한 시시비비를 오직 개인의 양심만이 판별할 수 있다고 하면서 약한 의미에서 보편적 윤리규범을 부정하거나 배척했다. "상황윤리"(교회용어사전: 교리 및 신앙, 네이버 지식백과). "Joseph Fletcher"(Wikipedia). 번역본으로는 조셉 플레처, 이희숙 옮김, 『상황윤리: 새로운 도덕』(서울: 종로서적, 1989) 참조.

15) 저자의 졸고, 박정순, 「개인 이익과 공익의 자유주의적 관련 방식」, 『철학연구』, 제61집(2003), p.206.

16) "美, 사라지지 않는 인종차별 … '남부연합기' 백인우월주의 여전"(해뜨는 감성, 네이버 카페).

17) "남부연합기는 미국 남부의 유산", 『연합뉴스』(조지아AP), 2015년 8월 2일 자.

18) 『논어』 「자로편」, 18장. "섭공이 공자에게 물었다. '우리 마을에 정직한 사람이 하나 있는데, 자기 아버지가 양을 훔친 것을 신고하고 증언했습니다.' 공자가 답했다. '우리 마을의 정직한 사람은 그와 다릅니다. 아버지는 자식의 잘못을 감추어주고, 자식은 부모의 잘못을 숨겨줍니다. 정직은 이 가운데 있습니다.' "

19) 『한비자』 「오두편」. 윤찬원, 『한비자: 덕치에서 법치로』(e시대의 절대사상 013, 파주: 살림출판사, 2005), pp.105-106에서 인용. 공자가 주장한 직(直), 즉 정직(正直)은 법가인 한비자에 따르면 국가 질서를 훼손시키는 사적인 일탈이다. 그래서 법가의 설을 채택한 진(秦)이 천하를 통일하자 혹독한 법가의 정책인 분서갱유, 책을 불태우고 유학자를 땅에 묻는 것이 자행된다. 그러나 한대(漢代)에 이르면 공자의 직을 법치에 반영하여 직계, 존속 · 비속의 경우 서로 죄를 숨겨주어도 벌하지 않는 예외 규정인 '용은(容隱)'이란 제도가 생겨났다. "고봉진의 에세이: 공자의 직(直)", 『뉴시즈아이즈』, 2011년 11월 28일자. '용은' 제도는 본서 제2장 4절 9)항 "9강. 우리는 서로에게 어떤 의무를 지는가?/충직 딜레마", "해제와 비판"에서 언급한 현대법의 범인은닉죄 면제 조항과 같은 것이다.
한비자와 관련하여 이상에서 제기된 문제들을 다룬 곳은 이용범, 『인간 딜레마』(서울: 생각의 나무, 2009), pp.55-56. 저자의 졸고, 박정순, 「현대 윤리학의 지평 확대와 여성주의 윤리학의 공헌」, 『철학사상』, 제23권(2003), pp.176-177. 서양철학에서 참조할 것은 플라톤의 대화편인 『에우티프론(Euthyphron)』이다. 이 대화편은 노예를 죽인 하인을 죽게 한 아버지를 고발하려는 에우티프론과 소크라테스 사이의 대화로서 신들에 대한 경건함이 무엇인가 하는 문제가 주제다. 여기서 소크라테스가 제기한 문제는 "에우티프론의 딜레마(Euthyphron's Dilemma)"다. 이러한 딜레마는 소위 신명론(神命論, Divine Command Theory)의 딜레마로도 알려져 있다. 즉 "어떤 행위가 옳은 이유는 신이 명령했기 때문인가, 아니면 옳기 때문에 신이 명령한 것인가"라는 딜레마적 논변이다. 박종현 역주, 『플라톤의 네 대화편: 에우티프론, 소크라테스의 변론, 크리톤, 파이돈』(서울: 서광사, 2012) 참조. "Euthyphro"(Wikipedia); "신명론"(위키백과); Lawrence Hinman, *Ethics: A Pluralistic Approach to Moral Theory*(3rd edn., Australia: Tomson Wardsworth, 2003), p.85, pp.87-88; 이진남, 「윤리이론으로서의 신명론」, 『가톨릭철학』, 제9호(2007), pp.306-327.

20) 마이클 샌델, 안규남 옮김, 『민주주의의 불만』(서울: 동녘, 2012), p.34. 최

소자유주의는 샌델이 비판하는 자유주의의 무연고적 자아를 담지하는 배경적 사상이다. 즉 최소자유주의는 좋은 삶에 대한 포괄적인 목적을 추구하지 않고, 다만 사회를 규제하는 최소한의 절차만 구비한다는 사상이다.

21) 샌델, 『정의란 무엇인가』, p.350. 그리고 마이클 샌델, 이양수 옮김, 『정의의 한계』(서울: 멜론, 2012), p.392.

22) Michael Stocker, "The Schizophrenia of Modern Ethical Theories", *The Journal of Philosophy*, Vol. 73(1976), pp.453-466. 스토커는 현대 윤리학에서의 동기와 정당화 사이의 유리(遊離)를 윤리학에서의 정신분열이라고 명명한다. 스토커는 윤리학에서 행위의 동기가 중요하지만 현대 윤리학에서는 행위의 의무, 정당성과 책무 등 정당화 논변을 중시한다고 지적한다. 그래서 그는 현대 윤리학설들, 즉 칸트 윤리설과 공리주의 윤리설은 병원에 있는 환자 친구를 의무에서 방문한 그의 친구가 도덕적으로 무엇이 결여되어 있는가를 설명하지 못한다는 것이다. 즉 우리는 그 친구가 환자 친구에 대한 순수한 우정과 직접적인 배려로 방문하는 것이 단순한 의무에서 방문하는 것보다 도덕적으로 더 우월한 것으로 간주해야 한다는 것이다. 이러한 자아분열은 논리학에서 사고의 근본원리의 하나인 모순율(principle of contradiction), 즉 "동일한 대상에 관하여 동일한 것을 긍정함과 아울러 동시에 부정할 수 없다(*Quod approbo non reprobo*; What I accept, I do not reject)"는 규정을 위반한다. 천옥환, 『논리학』(서울: 박영사, 1972), p.32.

23) 김선욱 교수는 샌델이 말하는 도덕적 차별성은 우리의 상식과 크게 다르지 않다고 본다. 자유로운 종교 행사, 백인 우월주의자들의 증오 언설, 흑인 민권운동에 대한 논의에서 자유주의자들의 무연고적 자아와 중립성 논변에 의거함이 없이 "그들[자유주의자들]과 실질적으로 동일한 결론에 도달한 것이다"라는 점을 잘 밝히고 있다. 김선욱, 「해제: 공동체의 사람들을 위한 정의의 길」, 마이클 샌델, 김선욱 감수, 김명철 옮김, 『정의란 무엇인가』(서울: 와이즈베리, 2014), p.428.

샌델이 자유주의와 실질적 견해에서는 같지만 자유주의와 다른 공동체주의적 정당화 방식을 사용한다고 보는 안건들은 흑인 민권운동, 공공적 교육의 지지다. 공동체주의가 자유주의와는 다른 정책을 지지하는 것으로는 포르노그래피 판매 금지, 공동체의 경제를 지탱해온 플랜트와 공장의 폐쇄 금지, 중간 단계의 공동체를 무시하고 더 포괄적인 공동체를 중시하는 자유주의의 입장 반대. 즉 자유지상주의는 개인적 경제활동을 중시하고 평등주의적 자유주의는 복지국가를 주장하지만 공동체주의는 그러한 기업 중심 경제와 관료국가적 복지국가의 권력 집중에 반대하고 중간 단계의 공동체를 활성화시키려고 한다. Michael Sandel ed., *Liberalism and Its*

Critics(New York: New York University Press, 1984), pp.6-7, "Introduction". 공동체의 경제를 지행해온 플랜트(plant, 생산 설비와 제조 설비 일체)와 공장의 폐쇄 금지는 최근에는 젠트리피케이션(gentrification) 문제와 연결된다. 그것은 구도심이 번성해 중산층 이상의 사람이 몰리면서, 임대료가 오르고 원주민이 내몰리는 현상을 이르는 용어다. 이는 신사 계급을 뜻하는 젠트리(gentry)에서 유래한 단어인데, 본래는 낙후된 지역에 외부인이 들어와 지역이 다시 활성화되는 현상을 뜻했지만, 최근에는 외부인이 유입되면서 본래 거주하던 원주민이 밀려나는 부정적 현상을 지칭하는 말로 사용된다. 우리나라에서는 홍익대 인근, 망원동, 경리단길, 삼청동, 신사동 가로수길 등에서 그러한 현상이 벌어지고 있다. 오랫동안 영업을 해온 소규모 맛집들이 급격하게 상승하는 점포 임대료를 견디지 못해 떠나가는 현상도 공동체주의의 관점에서는 주목할 만한 문제다. "젠트리피케이션" (시사상식사전, 네이버 지식백과).

24) 샌델, 『정의란 무엇인가』, pp.351-352.

25) Michael Sandel, *The Case Against Perfection: Ethics in the Age of Genetic Engineering*(Cambridge, Mass: Belknap Press of Harvard University Press, 2007). 번역본은 마이클 샌델, 강명신 옮김, 김선욱 해설, 『생명의 윤리를 말하다: 유전학적으로 완벽해지려는 인간에 대한 반론』(서울: 동녘, 2010), pp.148-179. 그리고 "해설: 마이클 샌델의 공동체주의와 생명윤리", pp.8-17 참조.

26) 국제담당 논설위원 남정호, "미 동성결혼 족쇄 풀린 미국 … 한국도 법정 싸움 시작됐다", 『중앙일보』, 2015년 6월 29일자, 8면.

27) 샌델, 안규남 옮김, 『민주주의의 불만』, 제1부 1장.

28) 존 롤즈, 황경식 옮김, 『정의론』(서울: 이학사, 2003), pp.135-136. 완전 절차적 정의는 공정한 절차가 무엇인지에 대한 독립적인 기준이 있고, 그러한 절차를 고안해낼 수 있는 경우다. 몇 사람들 사이의 케이크의 균등 분할은 똑같은 조각을 갖는다는 것이고, 자른 사람이 맨 나중 갖는 경우 불평불만이 없다. 불완전 절차적 정의는 사법체계처럼 죄가 있는 사람은 처벌, 죄가 없는 사람은 무죄 방면이라는 독립적인 기준이 있지만, 법을 주의 깊게 따르고 절차를 공정하게 밟는다고 해도 공정한 결과가 언제나 도출되는 것은 아니다. 순수 절차적 정의는 공정한 절차에 대한 독립적인 기준은 없지만 공정한 절차를 밟으면 도출되는 결과는 내용에 상관없이 모두에게 수용될 수 있는 공정한 결과가 되는 경우다. 노름과 스포츠 경기가 그 예다. 저자의 졸고, 박정순, 「철학용어 해설: 정의」, 『철학과 현실』, 통권 13호(1992년 여름), pp.362-363 참조.

29) 롤즈, 황경식 옮김, 『정의론』, p.137.

30) 같은 책, p.45.

31) 진리성은 샌델, 이양수 옮김, 『정의의 한계』, p.393; 마이클 샌델, 안진환·이수경 옮김, 『왜 도덕인가?』(서울: 한국경제신문, 2010), p.235 참조.

32) 롤즈, 장동진 옮김, 『정치적 자유주의』, p.73; 저자의 졸고, 박정순, 「정치적 자유주의의 철학적 기초」, 『철학연구』, 제42집(1998), p.282.

33) 샌델, 『정의란 무엇인가』, p.370.

34) 샌델, 이양수 옮김, 『정의의 한계』, p.422; 샌델, 안진환·이수경 옮김, 『왜 도덕인가?』, p.262. 샌델은 "숙고적 개념(deliberative conception)"이라는 말만 쓰고 숙고적 혹은 숙의적 민주주의에 대해서는 아무런 설명도 하지 않는다. 다만 샌델, 안구남 옮김, 『민주주의의 불만』, 제9장과 제10장에서 민주주의를 논하면서 숙의민주주의도 언급하고 있다. 숙의민주주의 혹은 심의민주주의(deliberative democracy)의 가장 기본적인 주장은 민주적 결정이 적법하고 타당하기 위해서는 단지 투표에 나타나는 선호의 총합이 아니라 실제적인 숙의가 선행되어야 한다는 것이다. "숙의민주주의"(위키백과). 숙의민주주의에 대한 최근 논의는 변문숙, 『심의민주주의의 새로운 가능성: 더 나은 논변에 의한 지배』(서울대학교 대학원 박사학위논문, 2014) 참조.

35) 롤즈, 장동진 옮김, 『정치적 자유주의』, pp.45-46.

36) "Ouroboros"(Wikipedia); "우로보로스"(종교학대사전, 네이버 지식백과).

37) 에드워드 데이머, 김희빈 옮김, 『논리의 오류』(서울: 중원문화사, 1994), p.69, "8. 순환논증의 오류".

38) Joshua Cohen, "Book Review of Walzer's *Spheres of Justice*", *The Journal of Philosophy*, Vol. 83(1986), pp.463-464. 단순 공동체주의자의 딜레마에 대한 자세한 논의는 본서 제5장 7절 "공동체주의의 규범적, 방법론적 난점: 공동체주의의 딜레마 봉착" 참조.

39) 샌델, 안진환·이수경 옮김, 『왜 도덕인가?』, p.262. 비슷한 구절은 샌델, 이양수 옮김, 『정의의 한계』, p.422.

40) "아노미"(사회학사전, 네이버 지식백과).

41) 본서 제5장 4절 "자유주의적 무연고적 자아에 대한 샌델의 비판과 롤스의 정치적 자유주의로부터의 응답" 참조.

42) "세계의 가족기업/유명한 100년 기업/장수기업"(인터넷); 김재형, "맥가이버 칼 130년 … 평생 AS 등 고객이 甲", 『중소기업뉴스』, 2015년 1월 14일자.

43) "Crony Capitalism"(Wikipedia).

44) 박헌준 · 김소연 · 김영권 · 나동만 · 남상환 외, 『한국의 가족기업경영』(서울: 연세대학교 출판부, 2008) 참조.

45) 조재희 기자, "국민 우롱하는 롯데 일가의 막장극: 계열사 주식도 거의 없고 경영과 관계없는 친족들 합세 무책임한 저가 폭로전 계속," 『조선일보』, 2015년 8월 3일자, A1, A3면 참조.

46) 순환출자는 대기업 집단이 지배구조를 유지하기 위해서 계열사 간 출자구조가 'A사 → B사 → C사 → D사 → A사'와 같이 순환구조를 이루는 것이다. 공정거래법이 금지한 상호 출자를 피하면서도 계열사를 늘릴 수 있다. 순환출자가 이루어지면 실제로는 자본금이 늘어나지 않는데도 장부상으로는 자본금이 늘어나는 효과가 있다. 순환출자의 문제점은 실제로 투자된 적은 자본금 이상으로 재벌 총수가 의결권을 갖는다는 데 있다. "순환출자"(인터넷 한경 경제용어사전, 네이버 지식백과).

47) 배재련 기자, "유일한 유한양행 창업주, 고귀한 정신 '기업은 가족 아닌 민족의 것'", 『뉴스앤미디어』, 2015년 1월 13일자.

48) "네포티즘(nepotism)"(인터넷 두산백과, 네이버 지식백과).

49) 샌델, 『정의란 무엇인가』, p.253.

50) 샌델, 『정의란 무엇인가』, p.337.

51) 샌델, 『정의란 무엇인가』, p.337.

52) John Rawls, *Political Liberalism*(New York: Columbia University Press, 1993), p.194. 롤스에게서 중립성을 추구하는 자유주의는 현대 다원민주사회에서 다양한 가치관들 사이에서 중립을 지키면서 중첩적 합의를 통해 사회적 정의의 근간을 수립하는 정치적 자유주의로 변형된다. 롤스의 정치적 자유주의에 대한 논의는 본서 제2장 4절 10)항 "10강. 정의와 공동선", "해제와 비판", 그리고 제3장 2절 4)항 "샌델의 자유주의의 중립성 비판과 롤스의 정치적 자유주의", 제5장 4절 3)항 "정치적 자유주의에 대한 샌델의 비판과 롤스의 응답에 대한 평가", 제5장 5절 "자유주의의 중립성과 반완전주의에 관한 논쟁" 참조.

53) Michael Walzer, "Liberalism and the Art of Separation," *Political Theory*, Vol. 12(1984), pp.315-330.

54) 이하 세 단락의 논의는 저자의 졸고, 박정순, 「정치적 자유주의의 철학적 기초」, pp.285-287 참조. 정합론적 정당화는 David Lyons, "The Nature and Soundness of the Contract and Coherence Argument", Norman Daniels ed., *Reading Rawls*(Stanford: Stanford University, 1989), pp.141-167 참조.

55) Rawls, *Political Liberalism*, p.xix, p.9, p.150.

56) 같은 책, p.xix.

57) 롤스는 *Justice as Fairness: A Guided Tour*(Cambridge: Harvard University, Unpublished paper, 1989)에서 "공공적 정당화"를 공정성으로서의 정의관의 근본적인 관념으로 간주하고, 여기에는 반성적 평형의 관념, 중첩적 합의, 그리고 자유로운 공적 이성의 개념이 연관됨을 밝힌다(p.20).

58) Rawls, *Political Liberalism*, p.64, p.133, p.140.

59) 같은 책, p.8, p.48, p.44.

60) 같은 책, p.220.

61) 같은 책, p.224.

62) 같은 책, p.137, p.217.

63) 샌델, 『정의란 무엇인가』, p.337.

64) "*Post hoc ergo propter hoc*(after this, therefore because of this)", "List of Fallacies"(Wikipedia). 정재환 · 신소혜, 『논리 속의 오류, 오류 속의 논리. 오류사전』(서울: 한국외국어대 출판부, 2012), p.190. "원인과 결과를 혼동하는 오류"는 "두 사건 간의 원인과 결과를 바꾸어서 혼동하는 오류"다. 에드워드 데이머, 김회빈 옮김, 『논리의 오류』, p.179. "선후인과의 오류"는 "사건 B가 단지 시간적으로 사건 A 다음에 일어났다는 이유에서 사건 A 때문에 사건 B가 일어났다고 생각하는 논증"이다. p.182. "인과혼동의 오류"는 "사건의 원인과 결과를 혼동하는 오류"다.

65) 샌델, 안진환 · 이수경 옮김, 『왜 도덕인가?』, p.261. [근본주의자들의 대두]는 본서 저자의 삽입. 물론 샌델은 그것으로 끝나는 것이 아니고 비판을 부기한다. "그러나 정치적 자유주의가 이런 공적 이성을 꿈꾸고 있다는 것은 활력 넘치는 민주적 삶의 도덕적 에너지를 담기엔 너무나 역부족이다. 따라서 불관용, 사소함, 호도된 도덕주의에 길을 터주는 도덕적 공백이 창출된다." 샌델, 이양수 옮김, 『정의의 한계』, p.421. 이러한 부기에 대한 비판은 현재 논의인 본서 제3장 2절 5) "기독교 근본주의의 대두와 자유주의에의 책임 전가", 그리고 제5장 8절 "자유주의와 현대사회의 문제" 참조.

66) 정태식, 「공적 종교로서의 미국 개신교 근본주의의 정치적 역할과 그 한계」, 『현상과 인식』, 통권 107호(2009), pp.40-67.

67) 이경재, 「근본주의의 철학적/정신분석학적 성찰」, 『신학과 세계』, 제58호 (2007), p.270.

68) 제리 폴웰(Jerry Falwell, 1993. 8. 11-2007. 5. 15). 샌델, 『정의란 무엇인가』, p.348.

69) "제리 폴웰", "기독교 우파", "기독교 근본주의"(위키백과) 참조. "Moral Majority"(Wikipedia). '도덕적 다수'에 대한 자세한 논의는 Robert E. Webber, *The Moral Majority: Right and Wrong*(Crossway Books, 1981) 참조.

70) "자유주의 신학"(위키백과); "자유주의 신학"(인터넷 두산백과, 네이버 지
식백과); "자유주의 신학"(교회용어사전: 교리 및 신앙, 네이버 지식백과)
참조. 교회용어사전에는 자유주의 신학을 다음과 같이 여섯 가지 특징으로
요약하고 있다. (1) 신학의 토대를 인간의 경험에 두었다. 성경이나 신조를
신학의 출발점이나 궁극적 규범으로 삼지 않았다. (2) 그리스도의 인간성
을 강조했다. 따라서 자유주의 신학은 그리스도의 선재성, 동정녀 탄생, 부
활 승천에 대한 전통적인 교리를 포기하거나 거부했다. (3) 하나님의 내재
성을 강조했다. 자유주의 신학은 하나님과 인간, 하나님과 세계, 신앙과 이
성 사이의 연속성을 주장했다. 그와 함께 기독교와 타 종교 사이에 연속성
이 있다 하여 종교적 관용의 태도를 취했다. (4) 낙관주의적 인간관을 지녔
다. 인간의 본성과 인간의 미래에 대해 낙관적이었다. (5) 기독교의 윤리적,
사회적 의미를 강조했다. (6) 현대 과학과 기독교의 전통적인 교훈을 중재
하려고 시도했다. 즉, 인간 이성의 능력을 신뢰하여 과학의 업적뿐 아니라
진리에 대한 접근 수단으로 과학적 탐구 방법을 수용했다. 교회용어사전에
는 이상의 '자유주의 신학의 특징'은 서울신학대 목창균 교수의 『현대 신
학 논쟁』, "자유주의 신학의 태동" 중에서 인용했다고 밝힘.
19세기 자유주의 신학의 뿌리는 슐라이어마허와 헤겔의 철학에서 비롯되
었으며, 제1차 세계대전과 제2차 세계대전을 통해 인간의 야만성이 드러나
면서 모순에 봉착하게 되어, 칼 바르트, 루돌프 볼트만, 폴 틸리히, 위르겐
몰트만 등에 의해 신정통주의가 등장하면서 붕괴되었다. "자유주의 신학"
(위키백과). 자유주의 신학에 대한 구체적인 논의는 목창균, 『현대 신학 논
쟁』(서울: 두란노, 1995); 안명준, 「자유주의 신학의 태동과 특징」, 『교회와
문화』, Vol. 10(2003), pp.116-143; 이창배, 『현대 자유주의 신학사조』(서
울: 감리교신학대학 출판부, 1992) 참조.

71) "제리 폴웰"(위키백과) 참조.

72) '도덕적 다수' 다음으로 유명한 기독교 우파 단체는 '미국 기독교연합
(Christian Coalition of American)'으로 팻 로버트슨(Pat Robertson)이 1989
년 창설했다. 샌델, 『정의란 무엇인가』, p.348. 한때 약자보호법을 옹호하
는 파월 장군이 대선 후보가 되는 것을 막았고, 공화당 강경보수를 대변하
는 정치운동을 열렬히 전개하였으나, 전직 간부들이 회원 수와 선거 지침
배포의 허위 확대와 신자들의 호응도를 왜곡하는 진상을 폭로함으로써 도
덕성에 큰 타격을 입고 서서히 사라져갔다. "미 기독교연합 치부 도마에",
『한겨레』, 1999년 8월 4일자, 11면. 기독교 근본주의에 대한 자세한 논의
는 배덕만, 『미국 기독교 우파의 정치운동』(서울: 넷북스, 2007) 참조. 종
교와 사상의 자유시장론과 공개시장론은 본서 제5장 4절 3)항 (1) "자유주

의의 '중대한 도덕적 문제 제외'에 관한 샌델의 비판과 롤스의 응답" 참조.

73) "허슬러 사건", "래리 플랜트", "제리 폴웰"(위키백과) 참조. 자세한 논의는 안경환, 『법, 영화를 캐스팅하다』(서울: 효형출판, 2007), 3장 중 "래리 플랜트, 자유로운 성의 투사, 법정에 서다" 참조. 마이클 리프 · 미첼 콜드웰, 금태섭 옮김, 『세상을 바꾼 법정』(서울: 궁리, 2006), 6장 "포르노 황제와 전도사: 언론 자유의 상징이 된 『허슬러』의 발행인" 참조.

74) "Separation of Church and State"(Wikipedia). 정교분리는 교회와 국가가 상호 간섭하지 않는다는 것이다. 국가가 특정한 종교, 종파, 교단에 특별한 편의를 제공하지 않는 형태(미국, 독일 등)와 정부 및 관련 기관(공립학교 등)은 공적인 장소에서는 일체의 종교 활동을 배제하는 형태(프랑스)로 대별된다. 전자는 우호적이며, 후자는 적대적인 관계다. 전자의 경우 미국은 대통령 취임식에서 성서나 하나님에 대한 기도나 찬송가가 중대한 역할을 하고 있으며, 「미국독립선언서」에는 종교적 이상주의가 표현되어 있고, 연방의회 의사(議事)가 목사의 축도로 시작되는 것에서 잘 나타나 있다.
프랑스의 경우 이슬람계 이민자들의 딸들이 공립학교에서 히잡(hijab, 이슬람 세계에서 여성들이 머리카락과 목을 가려 얼굴만 드러내는 천)을 쓰는 것에 대해서 논란이 일어났다. 프랑스 당국은 히잡을 쓰는 것은 종교적 행위이므로 그러한 복장을 한 여자들의 등교를 금지시킨 바 있다. "Friendly and hostile separation" in "Separation of Church and State"(Wikipedia). 이슬람 사회는 여성의 머리카락이 남성을 유혹하는 부분이므로 가려야 한다고 여기고 있다.

75) 샌델, 『정의란 무엇인가』, p.337, p.370. 롤스의 정치적 자유주의에 대한 설명은 pp.345-346 참조.

76) 김진호(제3시대 그리스도연구소 연구실장), " '개신교의 나라' 한국 … 헌법은 빈껍데기인가", 『프레시안』, 2014년 12월 26일자.

77) 이러한 관점에서 주디스 슈클라(Judith N. Shklar)의 " '공포로부터의 자유' 주의(liberalism of fear)"는 시사하는 바가 크다. 슈클라는 과거와 현재 종교 권력과 정치권력의 잔혹성과 공포적 통치에 주목하고, 그것은 종교적, 정치적 이데올로기가 저지르기 쉬운 것이므로 자유주의는 억압받는 자들의 인권과 삶과 자유를 지켜주는 자유주의가 되어야 한다고 역설한다. Judith N. Shklar, "Liberalism of Fear", Stanley Hoffman ed., *Political Thought and Political Thinkers*(Chicago: The University Press of Chicago Press, 1988), pp.3-12.
슈클라의 정치사상은 주디스 슈클라, 사공일 옮김, 『일상의 악덕』(파주: 나남출판 2011) 참조. 슈클라의 정치사상에 대한 논의는 정태욱, 「주디스 슈클라(Judith N. Shklar)의 자유주의에 대한 연구」, 『법철학연구』, 제7권 제1호(2004), pp.65-98. " '공포로부터의 자유'주의"는 공포로부터의 자유를 기본으로 하는 자유주의를 의미한다. 이러한 의미의 표기 방식인 " '공포로부터의 자유'주의"는 정태욱, 「주디스 슈클라의 자유주의에 대한 연구」, p.66, 각주 2 참조.

78) John Locke, *A Letter Concerning Toleration*(1689). 번역본은 두 가지가 있다. 존 로크, 공진성 옮김, 『관용에 관한 편지』(서울: 책세상, 2008); 존 로크, 최유신 옮김, 『관용에 관한 편지』(서울: 철학과현실사, 2009). Voltaire, *Treatise on Toleration*(1763). 번역본은 볼테르, 송기형 외 옮김, 『관용론』(서울: 한길사, 2001). 볼테르는 "나는 당신이 하는 말에 찬성하지는 않지만, 당신이 그렇게 말할 권리를 지켜주기 위해서라면 내 목숨이라도 내놓겠다"고 말한 것으로 전해지지만, 이런 말을 한 적이 없는 것으로 알려지고 있다. 아무튼 볼테르의 관용정신을 극명하게 나타내는 말이다. "[일문세계사] 볼테르"(네이버캐스트). 관용에 관한 전반적 논의는 김용환, 『관용과 열린사회』(서울: 철학과현실사, 1997) 참조.

79) John Rawls, *Political Liberalism*(New York: Columbia University Press, 1993), p.37.

80) John Rawls, "Overlapping Consensus", *Oxford Journal of Legal Studies*, Vol. 7(1987), p.4, 각주 7.

81) 샌델, 『정의란 무엇인가』, p.369.

82) 샌델, 『정의란 무엇인가』, p.90.

83) 샌델, 『정의란 무엇인가』, p.35.

84) Rawls, *Political Liberalism*, p.36.

85) 같은 책, p.37, p.134, p.195. 그리고 Rawls, "The Idea of Overlapping Consensus", pp.3-4, p.6 참조.

86) 전영선 · 백민정 기자, "간통, 국가가 개입할 일이 아니다", 『중앙일보』, 2015년 2월 27일자, 1면에서 요약.

87) 샌델, 『정의란 무엇인가』, p.90.

88) 전영선 · 백민정 기자, "혼빙간음죄 위헌, 간통죄 위헌, 성매매처벌법은?", 『중앙일보』, 2015년 2월 28일자, 6면에서 요약.

89) 샌델, 『정의란 무엇인가』, p.90.

90) 샌델, 『정의란 무엇인가』, p.35.

91) 샌델, 『정의란 무엇인가』, p.364-365.

92) 샌델, 『정의란 무엇인가』, p.122.

93) 샌델, 『정의란 무엇인가』, p.366.

94) "Supererogation"(Wikipedia).

95) Rawls, *Political Liberalism*, p.37.

96) Lawrence Hinman, *Ethics: A Pluralistic Approach to Moral Theory*, 3rd edn. (US: Wadsworth, 2003), p.143. 밀(J. S. Mill)도 『공리주의』에서 이러한 비판을 다루고 있다. "공리주의의 반대자들이라 해서 언제나 공리주의에 대해 욕하는 사람들만 있는 것이 아니다. 반면에 사심 없는 성격을 지니고 어느 정도 공평하게 말하는 사람 중에는 가끔 공리주의의 기준이 인간성에 비춰 볼 때 너무 높게 설정되어 있는 것이 결점이라고 말하는 사람들이 있다. 그들은 사람들에게 언제나 사회의 일반적인 이익을 증진시키고자 하는 유인책에 따라 행동하라고 요구하는 것은 지나치게 가혹하다고 말한다. 그러나 이러한 비판은 도덕의 기준에 대한 진의를 오해하고 있으며, 행위의 규칙을 행위의 동기와 착각하고 있는 것이다." J. S. 밀, 이을상 옮김, 『공리주의』(서울: 지식을 만드는 지식, 2011), p.51.
밀은 "공리주의가 세계 전체 또는 사회 전체라는 광범위한 일반성을 염두에 두라고 요구한다고 생각하는 것은 공리주의의 사고방식을 오해한 것"이라고 지적하고, "대부분의 선행은 세계의 이익을 위해서가 아니라 여러 개인들의 이익을 위해서 행하여지는 것이고, 세계의 선은 이 개인들의 이익으로 구성되어 있다"고 지적한다. 그래서 "이런 경우는 아무리 덕망이 높은 사람이라 할지라도 자신과 관련된 사람들 이외에는 아무도 생각할 필요가 없다"고 말한다. 같은 책, p.52.

97) 샌델, 안진환·이수경 옮김, 『왜 도덕인가?』, p.191.

98) 구성적 애착과 구성적 공동체는 본서 제5장 4절 1)항과 2)항 참조.

99) "Good Samaritan Law"(Wikipedia). 선한 사마리아인의 이타적 행동의 한 사례로서 전 세계적으로 주목을 받았던 영화는 스티븐 스필버그 감독의 「쉰들러 리스트(Schindler's List)」(미국, 1993)다. 1939년 유대인이 경영하던 그릇 공장을 싼 값에 인수하여 인건비 한 푼 안 들이고 유대인을 이용하던 쉰들러는 유대인 회계사와 가까워지면서 감화를 받는다. 그래서 나치의 살인 행위와 강제 노동 수용소를 피해서 유대인을 구출하기로 결심하면서 마침내 1,100여 명의 유대인을 구출하는 감동적인 영화다. 네이버 영화 참조.

100) "착한 사마리아인의 법"(위키백과).

101) "선한 사마리아인의 법"에 관련하여 주목할 것은 "선한 사마리아인 실험"이다. 1973년 존 달리(John Darley)와 대니얼 베이트슨(Daniel Bateson)은 신학대 학생들을 피험자로 선택하여 절반에게는 선한 사마리아인을 주제

로 놓고 설교하라는 과제를 주었고, 나머지에게는 이와 관계없는 설교 과제를 주었다. 설교 시간이 임박하여 교회당으로 출발하도록 계획했고, 가는 도중 강도에게 피습을 당한 듯 보이는 사람이 쓰러져 있도록 하였다. 그러나 두 그룹의 신학대 학생들 중 아무도 그 사람을 돕지 않은 결과가 발생했다. 학생들은 설교 시간이 얼마 남았는지에만 신경 쓰면서 바삐 가려고만 했는데, 이것은 선한 사마리아인을 설교 주제로 받은 학생들도 마찬가지였다. 이 실험은 선한 사마리아인처럼 행동하는 것은 의무 이상의 행위로서 결코 쉽지 않은 행동이라는 것을 여실히 보여주고 있다. 두 사람은 이 결과를 "From Jerusalem To Jericho: A Study of Situational and Dispositional Variables in Helping Behavior", *Journal of Personality and Psychology*, Vol. 27(1973), pp.100-108에 발표했다. 이에 대한 평이한 설명은 정성훈, 『사람을 움직이는 100가지 심리법칙』(서울: 캐이앤제이, 2011), "선한 사마리아인 실험" 참조.

본서 서문에서 언급한 것처럼 우리 인간은 의무 이상의 행위를 하기 어려울 뿐만 아니라 타인의 곤경에 대해서 방관자적이기도 하고, 부정의에의 충동인 '루시퍼 이펙트(Lucifer Effect)'에 영향을 받기도 한다. '방관자'는 아래 후주 103 참조. '루시퍼 이펙트'는 필립 짐바르도, 이충호 · 임지원 옮김, 『루시퍼 이펙트』(서울: 웅진지식하우스, 2007)에서 원용한 것이다. 이 책은 1971년 필립 짐바르도(Philip Zimbardo)가 참가자를 공개모집한 뒤 모의감옥에서 간수와 죄수 역할로 분담하여 그 결과를 추적했던 "스탠퍼드 교도소 실험"을 주제로 다루고 있다. 이 실험에서 간수들은 자신들의 우월한 입지를 이용한 권위에의 맹종을 통해 수감자들을 점점 매우 혹독하게 다루어 죄수들의 불안 심리가 고조하고, 간수의 폭력적인 태도가 도를 넘어 6일 만에 미완성으로 끝이 났다. www.zimbardo.com에서 실제 실험에 관한 정보를 자세히 볼 수 있다. 이 실험을 영화로 만든 것이 「엑스페리먼트(Das Experiment, The Experiment)」(독일, 2001)다. 이 영화는 실험보다도 더 잔혹하게 만들었다. 실험 5일째 살인이 일어나는 것으로 설정되어 있다. 박지영, 『유쾌한 심리학』(서울: 파피에, 2003), pp.255-258. 이 영화는 미국에서 동명의 영화로 다시 만들어졌다. 「엑스페리먼트(The Experiment)」(미국, 2010). 애드리안 브로디가 죄수 역할을 하는 트래비스로 분하고, 포레스트 휘태커가 간수 역할을 하는 배리스로 분하여 점점 폭력적으로 변하는 간수 배리스 집단과 그들에 반항하는 죄수 트래비스 집단 간의 대립이 리얼하게 전개된다. 네이버 영화 참조.

짐바르도의 "스탠퍼드 교도소 실험"의 원형은 1961년 예일대 심리학과 스탠리 밀그램(Stanley Milgram) 교수가 권위적인 불법적 지시에 다수가 항거하지 못한다는 사실을 증명하기 위해서 실시한 실험이다. 이 실험은 피실험자들을 교사와 학생으로 나누고, 학생 역할을 하는 피실험자에게 가짜 전기충격장치를 달고, 교사에겐 가짜란 것을 모르게 하고 학생이 문제가 틀릴 때마다 전기충격을 가하게 했다. 여기서 실험에 참여한 사람들은 15볼트에서 450볼트까지 전압을 올릴 수 있도록 하였다. 밀그램은 실험 전에는 단 0.1퍼센트만 450볼트까지 전압을 올릴 것으로 예상했으나 실험 결과는 무려 65퍼센트의 교사 참가자들이 450볼트까지 전압을 올렸다. 이들은 상대가 죽을 수도 있다는 것을 알고 있었고, 비명도 들었으나 모든 책임은 연구원이 지겠다는 말에 복종했다고 한다. 실험이 끝난 뒤 왜 높은 전압의 전기충격을 주었느냐는 물음에 "지시대로 따랐을 뿐"이라고 평계를 댔다고 한다. 이 실험은 소위 "권위에의 복종(Obedience to Authority)"이라고도 불린다. "밀그램 실험"(시사상식사전, 네이버 지식백과); "Milgram Experiment"(Wikipedia); "권위와 신뢰가 주는 착시와 평계"(네이버캐스트). 더 자세한 논의는 로렌 슬레이터, 조중열 옮김, 『스키너의 심리상자 열기』(서울: 에코의 서재, 2005), 제2장 "사람은 왜 불합리한 권위 앞에 복종하는가?: 스탠리 밀그램의 충격 기계와 권위에 대한 복종", pp.49-94 참조. 저자의 졸고, 박정순, 『익명성의 문제와 도덕규범의 구속력』(서울: 정보통신연구원, 2004), pp.29-30. 밀그램 실험은 본서 제2장 4절 5) "5강. 중요한 것은 동기다/이마누엘 칸트", "해제와 비판"에서 다룬 아이히만의 잔혹한 행위를 설명하는 방식으로 원용되기도 했다. 제2장 후주 171 참조.

102) 샌델, 『정의란 무엇인가』, pp.364-365.

103) 1964년 3월 자신들의 아파트 창문으로 38명이 지켜보는 가운데 아무도 신고를 하지 않아 미국 롱아일랜드 자신의 집 앞에서 괴한에게 찔려 죽은 키티 제노비스(Kitty Genovese) 사건을 보면 38명은 최소한 전화를 들고 경찰에 신고하는 수고를 감수해야 할 의무가 있다고 보아야 할 것이다. 키티 제노비스 사건은 "제노비스 신드롬(Genovese syndrome)"으로 지칭되기도 하는데, 어떤 한 사람에게 책임이 명백하게 부여되지 않는 상황이라면 다수의 사람은 "방관자 효과(bystander effect)"에 크게 영향을 받는다는 것이다. "방관자 효과"(심리학용어사전, 네이버 지식백과); 「38명의 목격자: 방관자 효과」(EBS 지식채널e) 참조. 이것에 대한 자세한 논의는 로렌 슬레이터, 조중열 옮김, 『스키너의 심리상자 열기』, pp.95-145, 제3장 "엽기 살인 사건과 침묵한 38명의 증인들: 달리와 라타네의 사회적 신호와 방관자 효과" 참조.

여기서 "사회적 신호(social signaling)"란 인간은 고립적으로 행동하지 않고 일련의 다른 사람들이 표출하는 행동을 모방하는 경향이 있다는 이론이다. 제노비스 사건의 경우 사람들은 독자적으로 판단하기보다는 주변 사람들의 사회적 신호, 즉 방관자 효과를 토대로 반응했던 것이다. 논리적으로 보면 사회적 신호는 "군중에 호소하는 오류(*Argumentum ad populum*)", "군중 심리로 호소하는 오류", "대중 감정에 호소하는 오류"라고 할 수 있다. 정재환·신소혜, 『논리 속의 오류, 오류 속의 논리. 오류사전』, p.49, "군중 심리로 호소하는 오류"; 에드워드 데이머, 김회빈 옮김, 『논리의 오류』, p.236, "대중 감정에 호소하는 오류" 참조.

본 후주와 후주 101에 관련하여 「인간의 두 얼굴 1」 3부작, 「1부 상황의 힘」, 「2부 사소한 것의 기적」, 「3부 평범한 영웅」(EBS 다큐프라임, 2008년 8월 11-13일) 참조

아직 기차가 멀리서 오고 있는 상황에서 내가 충분히 선로 밖으로 움직일 수 있는 취객이 선로에서 자고 있다면 나는 그 취객을 밖으로 움직여야 할 의무가 있을 것이다. 그러나 조력을 제공하는 자가 구조 행위에서 자신이 심각한 상해, 손실, 손해를 입는다면 그 조력 행위는 의무라고 할 수 없을 것이다. 이상의 논의는 한국의료윤리교육학회 편, 『의료윤리학』(서울: 계축문화사, 2003), pp.106-112 참조. "선한 사마리아인의 법"이 적용되지 않는다면 물에 빠진 사람을 로프나 구조 튜브(부대나 부낭)를 던져 충분히 구해줄 수 있었는데 구해주지 않은 사람은 도덕적으로 비난할 수 있어도 법적으로 처벌할 수는 없다. 단 노인이나 영아, 직계존속, 질병 등의 사유로 부조(扶助)를 필요로 하는 사람을 보호할 법률상, 계약상의 의무가 있는 자가 그들을 유기할 때는 유기죄로 처벌을 받는다. 한 예로 자동차 사고를 낸 사람은 교통사고 피해자를 구조해야 할 의무가 존재한다. 그러지 않고 도망가면 뺑소니 죄가 된다.

또 "의사상자 예우에 관한 법률"에서도 "선한 사마리아인의 법"의 정신이 반영된 흔적을 엿볼 수 있다. 세월호 사건과 관련하여 다음과 같은 사람들, 즉 자원봉사 민간 잠수사 고 이광욱, 다른 학생들이나 승객들을 먼저 구조하고 자신은 사망한 고 안현영, 고 박지영 승무원, 고 정차웅 군, 고 남윤철 교사, 고 최혜정 교사, 고 양대홍 세월호 사무장이 의사자로 지정되었다. 의사자의 유족은 의사자 증서와 함께 법률에서 정한 보상금, 의료급여, 교육보호, 취업보호 등의 예우를 받는다. 의상자에게는 의상자 증서와 법률에서 정한 보상금이 지급된다. 오수진 기자, "세월호 민간 잠수사 이광욱 등 6명 의사자 인정", 『연합뉴스』, 2014년 12월 16일자; 임금진 PD, "[여객선 침몰/영상] 절대 잊어선 안 될 5人의 세월호 의인들", 『노컷뉴스』, 2014년 4월 19일자. 세월호 의인들 중 학생들과 탑승객을 구하기 위해 자신의 목숨을 희생했던 고 최혜정 교사와 고 박지영 승무원은 미국 공익재단으로부터 올해의 골드 추모 메달 수상자로 결정되었다.

나지홍 특파원, "'세월호 의인' 고 최혜정, 박지영 씨에 미 공익재단, 올해의 골드 추모 메달", 『조선일보』, 2015년 1월 23일자, A23면.

104) 전 프로야구 선수 임수혁이 제대로 응급처치를 받지 못해 식물인간이 된 것이 "선한 사마리아인의 법"을 제정하기 위한 사회적 화두가 되었다고 볼 수 있다. 그는 2000년 4월 18일 경기 도중 부정맥으로 쓰러져 10년간 식물인간으로 누워 있다가 2010년 2월 7일 사망하였다. 이 사건의 여파로 경기장에 의료진과 앰뷸런스가 대기하게 되었고, 위급한 경우 심폐소생술을 시행하도록 구체적 방법이 적시되었다. 우리나라에서는 1년에 1만 명이 심장 정지를 당하고 그중 2.4퍼센트만이 살아남는다고 한다.
2004년부터 2005년까지 방영된 SBS 월화드라마 「러브스토리 인 하버드」에서 "선한 사마리아인의 법"이 인용되었다. 파티 중 스테이크를 먹다가 기도 폐쇄로 갑작스럽게 호흡 곤란을 일으킨 제임스 유(자니 윤 분)를 발견한 의대생 이수인(김태희 분)이 환자에게 전문적인 의술을 실시하지 못하는 학생 신분임에도 불구하고 응급 시술을 수행하여 환자를 구하지만 징계위원회에 회부된다. 이때 법대생 김현우(김래원 분)가 "선한 사마리아인의 법"을 원용하면서 이수인을 변호하는 장면이 있다. "착한 사마리아인의 법"(위키백과).

105) 김제협 기자, "선장이 구조조치 안 해 승객 사망하면 최대 무기징역", 『뉴스캔』, 2015년 8월 7일자.

106) 최연진·김아사 기자, "'인명구조 저버린 살인' 첫 인정", 『조선일보』, 2015년 11월 13일자, A1, A6면. 살인의 미필적 고의에 대한 논의는 임장혁 기자·변호사, "'세월호 선장 이준석, 승객 익사시킨 것과 같다' 부작위 살인죄 확정", 『중앙일보』, 2015년 11월 13일자, A12면. 대법원은 만장일치로 이 선장의 퇴선이 "이 선장 자신이 구조조치를 하지 않으면 승객이 사망할 수 있음을 예견하고도 이를 용인하는 내심에서 비롯된 행동"이라고 미필적 고의에 의한 살인죄를 인정했다. 또한 대법관 8 대 5로 조난된 선박의 선원도 사고 원인을 제공한 경우 현행 수난구조법상 구호의무자가 될 수 있다고 판단했다.

107) 마이클 샌델, 김명철 옮김, 『정의란 무엇인가』(서울: 와이즈베리, 2014), "한국어판 서문: 한국의 독자에게", p.9.

108) 샌델, 『정의란 무엇인가』, p.47.

109) 샌델, 김명철 옮김, 『정의란 무엇인가』, "한국어판 서문: 한국의 독자에게", p.12.

110) 샌델, 『정의란 무엇인가』, p.58.

111) 샌델, 『정의란 무엇인가』, p.181.

112) 샌델, 『정의란 무엇인가』, p.136, p.219.

113) 샌델, 『정의란 무엇인가』, pp.217-218, pp.228-230.

114) 샌델, 『정의란 무엇인가』, p.21, p.35, p.225, p.249, p.255, p.270, p.281, p.309, p.369.

115) 샌델, 『정의란 무엇인가』, p.21, pp.369-370.

116) 샌델, 『정의란 무엇인가』, p.309.

117) 남기호, 「형식논리와 헤겔의 변증법」, 『사회와 철학』, 제20호(2010), pp.47-49.

118) 인용은 샌델, 『정의란 무엇인가』, p.309. 문제가 있는 부분이 있었기 때문에 저자가 조금 수정하였다. "부담을 감수하지 않는 자아"는 번역본에 "부담을 감수하는 자아"로 잘못 나와서 수정하였다. "부담을 감수하지 않는 자아"는 영어로 "unencumbered self"인데 저자는 본서에서 "무연고적 자아"로 번역하여 논의를 펼쳤다. 대체, 수정, 보완의 문제는 저자의 졸고, 박정순, 「자유주의의 건재」, 황경식 외, 『정의론과 사회윤리』(서울: 철학과현실사, 2012), p.172 참조. 공동체주의자들이 공동체주의라는 명칭을 달가워하지 않은 이유는 같은 논문, pp.169-175 참조. 그리고 본서 제5장 9절 "공동체주의자들의 본색: 어쩔 수 없는 근대주의자와 자유주의자" 참조.

119) 샌델, 『정의란 무엇인가』, p.309.

120) 샌델, 『정의란 무엇인가』, p.361.

121) 샌델, 『정의란 무엇인가』, p.370.

122) 이 문제에 대한 자세한 논의는 본서 제5장 4절 3)항 (6) "두 유형의 공동체주의와 공동체주의의 한계" 참조.

123) 영화 「패튼(Patton)」(1970, 미국) 참조. 그의 인생철학과 군인 철학은 팀 리틀리, 김홍래 옮김, 『나는 하루를 살아도 사자로 살고 싶다』(서울: 플랫미디어, 2008)에 잘 나타나 있다.

124) "[그 시절 그 이야기] 베트남 전쟁과 고엽제"(네이버캐스트).

125) 최영길 기자, "15년 끌어온 '고엽제' 소송 … 사실상 제조사 승소로 결말", 『이투데이 뉴스』, 2014년 11월 16일자.

126) "고엽제후유의증환자지원 등에 관한 법률", "참전유공자예우에 관한 법률"(인터넷 두산백과, 네이버 지식백과) 참조.

127) 김훈기 기자, "보훈처, DMZ 고엽제 피해 인정 기간 18개월 연장", 『뉴시스』, 2015년 1월 14일자.

128) 고엽제 피해 문제에 관련된 포괄적 고찰은 정인재, 「고엽제 피해자에 대

한 국가보상 현황 및 보훈정책 원리 수정 제안」, 『한국환경보건학회지』, 제40권 제2호(2014), pp.157-170. 그리고 박웅섭 · 오희철 · 정상혁, 「한국 및 미국의 고엽제 정책 고찰」, 대한예방의학회 1999년도 제51차 추계 학술대회 연제집 참조.

129) 샌델, 『정의란 무엇인가』, p.260.

130) 샌델, 『정의란 무엇인가』, p.260.

131) 샌델, 『정의란 무엇인가』, p.288.

132) 샌델, 『정의란 무엇인가』, p.249.

133) 샌델, 『정의란 무엇인가』, pp.215-216, 인용은 p.223,

134) 샌델, 『정의란 무엇인가』, p.249.

135) 롤즈, 황경식 옮김, 『정의론』, p.119, pp.158-159; 샌델, 『정의란 무엇인가』, pp.214-216. 롤즈에 따르면 샌델이 옹호하는 능력 위주 사회는 자유지상주의가 지지하는 자연적 자유체제다. 본서 제2장 4절 6)항 "6강. 평등 옹호/존 롤스", "해제와 비판" 참조.

136) 샌델, 『정의란 무엇인가』, p.368.

137) 샌델, 『정의란 무엇인가』, p.223.

138) 샌델, 『정의란 무엇인가』, p.249.

139) Michael Sandel, *Liberalism and the Limits of Justice*(Cambridge: The University Press, 1982), pp.79-80. 본서 제5장 4절 1)항 "자유주의적 무연고적 자아에 대한 샌델의 비판" 참조.

140) 롤즈, 황경식 옮김, 『정의론』, p.152.

141) 샌델, 『정의란 무엇인가』, p.223.

142) Sandel, *Liberalism and the Limits of Justice*, p.78.

143) Robert Nozick, *Anarchy, State, and Utopia*(New York: Basic Books, 1974), pp.150-151, pp.224-231.

144) 샌델, 『정의란 무엇인가』, pp.103-107, p.152, p.181.

145) Sandel, *Liberalism and the Limits of Justice*, p.78.

146) 샌델, 『정의란 무엇인가』, p.309, p.345.

147) 샌델, 『정의란 무엇인가』, p.308, p.345, p.365.

148) 인용은 롤즈에 대한 샌델의 해석이다. 샌델, 『정의란 무엇인가』, p.216. 롤즈의 견해는 롤즈, 황경식 옮김, 『정의론』, p.121 참조. [ ]는 본서 저자 삽입. 물론 엄밀하게는 자유지상주의 사회는 개인적 재능과 아울러 가족적 배경 등 사회적 우연이 분배적 몫을 결정하도록 하고, 샌델이 선호하는 능력 위주 사회는 사회적 우연을 제거하여 교육 기회가 균등한 사회

로서 개인의 타고난 능력과 재능이라는 개인적 우연이 분배적 몫을 결정
하도록 한다는 점에서 다르다. 샌델, 『정의란 무엇인가』, p.216. 그러나
자유지상주의 사회, 즉 자연적 자유체제도 "재능이 있으면 출세할 수 있
다"는 모토를 가지고 있고, 샌델의 능력 위주 사회도 개인의 능력과 재능
이 아무런 방해도 받지 않고 최고도로 발휘되고, 그 결과에 의해서 분배
적 몫이 결정되도록 하기 때문에 둘은 동일하다고 할 수 있다. 샌델, 『정
의란 무엇인가』, pp.215-216, p.223. 이 문제에 대한 롤스의 견해는 본서
제2장 4절 6)항 "6강. 평등 옹호/존 롤스", "해제와 비판" 참조.

149) 샌델, 『정의란 무엇인가』, pp.324-328.

150) 노벨 경제학상 수상자 센 교수 기자 간담회, "샌델식 정의 지엽적 … 글
로벌 관점 가져야", 『서울신문』, 2010년 9월 30일자.

151) 샌델, 『정의란 무엇인가』, p.321.

152) Garrett Hardin, "Lifeboat Ethics: The Case Against Helping the Poor",
Psychology Today, Vol. 24(1974), pp.38-43.

153) 샌델, 『정의란 무엇인가』, p.326.

154) 샌델, 안규남 옮김, 『민주주의의 불만』, 제10장 중 "시민권의 정치경제의
부활", "국민국가를 넘어선 정체성", "주권 국가들과 주권적 자아들을 넘
어서" 참조. 인용은 p.456. 주권의 분권화로 전 지구적 시장주의를 막는
것은 현실적으로 가능하지 않다는 비판적 관점에서의 논의는 김은희, 「샌
델의 시민적 공화주의는 '민주주의의 불만을 해소할 수 있는가」, 『철학
사상』, 제45권(2012), pp.174-176, pp.185-188.

155) John Rawls, *The Law of Peoples, with the Idea of Public Reason Revisited*
(Cambridge: Harvard University Press, 1999). 번역본은 존 롤즈, 장동진
옮김, 『만민법』(서울: 이끌리오, 2000) 참조.

156) 이하 졸고, 박정순, 「현실적 유토피아' 실현을 위한 철학 제시해: 존 롤스
의 『만민법』」, 『출판저널』, 제293호(2001), pp.28-29에서 발췌. 본서
p.226 두 번째 문단까지 발췌임.

157) 저자의 졸고, 박정순, 「자유주의와 환경보호」, 『매지논총』(연세대학교 매
지학술연구소, 1997). pp.175-232 참조. 환경 문제에 접근하기 위한 일반
적 입문으로서 좋은 영화는 미국 앨 고어(Al Gore) 전 부통령의 「불편한
진실(An Inconvenient Truth)」(미국, 2006)이 있다. 이 다큐멘터리 영화는
앨 고어가 전 세계에서 천 번이 넘는 강연에서 사용했던 슬라이드 쇼를
바탕으로 한 것으로서 지구 온난화 문제에 대해서 다루고 있다. 2007년
아카데미 시상식에서 장편 다큐멘터리상을 수상했다. 이러한 환경 문제
해결을 위한 앨 고어의 노력이 인정되어 그는 2007년 노벨평화상을 수상

하게 된다. 그러나 앨 고어는 자신의 집이 엄청난 에너지와 자원을 낭비
하고 있다는 사실이 밝혀지면서 구설수에 오르기도 했다.

158) 샌델, 『정의란 무엇인가』, p.138. 본서 제2장 4절 4)항 "4강. 대리인 고용
하기/시장과 도덕", "요약", 엘리자베스 앤더슨 참조.

159) 롤스의 정의관에 대한 마르크스의 정의관으로부터의 비판은 박병섭, 「마
르크스의 자본과 롤즈의 정의론 사이의 대조」, 황경식 · 박정순 외, 『롤즈
의 정의론과 그 이후』(서울: 철학과현실사, 2009), pp.319-346. 그리고 마
르크스의 사유재산에 대한 비판과 공산주의는 저자의 졸고, 박정순, 「사
유재산권의 자유주의적 정당화의 과제」, 『사회비평』(1991), pp.54-79 참
조.

제4장 『정의란 무엇인가』에 대한 참고자료와 심층 논의

1) 정의란 무엇인가에 대한 일반적인 참고자료로서 유용한 자료는 「법과 정
의」 3부작, 「1부 법은 누구의 편인가?」, 「2부 정의의 오랜 문제, 어떻게 나
눌까?」, 「3부 죄와 벌, 인간을 처벌하는 어려움에 관하여」(EBS 다큐프라임
법철학 탐구 대기획, 2014년 5월 26-28일).
「무원록 – 조선의 법과 정의」 3부작, 「1부 억울함을 없게 하라」, 「2부 자살
이냐 타살이냐」, 「3부 최소한의 정의」(EBS 다큐프라임, 2014년 4월 21-23
일).

2) Marc Hauser, *Moral Minds: How Nature Designed Our Universal Sense of
Right and Wrong*(New York: Harper Collins Publishers, 2006), p.124.

3) 이중결과의 원칙으로 트롤리 문제 제1유형, 제2유형, 제5유형, 제6유형을
종합적으로 설명하고 있는 것은 Marc Hauser, *Moral Minds*, pp.112-121.
네 가지 유형에 대한 설명은 제2장 4절 1)항 "1강. 옳은 일 하기", "해제와
비판", 제2장 후주 53 참조.

4) 토마스 캐스카트, 노승영 옮김, 『Trolley Problem: 누구를 구할 것인가』(파
주: 문학동네, 2014), pp.76-85 참조. 여기서는 이중결과의 원칙이 가톨릭
주교회의의 공식적인 입장으로 해석되며, 트롤리 제1유형(허용), 5명을 위
한 1명의 장기 적출 문제(불용), 낙태 문제(불용), 자궁암 수술과 태아 사망
(허용), 조력 자살(불용), 죽음 임박 환자 고통 완화용 다량의 모르핀 투여
(허용)가 다루어지고 있다.

5) 이하 저자의 졸고, 박정순, 「악행금지의 원칙」, 한국의료윤리교육학회 편,
『의료윤리학』(서울: 계축문화사, 2003), pp.81-103 중 pp.91-94 발췌.

6) Tom L. Beauchamp and James F. Childress, *Principles of Biomedical*

Ethics(Oxford: Oxford University Press, 1979), pp.102-105, "The Principle of Double Effect".

7) William David Solomon, "Doble Effect", Lawrence C. Becker and Charlotte B. Becker, ed., *Encyclopedia of Ethics*, 2nd edn., Vol. 1(London: Routledge, 2001), pp.418-420.

8) 같은 곳.

9) Govert Den Hartogh, "The Slippery Slope Argument", Helga Kuhse and Peter Singer eds., *A Companion to Bioethics*(Oxford: Blackwell, 1998), pp.280-290. N. 포션, 김일순 옮김, 『새롭게 알아야 할 의료 윤리』(서울: 현암사, 1993), pp.188-196, "미끄러운 언덕 논리는 배제될 수 있는가". 제2장 후주 96 참조.

10) Beauchamp and Childress, *Principles of Biomedical Ethics*, pp.103-104, "The Principle of Double Effect".

11) 이러한 비판은 공리주의자 밀이 제기한 것이다. J. S. 밀, 이을상 옮김, 『공리주의』(서울: 지식을 만드는 지식, 2011), pp.51-52. "윤리학의 임무는 우리의 의무가 무엇인지, 어떤 검증을 거쳐야 의무를 알 수 있는지를 우리에게 알려주는 것이다. 그러나 어떠한 윤리체계도 모든 행위가 의무감이라는 오직 하나의 동기로부터만 나와야 된다고 요구하지는 않는다. 반면에 우리 행위의 99퍼센트는 다른 동기들로부터 나오지만, 그것이 의무의 법칙에 위반되지 않는다면, 아무런 문제가 없는 것이다. 공리주의 도덕론자는 동기가 행위자의 가치를 크게 좌우할지라도 행위의 도덕성과는 아무런 관계가 없다는 점을 다른 입장에서 있는 사람보다 더 역설해왔기 때문에 이런 특수한 오해가 공리주의에 반대하는 이유가 된다는 것은 공리주의 이론에 대해 더한층 부당한 일이다. 물에 빠진 동포를 구한 사람은 그 동기가 의무로부터 나온 것이든, 보상을 목적으로 한 것이든 관계없이 도덕적으로 옳은 일을 한 것이다."

12) 그러한 구분에 대한 비판에 관련하여 다음의 사례가 제시된다. 일단의 탐험가들이 협소한 출구에 한 뚱뚱한 대원이 끼어서 움직이지 못하게 되면서 동굴에 갇히는 상황이 발생했다. 그런데 물이 차오르고 있고, 동굴에서 탈출하기 위해서는 협소한 출구를 다이너마이트로 폭발시켜야만 한다. 그럴 경우 뚱뚱한 대원은 죽게 된다. 그렇다면 우리의 의도는 뚱뚱한 대원을 죽이기 위한 것이었다고 해야 할 것인가? 아니면 우리의 의도는 대원들이 동굴에서 빠져나오는 것이며, 그것을 실현하기 위한 다이너마이트 폭발과 그에 따른 뚱뚱한 대원의 죽음은 예견했지만 의도하지는 않았던 나쁜 결과일 뿐인가? 이 경우 뚱뚱한 대원의 죽음과 나머지 대원들이 동굴 탈출은

필연적으로 연결되어 있기 때문에 의도된 좋은 결과와 의도되지 않은 나쁜 결과를 구분하려는 동기주의적, 의도주의적 윤리학은 설득력을 갖기 어려울 것이다.

Helga Kuhse, "Euthanasia", Peter Singer, *A Companion to Ethics*(Oxford: Blackwell Reference, 1991) p.300. 이에 대한 논의는 문성학, 「칸트 윤리학의 네 가지 문제점」, 『칸트연구』, 제13집(2004), p.99 참조. 원래 이 사례는 트롤리 문제를 최초로 제기했던 Philippa Foot, "The Problem of Abortion and the Doctrine of the Double Effect", *Oxford Review*, No. 5(1967), pp.5-15에서 제기된 것이다. 저자가 이용한 논문은 *Virtues and Vices and Other Essays in Moral Philosophy*(Berkeley: University of California Press, 1978), pp.19-32에 전개된 것이다. 동굴 사례는 p.21에 나옴.

동굴 영화로 참고할 것은 「생텀(Santum)」(미국, 오스트레일리아, 2011)이 있다. '생텀'은 전인미답의 동굴을 타인의 침해를 받지 않은 성스러운 곳, 즉 '성소(聖所)'로 묘사한 것이다. 지구상에서 가장 깊고 큰 거대한 해저 동굴 '에사 알라'를 탐험하던 대원들은 열대 폭풍에 휩쓸려 지상으로 연결된 출구가 차단되어 수중 미로에 갇히게 된다. 그러자 더욱 깊은 곳으로 내려가 해저 출구를 찾으려고 하는 과정에서 얼마 남지 않은 식량, 비어가는 산소통, 꺼져가는 불빛 때문에 무수한 생사의 갈림길에 서게 되고 대원들은 하나둘씩 죽어간다. 자기 혼자만 살겠다고 무리하게 전진하다가 죽고, 다들 전진하는데 의견 차이로 그 자리에서 혼자 머뭇거리다 고립무원이 되어 죽고, 수중 동굴을 통해 안전한 곳으로 잠수해 들어가다가 숨이 다해 죽는 상황들이 벌어진다. 그리고 다른 동료 대원들을 위해서 자기 생명을 포기하거나, 중상을 입고 살 가망이 없자 동료 대원들에게 안락사를 부탁하는 장면 등이 연속적으로 이어진다. 마지막은 탐험 비용을 댄 투자자의 아들 조쉬만이 천신만고 끝에 해저 출구를 찾아 수면으로 올라와서 해변에 당도하여 쓰러지는 감명 깊은 장면이다. 네이버 영화 참조.

13) 이중결과의 원칙에 대한 포괄적인 논의는 임종식, 『생명의 시작과 끝: 생명의료윤리입문서』(서울: 로뎀나무, 1999), pp.67-97 참조. 이중결과의 원칙에 대한 체계적인 비판은 T. M. Scanlon, *Moral Dimension: Meaning, Permissibility and Blame*(Cambridge: Harvard University Press, 2010), pp.8-36, Ch. 1, "The Illusory Appeal of Doble Effects".

14) 이하 저자의 졸고, 박정순, 「마이클 왈쩌의 정의전쟁론: 그 이론적 구성체계와 한계에 대한 비판적 고찰」, 『철학연구』, 제68집(2005), pp.77-131 중 pp.99-101 발췌. 그리고 제68집의 부록으로 저자의 졸고, 박정순, 「9·11 테러 사건 1주년에 즈음한 '정의로운 전쟁론'의 대가 마이클 왈쩌 교수와

의 특별대담: '테러와의 전쟁'과 '정의로운 전쟁론', 그리고 미국 좌파의 향
방」, 『철학연구』, 제68집(2005), pp.121-142. 위 논문과 대담은 철학연구회
편, 『정의로운 전쟁은 가능한가』(서울: 철학과현실사, 2006)에 제4장과 부
록으로 재수록됨. Michael Walzer, *Just and Unjust Wars: A Moral Argument
With Historical Illustrations*(New York: Basic Books, Inc, 1977).

15) Walzer, *Just and Unjust Wars*, p.135.

16) 같은 책, p.138.

17) 부수적 피해(collateral damage)는 군사행동으로 인한 민간인의 인적, 물적
피해를 말한다. 아놀드 슈워제네거 주연의 영화 「콜래트럴 데미지」(미국,
2002) 참조. 이 영화는 콜롬비아 영사관 직원들을 대상으로 자행된 폭탄
테러에서 주인공의 아내와 아들이 테러의 부수적 피해로 죽는 것으로부터
시작한다. 이 영화의 주인공인 LA 소방관 고디는 테러에 대한 수사가 진척
을 보이지 않자 직접 테러리스트를 응징하기 위해 콜롬비아 정글도 떠나
테러리스트 반군을 대상으로 복수를 하려고 고군분투한다. 네이버 영화 참
조.
원래 부수적 피해는 정의로운 전쟁에 임하는 전쟁 당사국의 군사행동에 따
른 민간인들의 피해를 말하지만, 여기서는 테러리스트들의 폭탄 테러에서
원래 목표가 아닌 민간인들이 죽었으므로 부수적 피해라고 지칭하는 것이
다. 만약 테러리스트들이 민간인을 목표로 폭탄 테러를 자행했다면 그것은
부수적 피해가 아니라 직접적 피해다.

18) 임종식은 'principle of double effect'는 좋고 나쁜 두 종류의 'effect'를 초래
하는 행위가 도덕적으로 허용될 수 있는가 하는 것에 주안점이 있다고 해
석한다. 그러한 허용 가능성 판정은 원인적 행위와 그 결과라는 인과관계
(cause and effect)에 달려 있으므로 "이중효과의 원리"보다는 "이중결과의
원리"로 번역하는 것이 더 적절하다고 주장한다. 임종식, 『생명의 시작과
끝』, p.72.

19) Walzer, *Just and Unjust Wars*, p.153.

20) Alison MacIntyre, "Doing Away with Double Effect", *Ethics*, Vol. 111
(2001), p.220; 임종식, 『생명의 시작과 끝』, p.84.

21) Walzer, *Just and Unjust Wars*, p.155.

22) 같은 책, p.156.

23) Brian Orend, *Michael Walzer on War and Justice*(Montreal: McGill-Queen's
University Press, 2000), pp.120-121.

24) Walzer, *Just and Unjust Wars*, p.229.

25) 같은 책, p.170.

26) 같은 책, p.198.

27) 백종현, 「『윤리형이상학 정초』 해제」, 임마누엘 칸트, 백종현 옮김, 『윤리형이상학 정초』(서울: 아카넷, 2005), pp.47-48. 선의지 관련 인용은 『윤리형이상학 정초』, B1 IV393, p.77. 페이지수 앞의 칸트 원저 판본 표기는 백종현 번역본 참고. 원전 제2판 B, 학술원판 제4권 IV.

28) 같은 책, B1 IV393, p.77.

29) 같은 책, B36 IV412, pp.114-115.

30) 같은 책, B13 IV400, p.90.

31) 같은 책, 「『윤리형이상학 정초』 해제」, p.53.

32) 같은 책, B36 IV413, pp.115-116.

33) 같은 책, B39 IV414, p.118.

34) 같은 책, B41 IV415-B43 IV416, pp.121-123.

35) 같은 책, B52 IV421, p.132.

36) "Immanuel Kant"(Wikipedia); H. J. Paton, *The Categorical Imperative: A Study in Kant's Moral Philosophy*(Philadelphia: University of Pennsylvania Press, 1971) pp.129-132.

37) "Immanuel Kant"(Wikipedia).

38) 칸트, 백종현 옮김, 『윤리형이상학 정초』, B62 IV421, pp.132-133.

39) '보편적 자연법칙의 정식'을 제1 정식의 연계 원칙으로 본 것은 Paton, *The Categorical Imperative*, pp.129-130 참조. 그리고 연계 원칙에 대한 설명은 최인숙, 「선험적 종합 명제로서의 칸트의 도덕 원리」, 한국칸트학회 편, 『칸트와 윤리학』(서울: 민음사, 1996), pp.78-79; 김재호, 「칸트의 『윤리형이상학 정초』」『철학사상』, 별책 제7권 제14호(서울대학교 철학사상연구소, 2005), p.90.

40) 김재호, 「칸트의 『윤리형이상학 정초』」에서는 네 가지 사례를 칸트가 열거한 대로 우리 자신에 대한 의무, 다른 사람들에 대한 의무, 완전한 의무, 불완전한 의무로 분류했다(pp.95-96). 그러나 이러한 분류는 잘못이다. 네 가지 분류법은 두 가지 기준들이 서로 교차하여 결합하는 것으로 보아야 한다. 즉 우리 자신에 대한 완전한 의무, 다른 사람들에 대한 완전한 의무, 우리 자신에 대한 불완전한 의무, 다른 사람들에 대한 불완전한 의무로 보아야 한다. Paton, *The Categorical Imperative*, pp.147-157 참조.
이런 방식은 분류법은 가토 히사다케, 표재명·김일방·이승연 옮김, 『현대 윤리에 관한 15가지 물음』(서울: 서광사, 1999), pp.162-165 참조. 임마누엘 칸트, 백종현 옮김, 『실천이성비판』(서울: 아카넷, 2002), 역자 해제

「『실천이성비판』 연구」, pp.467-501, 제2부 제4장 "인간의 윤리적 의무"에 서 칸트의 의무에 대한 분류법이 자세히 논해지고 있다. 네 가지 사례는 칸트, 백종현 옮김, 『윤리형이상학 정초』, B53 IV422-B57 IV424 참조. (1) 자살하지 않음: 우리 자신에 대한 완전한 의무, (2) 거짓 약속하지 않음: 다른 사람들에 대한 완전한 의무, (3) 자신의 능력 개발: 우리 자신에 대한 불완전한 의무, (4) 다른 사람들에 대한 자선의 의무: 다른 사람들에 대한 불완전한 의무.

41) 칸트, 백종현 옮김, 『실천이성비판』, 역자 해제 「『실천이성비판』 연구」, p.488. 동물적 존재자로서 자기 자신에 대한 완전한 의무는 백종현 교수의 견해 참조.

42) 같은 책, p.490.

43) 같은 책, p.488.

44) 칸트, 백종현 옮김, 『윤리형이상학 정초』, B57 IV424, pp.137-138.

45) 같은 책, B67 IV429, p.148.

46) Robert Johnson, "Kant's Moral Philosophy", *Stanford Encyclopedia of Philosophy*, p.13.

47) 칸트, 백종현 옮김, 『윤리형이상학 정초』, B67 IV429-B79 IV431, pp.148-151.

48) 같은 책, B76 IV434, p.157. '정언명령의 제3정식'과 '정언명령의 제3정식의 연계 원칙'은 Paton, *The Catergorical Imperative*, p.129.

49) 칸트, 백종현 옮김, 『윤리형이상학 정초』, B77 IV434, p.158.

50) 같은 책, B83 IV438, p.165.

51) 같은 책, B75 IV434, pp.156-157.

52) 샌델, 『정의란 무엇인가』, pp.161-162.

53) 첫 번째 비판은 Thomas Brooks, *Hegel's Philosophy of Right*(John Wiley & Sons, 2012), p.75. 두 번째 비판은 Peter Singer, *Hegel: A Very Short Introduction*(Oxford University Press, 1983), pp.44-45. 모두 "Kantian Ethics"(Wikipedia)에서 재인용.

54) Gerard Manninon, *Schopenhauer, Religion and Morality: The Humble Path to Ethics*(Farnham, U.K.: Ashgate Publishing, 2003), p.102. "Kantian Ethics" (Wikipedia)에서 재인용. 칸트의 윤리학은 현실세계의 감각적이고 경험적인 명제에 기반하는 것이 아니라 예지계(睿智界)의 선험적 종합명제에 기반하는데, 쇼펜하우어는 이것을 비판한 것으로 해석된다. 최인숙, 「선험적 종합 명제로서의 칸트의 도덕」, 한국칸트학회 편, 『칸트와 윤리학』(서울:

민음사, 1996), pp.67-93 참조.

칸트에 따르면 정언명령은 선험적이다. 왜냐하면 정언명령을 통해 우리는 의지에, 어떤 경향성으로부터 전제된 조건 없이 우리의 행동을 필연적으로 연결하기 때문이다. 또한 정언명령은 분석명제가 아니라 종합명제다. 분석 명제는 주어 개념에 포함된 술어로서 추출해낸 판단으로 선험적으로 참이 지만 지식을 확장시키지는 않는다. 정언명령은 행위의 의욕을 완전한 의지 를 가지고 있는 경우처럼, 어떤 다른 전제된 의욕으로부터 분석적으로 이 끌어내는 것이 아니라, 이성적 존재자로서 의지 개념과 직접적으로, 그 안 에 포함되지 않는 어떤 것으로 연결하기 때문에 종합명제다. "선험적 종합 실천 명제"(칸트『윤리형이상학 정초』해제, 네이버 지식백과). 그리고 "선 험적 종합판단"(칸트 사전, 네이버 지식백과).

정언명령과 관련된 선험적 종합판단은『윤리형이상학 정초』, 3절 "자유의 이념을 통한 정언명령의 가능성"에서 제시된다. "자유의 이념이 나를 예지 세계의 성원으로 만듦으로써 정언명령들은 가능하다. … 이 정언적 당위는 선험적 종합명제를 표상하는 것인바, 왜 그런가 하면, 감성적 욕구들에 의 해 촉발되는 나의 의지 위에 동일하지만, 오성세계에 속하는, 순수한, 그것 자체로 실천적인 의지의 이념이 덧붙여지고, 이 의지는 저 의지가 이성에 따르는 최상의 조건을 함유하고 있기 때문이다. 이런 사정은, 감성세계에 대한 직관들에, 그것 자체로는 법칙적 형식 일반 이외에는 아무것도 의미 하지 않는, 지성의 개념들이 덧붙여지고, 그럼으로써 그것에 자연에 대한 모든 인식이 의거하는 선험적 종합명제들을 가능하게 하는 것과 대체로 같다." 칸트, 백종현 옮김,『윤리형이상학 정초』, B111-B112 IV454, p.195. 자유의 이념을 통한 정언명령의 가능성은 김재호, 「칸트의『윤리형이상학 정초』」, pp.126-127 참조.

55) 논리적 오류에 관한 것은 켈젠의 비판에 대한 본서 저자의 해석이다. "성 급한 일반화의 오류", "합리화의 오류", "군중에 호소하는 오류", "대중 감 정에 호소하는 오류" 등은 에드워드 데이머, 김희빈 옮김,『논리의 오류』 (서울: 중원문화, 1994; 재판, 2013), p.24, p.42, p.236 참조.

56) 한스 켈젠, 변종필·최희수 옮김,『순수법학』(서울: 길안사, 1999), p.546. 변종필, 「황금률의 규범력과 현대적 의의」,『비교법연구』, 9권(2009), p.16 에서 재인용. 칸트 윤리학의 형식주의에 대한 포괄적 논의는 김수배, 「칸 트의『도덕형이상학』과 형식주의」, 한국칸트학회 편,『칸트와 윤리학』(서 울: 민음사, 1996), pp.37-66.

57) 샌델,『정의란 무엇인가』, p.186.

58) 칸트, 백종현 옮김,『실천이성비판』, 역자 해제 「『실천이성비판』 연구」,

pp.488-491. 『윤리형이상학』에서 거짓말의 금지가 "타인에 대한 완전한 의무"로서 거론되지만(B54, IV422; B68, IV430), 『실천이성비판』에서는 거짓말이 인간의 존엄성을 버리고 파기한 것으로 "자기 자신에 대한 완전한 의무"로 규정된다(p.490, XXVII604, VI429).

59) Immanuel Kant, "On A Supposed Right to Lie Because of Philanthropic Concerns"(trans. by James W. Ellington). 이 논문의 역자에 의해서 번역된 『도덕형이상학의 기초』의 부록으로 편찬. Immanuel Kant, *Grounding for the Metaphysics of Morals* (Cambridge, Mass: Hacket Publishing, 1993). 이 소논문은 *Berlinische Blätter*, 1797년 9월 6일호에 게재되었다. 본서 저자는 Michael Sandel ed., *Justice: A Reader*(Oxford: Oxford University Press, 2007), pp.199-201에 수록된 것을 사용. 이하 「거짓말 논문」으로 표기.

60) 칸트, 「거짓말 논문」, p.199. 중간적인 원칙은 p.201 참조.

61) 같은 논문, pp.199-201.

62) 같은 논문, p.201.

63) 가토 히사다케, 표재명 · 김일방 · 이승연 옮김, 『현대윤리에 관한 15가지 물음』, p.21.

64) 칸트, 「거짓말 논문」, p.200.

65) 같은 논문, p.201.

66) 안네 프랑크, 홍경호 옮김, 『안네의 일기』(서울: 문학과사상사, 1995) 참조. 1947년 출간된 이 책은 네 편의 영화들로 만들어졌다. 최근 것은 「안네 프랑크(Anne Frank: The Whole Story)」(미국, 체코, 2001)가 있다.

67) "미생지신"(인터넷 두산백과, 네이버 지식백과).

68) 칸트의 도덕철학에서 거짓말 문제는 김종국, 「'인류의 권리'와 거짓말: 진실성의 의무에 대한 칸트의 계약론적 정당화」, 『논쟁을 통해 본 칸트 실천철학』(서울: 서광사, 2013), pp.127-144; 김종식, 「칸트 윤리학에서 거짓말 문제」, 『대동철학』, 제15집(2001), pp.113-132; 문성학, 「칸트 윤리학의 네 가지 문제점」, 『칸트연구』, 제13집(2004), pp.87-116; 이충진, 「거짓말: 칸트 법철학에서의 위상」, 『칸트연구』, 제33집(2014), pp.41-62; 강병호, 「칸트의 거짓말 논문」, 『철학』, 제124집(2015), pp.27-48.

69) 독일어 'Notlüge', 영어 'evasion', 한문 '둔사(遁辭)'는 궁한 나머지의 거짓말, 책임을 회피하려고 하는 거짓말, 방편으로서의 거짓말이다. 이것들이 수용될 수 있는지의 여부는 개별적 상황에 달려 있다. 불가피한 거짓말은 이것들 중 허용될 수 있는 거짓말로 보아야 할 것이다. 『맹자』, 양혜왕 상, 3장 "둔사". "자기가 기르는 개돼지가 다른 사람이 먹을 것을 먹는데도 내 잘못이 아니라고 하며 단속할 줄을 모르고, 길에는 굶어 죽은 시체가 있는

데도 그것은 내 책임이 아니라고 하며 창고의 곡식을 풀 줄 모르며, 어떤 사람이 굶어 죽으면 내 탓이 아니라 흉년이 들었기 때문이라고 한다면, 이것은 사람을 찔러 죽이고도 내가 죽인 것이 아니라 무기가 죽인 것이라고 하는 것과 무엇이 다르겠습니까? 임금님께서 흉년을 탓하지 않으신다면 곧 천하의 백성들이 몰려오게 될 것입니다."

70) 김종식, 「칸트 윤리학에서 거짓말 문제」, p.123.

71) 이충진, 「거짓말: 칸트의 법철학에서의 위상」, p.48.

72) 칸트, 백종현 옮김, 『윤리형이상학 정초』, B40 IV414, p.119.

73) 문성학, 「칸트 윤리학의 네 가지 문제점」, p.93.

74) 플라톤, 박종현 역주, 『국가·정체』(서울: 서광사, 1997), p.63(1권 331c). 이 문제는 이미 본서 제2장 3절 "『정의란 무엇인가』의 학문적 방법론과 전체 개요"에서 다루었다.

75) 가토 히사다케, 표재명·김일방·이승연 옮김, 『현대 윤리에 관한 15가지 물음』, pp.18-20. 서구사상사에서 거짓말에 대한 관점의 대립은 김종국, 「'인류의 권리'와 거짓말」, p.127 참조. 키케로는 『의무론』에서 전쟁 당사국에 대한 약속은 국제법의 관점에서 지켜야 한다고 주장하면서 다음의 일화를 들었다. 집정관 레굴루스(Marcus Regulus)는 제1차 포에니 전쟁 때 카르타고의 포로가 되었다. 그는 포로 교환 문제로 로마에 갔다가 다시 돌아오기로 맹세하였다. 그는 로마의 원로원에서 카르타고의 포로들을 돌려보내서는 안 된다는 의견을 표명하고 나서 친척과 친구들의 만류에도 불구하고 카르타고로 돌아가 처형되었다. 마르쿠스 툴리우스 키케로, 허승일 옮김, 『키케로의 의무론』(서울: 서광사, 1989) 참조. 『현대 윤리에 관한 15가지 물음』, p.19에서 재인용.

76) Tom L. Beauchamp, "The Management of Medical Information", *Contemporary Issues in Bioethics*(Belmont: Wadsworth, 1982), pp.371-376.

77) 생명의료 분야에서 거짓말과 의도된 기만에 대한 논의는 임종식, 「거짓말과 의도된 기만, 도덕적 차이가 있는가?」, 『생명의 시작과 끝』, pp.411-422 참조.

78) "위약(placebo)"(사회학복지사전, 네이버 지식백과).

79) "Categorical Imperative"(Wikipedia).

80) 칸트, 「거짓말 논문」, p.200.

81) 문성학, 「칸트 윤리학의 네 가지 문제점」, p.101. 반증(falsification)은 칼 포퍼(Karl Popper)가 수립한 이론이다. 쉬운 예로는 "모든 백조는 희다"라는 보편적 명제를 "여기 한 마리의 검은 백조가 있다"는 특수 사례로 반증할 수 있다. 저자의 졸고, 박정순, 「논리실증주의의 검증원리와 형이상학」, 오

영환 외, 『과학과 형이상학』(서울: 자유사상사, 1993). pp.285-307 중 "반증 가능성 원리" 참조. "Falsifiability"(Wikipedia).
82) 칸트는 후주 81의 백조의 반증 사례에서 본 것처럼, 단 한 사람의 거짓말로도 신뢰 사회가 붕괴된다고 본다. 관련된 문제는 공공재(public goods) 설비에 관련된 무임승차자 문제(free-rider problem)다. 무임승차자가 몇 명 있다고 해도 대다수의 사람이 공공재의 설비에 기여하면 공공재는 설비된다. 그러나 무임승차자가 아주 많아지면, 즉 공공재 설비에 필요한 최소한의 기여자보다 많아지면 그것은 분기점(threshold)을 지난 것이므로 공공재는 설비되지 못한다. 이에 대한 논의는 저자의 졸고, Jung Soon Park, *Contractarian Liberal Ethics and the Theory of Rational Choice*(New York: Peter Lang, 1992), pp.35-38 참조. 저자의 졸고, 박정순, 「고티에의 『합의 도덕론』과 그 정치철학적 위상」, 차인석 외, 『사회철학대계』(전3권, 서울: 민음사, 1993), 제2권 『사회주의와 자유주의』, pp.346-418 참조.
무임승차자의 문제는 다음의 표로 잘 나타낼 수 있다. 표에서 숫자는 임의의 개인의 선호 순서를 나타낸다. 임의의 개인은 타인들이 기여를 하건 무임승차를 하건 무임승차가 합리적이다. 따라서 모든 사람들은 무임승차를 하게 되므로 3번이 균형점이 되고, 결국 공공재는 설비될 수 없다. 자세한 논의는 Allen Buchanan, "Revolutionary Motivation and Rationality", *Philosophy & Public Affairs*, Vol. 9(1979), p.64 참조. 그리고 Mancur Olson, *The Logic of Collective Action*(Cambrideg: Harvard University Press, 1965), p.64. 무임승차자 문제는 수인의 딜레마(Prisoner's Dilemma)와 선호 구조적 동치로서 같은 유형의 문제다.

	타인들	
	기여	무임승차
기여	공공재의 이익 2 기여의 비용	공공재의 미설비 4 기여의 비용
무임승차	공공재의 이익 1 기여비용 무	공공재의 미설비 3 기여비용 무

임의의 개인

504

수인의 딜레마는 검사에게 불려와 개별적으로 심문을 받는 두 수인을 대
상으로 한다. 그들은 모두 아무도 실토하지 않으면 사소한 죄목으로 1년의
형을 살게 된다는 것을 알고 있다. 그러나 그들은 또한 만일 한 사람이 실
토하여 공범 증언을 하면 그는 풀려나고 상대방은 10년이라는 장기 복역
을 하게 된다는 것을 알고 있다. 그러한 상황에서 그들 모두에게 가장 합
리적인 행동, 즉 아무도 실토하지 않아야 한다는 것은 불안정한 것이다. 따
라서 그들은 각자의 관점에서 보아 실토하는 것이 합리적인 것이 되며, 따
라서 모두 5년의 형을 살게 된다. 각자의 관점에서 보아 합리적인 결정을
하게 되면 결국 두 수인이 모두 더 불리해지는 상황을 낳게 되는 것이다.
수인의 딜레마는 터커(A. W. Tucker)에 의해서 고안되었으며, 본격적인 논
의는 R. D. Luce and Howard Raiffa, *Games and Decision*(New York: John
Wiley and Sons, 1957), pp.94-102 참조.
수인의 딜레마에 대해서 꼭 알아야 할 것은 상대의 전략을 예상할 수 있을
때 자신의 이익을 극대화하는 전략을 선택하여 형성된 균형 상태인 내시
균형(Nash's Equilibrium)이다. 내시 균형을 이루는 유명한 예는 수인의 딜
레마다. 내시 균형은 미국의 수학자 존 내시(Joh Nash)에 의해서 입증되었
다. 그는 내시 균형 이론으로 1994년 노벨경제학을 수상했으며, 2015년 5
월 23일 타계했다. 존 내시의 일대기를 다룬 영화로는 「뷰티풀 마인드(A
Beautiful Mind)」(미국, 2001)가 있다. 수인의 딜레마는 죄수의 딜레마라고
도 한다. 수인의 딜레마에 대한 방대한 논의는 윌리엄 파운드스톤, 박우석
옮김, 『죄수의 딜레마: 존 폰 노이만 게임이론 핵폭탄』(서울: 양문, 2004)
참조. 무임승차자 문제와 수인의 딜레마가 선호 구조적 동치라는 것은 제1,
제2 수인의 경우를 선호 순서로 보면 (1) 0년, (2) 1년, (3) 5년, (4) 10년이
다. 무임승차자 문제에서 임의의 개인의 선호 순서는 1, 2, 3, 4로 수인의
딜레마에서 제1 수인의 선호 순서, (1), (2), (3), (4)와 같다. 내시 균형점은
(3)번이다.
존 롤스는 수인의 딜레마는 고립(isolation) 문제로, 무임승차자 문제는 확
신(assurance) 문제로 분류한다. 고립의 문제는 고립적으로 이루어진 많은
개인들의 결정의 결과가, 타인들의 행위가 이미 전제된 것으로 보아 각자
의 결정이 지극히 합리적으로 이루어졌다고 할지라도, 어떤 다른 행동 방
식보다 모든 사람에게 더 좋지 못할 때면 생겨나는 것이다. 홉스의 자연상
태가 그 전형적 예다. 확신의 문제는 협동하는 당사자들에게 공통의 합의
가 수행되고 있음을 확신시키기 위한 것이다. 기여하고자 하는 각 사람의
의욕은 타인들의 기여에 달려 있다. 따라서 그 제도가 모든 이의 관점에서
볼 때 우월하며, 그것이 없을 때 생겨난 상황보다 더 낫다는 데 대한 공공
적 확신을 유지하기 위해서 상벌을 다루는 어떤 방도가 확립되어야 한다

는 것이다. 존 롤스; 황경식 옮김, 『정의론』(서울: 이학사, 2003), p.362, 각주 8. 앞의 괄호 안의 숫자는 제1 수인의 선호 순서이고, 뒤의 괄호 안의 숫자는 제2 수인의 선호 순서다. 괄호 없는 숫자는 형량이다.

		제2 수인	
		묵비	실토
제1 수인	묵비	(2) 1, 1 (2)	(4) 10, 0 (1)
	실토	(1) 0, 10 (4)	(3) 5, 5 (3)

83) Iain King, *How to Make Good Decisions and Be Right All The Time* (London, Continuum International publishing Group, 2008), p.148.

84) Christine M. Korsgaard, "The Right to Lie: Kant on Dealing with Evil", *Philosophy and Public Affairs*, Vol. 15(1986), p.333, p.338.

85) 샌델은 칸트도 결과주의적 추론에 의존하고 있다는 밀의 비판을 언급하지만 밀이 잘못 비판한 것이라고 해석한다. 샌델은 행동 준칙의 보편화는 가능한 결과를 예측하는 것이 아니라 내 행동 준칙이 정언명령에 맞는지 판단하는 것이라는 이유를 댄다. 샌델, 『정의란 무엇인가』, p.170. 밀의 비판에 대해서 샌델은 밀의 『공리주의』에서 그 전거를 말하고 있지 않으므로 여기서 그 전거를 밝힌다. "철학사에서 길이 남을 탁월한 사상체계의 소유자인 칸트는, 문제의 책[『도덕형이상학』]에서 도덕적 의무의 기원과 근거가 되는 보편적 제1원리를 제시하고 있다. 그 내용은 다음과 같다. '당신의 행위 규범이 다른 모든 이성적 존재들에게 하나의 법칙으로 받아들여질 수 있도록 행동하라.' 그러나 그는 이 계율에서 어떤 실제적인 도덕적 의무를 연역해내려고 하는 순간 근본적인 한계에 직면하고 만다. 왜냐하면 정말 이상하게도 다른 모든 이성적 존재들이 터무니없을 정도로 비도덕적인 행동 규칙에 따라 살아가고 있음에도 불구하고, 이것이 심각한 모순이거나 논리적(물리적인 것은 제쳐두고)으로 말이 되지 않는다는 사실을 입증해내지 못하기 때문이다. 칸트가 할 수 있는 것이라고는 그저 저들이 보편적으로 그런 행동을 하게 되면, **결과적으로** 그 누구도 감히 그런 짓을 하지 않으리라고 말하는 것뿐이다."(원문 강조). 밀, 서병훈 옮김, 『공리주의』, 제1장, p.18. 따라서 「거짓말 논문」에서 칸트는 확연히 결과론적 논증을 사용하고 있음은 인정되어야만 할 것이다. 결과론적 논증이라고 주장하는 논문은 문성학, 「칸트 윤리학의 네 가지 문제점」, p.101 참조.

86) 김종국, 「'인류의 권리'와 거짓말」, p.138. 미필적 고의는 본서 제2장 4절
1)항 "1강. 옳은 일 하기", "해제와 비판" 참조.

87) 김종식, 「칸트 윤리학에서 거짓말의 문제」, p.124.

88) 상호 협조(mutual aid)는 적극적인 자연적 의무의 하나다. 롤즈, 황경식 옮
김, 『정의론』, p.162, "윤리학의 개념수(the tree of the ethical concepts)" 참
조. 코스가드도 「거짓말 논문」 상황에서 우리는 상호 부조의 의무를 우선
적으로 지켜야 한다고 본다. Korsgaard, "The Right to Lie: Kant on
Dealing with Evil", p.340.

89) 칸트는 "자기와 어떤 다른 사람에게(him or for any other)" 아무리 큰 불이
익이 발생한다고 해도 진실을 말해야 한다고 말하며, 또한 "자기와 다른
사람에게(against him or someone else)" 향하는 위협적인 악행을 방지하기
위한 경우라도 거짓말을 말할 수 없다고 주장한다. 칸트, 「거짓말 논문」,
p.200.

90) 롤즈, 황경식 옮김, 『정의론』, p.162, "윤리학의 개념수" 참조.

91) 이 말은 저명한 칸트 연구가인 페이턴(Paton)이 한 말이다. 그는 칸트 연구
가이면서도 콩스탕을 동조하여 그러한 말을 했던 것이다. H. J. Paton, "An
Alleged Right to Lie: A Problem in Kantian Ethics", in *Kant-Studien*, XLV
(1954), p.201. 김종식, 「칸트 윤리학에서 거짓말 문제」, p.114에서 재인용.

92) 칸트, 백종현 옮김, 『윤리형이상학 정초』, B11 IV398-399, p.87.

93) 최인숙, 「선험적 종합 명제로서 칸트의 도덕 원리」, 한국칸트학회 편, 『칸
트와 윤리학』(서울: 민음사, 1996), pp.89-91.

94) 칸트, 백종현 옮김, 『실천이성비판』, 학술원판 V73, 원전 초판본 O130.

95) 칸트, 백종현 옮김, 『윤리형이상학 정초』, B122 IV460, p.206.

96) 칸트, 백종현 옮김, 『실천이성비판』, V78, O139, p.179.

97) 칸트의 입장을 포함해서 윤리학과 감정의 문제는 저자의 졸고, 박정순,
「감정의 윤리학적 사활」, 정대현 외, 『감성의 철학』(서울: 민음사, 1996),
pp.69-124. 그리고 박정순, 「윤리학에서 감정의 위치와 역할」, 『철학』, 제
55집(1998). pp.307-335.

98) 샌델, 『정의란 무엇인가』, pp.244-247.

99) 윤정호 워싱턴 특파원, "하버드大 입학에 아시아계 차별, 백인보다 SAT
140점 더 받아야", 『조선일보』, 2014년 11월 27일자, 21면; 나지홍 뉴욕
특파원, "하버드大 '소수인종 할당제' 또 고발당해", 『조선일보』, 2014년 5
월 18일자, 18면. 중국, 인도 등 아시아계 미국인 단체 64곳이 "하버드대가
신입생 선발에서 아시아계 학생들을 역차별한다"는 고발장을 미 교육부에
냈다고 『월스트리트 저널』이 2014년 5월 15일 보도했다. 그리고 2014년

11월에는 하버드대에 불합격한 학생들이 '공정한 입학을 위한 학생모임'을 만들어 소수계 차별정책 폐지를 요구하는 소송을 연방대법원에 냈다. 그러나 하버드대 법률 고문은 "아시아계 신입생 비율은 10년 전 17.6퍼센트에서 지금 21퍼센트로 올랐다"고 반박했다.

오윤희 기자, "SAT 만점도 명문대 낙방 … 美아시아系 '대나무 천장'에 운다", 『조선일보』, 2015년 10월 12일자. 대나무 천장(bamboo ceiling)은 서구 사회에서 아시아 국적이나 아시아계 이민자의 고위직 상승을 막는 보이지 않는 장벽을 일컫는 신조어다. 이 신조어는 여성의 고위직 진출을 막는 유리 천장(glass ceiling)이라는 용어를 참고해서 생성되었다.

100) 샌델, 『정의란 무엇인가』, p.253, p.255.

101) 샌델, 『정의란 무엇인가』, p.253.

102) 샌델, 『정의란 무엇인가』, pp.315-319, pp.328-334.

103) "Legacy Preferences"(Wikipedia). SAT의 점수는 2004년까지는 1,600점 만점이었고, 2005년부터 2,400점 만점이 되었다. 2016년부터 다시 1,600점으로 돌아간다. Cf. "Development Case"(Wikipedia).

104) Daniel Golden, *The Price of Admission*(New York: Random House, 2007). 번역본은 대니얼 골든, 이기대 옮김, 『왜 학벌은 세습되는가?』(서울: 동아일보사, 2010). 대니얼 골든에 대한 논의는 문유석, "왜 하버드대학 학벌은 세습되는가?", *Premium Chosen*, 2015년 2월 13일자에서 참조. 그리고 국기연 특파원, "기부금 넘치는 美 … 명문대 학비 걱정 접어두세요", 『세계일보』, 2015년 2월 23일자 참조.

105) 문유석, "왜 하버드대학 학벌은 세습되는가?"

106) "기여입학 특혜"(위키백과).

107) 국기연 특파원, "기부금 넘치는 美 … 명문대 학비 걱정 접어두세요", 『세계일보』, 2015년 2월 23일자.

108) "Legacy Preferences"(Wikipedia).

109) 같은 논문.

110) "Lexington: The Curse of Nepotism", *The Economist*(Jan. 8, 2004), pp.1-3.

111) Mark Feldman, "America's Elite: An Hereditary Meritocracy", *The Economist*(Jan. 27, 2015), pp.1-7.

112) "Lexington: The Curse of Nepotism", p.2.

113) Josh Freedman, "The Farce of Meritocracy: Why Legacy Admissions Might Actually Be A Good Thing," *Forbes*(2013. 11. 14), p.2.

114) 공종식 기자, "美 '엘리트 양성소' 아이비리그의 비밀", 『신동아』(2009년

7월 1일). 네이버 뉴스에서 재인용.

115) "Lexington: The Curse of Nepotism", p.3. 교육과 업적주의와의 관계에 대한 본격적 논의의 시초는 마이클 영, 한준상 · 백은순 옮김, 『교육과 평등론: 교육과 능력주의 사회의 발흥』(서울: 전예원, 1986) 참조.

116) 샌델, 『정의란 무엇인가』, p.249.

117) 샌델, 『정의란 무엇인가』, p.223.

118) 샌델, 『정의란 무엇인가』, p.223. 원래 번역을 약간 수정하였음.

119) "Legacy Preferences"(Wikipedia). Cf. "Development Case"(Wikipedia).

120) 양승식 기자, "軍 가산점 부활 추진 '만점의 2%' 수준", 『조선일보』, 2014년 12월 23일자. 군가산점제를 둘러싼 찬반양론은, 편집부, "시사 focus & issue: 같은 세상 다른 생각, 군가산점제를 둘러싼 논란", 『월간 논』, 통권 17호(2007년 8월호), pp.186-190 참조.

121) 기여입학제의 찬반양론을 각각 열 가지씩 정리한 것은 다음의 문헌들에 의거하였다. 김형근, 「기여입학제 금지정책의 헌법적 검토」, 『교육법학연구』, Vol. 22, No. 2(2009), pp.45-64; 곽영진 기자, "기부금입학제는 필요악인가", 월간 『말』(1991. 10), pp.188-191; 양만근 · 박영석 기자, "다시 떠오른 기여입학제: (1) 장점과 단점", 『조선일보』, 2001년 5월 18일자; 김달효, 「기여입학제의 찬반에 대한 대학생과 학부모의 인식 분석」, 『수산해양연구』, 제25권 제3호, 통권 63호(2013), pp.632-642.

122) "기여입학제"(시사상식사전, 네이버 지식백과).

123) "기여입학제, 실질적 득실을 따져보라", 『조선일보』, 2005년 6월 30일자, 교육 사설; 양근만 · 박영석 기자, "다시 떠오른 기여입학제: (1) 장점과 단점", 『조선일보』, 2001년 5월 18일자.

124) 김남중 · 최현철 · 강승민 기자, "대학 기여입학제 도입 논란", 『중앙일보』, 2005년 7월 2일자; "기여입학제"(시사상식사전, 네이버 지식백과).

125) 김종구 기자, "교육담론 비평: 기부금입학제에 물어야 할 것들", 『중등 우리교육』(2001. 11), p.47.

126) "기여입학제, 실질적 득실을 따져보라", 『조선일보』, 2005년 6월 30일자, 교육 사설.

127) 조민근 기자, "이만우[고려대 경제학과 교수], '기여입학제' 해야 반값 등록금", 『중앙일보』, 2011년 6월 21일자. [ ]는 본서 저자 삽입. 고정애 · 이원진 기자, "[논쟁과 대안] 대학 등록금 갈등 계기로 본 기여입학제", 『중앙일보』, 2006년 2월 1일자.

128) 같은 곳. 하버드대학은 2005년 당시 기부금 누적액이 226억 달러(약 25

조 8천억 원)이고, 2015년 기부금 액수가 378만 9,457달러다. 국기연 특파원, "기부금 넘치는 美 … 명문대 학비 걱정 접어두세요", 『세계일보』, 2015년 2월 23일자, 12면.

129) 김달효, 「기여입학제의 찬반에 대한 대학생과 학부모의 인식 분석」, 『수산해양연구』, pp.637-638. 2013년 통계임.

제5장 샌델의 공동체주의 철학에 대한 '자유주의 대 공동체주의 논쟁'의 관점에서의 비판

1) 이하 저자의 졸고, 박정순, 「자유주의의 건재」, 『철학연구』, 제45집(1999), pp.17-18 발췌. 공동체주의 일반에 대한 논의는 저자의 졸고, Jung Soon Park, "Communitarianism and Social Justice", *Proceedings of the 41st Annual Meeting of the ISS: System Thinking, Globalization of Knowledge*(1997). pp.798-815 참조.

2) Chantal Mouffe, "American Liberalism and Its Critics: Rawls, Taylor, Sandel, and Walzer", *Praxis International*, Vol. 8(1998), p.195.

3) John Rawls, *A Theory of Justice*(Cambridge: The Belknap Press of Harvard University, 1971).

4) Daniel Bell, *Communitarianism and Its Critics*(Oxford: Clarendon Press, 1993), p.2; Mouffe, "American Liberalism and Its Critics: Rawls, Taylor, Sandel, and Walzer", p.195.

5) Robert Nozick, *Anarchy, State, and Utopia*(New York: Basic Books, 1974).

6) Ronald Dworkin, "Liberalism", Stuart Hampshire ed., *Public & Private Morality*(Cambridge: Cambridge University Press, 1978), p.115. 자세한 입장은 Ronald Dworkin, *Taking Rights Seriously*(Cambridge: Harvard University Press, 1977) 참조. 번역본은 로널드 드워킨, 염수균 옮김, 『법과 권리』(파주: 한길사, 2010). 그리고 *Law's Empire*(Cambridge: The Belknap Press of Harvard University, 1986) 참조. 번역본은 로널드 드워킨, 장영민 옮김, 『법의 제국』(서울: 아카넷, 2004). 그리고 *Sovereign Virtue: The Theory and Practice of Equality*(Cambridge: Harvard University Press, 2000) 참조. 번역본은 로널드 드워킨, 염수균 옮김, 『자유주의적 평등』(파주: 한길사, 2005).

7) Terence Ball and Richard Dagger, *Political Ideologies and the Democratic Ideal*(New York: Harper and Collins, 1995), p.88.

8) James S. Fishkin, "Defending Equality: A View From The Cave", *Michigan Law Review*, Vol. 82(1984), p.755.

9) 자유주의의 대표적인 인물과 저작은 다음과 같다. Robert Nozick, *Anarchy, State, and Utopia*(New York: Basic Books, 1974); Ronald Dworkin, *Taking Rights Seriously*(Cambridge: Harvard University Press, 1977); Alan Gewirth, *Reason and Morality*(Chicago: University of Chicago Press, 1978); Bruce Ackerman, *Social Justice in the Liberal State*(New Haven: Yale University Press, 1980); David Gauthier, *Morals By Agreement*(Oxford: Clarendon Press, 1986). 이하 저자의 졸고, 박정순, 「자유주의 대 공동체주의의 방법론적 쟁점」, 『철학연구』, 제33집(1993), pp.35-37 발췌. 본서 p.278 두 번째 문단까지 발췌임.

10) 그러한 논쟁은 한국사회윤리연구회 편, 『사회계약론 연구』(서울: 철학과현실사, 1993) 참조.

11) Alasdair MacIntyre, *After Virtue*(Notre Dame: Notre Dame University Press, 1981; 2nd edn. 1984); Charles Taylor, "The Nature and Scope of Distributive Justice", Charles Taylor, *Philosophy and the Human Sciences, Philosophical Papers*, Vol. 2(Cambridge: Cambridge University Press, 1985); Michael Walzer, *Spheres of Justice: A Defense of Pluralism and Equality*(New York: Basic Books, 1983); Michael Sandel, *Liberalism and the Limits of Justice*(Cambridge: Cambridge University Press, 1982); Benjamin Barber, *Strong Democracy: Participatory Politics for a New Age*(Berkeley: University of California Press, 1984); Roberto Unger, *Knowledge and Politics*(New York: The Free Press, 1975).

12) Seyla Benhabib, *Situating the Self: Gender, Community, and Postmodernism in Comtemporary Ethics*(Cambridge Polity Press, 1992), p.11.

13) Barber, *Strong Democracy*, p.120.

14) John Wallach, "Liberals, Communitarians, and the Tasks of Political Theory," *Political Theory*, Vol. 15(1987), p.591.

15) Sandel, *Liberalism and The Limits of Justice*.

16) 고바야시 마사야, 홍성민·양혜윤 옮김, 『마이클 샌델의 정치철학』(서울: 황금물고기, 2012), p.44.

17) 이하 저자의 졸고, 박정순, 「공동체주의 정의관의 본질과 그 한계」, 『철학』, 제61집(1999), pp.273-276 발췌.

18) Michael Sandel, "The Procedural Republic and Unencumbered Self", *Political Theory*, Vol. 12(1984), pp.81-96.

19) Sandel, *Liberalism and the Limits of Justice*, p.173.

20) 같은 책, p.172, p.180.

21) 같은 책, p.23.

22) 같은 책, p.178.

23) Sandel, "The Procedural Republic and Unencumbered Self", p.28. [개인주의적]은 본서 저자의 삽입.

24) Sandel, *Liberalism and the Limits of Justice*, p.79.

25) 같은 책, pp.31-32, p.183.

26) Allen E. Buchanan, "Assessing the Communitarian Critique of Liberalism", *Ethics*, Vol. 99(1989), p.877.

27) Sandel, *Liberalism and the Limits of Justice*, pp.32-33.

28) Edwin Barker, "Justice as Vice", *University of Pennsylvania Law Review*, Vol. 133(1985), pp.917-920.

29) Sandel, *Liberalism and the Limits of Justice*, p.11. [자유주의의]는 본서 저자의 삽입.

30) 이하 저자의 졸고, 박정순, 「공동체주의의 사회비판의 가능성: 마이클 왈쩌의 논의를 중심으로」, 『범한철학』, 제30집(2003), pp.214-215 발췌. 논쟁의 전말은 황경식, 「자유주의와 공동체주의」, 『개방사회의 사회윤리』(서울: 철학과현실사, 1995』, pp.170-264; 박정순, 「자유주의와 공동체주의 논쟁의 방법론적 쟁점」, pp.43-62.

31) 왈저는 "자유주의를 그것의 기본강령으로부터 급속하게 퇴각하는 자유주의자들로부터 옹호하는 것이 중요하다"고 생각한다. Michael Walzer, *Radical Principles*(New York: Basic Books, 1980), p.302. 또한 자신의 공동체주의는 "전근대적인 혹은 반자유주의적 공동체가 도래할 것을 기다리는" 반동적인 공동체주의는 아니며, "자유주의 (혹은 사회민주주의) 정치 속에서 화합"될 수 있는 유형의 공동체주의라고 밝힌다. 그리고 그는 공동체주의는 자유주의에 대한 "재발적 교정"이지 전면적 대체는 아니라고 지적한다. Michael Walzer, "The Communitarian Critique of Liberalism", *Philosophical Forum*, Vol. 21(1990), p.7, p.15.

32) Michael Walzer ed., *Toward a Global Society*(New York: Berghahn Book, 1995), p.3. Cf. Michael Sandel, *Justice and the Limits of Justice*(New York: Basic Books, 1982), p.32. 이미 논의한 것처럼 샌델은 롤스의 자유주의적 정의론이 공동체의 더 고차적인 덕목들이 붕괴된 상황에서만 필요하거나 또는 기껏해야 교정적인 덕목에 불과하다는 것을 인식하지 못함으로써 정의를 사회제도의 제1덕목이라고 잘못 간주하고 있다고 비판한다.

33) Walzer ed., *Toward a Global Society*, p.3.

34) Mouffe, "American Liberalism and Its Critics: Rawls, Taylor, Sandel, and

Walzer", pp.193-206.

35) Walzer, *Spheres of Justice: A Defence of Pluralism and Equality*, p.79. Cf. Rawls, *A Theory of Justice*, pp.17-21. 아울러 월저는 하버마스의 이상적 담화 상황, 애커먼의 중립적 대화 모형 등도 거부한다. Michael Walzer, *Thick and Thin: Moral Argument at Home and Abroad*(Notre Dame: University of Notre Dame Press, 1994), pp.12-13, pp.182-203; Michael Walzer, "A Critique of Philosophical Conversation", *Philosophical Forum*, Vol. 21(1989-1990), pp.182-196.

36) 이하 저자의 졸고, 박정순, 「자유주의의 건재」, 황경식 외, 『정의론과 사회윤리』(서울: 철학과현실사, 2012), pp.145-152 발췌.

37) Rawls, *A Theory of Justice*, Sec. 4, "The Original Position and Justification".

38) Walzer, *Spheres of Justice: A Defense of Pluralism and Equality*, pp.8-9.

39) MacIntyre, *After Virtue*(2nd edn. 1984), pp.31-32, p.222.

40) John Rawls, "The Kantian Constructivism in Moral Theory", *The Journal of Philosophy*, Vol. 77(1980), p.518; John Rawls, *Political Liberalism*(New York: Columbia University Press, 1993), pp.13-14.

41) Richard Rorty, "The Priority of Democracy to Philosophy", Merrill D. Peterson and Robert C. Vaughan eds., *The Virginia Statute for Religious Freedom*(Cambridge: Cambridge University Press, 1988), p.262; John Gray, *Enlightenment's Wake*(London: Routledge, 1995), p.66.

42) Daniel Shapiro, "Liberalism and Communitarianism", *Philosophical Books*, Vol. 36(1995), pp.145-155.

43) Ronald Dworkin, "To Each His Own", *New York Review of Books*(1983), pp.4-6; James S. Fishkin, "Defending Equality: A View From The Cave", *Michigan Law Review*, Vol. 82(1984), pp.755-760.

44) Will Kymlicka, "Community", Robert E. Goodin and Philip Pettit eds., *A Companion to Political Philosophy*(Oxford: Basil Blackwell, 1993), p.369.

45) David Miller, "Virtues, Practices and Justice", John Horton and Susan Mendus eds., *After MacIntyre*(Cambridge: Polity Press, 1994), p.262.

46) Michael Walzer, *Interpretation and Social Criticism*(Cambridge: Harvard University Press, 1987), p.24. 이러한 최소한의 기준은 살인, 사기, 그리고 극심한 잔인성에 대한 금지이며, 또한 최소한의 공정성과 상호성이다. 이러한 최소한의 기준은 기초적 도덕(thin morality)이고, 한 사회의 역사적 특수성을 포함하는 구체적인 도덕은 본격적 도덕(thick morality)이 된다. 상세한 논의는 Walzer, *Thick and Thin: Moral Argument at Home and*

Abroad 참조. 번역본은 김은희 옮김, 『해석과 사회비판』(서울: 철학과현실사, 2007) 참조.

47) Walzer, *Spheres of Justice*, p.12, p.9; Michael Walzer, *The Company of Critics* (New York: Basic Books, 1988), p.232.

48) Walzer, *Interpretation and Social Criticism*, pp.40-41. 월저는 이미 "잠재적이고 전복적인 의미(latent and subversive meanings)"를 *Spheres of Justice*, pp.8-9에서 언급한 바 있다.

49) Walzer, *The Company of Critics*, pp.233-234.

50) 이것은 롤스의 견해가 아니고 본서 저자의 견해이며, 차등의 원칙과 맥시민 규칙은 Rawls, *A Theory of Justice*, p.83, p.152 참조.

51) Alasdair MacIntyre, *Whose Justice? Which Rationality?*(Notre Dame: University of Notre Dame Press, 1988).

52) 같은 책, Ch. XII.

53) 이것은 매킨타이어 스스로도 인정한다. MacIntyre, *Whose Justice? Which Rationality?*, p.4.

54) 에드워드 데이머, 김회빈 옮김, 『논리의 오류』(서울: 중원문화, 1994), p.69. "순환논증의 오류"는 결론을 이미 옳은 것(또는 승인할 만한 것)으로 간주하여 전제로 사용하는 논증이다.

55) Stephen Mulhall and Adam Swift, *Liberals and Communitarians*(Oxford: Oxford Blackwell, 1992) p.201.

56) Rawls, *Political Liberalism*, p.44.

57) Walzer, *Spheres of Justice,* p.313.

58) Rawls, *Political Liberalism*, p.144.

59) Wolfgang Fach and Giovanna Procacci, "Strong Liberalism", *Telos*, Vol. 76 (1988), p.34.

60) Rawls, *A Theory of Justice*, p.101, p.155, p.303, p.527.

61) Fach and Procacci, "Strong Liberalism", p.48.

62) 이하 박정순, 「공동체주의 정의관의 본질과 그 한계」, pp.276-277 발췌.

63) Michael Sandel, "Introduction", Michael Sandel ed., *Liberalism and Its Critics*(New York: New York University Press, 1984), p.9.

64) 같은 곳. [ ]는 본서 저자의 삽입.

65) Rawls, *A Theory of Justice*, p.311.

66) Nozick, *Anarchy, State, and Utopia*, p.160.

67) Sandel, *Liberalism and the Limits of Justice*, p.78. 노직은 샌델의 주장처럼

덕 윤리나 완전주의적 관점에서 인간의 재능과 도덕적 응분이 자아의 본질적 구성요소라는 것을 반대할 것으로 사료된다. 그러나 노직은 롤스의 주장처럼 자신의 재능과 그것을 통한 산출물이 도덕적으로 임의적인 것은 아니며, 또한 공동자산은 더욱이 아니라고 강조한다. 롤스의 공동자산론은 개인의 재능에 대한 불가침적 자기소유권과 개인 간 구별을 무시한다는 것이다. 그래서 노직은 인간은 (설령 우연적이라고 해도 도덕적으로 임의적인 것이 아닌) 자신의 재능에 대한 자기소유권을 가지며, 그것을 통한 산출물에 대한 사회적으로 인정된 도덕적 자격(moral entitlement)과 소유권이 부여된다고 주장하고 있다. Nozick, *Anarchy, State, and Utopia*, p.150, p.227, p.228; 샌델, 『정의란 무엇인가』, pp.92-94.

68) 같은 책, p.100; Nozick, *Anarchy, State, and Utopia*, p.228.

69) Sandel, "Introduction", *Liberalism and Its Critics*, p.7.

70) 박정순, 「공동체주의 정의관의 본질과 그 한계」, pp.285-286 발췌.

71) Rawls, *A Theory of Justice*, p.310.

72) 같은 책, p.315.

73) MacIntyre, *After Virtue*, p.109.

74) Rawls, *A Theory of Justice*, p.325.

75) 같은 책, p.339.

76) William Galston, "Defending Liberalism", *The American Political Science Review*, Vol. 76(1982), pp.621-629.

77) 이하 박정순, 「자유주의 대 공동체주의의 방법론적 쟁점」, pp.42-45 발췌.

78) Sandel, *Liberalism and the Limits of Justice*, p.1.

79) 같은 곳.

80) 같은 책, p.17.

81) 같은 책, p.19.

82) Rawls, *A Theory of Justice*, p.560.

83) Sandel, *Liberalism and the Limits of Justice*, p.17, p.180.

84) Sandel, "The Procedural Republic and Unencumbered Self", p.82; Sandel, *Liberalism and the Limits of Justice*, p.87.

85) Sandel, *Liberalism and the Limits of Justice*, p.19.

86) 같은 책, p.62.

87) 같은 책, p.180.

88) 같은 곳.

89) 같은 책, p.150.

90) 같은 책, p.178.

91) Rawls, *A Theory of Justice*, p.302.

92) 같은 책, p.101.

93) Sandel, *Liberalism and the Limits of Justice*, p.80.

94) 같은 책, p.79, p.1.

95) 같은 책, p.181.

96) 같은 책, p.179.

97) 같은 곳.

98) 같은 책, p.180.

99) 같은 책, p.182.

100) 같은 책, p.183.

101) Philip Selznick, "The Idea of a Communitarian Morality", *California Law Review*, Vol. 75(1987), p.545; Mouffe, "American Liberalism and Its Critics: Rawls, Taylor, Sandel, and Walzer", p.192. 고전적, 시민적 공화주의는 마키아벨리(Machiavelli)와 토크빌(Tocqueville)이 주창한 것으로 민주사회의 시민들은 각자의 사회적 직책과 책무를 성실하고도 공정하게 수행할 것을 요구한다. 그리고 상당한 정도의 정치적 덕목들을 가지고 공공적 삶에 기꺼이 참여하려는 열망을 가져야 한다고 본다. 그렇지 않으면 민주사회의 시민들은 개인적 삶 속으로 침잠되고 만다. 민주적 자유의 안전성은 헌법적 정체를 유지하기 위해서 필요한 정도의 정치적 덕목들을 소유하고 있는 시민들의 적극적 참여로 달성된다. 시민적 인본주의는 아리스토텔레스주의의 일종으로 루소와 샌델이 주창하는 것으로 인간은 사회적, 더 엄밀하게는 정치적 동물로서 가장 중요한 본성은 정치적 삶에 광범위하고도 열성적으로 참여하는 민주적 사회에서 가장 잘 충족된다는 사상이다. 시민적 인본주의는 민주적 정치에서의 정치적 참여가 좋은 삶의 특혜적인 소재(所在)라고 주장하는 점에서 완전주의(perfectionism)적 학설이다. 이 두 해설은 John Rawls, "The Priority of Right and Ideas of the Good", *Philosophy & Public Affairs*, Vol. 17(1998), pp.272-273에서 인용.

102) Sandel, "Introduction", *Liberalism and Its Critics*, p.7.

103) 이하는 저자의 졸고, 박정순, 「자유주의 대 공동체주의의 방법론적 쟁점」, 『철학연구』, 제33집(1993), pp.46-52 발췌.

104) Rawls, "The Kantian Constructivism in Moral Theory", *The Journal of Philosophy*, Vol. 77(1980), p.518.

105) Rawls, "Justice as Fairness: Political not Metaphysical", *Philosophy & Public Affairs*, Vol. 14(1985), p.229; Rawls, "The Idea of Overlapping Consensus", *Oxford Journal of Legal Studies*, Vol. 7(1987), p.6; Rawls, "The Priority of Right and Ideas of the Good", *Philosophy & Public Affairs*, Vol. 17(1988), p.252.

106) Amy Gutmann, "Commuitarian Critics of Liberalism", *Philosophy & Public Affairs*, Vol. 14(1985), p.315; Roberto Unger, "Liberalism and Communitarianism", *Canadian Journal of Philosophy*, Vol. 18(1988), p.197.

107) Gutmann, "Communitarian Critics of Liberalism", p.316.

108) MacIntyre, *After Virtue*, p.118.

109) Rawls, *A Theory of Justice*, p.325.

110) 같은 책, p.327, p.329.

111) John Rawls, "The Domain of The Political and Overlapping Consensus", *New York Law Review*, Vol. 64(1989), p.235.

112) John Rawls, "The Priority of Right and Ideas of the Good", *Philosophy & Public Affairs*, Vol. 17(1988), p.252.

113) Rawls, "Justice as Fairness: Political not Metaphysical", p.248.

114) 같은 논문, p.249.

115) Ralws, "The Idea of Overlapping Consensus", p.1; Rawls, "The Priority of Right and Ideas of the Good", p.233.

116) Rawls, "Justice as Fairness: Political not Metaphysical", pp.224-230; Rawls, *Political Liberalism*, p.13, p.175. 롤스의 정치적 자유주의에 대한 자세한 논의는 저자의 졸고, 박정순, 「정치적 자유주의 철학적 기초」, 『철학연구』, 제42집(1998), pp.275-305 참조.

117) Rawls, "The Idea of Overlapping Consensus", p.6.

118) Rawls, "Justice as Fairness: Political not Metaphysical", p.237. 롤스의 정의론에서 합리적 선택이론의 위상은 저자의 졸고, 박정순, 「현대윤리학과 합리적 선택이론」, 『한민족철학자대회 대회보 2』(1990), pp.381-391.

119) John Rawls, *Justice as Fairness: A Guided Tour*(Harvard University, Unpublished Manuscript, 1989), p.25. 롤스는 나중에 이 책자를 부분적으로 포함한 저서 John Rawls, *Justice as Fairness: A Restatement*, ed. by Erin Kelly(Cambridge: Belknap Press of Harvard University Press, 2001)를 발간한다.

120) Rawls, "Justice as Fairness: Political not Metaphysical", p.238.

121) Rawls, "The Idea of Overlapping Consensus", p.6; 저자의 졸고, 박정순, 「자유주의 정의론의 철학적 오디세이: 롤즈 정의론의 변모와 그 해석 논쟁」, 황경식·박정순 외, 『롤즈의 정의론과 그 이후』(서울: 철학과현실사, 2009), p.60. 정치적 자유주의 전반에 관한 논의는 이 논문, pp.57-66.

122) Rawls, "Justice as Fairness: Political not Metaphysical", p.249; Rawls, "The Priority of Right and Ideas of the Good", p.251.

123) Rawls, "The Priority of Right and The Idea of the Good", p.252.

124) 같은 논문, p.258.

125) 같은 논문, p.263.

126) 같은 논문, p.269.

127) 같은 곳.

128) 샌델의 구성적 결부에 관한 것은 Sandel, *Liberalism and the Limits of Justice*, p.181.

129) Mouffe, "American Liberalism and Its Critics: Rawls, Taylor, Sandel, and Walzer", p.201; Selznick, "The Idea of a Communitarian Morality", p.446.

130) Rawls, *A Theory of Justice*, p.527; Rawls, "The Priority of Right and The Idea of the Good", pp.268-276.

131) Rawls, "The Domain of the Political and Overlapping Consensus", p.249.

132) Rawls, "The Priority of Right and the Ideas of the Good", p.273.

133) 같은 논문, p.272.

134) Rawls, "The Idea of Overlapping Consensus", p.10.

135) Michael Sandel, "Political Liberalism", *Harvard Law Review*, Vol. 107, No. 7(May 1994), pp.1765-1794.

136) 마이클 샌델, 안규남 옮김, 『민주주의의 불만』(서울: 동녘, 2012), 제1, 2, 3장; 마이클 샌델, 이양수 옮김, 『정의의 한계』(서울: 멜론, 2012), pp.371-422, "부록: 롤즈의 정치적 자유주의에 답하다"; 마이클 샌델, 안진환·이수경 옮김, 『왜 도덕인가?』(서울: 한국경제신문, 2010), 제8장, 제10장; 샌델, 『정의란 무엇인가』, pp.334-337, p.344-362; 마이클 샌델, 김선욱 외 옮김, 『공동체주의와 공공성』(서울: 철학과현실사, 2008), 제1강연 "자유주의와 무연고적 자아" 참조.

137) 샌델, 이양수 옮김, 『정의의 한계』, pp.371-422, "부록: 롤즈의 정치적 자유주의에 답하다". Sandel, *Liberalism and the Limits of Justice*(2nd edn., Cambridge: Cambridge University Press, 1998)에는 부록 "A Response to Rawls' Political Liberalism"(pp.184-218)이 추가되었다. 1982년 출간된 1

판을 언급할 때는 *Liberalism and the Limits of Justice*로 쓰고, 2판을 언급할 때는 저서명 말미에 (1998)을 부기함. 부록을 제외한 1판과 2판의 본문 페이지는 동일함.

138) 샌델, 이양수 옮김, 『정의의 한계』, pp.390-391.

139) 같은 책, p.393.

140) 존 롤즈, 장동진 옮김, 『정치적 자유주의』(파주: 동명사, 1998), p.302, 각주 32. 롤스는 낙태 문제는 세 가지 중요한 정치적 가치의 견지에서 보아야 한다고 생각한다. 즉 인간 생명에 대한 충분한 존경, 특정 형태의 가족을 포함한 장기간에 걸친 정치사회의 질서화된 재생산, 마지막으로 평등한 시민으로서의 여성의 정당한 자격이다. 롤스는 이러한 세 가지 가치 간의 합당한 비교 평가가 여성에게 수임 첫 3분의 1 기간(trimester) 동안에 여성이 낙태할 것인지 아닌지 결정할 수 있는 정당한 자격의 권리가 주어지리라고 믿는다고 밝힌다. 그 이유는 임신의 초기 단계에서는 여성의 평등이라는 정치적 가치가 우선적인 것이며, 그 정치적 가치에 의해 정당한 자격의 권리에 실체적 힘을 부여하도록 요구하기 때문이다.
롤스는 예를 들어, 강간과 근친상간의 경우를 제외하고는 낙태 권리를 완전히 거부한다면 잔인하고 억압적인 일이 될 것이라고 지적한다. 롤스는 낙태 문제는 헌법적 요체의 문제라고 주장한다. 헌법적 요체 다음으로 중요한 것은 기본적 정의의 문제다. 이에 대한 설명은 본서 제5장 4절 3)항 (1) "자유주의의 '중대한 도덕적 문제 제외'에 관한 샌델의 비판과 롤스의 응답"에서 논의되는 링컨과 더글러스의 논쟁에서 찾아볼 수 있다.

141) 가톨릭교회에서는 하느님의 사자인 가브리엘 대천사가 동정녀 마리아에게 성령에 의한 회임을 알리는 "성수태고지"를 중시하는데, 이는 예수 그리스도의 생명의 시작과 그 이후 탄생을 알리는 것이기도 하다. 『신약성경』 「누가복음」 1장 26-38절. 예수 그리스도의 생명의 시작은 신의 형상을 따서 창조한 일반적 인간에게도 적용된다.

142) 샌델, 이양수 옮김, 『정의의 한계』, p.390, p.393.

143) 같은 책, p.394.

144) 정재환·신소혜, 『논리 속의 오류, 오류 속의 논리. 오류사전』(서울: 서울외국어대학교 출판부, 2012), p.140, "선결문제 요구의 오류"는 "논증하거나 추론할 결론이 이미 암암리에 전제에 들어 있음에도 불구하고 이를 가지고 추론하여 발생하는 오류이다."

145) 에드워드 데이머, 김회빈 옮김, 『논리의 오류』, p.147, "반사실적 가설의 오류"는 "과거의 다른 상황이었더라면 발생했을 수도 있는 일이나 미래에 일어날 수 있는 일을 빈약한 입증 하에 주장하는 논증. 또는 가설적

주장을 마치 사실의 진술인 것처럼 취급하는 논증이다."

146) 도덕적 추리 논증과 관련하여 타당성과 건전성의 구분은 에머트 바칼로
  우, 이남원 외 옮김, 『현대사회와 윤리: 이론과 쟁점』(서울: 박학사,
  2009), pp.11-13.

147) '로 대 웨이드 사건(Roe v. Wade)'(1973)은 NBC에서 1989년 5월 15일
  100분짜리 TV 영화로도 만들어졌다. "Roe vs. Wade"(미국, 1989).

148) L. 레너드 케스터 · 사이먼 정, 『미국을 발칵 뒤집은 판결 31』(서울: 현암
  사, 2012), pp.53-54.

149) "Roe v. Wade"(Wikipedia). 우리나라에서는 1979년 대법원 판례에 의하면
  "산모의 진통이 시작되는 순간부터 인간"이라고 규정하고 있다. 낙태, 즉
  임신중절에 대한 입장은 (1) 일체의 임신중절을 반대하는 가톨릭교회의
  극단적 보수주의, (2) 태아의 자생적 생존 가능성 이전에만 임신중절이
  가능함과 아울러 그것도 모체나 태아의 심각한 건강상의 이유와 태아가
  용납할 수 없는 성관계의 소산인 경우에만 인정하는 온건한 보수주의,
  (3) 임신중절에 아무런 제약도 필요가 없다는 극단적 자유주의, (4) 태아
  가 모체 외에서도 생존할 수 있을 정도로 자라기 전이라면 모친의 희망
  에 따라 언제든지 임신중절을 해도 무방하며, 태아가 그렇게까지 자란 후
  에는 모체의 생명이 위험할 경우에만 임신중절이 허용된다고 보는 온건
  한 자유주의가 있다.
  박찬구 · 박병기, 『논쟁으로 보는 윤리사상의 흐름과 주제들』(서울: 담론
  사, 1997), pp.186-191. 본서 저자의 입장은 (4) 온건한 자유주의의 입장
  이다. 본서 제5장 4절 3)항 (1) "자유주의의 '중대한 도덕적 문제 제외'에
  관한 샌델의 비판과 롤스의 응답"에서 언급한 롤스의 입장(후주 140), 즉
  임신의 첫 3분의 1 기간(trimester) 동안에는 여성의 정당한 자격에 의거
  한 선택권으로서의 낙태권을 인정하는 것인데, 이것은 '로 대 웨이드 사
  건' 판결의 기본적 사항을 원용하고 있는 것이다.

150) L. 레너드 케스터 · 사이먼 정, 『미국을 발칵 뒤집은 판결 31』, p.59.

151) 같은 책, p.61.

152) "낙태 문제"(미국사, 네이버 지식백과).

153) L. 레너드 케스터 · 사이먼 정, 『미국을 발칵 뒤집은 판결 31』, p.61.

154) 롤즈, 장동진 옮김, 『정치적 자유주의』, pp.286-298.

155) 저자의 졸고, 박정순, 「정치적 자유주의의 철학적 기초」, 『철학연구』, 제
  42집(1998), pp.276-305.

156) 롤즈, 장동진 옮김, 『정치적 자유주의』, p.293.

157) L. 레너드 케스터 · 사이먼 정, 『미국을 발칵 뒤집은 판결 31』, pp.55-56.

해리 블랙먼 대법원장, "임신한 여성에게 어느 시점까지는 낙태의 권리가 있다고 본다."

158) Sandel, *Liberalism and The Limits of Justice*(1998), p.196. 이것은 제5장 4절 3)항 (1)의 제목이다. "자유주의의 '중대한 도덕적 문제 제외'에 관한 샌델의 비판과 롤스의 응답"이다.

159) 샌델, 안규남 옮김, 『민주주의의 불만』, p.111.

160) 같은 책, pp.114-116.

161) 같은 책, p.114.

162) 이인호, 「디지털 시대의 정보법질서와 정보기본권」, 『법학논문집』, 제26집(2002), p.217; 김재홍, 「정보사회와 사상의 자유시장이론」, 『사회과학』, 제8집(1996), pp.79-95.

163) 『아레오파지티카(*Areopagitica*)』는 BC 5세기 아테네의 웅변가 이소크라테스(Isocrates)가 작성한 연설, "Areopagitikos"를 본떠 이름을 붙인 것인데, 아레오파구스(Areopagus)는 실제로 존재했던 전설적인 재판소 자리가 있는 아테네의 언덕이다. 사상의 자유시장에 관한 포괄적인 논의는 다음 논문 참조. 이춘구, 「사상의 자유시장이론의 전개와 법적 고찰: 연원과 현대적 발전을 중심으로」, 『국가법연구』, Vol. 10(2014), p.96, 각주 5. 그리고 존 밀턴, 임상원 역주, 『아레오파지티카: 존 밀턴의 언론 출판 자유에 대한 선언』(서울: 나남출판, 1998).

164) "*Abrams v. United States*" in "Oliver Wendell Holmes, Jr."(Wikipedia).

165) "Antonio Gramsci"(Wikipedia). 헤게모니론은 그의 『옥중수고』에서 개진되었다. 안토니오 그람시, 이상훈 옮김, 『옥중수고 1: 정치편』, 『옥중수고 2: 철학역사편』(전2권, 서울: 거름출판, 2006).

166) "[인물 세계사] 서구 마르크스주의의 형성에 크게 기여한 이탈리아 정치이론가: 안토니오 그람시"(네이버캐스트).

167) "Cultural Hegemony"(Wikipedia).

168) Walzer, *Interpretation and Social Criticism*, pp.40-43. 저자의 졸고, 박정순, 「공동체주의적 사회비판의 가능성: 마이클 월쩌의 논의를 중심으로」, 『범한철학』, 제30집(2003), pp.230-231 참조.

169) 샌델, 이양수 옮김, 『정의의 한계』, pp.394-395.

170) 같은 책, p.395.

171) 에이브러햄 링컨, 김우영 옮김, 『링컨의 연설과 편지』(서울: 이산, 2012), p.76.

172) 샌델, 이양수 옮김, 『정의의 한계』, p.400.

173) "귀류법"(철학사전, 네이버 지식백과).

174) 샌델, 이양수 옮김, 『정의의 한계』, pp.398-400.

175) 롤즈, 장동진 옮김, 『정치적 자유주의』, p.288, 각주 15.

176) Michael Sandel, "Political Liberalism", *Harvard Law Review*, Vol. 107, No. 7(May 1994), pp.1765-1794; John Rawls, *The Law of Peoples, with the Idea of Public Reason Revisited*(Cambridge: Harvard University Press, 1999). 번역본은 존 롤즈, 장동진 옮김, 『만민법』(서울: 이끌리오, 2000).

177) 롤즈, 장동진 외 옮김, 『만민법』, p.273.

178) 같은 책, pp.273-274, 각주 91.

179) 롤즈, 장동진 옮김, 『정치적 자유주의』, p.289.

180) 같은 책, pp.282-286, p.312.

181) 샌델은 19세기 중반 미국사회의 정치문화에 내재한 평등한 시민권의 개념이 논란의 여지는 있지만 노예제도에 호의적이었다는 사실을 내세운다. 그리고 샌델은 더글러스가 「미국독립선언서」의 서명자들이 영국의 통치에서 벗어날 이민자의 권리를 단언한 것이지 흑인 노예에게 평등한 시민권을 부여한 것은 아니었다고 주장한 점도 언급한다. 더 중요한 점으로서 샌델은 미국 헌법 자체가 노예제를 금지하지 않았다는 점을 부각시킨다. 미국 헌법은 각 주의 인구에 비례하는 하원의원 수와 직접세의 할당 목적을 위해 각 주에 노예 인구의 5분의 3을 가산하여 포함시켰고(제1조 제2절 3항), 1808년까지 의회는 노예무역을 막지 않았으며(제1조 제9절 1항), 도망친 노예 반환을 요구하면서 노예제를 수용했다는 것이다(제4조 제2절 3항). 그리고 악명 높은 '드레드 스콧(Dred Scott) 소송'에서 대법원은 노예 소유주의 재산권을 옹호했으며, 아프리카계 미국인의 미국 시민권을 부정하는 판결을 내렸다는 것을 강조하고 있다. 샌델, 이양수 옮김, 『정의의 한계』, pp.399-400. 물론 샌델의 이러한 주장은 옳다. 그러나 샌델은 19세기 중반 미국사회에 내재한 평등한 시민권 사상이 남북전쟁, 남부 재편입, '수정헌법' 제13, 14, 15조, 브라운 대 교육위원회 소송, 민권운동, 1965년 투표권법을 통해 명실상부한 평등한 시민권으로 발전해나 갔다는 사실을 부인하지는 못할 것이다. Cf. 샌델, 이양수 옮김, 『정의의 한계』, p.399.

'노예 드레드 스콧 대 주인 샌드포드 소송(*Dred Scott vs. Sandford*)'(1857)은 L. 레너드 케스터 · 사이먼 정, 『미국을 발칵 뒤집은 판결 31』, pp.215-225 참조. 이 소송은 미국 역사상 최악의 판결로 비난받고 있다. 드레드 스콧은 자신의 주인인 육군 군의관 존 에머슨에 의해서 노예제도가 허용되던 미주리주에서 살다가 노예제도가 금지된 일리노이주에서 살게 되었다. 그 뒤 스콧은 에머슨과 다시 미주리주로 돌아왔다. 그는 자유주(自由州)인 일리노이주에서 거주했으므로 자신과 가족들이 자유 신분임을 인정해줄 것을 미주리주 순회 법원에 소송을 제기해서 승소했으나 에머슨 부인의 항소로 주 최고 법원에서 패소하였다. 1820년 미 의회는 미주리주를 제외하고 북위 36도 30분 위쪽의 모든 지역에서 노예제를 금지하는 법령을 발효시켰는데 이를 미주리 협정(Missouri Compromise)이라고 한다. 스콧 소송에 관련하여 미 연방대법원은 이러한 미주리 협정이 위헌이라고 판정하고 미합중국 헌법은 흑인을 시민으로 인정하지 않으며, 노예가 비록 자유주에 거주하였더라도 시민권과 자유가 부여되지 않으므로 소송을 제기할 자격이 없다고 판결하였다. 그러나 이 판결에 대해서 광범위한 비판이 일어났고, 이러한 비판의 흐름은 링컨의 대통령 당선으로 이어졌다. 링컨은 노예제도를 반대했고, 노예제도의 폐지를 1861년 발발한 남북전쟁을 통해 달성하려고 했다. 이 소송의 판결은 본문에서 언급한 대로 '수정헌법' 제13조 "노예제와 강제노역 금지"(1865), 제14조 "공민권과 법률에 의한 평등한 보호"(1868), 제15조 "흑인의 투표권 인정, 참정권의 확대"(1870)라는 일련의 '수정헌법' 조항들에 의해서 완전히 뒤집어졌다. '브라운 대 교육위원회 소송(*Brown vs. Board of Education of Topeka*)'(1954)은 1951년 캔자스주의 토피카(Topeka)에서 일어난 사건으로 여기서는 "분리하되 평등하면 된다(separate, but equal)"는 원칙, 즉 동등한 수준의 교육을 제공한다면 인종 분리를 허용할 수 있다는 원칙에 입각하여 백인 학생과 흑인 학생을 별도로 교육시키고 있었다. 흑인 브라운은 8세된 자신의 딸을 21블록 떨어진 흑인학교가 아니라 5블록 떨어진 백인학교에 입학시키고자 교육위원회에 허가를 요청했으나 캔자스주 지방법원에 의해서 패소 판결을 받았다. 브라운을 대표로 한 13명의 흑인 학부모들은 항소했으며, 이 소송은 결국 미 연방대법원에 접수되었다. 미 연방대법원은 교육계에는 "분리하되 평등하면 된다"는 원칙은 존재할 여지가 없으며, 백인학교와 흑인학교는 교사와 커리큘럼과 시설의 차이가 크며, 흑인 학생들을 거부하는 공립학교의 분리정책은 "평등한 법의 보호를 보장하는 수정헌법 제14조"를 위반하는 것이라고 만장일치로 판결하였다. "미국의 역사와 민주주의: 브라운 대 교육위원회(1954)"(네이버 지식백과) 참조. 그리고 L. 레너드 케스터·사이먼 정, 『미국을 발칵 뒤집은 판결 31』, pp.226-235 참조.

1965년 선거권법(Voting Rights Act of 1965)은 미국 전국적으로 투표에서 차별을 금지시킨 기념비적인 법이다. 인종이나 얼굴색 때문에 선거와 투표를 할 수 있는 미국의 시민의 권리와 권한을 부정하거나 줄이는 것을 금지한 것으로 1964년 시민권법에 서명한 린든 B. 존슨 대통령에 의해서 서명되었다. "1965년 선거권법"(위키백과).

노예제 폐지와 미국 헌법 사이의 관계는 양재열, 「에이브러햄 링컨 (Abraham Lincoln) 대통령의 정치적 정의: 노예해방령과 수정헌법 13조를 중심으로」, 『대구사학』, Vol. 116(2014), pp.375-402.

182) 롤즈, 장동진 옮김, 『정치적 자유주의』, pp.282-283, 각주 10.

183) 같은 책, p.10, p.18, pp.43-44, p.48, 각주 41. 인용은 p.55. 정치적 자유 주의와 공적 이성, 그리고 입헌민주주의에 대한 포괄적 논의는 정원섭, 『롤즈의 공적 이성과 입헌민주주의』(서울: 철학과현실사, 2008), 제4장 참조.

184) 정재환·신초혜, 『논리 속의 오류, 오류 속의 논리. 오류사전』, p.82. "범 주 분류의 오류"는 "같은 범주에 속하지 않는 말들을 같은 범주에 속하는 것으로 잘못 추론하는 오류"다. p.251. "허수아비의 오류"는 "상대방의 논 증을 반박하기 쉬운 허수아비와 같은 다른 논증으로 조작하고 바꿔, 이 논증이 원래 논증인양 속여 발생하는 오류"다.

185) 에드워드 데이머, 김회빈 옮김, 『논리의 오류』, pp.124-127. "그릇된 유비 의 오류"는 "두 가지가 한두 측면에서 비슷하기 때문에 다른 측면에서도 비슷할 것이라고 가정하는 논증의 오류"다.

186) Lawrence M. Hinman, *Ethics: A Pluralistic Approach*(Belmont: Wadworth/ Thomson Learning, 2003), p.36. 상대주의를 "자기방어적 전략(a self-pro-tective strategy)"과 "비판으로부터의 방어로서 상대주의(relativism as a protection from criticism)"로 보는 입장은 p.36, p.48 참조.
『신약성경』 「마태복음」 7장 1절에 "비판을 받지 아니하려거든 비판하지 말라"는 구절이 있다. 이 구절의 진정한 의미는 자기의 과실도 많아 남을 비판할 자격도 없으면서 남을 비판하지 말라는 것이다. 그러나 이 구절이 남용되면 방어적 상호 불간섭적 상대주의가 된다. 라틴어에도 "네가 누군 데 이웃을 심판하려느냐?(*Tu quis es, qui iudicas proximum?*)"라는 격언이 있다. 우리 속담에도 "남의 자식 흉보지 말고 내 자식 가르쳐라"가 있다. 그리고 "남 눈에 티는 보면서 제 눈에 들보는 보지 못한다"는 속담도 있 다. 이 속담은 「마태복음」 7장 3-4절에 나온다. "어찌하여 형제의 눈 속 에 있는 티는 보고 네 눈 속에 있는 들보는 깨닫지 못하느냐. 보라, 네 눈 속에 들보가 있는데 어찌하여 형제에게 말하기를 나로 네 눈 속에 있는 티를 빼게 하라 하겠느냐." 「누가복음」 6장 37절에도 비슷한 구절이 있 다. "비판치 말라. 그리하면 너희가 비판을 받지 않을 것이오. 정죄하지 말라. 그리하면 너희가 정죄를 받지 않을 것이오. 용서하라 그리하면 너 희가 용서를 받을 것이오." 간음한 여인을 사람들이 돌로 치려 하자 예수

께서 "저희가 묻기를 마지아니하는지라 이에 일어나 가라사대 너희 중에 죄 없는 자가 먼저 돌로 치라 하시고…" 「요한복음」 8장 7절도 유명한 구절이다.

187) 에드워드 데이머, 김회빈 옮김, 『논리의 오류』, p.291. "후건 긍정의 오류"는 "만약 p라면 n이다. n이다. 그러므로 p이다." 즉 정치적 자유주의자는 좋은 삶에 대한 중립성 논변을 주장한다. 누가 좋은 삶에 대한 중립성 논변을 주장한다. 그렇다면 그는 정치적 자유주의자다. 본서 제2장 4절 3)항 "3강. 우리는 우리 자신을 소유하는가?/자유지상주의", "해제와 비판" 참조.

188) 「세계인권선언」(1948. 12. 10. 국제연합 총회에서 채택), 제4조 "어느 누구도 노예나 예속 상태에 놓이지 아니한다. 모든 형태의 노예제도 및 노예매매는 금지된다." 정인섭 편역, 『국제인권조약집』(서울: 경인문화사, 2001), pp.14-18.

189) 샌델, 이양수 옮김, 『정의의 한계』, p.398.

190) "공시성과 통시성(synchrony and diachrony)"(사회학 사전, 네이버 지식백과).

191) 샌델, 이양수 옮김, 『정의의 한계』, p.398. [전적으로]는 본서 저자 삽입.

192) 같은 책, p.398.

193) 롤즈, 장동진 옮김, 『정치적 자유주의』, p.181, p.210

194) 같은 책, p.181, 각주 12.

195) "Robert Filmer"(Wikipedia).

196) Lawrence M. Hinman, *Ethics: A Pluralistic Approach*(Belmont: Tomson Wadworth, 2003), pp.210-215. 인권의 근거에 대해서는 저자의 졸고, 박정순, 「인권 이념의 철학적 고찰」, 『철학과 현실』, 통권 68호(2006년 봄), pp.34-66 참조.

197) Louis Hartz, *The Liberal Tradition in America: An Interpretation of American Political Thought Since Revolution*(New York: Harcourt, Brace& World, 1955). 번역본은 루이스 하츠, 백창재 · 정하용 옮김, 『미국의 자유주의 전통: 독립혁명 이후 미국 정치사상의 해석』(파주: 나남출판, 2012).

198) "Religion in the United States", "History of Religion in the United States of America"(Wikipedia); 강승식, 「미국헌법상 종교의 자유」, 『미국사연구』, 제22집(2005), pp.223-257; "미국"(종교학대사전, 네이버 지식백과).

199) 강승식, 「미국헌법상의 종교의 자유」, pp.223-257.

200) "미국의 종교"(위키백과)에서 재인용.

201) 박은진, 「독립혁명기 미국 기독교의 시민종교화」, 『미국사연구』, 제24집 (2006), pp.117-118; 김종서, 「미국적 신앙의 뿌리와 공민종교의 성립」, 미국학연구소 편, 『미국사회의 지적 흐름: 정치·경제·사회·문화』(서울: 서울대학교 출판부, 1998), p.360. 원래 시민종교론은 캘리포니아 주립대학교 로버트 벨라(Robert N. Bellah)가 제시했다. Robert N. Bellah, "Civil Religion in America", *Daedalus*, Vol. 96(1967), pp.1-21. 그 이후 벨라는 이와 관련된 저작을 출간했다. Robert N. Bellah and Phillip Hammond, *Varieties of Civil Religion*(New York: Wipf & Stock, 1980). 사무엘 헌팅턴(Samuel P. Huntington)도 *Who Are We?: The Challenges to American's National Identity*(New York: Simon & Schuster Paperbacks, 2004), pp.103-106에서 시민종교가 미국의 정체성 이해에 중요한 관건이 되는 것으로 해석한다.

202) 정태식, 「현대사회에서 종교의 사회적 위치와 공공성」, 『신학사상』, 제 142집(2008), pp.195-217.

203) Amy Gutmann, "Communitarian Critics of Liberalism", *Philosophy & Public Affairs*, Vol. 14(1985), p.319. [ ]는 본서 저자의 삽입.

204) "Salem Witch Trials"(Wikipedia).

205) "세일럼 마녀재판의 경과"(인터넷 두산백과, 네이버 지식백과).

206) 케네스 데이비스, 이순호 옮김, 『미국에 대해 알아야 할 모든 것, 미국사』 (서울: 2004), p.102. "[주제가 있는 미국사] 뉴잉글랜드의 '마녀사냥'"(네이버캐스트)에서도 언급. 세일럼의 마녀사냥에 관한 영화는 「세일럼의 하녀(Maid of Salem)」(미국, 1937)가 있다. 그리고 미국의 유명한 극작가 아서 밀러(Arthur Miller)의 희곡, 『시련(*The Crucible*)』(미국, 1953)과 동명의 영화 「크루서블(The Crucible)」(미국, 1996)이 있다. 'Crucible'은 '용광로'인데 '시련'의 뜻도 있다.

207) "종파의 벽을 허물고 신대륙의 정신을 통합하다: 대각성 운동"(미국사 다이제스트 100, 네이버 지식백과).

208) "Great Awakening"(Wikipedia).

209) 롤즈, 장동진 옮김, 『정치적 자유주의』, p.xxi, p.45.

210) 샌델, 이양수 옮김, 『정의의 한계』, pp.400-403.

211) 같은 책, p.402.

212) 같은 책, p.403.

213) 같은 곳.

214) 같은 책, pp.404-406.

215) Terence Ball and Richard Dagger, *Political Ideologies and the Democratic Ideal*(New York: Harper and Collins, 1995), p.88.

216) 로버트 노직, 남경희 옮김, 『아나키에서 유토피아로: 자유주의 국가의 철학적 기초』(서울: 문학과지성사, 1983), p.289.

217) 같은 곳; 저자의 졸고, 박정순, 「사유재산권의 자유주의적 정당화의 과제」, 『사회비평』(1991), p.76.

218) Robert Nozick, *The Examined Life: The Philosophy Meditations*(New York: Simon and Schuster, 1989), pp.286-287.

219) 샌델, 이양수 옮김, 『정의의 한계』, p.403.

220) "*Tu quoque*"(Wikipedia); 에드워드 데이머, 김회빈 옮김, 『논리의 오류』, p.222. "피장파장의 오류"는 "자신을 비판하는 사람도 자기와 똑같이 옹호하기 어려운 생각이나 행동을 하고 있다고 비난하는 방식으로 자신의 생각이나 행동에 대한 공격에 응수하는 논증의 오류"다.

221) 롤즈, 장동진 옮김, 『정치적 자유주의』, pp.45-50.

222) 에드워드 데이머, 김회빈 옮김, 『논리의 오류』, p.222.

223) '미봉'이란 옷감의 터진 부분을 깁고 꿰매는 것으로, 미봉책은 그때그때 때워 넘기는 임시변통적인 문제 해결 방식이다.

224) Michael Sandel, *Liberalism and Its Critics*(New York: New York University Press, 1984), "Introduction", p.3.

225) Sandel, "The Procedural Republic and the Unencumbered Self", p.93. (1) 등은 본서 저자 삽입. 혁명기 및 건국 초기 미국의 정치사상은 통상적으로 자유주의 사상가인 존 로크의 사상에 의거한 것으로 해석되어왔다. 그러나 1960년대 이후 일군의 공화주의적 수정론자들이 대두하여 로크 대신에 마키아벨리를, 자유주의 대신에 공화주의를 주창했다. 그러나 이러한 주장은 자유주의의 옹호자들에 의해서 반박되었다. 자유주의의 옹호자들은 혁명기 및 건국 초기의 미국의 정치사상은 "공격적 개인주의, 경쟁적 물질주의, 개인의 권리, 실용적 이익집단 정치 등"으로 점철된 근대적 이데올로기를 신봉했다고 주장하면서 그 시기에서 자유주의의 중요성을 다시금 강조하고 나섰다.
샌델은 공화주의적 수정론에 대한 이러한 자유주의와의 논쟁을 전혀 언급하지 않고, 그 시기가 공화주의적 공동체주의의 사회라고 강변하고 거기로 회귀하자고 주장하고 있을 뿐이다. 이것은 명백한 시대착오적(anachronic) 억견일 뿐이다. 인용은 Robert E. Shalhope, "In Search of the Elusive Republic", *Reviews in American History*, Vol. 19(1991), p.468. 정경희, 「혁명기 및 건국 초기 미국의 정치사상: 공화주의적 수정론과 그 비판을 중심으로」, 『미국사연구』, Vol. 1(1993), p.48에서 재인용. 그리고 공화주의 수정론과 자유주의자들의 논쟁의 약술은 pp.47-48 참조.

226) 샌델, 안규남 옮김, 『민주주의의 불만』, p.17.

227) 같은 책, p.34.

228) 저자의 졸고, 박정순, 「정치적 자유주의의 철학적 기초」, pp.279-282. 그리고 본서 제3장 2절 4)항 "샌델의 자유주의의 중립성 비판과 롤스의 정치적 자유주의" 참조.

229) '연목구어'는 나무에 올라가서 물고기를 구한다는 뜻으로, 도저히 불가능한 일을 굳이 하려 함을 비유적으로 이르는 말. '건목수생'은 마른 나무에서 물이 난다는 뜻으로, 아무것도 없는 사람에게 무리하게 무엇을 내라고 요구함을 이르는 말. 비슷한 말은 '간목수생', '강목수생', '건목생수'. '백년하청'은 중국의 황허(黃河)가 늘 흐려 맑을 때가 없다는 뜻으로, 아무리 오랜 시일이 지나도 어떤 일이 이루어지기 어려움을 이르는 말. 모두 국립국어원 표준국어대사전 참조.

230) 샌델, 안진환·이수경 옮김, 『왜 도덕인가?』, pp.244-245. 인용은 『왜 도덕인가?』, p.245. 번역 문장을 약간 수정하였음. 샌델, 이양수 옮김, 『정의의 한계』, pp.402-403

231) Rawls, *Political Liberalism*, pp.4-5.

232) 같은 책, p.xxiv.

233) 샌델, 이양수 옮김, 『정의의 한계』, p.401; 샌델, 안진환·이수경 옮김, 『왜 도덕인가?』, p.243.

234) "이스라엘 요르단 강 서안 지구 분리 장벽"(위키백과). 분리 장벽은 이스라엘에서는 보안 장벽, 반테러 장벽으로도 불린다. 저자는 2010년 이스라엘 여행 시에 버스를 타고 그 분리 장벽을 직접 목격했고, 분리 장벽을 통과도 해보았다.

235) 에드워드 데이머, 김회빈 옮김, 『논리의 오류』, p.214. "인신공격의 오류"는 "상대방의 입장이나 논증을 무시하거나 불신하는 수단으로 상대방의 개인 신상을 공격하는 오류"다. 정재환·신소혜, 『논리 속의 오류, 오류 속의 논리. 오류사전』, p.131. "사람에 관련된 오류"는 "타당한 추론이나 증거를 제시하기 보다는 특정 논증을 주장한 사람이 '어떠어떠하다'는 이유 때문에 그 논증을 받아들일 수 없다고 추론하여 발생하는 오류"다.

236) 샌델, 『정의란 무엇인가』, pp.244-245.

237) Michael Sandel, *Public Philosophy: Essays On Morality in Politics*(Cambridge: Harvard University Press, 2005), p.233.

238) 리처드 도킨스, 이한음 옮김, 『만들어진 신』(파주: 김영사, 2007).
종교의 갈등은 종교 간의 갈등만이 아니라 종교 내부의 갈등도 만만치 않다. 그 단적인 예로 1,400년 전부터 계속되어온 이슬람교의 수니파와 시아파의 갈등을 들 수 있다. 중동 분쟁의 한 근원이기도 한 이 갈등은 이슬람교를 창시했던 무함마드(Muhammad)가 후계자를 선정하지 않은 채 죽으면서 시작되었다. 이슬람 공동체의 합의에 의한 적임자를 뽑아야 한다는 수니파와 무함마드의 혈육을 후계자로 해야 한다는 시아파로 갈려 갈등이 계속되었고, 시아파가 뽑은 제4대 칼리프가 수니파에 의해 암살당하자 두 종파는 원수지간이 되었다. 현재 이슬람교 신자는 수니파가 85퍼센트로 다수고, 시아파가 15퍼센트로 소수다. 시리아 내전과 예멘 내전은 수니파 정권 대 시아파 반군의 대결 구도다. 2016년 1월 사우디 왕정은 시아파 성직자인 셰이크 알님르를 반국가 사범으로 처형했다. 그러자 곧바로 이란 시위대가 테헤란의 사우디 대사관을 공격했다. 결국 사우디와 이란은 외교관계를 단절하였다. 수니파에는 사우디, 바레인, 수단, 아랍에미리트 등이 있고, 시아파에는 이란, 이라크, 레바논 헤즈볼라 등이 있어 서로 보복을 다짐하고 있다. 장일현 런던 특파원, "사우디, 이란 급부상에 위기감 … 중동 양강 자존심 충돌", 『조선일보』, 2016년 1월 5일자, A18면; 노석조 예루살렘 특파원, "칼리프 선출 방식 이견서 출발 수니파·시아파 1,400년째 분쟁", 『조선일보』, 2016년 1월 5일자, A18면.
239) 샌델, 이양수 옮김, 『정의의 한계』, pp.412-422.
240) 같은 책, pp.412-413.
241) 롤즈, 장동진 옮김, 『정치적 자유주의』, p.272.
242) 같은 책, p.293.
243) 샌델, 이양수 옮김, 『정의의 한계』, p.414.
244) 같은 책, p.415.
245) 정원엽 기자, "동성 커플 어디서든 결혼할 수 있다. 미국 대법원, 결혼 금지 위헌 결정", 『중앙일보』, 2015년 6월 27일자, 8면; "논쟁: 동성혼인 합법화해야 하나?" 한상희, "동성혼은 원래 합법이다", 김민중, "사회적 합의가 선행되야", 『중앙일보』, 2015년 7월 31일자.
오바마 대통령은 현직 대통령으로서는 처음으로 성적 소수자(LGBT, 레즈비언, 게이, 양성애자, 성전환자) 잡지 표지를 장식했다. 성적 소수자를 위한 잡지 『아웃(Out)』이 2015년 11월 10일 웹사이트에 공개한 최신호 표지에는 미소 짓는 오바마 대통령의 사진이 실렸다. 사진 아래에는 "우리의 대통령 — 우리의 협력자, 영웅, 아이콘"이라는 문구가 들어갔다. 김민정 기자, "오바마 대통령 '性소수자 잡지' 표지모델 되다", 『조선일보』,

2015년 11월 12일자, A16면.

우리나라에서도 공개적으로 결혼식을 올린 김조광수·김승환 동성 부부가 서대문구청에 혼인신고서를 제출하였지만 수리해주지 않자 불복 소송을 내면서 동성혼인 합법화에 대한 논란이 가중되고 있다.

요약하면, 찬성 논리는 다음과 같다. (1) 동성 간 혼인을 금한다는 법조항은 없다. (2) 혼인할 권리는 헌법상 보장된 기본권이다. (3) 제도와 인권이 충돌할 때는 인권이 우선이다. 반대 논리는 다음과 같다. (1) 결혼의 사회적 의미와 가치의 유지와 존속도 고려해야 한다. (2) 결혼은 개인의 문제일 뿐만 아니라 가족제도의 근간이다. (3) 합법화하지 않아도 사실혼 관계로 법적 보호가 가능하다.

246) 샌델, 『정의란 무엇인가』, p.364.

247) 사상의 자유시장론은 저자의 졸고, 『익명성의 문제와 도덕규범의 구속력』(서울: 정보통신정책연구원, 2004), pp.81-82, 각주 138. 그리고 본서 제5장 후주 163 참조. 헤게모니론은 왈쩌, 김은희 옮김, 『해석과 사회비판』, pp.64-66. 이에 대한 논의는 저자의 졸고, 박정순, 「공동체주의적 사회비판의 가능성: 마이클 왈쩌의 논의를 중심으로」, 『범한철학』, 제30집 (2003), pp.230-231 참조. 그리고 본서 제5장 후주 165, 166, 167 참조.

248) National Catholic Register, "미국 대법원 동성결혼 판결에 대한 미국 주교회의의 반응: '비극적 오류'".

249) "[국제] 미국 동성혼 합법화 이후 소송잔치: 다 끝난 줄 알았지?", 『딴지일보』, 2015년 7월 9일자.

250) 곽수근 기자, "이스라엘 '게이 퍼레이드'에서 극단적 정통파 유대교도 칼부림 … 부상 6명 중 2명 위독", 『조선일보』, 2015년 8월 1일, A14면.

251) "하레디"(위키백과); "하레디"(시사상식사전, 네이버 지식백과); 강승연 기자, "탱크보다 탈무드 … 이스라엘, '하레디' 확산에 골머리", 『헤럴드 경제』, 2014년 11월 18일자; 최민명 기자, "유대경전 공부만 하는 '하레디' 국민 혈세로 모두 먹여 살려야 하나", 『경향신문』, 2011년 11월 2일자.

252) 정원엽 기자, "동성 커플 어디서든 결혼할 수 있다. 미국 대법원, 결혼 금지 위헌 결정", 『중앙일보』, 2015년 6월 27일자, 8면.

253) 정원엽 기자, "동성 결혼 35개국으로 늘어 … 17개국은 아이 입양도", 『중앙일보』, 2015년 7월 4일, 17면; "LGBT"(Wikipedia).

254) 손창현, "동성혼 합법화 토론"(네이버 블로그, 2015. 7. 15).

255) 샌델, 이양수 옮김, 『정의의 한계』, pp.416-417.

256) 같은 책, p.419.

257) 같은 책, p.422.

258) '수정헌법' 제13조 "노예제와 강제노역 금지"(1865), 제14조 "공민권과 법률에 의한 평등한 보호"(1868), 제15조 "흑인의 투표권 인정, 참정권의 확대"(1870). 여기에 「세계인권선언」(1948)도 포함시킬 수 있을 것이다.
259) 샌델, 이양수 옮김, 『정의의 한계』, p.399.
260) Sandel, *Liberalism and the Limits of Justice*(1998), p.214. 약간의 의역이 가미된 저자의 번역임. "It is difficult to know what to make of this argument. There is little reason to suppose, and I do not think Rawls means to suggest, that …." 샌델, 이양수 옮김, 『정의의 한계』, p.417.
261) 샌델의 이러한 주장은 소위 "바위에 호소하는 논증(*argumentum ad lapidem*, appeal the stone)"의 오류다. 상대방의 주장이 불합리하다는 것을 증명하지 않고 그것을 배척하는 오류다. "바위에 호소하는 논증의 오류"는 버클리(George Berkeley)의 주관적 관념론, 즉 "존재하는 것은 지각되고 있다는 것이다(*esse est percipi*)"를 반증하기 위해서 새뮤얼 존슨(Samuel Johnson)이 바위를 찼다는 데서 기인한다. 그러나 이것은 버클리의 주장을 반증하지 못한다. 왜냐하면 새뮤얼 존슨이 찬 바위가 주관적 관념에 따라서 존재하는지의 여부는 아직 확실히 반증하지 못했기 때문이다.
    또한 샌델의 이러한 주장은 "개인적 불신으로부터의 논증(*argumentum ad lapidem*, argument from personal incredulity)" 혹은 "상상의 불가능성 논증(argument from lack of imagination)"으로부터 오는 오류다. 이 오류는 "나는 이것을 너무나 믿을 수 없으므로(나는 이것이 참이라는 상상을 할 수 없으므로), 그것은 참이 아니라는 것은 확실하다"는 논증으로부터 온다. "*Argumentum ad lapidem*"(Wikipedia). "Argumentum from Incredulity/ Lack of Imagination" in "Argumentum from Ignorance"(Wikipedia).
262) 샌델, 이양수 옮김, 『정의의 한계』, p.417.
263) '아포리아(aporia)'는 본서 제2장 3절 "『정의란 무엇인가』의 학문적 방법론과 전체 개요"에서 이미 다루었다. '아포리아'는 그리스어로 "통로가 없는 것", "길이 막힌 것"을 뜻하는 철학 용어로 어떤 사물에 관하여 전혀 해결의 방도를 발견할 수 없는 난관의 상태를 말한다. "아포리아"(인터넷 두산백과, 네이버 지식백과).
264) 샌델, 이양수 옮김, 『정의의 한계』, p.416.
265) 복음주의 프로테스탄티즘의 노예제 폐지 운동은 Andrew Delbanco, with Commentaries by John Stauffer et al., *The Abolitionist Imagination* (Cambridge, Mass: Harvard University Press, 2012), Ch. 5. Wilfred M. McClay, "Abolition As Master Concept" 참조. 여기서 "Master Concept"는 복음주의 프로테스탄티즘의 노예제 폐지 주장이 그 당시 노예제 폐지 운

동에 관련해서 중추적이고 지배적인 개념이었음을 주장하는 것이다. "종교 없이는 노예폐지론도 없다. 이것은 이렇게 간단명료한 진리다(No religion, no abolitionism: It is that simple)."(p.146)

266) "History of Religion in the United States of America"(Wikipedia).

267) "Great Awakening"(Wikipedia).

268) 샌델, 이양수 옮김, 『정의의 한계』, p.416.

269) 롤즈, 장동진 옮김, 『정치적 자유주의』, p.312. 더 정확한 표현을 위해 번역을 약간 수정하였음.

270) 같은 책, pp.180-181.

271) John Locke, A Letter Concerning Toleration(1689). 번역본은 두 가지가 있다. 존 로크, 공진성 옮김, 『관용에 관한 편지』(서울: 책세상, 2008); 존 로크, 최유신 옮김, 『관용에 관한 편지』(서울: 철학과현실사, 2009).

272) 롤즈, 장동진 옮김, 『정치적 자유주의』, p.310.

273) 같은 책, pp.310-311, 각주 39.

274) 같은 책, p.316. 롤스는 링컨이 남북전쟁을 신의 징벌로 보는 것의 근거를 밝히고 있지 않지만 링컨의 "제2차 취임사"(1865)에 나온다. 에이브러햄 링컨, 김우영 옮김, 『링컨의 연설과 편지』(서울: 이산, 2012), pp.250-253.

275) 롤즈, 장동진 옮김, 『정치적 자유주의』, p.316.

276) "William Ellery Channing"(Wikipedia).

277) 샌델, 이양수 옮김, 『정의의 한계』, p.416. 더 정확한 이해를 돕기 위하여 인용 번역 수정.

278) 같은 책, p.417.

279) Robert D. Woodberry, "The Missionary Roots of Liberal Democracy", American Political Science Review, Vol. 106(2012), pp.244-274.

280) Paul Horwitz, "The Sources and Limits of Freedom of Religion in a Liberal Democracy", University of Toronto Faculty of Law Review, Vol. 54 (1996), pp.1-64.

281) 샌델, 이양수 옮김, 『정의의 한계』, p.417.

282) "Abolitionism in the United States"(Wikipedia); 손세호, 「주요 노예폐지론자의 헌법 해석: 개리슨, 필립스, 더글러스」, 『미국사연구』, 제35집(2012), pp.33-57.

283) 정재환·신소혜, 『논리 속의 오류, 오류 속의 논리. 오류사전』, p.152. "성급한 일반화의 오류"는 "적은 개별적 사례들을 가지고 성급하게 일반화하여 결론을 추론하여 발생하는 오류"다.

284) "Cultural Lag"(Wikipedia). 오그번(William F. Ogburn)의 문화지체론은 과학 기술은 빨리 변하고 있는데, 인문사회적, 종교적, 정신적 가치는 더디게 변화함으로써 오는 간극 때문에 도덕적, 사회적 문제가 발생하다고 본다.

285) 이 문제는 본서 서문에서도 언급했다. 샌델은 다섯 가지 난제를 "Political Liberalism", *Harvard Law Review*, Vol. 17(1994), pp.1765-1794에서 처음 제기했다. 샌델은 이 논문을 *Liberalism and the Limits of Justice*(1998)의 부록 "A Response to Rawls' Political Liberalism"으로 재수록하였다. 여기서 샌델은 롤스의 정치적 자유주의에 대해서 전례 없는 과감하고도 치밀한 비판을 전개했고, 그러한 비판을 결코 반박될 수 없는 난공불락의 철옹성처럼 확신하여, 전가의 보도처럼 휘두르면서 *Public Philosophy*(2005)의 28장 "Political Liberalism"에도 재수록하였다. 샌델은 또한 *Democracy's Discontent*(1996)에서도 "1830년대와 1840년대 미국에서 노예제의 죄악을 강조하고 종교적 입장에서 주장을 펼친 많은 노예제 폐지론자들의 반노예 논증들도 마찬가지다"라고 지적했다. 샌델, 안규남 옮김, 『민주주의의 불만』, p.23.
마찬가지라는 것은 롤스의 정치적 자유주의의 중립성 논변으로는 노예제 폐지론자들의 포괄적인 종교적 교설을 설명하거나 수용할 수 없다는 것이다. 샌델을 『민주주의의 불만』에서 다섯 가지 아포리아적 난제를 명시적으로 다루고 있지 않지만, 제1부 제3장 "종교의 자유와 언론의 자유"에서 정치적 자유주의의 중립성 논변으로 종교적 자유도 충분히 보장 받지 못한다고 광범위한 종교적 사례와 판례들을 원용하면서 비판을 전개한다. 우리는 이 문제들도 본서 제5장 4절 3)항 (7) "종교의 중립성 논변, 종교의 자유, 그리고 자발주의적 선택"에서 다룰 것이다.

286) 에드워드 데이머, 김회빈 옮김, 『논리의 오류』, p.88. "옹고집의 오류"는 "자신의 주장이나 가정에 반대증거라고 할 만한 어떤 증거도 고려하지 않으려고 하거나 고려할 수 없다고 고집하는 논증"이다. 독단의 미몽은 칸트가 *Prolegomena*(1783) 서문에서 추상관념을 비판하고 관념의 기원을 감각인상에서 찾으려는 흄의 경험론과 인과율이 단지 두 사건의 시간적 연속일 뿐 필연적 관계는 아니라는 회의론에 의해서 합리론의 독단적 미몽에서 깨어났다고 말한 데서 유래한다. "프롤레고메나"(인터넷 두산백과, 네이버 지식백과). "Immanuel Kant"(Wikipedia), 각주 24, Kant, "Akademie-Ausgabe, B., 1990, Bd. 4, S. 260 in Vadim V. Vasilyev, Mokskau, The Origin of Kant's Deduction of the Categories", p.1, 각주 1 에서 재인용. 칸트는 독단의 미몽을 1771년 처음으로 언급했다고 한다.

"Immanuel Kant"(Wikipedia).

287) "[주제가 있는 미국사] 스콥스 재판: 세기의 '원숭이 재판'은 과연 누구의 승리였는가?"(네이버캐스트).

288) "Abolitionism in the United States"(Wikipedia).

289) 샌델, 이양수 옮김, 『정의의 한계』, p.393.

290) 같은 책, p.403. 신의 의지와 계시에 대한 자신의 해석이 맞다고 주장하는 사람들의 결코 끝나지 않는 논쟁에 관한 탈무드 이야기를 언급한 책은 왈쩌, 김은희 옮김, 『해석과 사회비판』, pp.50-52 참조.

291) 샌델, 이양수 옮김, 『정의의 한계』, p.403; 샌델, 안진환·이수경 옮김, 『왜 도덕인가?』, p.245.

292) "Abraham Lincoln"(Wikipedia); Roy Prentice ed., *Abraham Lincoln: His Speeches and Writings*(World Publishing, 1946), p.514.

293) "[전쟁사] 반격을 시작한 남군, 그리고 노예해방을 둘러싼 북부의 갈등: 남군의 반격과 링컨의 노예해방선언"(네이버캐스트).

294) "John Brown(Abolitionist)"(Wikipedia). 존 브라운의 무기고 침투 사건은 남북전쟁의 시발을 촉진했다. 브라운 사건과 아울러 대중에게 커다란 호소력을 가지고 있었던 것은 여성 작가 스토(Harriet Beecher Stow)가 1852년에 쓴 『톰 아저씨의 오두막(*Uncle Tom's Cabin*)』이었다. 이 소설은 기독교적 인도주의의 관점에서 노예 가정의 파괴를 고발한 것이었다. "Harriet Beecher Stowe"(Wikpedia).
노예에 관련된 영화로 주목받은 「노예 12년(12Years a Slave)」(미국, 2013)이다. 뉴욕에서 자유인으로 살고 있던 흑인 음악가 '솔로몬 노섭'이 갑자기 납치되어 루이지애나주에서 노예 '플랫'으로 12년간 살아야만 했던 이야기다. 미국의 흑인 작가 알렉스 헤일리(Alex P. Haley)의 세미다큐멘터리 소설 『뿌리(*Roots: The Saga of An American Family*)』(1976)도 유명하다. 작가가 자신의 7대조 할아버지까지 거슬러 올라가서, 그가 1767년 아프리카 감비아에서 노예로 팔려 미국으로 건너온 후 온갖 박해를 받으며 살았고, 그 박해가 후손 노예들에게 이어졌다는 것을 추적하여 사실적으로 기록한 작품이다. 1977년 미국 ABC 방송의 TV 드라마 「뿌리」로 만들어져 공전의 대히트를 기록했다. 그 드라마는 우리나라에서도 큰 인기를 얻었다. 7대조 할아버지의 이름 '킨타쿤테'는 당시 사람들의 입에 널리 오르내렸다. 영화 「뿌리(Roots)」(미국, 1977)로도 만들어졌다. 이 영화의 후속편인 「뿌리: 그 다음 세대(Roots: The Next Generation)」(미국, 1979)는 현대 미국을 배경으로 한 영화다. 「만딩고(Mandingo)」(미국, 1975)는 19세기 흑인 노예들의 애환을 다룬 영화로 소설 『뿌리』 이전에 나온 영화로서 유명한 작품이다. 모두 네이버 영화 참조.

295) "Moral High Ground Fallacy" in "List of Fallacies"(Wikipedia).

296) 딜레마를 피하는 방식에는 두 가지가 있다. 그 하나는 "뿔 사이로 피하는 논변(argument for escaping between the horns)"이다. 다른 하나는 "뿔로 잡는 논변(argument for taking the dilemma by the horns)"이다. "뿔 사이로 피하는 논변"은 한 딜레마가 선언지 중 어느 것을 간과했을 때의 오류를 논파하는 방법인데, 그 간과된 뿔을 제시하여 논변을 펼치는 것이다.

제논(Zenon)의 역설을 통해 "뿔 사이로 피하는 논변"을 살펴보자.

물체는 그 있는 장소에서 움직이거나 그 없는 장소에서 움직이거나다.
물체는 그 있는 장소에서도, 그 없는 장소에서도 움직일 수 없다.
∴ 고로 물체는 움직일 수 없다.

제논의 이러한 딜레마 논변은 "물체는 그 있는 장소로부터 그 없는 장소로 움직인다"는 뿔을 간과한 데서 온 오류다. 이 오류를 논파하려면 간과된 뿔을 지적하여 논변을 펼치면 된다.

그 다음 "뿔로 잡는 논변"은 한 딜레마에서 동일한 전건에 대해서 전혀 모순된 두 가지 후건이 있을 경우 상대방이 그중 한 가지 유리한 후건만으로 뿔을 삼아 궤변을 펼칠 때 간과된 후건을 뿔로 삼아 대등한 딜레마를 형성해서 대항하는 논변을 펼치는 것이다. 스승과 제자(프로타고라스와 에유아틀루스) 사이에서 벌어진 수업 사례금에 관한 논쟁을 예로 들어 보자. 에유아틀루스(Euathlus)는 당대 최고의 소피스트인 프로타고라스(Protagoras)에게 변론술을 배웠다. 그리고 수업이 끝나자 에유아틀루스는 수업료 반액을 지불하고 나머지는 스승에게 배운 변론술이 최고인지 아닌지 가늠하기 위해서 첫 소송에서 이기면 나머지 반액을 지불하기로 약속하고 떠났다. 스승 프로타고라스는 아무리 시간이 지나도 에유아틀루스가 잔액을 지불하지 않자 수업료 반액 청구 소송을 제기했다. 공교롭게도 이번이 에유아틀루스에게 첫 소송이다. 프로타고라스는 자신이 소송을 제기했기 때문에 딜레마적 논변을 먼저 제시한다.

이번 소송에서 만약 내가 이긴다면 이 소송은 내가 에유아틀루스 자네에게 제기한 수업료 반액 청구 소송에서 이기는 것이니, 자네는 수업료 반액을 지불해야 하네.

이번 소송에게 만약 내가 진다면, 이 소송은 에유아틀루스 자네가 이기게 되는데 첫 소송에서 이긴다면 수업료 반액을 지불한다고 약속했으니 자네는 역시 수업료 반액을 지불해야 하네.

∴ 그래서 나는 이번 소송에서 이기거나 지거나 수업료 반액을 받을 수 있네.

그러자 제자 에유아틀루스는 스승의 동일한 전건을 사용하되 자신에게 유리한 후건으로 치환하여 스승 프로타고라스를 곤경에 빠트린다.

이번 소송에서 만약 제가 이긴다면, 선생님께서 제기한 수업료 반액 청구 소송에서 이긴 것이므로 수업료 반액을 지불할 필요가 없습니다.

이번 소송에 만약 제가 진다면, 제가 첫 소송에서 이겨야만 수업료 반액을 지불한다고 약속하였으니 역시 수업료 반액을 지불할 필요가 없습니다.

∴ 그래서 제가 이번 소송에서 이기거나 지거나 저는 수업료 반액을 지불할 필요가 없습니다.

이상을 인용한 천옥환 교수의 저서 『논리학』에서의 논의는 여기서 끝난다. 그러나 우리는 한 가지 의문을 감출 수 없다. 그것은 이 소송에서 누가 이겼느냐 하는 것이다. 프로타고라스의 딜레마 논변을 에유아틀루스가 대등한 딜레마 논변으로 논파했기 때문에 에유아틀루스가 이겼다고 생각할 수 있다. 그러나 동일한 전건에 대해서 두 가지 모순적인 후건이 가능하므로 누가 먼저 하든지 먼저 한 사람은 결국은 딜레마 논변에서 지게 되어 있다. 그렇다면 이 딜레마는 서로 뿔로 잡아 교착상태에 빠진 것으로 보아야 한다. 즉 양자는 대등한 위치에 있는 것이다. 만약 양자가 대등한 위치에 있다면 소송을 제기한 프로타고라스가 진 것이 아닐까? 이런 상황임을 알고 있는 에유아틀루스는 자기가 먼저 딜레마 논변을 제기했다면 스승인 프로타고라스가 자신에게 유리한 후건으로 치환한 딜레마 논변으로 자신의 딜레마 논변을 논파할 수 있다는 것을 인정할 수 있을 것이다. 그렇다면 에유아틀루스는 스승에 대한 예의로서 비록 스승을 이기지는 못했지만 당대의 소피스트인 스승과 대등한 위치에 있다는 것은 이긴 것과 진배없다는 정신으로 일단 수업료 반액을 지불해야 할 것이다. 그렇다면 스승 프로타고라스는 자기가 최고의 소피스트로서 변론술을 가르쳤는데 어쨌든 제자 에유아틀루스가 첫 소송에게 이기지 못했으므로 수업료 반액의 반액을 다시 에유아틀루스에게 돌려주어야만 할 것이다. 이렇게 된다면 양자 모두가 해피엔딩이 될 것이라고 생각해본다. 이런 과정이 없이 처음부터 교착상태이니 걸린 돈, 즉 수업료 반액을 둘로 나누어 지급하면 스승과 제자 사이의 인간적인 해결책이 아니다.

독자 여러분들은 어떤 해결책이 있는지 궁금하다. 만약 스승과 제자 사이가 아닌 적대적인 관계라면 아무도 먼저 딜레마 논변을 제기하지 않으려고 할 것이므로 (먼저 하면 상대방에게 논파 당하므로) 결국 소송은 시작도 하지 못하고 교착상태에 빠질 것이다. 그렇다면 한 가지 해결책은 추첨으로 먼저 논변을 제기할 사람을 정하는 것이다. 먼저 딜레마 논변을 시작하는 사람은 상대방의 같은 딜레마 논변으로 논파 당하므로 지는 것이 당연지사다. 대학교 1학년 때 논리학 시간이 이러한 의문을 품었는데, 42년 만에, 완전히 해결했다고는 말할 수 없지만, 어떤 해결책을 제시해 볼 수 있어 큰 숙제가 풀린 느낌이다.

본서 제2장 4절 2)항 "2강. 최대 행복 원칙/공리주의"의 "해제와 비판"에서 언급한 것처럼 저자가 대학교 1학년 때 썼던 논리학 책을 참조했다. 제2장 후주 95 참조. 천옥환, 『논리학』(서울: 박영사, 1972), pp.138-139, pp.236-237. 이 책은 1973년 저자가 연세대학교 문과대학 철학과 1학년에 재학 중일 때 당시 논리학을 가르치셨던 은사 박동환 교수님의 수업 "논리학"에서 사용했던 교재다.

297) 저자의 졸고, 박정순, 「근대적 자아의 도덕적 복구를 위한 철학적 초혼제: 문제의 책: Charles Taylor, *Sources of the Self: The Making of the Modern Identity*(Cambridge: Harvard University Press, 1989)」, 『철학과 현실』, 통권 44호(2000년 봄), pp.271-272. 자세한 논의는 본서 제5장 9절 3)항 "찰스 테일러: 공화주의적인 총체론적 정의" 참조. 번역본은 찰스 테일러, 권기돈·하주영 옮김, 『자아의 원천들: 현대적 정체성의 형성』(서울: 새물결, 2015).

298) 찰스 테일러는 2002년 제6회 '다산기념 철학강좌'에 초빙되어 한국에 와서 "세속화와 현대문명"이라는 주제로 네 번의 강연을 하였다. 『세속화와 현대문명』(서울: 철학과현실사, 2003). 숭실대 철학과 김선욱 교수는 「미국 개신교의 신앙과 정치 실천의 변화: 장로교와 침례교를 중심으로」, 『미국사연구』, 제22집(2005), pp.259-288에서 테일러의 세속화 이론을 탐구하고, 미국 기독교의 경향을 테일러가 종교사회학자 에밀 뒤르켐(Emile Durkeim)의 관점을 통해 분석하는 논의를 소개한 뒤, 기독교 근본주의가 내적 모순에 봉착하게 될 것이라는 점을 주장한다.

299) 막스 베버, 최기철 옮김, 『프로테스탄트 윤리와 자본주의 정신』(파주: 다락원, 2010) 참조.

300) 한철희, 「미국 대학 세속화 과정의 주요요인으로서 교과과정 논쟁 연구」, 『기독교교육정보』, 제18집(2007), p.116.

301) "부의 복음"은 신흥 부자들인 백만장자들의 자선 의무를 명시한 것이다. 카네기의 잡지 기사에서 유래했다. "The Gospel of Wealth"(Wikipedia) 참조.

302) 박정신, 「19세기 말, 20세기 초 미국의 대학교육 개혁: 하버드대, 찰스 엘리엇 총장의 개혁 중심으로」, 『아시아문화』, 제20호(2004), pp.79-80.

303) "Harvard University"(Wikipedia).

304) 같은 논문. 초월주의는 오성이나 경험을 초월해서 직관에 의해 진리를 파악해야 한다는 주장이다. 미국의 사상가 에머슨(R. W. Emerson)의 신념으로 유니테리언 신자들도 그것을 많이 추종하였다. 유니테리언(unitarian)은 칼뱅파의 삼위일체설을 거부하고 그리스도의 신성을 부인하는 기독교 교파로서 오직 하나님 한 분만 신이라고 하는 유일신론(unitarianism)을 주장하기 때문에 그러한 이름이 붙여졌다. 유니테리언 교회는 특정인들에 대한 선택과 구원을 거부하고 만인구원론(Universalism)도 같이 주장하였다. "Unitarian Universalism"(Wikipedia) 참조.

305) "Harvard University"(Wikipedia). 그리고 Stephen P. Shoemaker, "The Teleological Roots of Charles W. Eliot's Educational Reforms", *Journal of Unitarian Universalist History*, Vol. 31(2006-2007), pp.30-45; Hugh Hawkins, "Charles W. Eliot, University Reform, and Religious Faith in America, 1869-1909", *The Journal of American History*, Vol. 5(1964), pp.191-213.

306) 본서 제5장 4절 3)항 (4) "정치적 자유주의와 포괄적인 종교적 교설 사이의 관련 방식에 대한 다섯 가지 아포리아적 난제"에서 언급함. 롤즈, 장동진 옮김, 『정치적 자유주의』, p.310, 각주 38.

307) Charles H. Russell, "Charles W. Eliot and Education", *The Journal of Higher Education*, Vol. 28(1957), p.437.

308) 한철희, 「미국 대학 세속화 과정의 주요요인으로서의 교과과정 논쟁 연구」, 『기독교교육정보』, 제18집(2007), pp.113-139; 박정신, 「19세기 말, 20세기 초 미국의 대학교육 개혁: 하버드대, 찰스 엘리엇 총장의 개혁 중심으로」, pp.75-91.

309) Shoemaker, "The Theological Roots of Charles W. Eliot's Educational Reforms", p.43.

310) Russell, "Charles W. Eliot and Education", p.438.

311) 한철희, 「미국 대학 세속화 과정의 주요요인으로서의 교과과정 논쟁 연구」, p.114, p.134.

312) Samuel Eliot Morison, *Three Centuries of Harvard: 1636-1936*(Cambridge:

Harvard University Press, 1946), pp.363-364.

313) 한철희, 「미국 대학 세속화 과정의 주요요인으로서의 교과과정 논쟁 연구」," p.127, p.134,

314) 같은 논문, p.116.

315) "Charles William Eliot"(Wikipedia).

316) 샌델, 『정의란 무엇인가』, p.245.

317) "Charles William Eliot"(Wikipedia).

318) 같은 논문. 그리고 Jennings L. Wagoner, "Charles W. Eliot, Immigrants and the Decline of American Idealism", *Biography*, Vol. 8(1985), pp.25-36.

319) 샌델, 이양수 옮김, 『정의의 한계』, p.422.

320) 롤스는 『정치적 자유주의』에서 낙태에 관해서 언급하고 있다. 롤즈, 장동진 옮김, 『정치적 자유주의』, p.302, 각주 32. 본서 제5장 4절 3)항 (1) "자유주의의 '중대한 도덕적 문제 제외'에 관한 샌델의 비판과 롤스의 응답" 참조. 제5장 후주 140 참조.

321) 저자의 이러한 입장에 동조하면서, 롤스의 정치적 자유주의에 대한 샌델의 논의를 비판적으로 다루고 있는 저서 및 논문은 홍성우, 『자유주의 대 공동체주의 윤리학』(서울: 선학사, 2005), 제3장; 맹주만, 「롤스와 샌델. 공동선과 정의감」, 『철학탐구』, 제32집(2012), pp.313-348 참조.

322) 박은진, 「남북전쟁 전 미국의 아프리카계 노예들과 기독교」, 『아프리카연구』, 제29호(2011), p.10.

323) Sandel, *Public Philosophy*, p.252.

324) 같은 책, p.253.

325) 같은 책, p.254.

326) Joshua Cohen, "Book Review of Walzer's Spheres of Justice", *The Journal of Philosophy*, Vol. 83(1986), pp.463-464. 더 자세한 논의는 본서 제5장 7절 "공동체주의의 규범적, 방법론적 난점: 공동체주의의 딜레마 봉착" 참조.

327) 샌델, 안진환 · 이수경 옮김, 『왜 도덕인가?』, p.166.

328) 같은 책, p.166.

329) 샌델, 이양수 옮김, 『정의의 한계』, p.421; 샌델, 안진환 · 이수경 옮김, 『왜 도덕인가?』, p.261.

330) 본서 제3장 2절 5)항 "기독교 근본주의의 대두와 자유주의에의 책임 전가" 참조. 그리고 '자유주의 대 공동체주의 논쟁'에 관련된 현대사회의 문제는 본서 제5장 8절 "자유주의와 현대사회의 문제" 참조.

331) 샌델, 안규남 옮김, 『민주주의의 불만』, 제3장 참조. 본서 제3장 2절 5)항 "기독교 근본주의의 대두와 자유주의에의 책임 전가", 6)항 "정치 영역에서 종교 개입의 문제" 참조.

332) 샌델, 안규남 옮김, 『민주주의의 불만』, p.89.

333) 같은 책, pp.88-96.

334) 같은 책, pp.97-98.

335) 같은 책, p.94. 샌델은 이 사건을 "*Abington* 374 at 225, 324"(1963)으로 전거를 밝힘.

336) 같은 곳. "*Epperson v. Akansas*"(1968).

337) 샌델, 안규남 옮김, 『민주주의의 불만』, p.94.

338) "[주제가 있는 미국사] 스콥스 재판: 세기의 '원숭이 재판'은 과연 누구의 승리였는가?"(네이버캐스트).

339) 프란츠 카프카(Franz Kafka)의 『변신(*The Metamorphosis*)』(1916)과 오비디우스(Ovidius)의 『변신이야기(*Metamorphoses*)』 참조. 프란츠 카프카, 이주동 옮김, 『변신』(서울: 솔, 1997). 주인공 그레고르는 불안한 꿈에서 깨어났을 때 자기 자신이 한 마리의 커다란 벌레로 변신한 것을 깨닫게 된다. 그러나 그의 가족들에게 그레고르로 인정되지 못하여 고통을 받다가 결국 죽고 만다는 이야기다. 샌델의 변신도 너무 커 아마도 공동체주의자들로부터 같은 동료로서 인정을 받을 수 없을지도 모른다.

오비디우스, 이윤기 옮김, 『변신이야기』(서울: 민음사, 1998). 로마시대의 신화학자 오비디우스의 『변신이야기』는 천지 창조에서부터 시작해 인간이 빚어내는 온갖 사건, 특히 트로이 전쟁과 트로이의 후예인 아이네이아스의 로마제국 건국 신화를 들려준 다음, 카이사르의 죽음과 승천으로 끝난다. 『변신이야기』는 신과 인간의 변화무쌍한 삶의 변전을 다루고 있다고 할 수 있다. 즉 모든 것은 변할 뿐, 없어지는 것은 하나도 없다는 것이다. "[세계문학의 고전] 오비디우스, 『변신이야기』"(네이버캐스트). 그리스 신화에는 많은 변신 이야기가 나오기도 한다. "그리스 신화 속 네 가지 변신 유형"(네이버 지식백과) 참조. 첫째는 주인공이 위험을 피하기 위해서 변신한다. 둘째는 안타까운 죽음에 대한 보상으로 변신한다. 셋째는 잘못에 대한 벌로 변신한다. 넷째는 신들이 자신의 뜻을 이루기 위해 변신한다.

샌델은 넷째 변신을 시도한 것이지만 결국 셋째 변신으로 귀착하고 만다. 본문 논의 참조. 샌델은 롤스의 정치적 자유주의의 중립성과 종교에 대한 자발주의적 선택에 반대하기 위해서 스스로를 가장 강한 중립성론자로 변신시킨다. 때로는 중립성이 아니라면 모든 것을 다 포기해야 하는 폐지

540

론자 혹은 무화론자(abolitionist)가 되고, 때로는 중립성을 유지하려면 모든 것을 다 포함해야 한다는 포괄주의 혹은 포용주의(inclusivist)로 왔다 갔다 변신하는데, 이것은 중립성을 잘못 이해한 것에 대한 벌로서의 변신이라고 할 수밖에 없다. 왔다 갔다의 변신은 알베르 카뮈의 『시시포스 신화』(1942)에서 시시포스가 바윗돌을 정상으로 힘들게 옮기지만 다시 굴러 떨어져 다시 옮김을 반복하는 것과 같다. 샌델에게 그 바윗돌은 정치적 자유주의의 중립성 논변이고 종교에 대한 자유주의의 자발주의적 선택이다. 샌델이 그것을 이기려고 하지 말고 수용할 수 있을 때 비로소 그 바윗돌은 멈출 것이다. 알베르 카뮈, 이원하 옮김, 『시지포스 신화』(서울: 학원사, 1994); 알베르 카뮈, 김화영 옮김, 『시지프 신화』(서울: 책세상, 1998).

340) 이분법적 분열을 의미하는 "Splitting"(Wikipedia) 참조. 이분법적 분열은 "흑백논리" 혹은 "전부 아니면 무(all or nothing)"라고도 한다. 그리고 "black-and-white thinking" in "False Dilemma"(Wikipedia) 참조.

샌델의 이러한 강경한 입장을 볼 때 미국에서 2015년 11월 발생했던 스타벅스 컵 사건에 대해서 샌델이 어떠한 입장을 취할 것인지 궁금하다. 스타벅스는 그동안 연말이면 성탄절 별, 루돌프 사슴, 썰매 등 크리스마스를 상징하는 그림이 그려진 컵으로 성탄절 분위기를 냈던 것과는 달리 2015년 연말에는 빨간색으로 칠한 컵만 내놓았다. 이러한 현상은 수니파 급진 무장세력인 이슬람 국가(IS)와의 테러 전쟁이 확대되면서 서방세계 곳곳에서 특정 종교인 기독교의 색채를 최소화해야 한다는 인식이 고조되었기 때문에 발생했다. 이러한 인식은 아시아나 중동, 유대계 명절도 있는데 유독 크리스마스만 강조해 갈등을 일으킬 필요가 없다는 종교적 중립성 논제의 일환에서 나온 것으로 볼 수 있다. 그래서 미국과 유럽에서는 공공장소에서 산타클로스나 루돌프 사슴이 실종되고 있다. 그렇다면 샌델은 자신의 강경한 중립성 논변에 의해서 이러한 인식을 수용해야 할 것인가? 아니면 공화당 대선 후보 도널드 트럼프나 보수 기독교인들처럼 다시 메리 크리스마스를 외칠 수 있도록 해야 할 것인가? 윤정호 워싱턴 특파원, "美 백화점 거리 '메리 크리스마스' 인사말 사라진다", 『조선일보』, 2015년 11월 30일자, A19면.

우리가 곧 보게 될 것처럼, 샌델은 종교에 대한 자유주의적이고 자발주의적인 선택을 비판하고 종교는 아미시파(Amish)처럼 우리가 선택하지 않은 문화 전통적 소여(所與), 즉 문화 전통적으로 주어진 것으로서 그것을 고수해야 한다고 보는 입장도 강하게 주장하고 있다. 그렇다면 샌델은 도널드 트럼프 편이 될 것이다.

샌델이 만약 첫 번째 선택지를 택한다면, 강경한 중립성 논변을 실행할 수 있지만 그것은 우리가 본서 제5장 4절 3)항 (1) "자유주의의 '중대한 도덕적 문제 제외'에 관한 샌델의 비판과 롤스의 응답"에서 본 것처럼 자유주의적 중립성 논변에 의한 괄호 치기가 될 것이다. 샌델이 만약 두 번째 선택지를 택한다면, 우리가 현재 논의하고 있는 본서 제5장 4절 3)항 (7) "종교의 중립성 논변, 종교의 자유, 그리고 자발주의적 선택"에서 보는 것처럼 아미시파와 같이 외부 사회의 변화와 관계없이 한 사회의 문화 전통적 종교를 고수하는 강경 보수주의자가 될 것이다. 이러한 강경 보수주의자는 다른 종교들에 대해서 배타적이고 편파적이고 불관용적이게 될 것이다.

샌델은 왼쪽을 돌아보고 오른쪽을 곁눈질하는 좌고우면(左顧右眄)을 해봐야 쉽사리 결단을 내리지 못할 것이다. 결국 그는 이러한 두 가지 선택지 사이에서 이러지도 저러지도 못하는 뷔리당의 당나귀(Buridan's Ass)가 되고 말 것이다. 뷔리당의 당나귀는 두 갈래의 갈림길에 놓여 있는 동일한 두 건초 사이에서 어떤 것을 택할까 망설이다가 굶어 죽은 당나귀다. "Buridan's Ass"(Wikipedia) 참조. "슈뢰딩거의 고양이: 뷔리당의 당나귀" (네이버 지식백과). 에른스트 페터 피셔, 박규호 옮김, 『슈뢰딩거의 고양이: 과학의 아포리즘이 세계를 바꾸다』(서울: 들녘, 2009), "뷔리당의 당나귀" 참조.

341) 고육책은 '고육지책(苦肉之策)'이라고도 하며, 제 몸을 상해가면서까지 꾸며내는 방책이라는 뜻으로, 일반적으로 어려운 상황에서 벗어나기 위한 수단으로 어쩔 수 없이 하는 계책을 말한다. "고육지책"(인터넷 두산백과, 네이버 지식백과).

342) L. 레너드 케스터 · 사이먼 정, 『미국을 발칵 뒤집은 판결 31』, pp.100-111.

343) 샌델, 안규남 옮김, 『민주주의의 불만』, p.96.

344) 같은 책, p.111. "우물에 독 풀기(Poisoning the well) 오류"는 논증을 만들 때 반론이 제기될 가능성을 미리 원천적으로 막아 반론 자체가 불가능하도록 논증을 구성함으로써 발생하는 오류다. 정재환 · 신소혜, 『논리 속의 오류, 오류 속의 논리. 오류사전』, p.178. 즉 조금이라도 종교의 신성함을 해치면 우리는 아예 성탄절이고 뭐고 안 하고 없다는 주장이다.

345) 에드워드 데이머, 김회빈 옮김, 『논리의 오류』, p.88, p.160.

346) 샌델, 안규남 옮김, 『민주주의의 불만』, p.99.

347) 같은 책, p.101. Sandel, "The Procedural Republic And the Unencumbered Self", pp.81-96. 본서 제5장 4절 1)항 "자유주의적 무연고적 자아에 대한

샌델의 비판" 참조. 그리고 샌델, 『정의란 무엇인가』, p.309 참조.

348) 샌델, 안규남 옮김, 『민주주의의 불만』, p.100.

349) 같은 책, p.102.

350) 아미시파(Amish)는 재세례파 계통의 개신교 종파로서 현대문명과 단절한 채 자신들만의 전통을 유지하며 생활하고 있는 침례 종파 집단의 일종이다. 주로 17세기 이후 탄압을 피해 미국으로 이주한 스위스-독일계 이민들이 많고, 미국 펜실베이니아주에 많이 살고 있다. "아미시 공동체"(시사상식사전, 네이버 지식사전); "아미시파"(위키백과). 자동차도 타지 않고 말 한 필이 끄는 마차를 애용하는데, 가끔 고속도로에 나온다. 그러나 아미시파는 도형을 전시하는 것을 금하므로, 저녁에는 빛을 반사하는 빨간 삼각대도 갖지 못하고 설치도 못한다. 그러나 이것은 고속도로에서 아미시파 사람들의 부상과 사망을 줄일 수 있는 방책을 스스로 포기하는 셈이다. Lawrence Himan, *Ethics: A Pluralistic Approach*(Belmont: Wadsth/Thomson Learning, 2003), p.99.
그리고 아미시파는 가족 단위 공동체를 이루며 고립적으로 생활하고 있으므로 불행히도 강간과 근친상간을 비롯한 성범죄가 자주 일어난다고 한다. "재세례파"(나무위키). 아미시파 생활의 편린을 엿볼 수 있는 영화는 「위트니스(Witness)」(미국, 1985)가 있다. 살인을 목격한 아미시파 미망인 레이첼 모자가 사건을 맡은 형사 존(해리슨 포드 분)과 함께 살인에 연루된 동료 경찰들을 피해 아미시파 마을로 들어와 그들 사이에 연분이 싹트고 결국 살인 사건을 해결하는 것을 다룬 영화다.

351) 샌델, 안규남 옮김, 『민주주의의 불만』, p.107.

352) 같은 책, p.109.

353) 미국에서는 2014년 콜로라도 주와 워싱턴 주가 기호용 대마초 판매와 재배를 합법화한 이래 2015년 알래스카 주, 워싱턴 D.C., 오리건 주가 주민투표와 의회 통과를 거쳐 마리화나 합법화의 대열에 가세했다. 의료용 마리화나를 허용한 지역은 워싱턴 D.C.와 23개주 등 24곳이다. "미국민 58% 대마초 합법화 찬성 … 역대 최고 지지율", 『연합뉴스』, 2015년 10월 22일자.
페요테(peyote) 선인장에서 추출되는 메스칼린은 대마초보다 강력한 것으로 알려져 있다. 그런데 페요테는 신체의존성이 없다는 연구 보고도 있다. 샌델은 아메리카원주민교회(National American Church)의 구성원들이 종교 의식에서 페요테를 사용한 것과 관련된 1990년 사건을 문제 삼는다. 이 교회의 구성원 2명이 종교 의식을 치르면서 오리건 주의 법률이 금지하고 있는 마약인 페요테를 먹었다는 이유로 사설 마약갱신센터에서 해고를 당했을 뿐만 아니라 법을 위반해서 해고되었다는 이유로 실업 수당 지급을 거부당했다. 나중에 미 연방대법원은 실업 수당 지급 거부에 대해서 합헌 결정을 내렸다(*Employment Division v. Smith*, 494 U.S. 872, 1990). 샌델은 이 판결이 종교의 자유를 억압하는 결정이며, 또한 종교가 자발적인 선택이 아니라 우리의 삶의 양식 속에 주어진 것이라는 관점을 고려하지 못한다고 비판한다. 그리고 이 판결은 종교가 정부의 특별한 보호의 대상이라는 생각에도 위배된다고 비판한다. 샌델, 안규남 옮김, 『민주주의의 불만』, pp.108-109. 미국 연방의회는 "미국 인디언 종교자유 수정법(the American Indian Religious Freedom Act Amendments of 1994)"을 통과시켰으므로 미국 인디언들은 진정한 종교 의식에서는 피요테를 사용할 수 있게 되었다. 이러한 사용 허가는 오직 미국 인디언들의 종교 의식에만 한정하는 주가 있고, 다른 모든 인종의 종교 의식까지도 확장하는 주가 있다. 그러나 이 수정법은 진정한 종교 의식 이외의 피요테 사용은 철저히 금지하고 있다(Wikipedia). 이러한 수정법을 보면 샌델의 비판은 정당한 것으로 인정될 수 있을 것이다. 그러나 종교 의식에서의 마약 사용 문제가 만약 LSD까지 확장된다면 샌델도 찬성하지는 못할 것이다. 약물 중독을 코믹하게 그려낸 영화 「돈 페요테(Don Peyote)」(미국, 2014) 참조. 32세의 워렌 알맨은 결혼을 앞둔 평범한 남자이고 남부럽지 않은 행복한 삶을 살고 있었다. 그러나 약물에 중독된 부랑자의 땀이 그의 손바닥 위로 떨어져 그의 몸에 흡수되면서 환각 증세를 일으키는 마약 중독자가 되고 만다. 그는 점점 마약의 세계에 빠져들고 결혼 준비도 뒷전으로 밀린다. 그는 결국 모든 것을 잃어버리게 되지만 그것을 알아차렸을 때는 이미 늦어 마약 중독과 사투를 벌여야 하는 상황이 된다. 네이버 영화 참조. "약물 중독을 코믹하게 그려낸 영화 「돈 페요테」"(네이버 블로그, 2014. 5. 10).

354) 움베르토 에코, 이윤기 옮김, 『장미의 이름』(서울: 열린책들, 2006). 영화 「장미의 이름(The Name of the Rose)」(이탈리아, 독일, 프랑스, 1989)에서 숀 코너리가 분한 윌리엄 수사는 영국 철학자로 유명론(唯名論)을 주창한 오컴(William of Ockham)이다. 그는 중세 보편논쟁에서 보편은 다만 이름에 불과하고 개별적인 것만이 존재한다는 유명론을 주창하여 중세 사변신학의 붕괴기에 근세의 경험론을 열었다. 중세 보편논쟁에서 보편자가 존재한다는 주장은 실재론(realism)이다. "오컴"(인터넷 두산백과, 네이버 지식백과); "보편논쟁(普遍論爭, controversial of universal)"(인터넷 두산백과, 네이버 지식백과). 영화에 대한 자세한 해석은 "[영화 속 클래식] 장미의 이름"(네이버캐스트) 참조.

355) 이러한 주장은 Will Kymlicka, *Liberalism, Community, and Culture*(Oxford: Oxford University Press, 1989) 참조.

356) Will Kymlicka, *The Rights of Minority Cultures*(Oxford: Oxford University Press, p.1995). 「세계인권선언」에는 종교의 자유를 규정한 제18조가 있고, 자신의 존엄성과 자신의 인격의 자유로운 발전에 필수불가결한 경제적이고 사회적이고 문화적인 권리를 실현할 자격이 있다는 제22조가 있다. 인권의 3단계론은 「세계인권선언」에 근거한 것으로 1단계는 정치적 권리를 규정하고, 2단계는 사회경제적, 문화적 권리를 규정하는 단계이고, 3단계는 문화적 유산에의 참여에 관련된 집단적 권리를 규정하는 단계다. "The Three Generations of Human Rights"(Wikipedia); 저자의 졸고, 박정순, 「인권 이념의 철학적 고찰」, 『철학과 현실』, 통권 68호(2006년 봄), pp.34-66 참조.

357) Hugh Heclo and Wilfred McClay eds., *Religion Returns to the Public Square: Faith and Policy in America*(Baltimore: The Johns Hopkins University Press, 2003).

358) 송재룡, 「종교 세속화론의 한계: 탈세속화 테제의 등장과 관련하여」, 『사회와 이론』, 통권 7집(2005), pp.121-150.

359) 김성건, 「고도성장 이후의 한국교회: 종교사회학적 고찰」, 『한국기독교와 역사』, 제38호(2013), pp.5-45.

360) Douglas and Jacobsen and Rhonda Hustedt Jacobsen, "Religion's Return to Higher Education", *Trusteeship*, Vol. 21(2013), pp.16-21.

361) Michael Hoelzl and Graham Ward eds., *The New Visibility of Religion: Studies in Religion And Cultural Hermeneutics*(London: Continuum International Publishing Group, 2008).

362) 미국 종교에 관해서는 무수히 많은 책들과 논문들이 있겠지만 좋은 출발점으로는 *Daedalus*, Vol. 96 (1967), No. 1, "Religion in America," 12개 논문 특집호가 있다. 벨라(Robert N. Bellah)의 Civil Religion 논의로부터 시작한다. 그리고 *The Public Interest*, No. 155 (Spring 2004), "Religion in America," 13개 논문이 실린 특집호도 좋다.
그리고 L. 레너드 케스터 · 사이먼 정, 『미국을 발칵 뒤집은 판결 31』 pp.99-187 중 종교에 관련된 다섯 가지의 판결 참조. "01: 법정에서 만난 진화론과 창조론", "02: 공공건물에서 종교적 텍스트를 전시할 수 있는가?", "03: 종교인과 비종교인의 권익 중 어느 쪽이 더 중요한가?", "04: 종교의 이름 아래 일부다처제가 허용될 수 있는가?", "05: 종교적 신념이 국민으로서의 의무에 우선 할 수 있는가?"

그리고 Ronald Dworkin, *Religion Without God*(Cambridge: Harvard University Press, 2013). 번역본은 로널드 드워킨, 김성훈 옮김, 『신이 사라진 세상: 인간과 종교의 한계와 가능성에 관한 철학적 질문들』(서울: 블루엘 리펀트, 2014), 3장 "종교의 자유" 참조.

363) 이하는 저자의 졸고, 박정순, 「정치적 자유주의의 철학적 기초」, pp.287-291 발췌.

364) Rawls, *Political Liberalism*, p.53, p.306; 저자의 졸고, Jung Soon Park, "Rawls' Avowed Error in Rational Contractarianism", 세계철학대회(WCP, 2008), 윤리학 분과 발표(2008. 8. 2), pp.1-16. 그리고 저자의 졸저, Jung Soon Park, *Contractarian Liberal Ethics and the Theory of Rational Choice*(New York: Peter Lang Publishing Co., 1992), p.104.

365) John Rawls, *Political Liberalism*, pp.25-27, p.75.

366) Georgia Warnke, *Justice and Interpretation*(Cambridge: The MIT Press, 1993), p.45. Cf. Rawls, *Political Liberalism*, p.13, p.85.

367) Brian Barry, "John Rawls and the Search for Stability", *Ethics*, Vol. 105 (1995), p.895; Paul Kelly, "Justifying Justice: Contractarianism, Communitarianism, the Foundations of Contemporary Liberalism", David Boucher and Paul Kelly eds., *The Social Contract from Hobbes to Rawls*(London: Routledge: 1994), p.241.

368) Rawls, *Political Liberalism*, p.90.

369) 같은 책, p.8, p.28

370) 같은 책, p.134.

371) 같은 책, p.141.

372) 같은 곳.

373) 같은 책, p.xiii

374) 같은 책, p.195.

375) 같은 책, p.xix.

376) 같은 책, p.12, p.97, p.145. 중첩적 합의를 포괄적 교설들이 교차하거나 수렴하는 하나의 정리(theorem)라고 말한 곳은 John Rawls, "The Idea of Overlapping Consensus", *Oxford Journal of Legal Studies*, Vol. 7(1987), p.9.

377) Rawls, *Political Liberalism*, p.xix.

378) 같은 책, pp.145-146, pp.168-170.

379) 배리(Brian Barry)는 칸트와 밀도 나누어 취급한다. 즉, 그는 정치적 정의

관과 신앙의 자유, 칸트, 밀, 공리주의, 그리고 다원론적 견해 사이의 관련성을 상세히 파헤치고 있다. Brian Barry, "John Rawls and the Search for Stability", *Ethics*, Vol. 105(1995), p.906.

380) Rawls, *Political Liberalism*, p.170. Cf. Rawls, *A Theory of Justice*, pp.159-161.

381) 이하 저자의 졸고, 박정순, 「자유주의의 건재」, 『철학연구』, 제45집(1999), pp.24-26 발췌 후 수정 증보.

382) Rawls, *Political Liberalism*, pp.36-38; Ronald Dworkin, "Liberalism", Stuart Hampshire ed., *Public & Private Morality*(Cambridge: Cambridge University Press, 1978), p.127; Kymlicka, *Liberalism, Community and Culture*, p.76; Jeremy Waldron, "Theoretical Foundations of Liberalism", *The Philosophical Quarterly*, Vol. 37 (1987), p.145.

383) Michael Sandel, "Introduction", *Liberalism and Its Critics*(New York: New York University Press, 1984), p.3. 자유주의 쪽에서의 고찰은 Nancy Rosenbaum ed., *Liberalism and Moral Life*(Cambridge: Harvard University Press, 1989), p.7.

384) Galston, "Defending Liberalism", pp.621-629; William Galston, *Liberal Purposes: Goods, Virtues, and Diversity in the Liberal State*(Cambridge: Cambridge University Press, 1991); Joseph Raz, *The Morality of Freedom* (Oxford: Clarendon Press, 1986); Stephen Macedo, *Liberal Virtues*(Oxford: Clarendon Press, 1991).

385) Rawls, *Political Liberalism*, p.37, p.194.

386) John Rawls, "The Idea of Overlapping Consensus", *Oxford Journal of Legal Studies*, Vol. 7(1987), pp.1-25; Rawls, *Political Liberalism*, pp.133-172.

387) J. Donald Moon, *Constructing Community: Moral Pluralism and Tragic Conflicts*(Princeton: Princeton University Press, 1993).

388) Raz, *The Morality of Freedom*, p.117.

389) Charles Taylor, *Sources of the Self*(Cambridge: Harvard University Press, 1989), p.505.

390) Kymlicka, "Community", pp.374-376. 본장 후주 44 참조.

391) Rawls, *Political Liberalism*, p.134.

392) Kymlica, "Community", p.375.

393) Rawls, "The Idea of Overlapping Consensus", p.23; Rawls, *Political Liberalism*, p.98, p.145.

394) David Gauthier, *Morals By Agreement*(Oxford: Clarendon Press, 1986). 번역본은 데이비드 고티에, 김형철 옮김, 『합의도덕론』(서울: 철학과현실사, 1993). 역자 김형철은 연세대학교 문과대학 철학과 교수로 현대 영미 윤리학과 사회철학 전공이며 공리주의 철학을 신봉한다. 김형철 교수의 책, 『철학의 힘: 만족 없는 삶에 던지는 21가지 질문』(서울: 위즈덤하우스, 2015)은 기본적으로 현대 윤리학과 윤리추론의 여러 주제들을 논하고 있다. 그리고 정의론에 관련된 몇 개의 주제들도 다루고 있으니 좋은 참고가 될 것이다. 홉스적인 잠정협정적 유형의 자유주의는 홉스 연구가인 카브카(Gregory Kavka)와 공공적 선택이론가인 뷰캐넌(James M. Buchanan)과 툴록(Gordon Tullock) 등을 들 수 있다.

395) David Gauthier, "Critical Notes: George Grant's Justice", *Dialogue*, Vol. 27 (1988), p.128.

396) Gauthier, *Morals By Agreement*.

397) Galston, "Defending Liberalism"; *Liberal Purposes*.

398) Rawls, *Political Liberalism*, p.194, p.197.

399) 장동진, 「완전주의: 자유주의적 해석」, 『한국정치학회보』, 제29집 4호 (1995), pp.115-134.

400) 저자의 졸고, 박정순, 「자유주의의 건재」, 『철학연구』, 제45집(1999), pp.22-24 발췌 후 수정 증보. Timothy O'Hagen, "Four Images of Community", *Praxis International*, Vol. 8(1988), pp.183-193.

401) MacIntyre, *After Virtue*, pp.221-222; Sandel, *Liberalism and the Limits of Justice*, p.148.

402) MacIntyre, *After Virtue*, p.33; Michael Walzer, *Spheres of Justice: A Defense of Pluralism and Equality*(New York: Basic Books, 1983), p.63, p.303.

403) Taylor, *Sources of the Self*.

404) Rawls, "Justice as Fairness: Political not Metaphysical", p.224; Rawls, *Political Liberalism*, p.194.

405) Joseph Raz, *The Morality of Freedom*(Oxford: Clarendon Press, 1986), Ch. 14.

406) Allen Buchanan, "Assessing the Communitarian Critique of Liberalism", *Ethics*, Vol. 99(1989), pp.856-865; 존 스튜어드 밀, 서병훈 옮김, 『자유론』 (서울: 책세상, 2005), 제3장 참조.

407) Robert B. Thigpen and Lyle A. Downing, "Liberalism and the Communitarian Critique", *American Journal of Political Science*, Vol. 31 (1987), pp.637-655.

408) Kymlicka, *Liberalism, Community and Culture*, pp.162-182; Kymlicka, "Community", p.376.

409) John Tomasi, "Individual Rights and Community Virtues", *Ethics*, Vol. 101(1990), pp.521-537.

410) Thigpen and Downing, "Liberalism and the Communitarian Critique".

411) 아하는 저자의 졸고, 박정순, 「자유주의의 건재」, 『철학연구』, 제45집 (1999), pp.31-32 발췌 후 수정 증보.

412) MacIntyre, *After Virtue*, p.222.

413) 같은 책, p.220; Sandel, *Public Philosophy*, pp.41-42. 여기서 샌델은 "중간 수준 공동체의 쇠퇴"를 우려한다. 샌델, 안진환 · 이수경 옮김, 『왜 도덕인 가?』, p.314. 그리고 Charles Taylor, "The Nature and Scope of Distributive Justice", Frank S. Lucash ed., *Justice and Equality Here and Now*(Ithaca: Cornell University Press, 1986), p.63; Walzer, *Spheres of Justice*, p.28.

414) H. N. Hirsch, "The Threnody of Liberalism: Constitutional Liberty and the Renewal of Community", *Political Theory*, Vol. 14(1986), p.433.

415) MacIntyre, *After Virtue*, p.263.

416) Sandel, *Liberalism and the Limits of Justice*, p.183; Benjamin Barber, *Strong Democracy: Participatory Politics for a New Age*(Berkeley: University of California Press, 1984).

417) Solomon Avineri and Avner De-Shalit eds., *Communitarianism and Individualism*(Oxford University Press, 1992), pp.7-8, "Introduction".

418) Nancy Rosenbaum, *Another Liberalism*(Cambridge: Harvard University Press, 1987), p.154.

419) Roberto Mangabeira Unger, *Knowledge and Politics*(New York: The Free Press, 1975), p.289. 웅거 자신의 해결책은 결국 여기에 부재하지만 모든 곳에 편재하는 초월적 내재자인 숨어 있는 신(*Deus absconditus*)에 의존하는 것이다. 본서 제2장 4절 10)항 "10강. 정의와 공동선", "해제와 비판" 참조.

420) Irwin T. Sanders, *The Community*(3rd edn., New York: John Wiley & Sons, 1973), Ch. VII 참조.

421) Jack Crittenden, *Beyond Individualism: Reconstituting the Liberal Self* (Oxford: Clarendon Press, 1991), Ch. V. 참조.

422) Derek Philips, *Looking Backward: A Critical Appraisal of Communitarian Thought*(Princeton: Princeton University Press, 1993), p.195.

423) 같은 책, p.195. [ ]는 저자 Philips 삽입.

424) Richard Winfield, "Ethical Community Without Communitarianism", *Philosophy Today*, Vol. 40(1996), pp.310-320.

425) 이하 저자의 졸고, 박정순, 「자유주의의 건재」, 『철학연구』, 제45집(1999), pp.32-34 발췌 후 수정 증보.

426) Alfonso Damico ed., *Liberals on Liberalism*(Totowa: Rowman & Littlefield, 1986), p.3.

427) Amy Gutman, "Communitarian Critics of Liberalism", *Philosophy & Public Affairs*, Vol. 14(1985), pp.318-321; Jean Hampton, *Political Philosophy* (Oxford: Westview Press, 1997), p.187; H. N. Hirsch, "The Threnody of Liberalism: Constitutional Liberty and the Renewal of Community", *Political Theory*, Vol. 14(1986), p.424.

428) Philips, *Looking Backward: A Critical Appraisal of Communitarian Thought*, p.185.

429) Charles W. Harvey, "Paradise Well Lost: Communitarian Nostalgia and the Lonely Logic of the Liberal Self", *Philosophy and Contemporary World*, Vol. 1(1994), pp.9-14.

430) Hirsch, "The Threnody of Liberalism: Constitutional Liberty and the Renewal of Community", p.424.

431) Gutmann, "Communitarian Critics of Liberalism", p.319. [ ]는 본서 저자 삽입.

432) Susan Moller Okin, *Justice, Gender and the Family*(New York: Basic Books, 1989), p.61.

433) Michael Sandel ed., "Introduction", *Liberalism and Its Critics*(New York: New York University Press, 1984), p.7; Barber, *Strong Democracy*, p.221.

434) 황경식, 「자유주의와 공동체주의」, 『개방사회의 사회윤리』(서울: 철학과현실사, 1995), pp.207-208.

435) Amitai Etzioni, *The Spirit of Community*(New York: Simon and Schuster, 1993); Amitai Etzioni, "A Moderate Communitarian Proposal", *Political Theory*, Vol. 24(1996), pp.155-171.

436) Charles Taylor, "Atomism", in *Philosophy and the Human Sciences: Philosophical Papers 2*(Cambridge: Cambridge University Press, 1985), p.200; Taylor, *Sources of the Self*.

437) Michael Walzer, "The Communitarian Critique of Liberalism", *Political*

Theory, Vol. 18(1990), p.7.

438) 잉그램(David Ingram)은 이러한 월저의 딜레마를 다음과 같이 재구성한다. "만약 공동체주의자들이 자유주의 이데올로기를 사회의 실제적인 (real) 공동체주의적 본성을 부정확하게 대변하고 있다고 비판한다면, 공동체주의자들은 자유주의 사회를 비판할 수 없다. 그러나 만약 자유주의 사회가 실제로 자유주의 이데올로기가 묘사하는 그대로라면, 자유주의는 그 의미와 합리성의 기준이 비판될 수 있는 이데올로기가 아니다. 적어도 공동체주의자들이 허용하는 문화 내재적인 방석으로는 아니다." David Ingram, *Reason, History, & Politics*(Albany: State University of New York Press, 1995), p.107.
잉그램은 이러한 딜레마를 벗어날 수 있는 길은 자유주의 이론이 자유주의 사회의 해체적 경향을 과장하고 있거나 혹은 무시하고 있다고 비판하는 것이라고 제시한다. 전자의 경우는 이론과 관행 사이에 비판적 공간이 존재하며, 후자의 경우는 상이한 이론들 (혹은 관행들) 사이에 차이가 생긴다. 공동체주의자들은 후자를 취하겠지만, 롤스는 정치적 자유주의에서의 중첩적 합의를 통해서 이론들 혹은 관행들 사이의 차이를 흡수하므로 자유주의 사회의 해체적인 경향을 막는다. 같은 책, p.108. 약간 다른 관점에서 강성 공동체주의자, 매킨타이어와 샌델이 자유주의 사회를 통해서 자유주의 이론을 비판하고 있다는 주장은 Jonathan Allen, "Liberals, Communitarians, and Political Theory", *South African Journal of Philosophy*, Vol. 11(1992), pp.77-90 참조.

439) Joshua Cohen, "Book Review of Walzer's Spheres of Justice", *The Journal of Philosophy*, Vol. 83(1986), pp.463-464.

440) Richard Bellamy, *Liberalism and Modern Society*(Oxford: Polity Press, 1992), p.242.

441) 이하 저자의 졸고, 박정순, 「자유주의의 건재」, 『철학연구』, 제45집(1999), pp.28-30 발췌 후 수정 증보.

442) Bell, *Communitarianism and Its Critics*, p.11; Shapiro, "Liberalism and Communitarianism", p.151.

443) MacIntyre, *After Virtue*, p.34, p.255.

444) 같은 책, p.62.

445) 같은 책, pp.6-10, p.12, p.21, p.73.

446) Philip Pettit, "Liberal/Communitarian: MacIntyre's Mesmeric Dichotomy", John Horton and Susan Mendus eds., *After MacIntyre*(Cambridge: Polity Press, 1994), p.176.

447) Charles Taylor, *The Ethics of Authenticity*(Cambridge: Harvard University Press, 1992). 번역본은 찰스 테일러, 송영배 옮김,『불안한 현대 사회: 자기중심적인 현대 문화의 곤경과 이상』(서울 이학사, 2001).

448) 테일러에 대한 논의는 이진우,「공동체주의의 철학적 변형」,『철학연구』, 제42집(1998), pp.244-271 참조.

449) Taylor, *The Ethics of Authenticity*, pp.2-12.

450) Charles Taylor, *The Malaise of Modernity*(Concord: Anansi, 1991). 캐나다에서 출판된 이 책은 1992년 미국에서 *The Ethics of Authenticity*로 재출판됨. 본장 후주 447 참조.

451) Barber, *Strong Democracy*.

452) 본서 제2장 후주 293에서 언급한 로버트 벨라(Robert Bellah)의 *Habits of the Heart: Individualism and Commitment in American Life*(Berkeley: University of California Press, 1985) 참조. 로버트 벨라는 종교사회학자로서 미국사회의 개인주의적 측면을 비판적으로 분석하고, 시민적, 종교적 전통에 근거한 민주적 공동체주의의 부활을 주창하고 있다. 그러한 부활은 개인들의 마음의 습관을 통해 표출되어 하나의 연합적 공동체로 달성된다. 번역본은 로버트 벨라 외, 김명숙 · 김정숙 · 이재협 옮김,『미국인의 사고와 관습: 개인주의와 책임감』(서울: 나남출판, 2001) 참조. Cf. Christopher Lasch, *The Culture of Narcissism*(1979). 번역본은 크리스토퍼 라쉬, 최경도 옮김,『나르시시즘의 문화』(서울: 문학과지성사, 1989).

453) Robert Booth Fowler, *The Dance with Community*(Lawrence: The University Press of Kansas, 1991), p.16.

454) Barber, *Strong Democracy*, pp.110-111.

455) Nancy Rosenbaum, *Another Liberalism*(Cambridge: Harvard University Press, 1987), Ch. 7.

456) Rawls, *Political Liberalism*, p.viii.

457) 같은 책, p.98.

458) 같은 책, p.xxiv, pp.36-38.

459) 같은 책, pp.197-198. 이사야 벌린(Isaiah Berlin)의 주장은 "Pursuit of the Ideal", *The Crooked Timber of Humanity*(New York: Knopf, 1991), pp.11-19.

460) Joseph Raz, *The Morality of Freedom*(Oxford: Clarendon Press, 1986), pp.369-370.

461) Stephen Macedo, *Liberal Virtues*(Oxford: Clarendon Press, 1991), p.238.

462) Richard Bellamy, *Liberalism and Modern State*(Oxford: Polity Press, 1992), p.249; Bell, *Communitarianism and Its Critics*, p.11.

463) Shapiro, "Liberalism and Communitarianism", p.152.

464) 「공동체주의 강령」(1991)은 에치오니(Amitai Etzioni)와 갤스톤(William Galston) 등 100여 명의 인사들이 서명한 후 공포한 것이다. 웹사이트 "The Responsive Communitarian Platform: Rights and Responsibilities" (Washington, D.C.: 1991) 참조.

465) Etzioni, *The Spirit of Community*; Bell, *Communitarianism and Its Critics*, pp.12-13.

466) Kymlicka, "Community", pp.369-370.

467) 이하 저자의 졸고, 박정순, 박정순, 「자유주의의 건재」, 『철학연구』, 제45 집(1999), pp.34-36 발췌 후 수정 증보.

468) 바버(Benjamin Barber)는 도덕교육 분야만 빼고 조건부로 서명한다. 여기 에는 후쿠야마(Francis Fukuyama), 피시킨(James Fishkin) 등 많은 보수주 의자들과 자유주의자들도 서명한다. "The Responsive Communitarian Platform: Rights and Responsibilities"(Washington, D.C.: 1991). 본장 후 주 464 참조.

469) Alasdair MacIntyre, "A Letter to the Responsive Community", *The Responsive Community*(Summer 1991), p.9. Bell, *Communitarianism and Its Critics*, p.17에서 재인용.

470) Charles Larmore, *Patterns of Moral Complexity*(Cambridge: Cambridge University Press, 19870), p.36; Selznick, "The Idea of a Communitarian Morality", p.447.

471) Susan Moller Okin, *Justice, Gender, and the Family*(New York: Basic Books, 1989), p.61. Cf. MacIntyre, *After Virtue*, pp.159-163, pp.221-222.

472) Sandel, "The Procedural Republic and the Unencumbered Self", p.28.

473) Elizabeth Frazer and Nicola Lacey, *The Politics of Community*(Toronto: Toronto University Press, 1993), p.113.

474) Michael Sandel, *Democracy's Discontent*(Cambridge: Cambridge University Press, 1996), p.321.

475) 테일러는 자신을 공동체주의 진영에 소속시키지 않는다. Charles Taylor, "Cross Purposes: The Liberal-Communitarian Debate", Nancy Rosenbaum ed., *Liberalism and the Moral Life*(Cambridge: Harvard University Press, 1989), p.160. 롤스 관련 사항은 Charles Taylor, "The Nature and Scope of Distributive Justice", Frank S. Lucash ed., *Justice and Equality Here and*

Now(Ithaca: Cornell University Press, 1986), p.57 참조.

476) Michael Walzer, *Radical Principles*(New York: Basic Books, 1980), p.302.

477) Walzer, "The Communitarian Critique of Liberalism", p.7, p.15, p.22.

478) Walzer, *Spheres of Justice*, p.323; Walzer, "The Communitarian Critique of Liberalism," p.17, p.23.

479) Barber, *Strong Democracy*, p.120, p.xi.

480) Etzioni, "A Moderate Communitarian Proposal", p.155.

481) "The Responsive Communitarian Platform: Rights and Responsibilities" (Washington, D.C.: 1991), "Within History" 참조.

482) 전 지구적 시장의 금융 자본주의에 대한 광범위한 비판적 논고는 저자의 졸고, 박정순, 「세계시장과 인간 삶의 조건」, 『한국철학자연합대회보』, 제 13회(2000). pp.217-259 참조.

483) Shapiro, "Liberalism and Communitarianism", p.152.

484) Stephen Holmes, *The Anatomy of Antiliberalism*(Cambridge: Harvard University Press, 1993), Ch. 7 참조.

485) Bell, *Communitarianism and Its Critics*, Appendix 1 and 2.

486) Simon Caney, "Liberalism and Communitarianism", *Political Studies*, Vol. 90(1992), p.289. "시간 낭비"라는 표현은 공동체주의자인 벨(Daniel Bell) 이 어이없다는 듯이 캐니(Simon Caney)를 평하면서 역으로 "시간 낭비라 고?" 하면서 사용한 것이다. Bell, *Communitarianism and Its Critics*, p.19."

487) 그린(T. H. Green)보다 앞서 홉하우스(Leonard T. Hobhouse)가 이러한 문제를 다루었는데, 그는 "자발성의 원칙(the voluntarism)"을 통해서 국민 들이 자발적으로 국가의 개입을 요청한다는 절묘한 방책, 즉 자발적으로 어떤 비자발적 정책을 불러올 국가의 개입을 요청한다는 것이다. Anthony Arblaster, *The Rise & Decline of Western Liberalism*(Oxford: Basil Blackwell, 1984), pp.284-285.

488) 이하 박정순, 「공동체주의 정의관의 본질과 그 한계」, pp.270-273 발췌. Alasdair MacIntyre, *After Virtue*(Notre Dame: University of Notre Dame Press, 1981; 2nd edn. 1984), p.109. 번역본으로는 알래스데어 매킨타이 어, 이진우 옮김, 『덕의 상실』(서울: 문예출판사, 1997). 『덕의 상실』에 대 한 서평은 저자의 졸고, 박정순, 「문제의 책: 알래스다이어 맥킨타이어의 『덕 이후』(Alasdair MacIntyre, *After Virtue*)」, 『철학과 현실』, 통권 10호 (1991년 가을), pp.343-349. 『덕 이후』와 『덕의 상실』은 번역 서명만 다 르지 같은 책이다.

489) MacIntyre, *After Virtue*, p.58.

490) 같은 책, p.152.

491) 같은 책, p.153,

492) 같은 책, p.249.

493) 같은 책, p.246.

494) 같은 책, p.6.

495) 같은 책, p.152, p.191.

496) David Miller, "Virtues, Practices and Justice", John Horton and Susan Mendus eds., *After MacIntyre*(Cambridge: Polity Press, 1994), p.255.

497) MacIntyre, *After Virtue*, p.202. [ ]은 본서 저자의 삽입.

498) Jeffrey Friedman, "The Politics of Communitarianism", *Critical Review*, Vol. 8(1994), p.322.

499) MacIntyre, *After Virtue*, p.190, p.228. 우리는 다음 구절에서 그 근거를 찾아볼 수 있다. "내가 외재적 선이라고 부르는 것의 특색은 그것이 획득되었을 때, 그것은 언제나 어떤 개인의 재산과 소유가 된다는 것이다." "우리는 따라서 만약에 어떤 사회에서 외재적 선의 추구가 우세한 것이 될 때 덕의 개념은 처음에는 축소될 것이지만 나중에는 그 유사물이 많이 존재한다고 할지라도 거의 완전히 소멸될 것이라고 생각하지 않을 수 없다." 같은 책, p.190, p.196.

500) Miller, "Virtues, Practices and Justice", p.259. 통상적으로 응분은 사회주의를 지지하는 중요한 논변으로 알려져 있지만 그것이 오직 사회주의만을 지지하는지는 많은 논란의 여지가 있다. 매킨타이어에게 있어서 이러한 논란의 여지는 마땅한 보상으로서 응분(desert)의 개념이 도덕적 응분(moral desert)만을 지칭하는지 물질적 응분(material desert)도 지칭하는지, 혹은 응분의 개념이 엄밀한 공적(merit)에 따른 분배만을 고수하는 업적주의(meritocracy)인지 아니면 불운과 불행에 대한 보상(redress)도 포함하는 것인지의 여부를 명백히 하지 못한 것에 기인한다. 만약 응분의 개념이 자본주의를 비판하는 것이라면, 그것은 도덕적 응분이며, 또한 보상(redress)의 개념도 포함하는 것으로 해석되어야 한다. Ellen Frankel Paul et al. eds., *Capitalism*(Oxford: Basil Blackwell, 1989), "Introduction".

501) MacIntyre, *Whose Justice? Which Rationality?*, Ch. XII.

502) 같은 책, p.39.

503) 같은 책, p.198.

504) Alasdair MacIntyre, *The Three Rival Versions of Moral Inquiry*(Notre Dame:

University of Notre Dame Press, 1990).

505) James Sterba, "Recent Work On Alternative Conceptions of Justice", *American Philosophical Quarterly*, Vol. 23(1986), pp.15-17.

506) 이하 박정순, 「공동체주의 정의관의 본질과 그 한계」, pp.277-279 발췌. 마이클 월저에 대한 논의는 저자의 졸고, 박정순, 「마이클 왈쩌의 공동체주의」, 『철학과 현실』, 통권 41호(1999년 여름), pp.175-198 참조. 그리고 박정순, 「특별대담: 미국 정치철학자 마이클 왈쩌 교수」, 『철학과 현실』, 통권 45호(2000년 여름), pp.136-179 참조. 마이클 월저는 1999년 한국철학회 주최의 제3회 '다산기념 철학강좌'에 초빙되어 네 번의 강연을 하였다. 마이클 왈쩌, 김용환 · 박정순 외 옮김, 『자유주의를 넘어서』(서울: 철학과현실사, 2001).

507) Michael Walzer, *Spheres of Justice: A Defence of Pluralism and Equality* (New York: Basic Books, 1983), p.63.

508) 같은 책, p.xiv.

509) Michael Walzer, "Justice Here and Now", Frank S. Lucash ed., *Justice and Equality Here and Now*(Ithaca: Cornell University Press, 1986), pp.136-150. [ ]는 본서 저자의 삽입.

510) Mouffe, "American Liberalism and Its Critics: Rawls, Taylor, Sandel, and Walzer", p.201. 무페(Chantal Mouffe)가 해석한 대로, 월저가 정의의 우선성을 수용하고 있는지는 논란의 여지가 있다. 베인스(Kenneth Baynes)가 지적한 것처럼 월저에게 있어서 정당성은 선에 우선해서 규정될 수 없는데, 그것은 분배적 정의 원칙의 본질과 영역은 상이한 사회적 가치들에 따라서 상이하게 변할 것이기 때문이다. Kenneth Baynes, "The Liberal /Communitarian Controversy and Communicative Ethics", *Philosophy & Social Criticism*, Vol. 14(1988). p.294; Walzer, *Spheres of Justice*, p.6 참조.

511) Walzer, *Spheres of Justice*, p.17.

512) 같은 책, p.318.

513) Walzer, "Justice Here and Now", p.139.

514) Walzer, *Spheres of Justice*, p.5.

515) Karl Marx, "Critique of the Gotha Program", Lewis S. Feuer ed., *Marx & Engels: Basic Writings on Politics & Philosophy*(Garden City, New York, 1959), p.119. "From each according to his ability, to each according to his needs."

516) Walzer, *Spheres of Justice*, p.91. 능력(혹은 자원)은 "ability(resources)".

517) 이하 박정순, 「공동체주의 정의관의 본질과 그 한계」, pp.279-281 발췌.

518) Taylor, "Atomism", pp.187-210.

519) Taylor, *Sources of the Self.*

520) Taylor, "Cross Purposes: The Liberal-Communitarian Debate", p.163.

521) Charles Taylor, "The Nature and Scope of Distributive Justice", Frank S. Lucash ed., *Justice and Equality Here and Now*(Ithaca: Cornell University Press, 1986), pp.34-67. 롤스 자신도 공동체 개념과 관련해서 훔볼트와의 친화성을 밝히고 있다 Rawls, *A Theory of Justice*, p.523, 각주 4.

522) Taylor, "The Nature and Scope of Distributive Justice", p.57.

523) Taylor, "Atomism"; Jeffrey Friedman, "The Politics of Communitarianism", *Critical Review*, Vol. 8(1994), p.299.

524) Taylor, *Sources of the Self*, p.505.

525) Taylor, "The Nature and Scope of Distributive Justice", p.63; Taylor, "Cross Purposes: The Liberal-Communitarian Debate", p.165.

526) Taylor, "The Nature and Scope of Distributive Justice," p.63.

527) 같은 논문, p.62.

528) 같은 논문, p.63.

529) 이하 저자의 졸고, 박정순, 「자유주의의 건재」, 『철학연구』, 제45집(1999), pp.36-39 발췌 후 수정 증보. Anthony Arblaster, *The Rise & Decline of Western Liberalism*(Oxford: Basil Blackwell, 1984), p.347.

530) Derek Philips, *Looking Backward: A Critical Appraisal of Communitarian Thought*(Princeton: Princeton University Press, 1993), p.9.

531) Markate Daly, *Communitarianism: A New Public Ethics*(Belmont: Wadsworth Publishing Co, 1994), p.xiii.

532) Rawls, "The Domain of the Political and Overlapping Consensus", pp.233-255.

533) Mulhall Stephen and Adam Swift, *Liberals and Communitarians*(Oxford: Blackwell, 1992), p.201.

534) 이하는 저자의 졸고, 박정순 「공동체주의는 여전히 유효한가?」, 『철학직설』(파주: 한국학술정보, 2013), pp.170-172에서 발췌.

535) 저자의 졸고, 박정순, 「자유주의 대 공동체주의의 방법론적 쟁점」, 『철학연구』, 제33집(1993), p.53.

536) 정보통신사회에 대한 기본적 논의는 저자의 졸고, 박정순, 「정보통신문화의 도덕적 정체성 문제」, 『철학』, 별책 제5집(1998), pp.244-289. 그리고 정보통신 시대의 디지털 공동체의 가능성에 관해서는 박정순, 「디지털 컨

버전스 시대의 인간 의식과 행동의 변화」, 한국사회의 방송·통신 패러다임 변화 연구 워크숍 자료집(서울: 정보통신정책연구원, 2008), pp.105-127 참조.

537) "플래시 몹"(시사상식사전, 네이버 지식백과). '플래시 몹'은 특정 웹사이트에 갑자기 사람들이 구름처럼 모여드는 현상인 '플래시 크라우드(flash crowd)'와 모였다가는 깨끗하게 쿨하게 사라지는, 뜻을 같이하는 군중이라는 뜻의 '스마트 몹(Smart mob)'의 합성어다.

538) John Suler, "The Psychology of Cyberspace"(http://www.rider.edu/suler/psycyber/psycyber.html. 2003), Ch. 1.

539) 저자의 졸고, 박정순,『익명성의 문제와 도덕규범의 구속력』(서울: 정보통신정책연구원, 2004), pp.40-41; 박정순,「익명성의 문제와 도덕규범의 구속력」,『고도기술사회의 철학적 전망』(서울: 민음사, 2005), 제4장, pp.99-140 참조. 그리고 유광수·배득종·박정순 외,『정보화시대의 민주주의』(서울: 나노미디어, 2000) 참조.

540) 이하 저자의 졸고, 박정순,『익명성의 문제와 도덕규범의 구속력』, pp.16-24 발췌.

541) "Jungian Archetype" in "Archetype"(Wikipedia).

542) 플라톤, 박종현 역주,『국가·정체』(서울: 서광사, 1997).

543) 하데스(Hades)는 죽음을 관장하고 지하 세계를 다스리는 신이다. 그는 "하데스의 모자"를 통해 기게스의 반지와 같은 능력을 가진 것으로 간주된다.

544) Michael Davis, "The Tragedy of Law: Gyges in Herodotus and Plato", *The Review of Metaphysics*, Vol. 53(March, 2000), p.636; 이성원,「귀게스 전설과 철학적 사유의 출현」,『서양고전철학 연구』, 제18집(2002), p.69.

545) 박광순 옮김,『헤로도토스의『역사』(서울: 범우사, 1987).

546) 같은 책, 1.11.

547) Davis, "The Tragedy of Law: Gyges in Herodotus and Plato", pp.643-644; 이성원,「귀게스 전설과 철학적 사유의 출현」, p.64.

548) "Anonymity"(Wikipedia).

549) 박병기,「가상공간의 문화철학적 의미와 윤리적 지향」,『범한철학』, 제28집(2003), p.315.

550) "낯선 문학 가깝게 보기: 영미문학,『투명인간』"(네이버 지식백과) 참조.

551)「할로우 맨(Hollow Man)」(미국, 독일, 2000),「할로우 맨 II」(미국, 2006). 네이버 영화 참조.

552) 류혜숙, "「할로우 맨」 영화평"(Webzine Bookian).
투명인간에 관한 흥미 있는 기사는 최철희 KAIST 교수 · 박건형 기자,
"보이지 않는 투명인간 정작 그도 볼 수 없다고?", 『조선일보』, 2015년
10월 31일-11월 1일자, D7면 참조. "사람이 본다는 것, 빛이 있기에 가
능; 망막에 맺힌 영상을 시신경이 인식", "완전한 투명인간, 망막까지도
투명; 상이 맺히지 않기 때문에 볼 수 없어".

553) 최승현 기자, "투명인간들 음란화상 채팅", 『조선일보』, 2003년 8월 26일
자, A9면.

554) Deborah Johnson, *Computer Ethics*(3rd edn., N. J.: Prentice Hall, 2001),
p.24. 생물분류학은 계/문/강/목/과/속/종으로 되어 있다. 철학적 논리학의
관점에서 볼 때, 종(種, species)은 유(類, genus)에 포섭된다. 하나의 새로
운 종은 다른 종들로부터 자신을 구별시켜주는 종차(種差, the specific
difference)라는 독특한 특성을 가지고 있지만, 동시에 종은 유에 포섭되어
있는 모든 다른 종들의 집합체들에게 공통된 발생학적인 혹은 개념적인
특성도 지니고 있다. 아리스토텔레스의 인간의 정의는 "인간은 생각하는
동물이다"이다. 여기서 인간은 종이고 동물은 유이고, 생각함은 종차다.
이와 관련한 정보통신사회에서의 도덕의 정체성에 대한 논의는 저자의
졸고, 박정순, 「정보통신문화와 도덕의 정체성 문제」, pp.243-262 참조.
정보통신사회와 관련하여 최근의 논란은 인터넷 실명제에 관한 것이다.
헌법재판소는 2015년 7월 30일 "흑색선전 막을 제도가 필요하다"는 인식
아래 선거기간 중 적용되는 인터넷 실명제에 대해서 재판관 5(합헌) 대
4(위헌)로 합헌 결정했다. 공직선거법은 선거운동 기간에는 인터넷 언론
사, 포털 사이트 게시판 등에 정당과 후보자를 지지하거나 반대하는 글을
올릴 때에는 실명 인증을 받도록 규정하고 있다. 한 재판관은 소수 반대
의견으로 "해당 조항이 정치적 의사표현을 위축시킨다"고 반대하였다. 그
러나 다수 찬성 의견은 실명 인증 기간을 선거운동 기간 중으로 한정하
고, 실명 확인 후에도 개인정보가 노출되지 않고 실명 인증 표시만 나타
나므로 "정치적 익명 표현의 자유, 개인정보 자기결정권, 언론의 자유를
침해하지 않는다"고 주장했다. 백민정 기자, "선거기간 인터넷 실명제 5
대 4로 합헌", 『중앙일보』, 2015년 7월 32일자, 8면.

555) 이하 세 문단은 저자의 졸고, 박정순, 『익명성의 문제와 도덕규범의 구속
력』(서울: 정보통신정책연구원, 2014), p.134 발췌.

참고문헌

본서에서 참조, 인용, 발췌된 저자의 논저

1. *Contractarian Liberal Ethics and The Theory of Rational Choice*(New York: Peter Lang Publishing Inc., 1992).
2. "Communitarianism and Social Justice." Proceedings of the 41st Annual Meeting of the ISS: System Thinking, Globalization of Knowledge(1997). pp.798-815.
3. "Rawls' Avowed Error in Rational Contractarianism." 세계철학대회(WCP, 2008). 윤리학 분과 발표(2008. 8. 2). pp.1-16.
4. "The Dialectic of Master and Slave in Hegel's Phenomenology of Spirit." 『매지논총』(연세대학교 매지학술연구소, 1999). pp.93-133.
5. "The Philosophical Origins of Complex Equality." *Philosophy and Culture*, Vol. 4. *Practical Philosophy*(Seoul: Korean Philosophical Association, 2008). pp.135-160.
6. 「9 · 11 테러 사건 1주년에 즈음한 '정의로운 전쟁론'의 대가 마이클 왈쩌 교수와의 특별대담: '테러와의 전쟁'과 '정의로운 전쟁론' 그리고 미국 좌파의 향방」. 『철학연구』, 제68집(2005). pp.121-142.
7. 「가족관계와 사회윤리: 자유주의와 여성주의 정의론」. 『한국여성학회 춘계학술대회 자료집』(1998). pp.223-248.

8. 「감정의 윤리학적 사활」. 정대현 외. 『감성의 철학』(서울: 민음사, 1996). pp.69-124.

9. 「개인 이익과 공익의 자유주의적 관련 방식」. 『철학연구』, 제61집(2003). pp.203-220.

10. 「고티에의 『합의 도덕론』과 그 정치철학적 위상」. 차인석 외. 『사회철학 대계』(전3권, 서울: 민음사, 1993). 제2권 『사회주의와 자유주의』. pp.346-418.

11. 「공동체주의는 여전히 유효한가?」. 『철학직설』(파주: 한국학술정보, 2013). pp.156-172.

12. 「공동체주의의 사회비판의 가능성: 마이클 왈쩌의 논의를 중심으로」. 『범한철학』, 제30집(2003). pp.211-247.

13. 「공동체주의 정의관의 본질과 그 한계」. 『철학』, 제61집(1999). pp.267-292.

14. 「근대적 자아의 도덕적 복구를 위한 철학적 초혼제: 문제의 책: Charles Taylor, *Sources of the Self: The Making of the Modern Identity*(Cambridge: Harvard University Press, 1989)」. 『철학과 현실』, 통권 44호(2000년 봄). pp.266-281.

15. 「논리실증주의의 검증원리와 형이상학」. 오영환 외, 『과학과 형이상학』(서울: 자유사상사, 1993). pp.285-307.

16. 「디지털 컨버전스 시대의 인간 의식과 행동의 변화」. 한국사회의 방송·통신 패러다임 변화 연구 워크숍 자료집(서울: 정보통신정책연구원, 2008). pp.105-127.

17. 루번 아벨, 박정순 옮김, 『인간은 만물의 척도인가』(서울: 고려원, 1995).

18. 「마이클 왈쩌의 공동체주의」. 『철학과 현실』, 통권 41호(1999년 여름). pp.175-198.

19. 「마이클 왈쩌의 정의전쟁론: 그 이론적 구성체계와 한계에 대한 비판적 고찰」. 『철학연구』, 제68집(2005). pp.77-121.

20. 마이클 왈쩌, 김용환·박정순 외 옮김, 『자유주의를 넘어서』(서울: 철학과현실사, 2001).

21. 「문제의 책: 알래스다이어 맥킨타이어의 『덕 이후』(Alasdair MacIntyre, *After Virtue*)」. 『철학과 현실』, 통권 10호(1991년 가을). pp.343-349.

22. 「복합평등의 철학적 기원」. 『철학연구』, 제76권(2007). pp.93-115.

23. 「사유재산권의 자유주의적 정당화의 과제」. 『사회비평』, 제6호(1991). pp.54-79.

24. 『사회정의의 윤리학적 기초: John Rawls의 정의론과 공리주의의 대비』(연세대학교 대학원 석사학위 논문, 1983).

25. 「서양 현대윤리학의 쟁점과 한국 윤리학의 과제」. 『동방학지』, 108호 (2000). pp.211-267.

26. 「세계시장과 인간 삶의 조건」. 『한국철학자연합대회보』, 제13회(2000). pp.217-259.

27. 「악행금지의 원칙」. 한국의료윤리교육학회 편, 『의료윤리학』(서울: 계축문화사, 2003). pp.81-103.

28. 유광수 · 배득종 · 박정순 외, 『정보화시대의 민주주의』(서울: 나노미디어, 2000).

29. 「윤리학에서 감정의 위치와 역할」. 『철학』, 제55집(1998). pp.307-335.

30. 「윤리학에서 본 기업윤리관」. 『기업윤리연구』, 12권(2006). pp.1-18.

31. 『익명성의 문제와 도덕규범의 구속력』(서울: 정보통신정책연구원, 2004).

32. 「익명성의 문제와 도덕규범의 구속력」. 『고도기술사회의 철학적 전망』(서울: 민음사, 2005). 제4장, pp.99-140.

33. 「인권 이념의 철학적 고찰」. 『철학과 현실』, 통권 68호(2006년 봄). pp.34-66.

34. 「일상언어와 도덕적 합리성: 스티븐 툴민의 정당근거적 접근방식을 중심으로」. 박영식 외, 『언어철학연구』(서울: 현암사, 1995). pp.421-456.

35. 「자유주의 대 공동체주의 논쟁의 방법론적 쟁점」. 『철학연구』, 제33집 (1993). pp.33-62.

36. 「자유주의와 환경보호」. 『매지논총』(연세대학교 매지학술연구소, 1997). pp.175-232.

37. 「자유주의의 건재」. 『철학연구』, 제45집(1999). pp.17-46.

38. 「자유주의의 건재」. 황경식 외, 『정의론과 사회윤리』(서울: 철학과현실사, 2012). pp.123-195. 이 논문은 37의 수정 증보판이다.

39. 「자유주의 정의론의 철학적 오디세이: 롤즈 정의론의 변모와 그 해석 논쟁」. 황경식 · 박정순 외, 『롤즈 정의론과 그 이후』(서울: 철학과현실사, 2009). pp.54-76.

40. 「정보통신문화의 도덕적 정체성 문제」. 『철학』, 별책 제5집(1998).

pp.244-289.

41. 「정치적 자유주의의 철학적 기초」. 『철학연구』, 제42집(1998). pp.275-305.

42. 「철학용어 해설: 정의」. 『철학과 현실』, 통권 13호(1992년 여름). pp.354-363.

43. 「특별대담: 미국 정치철학자 마이클 왈쩌 교수」. 『철학과 현실』, 통권 45호(2000년 여름). pp.136-179.

44. 「현대윤리학과 합리적 선택이론」. 『한민족철학자대회 대회보 2』(1990). pp.381-391.

45. 「현대 윤리학의 사회계약론적 전환」. 한국사회윤리학회 편, 『사회계약론 연구』(서울: 철학과현실사, 1993). pp.173-207.

46. 「현대 윤리학의 지평 확대와 여성주의 윤리학의 공헌」. 『철학사상』, 제20권(2005). pp.168-179.

47. 『현대적 의미의 청렴개념 정립을 위한 연구』. 국가청렴위원회 제출 연구 보고서(한국윤리학회, 연구자 황경식·박정순·이승환·김종걸, 2006. 12).

48. 「현대적 의미의 청렴개념과 그 윤리적 기반의 구축」. 현대적 의미의 청렴 개념 조명 공개토론회(한국윤리학회·국가청렴위원회, 2007. 4. 6). pp.49-78.

49. 「'현실적 유토피아' 실현을 위한 철학 제시해: 존 롤스의 『만민법』」. 『출판저널』, 293호(2001). pp.28-29.

50. 「호모 에코노미쿠스 생살부」. 『철학연구』, 제21집(고려대학교 철학연구소, 1998). pp.1-41.

51. 「홉스의 계약론적 윤리학과 합리성 문제」. 『매지학술』, 제15집(연세대학교 매지학술연구소, 1998). pp.241-278.

참고자료

영화

1. 「게티스버그(Gettysburg)」(미국, 1993). 제2장 4절 9)항 "9강. 우리는 서로에게 어떤 의무를 지는가?/충직 딜레마", "요약". 제2장 후주 274(이하 후주 2-274로 표시).

2. 「공자 춘추전국시대(Confucius)」(중국, 2010). 제2장 4절 1)항 "1강. 옳은 일 하기", "해제와 비판". 후주 2-50.

3. 「공자(孔子)」(중국, 2010). 제2장 4절 1)항 "1강. 옳은 일 하기", "해제 및 비판". 후주 2-50.

4. 「구글 베이비(Google Baby)」(이스라엘, 미국, 인도, 2009, HBO Documentary Films). 제2장 4절 4)항 "4강. 대리인 고용하기/시장과 도덕", "해제와 비판". 후주 2-148.

5. 「그가 유죄인 이유」(한국, EBS 지식채널e, 2014. 9). 제2장 4절 5)항 "5강. 중요한 것은 동기다/이마누엘 칸트", "해제와 비판". 후주 2-171.

6. 「그레이트 디베이터스(Great Debaters)」(미국, 2007). 제3장 1절 "『정의란 무엇인가』: 왜 우리나라에서만 밀리언셀러인가?" 후주 3-10.

7. 「글래디에이터(Gladiator)」(미국, 영국, 2000). 제2장 4절 4)항 "4강. 대리인 고용하기/시장과 도덕", "해제와 비판". 후주 2-126.

8. 「남북전쟁(The Blue and The Gray)」(미국, 1982). 제2장 4절 9)항 "9강.

우리는 서로에게 어떤 의무를 지는가?/충직 딜레마", "요약". 후주 2-274.

9. 「남아 있는 나날(The Remains of The Day)」(미국, 1993). 제2장 4절 5)항 "5강. 중요한 것은 동기다/이마누엘 칸트", "해제와 비판". 후주 2-179.

10. 「노예 12년(12Years a Slave)」(미국, 2013). 제5장 4절 3)항 (4) "정치적 자유주의와 포괄적인 종교적 교설 사이의 관련 방식에 대한 다섯 가지 아포리아적 난제". 후주 5-294.

11. 「뉘른베르크의 재판(Judgement At Nuremberg)」(미국, 1961). 제2장 4절 9)항 "9강. 우리는 서로에게 어떤 의무를 지는가?/충직 딜레마", "요약". 후주 2-268.

12. 「더 리얼 그레이트 디베이터스(The Real Great Debaters)」(미국, 2008). 제3장 1절 "『정의란 무엇인가』: 왜 우리나라에서만 밀리언셀러인가?" 후주 3-10.

13. "The Trial of Adolf Eichmann, Excerpt, Final Portion"(Youtube, 2013). 제2장 4절 5)항 "5강. 중요한 것은 동기다/이마누엘 칸트", "해제와 비판". 후주 2-171.

14. 「돈 페요테(Don Peyote)」(미국, 2014). 제5장 4절 3)항 "종교의 중립성 논변, 종교의 자유, 그리고 자발주의적 선택". 후주 5-353.

15. 「동경심판(The Tokyo Trial)」(중국, 2006). 제2장 4절 9)항 "9강. 우리는 서로에게 어떤 의무를 지는가?/충직 딜레마", "요약". 후주 2-268.

16. 「라이언 일병 구하기(Saving Private Ryan)」(미국, 1998). 제2장 4절 1)항 "1강. 옳은 일 하기", "해제와 비판". 후주 2-47, 2-59.

17. 「래리 플린트(The People vs. Larry Flynt)」(미국, 1996). 제2장 4절 3)항 "3강. 우리는 우리 자신을 소유하는가?/자유지상주의", "해제와 비판". 후주 2-114; 제3장 2절 5)항 "기독교 근본주의의 대두와 자유주의에의 책임 전가". 후주 3-73.

18. 「러브스토리 인 하버드」(한국, SBS 드라마, 2004-2005). 제3장 2절 9)항 "도덕의 입법화와 선한 사마리아인의 법". 후주 3-104.

19. 「레 미제라블(Le Miserable)」(영국, 2012). 제2장 4절 1)항 "1강. 옳은 일 하기", "해제와 비판". 후주 2-43.

20. "Roe vs. Wade"(미국, NBC TV 영화, 1989). 제5장 4절 3)항 (1) "자유주의의 '중대한 도덕적 문제 제외'에 관한 샌델의 비판과 롤스의 응답". 후주 5-147.

21. 「론 서바이버(Lone Survivor)」(미국, 2013). 제2장 4절 1)항 "1강. 옳은 일 하기", "요약". 후주 2-28.

22. 「링컨(Lincoln)」(미국, 2012). 제2장 4절 9)항 "9강. 우리는 서로에게 어떤 의무를 지는가?/충직 딜레마", "요약". 후주 2-274.

23. 「마션(The Martian)」(미국, 2015). 제2장 4절 1)항 "1강. 옳은 일 하기", "해제와 비판". 후주 2-47.

24. 「마진 콜(Margin Call)」(미국, 2011). 제2장 4절 1)항 "1강. 옳은 일 하기", "요약". 후주 2-26.

25. 「만딩고(Mandingo)」(미국, 1975). 제5장 4절 3)항 (4) "정치적 자유주의와 포괄적인 종교적 교설 사이의 관련 방식에 대한 다섯 가지 아포리아적 난제". 후주 5-294.

26. 「모의법정(Listen to me)」(미국, 1989). 제3장 1절 "『정의란 무엇인가』: 왜 우리나라에서만 밀리언셀러인가?" 후주 3-10.

27. 「무원록 — 조선의 법과 정의」 3부작, 「1. 억울함을 없게 하라」, 「2. 자살이냐 타살이냐」, 「3. 최소한의 정의」(EBS 다큐프라임, 2014년 4월 21-23일). 제4장 "『정의란 무엇인가』에 대한 참고자료와 심층 논의". 후주 4-1.

28. 「묵공(墨攻)」(중국, 한국, 일본, 홍콩, 2006). 제2장 4절 1)항 "1강. 옳은 일 하기", "해제와 비판". 후주 2-47, 2-50.

29. 「바람과 함께 사라지다(Gone With The Wind)」(미국, 1939). 제2장 4절 9)항 "9강. 우리는 서로에게 어떤 의무를 지는가?/충직 딜레마", "요약". 후주 2-274.

30. 「반지의 제왕 I: 반지 원정대(The Lord of The Ring: The Fellowship of The Ring)」(뉴질랜드, 미국, 2001). 제5장 10절 3)항 (1) "플라톤의 기게스의 반지 신화: 익명성의 신화적 원형".

31. 「반지의 제왕 II: 두 개의 탑(The Lord of The Rings: The Two Towers)」(뉴질랜드, 미국, 2002). 제5장 10절 3)항 (1) "플라톤의 기게스의 반지 신화: 익명성의 신화적 원형".

32. 「반지의 제왕 III: 왕의 귀환(The Lord of The Rings: The Return of the King」(뉴질랜드, 미국, 2003). 제5장 10절 3)항 (1) "플라톤의 기게스의 반지 신화: 익명성의 신화적 원형".

33. 「버티칼 리미트(Vertical Limit)」(미국, 2000). 제2장 4절 1)항 "1강. 옳은 일 하기", "해제와 비판". 후주 2-47.

34. 「법과 정의」 3부작, 「1부 법은 누구의 편인가?」, 「2부 정의의 오랜 문제, 어떻게 나눌까?」, 「3부 죄와 벌, 인간을 처벌하는 어려움에 관하여」(EBS 다큐프라임 법철학 탐구 대기획, 2014년 5월 26-28일). 제2장 4절 2)항 "2강. 최대 행복 원칙/공리주의", "해제와 비판". 후주 2-89. 제4장 "『정의란 무엇인가』에 대한 참고자료와 심층 논의". 후주 4-1.

35. 「베니스의 상인(The Merchant of Venice)」(미국, 이탈리아, 영국, 2005). 제2장 4절 1)항 "1강. 옳은 일 하기", "해제와 비판". 후주 2-32.

36. 「불멸의 이순신」. 총 104부작 연속극(KBS1, 2004년 9월 4일-2005년 8월 28일). 제2장 4절 4)항 "4강. 대리인 고용하기/시장과 도덕", "해제와 비판". 후주 2-135.

37. 「뿌리(Roots)」(미국, 1977). 제5장 4절 3)항 (4) "정치적 자유주의와 포괄적인 종교적 교설 사이의 관련 방식에 대한 다섯 가지 아포리아적 난제". 후주 5-294.

38. 「뿌리: 그 다음 세대(Roots: The Next Generation)」(미국, 1979). 제5장 4절 3)항 (4) "정치적 자유주의와 포괄적인 종교적 교설 사이의 관련 방식에 대한 다섯 가지 아포리아적 난제". 후주 5-294.

39. 「분노의 포도(The Grapes of Wrath)」(미국, 1940). 제2장 4절 1)항 "1강. 옳은 일 하기", "요약". 후주 2-25.

40. 「불편한 진실(An Inconvenient Truth」(미국, 다큐멘터리 2007). 제3장 2절 15)항 "샌델의 정의론과 전 지구적 정의". 후주 3-157.

41. 「뷰티풀 마인드(A Beautiful Mind)」(미국, 2001). 제4장 2절 3)항 "칸트의 도덕철학에서 거짓말 문제". 후주 4-82.

42. 「블랙 매스(Black Mass)」(미국, 2015). 제2장 4절 9)항 "9강. 우리는 서로에게 어떤 의무를 지는가?/충직 딜레마", "요약". 후주 2-275.

43. 「블러드 타이즈(Blood Ties)」(미국, 2013). 제2장 4절 9)항 "9강. 우리는 서로에게 어떤 의무를 지는가?/충직 딜레마", "요약". 후주 2-275.

44. 「빙우(氷雨)」(한국, 2003). 제2장 4절 1)항 "1강. 옳은 일 하기", "해제와 비판". 후주 2-47.

45. 「300」(미국, 2006). 제2장 4절 4)항 "4강. 대리인 고용하기/시장과 도덕", "해제와 비판". 후주 2-126.

46. 「생텀(Santum」(미국, 오스트레일리아, 2011). 제4장 1절 1)항 "트롤리 문제와 이중결과의 원칙". 후주 4-12.

47. 「세일럼의 하녀(Maid of Salem)」(미국, 1937). 제5장 4절 3)항 (1) "자유주의의 '중대한 도덕적 문제 제외'에 관한 샌델의 비판과 롤스의 응답". 후주 5-206.

48. 「소피의 선택(Sophie's Choice)」(미국, 1982). 제2장 4절 1)항 "1강. 옳은 일 하기", "해제와 비판". 후주 2-58.

49. 「쉰들러 리스트(Schindler's List)」(미국, 1993). 제3장 2절 9)항 "도덕의 입법화와 선한 사마리아인의 법". 후주 3-99.

50. 「심슨 가족(The Simpsons)」(미국, 1989. 폭스TV 만화시리즈). 제2장 4절 2)항 "2강. 최대 행복 원칙/공리주의", "요약". 후주 2-71.

51. 「씨내리」(한국, 1986). 제2장 4절 4)항 "4강. 대리인 고용하기/시장과 도덕", "요약". 후주 2-118.

52. 「씨받이」(한국, 1993). 제2장 4절 4)항 "4강. 대리인 고용하기/시장과 도덕", "요약". 후주 2-118.

53. 「씨받이 대소동(Il Gatto Mammone)」(이탈리아, 1975). 제2장 4절 4)항 "4강. 대리인 고용하기/시장과 도덕", "요약". 후주 2-118.

54. 「신의 영웅들(Gods and Generals)」(미국, 2003). 제2장 4절 9)항 "9강. 우리는 서로에게 어떤 의무를 지는가?/충직 딜레마", "요약". 후주 2-274.

55. 「아름다운 세상을 위하여(Pay it Forward)」(미국, 2000). 제2장 4절 5)항 "5강. 중요한 것은 동기다/이마누엘 칸트", "요약". 후주 2-155.

56. "Eichmann Trial: Session 1-8"(Youtube, 2011). 제2장 4절 5)항 "5강. 중요한 것은 동기다/이마누엘 칸트", "해제와 비판". 후주 2-171.

57. 「안네 프랑크(Anne Frank: The Whole Story)」(미국, 체코, 2001). 제4장 2절 3)항 "칸트의 도덕철학에서 거짓말의 문제". 후주 4-66.

58. 「안락사」(한국, MBC 논픽션 11, 1999). 제2장 4절 3)항 "3강. 우리는 우리 자신을 소유하는가?/자유지상주의", "요약". 후주 2-103.

59. 「언노운 우먼(Unknown Woman)」(이탈리아, 2006). 제2장 4절 4)항 "4강. 대리인 고용하기/시장과 도덕". 후주 2-118.

60. 「언싱커블(Unthinkable)」(미국, 2010). 제2장 4절 2)항 "2강. 최대 행복 원칙/공리주의", "요약". 후주 2-66.

61. 「얼라이브(Alive: The Miracle of the Andes)」(미국, 1993). 제2장 4절 2)항 "2강. 최대 행복 원칙/공리주의", "요약". 후주 2-64.

62. 「엑스페리먼트(Das Experiment, The Experiment)」(독일, 2001). 제3장 2절

9)항 "도덕의 입법화와 선한 사마리아인의 법". 후주 3-101.

63. 「엑스페리먼트(The Experiment)」(미국, 2010). 제3장 2절 9)항 "도덕의 입법화와 선한 사마리아의 법". 후주 3-101.

64. 「여성을 위한 정의는 무엇인가?」(EBS 초대석, 2012). 제3장 1절 "『정의란 무엇인가』: 왜 우리나라에서만 밀리언셀러인가?" 후주 3-5.

65. 「연평해전(Northern Limit)」(한국, 2015). 제2장 4절 4)항 "4강. 대리인 고용하기/시장과 도덕", "해제와 비판". 후주 2-126.

66. 「우정 어린 설복(Friendly Persuasion」(미국, 1956). 서문.

67. 「월스트리트(Wall Street)」(미국, 1987). 제2장 4절 1)항 "1강. 옳은 일 하기", "요약". 후주 2-26.

68. 「월스트리트: 머니 네버 슬립스(Wall Street: Money Never Sleeps)」(미국, 2010). 제2장 4절 1)항 "1강. 옳은 일 하기", "요약". 후주 2-26.

69. 「월스트리트: 분노의 복수(Assault on Wall Street)」(미국, 2003). 제2장 4절 1)항 "1강. 옳은 일 하기", "요약". 후주 2-26.

70. 「위트니스(Witness)」(미국, 1985). 제5장 4절 3)항 (7) "종교의 중립성 논변, 종교의 자유, 그리고 자발주의적 선택". 후주 5-350.

71. 「유 돈 노우 잭(You Don't Know Jack)」(미국, 2010). 제2장 4절 3)항 "3강. 우리는 우리 자신을 소유하는가?/자유지상주의", "요약". 후주 2-103.

72. 「이함(離艦, Abandon Ship!)」(영국, 1957). 제2장 4절 2)항 "2강. 최대 행복 원칙/공리주의", "요약". 후주 2-64.

73. 「인간의 두 얼굴 1」 3부작, 「1부 상황의 힘」, 「2부 사소한 것의 기적」, 「3부 평범한 영웅」(EBS 다큐프라임, 2008년 8월 11-13일). 제3장 2절 9)항 "도덕의 입법화와 선한 사마리아인의 법". 후주 3-103.

74. 「작은 연못」(한국, 2009). 제2장 4절 1)항 "1강. 옳은 일 하기", "요약". 후주 2-28.

75. 「장고: 분노의 추적자(Django Unchained)」(미국, 2013). 제2장 4절 5)항 "5강. 중요한 것은 동기다/이마누엘 칸트", "해제와 비판". 후주 2-179.

76. 「장미의 이름(The Name of the Rose)」(이탈리아, 독일, 프랑스, 1896). 제5장 4절 3)항 (7) "종교의 중립성 논변, 종교의 자유, 그리고 자발주의적 선택". 후주 5-354.

77. "John Rawls & The Principles of Justice"(Mark Thorsby, Youtube, 2013. 11. 25). 제2장 4절 6)항 "6강. 평등 옹호/존 롤스", "해제와 비판". 후주

2-191.

78. 「죽은 시인의 사회(Dead Poets Society」(미국, 1989). 제3장 1절 "『정의란 무엇인가』: 왜 우리나라에서만 밀리언셀러인가?" 후주 3-10.

79. 「죽음의 발송자 유나바머(Unabomber: The True Story)」(미국, 1996). 제2 장 4절 9)항 "9강. 우리는 서로에게 어떤 의무를 지는가?/충직 딜레마", "요약". 후주 2-275.

80. 「징비록」. 총 50부작 연속극(KBS1, 2015년 2월 14일-8월 2일). 제2장 4절 4)항 "4강. 대리인 고용하기/시장과 도덕", "해제와 비판". 후주 2-135; 제 2장 4절 9)항 "9강. 우리는 서로에게 어떤 의무를 지는가?/충직 딜레마", "해제와 비판". 후주 2-284.

81. 「콜드 마운틴(Cold Mountain)」(미국, 2003). 제2장 4절 9)항 "9강. 우리는 서로에게 어떤 의무를 지는가?/충직 딜레마", "요약". 후주 2-274.

82. 「콜래트럴 데미지(Collateral Damage」(미국, 2002). 제4장 1절 3)항 "정의 전쟁론에서 이중결과의 원칙". 후주 4-17.

83. 「쿼바디스(Quo Vadis)」(미국, 1951). 제2장 4절 2)항 "2강. 최대 행복 원 칙/공리주의", "요약". 후주 2-65.

84. 「쿼바디스 도미네(Quo Vadis Domine)」(미국, 폴란드, 2001). 제2장 4절 2)항 "2강. 최대 행복 원칙/공리주의", "요약". 후주 2-65.

85. 「크루서블(The Crucible)」(미국, 1996). 제5장 4절 3)항 (1) "자유주의의 '중대한 도덕적 문제 제외'에 관한 샌델의 비판과 롤스의 응답". 후주 5-206.

86. 「타이타닉(Titanic)」(미국, 2012). 제2장 4절 2)항 "2강. 최대 행복 원칙/공 리주의", "요약". 후주 2-64.

87. 「토끼 울타리(Rabbit-Proof-Fence)」(오스트레일리아, 2002). 제2장 4절 9 강 "우리는 서로에게 어떤 의무를 지는가?/충직의 딜레마", "요약". 후주 2-267.

88. 「트로이(Troy)」(미국, 2004). 제2장 4절 4)항 "4강. 대리인 고용하기/시장 과 도덕", "해제와 비판". 후주 2-126.

89. 「패트리어트: 늪 속의 여우(The Patriot)」(미국, 2000). 제2장 4절 9)항 "9 강. 우리는 서로에게 어떤 의무를 지는가?/충직 딜레마", "요약". 후주 2-272.

90. 「패튼(Patton)」(1970, 미국), 제3장 2절 12)항 "샌델의 영광과 미덕 추구

적 정의관과 그 비민주적 차별주의". 후주 3-123.

91. 「하버드대학의 공부벌레들(The Paper Chase)」(미국, 1973). 제3장 1절 "『정의란 무엇인가』: 왜 우리나라에서만 밀리언셀러인가?" 후주 3-10.

92. 「한나 아렌트(Hannah Arendt)」(독일, 룩셈부르크, 프랑스, 2012). 제2장 4절 5)항 "5강: 중요한 것은 동기다/이마누엘 칸트", "해제와 비판". 후주 2-174.

93. 「한니발(Annibale, Hannibal)」(이탈리아, 1959). 제2장 4절 4)항 "4강. 대리인 고용하기/시장과 도덕", "해제와 비판". 후주 2-126.

94. 「할로우 맨(Hollow Man)」(미국, 독일, 2000). 제5장 10절 3)항 (2) "투명인간과 할로우 맨: 익명성 문제의 현대적 유전". 후주 5-551.

95. 「할로우 맨 II(Hollow Man II)」(미국, 2006). 제5장 10절 3)항 (2) "투명인간과 할로우 맨: 익명성 문제의 현대적 유전". 후주 5-551.

96. 「햄릿(Hamlet)」(영국, 프랑스, 스페인, 1990). 제2장 4절 2)항 "2강. 최대행복 원칙/공리주의", "요약". 후주 2-71.

97. 「화씨 9/11(Farenheit 9/11)」(미국, 2004). 제2장 4절 4)항 "4강. 대리인 고용하기/시장과 도덕", "해제와 비판". 후주 2-122.

***

샌델이 『정의란 무엇인가』에서 언급한 영화는 총 6편이다. 본서 제2장 4절 2)항 "2강. 최대 행복 원칙/공리주의", "요약"에서 다루어진 희곡 및 영화 「햄릿」과 만화 영화 및 TV 연속극 「심슨 가족」 두 편은 샌델이 언급한 것이다 (『정의란 무엇인가』, p.80). 세 번째 영화는 『정의란 무엇인가』 4강 "대리인 고용하기/시장과 도덕"에서 미국 남북전쟁 당시 유급 대리인을 허용하는 징병제에 관련하여 언급된 켄 번스 감독의 680분짜리 다큐멘터리 「남북전쟁(The Civil War)」(미국, 1990), episode 5이다(『정의란 무엇인가』, p.377, 주 5). 네 번째 영화는 6강 "평등 옹호/존 롤스"에서 협상에서의 우월한 지위에 관련하여 돈 콜레오네의 유명한 말, "나는 그에게 거부할 수 없는 제안을 할 걸세"가 나오는 「대부(The Godfather)」(미국, 1972)다(『정의란 무엇인가』, p.201). 다섯 번째 영화는 역시 6강에서 유명한 코미디언(우디 앨런 분)과 그의 친구인 택시 운전사가 등장하여 세속적 성공은 우리의 도덕적 자격과 응분을 나타낸다는 미국인들의 강력한 통상적 신념이 피력되는 영화 「스타더스트 메모리스

(Stardust Memories)」(미국, 1980)다(『정의란 무엇인가』, pp.228-229). 샌델이 8강 "누가 어떤 자격을 가졌는가?/아리스토텔레스"에서 목적론적 사고와 관련하여 언급한 밀른(A. A. Milne)의 동화 『곰돌이 푸(*Winnie-the-Pooh*)』(1926)와 벌꿀 이야기(『정의란 무엇인가』, pp.266-267)는 영화와 TV 연속극으로 이미 만들어졌다. 대표적인 영화로는 디즈니 필름 「곰돌이 푸의 모험(The Many Adventures of Winnie The Pooh)」(미국, 1977)이 있다. 곰돌이 푸와 그 철학적 함축성에 대해서는 John Tyerman Williams, *Pooh and the Philosophers: In Which It Is Shown That All of Western Philosophy Is Merely a Preamble to Winnie-The-Pooh*(New York: Dutton Books, 1995). 여섯 번째 영화는 9강 "우리는 서로에게 어떤 의무를 지는가?/충직 딜레마"에서 오스트레일리아 정부의 원주민 아동 격리 정책에 관련하여 언급된 「토끼 울타리(Rabbit-Proof-Fence)」(오스트레일리아, 2002)다(『정의란 무엇인가』, p.294). 이 영화는 본서 제2장 4절 9)항 "9강. 우리는 서로에게 어떤 의무를 지는가?/충직 딜레마", "요약"의 오스트레일리아 관련 내용 후주 2-267에서 이미 언급되었다.

저자가 언급한 97편의 영화 중 샌델이 언급한 3편을 빼면 94편이다. 여기서 저자가 언급한 영화 「곰돌이 푸의 모험」을 합하면 95편이고, 샌델이 언급한 6편을 합하면 본서에서 언급된 영화는 총 101편이다. 그렇다면 샌델의 정의론과 그 비판에 관련하여 우리가 "죽기 전에 꼭 봐야 할 영화" 101편이 총망라된 셈이다.

찾아보기

박정순(朴政淳)

연세대학교 철학과를 졸업하고, 동대학원에서 석사학위를, 미국 에모리대학교 대학원 철학과에서 철학박사학위를 받았다. 현대 영미 윤리학과 사회철학 전공이며, 현재 연세대학교 원주캠퍼스 인문예술대학 철학과 교수로 재직 중이다. 아인슈타인이 생전에 연구했던 세계적으로 저명한 연구기관인 미국 프린스턴 소재 고등학술연구원(The Institute for Advanced Study)의 사회과학부(The School of Social Science) 방문 연구원을 지냈고, 한국윤리학회 회장을 역임했으며, 한국철학회의 세계 석학 초빙 강좌인 '다산기념 철학강좌' 위원장을 5년간 역임했다. 2005년 9월 '다산기념 철학강좌' 위원장 재임 시 마이클 샌델 교수를 처음으로 한국에 초빙했다. 2006년 한국윤리학회 회장 재임 시 국가청렴위원회의 연구 프로젝트를 한국윤리학회가 맡은 것이 인연이 되어 수년간 전국 관공서에 청렴 강연을 다니기도 했다. 2008년 서울에서 열린 '제22차 세계철학대회'의 조직위원회에서 활동하면서 일반 대중들이 철학에 친숙하게 다가갈 수 있도록 하는 데 일조했다.

주요 저술과 논문으로는 *Contractarian Liberal Ethics and The Theory of Rational Choice*(New York: Peter Lang, 1992), 『익명성의 문제와 도덕규범의 구속력』(2004), 『롤즈 정의론과 그 이후』(공저, 2009), 『인간은 만물의 척도인가』(역서, 1995), 『자유주의를 넘어서』(공역, 1999), 「자유주의 대 공동체주의의 방법론적 쟁점」, 「공동체주의 정의관의 본질과 그 한계」, 「자유주의의 건재」, 「정치적 자유주의의 철학적 기초」, 「공동체주의는 여전히 유효할까?」 등이 있다.

마이클 샌델의 정의론,
무엇이 문제인가

1판 1쇄 인쇄   2016년 1월 25일
1판 1쇄 발행   2016년 1월 30일

지은이   박 정 순
발행인   전 춘 호
발행처   철학과현실사

등록번호   제1-583호
등록일자   1987년 12월 15일

주소   서울특별시 종로구 동승동 1-45
전화   (02) 579-5908
팩스   (02) 572-2830

ISBN 978-89-7775-790-5 03190
값 25,000원